全本全注全译丛书

中华经典名著

陈桐生　孙雪霞◎译注

曾　　子
子思子
孔丛子

中华书局

图书在版编目(CIP)数据

曾子·子思子·孔丛子/陈桐生,孙雪霞译注. —北京:中华
书局,2025.1. —(中华经典名著全本全注全译丛书). —
ISBN 978-7-101-16957-7

Ⅰ.B222

中国国家版本馆 CIP 数据核字第 2024CY8450 号

书　　名　曾子·子思子·孔丛子
译 注 者　陈桐生　孙雪霞
丛 书 名　中华经典名著全本全注全译丛书
责任编辑　周　旻　舒　琴
装帧设计　毛　淳
责任印制　韩馨雨
出版发行　中华书局
　　　　　(北京市丰台区太平桥西里 38 号　100073)
　　　　　http://www.zhbc.com.cn
　　　　　E-mail:zhbc@zhbc.com.cn
印　　刷　北京中科印刷有限公司
版　　次　2025 年 1 月第 1 版
　　　　　2025 年 1 月第 1 次印刷
规　　格　开本/880×1230 毫米　1/32
　　　　　印张 27½　字数 620 千字
印　　数　1-8000 册
国际书号　ISBN 978-7-101-16957-7
定　　价　72.00 元

目录

曾 子

前言

　　《曾子》是孔门七十子之中的曾参文集。在孔门七十子中，曾参是对中国后代思想文化影响最大的学者，也是散文成就最高的作家。孔门弟子按其入学先后分为"先进"与"后进"，曾参属于孔门的"后进"弟子。《史记·仲尼弟子列传》记载曾参事迹仅有寥寥数语："曾参，南武城（今山东嘉祥）人，字子舆。少孔子四十六岁。孔子以为能通孝道，故授之业。作《孝经》。死于鲁。"据学者考证，曾参大约生于公元前505年，死于公元前432年，与先师孔子一样，享年73岁，这在孔门七十子中属于享年较高的人。曾参的父亲是曾点，父子二人俱师事孔子。曾点留下的事迹较少，《论语·先进》载孔子让冉有、子路、公西华、曾点各言其志，冉有、子路、公西华皆志在国相，而曾点独以"暮春者，春服既成，冠者五六人，童子六七人，浴乎沂，风乎舞雩，咏而归"为人生志向，获得孔子"吾与点也"的赞许。从曾点的志向来看，他是一个闲云野鹤式的散淡人物，与儒家一贯倡导的积极进取的人生价值取向不尽相同。《礼记·檀弓下》载季武子卒，曾点倚其门而歌，如此则曾点颇有玩世不恭之意，不过对这条材料的真实性，阎若璩《四书释地又续》力辩其非。曾点本人活得恬淡潇洒，但他对其子却极为严厉，据《孔子家语》《韩诗外传》《说苑》等文献记载，曾参耘瓜误断其根，曾点便以大棒将曾参打昏。曾参并没有怨恨父亲，他从昏迷中醒来之后，第一件事便是安慰父亲。

孔子得知此事后批评曾参,认为曾参在父亲盛怒之际应该暂时逃避,以免父亲蒙受笞杀其子的恶名。曾氏父子的故事可能是中国传统教育古训"棍棒下面出孝子"的依据。曾参何时进入孔门,已不可详考,《孔丛子·居卫》载曾参随孔子游于诸侯,这意味着曾参可能是在孔子周游列国期间入学的。钱穆先生《先秦诸子系年》认为,曾参是在公元前489年孔子从陈蔡返卫时进入孔门,这一年曾参17岁。他在孔子门下大约学了十年,孔子死时,曾参年仅27岁,在此后近半个世纪的历程中,曾参便独立地走完学术道路。《孟子·滕文公上》说,孔子死后,子夏、子张、子游以为有若言行像夫子,便欲立有子为师,曾参表示坚决反对。关于曾参的仕宦经历,先秦两汉文献中有一些零星的记载。《韩诗外传》说,曾参在父亲曾点去世以后,曾经仕于莒,又先后为齐相和楚令尹。钱穆先生《先秦诸子系年》指出,据《礼记·檀弓上》关于曾参换席而死的记载,曾参死时还只是士,故《韩诗外传》之说实不足信。曾参一生业绩主要是讲学授徒,传播并发展孔子学说。《孟子·离娄下》记载了曾参一个小故事:"曾子居武城,有越寇。或曰:'寇至,盍去诸?'曰:'无寓人于我室,毁伤其薪木。'寇退,则曰:'修我墙屋,我将反。'寇退,曾子反。左右曰:'待先生如此其忠且敬也!寇至则先去以为民望,寇退则反,殆于不可!'沈犹行曰:'是非汝所知也!昔沈犹有负刍之祸,从先生者七十人,未有与焉。'"曾参在武城受到人们的尊敬,但是在越寇到来之际却逃离武城,这一做法引起弟子批评,沈犹行为之辩解,说曾参处于师宾之位,不能要求他负守城之责。关于曾参之死,《论语·泰伯》有一条记载:"曾子有疾,召门弟子曰:'启予足!启予手!《诗》云:"战战兢兢,如临深渊,如履薄冰。"而今而后,吾知免夫!小子!'"曾参按照爱护身体发肤的孝义,一辈子都在小心翼翼地看护自己的身体,直到生命最后一息,他才有如释重负之感,觉得自己可以带着一个完好无缺的身体去见地下父母了。《礼记·檀弓上》也有一条记载:"曾子寝疾,病。乐正子春坐于床下,曾元、曾申坐于足,童子隅坐而执烛。童子曰:'华而睆,大夫之簀与？'子春曰：'止！'曾子闻之，瞿然曰：'呼？'曰：'华而睆，大夫之簀与？'曾子曰：'然。斯季孙之赐也，我未之能易也。元，起易簀。'曾元曰：'夫子之病革矣，不可以变。幸而至于旦，请敬易之。'曾子曰：'尔之爱我也不如彼。君子之爱人也以德，细人之爱人也以姑息。吾何求哉？吾得正而毙焉，斯已矣。'举扶而易之，反席未安而没。"这是发生在曾参弥留之际的故事：曾参的身份是士，而他睡的却是大夫才能睡的华丽竹席。曾参弟子乐正子春和儿子曾元、曾申不忍心打扰这位奄奄一息的老人，稚气的执烛童子向曾子指出了这一点，曾子听到之后，一定要儿子换上士的竹席之后，才安然地合上双眼而辞世。曾参换席的故事为"礼不逾节"做了一个生动的诠释。这两条记载表明，曾参将践履礼义坚持到生命的终点。

曾参不在孔门十哲之内，《论语·先进》有"参也鲁"之说，"鲁"，意为迟钝。这个略带负面意义的评价说明，曾参一开始在孔门并不出众。但曾参也有超越同门之处，这就是他的情商很高，个性坚韧稳定，他的理解速度虽然略慢一点，但他体验深刻持久，心怀诚笃，以道自任，终其一生，都在真诚地信仰孔子学说，专心不二地钻研孔子思想，继承并发展师说。《大戴礼记·卫将军文子》载子贡评价曾参："满而不满，实如虚，过之如不及，先生难之；不学其貌，竟其德，敦其言，于人也无所不信，其桥大人也？常以皓皓，是以眉寿，是曾参之行也。"这是说曾参始终保持不自满的心态，坚持过犹不及的中庸之道，因此孔子以为他难能可贵。他习礼并不是停留在外在的礼文之上，而是努力培养内在的敦厚、诚信等道德品质。所以他能够高明广大，言行高洁，而这些美德都预示着他将来能够长寿。就是依靠这种谦虚、坚韧、持久、诚笃的品质，曾参最终能够超轶同门，成为孔门七十子后学之中文化学术成就最大的学者。

曾参一系是孔子身后影响较大的一派，《孟子·离娄下》载曾参有弟子七十人。其子曾申、曾元、曾华见于《礼记》，都是儒家著名学者，其中曾申与乃父一样被人称为"曾子"。此外，见于文献的曾参著名弟子尚有乐正子春、单居离、公明仪、公明高、公明宣、子襄、阳肤、沈犹行等人，这些弟子大都是不务名利、致力于道德文章的诚笃学者。宋儒认为，战国前期儒家重要学者子思也是出于曾参门下，此说虽然不一定可靠，但子思曾经受到曾参影响，思想与曾参相近，这是没有问题的。先秦思想家的影响和地位往往与他们的弟子后学素质及其志向有关，子夏与曾参是孔子身后的两大名师，子夏培养出魏文侯、田子方、段干木、吴起、李悝、禽滑釐等著名弟子，这些人或者以傲世而邀名于一时，或者在治国平天下岗位上功业辉煌，而曾参弟子则大都默默地进德修业，子夏在生前声名远超曾参，但曾参身后影响比子夏要大得多。曾参之所以能够在七十子中后来居上，超轶群贤，就是因为他的弟子门生辛勤地记录、传播、发展了他的思想学说。

　　曾参的思想建树首先体现在他发展了中国传统的孝道学说。孝的观念在中国出现甚早，甲骨文中有没有"孝"字，对此还存在争议。殷周金文、《诗经》《尚书》中都有不少孝的论述。孝是孔子教育弟子的重要道德观念，《论语》中载有孔子多条论孝言论。受孔子影响，曾参毕生都在思考关于孝的理论问题，在日常生活中践行孝道，由此他不仅成为中国古代最著名的孝子，也是中国古代最大的孝道理论家。他留下的论孝文章有《孝经》《曾子本孝》《曾子立孝》《曾子大孝》《曾子事父母》等。其中《孝经》是阐述孝道最为详尽、最有系统的文章。从形式上看，《孝经》为孔子所述曾子所记，但它也有可能是曾子借孔子之口来发表自己的思想。《孝经》被称为"百行之宗，五教之要"（邢昺《孝经注疏序》），它的思想内容非常丰富，其精义主要有三点：首先，《孝经》明确地提出了"夫孝，始于事亲，中于事君，终于立身"的孝义三段论；其次，《孝经》依次论述了天子、诸侯、卿大夫、士、庶人五个社会层次应该履行的孝道责任义务；第三，《孝经》提出了"明王之以孝治天下"的治国思路。《孝经》最初不过是战国秦汉时代数百种礼义文献之一，但它最终却从众多礼学传记中脱颖而出，成为独立的一部儒家经典，这其中的原因，就在于它集中、精辟地阐述了孝道的精义。《大戴礼记》所载曾参论孝的文章，大体上都是《孝经》思想的展开与具体化。《曾子本孝》认为"忠"是孝之根本，这个"忠"意思为敬，就是说君子应该以虔诚敬畏的态度来践履孝义。《曾子立孝》进一步提出："君子立孝，其忠之用，礼之贵。"卢辩注云："有忠与礼，孝道立。"《曾子大孝》将孝分为三等："大孝尊亲，其次不辱，其下能养。"《曾子事父母》指出，事父母之道在于"爱而敬"，事兄之道是"尊事之以为己望也，兄事之不遗其言"，使弟之道是"嘉事不失时"。这些都是曾参论孝的经典言论。

　　曾参的另一思想建树是继孔子之后提出了反身内省的品德修养思路。《论语·学而》载曾子曰："吾日三省吾身：为人谋而不忠乎？与朋友交而不信乎？传不习乎？"曾参说他每天都要多次深刻反省自己，是否对人做到了忠信，是否温习了学业。通过深入持久的内在反省，曾参确立了以落实仁学为己任的承担精神，培养了一种博大、深沉、坚毅的人格。《论语·泰伯》载曾子曰："士不可以不弘毅，任重而道远。仁以为己任，不亦重乎？死而后已，不亦远乎？"同篇又载曾子曰："可以托六尺之孤，可以寄百里之命，临大节而不可夺也，君子人与？君子人也！"这是一种经过长期内德修养而炼成的撼山易、夺大节难的坚毅与果敢，是一种贫贱不能移、富贵不能淫、威武不能屈的品格，是一种充塞天地之间的浩然正气，是一种壁立千仞的坚毅精神。被宋儒视为曾参作品的《大学》，提出格物、致知、正心、诚意、修身、齐家、治国、平天下的从伦理到政治的人生发展思路，被中国封建时代文人奉为人生圭臬。子思、孟子等人就是在曾子反身内省思想的基础之上，提出"诚"的概念，进一步发展了儒家心性道德学说。与曾参同门的宓子贱、漆雕开等人遵循由礼入情的思路，深耕性情领域，探讨性情结构，发现了人性诸多奥秘。曾参的反身内省学说，加上宓子贱、漆雕开等人的人性理论，这两股学术力量共同汇成战国前期探讨心性道德的大潮。从宋明儒学到海外新儒家，历时几千年的儒家心性道德学说，就是从曾参、宓子贱、漆雕开、子思他们这里发端的。

　　在中国历史上，曾参的思想价值有两次被发现：第一次是在汉代，《孝经》以孝治天下的思路得到最高统治者的认同，汉家将这一思想运用到治国之中，汉代皇帝谥号前都要加一"孝"字，诸如孝惠、孝文、孝景、孝武等等。从孝子到忠臣，是中国封建时代统治阶级为文人描述的一条人生道路。第二次是在宋代，宋儒在孔门七十子中独推曾参，认为曾参继承了孔子的道统，他们将《礼记》中的《大学》断为曾参的作品，并认为子思述曾参之旨而作《中庸》，由此开列出"孔子—曾子—子思—孟子"的道统体系，以《论语》（孔子）、《大学》（曾子）、《中庸》（子思）、《孟子》（孟子）为"四书"。近现代以来的新儒家接着宋明理学讲，曾参学说继续得到足够的重视。

　　曾参在先秦说理散文发展史上也有重要地位。孔门礼学散文的艺术源头是《尚书》《国语》中的历史记言文，这些文章大都采用历史记言散文常用的对话问答体形式。曾参的一部分文章如《孝经》《曾子问》《主言》《曾子天圆》《曾子疾病》等也是对话体文章。但他另一部分文章——如《大戴礼记·曾子大孝》《曾子制言下》《礼记·大学》等——形式值得充分注意，因为这些文章不再用对话体，而是以一个"曾子曰"领起，全文都是论述文字。这是中国最早的没有叙事框架的纯粹说理散文。我们可以说，中国典型的专题说理散文，是在曾参时代出现的。

　　曾子是孔门七十子后学中留下文章较多的作家，他的门人后学将其著作编为《曾子》一书。《汉书·艺文志》著录《曾子》十八篇。这十八篇《曾子》佚于何时，已不可知。《隋书·经籍志》著录《曾子》二卷，目一卷。《旧唐书·经籍志》《新唐书·艺文志》《宋史·艺文志》《文献通考》著录《曾子》二卷，但没有"目"。晁公武《郡斋读书志》著录《曾子》二卷十篇，称即《唐志》所载。据高似孙《子略》称，《郡斋读书志》著录的《曾子》与大小戴《礼记》收录的曾参文章已经没有差别。这说明唐代的《曾子》已经不是《汉书·艺文志》的《曾子》原本。宋以后出现若干种曾子文献辑本,如冯云鹓《曾子书》八卷、严式诲《重辑曾子遗书》十四卷等。现今《曾子全书》是宋人汪晫所编。汪晫是安徽绩溪人,一辈子没有做官,他的一生学术业绩就是编了《曾子全书》和《子思子全书》。汪氏编辑《曾子全书》的方法,是将《孝经》《礼记》《大戴礼记》《论语》《孟子》《荀子》《孔子家语》《孔丛子》《韩诗外传》《说苑》等先秦两汉古籍中有关曾子的文献材料收集在一起,重立篇题,划分章节,重新编定各章次序。《四库全书总目提要》对汪晫所编《曾子全书》有"自我作古"之讥,但又称"过而存之,犹愈于过而废之"。所谓"自我作古",是说汪氏所编《曾子全书》试图按照一己之见来恢复《曾子》古本,其实他编的《曾子全书》并非古本原貌。例如,《曾子全书》仿照战国子书体例,将曾子文章分为"内篇"和"外篇";汪氏还以己意改变古籍名称,他将《孝经》改名为《孔子闲居》,将《礼记》中的《大学》改名为《明明德》,将《礼记》中的《曾子问》改名为《周礼》,等等;他杂取《大戴礼记》中的《曾子大孝》《曾子立孝》《曾子本孝》《曾子事父母》以及《孟子》《荀子》《韩诗外传》《孔子家语》中的曾参论孝材料,形成一篇文章,取名为《养老》等;这些都是汪氏"自我作古"的体现。尽管存在诸多问题,但汪氏所编《曾子全书》毕竟收集了散见于各种古籍的与曾参有关的文献资料,所以它仍有保留、参考价值。汪氏《曾子全书》共收十二篇文章,其中外篇第七、第八已经亡佚,今存十章。清人阮元作《曾子注释》,收入《皇清经解》之中,然阮元所注仅止《大戴礼记》中曾子十篇文章,远非曾子文集全貌。因此本书不采用《曾子全书》的篇目,而是从传世先秦两汉儒家文献和出土儒家文献中重新选取篇目。《曾子》所收十三篇文章取自《孝经》和大小戴《礼记》,书中所收各篇文章的篇名沿用所出古籍的旧名,以免重蹈"自我作古"旧辙。本书正文,《孝经》及取自《礼记》的《大学》《曾子问》,以十三经注疏本为底本;取自《大戴礼记》的《主言》至《曾子天圆》等篇,以孔广森《大戴礼记补注》本为底本,同时吸取了王聘珍《大戴礼记解诂》、孙诒让《大戴礼记校补》、方向东《大戴礼记汇校集解》、黄怀信《大戴礼记汇校集注》及其他多种校勘、研究成果。

　　注译古籍虽被世人视为小道末技，难入大家法眼，但涉足其间就会知道，此事容不得有半点含糊，往往会因为一个字斟酌踌躇，去翻检许多材料。由于我们学力不够，在译注过程中可能会有不少失误，亟盼专家学者和广大读者不吝赐教。

陈桐生

2024 年 11 月

孝经第一

【题解】

《史记·仲尼弟子列传》载："孔子以为（曾参）能通孝道，故授之业。作《孝经》。"司马迁在"作《孝经》"之前省略了主语，故后人既可以理解为孔子作《孝经》，也可以视为曾子作《孝经》。此后论者或以《孝经》为孔子所作，如《汉书·艺文志》说："《孝经》者，孔子为曾子陈孝道也。"或以《孝经》为曾子所集录，如孔安国《古文孝经训传序》称孔子告诉曾参孝义，曾子"遂集而录之"。或以《孝经》为曾子弟子所作，如晁公武《郡斋读书志》称《孝经》是"曾子弟子所为书"，王应麟等人甚至认定子思作《孝经》。《四库全书总目提要》认为《孝经》是"七十子徒之遗书"。姚际恒在《古今伪书考》中以为《孝经》是"汉儒之作"。蒋伯潜《十三经概论》认为，《孝经》是孔子再传弟子所作，而托名于孔子和曾子。今按，春秋战国之际诸子百家的著述，大都采取先生讲弟子记的方式。孔门文献大都采用师徒问答的形式，《孝经》应为孔子所授曾子所记录，此后文稿便在曾参一系传授，从《孝经》称"曾子"来看，《孝经》最后写定者为曾子门人。

从《史记》来看，"孝经"之名称在司马迁之前就已经有了。《汉书·艺文志》将《孝经》著录于六艺略。唐代开成年间，《孝经》跻身儒家十二经之列。

　　《孝经》是儒家论孝最有章法、最详尽、最权威的纲领性文献。文中强调孝是道德的根本,提出了"夫孝,始于事亲,中于事君,终于立身"的孝义三段论,论述了天子、诸侯、卿大夫、士、庶人五个阶层所应承担的孝道责任和义务,探讨了孝的伦理和政治价值,阐述了明王以孝治天下的政治伦理主张。《孝经》对中国历史文化产生了广泛深远的影响,篇中以孝治天下的主张为历代帝王所采纳。

　　《孝经》在汉代有今古文两种版本,今文《孝经》十八章,古文《孝经》二十二章。刘向据今文将《孝经》定为十八章,唐玄宗李隆基为其作注,宋人邢昺为唐玄宗御注作疏,被阮元《十三经注疏》所收录,成为通行版本,我们所用的也是这一版本。这一版本的每章前都有标题,据邢昺《正义》云,这些标题是唐玄宗为《孝经》作注时,才由儒官集议"题其章名"而加上去的,并非《孝经》原有,故我们不加采用。

　　仲尼居①,曾子侍②。子曰:"先王有至德要道③,以顺天下④,民用和睦⑤,上下无怨。汝知之乎⑥?"曾子避席曰⑦:"参不敏⑧,何足以知之?"子曰:"夫孝,德之本也⑨,教之所由生也⑩。复坐,吾语汝⑪。身体发肤,受之父母,不敢毁伤,孝之始也⑫。立身行道,扬名于后世,以显父母,孝之终也⑬。夫孝,始于事亲,中于事君,终于立身⑭。《大雅》云⑮:'无念尔祖,聿修厥德⑯。'⑰

【注释】

①仲尼:孔子字。居:闲居。

②曾子:孔子弟子曾参,以孝道著称。《史记·仲尼弟子列传》:"曾参,南武城人,字子舆,少孔子四十六岁。"侍:卑者陪奉在尊者之侧曰侍。侍有坐有立,此处为侍坐。

③至德:最高的道德。要道:简要的治道。

④顺:顺从,此处用作使动词,意谓使天下人民顺从。

⑤民用和睦:民众因此至德要道而和睦相处。用,因此。

⑥汝:郑注本作"女","女"通"汝"。按,以上数句概述先王以最高
　的道德——孝——治理天下,为全篇立论基点。

⑦避席:根据礼仪,老师提问,弟子应该离开座席,起身回答。避,郑
　注本作"辟","辟"为"避"的假借字。

⑧敏:聪慧。

⑨德之本:德行的根本。《论语·学而》载有子曰:"孝弟也者,其为
　仁之本与!"

⑩教之所由生:道德教化由孝而生成。

⑪语(yù):告诉。

⑫"身体发肤"几句:言父母全而生之,子全而归之,此为孝行之始。

⑬"立身行道"几句:言孝子立身扬名,光显父母,此为孝行之终。

⑭"夫孝"几句:提出孝义三段论:践行孝道从孝顺父母开始,再以
　事亲之情事君,孝道的终点是立身扬名显耀父母。

⑮《大雅》:《诗经》的组成部分。《诗经》分《风》《雅》《颂》三部分,
　《雅》又分为《小雅》与《大雅》。《大雅》多为西周王室贵族的作
　品,大都是对祖先和神的颂扬,也有些诗篇反映了厉王、幽王的暴
　虐昏乱及其统治危机。

⑯无念尔祖,聿修厥德:语出《诗经·大雅·文王》。意思是说,要
　经常怀念你的先祖,继承发扬先祖的美德。无,语气词,无义。
　念,想念,思念。尔祖,你的先祖。聿修厥德,继承发扬先人的德
　业。聿,述。修,修治,培养。厥,其。德,美德。

⑰按:以上为第一章。通行本《孝经》标题为"开宗明义章",概论
　孝是圣王治理天下的至德要道。

【译文】

孔子在家闲居，曾参陪侍老师坐着。孔子说："曾参，先王有最美的道德和简要的治道，来使天下民众顺从，民众因此和睦，上上下下都没有怨心。你知道这个最美的道德和简要的治道吗？"曾参赶忙离开座席，起身答道："我天性不聪敏，哪里能知道呢？"孔子说："孝，是德行的根本，王道教化就是由孝产生的。你再坐下，我告诉你。孝子的身体毛发肌肤，都是受父母所赐，不敢毁损伤害父母赐予的身体发肤，这是履行孝道的起点。以孝道立身处世，名扬后世，使父母荣耀，这是履行孝道的终点。孝子履行孝道，起点是侍奉父母，中间是以侍奉父母之道侍奉君主，终点是立身扬名。《大雅》中说：'要经常怀念你的先祖，继承发扬先祖的美德。'

　　"爱亲者①，不敢恶于人②；敬亲者，不敢慢于人③。爱敬尽于事亲④，而德教加于百姓⑤，刑于四海⑥，盖天子之孝也⑦。《甫刑》云⑧：'一人有庆⑨，兆民赖之⑩。'⑪

【注释】

①亲：指父母双亲。

②恶（wù）于人：厌恶他人。恶，厌恶。一说，天子爱亲，以此教化天下，使天下人不敢厌恶父母。

③慢于人：怠慢他人。慢，怠慢，轻忽。一说，天子敬亲，以此教化天下，使天下人不敢怠慢父母。

④爱敬尽于事亲：竭尽亲爱、尊敬之心来侍奉父母双亲。尽，竭尽。

⑤德教加于百姓：指天子以自己爱亲、敬亲的模范道德行为教育民众。德教，道德教化。加，施加。百姓，最初指百官，后泛指广大民众。

⑥刑于四海：给天下民众做出表率。刑，通"型"，铸造器物的模子，

此处用作动词,树立典范。四海,本指四夷,后用来泛指天下。

⑦天子:上天之子,中国古代称最高统治者为天子。《礼记·表记》:"惟天子受命于天,故曰天子。"《白虎通》:"王者父天母地,故曰天子。"

⑧《甫刑》:《尚书·周书》中的一篇文章,又名《吕刑》。周穆王时有关刑法的文书,由于吕侯的请命而得名。为我国西周时期所制订的第一部刑书,有所谓五刑、五罚、五过等。主要内容类似于后世的刑事诉讼法规。文中还提出行刑必须审慎,防止滥刑。

⑨一人:指天子。古代天子自称"予一人"。庆:善。

⑩兆民:犹言亿万民众。兆,古代以十亿为兆。赖:依赖。

⑪按,以上为第二章。通行本《孝经》标题为"天子章",论述天子之孝。

【译文】

"爱父母的人不敢厌恶他人,敬父母的人不敢侮慢他人。先将爱敬之心全部用来侍奉父母,再把这种孝道的德教施加给天下百姓,为天下人民做出典范,这就是天子之孝。《甫刑》说:'如果天子有美德,那么天下亿万民众都会仰赖他。'

"在上不骄①,高而不危②。制节谨度③,满而不溢④。高而不危,所以长守贵也⑤;满而不溢,所以长守富也⑥。富贵不离其身,然后能保其社稷而和其民人⑦。盖诸侯之孝也。《诗》云:'战战兢兢,如临深渊,如履薄冰⑧。'⑨

【注释】

①上:上位。指诸侯位于一国臣民之上。骄:骄傲。

②高:指处于诸侯高位。危:危险。

③制节：制立财用节限。指节制国家费用开支。谨度：谨守法度。指官室车旗不僭越礼制。

④满而不溢：虽满而不会溢出。溢，盈溢。

⑤长守贵：长期守住诸侯尊贵地位。

⑥富：诸侯贵为一国之主，富有一国之财。在封建时代，国土、臣民和一切山川财富都是君主的私有财产。

⑦社稷：社，土地神。稷，谷神。土地和粮食是一个国家政权赖以存在的基本条件，因此古代以社稷指代国家。和：协和。

⑧"战战兢兢"几句：诗见《诗经·小雅·小旻》。形容态度极为谨慎恐惧。战战兢兢，非常害怕，微微发抖。如临深渊，如同站在万丈深渊边缘。如履薄冰，如同站在薄冰之上，害怕冰裂落水。

⑨按，以上为第三章。通行本《孝经》标题为"诸侯章"，论述诸侯之孝。

【译文】

"贵在一国臣民之上而不骄傲，处于诸侯高位而不危险。制定国家费用节限，谨守宫室车旗法度，像水一样，虽然满了但不会溢出。处于诸侯高位而不危险，因而能够长期守住诸侯大贵之位；满了而不会溢出，因而能够长期保有一国财富。富贵不离自身，然后才能保住诸侯国的江山社稷，协和国内臣民。这就是诸侯之孝。《诗》中说：'态度战战兢兢，如同面临深渊，如同足履薄冰。'

"非先王之法服不敢服①，非先王之法言不敢道②，非先王之德行不敢行③。是故非法不言④，非道不行⑤。口无择言⑥，身无择行⑦。言满天下无口过⑧，行满天下无怨恶⑨。三者备矣⑩，然后能守其宗庙⑪。盖卿大夫之孝也。《诗》云：'夙夜匪懈，以事一人⑫。'⑬

【注释】

①法服：礼法规定的服饰。服，服饰。古代根据礼法，制定天子、诸侯、卿、大夫、士五个等级的服饰，每个等级礼服上绘有不同图案。如果服饰与自身爵位等级不符，就是僭礼行为。

②法言：礼法之言。道：说。

③德行：道德之行。

④非法不言：非先王礼法则不言，言必守礼法。

⑤非道不行：非先王之道则不行，行必遵守先王之道。

⑥口无择言：除了礼法之言以外，口无其他可选择之言。

⑦身无择行：除了遵行先王之道外，身无其他可选择之行。

⑧言满天下无口过：说的话很多，但由于说的都是礼法之言，因此没有言论过失。口过，言论过失。

⑨行满天下无怨恶：行为很多，但由于都是遵行先王之道，因此不会招致天下人埋怨和厌恶。

⑩三者：指服饰、言论、行为。备：完备，没有过失。

⑪守其宗庙：守住宗庙祭祀。中国古代天子、诸侯、卿、大夫、士都各有宗庙，宗庙祭祀香火不绝，这象征政权和封爵继续存在。如果政权被消灭或封爵被取消，那么宗庙也就绝祀了。

⑫夙夜匪懈，以事一人：诗见《诗经·大雅·烝民》。意思是说，卿大夫应该早晚勤勉，不敢懈怠，以侍奉天子。夙夜，早晚。匪，同"非"。懈，懈惰。事，侍奉。一人，指天子。

⑬按，以上为第四章。通行本《孝经》标题为"卿大夫章"，论述卿大夫之孝。

【译文】

"不是先王礼法规定的服饰就不敢穿，不是先王礼法规定的言论就不敢说，不是先王礼法规定的道术就不敢践行。因此言论必守礼法，非法不言；行为必遵守先王之道，非先王之道不行。除了先王礼法之外，口无可以选择之言,身无可选择之行。做到发表了很多言论,而不会有言论过失;做了很多事情,而不会招致怨恶。在服饰、言论、行为三方面做好了,然后就能长期守住宗庙祭祀。这就是卿大夫的孝。《诗》中说:'从早到晚不敢懈怠,以此来侍奉天子。'

　　"资于事父以事母,而爱同①;资于事父以事君,而敬同②。故母取其爱③,而君取其敬④,兼之者父也⑤。故以孝事君则忠⑥,以敬事长则顺⑦。忠顺不失,以事其上,然后能保其爵禄而守其祭祀⑧。盖士之孝也。《诗》云:'夙兴夜寐,无忝尔所生⑨。'⑩

【注释】

①资于事父以事母,而爱同:拿侍奉父亲的爱心来侍奉母亲,爱父之心与爱母之心相同。中国古代女性的地位要低于男性,但女性为人之母以后,她的地位就得到上升,可以享受孝子的尊敬。资,取,用,拿。事,侍奉。

②资于事父以事君,而敬同:拿侍奉父亲之敬心来侍奉君主,敬父之心与敬君之心相同。为孝子者必为忠臣,这是中国封建统治者不遗余力倡导孝道的根本原因。

③母取其爱:对待母亲,孝子取其事父之爱心。

④君取其敬:对待君主,孝子取其事父之敬心。

⑤兼之者父也:孝子对待父亲,兼有爱心与敬心。

⑥以孝事君则忠:孝子用孝亲之心来侍奉君主,就能做到忠诚。

⑦以敬事长则顺:以事兄之敬来侍奉上司,就能做到顺从。长,上级,上司。

⑧保其爵禄:保住禄秩官位。西周春秋的士,多担任公、侯、卿、大夫

的家臣。禄，俸禄。爵，爵位。守其祭祀：守住宗庙祭祀。

⑨夙兴夜寐，无忝尔所生：诗见《诗经·小雅·小宛》。意思是士应
该早起晚睡，不要辱没父母。夙兴夜寐，早起晚睡。夙，早。兴，
起。忝，辱。所生，指父母。

⑩按，以上为第五章。通行本《孝经》标题为"士章"，论述士之孝。

【译文】

"孝子拿侍奉父亲之爱心来侍奉母亲，而爱父之心与爱母之心相同；
孝子拿侍奉父亲之敬心来侍奉君主，而敬父之心与敬君主之心相同。因
而对待母亲，孝子取事父之爱心；对待君主，孝子取事父之敬心。只有对
待父亲，孝子同时兼有爱心与敬心。孝子用孝亲之心侍奉君主，就能做
到忠诚；孝子用事兄之敬心来侍奉上司，就能做到顺从。忠诚、顺从不失
其道，以此来侍奉公卿大夫，士就能保住自己的俸禄和爵位，长期守住宗
庙祭祀，这就是士的孝。《诗》中说：'早起晚睡，不要辱没你的父母。'

"用天之道①，分地之利②，谨身节用③，以养父母，此庶
人之孝也。故自天子至于庶人，孝无终始④，而患不及者⑤，
未之有也。"⑥

【注释】

①用天之道：遵循春生、夏长、秋收、冬藏的天道。用，运用，遵循。

②分地之利：区分不同土地的有利条件。《周礼·大司徒》将土地划
分为山林、川泽、丘陵、坟衍、原隰五种情形，每一种土地适宜种植
不同作物。庶人应该因地制宜，根据土地不同状况从事种植。

③谨身：谨慎其身，避免耻辱。节用：节省财用，勤俭持家。

④孝无终始：孝道适用对象包括从天子到庶人，没有一人例外。始，
始于天子。终，终于庶人。

⑤患：担忧。不及：不能及于孝。

⑥按,以上为第六章。通行本《孝经》标题为"庶人章",论述庶人
　之孝。

【译文】

"遵循春生、夏长、秋收、冬藏的自然天道,区分不同土地的有利条
件,谨慎持身,节省财用,以此来奉养父母,这就是庶人的孝。因此,始自
天子终于庶人,无人在孝道之外,那些担心自己不在孝道范围之内的现
象,是不会有的。"

　　曾子曰:"甚哉①,孝之大也。"子曰:"夫孝,天之经也②,
地之义也③,民之行也④。天地之经,而民是则之⑤。则天之
明⑥,因地之利⑦,以顺天下⑧。是以其教不肃而成⑨,其政不
严而治⑩。先王见教之可以化民也⑪,是故先之以博爱⑫,而
民莫遗其亲⑬。陈之于德义⑭,而民兴行⑮。先之以敬让⑯,
而民不争⑰。导之以礼乐⑱,而民和睦。示之以好恶⑲,而民
知禁⑳。《诗》云:'赫赫师尹,民具尔瞻㉑。'"㉒

【注释】

①甚:赞叹之词,很。

②天之经:上天的常道。经,常。

③地之义:大地的永恒意义。按,中国古代思想家往往将人类社会
　的道德伦理说成是自然法则,从天人合一角度来论证人类社会伦
　理道德的合理性。

④民之行:民众的行为准则。古人认为人类的行为应该效法天地,
　孝是天经地义,人的行为也应该以孝为准则。

⑤是:通"寔",实,表示强调的副词。则:效法。

⑥天之明:指上天日月星辰照耀天下。

⑦因地之利：顺应大地物产的利益而得以生存。因，顺，顺应。地之利，指山川原隰所生长的动物和植物。

⑧顺：顺从。此处用作使动词，意谓使天下人民顺从。

⑨教：道德教化。肃：严肃。成：成功。

⑩政：施政。严：威严，严酷。治：治理。

⑪教：道德教化。化民：感化民众。

⑫先：先做示范。博爱：广博的仁爱。此处指圣王对父母的博爱。

⑬莫：没有人。遗：遗忘。亲：父母。

⑭陈：陈述，陈说。德义：道德仁义。

⑮兴：起，起心。行：践行，指践行道德仁义。

⑯敬：恭敬。让：礼让。

⑰而民不争：民众因受到圣王敬让的教化而平息名利竞争。

⑱导之以礼乐：礼从外规范人们的行为，乐从内感化人们的性情，故圣王用礼乐引导民众。导，引导。

⑲好恶（hào wù）：爱好与厌恶。

⑳禁：禁止，禁令。

㉑赫赫师尹，民具尔瞻：诗见《诗经·小雅·节南山》。赫赫，显赫的样子。师尹，尹太师。师，太师。尹，太师姓氏。民具尔瞻，民众都看着你。具，都。瞻，看。按，《节南山》本义是批评尹氏太师，此处征引这两句诗，意在说明统治者言行为人民所关注。这种引《诗》方法叫断章取义。

㉒按，以上为第七章。通行本《孝经》标题为"三才章"，论述天地人三才。孝虽然是人之伦理道德，但它却是圣王效法天地之义而提出的，因此孝是天经地义。中国古代思想家往往从天地自然的高度来说明人伦道德的来源。

【译文】

曾子说："啊呀，孝的意义真是大得很啊！"孔子说："孝，是天地的常道，是人民行为的准则。天地显示它的常道，而为人类所效法。圣王效法上天日月星辰的光明，顺应大地物产的利益，来使天下人民顺从统治。所以，圣王的教化不需要严肃而自然取得成功，施政不需要威严而自然治理得当。先王看到道德教化可以用来感化民众，因此自身率先博爱父母双亲，民众受到感化而没有人敢于遗忘双亲。先王向民众讲述道德仁义，民众受到感化而践行道德仁义。先王率先做到恭敬礼让，民众受到感化而平息名利竞争。先王用礼乐引导民众，民众受到感化而上下和睦。先王显示自己的好恶爱憎，民众因此知道什么事不可以做。《诗》中说：'显赫的尹太师啊，民众都在看着你呢！'"

子曰："昔者明王之以孝治天下也①，不敢遗小国之臣②，而况于公、侯、伯、子、男乎③？故得万国之欢心④，以事其先王⑤。治国者，不敢侮于鳏寡⑥，而况于士民乎⑦？故得百姓之欢心，以事其先君⑧。治家者⑧，不敢失于臣妾⑩，而况于妻子乎⑪？故得人之欢心⑫，以事其亲⑬。夫然⑭，故生则亲安之⑮，祭则鬼享之⑯。是以天下和平，灾害不生，祸乱不作⑰。故明王之以孝治天下也如此。《诗》云：'有觉德行，四国顺之⑱。'"⑲

【注释】

①明王：圣明之王。以孝治天下：用孝道思想治理天下。

②不敢遗小国之臣：对小国之臣以礼相待，不敢在礼节上稍有疏漏。遗，遗漏。

③况：何况。公、侯、伯、子、男：西周春秋时期五个等级的诸侯封爵。

④万国：泛指众多诸侯国。

⑤事其先王：按照上古礼制，天子祭祀祖先，天下诸侯应该各以其

职前来助祭。事，侍奉，此处指祭祀。按，以上论述天子以孝治天下。

⑥侮：欺侮，侮辱。鳏（guān）寡：老而无妻曰鳏，老而无夫曰寡。后代用鳏寡来泛指孤苦无靠之人。

⑦士民：士与庶人。此处泛指知书识礼的士人。

⑧以事其先君：意谓诸侯祭祀祖先时，卿、大夫、士都要前来助祭。先君，指诸侯祖先。按，以上论述诸侯以孝治国。

⑨家：指卿大夫的采邑。

⑩臣妾：指男女奴婢。

⑪妻子：妻子与孩子。

⑫人：卿大夫采邑中的所有成员。

⑬以事其亲：意谓卿大夫祭祀亡亲时，采邑中的臣妾前来助祭。亲，指卿大夫的父母。按，以上论述卿大夫以孝治家。

⑭然：这样，如此。指天子、诸侯、卿大夫以孝道治民。

⑮生则亲安之：在天子、诸侯、卿大夫父母活着的时候，他们能够得到孝养而安度晚年。

⑯祭则鬼享之：天子、诸侯、卿大夫父母死后，他们的鬼魂能够享受其子孙的祭祀。享，歆享，神灵享受供物。

⑰作：兴起。

⑱有觉德行，四国顺之：诗见《诗经·大雅·抑》。意思是圣王有伟大的德行，天下各诸侯国都顺从他。觉，大。德行，指孝道。四国，四方之国，指天下。

⑲按，以上为第八章。通行本《孝经》标题为"孝治章"，提出明王以孝治天下的思想。

【译文】

孔子说："从前圣明君王以孝道治理天下，连小国之臣都不敢稍有失礼之处，何况是对待公、侯、伯、子、男各级诸侯呢？所以圣明君王能够得到天下所有诸侯国的欢心,使他们自愿前来,各以其职辅助天子祭祀先王。以孝道治国的诸侯,连孤苦无靠的人都不敢轻侮,何况是对待那些知书识礼的士人呢?所以诸侯能够得到国内百姓的欢心,让臣民百姓自愿地前来助祭先君。以孝道治理采邑的卿大夫,连对臣妾奴仆都不敢失礼,何况是对待妻子儿女呢?所以卿大夫能够得到采邑成员的欢心,大家一起来侍奉卿大夫的双亲。天子、诸侯、卿大夫都能做到以孝道治民,那么在天子、诸侯、卿大夫的父母活着的时候,他们能够得到孝养而安度晚年;死后,他们的鬼魂能够享受其子孙的祭祀。因此能够做到天下和平,灾害不生,祸乱不起。圣明君王以孝治理天下的情形就是这样。《诗》中说:'圣王有伟大的德行,四方之国都会顺从他。'"

曾子曰:"敢问圣人之德^①,无以加于孝乎^②?"子曰:"天地之性人为贵^③。人之行莫大于孝^④,孝莫大于严父^⑤,严父莫大于配天^⑥,则周公其人也^⑦。昔者周公郊祀后稷以配天^⑧,宗祀文王于明堂^⑨,以配上帝^⑩。是以四海之内,各以其职来祭^⑪。夫圣人之德,又何以加于孝乎?故亲生之膝下^⑫,以养父母日严^⑬。圣人因严以教敬^⑭,因亲以教爱^⑮。圣人之教不肃而成,其政不严而治,其所因者本也^⑯。父子之道,天性也^⑰,君臣之义也^⑱。父母生之,续莫大焉^⑲。君亲临之^⑳,厚莫重焉^㉑。

【注释】

①敢:表敬副词。

②加:超过。

③天地之性人为贵:意谓在天地所生一切生物中,人为万物之灵,故最为尊贵。性,生命,生物。

④人之行莫大于孝：在人的所有行为中，没有比孝行意义更大的。

⑤严：尊敬，尊重。

⑥配天：古代天子祭祀天帝时，以其祖宗配祭。

⑦周公：姬姓，名旦，周文王之子，周武王之弟，周成王之叔。西周初年杰出政治家、思想家。周武王于克商之后不久去世，继位的周成王年幼，周公摄政，他平定武庚叛乱，制定西周礼乐制度，首定以祖宗配祭天帝之礼，故周公被儒家视为大孝典型。

⑧郊祀后稷以配天：周公在郊外祭祀上天，以始祖后稷配祀天帝。郊祀，古代帝王在国都郊外祭祀上天，这是帝王最隆重的祭祀典礼。后稷，周人始祖，名弃，传说他是有邰氏之女姜嫄踩了上帝的脚印，感孕而生，长大之后擅长种植，教民稼穑，被帝舜封为农官，号称后稷，别为姬姓。《诗经·大雅·生民》歌咏他的事迹。后稷，是指负责粮食生产的长官。后，意为君。稷，指谷物。

⑨宗祀：对祖宗的祭祀。文王：姬姓，名昌，古公亶父之孙，王季之子，武王之父。他在位期间，极大地拓展了周国的版图，奠定了周人灭商的基业，为后来武王灭商创造了充分的条件。姬昌生前只是西伯，即西方诸侯领袖，并未称王，武王灭商以后，追赠乃父为文王。一说姬昌断虞、芮二国之讼之年即已称王。明堂：西周天子朝会诸侯、发布政令、祭祀祖先的场所。

⑩以配上帝：周公在明堂以其父文王配祭上帝。

⑪以其职：修其职。来祭：前来京师助祭。

⑫亲生之膝下：人的亲爱之心产生于幼童时期。亲，亲爱之心。膝下，身高在成人膝盖之下，指人的幼童时期。

⑬以养父母日严：孝子长大以后，在奉养父母过程中，对父母尊敬之心与日俱增。日严，日加尊敬。

⑭圣人因严以教敬：圣人顺应孝子对父母的尊敬之心而用敬义来教化民众。

⑮因亲以教爱：圣人顺应孝子对父母的亲爱之心而用爱义来教化民众。

⑯其所因者本也：圣人所依靠的就是孝道这个根本。因，凭借，依靠。本，指孝道。《论语·学而》载有子曰："孝悌也者，其为仁之本与？"

⑰父子之道，天性也：父慈子孝是出于人类的自然天性。

⑱君臣之义也：子之事父，如臣之事君。因此将父子之道加以推广，就是君臣之义。

⑲父母生之，续莫大焉：父母生子，世代相续，赓续之义，莫大于此。续，赓续，世代相传。

⑳君亲临之：指君主亲身教化民众。临，从高处看低处，引申为以上治下。

㉑厚莫重焉：没有比君主更厚重的恩情了。厚，厚重。

【译文】

曾子问道："请问圣人的德行，没有比孝更大的了吗？"孔子回答说："天地所生万物，其中人类最为尊贵。在人的所有行为中，没有比孝行意义更大的；在所有孝行之中，没有比尊敬父亲意义更大的；在尊敬父亲的孝行中，没有比在祭祀天帝时以父亲配祭之礼意义更大的；周公就是最先这样做的人啊！从前周公在国都近郊举行祭祀上天的大典，以周人始祖后稷配祀天帝，在明堂举行祭祖典礼，以父亲周文王配祀上帝，因此四海之内所有诸侯各修其职，前来助祭周人先王。圣人的德行，又有什么比孝更为重要的呢？所以，亲爱之心在幼童时期就萌生了，长大之后奉养父母，日益懂得尊敬父母。圣人顺应人们尊敬父亲的心理，以爱敬之理教育人民。圣人的教化不待严肃而能成功，为政不需威严而自然治理得当，这是由于圣人顺应了孝道这个根本。父慈子孝是出于人类的自然天性，君臣之义也像父子之道一样。父母生子，没有比这世代相续意义更大的事情了。君主亲身教化民众，没有比这更厚重的恩德了。

　　"故不爱其亲而爱他人者，谓之悖德^①；不敬其亲而敬他人者，谓之悖礼。以顺则逆^②，民无则焉^③。不在于善^④，而皆在于凶德^⑤，虽得之^⑥，君子不贵也^⑦。君子则不然^⑧，言思可道^⑨，行思可乐^⑩。德义可尊^⑪，作事可法^⑫。容止可观^⑬，进退可度^⑭。以临其民^⑮，是以其民畏而爱之^⑯，则而象之^⑰。故能成其德教^⑱，而行其政令^⑲。《诗》云：'淑人君子，其仪不忒^⑳。'"^㉑

【注释】

①悖德：违反爱敬道德。按，儒家主张将爱敬情感建立在宗法血亲的伦理基础之上。首先将爱敬之情献给血缘最为亲近的父母，然后再按照宗法血亲关系的亲疏远近，根据由亲及疏、由近及远的原则加以推广。

②顺：顺从，此处指符合道德礼义。则：效法。逆：违反常理，即悖德、悖礼。

③民无则：由于违反道德礼义，因此民众没有取法的标准。则，准则，标准。

④在：心之所在。善：指身行爱敬，服膺道德礼义。

⑤凶德：凶害的德行。

⑥虽：即使。得之：得到爵禄。

⑦不贵：不看重。

⑧不然：不是这样。即不违背道德礼义。

⑨言思可道：说话之前，先想一想这句话是否可以说。

⑩行思可乐：施行之前，先想一想这种行为是否令人心悦诚服。

⑪德义可尊：道德礼义足可令人尊敬。

⑫作事可法：兴作事业足可令人取法。

⑬容止可观：仪容举止足可令人观瞻。

⑭进退可度：一进一退足可成为法度。

⑮临：统治。

⑯畏：畏敬。爱：爱戴。

⑰象：模仿。

⑱德教：道德教化。

⑲行：指政令畅通。

⑳淑人君子，其仪不忒（tè）：诗见《诗经·曹风·鸤鸠》。淑人，善人。仪，威仪，仪表。忒，差错。

㉑按，以上为第九章。通行本《孝经》标题为"圣治章"，以周公大孝为例，论述圣人以孝治理天下。

【译文】

"因此，不爱自己的父母亲而爱他人的父母亲，这叫作违反爱敬道德；不敬自己的父母亲而敬他人的父母亲，这叫作违反礼义。如果让符合道德礼义的人去效法违反道德礼义的人，那么民众就没有取法的标准。心不在爱敬道德礼义，而都在于那些凶害的德行方面，这样的小人即使得到荣华富贵，君子也不会看重。君子不是这样，他们在说话之前，先想一想这句话是否可以说；决策施行之前，先想一想这种行为是否令人心悦诚服。他们的道德礼义足可令人尊敬，兴作事业足可令人取法。他们的仪容举止足可令人观瞻，一进一退足可成为法度。如果这样的君子统治民众，那么民众就会畏敬和爱戴他，以他作为效法和模仿的榜样。因而这样的君子能够成功地推行道德教化，让政令畅通无阻。《诗》中说：'善人君子，他的仪表不会有差错。'"

子曰："孝子之事亲也，居则致其敬①，养则致其乐②，病则致其忧，丧则致其哀③，祭则致其严④。五者备矣⑤，然后能事亲。事亲者，居上不骄⑥，为下不乱⑦，在丑不争⑧。

居上而骄则亡，为下而乱则刑⑨，在丑而争则兵⑩。三者不除⑪，虽日用三牲之养⑫，犹为不孝也。"⑬

【注释】

①居：平常居家之时。致：通"至"，尽，极。

②养：奉养。

③致其哀：孝子表达对父母去世的悲哀之情。按照丧礼，父母去世之后，孝子要捶胸、顿足、哭泣，以尽哀情。

④严：严肃。指祭前以严肃恭敬的态度，斋戒沐浴，然后祭祀父母亡灵。

⑤备：完备。

⑥居上不骄：居于上位不骄傲，防止因为骄傲而犯大错。

⑦为下不乱：处于下位不犯上作乱。

⑧在丑不争：在众人之中不争强好胜。丑，众。

⑨刑：受到刑罚惩处。

⑩在丑而争则兵：在众人之中逞强斗狠，会导致兵刃相向。兵，兵器。

⑪三者：指骄傲、作乱、争强。

⑫虽：即使。三牲：牛、羊、猪，古代称之为太牢。

⑬按，以上为第十章。通行本《孝经》标题为"纪孝行章"，从居、养、病、丧、祭五个方面论述孝行。

【译文】

孔子说："孝子侍奉父母，平常居住在家应该对父母尽其恭敬，进饮食奉养父母应该和颜悦色尽其欢乐，父母生病时应该侍奉汤药尽其忧愁，父母死丧之时应该尽其哀伤，祭祀父母时应该尽其严肃恭敬。具备了这五条，然后才能做一个合格的侍奉父母的孝子。侍奉父母的孝子，居于上位不骄傲，处于下位不作乱，在众人之中不忿争。居上位骄傲就会危亡，在下位作乱就会招致刑罚，在众人之中忿争就会导致兵刃加身。如果不去掉骄傲、作乱、忿争这三样恶行，即使是每天都以牛、羊、猪三牲奉养父母,仍然是不孝之子。”

子曰:“五刑之属三千①,而罪莫大于不孝②。要君者无上③,非圣人者无法④,非孝者无亲⑤。此大乱之道也。”⑥

【注释】

①五刑:指古代墨、劓、剕、宫、大辟五种肉刑。三千:所犯刑条有三千。据说周穆王时期制定刑条,共有三千条之多。

②罪莫大于不孝:在三千刑条之中,没有比不孝之罪更大的。在中国古代,不孝之罪被视为首恶。

③要:要挟。无上:目无君王,古代称君王为上。

④非圣人:非议圣人。无法:目无法则。

⑤非孝:否定孝道。无亲:目无父母双亲。

⑥按,以上为第十一章。通行本《孝经》标题为“五刑章”,论述不孝在所有罪恶中是最大的罪恶。

【译文】

孔子说:“墨、劓、剕、宫、大辟五刑之类刑条共有三千,其中最大的罪恶是不孝。要挟君主的人目中无上,非议圣人的人目无法则,否定孝道的人目无双亲,无上、无法、无亲,就是社会大乱之道。”

子曰:“教民亲爱,莫善于孝①。教民礼顺,莫善于悌②。移风易俗,莫善于乐③。安上治民,莫善于礼④。礼者,敬而已矣⑤。故敬其父则子悦⑥,敬其兄则弟悦,敬其君则臣悦⑦,敬一人而千万人悦⑧。所敬者寡而悦者众⑨,此之谓要道也。”⑩

【注释】

①教民亲爱,莫善于孝:意谓君主如果希望民众亲爱自己,那么君主自身就要孝亲,君主能行孝,民众就会仿效,他们将孝亲之情用于事君,自然也就亲爱君主了。亲爱,指亲爱君主。

②教民礼顺,莫善于悌(tì):意谓君主如果希望民众按照礼节顺从自己,那么君主自身就要敬爱兄长,君主能敬爱兄长,民众就会仿效,他们将敬爱兄长之情用于事君,自然也就按照礼节顺从君主了。礼顺,按照礼节顺从长官。悌,敬爱兄长。

③移风易俗,莫善于乐:音乐诉诸人的感性,能在潜移默化之中改变人的性情,人的性情变了,社会良风善俗由此形成。

④安上治民,莫善于礼:礼规定上下尊卑的规范,君主如果希望上下尊卑秩序井然,做到身安于上,民治于下,那么最好的手段便是以礼治民。安上治民,君主身安于上,民众治理于下。

⑤礼者,敬而已矣:礼的灵魂是敬。

⑥敬其父则子悦:天子如果能够礼敬别人的父亲,那么天下做儿子的人都高兴。

⑦敬其君则臣悦:天子如果能够礼敬别人的君主,那么天下做臣子的人都高兴。君,指诸侯。

⑧一人:指为天子所礼敬的父亲、兄长、君主,不过是一个人。千万人:指这些被礼敬的父亲、兄长、君主的儿子、弟弟、臣下等千千万万人。

⑨所敬者寡:指天子礼敬的父亲、兄长、君主人数少。悦者众:指为天子礼敬其父亲、兄长、君主而高兴的儿子、弟弟、臣下则人数众多。

⑩按,以上为第十二章。通行本《孝经》标题为“广要道章”,论述推广孝悌是天子治国的要道。

【译文】

孔子说:“教育民众亲爱君主的方法,没有比天子亲自践行孝道更好的了。教育民众按照礼节顺从官长的方法，没有比天子亲自践行敬爱兄长更好的了。移风易俗的方法，没有比音乐教化更好的了。天子获得身安于上、民治于下的方法，没有比以礼治国更好的了。礼的灵魂，其实不过是一个'敬'字而已。因此，天子礼敬他人的父亲，那么天下做儿子的人都喜悦；天子礼敬他人的兄长，那么天下做弟弟的人都喜悦；天子礼敬他人的君主，那么天下做臣子的人都喜悦，这就叫天子礼敬一个人，千万人都喜悦。天子礼敬的人少而天下喜悦的人多，这就叫作治理天下的要道。"

子曰："君子之教以孝也，非家至而日见之也①。教以孝，所以敬天下之为人父者也②。教以悌，所以敬天下之为人兄者也。教以臣③，所以敬天下之为人君者也。《诗》云：'恺悌君子，民之父母④。'非至德⑤，其孰能顺民如此其大者乎⑥！"⑦

【注释】

①家至：每家每户都要走到。日见：每天见一次面。

②所以：用来……办法。

③臣：为臣之道。

④恺悌（kǎi tì）君子，民之父母：诗见《诗经·大雅·泂酌》。恺悌，欢乐平易。

⑤至德：最高的德行。指孝。

⑥孰：谁。顺民：使民众顺从。

⑦按，以上为第十三章。通行本《孝经》标题为"广至德章"，论述君子推广孝道。

【译文】

孔子说:"君子以孝道教育人民,并不是家家户户都要走到,也不是天天当面告诉他们如何尽孝。天子教人孝敬父亲,是用来礼敬天下所有做父亲的人。天子教人敬爱兄长,是用来礼敬天下所有做兄长的人。天子教人遵行臣道,是用来礼敬天下做君主的人。《诗》中说:'和乐平易的君子啊,你是人民的父母。'如果不是孝这一最高的德行,谁能够让民众顺从达到如此广大的境界呢?"

子曰:"君子之事亲孝①,故忠可移于君②;事兄悌,故顺可移于长③;居家理④,故治可移于官⑤。是以行成于内⑥,而名立于后世矣⑦。"⑧

【注释】

①君子:先秦文献中的"君子",有两层意义:一是指君主;二是指道德高尚的人。此处"君子"是指道德高尚的人。

②忠可移于君:君子移孝顺父母之心去侍奉君主,可为忠臣。

③顺可移于长:移敬重兄长之心去侍奉长官,可为顺臣。长,长官。

④理:治理。

⑤治可移于官:移治家之术于官府政事。

⑥内:指孝亲、敬兄、理家等内部事务。

⑦名:美名。后世:指君子死后。

⑧按,以上为第十四章。通行本《孝经》标题为"广扬名章",论述君子通过将孝悌移植为忠顺而扬名后世。

【译文】

孔子说:"君子侍奉父母孝顺,因而他能够将这种孝心移植为对君主的忠诚;侍奉兄长敬重,因而他能够将这种敬重之心移植为对长官的顺从;居家而家族内部事务得到治理,因而能够将这种理家之术移植到官府政事。所以，君子在家修成孝顺美德，他的美名在他去世之后也将久远传播。”

曾子曰：“若夫慈爱恭敬，安亲扬名^①，则闻命矣^②。敢问子从父之令^③，可谓孝乎？”子曰：“是何言与^④？是何言与？昔者天子有争臣七人^⑤，虽无道，不失其天下。诸侯有争臣五人，虽无道，不失其国。大夫有争臣三人，虽无道，不失其家。士有争友，则身不离于令名^⑥。父有争子，则身不陷于不义。故当不义^⑦，则子不可以不争于父^⑧，臣不可以不争于君。故当不义，则争之。从父之令，又焉得为孝乎^⑨！”^⑩

【注释】

①安亲：使父母身心安逸。扬名：孝子通过建立功名替父母扬名。

②闻命：接受命令。此处指明白其中道理。

③从父之令：听从父亲的教令。

④是何言与：这是什么话。

⑤争（zhèng）臣：敢于直言劝谏的大臣。争，通“诤”，直言规劝。

⑥令名：美名。

⑦当：面对。

⑧子不可以不争于父：孝子对父亲负有谏诤责任，但要注意谏诤的态度和方法。《礼记·曲礼下》：“子之事亲也，三谏而不听，则号泣而随之。”《礼记·内则》：“父母有过，下气怡色，柔声以谏。谏若不入，起敬起孝，说则复谏。”

⑨从父之令，又焉得为孝乎：仅仅听从父亲的命令，是不能做一个合格的孝子的。此章揭示孝的另一层要求：孝子对父亲的过错，要敢于谏诤。同样，忠臣对于君主的过错，也要敢于谏诤。

⑩按，以上为第十五章。通行本《孝经》标题为"谏诤章"，论述真正的孝子面对不义应该敢于谏诤。

【译文】

曾子问道："像慈爱恭敬、安亲扬名一类的道理，我已经从老师这儿听到了。请问儿子听从父亲的教令，可以称得上孝吗？"孔子回答说："这是什么话？这是什么话？从前，天子有七位敢于直言规劝的大臣，即使无道，仍然不失天下。诸侯有五位敢于直言规劝的大臣，即使无道，仍然不失其封国。大夫有三位敢于直言规劝的家臣，即使无道，仍然不失其采邑。士有敢于直言规劝的朋友，他就不会远离美名。父亲有敢于直言规劝的孝子，他就不会陷于不义。因此，如果面对不义的情形，那么儿子就不能不向父亲谏诤，臣子就不能不向君主谏诤。所以，孝子面对不义的情形，就要谏诤。一味地听从父亲的教令，又怎么能称得上孝呢？"

子曰："昔者明王事父孝，故事天明；事母孝，故事地察①。长幼顺，故上下治②。天地明察，神明彰矣③。故虽天子④，必有尊也，言有父也⑤；必有先也，言有兄也⑥。宗庙致敬⑦，不忘亲也⑧。修身慎行⑨，恐辱先也⑩。宗庙致敬，鬼神著矣⑪。孝悌之至，通于神明⑫，光于四海⑬，无所不通。《诗》云：'自西自东，自南自北，无思不服⑭。'"⑮

【注释】

①"昔者明王事父孝"几句：古人认为，王者父天母地。明王能孝事父母，便能敬事天地，明察天道地理。事天明，指侍奉上天时能明白天道。一说天道即指四时等天时。事，侍奉。事地察，指侍奉大地时能明白地理。一说这里的地理指土地高下、肥瘠等地利。察，明察，明白。

②长幼顺,故上下治:圣明君王将王室宗族中长幼关系理顺,天下臣民受到教化,因而上下得到治理。顺,理顺。

③天地明察,神明彰矣:圣明君王侍奉天地明察,就会获得天神地祇的感应而得到福报,神明之功由此得到彰显。彰,彰显。

④虽:即使。

⑤父:指天子宗族叔父、伯父。

⑥兄:指天子族兄。

⑦宗庙致敬:天子在宗庙中祭祀祖先,向祖宗表达敬意。

⑧亲:宗亲,指族叔、族伯、族兄等。

⑨修身:修持其身。慎行:谨慎其行。

⑩辱先:辱没祖先。

⑪鬼神著矣:天子在宗庙祭祀祖先,祖先神明歆享祭品,明显体现出鬼神之功。著,昭著,显著地体现出来。

⑫通于神明:天子孝悌能够产生感应,上与鬼神相通。

⑬光于四海:光照四海。

⑭"自西自东"几句:诗见《诗经·大雅·文王有声》。无思不服,没有想不服从的。

⑮按,以上为第十六章。通行本《孝经》标题为"感应章",论述天子孝悌能够与天地鬼神产生感应。

【译文】

孔子说:"从前圣明的君王侍奉父亲孝顺,事父之道通于上天,因此能明白天道;天子侍奉母亲孝顺,事母之道通于大地,因此能明察地理。天子将王室宗族长幼关系理顺了,天下臣民的上下尊卑也就得到治理了。明察天道与地理,神明感于天子孝悌就会降下福佑而彰显功力。所以圣王虽然贵为天子,但王室中他也有需要尊敬的人,这是说圣王也有宗族叔伯;圣王也有让其居于自己之前的人,这是说君王也会有宗族兄长。圣王在宗庙中向祖先致敬,这说明圣王不会忘记宗亲。圣王修持其身,谨慎其行,怕的是辱没先人。圣王在宗庙中向祖宗致敬,祖宗神明就会感其孝心而显示灵验。圣王的孝悌达到极点,就能感通神明,光照四海,无所不通。《诗》中说:'从西方到东方,从南方到北方,无人不想服从圣王。'"

　　子曰:"君子之事上也^①,进思尽忠^②,退思补过^③,将顺其美^④,匡救其恶^⑤,故上下能相亲也。《诗》云:'心乎爱矣,遐不谓矣。中心藏之,何日忘之^⑥。'"^⑦

【注释】

①上:指君主。

②进思尽忠:进朝谒见君主时就要想到竭尽忠诚。

③退思补过:退朝以后就要想到如何弥补君主过失。

④将顺:顺势促成。

⑤匡:匡正。救:补救。恶:指君主的错误、过失。

⑥"心乎爱矣"几句:诗见《诗经·小雅·隰桑》。心乎爱矣,心中如果真有爱。遐不谓矣,不认为自己远离君主。遐,远。中心,心中。藏,牢记。

⑦按,以上为第十七章。通行本《孝经》标题为"事君章",论述孝子侍奉君主,进退都要忠于王事。

【译文】

　　孔子说:"君子侍奉君主,入朝进见,心里想的是尽其忠诚之道,退朝回家,心里想的是弥补君主过失,顺势促成君主的美政,匡正补救君主的过恶,这样君臣上下才能相亲。《诗》中说:'臣子心里热爱君主,纵在天涯不为远。心里时时记王事,何曾片刻忘记它?'"

子曰："孝子之丧亲也，哭不偯^①，礼无容^②，言不文^③，服美不安^④，闻乐不乐^⑤，食旨不甘^⑥，此哀戚之情也^⑦。三日而食^⑧，教民无以死伤生^⑨，毁不灭性^⑩：此圣人之政也。丧不过三年^⑪，示民有终也^⑫。为之棺椁衣衾而举之^⑬，陈其簠簋而哀戚之^⑭，擗踊哭泣^⑮，哀以送之。卜其宅兆^⑯，而安措之^⑰。为之宗庙^⑱，以鬼享之^⑲；春秋祭祀，以时思之^⑳。生事爱敬^㉑，死事哀戚^㉒，生民之本尽矣^㉓，死生之义备矣^㉔，孝子之事亲终矣。"^㉕

【注释】

①哭不偯（yǐ）：哭到气竭，不能发出余声。偯，哭的余声。

②礼无容：按照礼仪，拜揖趋翔均有容止要求。孝子因丧亲哀痛，在行礼时无法做到这些要求。

③言不文：说话不追求文饰。

④服美不安：不穿鲜衣美服，披上衰（cuī）衣麻绖（dié）。

⑤闻乐不乐：前一个"乐"，指音乐；后一个"乐"，指欢乐。

⑥食旨不甘：吃美食也吃不出美味。旨，美。按照礼仪，孝子在守丧期间，应该蔬食饮水。

⑦哀戚：悲哀忧伤。

⑧三日而食：按照礼仪，父母去世，孝子三日水浆不入口。但是三日之后，孝子就要吃饭喝水，不能因为父母去世而伤及孝子生命。

⑨死：指死去的父母。生：指活着的孝子。

⑩毁不灭性：父母去世以后，孝子毁瘠以不伤及性命为限。毁，哀毁，毁瘠。性，性命。

⑪丧不过三年：父母去世，孝子守丧三年。三年之丧，实为二十五个月，即三个年头。

⑫示民有终：这是告诉民众，孝子守丧，并不是无休无止，而是有时间界限的。

⑬椁（guǒ）：外棺，指套在棺材外面的大棺材。衣：殓衣。衾（qīn）：被子。举：将尸体抬起，放入棺材之内。

⑭陈：陈列。簠（fǔ）：古代祭祀时盛谷物的方形器皿。簋（guǐ）：古代祭祀时盛谷物的圆口两耳器皿。簠簋最初为陶制，后来用青铜制作。

⑮擗（pǐ）：用手捶胸。踊（yǒng）：跳脚。

⑯宅兆：阴宅兆象，指坟墓风水。

⑰措（cuò）：放置。此处指安放棺材。

⑱为：建立。

⑲以鬼享之：用鬼礼祭飨父母亡灵。

⑳以时：按一定的季节。

㉑生事爱敬：父母活着的时候，孝子以爱敬侍奉。

㉒死事哀戚：父母去世后，孝子以哀戚态度来葬埋并祭祀。

㉓生民之本：指孝道。生民，民众。尽：到此为止。

㉔备：完备。

㉕按，以上为第十八章。通行本《孝经》标题为"丧亲章"，论述孝子在父母去世以后，按照礼仪埋葬、祭祀父母。

【译文】

孔子说："孝子父母去世，出于真情哭到气竭发不出余声为止，举止进退无趋翔之礼容，说话顾不上文饰，脱掉鲜衣美服而被服衰麻，听到音乐不会快乐，吃美食也吃不出甘美之味，这些都是出于孝子的悲哀忧伤之情。丧礼规定，孝子绝食三日之后就要进食，这是教育人民不要因为已死之人而伤害活着的人。孝子悲哀毁瘠切不要过分，以免陨灭性命，这就是圣人的政教。丧礼不超过三年，这是告诉人民，任何礼都有它的终点。孝子替死去的父母准备好棺椁、寿衣、寿被，将亡亲的尸体放入棺材之内，陈列簠簋祭品，哀悼亡亲，捶胸、跳脚、哭泣，悲哀地送别父母亡灵。替亡亲占卜阴宅吉凶，然后安放好棺材。为亡亲立庙，以鬼礼祭享亡灵；春祭秋祀，按照一定的时季表达对亡亲的哀思。孝子在父母活着的时候尽其爱敬之心，在父母死后尽其哀戚之意，孝子的根本责任就完全尽到了，死生的意义具备了，孝子侍奉父母至此也就终结了。"

大学第二

【题解】

本篇取自《礼记》，篇名取文章开头两字。《大学》如同《礼记》其他文章一样，未署作者之名，从汉至唐也没有人提出《大学》作者问题。因其文中有"曾子曰"，宋儒遂将其断为曾参之作。程颢、程颐兄弟将《大学》从《礼记》中抽出，为其编次章句。朱熹进而认为，《大学》第一章是经，为孔子所言，以下十章为传，是曾子述孔子之旨，而为其门人所记。朱熹将《礼记·大学》文字顺序打乱，按照经传关系，重新为《大学》编排文字顺序，并为之补写了"致知"一章。关于《大学》意旨，程颐以为，《大学》所论为"初学入德之门"，就是说本篇指点世人修身立德的入门路径和次序。《大学》的主要内容，前人将其概括为"三纲领""八条目"。"三纲领"是明明德、亲民、止于至善，"八条目"是格物、致知、诚意、正心、修身、齐家、治国、平天下。儒家祖师孔子倡导立己立人、达己达人、修己安人的仁学，要求弟子首先培养自己的美好品德，再以其美好品德服务于社会政治，实现自己的政治抱负，为中国封建社会士人学子指明了一条修身立业的具体路径。《大学》将孔子从修身到从政的思想进一步具体化，列出从修身到从政的八个步骤。《大学》被宋儒列为"四书"之一，成为封建士子从学为政必读之书。围绕对《大学》的理解，宋明儒家形成"理学"与"心学"两派。"理学"派以程颐、朱熹为代表，他们特别强调八条目中的"格物""致知",主张把穷尽万物之理作为认识并完善自我善性的途径,以求万物之理与天理融会贯通。"心学"派以陆九渊、王阳明为代表,他们强调《大学》以八条目中的"诚意"为主,认为格物致知不过是"诚意"的功效,陆九渊主张"先发明本心,而后使之博览",王阳明进而提出"致良知"学说。这两派学术思想的分歧其实只是修养路径不同,他们的终极学术目标则是完全一致的。《大学》主要有《礼记·大学》和朱熹《大学章句》两个文本,《礼记》本是汉代《大学》文本,朱熹本是宋代《大学》文本。由于后者较《礼记》本更有章法,因此本书采用朱熹文本,而删除朱熹补作的"致知"一章。

大学之道①,在明明德②,在亲民③,在止于至善④。知止而后有定⑤,定而后能静⑥,静而后能安⑦,安而后能虑⑧,虑而后能得⑨。物有本末⑩,事有终始⑪。知所先后⑫,则近道矣⑬。古之欲明明德于天下者⑭,先治其国⑮;欲治其国者,先齐其家⑯;欲齐其家者,先修其身⑰;欲修其身者,先正其心⑱;欲正其心者,先诚其意⑲;欲诚其意者,先致其知⑳;致知在格物㉑。物格而后知至,知至而后意诚,意诚而后心正,心正而后身修,身修而后家齐,家齐而后国治,国治而后天下平。自天子以至于庶人㉒,壹是皆以修身为本㉓。其本乱而末治者否矣㉔,其所厚者薄㉕,而其所薄者厚,未之有也㉖。㉗

【注释】

①大学:大人之学。古人六岁入小学(一说八岁),十五岁入大学。

②明明德:彰显光明的品德。第一个"明"字用作动词,意为彰明,彰显。第二个"明"字用作形容词,意为光明。

③亲民：亲近民众。程颐根据下文《盘铭》，认为"亲"应该读"新"。新民，让民众思想革旧为新，造就新人。译文采用程说。

④止：停留，定于此处。至善：最完善的道德境界。

⑤有定：志有定向。

⑥静：安静。指心不妄动。

⑦安：安于所止。

⑧虑：思虑周密。

⑨得：有心得。指心性修养所获。

⑩本末：本义指树根和树梢，此处本指明德，末指新民。

⑪终始：知其所止为始，能有心得为终。

⑫知所先后：懂得心性道德修养的先后次序。先后，本始为先，末终为后。

⑬近道：接近大道。此处的道是指心性道德修养之道。

⑭天下：指天子统治的所有地区。在古代，人们认为，天之所覆，地之所载，都应该是天子统治的地区。这与现代人们的观念不同。

⑮国：诸侯国。

⑯家：本指卿大夫的采邑。古代君主将一片土地分封给卿大夫，称为采邑，这就是卿大夫的家，采邑之中的居民多为卿大夫的宗族，他们向卿大夫缴纳赋税。战国秦汉以后，采邑逐渐减少，家的涵意渐指家庭。本文中的"家"既指卿大夫的采邑，也指他们的家庭宗族。

⑰修其身：修治自身品德。

⑱正其心：端正心思。

⑲诚其意：心意真诚。

⑳致其知：获得正确的知识。

㉑格物：至物。指接触、研究各种社会事物和自然事物。格，至。一说，意为"来"。物，包括自然事物与社会事物两个部分。

㉒庶人：没有爵位的平民。

㉓壹是：一切都是。壹，用同"一"。本：根本。

㉔否：不可能。

㉕所厚者薄：应该重视的反而轻视。厚，注重，重视。薄，轻视。

㉖未之有：没有这样的道理。

㉗按，以上为第一章。提出大人之学的"三纲领""八条目"。朱熹
　　称此章为"经"，以下几章为"传"。

【译文】

　　大人之学的宗旨，在于彰显光明的德行，在于造就新人，在于使人们达到至善的道德境界。知道自己所要达到的目标然后才能有定力，有定力然后才能心不妄动而宁静下来，心静下来然后能够精神安稳，精神安稳然后才能展开周密思虑，展开周密思虑然后才能有独到的修养心得。明德为本，新民为末；知止为始，能有心得为终；知道这一修养的先后次序，这就接近大道了。古人想对天下彰显自己光明的德行，就先要治理好自己的国家；想治理好自己的国家，就先要整顿好自己的家族和采邑；想要整顿好自己的家族和采邑，就先要致力于自身的修养；想要致力于自身修养，就先要端正自己的心志；想要端正自己的心志，就先要保持心意的真诚；想要保持心意的真诚，就先要获得事物的知识；想要获得事物的知识，就先要研究事物的原理。研究事物原理而后获得知识，获得知识而后心意真诚，心意真诚而后意志端正，意志端正而后提高自身品德修养，提高自身品德修养而后整顿好家族和采邑，整顿好家族和采邑而后治理好国家，治理好国家而后天下太平。从天子到庶人，一律都以修身为根本。根本乱了而枝干不乱，是不可能的。应该重视的反而轻视，应该轻视的反而重视，这样的道理是没有的。

　　《康诰》曰①："克明德②。"《太甲》曰③："顾諟天之明命④。"《帝典》曰⑤："克明峻德⑥。"皆自明也⑦。⑧

【注释】

①《康诰（gào）》：《尚书·周书》中的一篇，记载周公对卫国始封君康叔的训示。

②克明德：要能够做到彰明德行。克，能够。

③《太甲》：《尚书·商书》中的一篇，已佚。今本伪古文《尚书》中有《太甲》上中下三篇，系后人伪造。

④顾：顾念。諟（shì）：同"是"，这。天之明命：上天赋予的光明品德。《中庸》："天命之谓性。"命，禀赋。

⑤《帝典》：指《尚书·尧典》，伪古文《尚书》将其分为《尧典》和《舜典》两篇。

⑥克：能。明：彰明。峻德：伟大品德。

⑦自明：自我彰明美德。

⑧按，以上为第二章。征引经典论述"明明德"。

【译文】

《康诰》说："能够彰明美德。"《太甲》说："顾念这上天赋予的光明品德。"《尧典》说："能够彰明伟大的德行。"这些经典说的都是自我彰明美德啊。

汤之《盘铭》曰①："苟日新②，日日新③，又日新。"《康诰》曰："作新民④。"《诗》曰⑤："周虽旧邦⑥，其命维新⑦。"是故君子无所不用其极⑧。⑨

【注释】

①汤：商朝开国君主。《盘铭》：浴盘上的铭文。商汤在浴盘上铸文，提醒自己要像每日洗浴一样，不间断地除去身心污垢，自新向善。

②苟：假如。

③日日新：每日焕然一新。

④作：兴作，造就。新民：自新之人，向善之人。

⑤《诗》曰：引诗见《诗经·大雅·文王》。

⑥周虽旧邦：周虽然是一个旧的诸侯邦国。据《史记·周本纪》，周在虞、夏、商时期就已经是一个天子属下的诸侯邦国，到周武王取代殷商，成为新的中央王朝。

⑦其命维新：周禀受了新的天命，指周人取代殷商而为天子。命，天命。古人认为王朝鼎革的终极原因是天命。周武王灭商建立一代新王朝，也是宣称获得天命。

⑧君子无所不用其极：君子为了日新其德而用尽一切办法。极，极点，极致。

⑨按，以上为第三章。征引经典论述"在新民"。

【译文】

　　商汤《盘铭》说："假如一日洗浴更新，那么就要做到天天洗浴更新，使自己更加每日常新。"《康诰》说："你要努力造就自新向善之人。"《诗》中说："周虽然是一个旧的诸侯邦国，但它统治天下的天命却是新获得的。"君子为了除旧更新，真是用尽了一切手段。

　　《诗》云："邦畿千里，惟民所止①。"《诗》云："缗蛮黄鸟，止于丘隅②。"子曰："于止③，知其所止，可以人而不如鸟乎？"《诗》云："穆穆文王⑩，於缉熙敬止④！"为人君，止于仁；为人臣，止于敬；为人子，止于孝；为人父，止于慈；与国人交，止于信。

【注释】

①邦畿（jī）千里，惟民所止：诗见《诗经·商颂·玄鸟》。邦畿，又称京畿、王畿，指天子国都附近地区。《礼记·王制》："天子之田

方千里。"惟，是。止，居住。

②缗（mín）蛮黄鸟，止于丘隅（yú）：诗见《诗经·小雅·绵蛮》。缗蛮，鸟的叫声。缗，今本《诗经》写作"绵"。止，停留，栖息。丘隅，山丘一角。

③于止：对于居住的地方。

④穆穆文王，於（wū）缉（jī）熙敬止：诗见《诗经·大雅·文王》。穆穆，端庄肃穆的样子。於，语气词。缉熙，光明。敬，恭敬。止，语尾助词。按，《文王》诗中的"止"为语气词，但《大学》征引这句诗，却是从动词角度去理解"止"的。以上征引了三首《诗经》作品，都是着眼于一个"止"字，以此说明"止于至善"。

【译文】

《诗》中说："王畿地区方圆千里，这是人民居住的地方。"《诗》中说："缗缗蛮蛮鸣叫的黄鸟，栖止在山丘的一角。"孔子感叹说："就栖止来说，黄鸟还知道自己栖息的地方，人怎么可以不如鸟呢？"《诗》中说："端庄肃穆的文王，啊！他是多么光明，多么恭敬严肃！"做人君的要止于仁爱，做人臣的要止于恭敬，做人子的要止于孝道，做人父的要止于慈祥，与国人交往要止于诚信。

《诗》云①："瞻彼淇澳②，菉竹猗猗③。有斐君子④，如切如磋⑤，如琢如磨⑥。瑟兮僩兮⑦，赫兮喧兮⑧。有斐君子，终不可谊兮⑨！""如切如磋"者，道学也⑩；"如琢如磨"者，自修也⑪；"瑟兮僩兮"者，恂栗也⑫；"赫兮喧兮"者，威仪也⑬；"有斐君子，终不可谊兮"者，道盛德至善，民之不能忘也。《诗》云："於戏前王不忘⑭！"君子贤其贤而亲其亲⑮，小人乐其乐而利其利⑯，此以没世不忘也⑰。⑱

【注释】

①《诗》云：引诗见《诗经·卫风·淇奥》。

②瞻（zhān）：看。彼：那。淇（qí）澳（yù）：淇水河湾。澳，水边深曲之处。今本《诗经》作"奥"。

③菉（lù）竹猗猗（yī）：荩（jìn）草生长茂盛。菉竹，荩草的别名。高一二尺，叶片近似竹叶。菉，今本《诗经》作"绿"。绿竹，即翠绿的竹子。猗猗，美丽茂盛的样子。

④有斐（fěi）：文采焕发的样子。有，助词，无义。斐，有文采的样子。今本《诗经》作"匪"。

⑤切、磋：指加工骨角。切，切割。磋，锉平。

⑥琢、磨：指打造玉石。琢，雕琢。磨，磨光。

⑦瑟：矜庄的样子。僩（xiàn）：宽大的样子。

⑧赫（hè）：显赫。喧：显赫。今本《诗经》作"咺"。

⑨谊（xuān）：通"谖"，忘记。今本《诗经》作"谖"。

⑩道学：讲习讨论。

⑪自修：自我修养。

⑫恂栗（xún lì）：恐惧战栗。引申为端庄恭敬。

⑬威仪：庄重的容貌举止。

⑭於戏（wū hū）前王不忘：诗见《诗经·周颂·烈文》。於戏，即"呜呼"，叹词。

⑮贤其贤而亲其亲：尊重贤才而亲近亲人。第一个"贤"是动词，意为重视、尊重。第二个"贤"是名词，意为有才能的人。

⑯小人：平民百姓。乐其乐而利其利：享受圣王所带来的欢乐和利益。

⑰没世不忘：到死都不会忘记圣王的恩德。按，以上两次征引《诗经》，意在说明要想达到道德至善，必须经过长期的道德修炼。

⑱按，以上为第四章。征引经典论述"止于至善"。

【译文】

《诗》中说："你看那淇水河湾，苤草是多么茂盛。有一个文采焕发的君子，如同骨角经过切磋，如同玉石经过琢磨，矜庄啊，宽大啊，显赫啊，光明啊！文采焕发的君子，始终不能让人忘怀啊！""如同骨角经过切磋"，是比喻君子互相讨论学问；"如同玉石经过琢磨"，是比喻君子从事自我修养；"矜庄宽大"，是指君子态度的端庄恭敬；"显赫啊光明"，是指君子仪表的庄重华美；"文采焕发的君子，始终不能让人忘怀"，说的是君子盛德臻于尽善，人民不能忘怀。《诗》中说："啊！前代圣王可不能忘记呀！"君子尊重贤人而爱亲人，平民百姓则乐于享受前代圣王为他们创造的安乐和利益，这就是人们不能忘怀前代圣王的原因。

子曰："听讼①，吾犹人也②。必也使无讼乎③！"无情者不得尽其辞④。大畏民志⑤，此谓知本⑥。⑦

【注释】

①听讼（sòng）：审理诉讼案件。孔子曾经担任鲁国司寇，职掌审理诉讼案件。

②吾犹人也：我与别人一样。

③必也使无讼乎：孔子此语见于《论语·颜渊》。必，一定。无讼，没有诉讼案件。

④无情者不得尽其辞：让不说实情的人说不下去。无情，不说实情。情，情实。

⑤大畏：极大敬畏。民志：民众心志。

⑥此谓知本：按，朱熹文本在此后有"此谓知本，此谓知之至也"二句。程颐认为第二个"此谓知本"为衍文。朱熹认为在"此谓知之至也"前有阙文。今删此二句。

⑦按，以上为第五章，征引孔子之语论述"知本"。《大学》第一段强

调修齐治平要以修身为本，此章征引孔子关于听讼之根本是达到没有诉讼案件的语录，以此说明要想实现明明德、新民、止于至善的目标，也要从根本抓起。

【译文】

孔子说："在审理诉讼案件时，我像其他人心情一样，一定要使人们不再争讼。"孔子让那些说假话的人说不下去，使民众心志大为敬畏信服。这才叫知道根本。

所谓诚其意者，毋自欺也，如恶恶臭①，如好好色②，此之谓自谦③。故君子必慎其独也④！小人闲居为不善⑤，无所不至⑥，见君子而后厌然⑦，掩其不善，而著其善⑧。人之视己，如见其肺肝然⑨，则何益矣⑩。此谓诚于中⑪，形于外，故君子必慎其独也。曾子曰："十目所视⑫，十手所指，其严乎⑬！"富润屋⑭，德润身⑮，心广体胖⑯，故君子必诚其意。⑰

【注释】

①如恶（wù）恶（è）臭：就像发自内心地讨厌恶臭一样。

②如好（hào）好（hǎo）色：就像发自内心地喜欢美色一样。

③谦：通"慊（qiè）"，满足，快意。

④慎独：谨慎地对待独处时刻。独，朱熹说："独者，人所不知而己所独知之地也。"作者之所以在讨论诚意时强调慎独，是因为人在独处时最能见出道德品质的优劣。

⑤闲居：指独处。

⑥无所不至：无所不为。

⑦厌（yǎn）然：遮遮掩掩的样子。厌，同"黡"，掩蔽，掩藏。

⑧著其善：将其善显著地表现出来。

⑨如见其肺肝然：如同看肺肝一样，区别清清楚楚。肺与肝形状不
　　同，极易区分。

⑩何益：指遮掩无益。

⑪中：内心。

⑫十目所视：时时刻刻要像有十双眼睛看着你。

⑬严：可畏。

⑭富润屋：财富可以润饰房屋。

⑮德润身：一个人的美德可以从形体神态上体现出来。润身，谓使
　　自身充实而有光辉。

⑯心广体胖（pán）：比喻人的诚意一定会体现在形体上。广，此指
　　内心没有愧悔。胖，安泰舒适。

⑰按，以上为第六章，论述"诚意"。

【译文】

　　前文所说的诚其意，指的是不要自我欺骗，要像厌恶恶臭、喜欢美色
那样真实自然，这就叫作自我满足。因此，君子一定要谨慎地对待独处
时刻。小人在独处时做尽坏事，没有什么丑恶的事做不出来的，可是当
他见到君子之后，却又遮遮掩掩，隐藏自己坏的一面，而突出自己好的一
面。其实，别人看自己，就像看肺与肝一样容易区分，自欺欺人又有什
么益处啊。这就是说真实的东西虽然蕴藏在心中，但它一定会从外在形
体表现出来，所以君子一定要谨慎地对待独处时刻。曾子说："时时刻刻
像有十双眼睛在看着你，时时刻刻像有十只手在指着你，这是多么可畏
啊！"财富可以润饰房屋，道德能够润饰自身，心中没有愧悔，身体自然
舒适丰满，所以君子一定要保持心意的诚实。

　　所谓修身在正其心者，身有所忿懥①，则不得其正②；
有所恐惧，则不得其正；有所好乐，则不得其正；有所忧患，
则不得其正。心不在焉，视而不见，听而不闻，食而不知其

味③。此谓修身在正其心。④

【注释】

①身有所忿懥（zhì）：忿懥，忿怒。懥，愤怒，愤恨。身，程颐认为应
　　该是"心"字。

②不得其正：心有所怒，就会有违于正理，故不得其正。"忿懥"和
　　下文"恐惧""好乐""忧患"，都是心理活动。心不在"明德""新
　　民""至善"，而在"忿懥""恐惧""好乐""忧患"，就会失去正道。

③"心不在焉"几句：古人认为，心是思维器官，心相当于一个人的
　　指挥部，因此心和视、听、食必须保持一致。如果心不在此，那么
　　势必影响视、听、食。

④按，以上为第七章，论述"正心"。

【译文】

所谓修身在于端正心志，意思是说心有所忿怒，心志就不能端正；有
所恐惧，心志就不能端正；有所偏爱喜好，心志就不能端正；有所忧患，心
志就不能端正。心不在焉，看了也看不见，听了也听不见，吃饭也不知道
味道。这就是我们所说的修身在于端正心志。

　　所谓齐其家在修其身者，人之其所亲爱而辟焉①，之其
所贱恶而辟焉②，之其所畏敬而辟焉，之其所哀矜而辟焉③，
之其所敖惰而辟焉④。故好而知其恶⑤，恶而知其美者⑥，
天下鲜矣⑦！故谚有之曰："人莫知其子之恶⑧，莫知其苗之
硕⑨。"此谓身不修不可以齐其家。⑩

【注释】

①人之其所亲爱而辟（pì）：人们对于所亲爱的人总是心有偏爱。

人,众人。之,于。辟,偏颇,偏向,与"正"相反。

②贱恶(wù):轻贱厌恶。

③哀矜(jīn):同情。

④敖惰:傲慢怠惰。敖,同"傲"。

⑤好(hào)而知其恶:喜好而能知其缺点。好,喜好,爱好。恶,丑恶,缺点。

⑥恶(wù):厌恶。

⑦鲜(xiǎn):少有。

⑧人莫知其子之恶(è):意思是说人们出于血缘亲情的偏爱,往往只看到自己孩子好的一面,而看不到孩子坏的一面。

⑨莫知其苗之硕:由于没有偏爱之情,所以人们即使自家禾苗长得苗壮,他们也全然不知。硕,硕大,苗壮。

⑩按,以上为第八章,论述"齐家"。

【译文】

所谓齐家在于修养自身,是指人们对自己亲爱的人往往过分偏爱,对自己轻贱厌恶的人往往过分轻贱厌恶,对自己畏敬的人往往过分畏敬,对自己同情的人往往过分同情,对自己傲视怠慢的人往往过分傲视怠慢。因此,喜爱某人而能知道他的缺点,厌恶某人而能知道他的优点,这在天下很少有人能够做到。所以谚语说:"人们都不知道自己孩子的缺点,不知道自家禾苗的苗壮。"这就叫作自身不修不可以齐其家。

所谓治国必先齐其家者,其家不可教而能教人者,无之。故君子不出家而成教于国①。孝者,所以事君也;悌者,所以事长也②;慈者,所以使众也③。《康诰》曰:"如保赤子④。"心诚求之⑤,虽不中不远矣⑥。未有学养子而后嫁者也!一家仁,一国兴仁;一家让,一国兴让;一人贪戾⑦,一国作乱：其机如此⑧。此谓一言偾事⑨，一人定国。尧、舜帅天下以仁，而民从之。桀、纣帅天下以暴，而民从之。其所令反其所好⑩，而民不从。是故君子有诸己而后求诸人⑪，无诸己而后非诸人⑫。所藏乎身不恕⑬，而能喻诸人者⑭，未之有也。故治国在齐其家。《诗》云："桃之夭夭，其叶蓁蓁。之子于归，宜其家人⑮。"宜其家人，而后可以教国人。《诗》云："宜兄宜弟⑯。"宜兄宜弟，而后可以教国人。《诗》云："其仪不忒，正是四国⑰。"其为父子兄弟足法⑱，而后民法之也。此谓治国在齐其家。⑲

【注释】

①不出家而成教于国：不出家庭范围而能在诸侯国成功推行教化。君子不出家而成教于国的方法，就是下文将家中的孝、悌、慈推广到诸侯国。家，此处指君主家庭。

②事长（zhǎng）：侍奉长官。

③慈者，所以使众也：这是要求君主和各级长官将慈爱伦理运用于役使民众之中。慈，慈爱，这是父亲对子女的伦理道德。使众，役使民众。

④如保赤子：意谓像保护初生婴儿那样保护百姓。赤子，初生婴儿。

⑤心诚求之：内心真诚地探求赤子的欲望。

⑥虽不中（zhòng）不远：即使不一定完全符合赤子的愿望，但距离赤子愿望不会太远。中，符合。

⑦一人：指国君。贪戾（lì）：贪婪暴戾。

⑧机：弩机。引申为关键。

⑨一言偾（fèn）事：一句话就坏了大事。偾，败坏。

⑩其所令：君主发布的命令。反：与之相反。其所好：君主的爱好。

⑪君子有诸己而后求诸人：君子自己先做到然后再要求别人做到。
有诸己，自己先做到。求诸人，要求别人做到。

⑫无诸己而后非诸人：君子自己先做到没有过恶然后再纠正别人的
过恶。无诸己，自己没有过恶。非，责备。

⑬所藏乎身不恕：君子自身道德修养不够，没有推己及人的品质。
所藏乎身，指君子自身修养。恕，推己及人。

⑭喻诸人：让他人晓谕为善之道。

⑮"桃之夭夭"几句：诗见《诗经·周南·桃夭》。夭夭，鲜嫩、艳
丽的样子。蓁蓁（zhēn），枝叶茂盛的样子。之子，那个女子。于
归，出嫁。

⑯宜兄宜弟：诗见《诗经·小雅·蓼萧》。

⑰其仪不忒（tè），正是四国：诗见《诗经·曹风·鸤鸠》。仪，仪表。
忒，差错。正，匡正。是，这。四国，四方之国。

⑱法：效法。

⑲按，以上为第九章，论述"治国"。

【译文】

所谓治国一定要先齐家，意思是说，连自己的家族成员都教育不好，
而奢望能教育好别人，这种情形是没有的。所以，君子能够不出家族而
能教育好全国。孝，是可以用来侍奉君主的；悌，是可以用来侍奉官长
的；慈，是可以用来役使民众的。《康诰》说："要像保护初生婴儿那样保
护老百姓。"心中如果真有这种若保赤子的念头，即使不能达到若保赤
子这样的水平，那也差得不远了。没有哪一个女子先学会育婴然后嫁人
的。君主一家有仁爱，那么一国人就会效法而有仁爱；君主一家讲礼让，
那么一国人都会兴起礼让之风；君主一个人贪婪暴戾，一国人都会效法
而作乱：治国的关键就在于此。这就是人们所说的一句话能坏大事，一
个人能安定国家。尧、舜以仁爱率领天下而老百姓都随之仁爱，桀、纣以
残暴率领天下而老百姓随之残暴。君主发布的政令与他自己的爱好相

反,老百姓就不会听从了。因此,君子自己有了好的德行,然后才去要求别人;自己没有坏的习性,然后才去批评别人。自己本身道德修养不够,没有具备推己及人的品质,而能够晓谕别人,这种情形是没有的。所以,治国在于先齐家。《诗》中说:"桃花多么娇艳,叶子多么茂盛。那个女子出嫁,定使家人幸福。"先使家人幸福,然后才可以教育国人。《诗》中说:"既适宜哥哥又适合弟弟。"先适宜兄弟,而后才可以教育国人。《诗》中说:"他的仪表没有差错,能够教正这四方之国。"君子德行可以为父子兄弟效法,而后老百姓才去效法。这就是治国在于齐家。

所谓平天下在治其国者,上老老而民兴孝^①,上长长而民兴弟^②,上恤孤而民不倍^③。是以君子有絜矩之道也^④。所恶于上,毋以使下^⑤;所恶于下,毋以事上^⑥;所恶于前,毋以先后^⑦;所恶于后,毋以从前;所恶于右,毋以交于左;所恶于左,毋以交于右;此之谓絜矩之道。《诗》云:"乐只君子,民之父母^⑧。"民之所好好之,民之所恶恶之,此之谓民之父母。《诗》云:"节彼南山,维石岩岩。赫赫师尹,民具尔瞻^⑨。"有国者不可以不慎,辟则为天下僇矣^⑩。《诗》云:"殷之未丧师,克配上帝。仪监于殷,峻命不易^⑪。"道得众则得国,失众则失国。

【注释】

①老老:前一个"老"是动词,意为尊敬;后一个"老"是名词,指老人。兴孝:兴起孝悌之风。

②长长:前一个"长"是动词,意为敬重;后一个"长"是名词,指兄长。弟:通"悌"。

③恤孤:体恤孤苦之人。孤,幼而无父曰孤。此处泛指孤苦无告之

人。倍：通"背"，违背，背叛。

④絜（xié）矩之道：指规矩、法则。絜，用绳子量度围长。矩，画方形的尺子。

⑤所恶于上，毋以使下：如果不希望上司对自己无礼，那么就要以此揣度下级之心，自己不要对下级无礼。此即推己及人之意。

⑥所恶于下，毋以事上：自己对下级某些做法感到厌恶，就不要再用这种做法侍奉上级。

⑦所恶于前，毋以先后：自己对前面的人某些做法感到厌恶，就不要再用这种做法误导后面的人。先，教导。

⑧乐只君子，民之父母：诗见《诗经·小雅·南山有台》。乐只，欢乐的样子。只，语气助词。

⑨"节彼南山"几句：诗见《诗经·小雅·节南山》。节，高大的样子。南山，终南山。岩岩，险峻的样子。赫赫，地位显赫。师尹，太师尹氏。民具尔瞻，人民都在看着你。

⑩辟：邪僻。僇：通"戮"，刑戮，诛杀。

⑪"殷之未丧师"几句：诗见《诗经·大雅·文王》。丧师，指失去民众。师，众。克，能够。仪监于殷，应该以亡殷为借鉴。仪，今本《诗经》作"宜"。监，视。峻命不易，大命不容易保有。峻命，大命，天命。峻，大。今本《诗经》作"骏"。

【译文】

所谓平天下在于治其国，意思是说，在上位者尊敬老人，人民就会兴起孝敬老人之风；在上位者尊敬长者，人民就会兴起尊重兄长之风；在上位者体恤孤苦无告的人，人民就不会违背恤孤道德。因此君子是有规矩的：厌恶在上位者某一做法，就不用这一做法对待下属；厌恶下属某一做法，就不用这一做法对待上司；厌恶前面的人某一做法，就不用这一做法教导后面的人；厌恶后面的人某一做法，就不用这种方法跟从前面的人；厌恶右边的人某一做法，就不用这一做法对待左面的人；厌恶左边的人某一做法，就不用这一做法对待右边的人；这就叫作规矩。《诗》中说："快乐的君子啊，你是人民的父母。"人民喜爱的就喜爱，人民所厌恶的就厌恶，这才叫人民的父母。《诗》中说："高大的南山啊，岩石多么险峻。显赫的尹太师，人民都在看着你。"有国土的君主不可不谨慎，如果邪僻放荡，就会被天下人民所诛杀。《诗》中说："殷商没有失去民众的时候，能够德配上帝。应该以亡殷为鉴，大命不容易保有。"说的是得民众者得国家，失民众者失国家。

　　是故君子先慎乎德。有德此有人①，有人此有土，有土此有财，有财此有用。德者本也，财者末也。外本内末②，争民施夺③。是故财聚则民散④，财散则民聚⑤。是故言悖而出者，亦悖而入⑥；货悖而入者，亦悖而出⑦。《康诰》曰："惟命不于常⑧。"道善则得之⑨，不善则失之矣。《楚书》曰⑩："楚国无以为宝，惟善以为宝⑪。"舅犯曰⑫："亡人无以为宝⑬，仁亲以为宝⑭。"《秦誓》曰⑮："若有一个臣⑯，断断兮无他技⑰，其心休休焉⑱，其如有容焉⑲。人之有技，若己有之；人之彦圣⑳，其心好之，不啻若自其口出㉑，实能容之㉒。以能保我子孙黎民，尚亦有利哉㉓！人之有技，媢嫉以恶之㉔；人之彦圣，而违之俾不通㉕，实不能容。以不能保我子孙黎民，亦曰殆哉㉖！"唯仁人放流之㉗，迸诸四夷㉘，不与同中国㉙。此谓唯仁人为能爱人，能恶人。见贤而不能举㉚，举而不能先㉛，命也㉜；见不善而不能退㉝，退而不能远㉞，过也。好人之所恶，恶人之所好，是谓拂人之性㉟，灾必逮夫身㊱。

【注释】

①此：乃，则。以下三句中的"此"意义相同。

②外末内本：以德为外，以财为内，即重财轻德。

③争民：争利之人。施夺：施以争夺之教。

④财聚则民散：君主聚敛财富，民心就会散失。

⑤财散则民聚：君主散财于民，民心就会向君主聚集。

⑥言悖而出者，亦悖而入：君主说出逆德言论，民众也会以逆德言论回应君主。悖，逆。

⑦货悖而入者，亦悖而出：君主逆德而聚敛财货，民众就会背叛，最终君主的财货也会以悖逆方式失去。

⑧惟：语助词。命：天命。常：常保，常有。

⑨道：治国之道。得之：得天命。

⑩《楚书》：指《国语·楚语下》。

⑪楚国无以为宝，惟善以为宝：《国语·楚语下》载楚大夫王孙圉赴晋国访问，晋卿赵简子询问楚国之宝，王孙圉以"楚国无以为宝，惟善以为宝"对之。

⑫舅犯：指晋文公重耳的舅父狐偃，字子犯。曾从重耳流亡十九年，出谋划策，多有建树。后佐重耳返国即位，辅助文公称霸。

⑬亡人：流亡之人。当时重耳因骊姬之难而流亡在外，故子犯称重耳为亡人。

⑭仁亲：即孔子所说的"亲于仁"。

⑮《秦誓》：《尚书·周书》中的一篇。前627年，秦穆公不听老臣蹇叔的忠告，派师千里偷袭郑国，结果在崤山遭到晋军伏击而全军覆灭。秦穆公痛定思痛，发表了这篇誓词。誓是上古一种文体。

⑯一个：《礼记》文本作"一介"。一介，多指一个人，含有渺小、卑微的意思。

⑰断断：诚实的样子。

⑱休休：宽广的样子。

⑲有容：有容人之量。

⑳彦：有才德。圣：通达事理。

㉑不啻（chì）：不但，不只是。

㉒实：副词，确实，表示强调。容：包容。

㉓尚：庶几，差不多。

㉔媢（mào）嫉：嫉妒。

㉕违：违忤，违逆，不顺从。俾（bì）：使。不通：此指不能通于君主。

㉖殆（dài）：危害。

㉗唯仁人放流之：仁人对此嫉妒之人深恶痛绝，将其流放。放流，流放。之，指嫉妒之人。

㉘迸（bǐng）：通"屏"，放逐，摈弃。四夷：古代将四方少数民族称为东夷、南蛮、西戎、北狄。

㉙中国：中央之国，指中原诸侯国，与"四夷"相对。

㉚举：举荐。

㉛先：将其置于自己的位置之上。

㉜命：郑玄注曰："当作慢。"程颐认为当作"怠"。都是怠慢的意思。

㉝退：废黜。

㉞远：远离，远避。

㉟拂（fú）：逆，违背。

㊱逮：及。

【译文】

　　因此君子应该首先注重德行。君主有德行才有人拥护，有人拥护才会有国土，有国土才会有财富，有财富才能供使用。德行是根本，财富是末事。如果君主轻道德而重财利，那么争利之人就会施以争夺之教。因此君主把财富聚足了，民心就散了；君主把财富散出去了，民心就聚集了。所以君主说出逆德言论，民众也会以逆德言论回应君主；君主逆德而聚敛财货,民众就会背叛,最终君主的财货也会以悖逆方式失去。《康诰》说:"天命是不能常保的。"说的是国有善政则得到天命,国家政令不善就会失去天命。《国语·楚语下》说:"楚国没有其他珍宝,只有以善为珍宝。"舅犯说:"流浪的人没有其他珍宝,只把亲近仁义当作珍宝。"《秦誓》说:"假如有一个臣子,人很诚实,但没有其他一技之长,他的心胸很宽广,有容人之量。他人有一技之长,如同自己有一样;他人有才德明智,他心里便喜爱人家,不只是在口头说说,而是确实能够容人。任用这样的人能够保护我的子孙,对黎民也是有利的。假如别人有一技之长,他就嫉妒厌恶,别人有才德明智,他就从中作梗,不让别人上达君主,这确实是不能容人。任用这样的人不能够保护我的子孙黎民,可以说是很危险的。只有仁德之君才将这后一种人流放,驱逐到四方蛮夷之地,不与他们共同住在中原之国。"这是说只有仁爱之人才真正能够爱人,才真正能够厌恶坏人。遇到贤人而不能举荐,或者举荐了而不能容忍其地位在自己之上,这是怠慢;遇到不善的人不能黜退,或者黜退了而不能将其驱逐到远方,这就是过错了。喜爱人们所憎恶的,憎恶人们喜爱的,就叫作违背人的本性,灾祸必将降临到他的身上。

是故君子有大道,必忠信以得之,骄泰以失之①。生财有大道,生之者众②,食之者寡,为之者疾③,用之者舒④,则财恒足矣。仁者以财发身⑤,不仁者以身发财⑥。未有上好仁而下不好义者也,未有好义其事不终者也⑦,未有府库财非其财者也⑧。孟献子曰⑨:"畜马乘不察于鸡豚⑩,伐冰之家不畜牛羊⑪,百乘之家不畜聚敛之臣⑫,与其有聚敛之臣,宁有盗臣⑬。"此谓国不以利为利,以义为利也。长国家而务财用者⑭,必自小人矣⑮。彼为善之⑯,小人之使为国家⑰,灾害并至。虽有善者,亦无如之何矣⑱!此谓国不以利为利,以义为利也。⑲

【注释】

①骄泰:骄恣放纵。泰,骄纵。

②生:生产。

③为之者疾:指创造财富的速度快。疾,快。

④用之者舒:指花费财富的速度慢。舒,舒缓。

⑤以财发身:通过散财来获得民心。发,起。

⑥以身发财:通过舍命亡身来发财。

⑦终:结果,指最终成功。

⑧未有府库财非其财者也:君主有府库财货,最终这些财货为君主所用。此句是"未有上好仁而下不好义者也,未有好义其事不终者也"的比喻。

⑨孟献子:鲁国贤大夫仲孙蔑。

⑩畜马乘(shèng)不察于鸡豚:士初试为大夫,应该履行好畜养马匹保养车辆的职责,而不应该去谋求饲养鸡猪的小利。这说明君主治国,应该着眼于大者。畜马乘,畜养马匹车辆,这是士初试为大夫的职责。

⑪伐冰之家不畜牛羊:此句是说卿大夫之家应该履行好自己的职责,不要谋求畜养牛羊的利益。伐冰之家,指丧礼时能用冰的卿大夫之家。伐,凿。

⑫百乘之家:有方圆百里采邑的卿大夫之家。不畜聚敛之臣:古代有采邑的卿大夫食什一之税。聚敛之臣,指那些为卿大夫谋求什一之税以外利益的家臣。

⑬与其有聚敛之臣,宁有盗臣:这是说盗臣只是害财,聚敛之臣不仅害财,而且害义。盗臣,盗窃之臣。

⑭长国家:为一国之主。务财用:谋求财货为自己所用。

⑮必自小人：一定是因为小人怂恿所致。自，由于，因为。

⑯彼为善之：君主想为善。彼，指君主。

⑰小人之使为国家：意为君主委派小人治理国家。

⑱亦无如之何：也对灾害并至的现象无可奈何。

⑲按，以上为第十章，论述"平天下"。

【译文】

因此君子有大道，国家政权一定是依靠忠信来获得，一定是由于骄恣放纵而丧失。生财有大道，从事生产的人多，吃闲饭的人少，创造财富的速度快，花费财富的速度慢，那么财富就常足了。仁爱的君主通过散发财富来获得民心，不仁的君主不惜以自身生命来聚敛财富。没有君主爱好仁义而民众不爱好仁义的情形，没有爱好仁义而其事业不能善终的情形，没有国库财富不为君主所用的情形。孟献子说过："士初试为大夫应履行好畜养马匹保养车辆的职责，不应该去谋求喂鸡喂猪的小利；凿冰备丧祭之用的卿大夫之家，不应该通过饲养牛羊牟利；拥有百辆兵车的卿大夫之家，不应该蓄养那些聚敛民财的家臣；与其蓄有聚敛民财的家臣，还不如蓄有偷盗财物的小臣。"这说的是国家不以物质利益为利，而应该以大义为利。统治国家而务求聚敛财富的国君，一定是来自小人的怂恿。君主即使具有推行善政的心意，但假如让小人来治理国家，一定会灾害并至。到那时，即使君主有善政愿望，也对灾害并至的现象无可奈何了。这就叫国家不以物质利益为利，而应该以大义为利。

曾子问第三

【题解】

本篇选自《礼记》，记载曾参向孔子问礼的言论，篇名取自首章开头三字。孔子毕生为之奋斗的目标是重建"君君，臣臣，父父，子子"的周礼秩序，为此他开门授徒，对弟子讲述礼仪，阐述礼义，探讨礼仪与礼义是孔门教学中的重要内容，礼学是孔门弟子所修的专业。本篇中曾参所问多是特殊情况下的礼仪，诸如：国君刚死而世子诞生，应该怎样禀告死去的国君；如果亡君已经入葬而世子诞生，应该如何禀告亡君；一人同时遇到两起近亲丧事，应该如何处理两起丧事孰先孰后问题；等等。曾参问得非常细致，孔子则给予耐心而详尽的解答。如果用儒家"经礼""变礼"的概念来划分，那么《仪礼》所载的丧礼为"经礼"，而本篇所讨论的属于"变礼"。孔子师徒所讨论的礼以丧礼居多，这可能与儒家早期从事丧葬职业有关，主要原因则是因为丧服制度的内涵特别丰富复杂。曾参在掌握基本礼仪知识之后，希望进一步提升礼仪学术水平，因此才向老师提出诸多特殊丧礼问题，故而本篇在礼学领域具有非常高的专业性。在孔门七十子后学中，曾参的礼学造诣虽不及天分极高的子游，但他以锲而不舍的恒心和毅力刻苦钻研礼学，而孔子则以诲人不倦的精神给予耐心的解答。在传世孔门礼学文献中，以曾子问礼的材料为最多，从中可见曾参当年刻苦习礼情形。

　　曾子问曰："君薨而世子生^①,如之何?"孔子曰:"卿、大夫、士从摄主^②,北面于西阶南^③。大祝裨冕^④,执束帛^⑤,升自西阶^⑥,尽等^⑦,不升堂,命毋哭^⑧。祝声三^⑨,告曰:'某之子生^⑩,敢告。'升^⑪,奠币于殡东几上^⑫,哭降^⑬。众主人、卿、大夫、士、房中皆哭^⑭,不踊^⑮。尽一哀^⑯,反位^⑰,遂朝奠^⑱。小宰升^⑲,举币^⑳。

【注释】

① 薨(hōng):古代诸侯或大官的死叫"薨"。世子:天子和诸侯的嫡长子,即太子。

② 从:跟随。摄主:国君去世后,上卿暂时代理国君听政,称为"摄主"。

③ 北面于西阶南:卿、大夫、士随摄主站立在停放灵柩的殡宫西阶之南,面向北面。按,群臣本来应该站在东阶哭奠亡君,由于需要举行告殡仪式,西阶近于殡位,故群臣站立于西阶之南。

④ 大(tài)祝:太祝,主管祭祀的官员。下文大宰、大宗等之"大"均读"太"。裨冕:太祝接神时穿的祭服。

⑤ 执:持。束帛:用于敬神的一束绢帛。

⑥ 升自西阶:从西阶拾级而上。

⑦ 尽等:走完台阶。

⑧ 命毋哭:太祝命令在场所有人不要哭泣,听他禀告。

⑨ 祝声三:太祝发出三次声音,以此提醒亡君神灵歆享祭品。

⑩ 某:夫人姓氏。按,"某"是夫人姓氏的代称,并不是夫人姓"某"。例如,如果夫人陈姓,那么这个"某"就要改为"陈"。

⑪ 升:登堂。

⑫ 奠:放置。币:即束帛。殡东:灵柩东面。几:几案。

⑬降：下堂。

⑭众主人：亡君父兄等近亲。房中：亡君诸位嫔妃。

⑮踊（yǒng）：跳脚顿足，这是丧礼中的一个动作。

⑯尽一哀：表达一阵悲哀之情。

⑰反位：返回朝夕哭奠之位。反，同“返”。

⑱遂朝奠：于是举行朝奠之礼。朝奠，指每天早饭前向亡灵敬献
祭品。

⑲小宰：官名，掌管王宫政令。

⑳举币：托起祭祀的礼品。按照礼仪，祭品要埋于东西两阶之间。

【译文】

曾子问孔子：“国君刚去世而世子诞生，应该怎样做呢？”孔子回答
说：“卿、大夫、士跟随摄政的上卿来到殡宫，脸朝北，站在殡宫西阶的南
面。主管祭祀的太祝身穿接神的祭服，手捧一束绢帛，从西阶拾级而上，
登上最高一级台阶，但不跨进殡宫殿堂，命令在场的人不要哭泣。太祝
向灵柩招呼三声，向灵柩中的亡君禀告说：‘夫人某氏生了世子，特此禀
告。’说完登堂，把束帛放在灵柩东面的几案上，哭着走下殡宫殿堂。亡
君亲属、卿、大夫、士和嫔妃随之哭泣，但不跳脚顿足。哭过一阵之后，各
自回到每天早晚哭奠的位置上，于是举行朝奠之礼。礼毕，小宰登堂，把
放在几案上的束帛等祭品取下，埋在东西两阶之间。

“三日①，众主人、卿、大夫、士，如初位②，北面。大宰、
大宗、大祝皆裨冕③。少师奉子以衰④，祝先⑤，子从⑥，宰、宗
人从⑦。入门⑧，哭者止。子升自西阶⑨，殡前北面⑩，祝立于
殡东南隅⑪。祝声三，曰：‘某之子某⑫，从执事⑬，敢见⑭。’
子拜稽颡哭⑮。祝、宰、宗人、众主人、卿、大夫、士，哭踊，三
者三⑯，降东反位⑰，皆袒⑱，子踊⑲，房中亦踊，三者三，袭衰

杖^⑳。亦出。大宰命祝史^㉑,以名遍告于五祀山川^㉒。"

【注释】

①三日:世子出生后第三天。现在民间有些地方仍有庆祝孩子出生三天的习俗。

②初位:即站在西阶的南面。

③大宰:官名,掌管教令,总理朝政,即后来的宰相。大宗:官名,掌管宗庙礼仪事务。

④少师:掌管教养世子事务的官员。奉子:怀抱出生三天的世子。衰(cuī):斩衰丧服。

⑤祝先:太祝走在前面引路。

⑥子从:少师怀抱世子随后。子,指世子。

⑦宰、宗人:指太宰、太宗。

⑧入门:进入殡宫之门。

⑨子升自西阶:少师怀抱世子从西阶登堂。

⑩殡前北面:少师怀抱世子,站在灵柩之前,脸朝北面。

⑪祝立于殡东南隅:太祝站在灵柩的东南角。

⑫某之子某:夫人某氏之子某。

⑬从执事:率领主管官员。从,跟随,此处用作使动词,意为率领。执事,指太宰、太宗等主管官员。

⑭敢:表谦敬的副词。

⑮子拜稽颡(qǐ sǎng)哭:少师怀抱世子下拜,哭泣。稽颡,古代的一种跪拜礼。两膝跪地,两手拱至地,头亦至地。

⑯哭踊,三者三:哭泣跳脚以三次为节,如此反复三次。

⑰降东反位:从西阶下堂,返回东边朝莫的位置。

⑱袒(tǎn):脱去上衣,露出左臂。

⑲子踊:少师怀抱世子跳脚。

⑳袭：穿上丧服。衰杖：丧杖。

㉑祝史：太祝、太史。

㉒名：世子之名。五祀：五种神灵。先秦对五祀有各种说法：一是以
　户神、灶神、土神、门神、行神为五祀；二是以金、木、水、火、土五
　行之神为五祀；三是指祭祀法施于民、以死勤事、以劳定国、能御
　大灾、能捍大患的五类神灵。此处五祀是指户神、灶神、土神、门
　神、行神。山川：山川神灵。

【译文】

　　"世子出生的第三天，亡君亲属、卿、大夫、士来到殡宫，站在西阶的
南面，面向北。太宰、太宗、太祝都身穿接神的祭服。少师身穿丧服，怀
抱着包裹丧服的世子，太祝走在前面引路，少师抱着世子跟在太祝后面，
太宰、太宗跟在世子后面。进了殡宫大门，众人都停止哭泣。少师抱着
世子从西阶登堂，走到灵柩前，面朝北站立，太祝站立在灵柩的东南角。
太祝对灵柩招呼三声，向躺在灵柩中的亡君禀告说：'夫人某氏所生世子
某，率领诸位执事官员，前来拜见。'然后少师抱着世子，以世子名义向
灵柩跪拜磕头，哭泣。太祝、太宰、太宗、亡君亲属、卿、大夫、士都一齐
哭泣，跳脚顿足，以三次跳脚顿足为一节，如此反复三次。众人都从西
阶下堂，返回到东边朝奠的原位，袒露左臂。少师抱着世子跳脚顿足，
嫔妃等人也跟着跳脚顿足，也是以跳脚顿足三次为一节，如此反复三次。
然后让世子披上斩衰孝服，少师代替世子柱起丧杖，举行朝奠之礼。礼
毕，走出殡宫。太宰命令太祝、太史把世子的名字遍告五类神灵及山川
诸神。"

　　曾子问曰："如已葬而世子生①，则如之何②？"孔子曰：
"大宰、大宗从大祝而告于祢③。三月，乃名于祢④，以名遍
告及社稷宗庙山川。"

【注释】

①已葬：亡君已经下葬。

②如之何：如何举行禀告之礼。

③祢（nǐ）：父庙。此处指父庙中的神主。

④名：取名。

【译文】

曾子问孔子："如果死去的国君已经入葬而世子出生，那么应该如何举行禀告之礼？"孔子回答说："太宰、太宗随从太祝向死去国君的神主禀告。三个月后，在先君神主前给世子命名，然后将世子的名字遍告土地神庙、谷神庙、宗庙和山川神灵。"

孔子曰："诸侯适天子①，必告于祖②，奠于祢③。冕而出视朝④，命祝史告于社稷、宗庙、山川。乃命国家五官而后行⑤。道而出⑥，告者五日而遍⑦，过是非礼也⑧。凡告用牲币⑨，反亦如之⑩。诸侯相见⑪，必告于祢。朝服而出视朝⑫。命祝史告于五庙⑬，所过山川⑭。亦命国家五官，道而出。反必亲告于祖祢，乃命祝史告至于前所告者⑮，而后听朝而入。"

【注释】

①适：到，此处指朝见。

②祖：祖庙。

③奠：贡献祭品。按，"告于祖，奠于祢"中的"告"和"奠"互文见义，即在祖庙、父庙中都要祭奠禀告。

④冕而出视朝：诸侯朝见天子，要穿戴冕服。先如此穿戴以视朝，表示预敬其事。冕，指穿戴冕服。视朝，临朝听政。

⑤命国家五官：将留守国家之事托付给五位大夫。五官，诸侯国中

分掌政事的五位大夫。

⑥道：祭路神。

⑦告者：指祝史告于社稷、宗庙、山川。遍：遍告。

⑧过是：超过五日之限。

⑨牲币：郑玄说，"牲"为"制"字之误。诸侯出入祭告不用牲，只有天子出入祭告才用牲。制币，一丈八尺的绢帛。

⑩反亦如之：诸侯返回举行告至之礼，礼数也是如此。

⑪诸侯相见：指两国诸侯举行会盟、互访等活动。

⑫朝服：临朝听政时穿的皮弁服。

⑬五庙：诸侯五庙，即父、祖、曾祖、高祖、始祖之庙。

⑭所过山川：诸侯出行时路过的山川神灵。

⑮告至：禀告返回国都。

【译文】

孔子说："诸侯去朝见天子，一定要到祖庙和父庙献祭禀告。然后穿上冕服临朝，命令太祝、太史告祭于土神庙、谷神庙、宗庙和山川诸神。在叮嘱留守的五位大夫之后，这才启程。出发前要祭路神。太祝和太史必须在五日之内将告祭进行完毕，超过五日，就是非礼。凡举行告祭之礼，都以一丈八尺的束帛作为祭品，诸侯返回时举行告至之礼，礼数也是如此。诸侯之间互访，出行前必须告祭于父庙。然后穿上皮弁朝服临朝。命令太祝、太史告祭于始祖、高祖、曾祖、祖父、父亲五庙和途中经过的山川之神。叮嘱留守的五位大夫，祭路神后启程。诸侯返回后一定要亲自告祭于祖庙和父庙。然后命令太祝、太史向出发前祭告过的众神禀告，然后听朝理政，再回宫休息。

曾子问曰："并有丧①，如之何？何先何后？"孔子曰："葬，先轻而后重②；其奠也③，先重而后轻。礼也。自启及葬不奠④。行葬不哀次⑤，反葬⑥，奠而后辞于殡⑦，遂修葬事⑧。

其虞也^⑨，先重而后轻，礼也。"孔子曰："宗子虽七十^⑩，无无主妇^⑪；非宗子，虽无主妇可也。"

【注释】

①并有丧：两起近亲丧事同时发生。

②轻、重：指由血亲关系远近而产生的恩义的大小薄厚，轻指血缘关系较远，重指血缘关系较近。

③奠：设置祭品祭祀亡灵。

④启：启殡，即开始出殡。不奠：不要给血亲关系近的亡亲更换祭品。

⑤行葬：灵车出行。哀：致哀。次：举行丧礼时丧主所站的位置。

⑥反葬：葬完亡亲后返回。

⑦辞于殡：郑玄注，殡，当作"宾"。辞于宾，即向来宾致辞，告知下一个葬礼日期。

⑧遂：于是。修：修治，处理。葬事：下一个丧葬事务。

⑨虞：古时葬后拜祭称虞。

⑩宗子：大宗的嫡长子，享有主祭权和族权。

⑪无无主妇：不能没有正妻。主妇，正妻。

【译文】

曾子问孔子说："同时遇到两起近亲丧事，应该怎么办？谁的丧事在先？谁的丧事在后？"孔子说："安排下葬时，先葬血亲关系远的亡亲，后葬血亲关系近的亡亲；安排祭奠时，先祭血亲关系近的亡亲，后祭血亲关系远的亡亲。这是礼的要求。在葬埋血亲关系远的亡亲时，从启殡到入葬，都不要给血亲关系近的亡亲更换祭品。灵车出行时，不在孝子位次停留致哀。葬完血亲关系远的亡亲归来，先在血亲关系近的亡亲灵柩之前更换祭品，然后告诉来宾下一个葬礼日期，于是处理血亲关系近的亡亲下葬事宜。葬后拜祭安魂，先祭血亲关系近的亡亲，后祭血亲关系远的亡亲，这是礼的要求。"孔子说："大宗嫡长子即使已经七十岁，也不能没有正妻;如果不是大宗嫡长子,即使没有正妻也是可以的。"

　　曾子问曰:"将冠子^①,冠者至^②,揖让而入^③,闻齐衰、大功之丧^④,如之何?"孔子曰:"内丧则废^⑤,外丧则冠而不醴^⑥,彻馔而扫^⑦,即位而哭^⑧。如冠者未至,则废。如将冠子,而未及期日^⑨,而有齐衰、大功、小功之丧^⑩,则因丧服而冠^⑪。""除丧不改冠乎^⑫?"孔子曰:"天子赐诸侯、大夫冕弁^⑬,服于大庙^⑭,归设奠^⑮,服赐服^⑯,于斯乎有冠醮^⑰,无冠醴^⑱。父没而冠^⑲,则已冠^⑳,扫地而祭于祢^㉑,已祭而见伯父叔父,而后飨冠者^㉒。"

【注释】

①冠子:为儿子举行加冠礼。古代男子二十岁举行冠礼。

②冠者:为儿子加冠的主宾及助手。至:至主人之门。

③揖让:宾主作揖礼让。入:进门。

④齐衰(zī cuī):五等丧服中的第二等。为兄弟、祖父母之类的近亲所服的丧礼,丧服以粗疏的麻布制成,缘边部分缝缉整齐。齐衰丧期分为三年、一年、五月、三月不等。大功:五服中的第三等。为叔伯兄弟、姊妹之类的近亲所服的丧礼,丧服用熟麻布做成。大功丧期为九个月。

⑤内丧:同姓之丧。废:停止举行冠礼。

⑥外丧:门外之丧,即死者为异姓亲属。冠:继续举行冠礼。不醴(lǐ):冠礼中本来有向冠者敬献甜酒的仪式,如今因其有丧,不再向冠者敬献甜酒。醴,甜酒。

⑦彻:撤除。馔:指甜酒及其他食物。扫:打扫场地。

⑧位:礼仪规定的位次。

⑨期日:选定的冠礼日期。

⑩小功:五等丧服中的第四等,丧服用较细的熟麻布做成,丧期为五个月。

⑪因丧服而冠:主人让儿子按照亲疏关系穿上相应的丧服,并戴上丧冠。

⑫除丧不改冠:主人之子在除丧之后,是否还要举行冠礼。

⑬冕:冕服,礼服礼帽,为吉礼所用。弁:常礼所戴的礼帽,分为皮弁和爵弁,皮弁用于田猎或征伐,爵弁用于祭祀。

⑭大庙:天子宗庙。大,读"太"。

⑮归设奠:诸侯、大夫归来,在宗庙设祭奠,祭告祖宗。

⑯服赐服:穿戴天子所赐的冕服或弁服。

⑰醮(jiào):古代举行冠礼或婚礼时给人斟酒的礼仪。

⑱冠醴:向冠者敬献甜酒的礼仪。

⑲父没而冠:儿子在父亲去世之后举行冠礼。

⑳已冠:冠礼完成。

㉑扫地而祭于祢:打扫场地,向亡父神主祭告。

㉒飨冠者:设宴款待前来参加冠礼的宾客。

【译文】

曾子问道:"主人将要为儿子举行冠礼,为儿子加冠的主宾和助手已经来到,宾主作揖礼让,进入家门之内,这时主人突然得到齐衰、大功亲属的死讯,这该怎么办呢?"孔子回答说:"如果死者是同姓亲属,那么冠礼就要停止;如果死者是异姓亲属,那么冠礼可以继续进行,但主宾不再向被加冠者敬献甜酒,主人也不必向主宾敬献甜酒。撤去为举行冠礼而陈设的器物,打扫场地,然后按照自己和死者的关系就位而哭。如果加冠主宾和助手尚未来到,冠礼就停止不办。如果主人将要为儿子举行冠礼,还没到吉日就遇到齐衰、大功、小功亲属的丧事,那就让儿子按照亲疏关系穿上相应的丧服,并戴上丧冠。"曾子又问道:"主人之子在除丧之后,是否还要补行冠礼呢?"孔子回答说:"天子在太庙赐给未冠的诸侯、大夫冕服和弁服。受赐者归来以后,在宗庙设奠祭告祖宗,穿戴起受赐的冠服,此时只需对加冠者敬酒祝贺,而不必敬献甜酒。如果是儿子在父亲死后举行冠礼,那么在冠礼完成之后,要打扫场地,祭告亡父的神主。祭告亡父之后,就去拜见伯父叔父,然后设宴酬谢为自己加冠的主宾和助手。"

曾子问曰:"祭如之何则不行旅酬之事矣①?"孔子曰:"闻之小祥者②,主人练祭而不旅③,奠酬于宾④,宾弗举,礼也。昔者,鲁昭公练而举酬行旅⑤,非礼也;孝公大祥⑥,奠酬弗举⑦,亦非礼也。"

【注释】

①旅酬:祭礼完毕后主宾一起宴饮,相互敬酒。主人按照尊卑长幼次序向客人敬酒叫酬,客人回敬主人叫酢(zuò)。

②小祥:古代亲丧一周年的祭礼。

③练祭:头戴练冠、身穿练服的祭祀。练,白色生丝。旅:旅酬。

④奠酬:古代饮酒的一种礼节。主人酌酒献宾,宾接过放在席上不再举起。

⑤鲁昭公:姬姓,名裯,春秋时期鲁国国君,前542—前510年在位。练:此处指小祥祭。举酬行旅:即举行旅酬。

⑥孝公:鲁孝公,姬姓,名称,春秋初期鲁国国君,前795—前769年在位。大祥:古代亲丧后两周年的祭礼。

⑦奠酬弗举:不举行旅酬。

【译文】

曾子问孔子:"祭礼在什么情况下才不进行旅酬呢?"孔子答道:"我

听说，举行小祥祭礼的时候，主人改服练冠练服，酬献宾客，但不进行旅酬，主人回敬宾客的酒，宾客接过来不饮而放下，不再举杯，这是合乎礼的。从前，鲁昭公在小祥时就举行旅酬，这是失礼的。鲁孝公在大祥时还不举行旅酬，这也是失礼的。"

　　曾子问曰："大功之丧，可以与于馈奠之事乎①？"孔子曰："岂大功耳！自斩衰以下皆可②，礼也。"曾子曰："不以轻服而重相为乎③？"孔子曰："非此之谓也。天子、诸侯之丧，斩衰者奠④；大夫，齐衰者奠⑤；士则朋友奠⑥，不足则取于大功以下者⑦，不足则反之⑧。"

【注释】

①与：参与。馈（kuì）奠：丧中祭奠。指在灵柩右侧奠放酒食。

②斩衰（cuī）：五等丧服中最重的一种。丧服用最粗的生麻布制作，不缉边。诸侯为天子，臣为君，男子及未嫁女为父，长房长孙为祖父，妻妾为夫，均服斩衰。斩衰服期三年。斩衰以下有齐衰、大功、小功、缌麻四等丧服。

③轻服：轻视自家丧服。重：重视。相：帮助。不以……为乎：不认为是这样吗？

④奠：祭奠，指奠放酒食。

⑤大夫，齐（zī）衰者奠：大夫死了，他的家臣为他服齐衰，为他奠放酒食。

⑥士则朋友奠：士没有臣，死后由朋友为之奠放酒食。

⑦不足：人手不够。取于大功以下者：找大功以下的同族兄弟来帮忙。

⑧不足则反之：如果还是人手不够，那可以让一人往返两次奠放酒食。

【译文】

曾子问道:"服大功之丧期间,可以参与别人家奠放酒食的事吗?"孔子回答说:"岂止是服大功丧的人,凡是服斩衰丧以下的人,都可以参与别人家的奠放酒食的事,这是符合礼的。"曾子又问道:"那岂不是轻视自家的丧礼而重视帮助别人家的丧礼吗?"孔子回答说:"不能这样说。天子或诸侯死了,大臣都为他服斩衰丧,献上酒食祭奠。大夫死了,家臣都为他服齐衰丧,献上酒食祭奠。士死了,由于没有家臣,就由朋友献上酒食祭奠,如果朋友人手不够,就找服大功以下的同族兄弟来帮忙,要是人手再不够,就请一人往返两次帮忙献祭酒食。"

曾子问曰:"小功可以与于祭乎?"孔子曰:"何必小功耳!自斩衰以下与祭,礼也。"曾子曰:"不以轻丧而重祭乎①?"孔子曰:"天子、诸侯之丧祭也,不斩衰者不与祭②。大夫,齐衰者与祭。士祭不足,则取于兄弟大功以下者③。"

【注释】

①轻丧而重祭:轻视自家丧礼,重视他人的丧祭。

②不斩衰者不与祭:不服斩衰丧的臣子不参与祭奠。

③兄弟大功以下者:指本族五服之中服大功以下的兄弟。

【译文】

曾子问孔子:"服小功丧期间,可以参与别人家的祭礼吗?"孔子回答说:"岂止是服小功丧的人,凡是斩衰以下的人都可以参与他人丧祭,这是符合礼的。"曾子又问道:"那岂不是轻视自家的丧礼而重视别人家的祭礼吗?"孔子回答说:"天子或诸侯的丧祭,不是服斩衰丧的臣子就不参与。大夫的丧祭,服齐衰丧的臣子才参与。士的丧祭,由于没有家臣,就请大功以下的本族兄弟来帮忙。"

曾子问曰："相识,有丧服可以与于祭乎①?"孔子曰："缌不祭②,又何助于人③?"

【注释】

①有丧服:自己有丧服在身。祭:此处指吉祭。

②缌(sī):缌麻,五等丧服中最轻的第五等。其服用细熟麻布做成,为高祖父母、曾伯叔祖父母、族伯叔父母、族兄弟及未嫁族姊妹等人所服的丧服,丧期为三个月。不祭:不参加自家的庙祭。

③助:助祭。人:他人。

【译文】

曾子问孔子:"相识者家中有吉祭,而自己有丧服在身,可以参与相识者家中的吉祭吗?"孔子回答说:"连穿缌麻丧服都不得祭家庙,又怎么能帮助别人家的吉祭呢?"

曾子问曰："废丧服①,可以与于馈奠之事乎?"孔子曰："说衰与奠②,非礼也。以摈相可也③。"

【注释】

①废丧服:指服丧期满,脱掉丧服。

②说:通"脱"。衰:指斩衰、齐衰丧服。与奠:参与他人的馈奠。

③摈相:即傧相,替主人接引宾客和赞礼的人。摈,通"傧",在典礼中负责引导、迎接客人的人员。相,司仪赞礼的人。

【译文】

曾子问孔子:"服丧期满,脱掉丧服之后,可以参与别人家的馈奠之事吗?"孔子回答说:"刚脱掉丧服就参与别人家的馈奠,这是不符合礼的。但是,担任傧相是可以的。"

曾子问曰:"昏礼既纳币①,有吉日②,女之父母死,则如之何?"孔子曰:"婿使人吊③。如婿之父母死,则女之家亦使人吊。父丧称父④,母丧称母。父母不在,则称伯父世母⑤。婿已葬⑥,婿之伯父致命女氏曰:'某之子有父母之丧,不得嗣为兄弟⑦,使某致命⑧。'女氏许诺,而弗敢嫁,礼也。婿免丧⑨,女之父母使人请⑩,婿弗取,而后嫁之,礼也。女之父母死,婿亦如之。"

【注释】

①纳币:古代完整的婚礼共有六道程序:纳采,问名,纳吉,纳币,请期,亲迎。纳币是指在婚前几个月,男方把纳吉时议定的皮帛聘礼送给女方。

②有吉日:已经议定吉日。纳币之后,男方家庭占卜择定合婚的吉日良辰,备礼让媒人告知女家,征求女家的同意,名曰请期。

③婿:同"婿"。吊:吊唁。

④父丧称父:前一个"父"指的是丧亲者之父,后一个"父"是指与丧亲者订婚的男子或女子之父。后文"母丧称母"句式相同。称,以……的名义。

⑤世母:伯母。

⑥婿已葬:男方已经葬埋了父母。

⑦嗣为兄弟:这是结为婚姻的一种委婉说法。

⑧致命:致意。

⑨免丧:丧期已满。

⑩请:催请择日迎娶。

【译文】

曾子问孔子:"婚礼已经纳币,并且议定结婚吉日,此时女方父母去世,应该怎么办?"孔子回答说:"男方家庭派人吊唁。如果是男方父母去世,女方家庭也要派人吊唁。如果是对方的父亲去世,就以己方父亲名义去吊丧;如果是对方母亲去世,就以己方母亲的名义去吊丧。如果己方父母都不在世,就以伯父伯母的名义去吊丧。在埋葬亡父或亡母之后,男方伯父派人到女方家致辞说:'某人的儿子有父母丧事,目前不能与你家结为亲戚,派我前来致意。'女方父母许诺,而不敢将女儿许嫁他人,这是礼的要求。男方服丧期满,女方父母派人到男方家,催请择日迎娶,如果男方不娶,女方父母就将女儿许嫁别人,这是礼的要求。如果是女方父母去世,男方也要按照上述礼仪去做。"

　　曾子问曰:"亲迎①,女在涂②,而婿之父母死,如之何?"孔子曰:"女改服③,布深衣④,缟总以趋丧⑤。女在涂,而女之父母死,则女反⑥。""如婿亲迎,女未至,而有齐衰、大功之丧,则如之何?"孔子曰:"男不入⑦,改服于外次⑧;女人⑨,改服于内次;然后即位而哭⑩。"曾子问曰:"除丧则不复昏礼乎⑪?"孔子曰:"祭,过时不祭,礼也;又何反于初⑫?"

【注释】

①亲迎:是古代婚姻六礼中最后一道程序,新郎亲自到女方家迎接新娘。

②女在涂:指新娘正在到婆家的途中。涂,道路。

③女改服:新娘脱下结婚礼服。

④布深衣:古人居家闲暇时穿的上衣下裳连缀在一起的麻布服装。

⑤缟(gǎo):白绢。总:束发髻。趋丧:奔丧。

⑥反:同"返"。

⑦男不入:新郎不进自家大门。

⑧改服：脱下结婚礼服，换上深衣。外次：门外用帐篷搭起的临时更
　衣处所。下文"内次"指门内用帷帐搭成的更衣处所。

⑨女入：新娘进入婆家大门。

⑩即位：各就丧位。

⑪复：指重新补办。昏：同"婚"。

⑫何：何必。反于初：返回当初，指补办婚礼。

【译文】

　　曾子问孔子："新郎亲自迎娶新娘，新娘正在途中，这时新郎父母去
世，应该怎么办？"孔子回答说："新娘脱下结婚礼服，换上麻布深衣，用
白布条束扎发髻，然后奔丧。如果是新娘在半路上听到自己的父母去
世，那么她就要返回娘家奔丧。"曾子又问："如果新郎迎娶新娘，新娘还
没有到婆家，这时遇到婆家有齐衰、大功之丧，那该怎么办？"孔子回答
说："新郎不进大门，在门外临时搭建的帐篷里换上深衣；新娘进入门内，
在帷帐中换上深衣；然后各就丧位哭泣。"曾子问道："齐衰或大功期满，
是否要补办婚礼呢？"孔子说："祭祀，过时就不祭，这是礼的要求；至于
婚礼，又何必补办呢？"

　　孔子曰："嫁女之家，三夜不息烛①，思相离也②。取
妇之家③，三日不举乐④，思嗣亲也⑤。三月而庙见，称来妇
也⑥。择日而祭于祢，成妇之义也⑦。"

【注释】

①不息烛：不熄灭蜡烛。息，同"熄"，灭。

②思相离：思念即将分离的骨肉。

③取：同"娶"。

④不举乐：不演奏音乐。

⑤嗣亲：指自己将承担起传宗接代的重任，同时自己娶妻表明父母

已老,所以心中伤感。

⑥三月而庙见,称来妇也:这是指公婆去世,结婚三月之后,新娘要
　到公婆庙中拜见公婆神主,祝称之为"来妇"。

⑦择日而祭于祢,成妇之义也:新娘选择一个好日子,到公婆庙中祭
　奠,表示成为正式媳妇应该尽到做媳妇的义务。

【译文】

　　孔子说:"嫁女的家庭,嫁前三夜不熄灭蜡烛,这是因为父母思念着
即将离别的女儿。娶媳妇的家庭,婚前三日不演奏音乐,这是因为新郎
思考着将要肩负起传宗接代的重任,同时伤感于父母已老。如果公婆已
经去世,那么婚后三个月,新娘就要到公婆的庙里拜见公婆的神主,祝称
之为'某氏来妇'。新娘选择一个好日子,再到公婆庙里拜祭,表示将尽
到一个媳妇应尽的义务。"

　　曾子问曰:"女未庙见而死①,则如之何?"孔子曰:"不
迁于祖②,不袝于皇姑③,婿不杖④,不菲⑤,不次⑥,归葬于女
氏之党⑦,示未成妇也⑧。"

【注释】

①女未见庙而死:女子出嫁后,尚未到家庙拜见公婆的神主就死去。

②不迁于祖:不能将新娘灵车迁往婆家祖庙,向列祖列宗神主辞行。

③袝:附祭。此指将新娘神主附于婆家祖母神主之后而祭祀。皇
　姑:指死去的祖母。

④不杖:不手执丧杖。

⑤不菲:不穿居丧的草鞋。

⑥不次:不住守丧陋室。

⑦女氏之党:指新娘的娘家。

⑧示未成妇:表示她还没有成为男方的媳妇。

【译文】

曾子问孔子："新娘结婚后尚未到家庙拜见公婆神主就死了,应该怎么办?"孔子回答说："出殡时不能将新娘灵车迁往婆家祖庙去辞行,新娘的神主也不能附在婆家祖母神主的后侧,丈夫不为她手执丧杖,不为她穿草制丧鞋,不为她居住守丧之室,把她的灵柩送到娘家埋葬,以此表示她还没有正式成为男方的媳妇。"

曾子问曰:"取女,有吉日而女死①,如之何?"孔子曰:"壻齐衰而吊,既葬而除之。夫死亦如之②。"

【注释】

①有吉日:已经选定了结婚吉日。

②夫死亦如之:如果未婚夫死去,那么未婚妻的做法也如同上述,即穿上齐衰丧服,到男方家中吊唁,待到下葬之后,再脱掉齐衰丧服。

【译文】

曾子问孔子:"打算娶某位女子,吉日已经选定了,而女子死去,应该怎么办?"孔子回答说:"未婚夫穿上齐衰丧服,到女方家中吊唁,待到女子下葬之后就除去丧服。未婚夫死了,未婚妻也应该这样做。"

曾子问曰:"丧有二孤①,庙有二主②,礼与?"孔子曰:"天无二日,土无二王③,尝禘郊社④,尊无二上⑤。未知其为礼也⑥。昔者齐桓公亟举兵⑦,作伪主以行⑧。及反,藏诸祖庙。庙有二主,自桓公始也。丧之二孤,则昔者卫灵公适鲁⑨,遭季桓子之丧⑩,卫君请吊⑪,哀公辞不得命⑫,公为主⑬,客入吊⑭。康子立于门右⑮,北面。公揖让升自东阶⑯,西乡⑰;客升自西阶吊。公拜,兴⑱,哭;康子拜稽颡于位⑲,

有司弗辩也^⑳。今之二孤，自季康子之过也。"

【注释】

①丧有二孤：丧事中有两个丧主主丧。

②庙有二主：庙里有两个神主。

③土无二王：中国古人以自己地理知识所及的范围为天下，天下只能有一个最高领袖，这就是王。

④尝：秋祭。禘：古代帝王祭祀先祖的大典。郊：古代帝王在国都近郊祭祀天地及其他神灵的大典。社：祭祀土地神。

⑤尊无二上：无论哪种祭祀，至高无上的尊神只有一位。

⑥未知其为礼：孔子委婉地表示，不知道"丧有二孤，庙有二主"的现象是否合礼。实际上，孔子认为这种现象不合礼规。其，指"丧有二孤，庙有二主"。

⑦齐桓公：姜姓，吕氏，名小白，春秋时期齐国国君，前685—前643年在位。在位期间重用管仲，开辟春秋霸主政治格局，并成为"春秋五霸"之首。亟：屡次。

⑧作伪主：制作一个假的庙主。行：随军同行。

⑨卫灵公：姬姓，名元，春秋时期卫国国君，前534—前493年在位。适：到。

⑩季桓子：即季孙斯。姬姓，季孙氏，名斯，谥桓，春秋时期鲁国执政正卿。鲁桓公后裔季孙氏与叔孙氏、孟孙氏合称"三桓"，长期掌握鲁国政权，季孙氏在其中权势最大。

⑪卫君：卫灵公。请吊：请求吊唁。

⑫哀公：姬姓，名将，春秋时期鲁国君主，前494—前468年在位。辞不得命：鲁哀公推辞，但卫灵公坚持要吊唁季桓子。

⑬公为主：鲁哀公充当丧主。

⑭客人：指卫灵公。

⑮康子：季桓子之子季孙肥，谥康，史称季康子。继季桓子为鲁国执政正卿。

⑯公揖让升自东阶：东阶是主人所处的位置，鲁哀公此举是把自己等同于丧主。

⑰乡：通"向"。

⑱兴：站起。

⑲拜稽颡于位：在自己的丧位磕头跪拜。季康子也以丧主自居。

⑳有司：掌管礼仪的官员。弗辩：没有指出这样做不合礼规。

【译文】

曾子问道："丧事有两个丧主，庙里有两个神主，这是合乎礼的吗？"孔子答道："天无二日，地无二王。秋天的尝祭、祭祖的禘祭、祭祀天地的郊祭和祭祀土地神的社祭，最尊贵的神都只有一个。我不知道丧事有两个丧主、庙里有两个神主是不是合乎礼的。从前齐桓公屡次起兵征伐，制作了一个假神主随军同行。等到归国后，就把假神主藏到祖庙。一个庙里有两个神主，就是从齐桓公开始的。一起丧事有两个丧主，起源于从前卫灵公来鲁国访问，碰上执政大臣季桓子之丧，卫灵公请求吊唁，鲁哀公推辞不掉。于是鲁哀公自己充当丧主，卫灵公进入殡宫吊唁。季桓子的儿子季康子站在门右，面朝北。鲁哀公作揖礼让卫灵公上堂，自己从丧主的东阶上堂，面向西站立；卫灵公则从宾客走的西阶上堂吊唁。鲁哀公拜谢卫灵公，起立，哭泣；与此同时，季康子也以丧主身份向卫灵公磕头跪拜。当时的司仪也没加纠正。现在一起丧事有两个丧主，来源于季康子的过错。"

曾子问曰："古者师行①，必以迁庙主行乎②？"孔子曰："天子巡守③，以迁庙主行，载于齐车④，言必有尊也⑤。今也取七庙之主以行⑥，则失之矣。当七庙五庙无虚主⑦。虚主者，唯天子崩⑧，诸侯薨⑨，与去其国⑩，与祫祭于祖⑪，为无主耳。吾闻诸老聃曰⑫：'天子崩，国君薨，则祝取群庙之主而藏诸祖庙⑬，礼也。卒哭成事而后⑭，主各反其庙⑮。君去其国，大宰取群庙之主以从，礼也。祫祭于祖，则祝迎四庙之主⑯。主出庙入庙，必跸⑰。'老聃云。"

【注释】

①师行：军队出行。

②迁庙主：迁庙之主，新入迁庙的神主。迁庙是古代太庙中专门供奉、祭祀被迁神主之庙殿，也称远庙。太庙之制，中为始祖或太祖，为不迁之主，左右三昭三穆，自天子之父，祖，曾祖，高祖，高祖之父，之祖共六代。天子薨，其子继位，则迁新死之天子神主入祀太庙为第六代，而迁原第一代神主入迁庙。主，木主，又称神主，俗称牌位。

③巡守：又作"巡狩"，古代天子出行，视察各诸侯国和州郡。根据礼制，天子五年一巡狩。

④齐（zhāi）车：祭祀专用的饰金车辆。

⑤有尊：尊敬先祖。

⑥七庙之主：天子七庙。《礼记·王制》："天子七庙，三昭三穆，与太祖之庙而七。"

⑦当七庙五庙无虚主：应当是天子七庙、诸侯五庙都不能空着没有神主。

⑧崩：天子死曰崩。

⑨薨：诸侯死曰薨。

⑩去其国：诸侯被迫离开自己的封国。

⑪祫（xiá）：祭名。古代天子或诸侯在太庙合祭先祖，通常每三年举行一次。

⑫老聃（dān）：即老子，姓李，名耳，字聃，春秋末期人，为东周柱下

史。传说孔子曾经赴东周向老子问礼。

⑬祝:太祝。祖庙:太祖之庙。

⑭卒哭:卒哭祭。古代丧礼,百日祭后,止无时之哭,变为早晚一哭,称为"卒哭"。成事:指完成祭祀。

⑮主:群庙之主。

⑯四庙之主:父庙、祖庙、曾祖庙、高祖庙。

⑰跸(bì):开路清道,不准行人过往。

【译文】

曾子问孔子:"古时候军队出征,必定要与迁庙之主同行吗?"孔子回答说:"天子巡守时,带着迁庙之主同行,将其载于斋车,以此表示天子尊敬先祖。现在天子巡守,带着太祖以下七庙的神主同行,这就失礼了。天子七庙、诸侯五庙都不应当空着而没有神主。宗庙没有神主,只有在天子驾崩、诸侯去世或出奔他国、以及在太祖庙里合祭先祖的时候,才会让宗庙空虚而没有神主。我听老聃说过:'天子驾崩,国君去世,则由太祝把各庙神主取来藏到太祖庙里,这是合乎礼的。等到举行了卒哭祭以后,再把各庙神主送回各自的庙里。国君出奔,太宰将各庙神主取来同行,这也是合乎礼的。天子诸侯在太祖庙合祭先祖,就让太祝把父庙、祖庙、曾祖庙、高祖庙的神主迎来。凡是迎送神主出庙入庙,一定要开路清道。'这是老聃说的。"

曾子问曰:"古者师行,无迁主①,则何主②?"孔子曰:"主命③。"问曰:"何谓也?"孔子曰:"天子、诸侯将出,必以币帛皮圭告于祖祢④,遂奉以出⑤,载于齐车以行。每舍⑥,奠焉而后就舍⑦。反必告⑧,设奠⑨,卒,敛币玉⑩,藏诸两阶之间⑪,乃出。盖贵命也⑫。"

【注释】

①迁主：指迁庙神主。

②何主：用什么做主。

③主命：以祖先所命为主。

④币帛：指丝绸等祭品。皮：兽皮。圭：玉圭。祖：祖庙。祢（nǐ）：父庙。

⑤奉：手捧象征父、祖命令的帛币皮圭。

⑥舍：馆舍，此处用作动词，指住馆舍。

⑦奠：祭奠。

⑧反：同"返"。告：祭告。

⑨设奠：陈设祭品，指币帛皮圭。

⑩敛币玉：收藏币帛皮圭。

⑪藏：埋藏。两阶之间：东西两阶之间。

⑫贵命：尊重父祖的命令。

【译文】

　　曾子问孔子："古代天子、诸侯出师，如果不载迁庙神主同行，该用什么做主？"孔子回答说："以先祖之命为主。"曾子又问："这是什么意思呢？"孔子回答说："天子、诸侯将要出征的时候，一定要用币帛、兽皮、玉圭作为祭品，告祭祖庙、父庙，告祭完毕，就捧出象征父祖之命的币帛皮圭，载上斋车随行，每到晚上住馆舍之前都祭奠一番，而后天子、诸侯才到馆舍休息。出师归来以后，一定要在祖庙、父庙陈列随行的币帛皮圭，进行告祭，祭奠完毕，将币帛皮圭埋藏在父庙的东西两阶之间，然后才出庙。这大概是为了尊重祖先的命令。"

　　子游问曰："丧慈母如母①，礼与？"孔子曰："非礼也。古者，男子外有傅②，内有慈母，君命所使教子也③，何服之有④？昔者，鲁昭公少丧其母，有慈母良⑤，及其死也，公弗忍也⑥，欲丧之⑦。有司以闻⑧，曰：'古之礼，慈母无服，今也君为之服,是逆古之礼而乱国法也。若终行之,则有司将书之以遗后世,无乃不可乎!'公曰:'古者天子练冠以燕居⑨。'公弗忍也,遂练冠以丧慈母。丧慈母,自鲁昭公始也。"

【注释】

①慈母:古代诸侯卿大夫幼子丧母后,指定没有生育的妾抚养幼子,幼子称养母为慈母。

②傅:师傅。

③君命所使教子:君主命令他们教育自己的儿子。

④服:丧服。

⑤良:善良。

⑥弗忍:不忍心不为她服丧。

⑦丧之:为她服丧。

⑧有司:指掌管礼仪的官员。

⑨练冠:用细白布缝制的帽子。燕居:日常闲居。

【译文】

　　子游问道:"用为生母服丧的丧礼来为慈母服丧,这样做符合礼吗?"孔子答道:"这是不符合礼的。古时候,君主之子在家外有师傅,在家内有慈母,他们是奉君主之命教育孩子的,哪里有什么丧服可言呢?从前,鲁昭公幼年丧母,慈母待他很好,等到这个慈母死了,鲁昭公于心不忍,要为她服丧。掌管礼仪的官员对鲁昭公说:'按照古代礼节,对慈母不必服丧,现在您要为慈母服丧,这样做违背古礼,扰乱国法。如果您最终坚持服丧,那么,史官就会把此事记入史册,传之后世,您恐怕不能为慈母服丧吧!'鲁昭公说:'古时候天子也有在日常生活中戴着细白布帽子的。'鲁昭公不忍心不服丧,于是就头戴细白布帽子为慈母服丧。为慈母服丧,是从鲁昭公开始的。"

曾子问曰:"诸侯旅见天子①,入门,不得终礼②,废者几③?"孔子曰:"四。""请问之。"曰:"大庙火④,日食,后之丧⑤,雨沾服失容⑥,则废。如诸侯皆在而日食,则从天子救日⑦,各以其方色与其兵⑧。大庙火,则从天子救火,不以方色与兵。"

【注释】

①旅见:指举行朝觐之礼。

②终礼:完成朝见礼仪。

③废:指礼仪取消。几:几种,多少。

④大:读为"太"。

⑤后之丧:王后去世。

⑥沾(zhān)服:淋湿礼服。失容:损坏仪容。

⑦救日:古人认为日食是不好的征兆,因此要加以拯救。

⑧各以其方色与其兵:各个方位的服色与兵器不同,要按照所在方位穿着相应的服色,手执相应的兵器,东方服青衣,执戟;南方服红衣,执矛;西方服白衣,执弩;北方服黑衣,执盾。

【译文】

曾子问孔子:"诸侯们朝见天子,进入宫门以后,不能将礼仪进行完毕,取消礼仪的情况有几种?"孔子说:"有四种。"曾子又问:"请问是哪四种?"孔子回答说:"太庙失火,发生日食,王后去世,因大雨淋湿了礼服而影响仪容,遇到其中一种情况,朝觐礼就会终止举行。如果诸侯都集中在天子朝廷而发生日食,那么诸侯就要随从天子救日,诸侯应按方位穿着相应颜色的衣服,手执相应的兵器,参加救日仪式。如果是太庙失火,诸侯就要随从天子救火,而不必按方位穿着相应衣服,手执相应兵器。"

曾子问曰:"诸侯相见,揖让入门^①,不得终礼,废者几?"孔子曰:"六。""请问之。"曰:"天子崩,大庙火,日食,后夫人之丧^②,雨霑服失容,则废。"

【注释】

①揖(yī)让:拱手行礼,这是宾主相见的礼节。

②夫人:诸侯正妻。

【译文】

曾子问孔子:"诸侯相见,互相拱手行礼,进入宫门,却不能将相见之礼进行完毕,因故取消的情况有几种?"孔子说:"有六种。"曾子又问:"请问是哪六种?"孔子回答说:"天子去世,太庙失火,发生日食,为王后或诸侯夫人服丧,因大雨淋湿礼服而影响仪容。遇到其中一种情况,诸侯相见礼就会终止举行。"

曾子问曰:"天子尝、禘、郊、社、五祀之祭^①,簠簋既陈^②,天子崩,后之丧,如之何?"孔子曰:"废。"

【注释】

①尝:秋季祭祀宗庙的典礼。禘(dì):古代帝王祭祀先祖的大典。郊:古代帝王在国都近郊祭祀天地及其他神灵。社:祭祀土地神。五祀:祭祀门、户、中霤(liù)、灶、行五神。

②簠簋(fǔ guǐ)既陈:郑注:"谓夙兴陈馔牲器时也。"簠簋,两种盛黍稷稻粱的礼器。簠为长方形,有盖;簋为圆形。此处当泛指祭品祭器。

【译文】

曾子问孔子:"天子举行尝、禘、郊、社、五祀祭礼,祭品祭器都已经

陈列好了,这时天子驾崩,或者王后去世,应该如何处理?"孔子回答说:
"取消祭礼。"

　　曾子问曰:"当祭而日食,大庙火,其祭也如之何?"孔
子曰:"接祭而已矣①。如牲至②,未杀,则废。"

【注释】

①接祭:迅速祭祀。接,通"捷",速。

②牲:用作祭品的牲畜。

【译文】

　　曾子问孔子:"正当祭祀之时发生日食或太庙失火等情况,祭祀怎么
办?"孔子说:"迅速祭祀就行了。如果用作祭品的牲畜牵来而没有杀,
那么祭祀就取消。"

　　天子崩,未殡①,五祀之祭不行②;既殡而祭③,其祭也,
尸入④,三饭不侑⑤,酳不酢而已矣⑥。自启至于反哭⑦,五祀
之祭不行;已葬而祭,祝毕献而已⑧。

【注释】

①殡:入棺停殡。

②不行:不再举行。

③既殡而祭:天子已经停殡,就可以举行五祀。

④尸:祭祀时代死者受祭的人。

⑤三饭:尸抓三次饭吃。侑(yòu):劝食。

⑥酳(yìn):食毕用酒漱口,为祭祀时一种礼节。酢(zuò):用酒回
　　敬主人。

⑦启：出殡。反哭：从墓地返回，哭于殡宫。

⑧祝毕献：下葬之后举行祭祀，主人酌酒献尸，尸酢主人，主人受酢，饮毕献祝，祝饮毕遂止。

【译文】

天子驾崩，尚未入棺停殡，就不要举行五祀之祭；如果已经停殡，就可以举行五祀，祭祀的时候，尸进入室内，享祭时只抓三次饭吃，祝就不再劝尸接着吃，尸用酒漱口后，不再酌酒回敬主人。从出殡到返回哭于殡宫，不要举行五祀之祭；下葬以后举行五祀之祭，酌酒献给太祝，太祝饮毕就可以结束。

曾子问曰："诸侯之祭社稷，俎豆既陈①，闻天子崩、后之丧，君薨、夫人之丧，如之何？"孔子曰："废。自薨比至于殡②，自启至于反哭，奉帅天子③。"

【注释】

①俎（zǔ）豆既陈：同上文"簠簋既陈"意思一样，指祭品祭器已经陈设完毕。俎豆，古代祭祀时用来盛食物的两种礼器。俎，用来盛牲；豆，用来盛酱。此处泛指祭品祭器。

②比至：到。殡：停殡。

③奉帅天子：遵照天子在出殡到反哭时不行五祀之祭，诸侯也不在此期间祭祀社稷。帅，遵循。

【译文】

曾子问道："诸侯祭祀土地神和谷神，祭器祭品已经陈列好了，听到天子驾崩或王后去世的消息，抑或遇上国君、诸侯夫人去世，该如何处理？"孔子说："取消祭祀。从国君去世到入殓停殡，从出殡到返回哭于殡宫，这两段时间都要奉行天子成规而不能祭祀。"

曾子问曰：“大夫之祭，鼎俎既陈^①，笾豆既设^②，不得成礼，废者几？”孔子曰：“九。”请问之。曰：“天子崩、后之丧、君薨、夫人之丧、君之大庙火、日食、三年之丧、齐衰、大功，皆废。外丧自齐衰以下行也^③。其齐衰之祭也，尸入，三饭不侑，酳不酢而已矣。大功酢而已矣。小功、缌，室中之事而已矣^④。士之所以异者，缌不祭，所祭于死者无服则祭^⑤。”

【注释】

①鼎：古代用青铜铸成的礼器，又为盛熟牲之器。也可用于烹饪。

②笾（biān）：一种礼器，竹制，在祭祀或宴会时用于盛果品肉脯。形状像豆。

③外丧：为不在一起生活的亲属举行的丧礼。行：可以举行祭祀。

④室中之事：指室中的礼节，如主人献祝，主妇献尸，尸酢主妇，主妇献祝，等等。

⑤无服：没有五服关系。

【译文】

曾子问孔子：“大夫在家庙举行祭祀，鼎俎已经陈列好了，笾豆也已经摆定了，但是却不能完成祭礼，这种取消大夫祭礼的情形有几种？”孔子说：“有九种。”曾子请问是哪九种。孔子回答说：“天子驾崩、王后去世、本国国君去世、国君夫人去世、国君太庙失火、发生日食、处于三年丧期之中、服齐衰、服大功，大夫遇到这九种情况都要取消祭祀。遇到外丧，齐衰以下的都可以举行祭祀。外丧齐衰的祭礼，尸进入室中，享祭时只抓三次饭吃，祝就不再劝尸接着吃，尸用酒漱口后，不再酌酒回敬主人。外丧大功的祭礼，比齐衰加上尸酌酒回敬主人一节。外丧小功、缌麻的祭祀，将室中的礼仪做完就可以了。士不同于大夫的地方，就在于即使服缌麻也要停止祭祀，所祭的对象出了五服，才去祭祀。”

曾子问曰:"三年之丧,吊乎?"孔子曰:"三年之丧,练^①,不群立^②,不旅行^③。君子礼以饰情^④,三年之丧而吊哭^⑤,不亦虚乎^⑥?"

【注释】

①练:古祭名。古代父母丧后周年之祭称"小祥",此时孝子可以穿练过的布帛,故小祥之祭也称"练"。

②不群立:不与众人一起站立。

③不旅行:不与众人一起走路。旅,众。

④礼以饰情:用礼仪来表达内心的感情。

⑤吊哭:指去别人家中吊唁哭泣。

⑥虚:虚伪。

【译文】

曾子问孔子:"孝子处于三年丧期之中,可以到别人家吊唁吗?"孔子回答说:"在三年丧礼之中,到了周年举行小祥祭的时候,孝子也不应该与众人一起站立,不与众人一起走路。君子用礼来表达内心的感情,如果孝子在三年丧礼之中去哭吊他人,这岂不是虚伪吗?"

曾子问曰:"大夫、士有私丧^①,可以除之矣^②,而有君服焉^③,其除之也如之何^④?"孔子曰:"有君丧服于身,不敢私服,又何除焉?于是乎有过时而弗除也^⑤。君之丧,服除而后殷祭^⑥,礼也。"

【注释】

①私丧:自家的丧服,相对于"君服"而言。

②除:丧期已满,可以除去丧服。

③君服：臣民为君主所服的丧服。

④除之：指除私人的丧服。

⑤有过时而弗除：服私丧的期限到了，又遇上君主之丧，于是大夫、士不能脱掉丧服，而要继续穿。

⑥殷祭：盛大的祭祀，如小祥、大祥等。

【译文】

曾子问孔子："大夫、士有自家之丧，本来可以除去丧服了，此时又遇到君主之丧，应该如何除去自家丧服呢？"孔子回答说："身上有为国君穿的丧服，就不敢再穿私人丧服了，又除什么私人丧服呢？这样，大夫、士就有服丧过时而不除去丧服的情形了。为国君服丧期满，除去丧服，就可以为亡亲举行小祥、大祥等盛大祭祀了，这是礼的要求。"

曾子问曰："父母之丧弗除，可乎①？"孔子曰："先王制礼，过时弗举②，礼也；非弗能勿除也③，患其过于制也④，故君子过时不祭，礼也。"

【注释】

①父母之丧弗除，可乎：本章承接上一章，意思是说，大夫、士为父母服丧尚未期满，又遇到国君之丧，由于国君比父母重要，因此大夫、士就要中断为父母服丧，先为国君服丧，待到为国君服丧期满之后，再回头考虑继续为父母服完丧期。可是在时间上已经超过父母丧期，因此曾子问此时能否不脱丧服，继续为父母服丧。

②过时弗举：过了期限，就不再举行。

③非弗能勿除：不是说不能不脱丧服。

④患：害怕。过于制：超过礼制。

【译文】

曾子问孔子："为国君服丧期满之后，不脱丧服，继续为父母服丧，这样做可以吗?"孔子回答说:"先王制作的礼仪,过了期限就不再举行,这是礼的要求。不是说不能不脱丧服,而是怕这种做法超越了礼制。因此君子过了时限就不再举行祭祀,这是礼的要求。"

　　曾子问曰:"君薨,既殡,而臣有父母之丧,则如之何?"孔子曰:"归居于家①,有殷事②,则之君所,朝夕否③。"曰:"君既启④,而臣有父母之丧,则如之何?"孔子曰:"归哭而反送君⑤。"曰:"君未殡,而臣有父母之丧,则如之何?"孔子曰:"归殡⑥,反于君所,有殷事则归,朝夕否。大夫,室老行事⑦;士,则子孙行事⑧。大夫内子⑨,有殷事,亦之君所,朝夕否。"

【注释】

①归居于家:臣子回到自己的家。

②殷事:为国君举行的盛大祭典。殷,大。

③朝夕:指每天在国君殡宫举行的朝奠和夕奠。

④启:启殡,即开始出殡。

⑤归哭而反送君:回家哭父母,然后返回朝廷为国君送葬。

⑥归殡:回家将父母入棺停殡。按,君主死后五日而殡,士大夫死后三日而殡。因为有两天时差,所以臣可以归家,将父母入棺停殡。

⑦大夫,室老行事:大夫为君主守丧,家中由管家主办丧事。室老,大夫的管家。

⑧士,则子孙行事:士为君主守丧,家中由子孙主办丧事。

⑨内子:指妻子。

【译文】

曾子问孔子:"国君去世,停殡在堂,这时臣子有父母之丧,应该怎么办？"孔子回答说："臣子回到家里办丧事，遇到盛大祭典就返回国君殡所，可以不参加朝奠和夕奠。"曾子又问道："国君刚开始出殡而臣子有父母之丧，那该怎么办？"孔子说："先回家哭亡父或亡母，然后再返回朝廷为国君送葬。"曾子又问："国君去世，尚未停殡，臣子有父母之丧，那该怎么办？"孔子回答说："回家料理父母丧事，将亡父或亡母停殡在堂后，然后返回国君殡宫，家中有重大祭奠就赶回，至于父母的朝奠、夕奠就不必参加了。大夫为国君守丧，家中丧事由管家处理。士为国君守丧，家中丧事由子孙处理。大夫的正妻遇到国君盛大祭典，也要赶到国君殡宫参加祭祀，至于朝奠和夕奠就不必参加了。"

　　贱不诔贵^①，幼不诔长，礼也。唯天子，称天以诔之^②。诸侯相诔，非礼也。

【注释】

①诔（lěi）：致悼词，叙述死者功德以示哀悼。古代诔文多由上对下、尊对卑、贵对贱、长对幼而作。

②唯天子，称天以诔之：天子至高无上，没有人能为他作诔，只有以天的名义为他作诔。

【译文】

卑者不能为尊者作诔文，年幼者不能为年长者作诔文，这是礼的规定。只有天子，是以天的名义为他作诔文。诸侯之间互相作诔文，这不符合礼的规定。

　　曾子问曰："君出疆^①，以三年之戒^②，以椑从^③。君薨，其入如之何？"孔子曰："共殡服^④，则子麻弁绖^⑤，疏衰^⑥，菲^⑦，杖^⑧。入自阙^⑨，升自西阶^⑩。如小敛^⑪，则子免而从柩^⑫，

入自门,升自阼阶^⑬。君、大夫、士一节也^⑭。"

【注释】

① 出疆:出国境。

② 三年之戒:按照三年之丧要求,准备衣衾等大殓衣物。戒,备。

③ 椑(bì):内棺。古代诸侯外出会同征伐,一定要在事情办完后才能返回,事未完,即使生病垂危也不能回国,有可能在国外去世,所以一定要带上的内棺。

④ 共:通"供",供给。殡服:指衣衾等大殓之物。

⑤ 子:国君之子。麻弁(biàn):麻布礼帽。弁,礼帽。绖(dié):丧服中的麻带,系在腰间或头上。

⑥ 疏衰(cuī):粗麻衣。疏,指粗布。衰,古代丧服。用粗麻布制成,披在胸前。

⑦ 菲:草鞋。此处用作动词,指脚穿草鞋。

⑧ 杖:丧杖。此处用作动词,指手持丧杖。

⑨ 阙:缺口。按,国君死于宫外,不宜将灵柩从大门抬入,只能将殡宫门西边宫墙拆一个豁口,以便灵柩进入。

⑩ 升自西阶:因灵柩从外来,如宾客,故从西边台阶上堂,就客位。

⑪ 小敛:给死者沐浴、穿衣、覆衾等。敛,通"殓"。

⑫ 免(wèn):上衣下裳相连的深衣,此处用作动词,指身穿深衣。从柩:跟在灵柩之后。

⑬ 入自门,升自阼阶:阼阶即主阶。因只是小殓,形体犹在,所以用活着的人的礼仪对待。从宫门进入,从主阶升堂。

⑭ 一节:一样的礼节。

【译文】

曾子问孔子:"国君出国境,需要按照三年之丧的礼仪做好准备,带上一口内棺。那么,如果国君在外去世,应该怎样进宫呢?"孔子回答说:

"如果带了大殓衣物，那么就在外将国君大殓入棺，国君之子头戴麻布孝帽，缠上白布条，身穿粗麻衣，脚穿草鞋，手执丧杖。将灵柩从殡宫门西边宫墙缺口抬入，从西边台阶上堂。如果国君只是小殓，那么国君之子就要身穿上衣下裳相连的深衣，跟在灵柩后面，进入宫门，从主阶升堂。国君、大夫、士如果在外去世，进宫的礼节都是一样的。"

曾子问曰："君之丧既引^①，闻父母之丧，如之何？"孔子曰："遂^②。既封而归^③，不俟子^④。"

【注释】

①引：指牵引灵车的绳索。后因称出殡为发引。

②遂：完成。此处指继续送葬，完成葬礼。

③封：读"窆（biǎn）"，将棺材放入墓穴。

④俟：等候。子：国君嗣子。

【译文】

曾子问孔子："国君灵车已经出发，这时臣子突然得到父母去世的消息，应该怎么办？"孔子回答说："臣子应该继续给国君送葬。等到国君灵柩放入墓穴后，就赶快回家，不必等候国君嗣子回程。"

曾子问曰："父母之丧既引，及涂^①，闻君薨，如之何？"孔子曰："遂。既封，改服而往^②。"

【注释】

①涂：道路。

②改服：郑注："括发徒跣，布深衣，扱上衽。"指去冕束发，光着脚，脱下粗麻孝服，换上深衣，把深衣前襟插进衣带里。

【译文】

曾子问孔子："如果亡父或亡母的灵车已经出发,正在半路之中,孝子这时突然听到国君去世的消息,应该怎么办?"孔子回答说:"孝子应该继续给亡父或亡母送葬。等到亡父或亡母灵柩放入墓穴后,就去冕束发,光着脚,脱掉粗麻孝服,换上深衣,把深衣前襟插进衣带里,前往宫中为国君奔丧。"

曾子问曰:"宗子为士①,庶子为大夫②,其祭也如之何?"孔子曰:"以上牲祭于宗子之家③。祝曰④:'孝子某为介子某荐其常事⑤。'若宗子有罪,居于他国,庶子为大夫,其祭也,祝曰:'孝子某使介子某执其常事。'摄主不厌祭⑥,不旅⑦,不假⑧,不绥祭⑨,不配⑩。布奠于宾⑪,宾奠而不举⑫,不归肉⑬。其辞于宾曰:'宗兄、宗弟、宗子在他国,使某辞。'"

【注释】

①宗子:指宗法制度中身承大宗的嫡长子。

②庶子:指宗法制度中非嫡妻所生之子。

③上牲:上等牺牲,大夫级别的上牲是少牢,即一羊一猪。

④祝:神职人员,负责在祭祀时向神灵致辞。

⑤孝子:指宗子。介子:指庶子。荐:进献。常事:指常规性祭祀。

⑥摄主:庶子代替主人宗子。厌祭:不用尸的祭祀。厌祭分为阴厌与阳厌,此指阳厌,即在祖庙西北角光线明亮的地方祭祀。

⑦旅:旅酬,祭后宾客与本族兄弟交错酬酒。

⑧假:读为"嘏(gǔ)",尸代表先祖祝福摄主。

⑨绥祭:主人在笾豆间掐取一些黍稷米饭和肉食祭祀饮食神。

⑩配:指所祭先祖配偶。

⑪布奠于宾：用酒酬敬上宾。

⑫宾奠而不举：宾接过酒杯移放在笾豆之南，不再举起杯酬谢。

⑬不归肉：祭毕不以牲肉馈赠宾客。归，通“馈”。

【译文】

曾子问道："宗子的身份是士，庶子的身份是大夫，庶子应该如何祭祀呢？"孔子回答说："庶子用一羊一猪在宗子家庙里祭祀，祝以宗子名义向神主致辞说：'孝子某为介子某奉献通常的祭祀。'如果宗子有罪居住在他国，庶子为大夫，祭祀的时候，祝以宗子的名义致辞说：'孝子某派介子某执行通常的祭祀。'代替主人宗子的摄主庶子不举行厌祭，不在祭后举行宾客与本族兄弟交错敬酒的酬酢之礼，尸不代表先祖向摄主庶子祝福，摄主庶子不在笾豆间掐取一些黍稷米饭和肉食祭祀饮食神，祝不提所祭先祖的配偶。用酒酬敬请来的上宾，上宾则接过酒杯移放在笾豆之南，不再举起杯酬谢，祭祀完毕不以牲肉馈赠上宾。祭前向宾客致辞说：'宗兄、宗弟、宗子在他国，让某代祭并向各位致辞。'"

曾子问曰："宗子去在他国，庶子无爵而居者①，可以祭乎？"孔子曰："祭哉！""请问：其祭如之何？"孔子曰："望墓而为坛②，以时祭③。若宗子死，告于墓而后祭于家。宗子死，称名不言孝④，身没而已⑤。子游之徒⑥，有庶子祭者以此⑦，若义也⑧。今之祭者，不首其义⑨，故诬于祭也⑩。"

【注释】

①无爵而居：没有官爵而居住在本国。

②望墓而为坛：遥望父母的墓地而筑起土坛。庶子无爵，不得就宗子之庙而祭。

③以时祭：按照春夏秋冬四时祭祀。

④称名不言孝：在致辞时只称"子某"，而不能称"孝子某"，与宗子相区别。

⑤身没而已：直到庶子死亡为止。

⑥子游：孔子弟子，姓言，名偃，字子游。

⑦以此：按此礼节进行祭祀。

⑧若义：似有义理可循。

⑨不首其义：不以祭义为首要根据。

⑩诬：妄。

【译文】

曾子问孔子："宗子到了他国，庶子没有官爵而居本国，可以祭祀先祖吗？"孔子回答说："可以祭呀！"曾子又问："请问如何祭呢？"孔子说："遥望先祖墓地，筑起土坛，按春夏秋冬四时来祭。如果宗子已死，庶子就先告于先祖坟墓，然后在自己家中祭祀。宗子已死，庶子在祭祖时称宗子之名不得加'孝'字，这个规矩一直守到庶子死为止。子游那伙人中有身为庶子而祭先祖的，用的就是这个礼节，这是有义理可寻的。现在有些庶子祭祀不以义理为主，因此是妄祭。"

曾子问曰："祭必有尸乎①？若厌祭亦可乎②？"孔子曰："祭成丧者必有尸③，尸必以孙④。孙幼，则使人抱之。无孙，则取于同姓可也⑤。祭殇必厌⑥，盖弗成也⑦。祭成丧而无尸，是殇之也⑧。"

【注释】

①尸：古代祭祀时代表先祖神灵接受祭祀的人。

②厌祭：不用尸的祭祀叫作厌祭。

③成丧者：成年死去的人。

④孙:死者之孙。

⑤同姓:同姓的孙辈。

⑥殇（shāng）:未成年而死者。

⑦弗成:死者尚未成年。

⑧殇之:把成年死去的人当作未成年而死的人。

【译文】

曾子问孔子:"祭祀时非得有尸不可吗? 像不用尸的厌祭那样也可以吗?"孔子答道:"祭祀成年的死者,一定要有尸,尸必须以死者的孙辈充当。亲孙子如果幼小,可以让人抱着充当尸。如果没有亲孙子,可以挑选一个同姓的孙辈充当尸。祭未成年而死者,一定要采用厌祭,因为他们还没有成人。祭成年死者而无尸,那等于把他们当作未成年而死来看待了。"

孔子曰:"有阴厌①,有阳厌②。"曾子问曰:"殇不祔祭③,何谓阴厌、阳厌?"孔子曰:"宗子为殇而死④,庶子弗为后也⑤。其吉祭⑥,特牲⑦。祭殇不举⑧,无肵俎⑨,无玄酒⑩,不告利成⑪,是谓阴厌。凡殇与无后者⑫,祭于宗子之家,当室之白⑬,尊于东房⑭,是谓阳厌。"

【注释】

①阴厌:在室中阴暗之处祭祀,称为阴厌。

②阳厌:在室中明亮之处祭祀,称为阳厌。

③祔祭:郑玄说,"祔"读为"备"。备祭,完备的祭礼。

④为殇而死:未成年而死。

⑤弗为后:不能作为他的后嗣。

⑥吉祭:指祔祭。

⑦特牲：一头小猪。

⑧不举：没有佐食者举肺和脊递给尸的礼仪。

⑨无肵（qí）俎：没有主持人将盛放牲体心舌的几案献给尸的礼仪。
肵俎，古代祭祀时盛放牲体心舌的器物。

⑩玄酒：清水。

⑪告利成：祝向神主报告供养完毕。利，犹养。告祭时的供养。

⑫无后者：没有后嗣的死者。

⑬室之白：庙室中西北角明亮的地方。

⑭尊：同"樽"，酒樽。

【译文】

孔子说："厌祭有两种，一是在室中阴暗之处祭祀的阴厌，一是在室中明亮之处祭祀的阳厌。"曾子问道："祭未成年死者的礼数不必完备，什么叫阴厌、阳厌？"孔子回答说："宗子未成年而死，其他庶子是不能做他的后嗣的。在举行吉祭时，用一头小猪作牺牲，没有佐食者举肺和脊递给尸的礼仪，也没有主持人将盛放牲体心舌的几案献给尸的礼仪，没有清水，最后也没有祝向神主报告供养完毕，这就叫阴厌。凡其他未成年而死者，以及死而无后者，都祭于宗子之家，把祭品摆设在室内西北角明亮的地方，把酒樽设在东房，这就叫阳厌。"

曾子问曰："葬引至于堩①，日有食之，则有变乎？且不乎？"孔子曰："昔者吾从老聃助葬于巷党②，及堩，日有食之，老聃曰：'丘！止柩，就道右③，止哭以听变④。'既明反而后行⑤。曰：'礼也。'反葬而丘问之曰⑥：'夫柩不可以反者也⑦，日有食之，不知其已之迟数⑧，则岂如行哉⑨？'老聃曰：'诸侯朝天子，见日而行⑩，逮日而舍奠⑪。大夫使⑫，见日而行，逮日而舍。夫柩不早出⑬，不暮宿⑭。见星而行者⑮，唯罪人与奔父母之丧者乎^⑯！日有食之，安知其不见星也^⑰？且君子行礼，不以人之亲痁患^⑱。'吾闻诸老聃云。"

【注释】

①葬引至于垄（gèng）：葬引，牵引灵柩。垄，道路。王念孙说，"至"上脱"既"字。

②助葬：帮助他人送葬。巷党：乡里。

③就道右：灵车停在道路右边。

④止哭以听变：停止哭泣，等待天象变化。听，等待，等候。

⑤明反：日食结束，太阳恢复光明。

⑥反葬：送葬回来。

⑦柩不可以反：灵车不能往回拉。

⑧不知其已之迟数（shuò）：不知道日食停止是慢还是快。已，止。此指日食停止。数，通"速"。

⑨岂如行：还不如继续拉灵车前行。

⑩见日而行：看到日出就前行。

⑪逮日：赶在太阳落山之前。逮，及。舍奠：停下来祭奠迁庙神主。

⑫使：出使。

⑬柩不早出：灵车不要太早出发。

⑭不暮宿：不要太晚才住宿。

⑮见星而行：出行时看到天上星星，指星夜赶路。

⑯唯罪人与奔父母之丧者：只有犯罪之人亡命奔逃，以及孝子为父母奔丧，才会夜里赶路。

⑰日有食之，安知其不见星也：如果日全食，那么白天如同黑夜，可以看到天上星星。这句话意思是说，日食的时候，天上可能会有星星出现，如果此时继续拉灵柩前行，就形同罪人和为父母奔丧的人了。

⑱不以人之亲痁（diàn）患：不让别人父母接近危险。人之亲，指他人的亡亲。痁，王引之说，"痁"读为"阽（diàn）"。阽，接近危险。

【译文】

曾子问孔子："灵车已经牵引上路，这时忽然发生日食，丧礼有什么变化吗？还是没有变化呢？"孔子回答说："从前，我跟随老聃在乡里帮助他人送葬，灵车已经上路，这时突然发生日食。老聃说：'孔丘！让灵车停下，靠着路的右边，都不要哭泣，等待天象变化。'等日食结束，太阳恢复光明，灵车又继续前行。老聃说：'这是礼的要求。'送葬返回后，我问老聃说：'灵车是不能往回拉的。发生日食，谁也不知道日食停止是慢还是快，那还不如继续拉灵车前行呢。'老聃说：'诸侯去朝见天子，每天日出而行，傍晚太阳尚未落山就停宿祭奠迁庙神主。大夫出使，也是日出而行，太阳未落就停下住宿。灵车不要出发太早，也不要太晚才住宿。披星戴月赶路的，大概只有罪人和为父母奔丧的人吧。日食的时候，有时天空一片黑暗，怎么知道天空会不会出现星星呢？况且君子行礼，不能让别人父母接近危险。'我是从老聃那里听到这番话的。"

曾子问曰："为君使而卒于舍①，礼曰：公馆复②，私馆不复③。凡所使之国，有司所授舍④，则公馆已，何谓私馆不复也？"孔子曰："善乎问之也！自卿、大夫、士之家，曰私馆；公馆与公所为⑤，曰公馆。公馆复，此之谓也。"

【注释】

①为君使：作为国君的使臣。卒于舍：死在外国客舍。

②公馆复：死在外国为使臣修建的公馆可以招魂。复，招魂。

③私馆：指私人家里。

④有司：指出使之国负责接待的官员。授舍：安排馆舍。

⑤公所为：外国指定居住的家宅。

【译文】

曾子问孔子："作为国君的使臣出使他国，死于外国馆舍，礼书说：死在公馆的使臣可以招魂，死在私人家宅的使臣就不招魂。凡是使者出使他国，出使之国负责接待的官员总是要为使臣安排馆舍，这就可以看作是公馆，那么所谓'死在私人家宅的使臣就不招魂'怎么解释呢？"孔子回答说："你这个问题提得很好！住在外国卿、大夫、士的家里叫作私馆。外国为使臣建造的馆舍与外国指定使臣居住的家宅都叫公馆。所谓'死在公馆的使臣可以招魂'，说的就是这些情况。"

曾子问曰："下殇土周①，葬于园②，遂舆机而往③，涂迩故也④。今墓远，则其葬也如之何？"孔子曰："吾闻诸老聃曰：昔者史佚有子而死④，下殇也，墓远。召公谓之曰⑥：'何以不棺敛于宫中⑦？'史佚曰：'吾敢乎哉！'召公言于周公⑧。周公曰：'岂不可！'史佚行之。下殇用棺衣棺⑨，自史佚始也。"

【注释】

①下殇：指八到十一岁死去的孩子。土周：即夏代的堲（jí）周制度，挖个土坑，烧土为砖砌在棺的四周，相传是夏代埋葬死者的方式，周人用来埋葬下殇。

②园：园圃。

③舆：抬，扛。机：用木头和绳子编成的床。

④涂：道路。迩：近。

⑤史佚：又作册逸、尹佚、尹逸，为西周初年著名史官。

⑥召（shào）公：西周初年重臣，姬姓，名奭，周人灭商后被封于燕国。

⑦棺敛：入殓装棺。敛，通"殓"。宫中：指史佚家里。

⑧周公:姬姓,名旦,周文王第四子,周武王的弟弟,武王去世后临朝
　摄政。

⑨用棺:用棺材。衣:衣殓。棺:装棺。

【译文】

　　曾子问道:"八到十一岁的孩子死后,用烧制的砖围住棺,葬在园子里,把尸体放在用木头和绳子编成的床上抬去下葬,这是由于路近的缘故。如今墓地都比较远,应该怎样葬埋八到十一岁的亡童呢?"孔子答道:"我听老聃说过,从前史佚有个儿子死了,年龄也是在八到十一岁之间,墓地较远。召公对史佚说:'你怎么不先在家里将孩子尸体入殓装棺?'史佚说:'我怎么敢呢?'召公对周公讲了此事,周公说:'这有什么不可以?'史佚就按照召公所说的做了。埋葬八到十一岁的亡童,在家先入殓装棺,是从史佚开始的。"

　　曾子问曰:"卿大夫将为尸于公①,受宿矣②,而有齐衰内丧③,则如之何?"孔子曰:"出④,舍于公馆以待事⑤,礼也。"孔子曰:"尸弁冕而出⑥,卿、大夫、士皆下之⑦,尸必式⑧,必有前驱⑨。"

【注释】

①为尸于公:在国君祭祀中充当尸。

②受宿:经过两次斋戒。宿,宿戒。古代举行重大礼仪之前斋戒两次,第二次斋戒在事前三日举行。

③内丧:指卿大夫自家丧事。

④出:离开家。

⑤事:指国君的祭祀。

⑥弁:穿着弁服。冕:穿着冕服。

⑦下之：下车致敬。

⑧式：通"轼"，凭轼，表示回礼。

⑨前驱：在前清道开路的人。

【译文】

曾子问道："卿大夫将在国君的祭祀中充当尸，已经两次斋戒了，这时突然有自家齐衰之亲去世，应该怎么办？"孔子回答说："要离开家里，住在国君的公馆里等待祭祀，这样做才符合礼。"孔子又说："尸出门时，或穿弁服，或穿冕服，卿、大夫、士在路上遇到尸，都要下车致敬，为尸者也要凭轼回礼。尸出行时，一定要有在前清道开路的人。"

子夏问曰①："三年之丧卒哭②，金革之事无辟也者③，礼与？初有司与④？"孔子曰："夏后氏三年之丧，既殡而致事⑤，殷人既葬而致事。《记》曰⑥：'君子不夺人之亲⑦，亦不可夺亲也。'此之谓乎？"子夏曰："金革之事无辟也者，非与？"孔子曰："吾闻诸老聃曰：昔者鲁公伯禽有为为之也⑧。今以三年之丧，从其利者⑨，吾弗知也⑩！"

【注释】

①子夏：孔子弟子，姓卜，名商，字子夏，名列孔门十哲，精通礼乐典章制度。

②卒哭：按照礼制，父母死后三月而葬，自葬日开始，在三次虞祭之后，举行百日祭，百日祭又称卒哭祭。

③金革之事：指战争。金，兵器。革，盔甲。辟：逃避。

④初有司：当初有关官员的规定。

⑤致事：犹致仕，退职。

⑥《记》：解释经典的文献。

⑦不夺人之亲：不剥夺人们爱亲人的感情。

⑧鲁公伯禽：周公之子。周公受封鲁国，但因为需要留在镐京辅佐周成王，所以周公没有到鲁国就封，而是让伯禽代替自己就封，伯禽因此成为鲁国第一任君主。有为为之：有特殊原因才这样做。当时徐国侵犯鲁国，伯禽在举行卒哭祭之后，率兵出征。

⑨从其利：参加战争来谋私利。

⑩弗知：不知道。孔子是以"弗知"来表达不赞成的态度。

【译文】

　　子夏问孔子："孝子为父母服三年之丧，举行卒哭祭之后，就不能拒绝战争的征召，这是礼规呢？还是当初有关官员的规定呢？"孔子回答说："夏代是在父母入殡之后就退职守丧，殷代是在父母下葬之后就退职守丧。《记》上说：'君子不剥夺人们爱亲人的感情，孝子本人也不可剥夺自己爱亲的感情。'说的就是这种情况吧。"子夏又问道："不能拒绝战争的征召，是不合礼的吗？"孔子回答说："我听老聃说过，从前鲁公伯禽在卒哭之后就出兵征伐，那是有特殊原因而为之。现在有人在三年之丧期间为了私利而从事战争，我就不能理解了。"

主言第四

【题解】

本篇选自《大戴礼记》，原文列为该书第三十九篇，文章记载孔子与曾参关于"主言"的谈话。所谓"主言"，意为"对君主说的话"，其核心内容就是"明主之道"。关于"明主之道"的具体内涵，就是修治"七教"和"三至"。"七教"是指敬老、顺齿、乐施、亲贤、好德、恶贪、强果。"三至"是"至礼不让而天下治，至赏不费而天下之士说，至乐无声而天下之民和"。本篇中的"七教""三至"思想，可以与《礼记·孔子闲居》以及上博简《民之父母》载孔子论"五至""三无"相互参照，从中可见孔子爱用数字来概括所论内容的倾向。"三至"所讲的都是关于君主如何做到尊贤问题，从中可见孔子对于任贤使能的强调。《主言》是研究孔子王道仁政思想的重要文献，对后来孟子仁政思想产生了重要影响。由于中国封建时代传抄研读《大戴礼记》的经师儒生较少，因此该书残存的文章有不少讹误衍缺现象。《主言》中也有少数讹误衍缺文字，但绝大多数文字清通可读。

　　孔子闲居①，曾子侍②。孔子曰："参！今之君子③，惟士与大夫之言之间也④。其至于君子之言者⑤，甚希矣⑥。於乎⑦！吾主言其不出而死乎⑧！哀哉！"曾子起曰⑨："敢问何谓主言?"孔子不应。曾子惧,肃然抠衣下席^⑩,曰:"弟子知其不孙也^⑪,得夫子之间也难^⑫,是以敢问也。"孔子不应。曾子惧,退负序而立^⑬。

【注释】

①闲居:在家闲坐。

②侍:陪坐,侍坐。郑玄曰:"卑在尊者之侧曰侍。"

③君子:先秦文献中的"君子",有两层涵意:一是指天子、诸侯,与"君主"同一意义;二是指道德品质高尚的人。此处指天子、诸侯。

④惟士与大夫之言之间:惟士与大夫之言是听,意谓君主只能听到士与大夫之言。之间,之,是。间,一本作"闻","间"可能是形近而误。

⑤至于:及,听到。君子之言:道德君子的言论。一说,此处"君子"指君主,恐非。

⑥希:稀少。

⑦於乎:同"呜呼"。

⑧吾主言其不出而死乎:意思是担心还没有说出对君主要说的话自己就死去了。主言,为君主之言,对君主所要说的话。主,一本作"王"。

⑨起曰:按照礼仪,弟子向老师请教,需要起立。《礼记·曲礼上》:"请业则起,请益则起。"

⑩肃然:恭敬的样子。抠(kōu)衣:提衣。下席:离开席位,表示敬意。

⑪孙:通"逊",谦逊,谦让。

⑫间:同"闲",闲暇。

⑬负:背靠。序:东西墙。

【译文】

孔子在家闲坐,曾参在一旁陪坐。孔子说:"曾参,现在的君主,只能听到士大夫之言,对道德君子的言论,听到是很少的。唉！我担心还没有说出对君主要说的话就要死去！真是悲哀呀！"曾子站起来说:"请问您对君主要说的话是什么?"孔子不回答。曾参害怕了,恭敬地提起衣裳,离开座席说:"学生知道这样问老师是不谦逊的,只不过很难遇到老师有空闲的时间,因此才斗胆提问。"孔子仍然不回答,曾子更害怕了,退后靠着墙壁站立。

孔子曰:"参！女可语明主之道与①?"曾子曰:"不敢以为足也②。得夫子之间也难,是以敢问。"孔子曰:"居③,吾语女。道者所以明德也④,德者所以尊道也⑤,是故非德不尊,非道不明。虽有国焉⑥,不教不服⑦,不可以取千里⑧。虽有博地众民⑨,不以其地治之⑩,不可以霸主⑪。是故昔者明主内修七教⑫,外行三至⑬。七教修焉,可以守⑭;三至行焉,可以征⑮。七教不修,虽守不固;三至不行,虽征不服。是故明主之守也,必折冲乎千里之外⑯;其征也,衽席之上还师⑰。是故内修七教而上不劳,外行三至而财不费,此之谓明主之道也。"

【注释】

①女:同"汝"。语:叙谈,告诉。与(yú):同"欤",语气词,表疑问。

②足:足可以谈论明主之道。

③居:坐。底本无"居"字,据杨简《先圣大训》增补。

④明德:彰显德。

⑤尊道:推尊道。

⑥国焉:当作"国马",一国最好的马。焉,应为"马"字之误。马繁体字形为"馬",与"焉"形近。

⑦不教不服：不对国马进行教习，国马就不能驾乘。服，用马驾车。

⑧取：至。

⑨博地众民：指诸侯大国。博地，广博的地域。众民，众多人口。

⑩其地：杨简《先圣大训》作"其道"。

⑪霸主：诸侯领袖，如春秋五霸。一说，"霸主"应为"霸王"。《论语》载孔子肯定管仲辅佐齐桓公捍卫中原先进文化，可见孔子本人并不否定春秋霸主政治。到了战国时期，以孟子为代表的儒家宣传王道反对霸道，提出王霸之辨。

⑫修：修治。七教：根据下文，七教的具体内容是：敬老、顺齿、乐施、亲贤、好德、恶贪、强果。

⑬行：施行。三至：根据下文，三至的具体内容是：至礼、至赏、至乐。

⑭守：守卫本国。

⑮征：征伐他国。

⑯折冲乎千里之外：指运筹帷幄之中，决胜千里之外。折冲，使敌人战车折返。意谓击退敌军，战胜敌人。折，折反，挫败。冲，战车的一种。

⑰衽（rèn）席之上还师：谋于卧席之上，可使大军凯旋而还。衽席，卧席，睡席。

【译文】

　　孔子说："曾参！我可以与你谈论明主之道吗？"曾参说："我不敢自认为足可以谈论明主之道，只不过老师很难有空闲时间，因此才斗胆提问。"孔子说："坐下来，我对你说。道是用来彰显德的，德是用来推尊道的，因此没有德，道就不尊；没有道，德就不能彰显。即使拥有国中最优良的骏马，如果不对骏马进行教习，骏马就不能驾车，也不可以日行千里。即使是拥有广博地域众多人口的诸侯大国，治国不以其道，就不可以充当诸侯霸主。因此，从前圣明君主对内修治七教，对外施行三至。七教修治以后，就可以守卫国家不受侵犯；三至施行以后，就可以对外征伐他国。如果不修治七教,即使能守卫国家,但不能做到固守;如果不施行三至,即使能征伐他国,但不能做到让人心服。因此圣明君主守卫国家,一定会做到决胜于千里之外;圣明君主的征伐,一定会做到在卧席之上筹划大军就能凯旋。因此对内修治七教,君主就不会身心疲劳,对外施行三至,国家财用就不会白白耗费,这就叫作明主之道。"

　　曾子曰:"敢问不费不劳^①,可以为明乎^②?"孔子愀然扬麋曰^③:"参!女以明主为劳乎?昔者舜左禹而右皋陶^④,不下席而天下治。夫政之不中^⑤,君之过也。政之既中,令之不行,职事者之罪也^⑥。明主奚为其劳也^⑦?昔者明主关讥而不征^⑧,市鄽而不税^⑨,税十取一^⑩,使民之力^⑪,岁不过三日,入山泽以时^⑫,有禁而无征^⑬:此六者,取财之路也。明主舍其四者而节其二者^⑭,明主焉取其费也?"

【注释】

①不费:承上文"财不费"。不劳:承上文"上不劳"。

②明:即明主。

③愀(qiǎo)然:脸色变得忧惧或严肃。扬麋(mí):扬起眉毛。麋,通"眉",眉毛。

④皋陶(yáo):传说中帝舜时期的法官,推行"五刑""五教",以执法严明公正著称。

⑤中:不偏不倚,中正公平。

⑥职事者:具体负责事务的官员,又称"有司"。

⑦奚:疑问词。为何,为什么。

⑧关讥而不征:在关卡只盘查而不征税。讥,呵察,盘查。征,征税。

⑨市鄽(chán)而不税:在市场只提供存放货物的栈房而不收税。

廛,同"廛",市中存放货物的栈房。

⑩税十取一:税率十分之一。

⑪使民之力:指征发徭役。

⑫入山泽以时:进山采伐,下水捕鱼,都要按照一定的时令。树木和
鱼类在春夏都是生长季节,此时要禁止伐木和捕鱼,需要等到秋
冬季节,树木和鱼类停止生长之后,才能进入山泽。

⑬有禁而无征:只颁发禁令而不征税。

⑭舍其四者:舍弃关、市、山、泽之税。节其二者:节制税收和徭役。

【译文】

曾子问道:"请问君主做到不耗费财用、不劳顿身心,就可以称得上圣明君主了吧?"孔子正色扬起眉毛回答说:"曾参! 你以为圣明君主会劳顿身心吗? 从前帝舜有大禹、皋陶在左右辅佐,不下座席而天下大治。施政不能做到中正,这是君主的过错。如果君主施政中正,而政令却得不到施行,这就是具体负责事务官员的罪过了。圣明君主为什么要自己劳顿身心呢? 从前圣明君主施政:在关卡只盘查而不征税,在市场只提供存放货物的栈房而不收税,征收的税率是老百姓收入的十分之一,征发徭役使用民力,一年不超过三天,进山采伐、下水捕鱼,都要按照一定的季节时令,只颁发禁令而不征税,关卡、市场、山林、川泽、税收、徭役这六条是君主获取财用的途径。圣明君主舍弃关卡、市场、山林、川泽之税,节制税收和徭役,圣明君主哪里用得着耗费财用呢?"

曾子曰:"敢问何谓'七教'?"孔子曰:"上敬老则下益孝①,上顺齿则下益悌②,上乐施则下益谅③,上亲贤则下择友④,上好德则下不隐⑤,上恶贪则下耻争⑥,上强果则下廉耻⑦。民皆有别则贞⑧,则正亦不劳矣⑨。此谓'七教'。'七教'者,治民之本也,教定是正矣⑩。上者,民之表也,表正

则何物不正^⑪？是故君先立于仁，则大夫忠而士信，民敦^⑫，工璞^⑬，商悫^⑭，女憧^⑮，妇空空^⑯。七者，教之志也^⑰。七者布诸天下而不窕^⑱，内诸寻常之室而不塞^⑲。是故圣人等之以礼^⑳，立之以义^㉑，行之以顺^㉒，而民弃恶也如灌^㉓。"

【注释】

①益孝：更加孝亲。

②顺齿：敬重年长。顺，以敬事长。齿，年齿，年纪。

③乐施：乐于施惠。俞樾认为，"施"当读为"易"，"乐施"，意为"欢乐平易"。谅：诚信。

④择友：选择贤人做朋友。

⑤上好德则下不隐：不隐，不隐贤。此句一本作"上好德则下隐慝"。慝，人之恶念，谓在上位者好德，则下民隐其恶念。

⑥恶（wù）贪：厌恶贪污。耻争：耻于争利。

⑦强果：坚强果敢。廉耻：刚正知耻。

⑧别：指具有辨别是非的能力。贞：端方正直。

⑨则正亦不劳矣：民风正直，君主就不会身心疲劳了。

⑩教定：七教确定。是：则。正：中正，不偏。

⑪"上者"几句：《论语·颜渊》载孔子谓季康子曰："政者，正也。子帅以正，孰敢不正？"《论语·子路》载孔子曰："其身正，不令而行；其身不正，虽令不从。"表，标木，标记。此引申为表率，标准。

⑫敦：敦厚。

⑬工璞：工匠淳朴。这样制作的器具就不会质量低劣。工，工匠。璞，一本作"朴"，淳朴。

⑭商悫（què）：商人诚实。这样就不会卖假货。悫，诚实。

⑮女憧（zhuàng）：未嫁之女贞正无邪。憧，愚昧。此指无邪念。

⑯妇空空：已嫁之人妇无知顺从。空空，无知无识的样子。按，古代要求女子三从四德，女子愚昧，被视为有道社会风气淳朴的体现。

⑰志：目标。

⑱布诸天下而不窕（tiǎo）：布满天下，没有间隙。布，散布。窕，有间隙。

⑲内诸寻常之室而不塞：将其放在寻常小室，不会塞满。内，同"纳"。寻常，八尺为寻，倍寻为常。此处指距离短或长度小。塞，满。按，"布诸天下而不窕，内诸寻常之室而不塞"，意即《中庸》所谓"费而隐"，指广大而精微。

⑳等之以礼：按照礼仪确定社会成员等差。等，等差。

㉑立之以义：根据礼义建立评价标准。义，礼义。

㉒行之以顺：遵循事理去行动。顺，循遵。

㉓灌：灌洗。王引之说，"灌"为"濯"字之误。濯，洗涤。

【译文】

曾子问道："请问什么叫作'七教'？"孔子说："在上位的人敬重老人，那么在下位的人就会更加孝亲；在上位的人尊敬年长者，那么在下位的人就会更加敬重兄长；在上位的人乐施好善，那么在下位的人就会更加诚信；在上位的人亲近贤人，那么在下位的人就会更加注意选择贤人做朋友；在上位的人爱好美德，那么在下位的人就会不隐匿贤才；在上位的人厌恶贪污，那么在下位的人就会耻于争利；在上位的人坚强果敢，那么在下位的人就会刚正知耻。民众具备了辨别是非的能力，就会端方正直，民风如果正直，那么君主就不会身心疲劳了。这就叫作'七教'。'七教'，是君主治理民众的根本，'七教'确定，那么民风就正了。在上位的人，是民众的表率，表率端正，那么还有什么事物不正？因此如果君主率先确立仁义，那么大夫就会忠诚，士就会诚信，民众就会敦厚，工匠就会淳朴，商人就会诚实，未嫁之女就会贞正无邪，已嫁之妇就会无知顺从。以上七条，是'七教'是否成功的标志。'七教'广大到可以布满天下没有间隙,精微到将其放在寻常小室也不会塞满。因此圣人按照礼仪确定社会成员贵贱等差,根据礼义建立是非评价标准,遵循'七教'之理去行动,民众就像洗濯一样抛弃恶念。"

曾子曰:"弟子则不足①,道则至矣②。"孔子曰:"参!姑止③,又有焉④。昔者明主之治民有法,必别地以州之⑤,分属而治之⑥,然后贤民无所隐,暴民无所伏⑦。使有司日省如时考之⑧,岁诱贤焉⑨,则贤者亲,不肖惧⑩。使之哀鳏寡,养孤独⑪,恤贫穷⑫,诱孝悌,选贤举能。此七者修⑬,则四海之内无刑民矣⑭。上之亲下也如腹心⑮,则下之亲上也如保子之见慈母也⑯。上下之相亲如此,然后令则从,施则行⑰。

【注释】

①弟子则不足:则,乃。不足,不足以谈论七教。按,前文曾参自称"不敢以为足",此处曾参再次说"弟子则不足"。《论语》说"参也鲁","鲁"意为"迟钝"。本文表明,曾参对孔子言论的理解,可能要偏慢一些。但曾参毅力坚韧,体验深刻,因而终成孔门弟子中之大家。

②道:明主之道,指孔子所说的君主七教。至:最好的君主之道。

③姑止:姑且停止。孔子打断曾参的话,是因为他还没有把话说完。

④又有焉:明主之道还有其他内容。

⑤别地:划分不同区域居住。州:以州为行政区划。

⑥分属而治之:各州分别委任官员治理。属,官属,官员。

⑦伏:伏匿,隐藏。

⑧日省:每日考察。如:一本作"而"。时考:每个季节考察。时,四时,季节。

⑨岁：每年。诱：进。

⑩不肖惧：一本作"不肖者惧"。不肖，不贤。

⑪孤独：幼而无父曰孤，老而无子曰独。

⑫恤：体恤。

⑬七者：指日省时考、岁诱贤、哀鳏寡、养孤独、恤贫穷、诱孝悌、选贤举能。修：修治。

⑭无刑民：指社会没有犯罪现象。刑民，受刑罚的人。

⑮腹心：肚腹与心脏，皆人体重要器官。比喻亲信，亲近的人。

⑯保子：襁褓中的婴儿。保，同"褓"。

⑰施则行：上有举措则下奉行。施，举措。

【译文】

曾子说："弟子虽然不足以谈论'七教'，但我觉得您说的君主之道应该是最好的方法了。"孔子说："曾参！你暂停一下，我还有话说呢。从前圣明君主治理民众有一套方法，他们一定要将民众按州划分居住区域，各州分别委任官员治理，这样民众中的贤才就不会被埋没，凶暴作乱的人就无处隐伏。君主委派有关方面负责人对民众每日省察，四季考查，每年进举贤才，这样就会让贤才亲近上司，不贤的人惧怕。君主命令官员哀怜鳏寡，抚养孤独，体恤贫穷，举荐孝悌，选贤举能。这七条做好了，那么四海之内就没有犯罪之人了。在上位的人把下民当成腹心来亲近，那么下民就像襁褓中的婴儿见到慈母一样亲近在上位的人。上下如此相亲，这样上面有命令则下面民众听从，上面有举措则下面民众奉行。

"因民既迩者说①，远者来怀②。然后布指知寸，布手知尺，舒肘知寻③，十寻而索④。百步而堵⑤，三百步而里，千步而井⑥，三井而句烈⑦，三句烈而距⑧，五十里而封⑨，百里而有都邑⑩。乃为畜积衣裘焉⑪，使处者恤行者有兴亡⑫。是以蛮夷诸夏^⑬,虽衣冠不同,言语不合^⑭,莫不来至^⑮,朝觐于王^⑯。故曰:无市而民不乏^⑰,无刑而民不违^⑱。

【注释】

①因民既:此三字不可解,当有讹误。杨简《先圣大训》引此句作"民怀其德"。迩(ěr):近。说(yuè):同"悦"。

②来怀:前来怀归。怀,归向。

③"布指知寸"几句:是用人体的手指、手掌、手肘来计算寸、尺、寻的度量单位。布指知寸,伸出手指,就知道寸有多长。布,敷,此处意为伸开。指,手指。寻,《说文》:"度人之两臂为寻,八尺也。"

④十寻而索:十寻而数尽。索,尽。王聘珍曰:"度始于寸,尽于寻;数始于一,终于十也。"

⑤百步而堵:百步为一亩。堵,王聘珍说,"堵"为"亩"之误。按,"百步而堵"以下七句,是以人的脚步为丈量单位,计算出亩、里、井、句烈、距、封、都邑。按,先秦度量单位与后世不同。

⑥千步而井:古代每千步凿一水井,以便旅行者饮用。此处"井"为度量单位。

⑦三井而句烈:三井为三千步,称为一句烈。当十里。

⑧三句烈而距:三句烈为九千步,称为一距。当三十里。

⑨五十里而封:每五十里为一个封界。《礼记·王制》:"子、男五十里。""五十里之国百有二十。"封,封界,封疆。

⑩都邑:国都。《礼记·王制》:"州建百里之国三十。"

⑪畜:积蓄,聚集。积:柴米。衣裘:衣裳。按,封界和都邑蓄聚柴米衣裳,以备旅行者不时之需。

⑫处者:定居的人。恤:体恤。行者:旅客。有兴亡:"兴"为衍文。有亡,有无,意义偏在"无"。

⑬蛮夷:此处泛指周边少数民族。诸夏:华夏各诸侯国。

⑭言语不合：指各地说不同方言。《礼记·王制》："中国、夷、蛮、戎、狄，……五方之民，言语不通，嗜欲不同。"

⑮来至：来到京师。

⑯朝觐（jìn）：古代诸侯朝见天子。

⑰无市而民不乏：由于在封界、都邑提供柴米衣裳，因此即使没有集市，民众基本生活资料也不会匮乏。市，集市。乏，匮乏。

⑱无刑：不用刑罚。不违：不犯法。

【译文】

"距离近的民众喜悦朝政，距离远的异族盼望前来归附。民心归附以后，再伸开手指算出寸的长度，张开手掌计算出尺的长度，伸开胳膊肘计算出寻的长度，到了十个寻，数就到了尽头了。走一百步为一亩，走三百步为一里，走一千步为一井，走三井为一句烈，走三句烈为一距，走五十里为一个封界，走一百里为一个都邑。于是在封界和都邑蓄聚柴米衣裳，让定居的人去体恤旅行的人的困乏。因此，四方蛮夷和华夏各诸侯国，虽然衣服帽子不同，言语不通，但没有人不希望来到京师，朝见天子。因此可以说：即使没有集市，民众基本生活资料也不会匮乏；即使不动用刑罚，民众也不会违法犯罪。

"毕弋田猎之得①，不以盈宫室也②；征敛于百姓③，非以充府库也④；慢怛以补不足⑤，礼节以损有余⑥。故曰：多信而寡貌⑦。其礼可守⑧，其信可复⑨，其迹可履⑩。其于信也，如四时春秋冬夏⑪。其博有万民也⑫，如饥而食，如渴而饮，下土之人信之⑬。夫暑热冻寒，远若迩⑭，非道迩也，及其明德也⑮。是以兵革不动而威⑯，用利不施而亲⑰，此之谓明主之守也，折冲乎千里之外，此之谓也⑱。"

【注释】

①毕弋（yì）：泛指打猎。毕，捕兽的长柄网。弋，带有绳子的射鸟用的箭。田猎：打猎。得：指捕获的野兽。

②以：用。盈：充满。

③征敛：征收赋税。

④府库：国家仓库。

⑤慢怛（dá）以补不足：征敛行动迟缓，不是急征暴敛，故可以弥补民众之不足。慢怛，迟缓。

⑥礼节以损有余：讲究礼节需要耗费钱财，故可以损有余。有余，此指富人。

⑦多信：多讲诚信。寡貌：少搞外表形式。

⑧其礼可守：他的礼仪可以坚守。其，指明主。

⑨其信可复：他的诚信可以重复。信，一本作"言"。复，重复。

⑩其迹可履：他走过的路可以再走。迹，足迹。履，践履。

⑪其于信也，如四时春秋冬夏：意谓明主的诚信像春秋冬夏四时交替一样可靠。按，春夏秋冬四季会按时到来，从来没有失信之处。

⑫博有万民：意谓明主希望广有万民。博，广。

⑬下土之人：天下之人。《诗经·小雅·北山》："溥天之下，莫非王土；率土之滨，莫非王臣。"

⑭夫暑热冻寒，远若迩：此承"下土之人信之"，言无论暑热冻寒远近，都要前来归附明主。远若迩，远和近。若，和，及。

⑮非道迩也，及其明德也：此承"远若迩"而来，言并非路近，而是内心向往明主的美德。及，赶上，向往。

⑯兵革不动而威：不动用军队而自有威慑力。兵革，指代军队。兵，兵器。革，甲胄，盔甲。

⑰用：财用。利：爵赏。施：施行。亲：民众亲近明主。

⑱此之谓也：王念孙说，这四个字是衍文。

【译文】

"圣明君主打猎捕获的禽兽，不是用来充盈自己的宫室；国家从老百姓那里征收的赋税，也不是用来充实君主的仓库；征敛速度迟缓一点，正好可以借此弥补民众的不足；讲究礼节时需要耗费钱财，正好可以借此减损有余。因此说，君主应该多讲诚信而少做表面文章。圣明君主的礼仪可以被人坚守，他的诚信可以被人不断重复，他走过的路可以让人反复再走。圣明君主的诚信，像春秋冬夏四时交替一样准确可靠。圣明君主希望广有万民，这就像饥饿时求食，又如同口渴时求饮，老百姓都会相信他的诚意。无论暑热冻寒，不管道路远近，老百姓都要前来归附明主，不是因为路近，而是内心向往明主的美德。因此，圣明君主不需要动用军队而自有威慑力，不需要给予财用爵禄而老百姓自然亲近君主，这就叫作圣明君主守卫国家，可以决胜于千里之外。"

曾子曰："敢问何谓'三至'①？"孔子曰："至礼不让而天下治②，至赏不费而天下之士说③，至乐无声而天下之民和④。明主笃行'三至'⑤，故天下之君可得而知也⑥，天下之士可得而臣也，天下之民可得而用也。"曾子曰："敢问何谓也？"孔子曰："昔者明主以尽知天下良士之名⑦，既知其名，又知其数⑧；既知其数，又知其所在⑨。明主因天下之爵以尊天下之士⑩，此之谓至礼不让而天下治；因天下之禄以富天下之士，此之谓至赏不费而天下之士说；天下之士说，则天下之明誉兴⑪，此之谓至乐无声而天下之民和。故曰：所谓天下之至仁者⑫，能合天下之至亲者也⑬；所谓天下之至知者⑭，能用天下之至和者也⑮；所谓天下之至明者⑯，能选天下之至良者也⑰。此三者咸通⑱，然后可以征⑲。

【注释】

①三至：即下文所谓至礼、至赏、至乐。上博简《民之父母》载孔子论"五至""三无"："物之所至者,志亦至焉;志之所至者,诗亦至焉;诗之所至者,礼亦至焉;礼之所至者,乐亦至焉;乐之所至者,哀亦至焉。哀乐相生,君子以正。此之谓五至。""无声之乐,无体之礼,无服之丧,君子以此皇于天下。"与本文"三至"不尽相同,可以互相参照。

②至礼不让而天下治：最高的礼不用揖让而天下大治。《礼记·孔子闲居》载孔子曰："威仪逮逮,不可选也,无体之礼也。"行礼本来应该伴有揖让跪拜等肢体动作,"至礼不让"近于《礼记·孔子闲居》和上博简《民之父母》所说的"无体之礼"。

③至赏不费：最高的奖赏不花费钱财。《淮南子·氾论训》："赏一人而天下誉之,罚一人而天下畏之。故至赏不费,至刑不滥。"费,耗费钱财。说：同"悦"。

④至乐无声：最美的音乐没有声音。《礼记·孔子闲居》载孔子曰："夙夜其命宥密,无声之乐也。""至乐无声"近于《礼记·孔子闲居》和上博简《民之父母》所说的"无声之乐"。和：和谐。

⑤笃行：力行其事。笃,厚,尽力。

⑥知：俞樾说,知,犹交也。

⑦昔者明主以尽知天下良士之名：圣明君主之所以能够尽知天下贤士之名,是因为当时有诸侯向天子献士的制度。《礼记·射义》："古者天子之制,诸侯岁献贡士于天子。"明主,有本作"明王"。

⑧数：具体数目。

⑨知其所在：知道贤士所住之处。

⑩因：凭借。爵：指公、侯、伯、子、男、卿、大夫、士爵位。

⑪明誉：显誉,美誉。兴：兴起。

⑫至仁者：最高的仁人,指圣明君主。

⑬合：遇合。至亲者：最值得亲近的人，指贤士。《潜夫论·本政》："惟圣知圣，惟贤知贤。"

⑭至知者：具有最高智慧的人。指圣明君主。知，同"智"。

⑮用：任用。至和者：最善于和合的人。指贤士。《论语·子路》载孔子曰："君子和而不同。"

⑯至明者：最英明的人。指圣明君主。

⑰选：选择，选用。

⑱三者：指三至。咸：皆，都。通：通达。

⑲征：征伐。

【译文】

曾子问："请问什么叫'三至'？"孔子回答说："最高的礼仪不需揖让而天下大治，最高的奖赏不耗费钱财而天下贤士欢悦，最高的音乐没有声音而天下民众和谐。圣明君主力行'三至'，因此，对于贤士来说，天下的君主可以交往；对于君主来说，天下贤士可以让他们称臣，天下民众可以任用。"曾子问："请问这是为什么呢？"孔子回答说："从前圣明君主尽知天下贤士的名字，不仅知道他们的名字，而且知道他们的人数；不仅知道他们的人数，而且知道他们住在哪里。圣明君主利用天下的爵位，来尊显天下贤士，这叫作最高的礼仪不需揖让而天下大治。圣明君主利用天下的俸禄，来让天下贤士富贵，这叫作最高的奖赏不耗费钱财而天下贤士欢悦。如果天下贤士欢悦，那么天下对圣明君主的美誉就兴起了，这叫作最高的音乐没有声音而天下民众和谐。所以说，天下具有最高仁德的君王，能够遇合天下最值得亲近的贤人；天下具有最高智慧的圣明君王，能够任用天下最善于和合的贤人；天下最英明的君王，能够选拔天下最贤良的人。做到了'三至'，就可以对外征伐。

"是故仁者莫大于爱人①，知者莫大于知贤，政者莫大于官贤②。有土之君修此三者③，则四海之内拱而俟④，然后可以征。明主之所征,必道之所废者也⑤。彼废道而不行,然后诛其君,致其征,吊其民⑥,而不夺其财也。故曰:明主之征也,犹时雨也⑦,至则民说矣。是故行施弥博⑧,得亲弥众⑨,此之谓衽席之上乎还师。"

【注释】

①仁者莫大于爱人:《礼记·大学》:"唯仁人为能爱人。"《孟子·离娄下》:"仁者爱人。"

②官贤:任命贤人为官。官,任命官员。

③三者:爱人、知贤、官贤。

④拱:两手相合胸前,表示恭敬或无所事事。古人将无为而治称为拱手而治。侯:指日可待。

⑤道:正道,王道。废:废弃。

⑥吊:慰问。

⑦时雨:及时雨。

⑧行施:指上文"诛其君,致其征,吊其民,而不夺其财"各种举措。弥:更加,越。博:广博。

⑨得亲:获得亲近的民众。

【译文】

"因此一个仁君所要做的事没有比爱护民众更大的了,一个智慧的君主所要做的事没有比发现贤才更大的了,一个施政的君主所要做的事没有比任命贤才更大的了。有封土的王侯做好了爱人、知贤、官贤这三件事,那么四海之内垂拱而治就指日可待了,然后可以对外征伐。圣明君主所征伐的对象,一定是那些废弃治国正道的昏乱国家。由于这些昏乱国家废弃了正道,因此圣明君主可以诛讨乱国昏君,征伐它们的国土,慰问它们的民众,而不会掠夺该国民众的财产。因此,圣明君主的征伐，就像及时雨一样，所到之处都会受到人民的欢迎。因而圣明君主征伐越是广博，获得亲近的民众就越多，这就叫在卧席之上就能筹划大军凯旋。"

曾子立事第五

【题解】

本篇选自《大戴礼记》。王聘珍《大戴礼记解诂》说："此篇言博学、审问、慎思、明辨、笃行之事。名曰立事者，君子所以立身行道也。"孔子当年教育弟子，往往将君子、小人相提并论，希望弟子们都能做一个道德君子。曾参继承了孔子培养道德君子这一教育路线。从文章内容来看，本篇虽然以一个"曾子曰"领起，但不大可能是曾参的一次谈话，而应该是曾门弟子将宗师往日教育弟子如何立身行事、怎样成为一个道德君子的言论加以梳理，辑成一篇。曾参关于君子立身行事的言论，绝大多数继承了孔子思想，诸如博学于文、讷于言而敏于行、人不知苟吾自知、见善恐不得与、己善亦乐人之善、反对巧言佞色、君子成人之美等等，都是在孔子论述的基础之上加以发挥。有些言论可以与大小戴《礼记》的论述相互参照，诸如"君人不绝人之欢"与《礼记·曲礼上》"君子不尽人之欢"，"未问则不言"与《礼记·曲礼上》"礼闻来学，不闻往教"，"君子入人之国，不称其讳"与《礼记·曲礼上》"入境而问禁，入国而问俗"等等，两者思想若合符契。但也有一些言论是曾参本人的心得，诸如学习不要避难趋易、行动不要追求迅速有名、行自微而不微人、用理性思考战胜血气冲动、疑则不言等等，都是曾参本人在长期道德修养中所得来的体会。本篇文章结构很有特色，文章由三十二个章节组成，每个章节大都是以"君子"开头,客观上形成了一种排比结构,堪称是先秦儒家文献中的一篇奇文。

曾子曰:君子攻其恶^①,求其过^②,强其所不能^③,去私欲^④,从事于义,可谓"学"矣。

【注释】

①攻:排斥,舍弃。其:指自己。恶:邪恶,不善。

②求:寻找。过:过失。

③强:勉强,勉力去做。

④私欲:个人的情欲。

【译文】

曾子说:君子舍弃自己心中的邪恶,找出自己的过失,勉力学做自己所不能的事,去掉心中不合礼义的私心情欲,做正义的事业,这就可以称得上是"学"了。

君子爱日以学^①,及时以行^②,难者弗辟^③,易者弗从^④,唯义所在^⑤,日旦就业^⑥,夕而自省思^⑦,以殁其身^⑧,亦可谓守业矣^⑨。

【注释】

①爱日:爱惜光阴。

②及时:抓住时机。《周易·乾·文言》:"君子进德修业,欲及时也。"行:践行。

③难者弗辟(bì):学习中遇到困难的地方不可逃避。辟,退避,逃避。

④易者弗从:不只拣容易的学。从,跟从。

⑤唯义所在：只做适宜的事。《论语·里仁》："君子之于天下也，无适也，无莫也，义之与比。"义，宜。

⑥日旦：天明。就业：从事所做的事业。

⑦自省思：自我反省。《论语·学而》载曾子曰："吾日三省吾身：为人谋而不忠乎？与朋友交而不信乎？传不习乎？"

⑧以殁其身：终身如此，到死为止。殁，死。

⑨守业：坚守事业。

【译文】

君子争分夺秒地学习，将生平所学不失时机地付诸行动，学习中不回避难题，不专挑容易学的内容，只做那些适宜的事，天一亮就开始攻读学业，到晚上再进行自我反省，终身如此，到死为止，这样做就可以称得上守住自己的学业了。

君子学必由其业①，问必以其序②。问而不决③，承间观色而复之④，虽不说亦不强争也⑤。

【注释】

①学必由其业：谓学业有专攻，不是什么都学。《荀子·大略》："多知而无亲，博学而无方，好多而无定者，君子不与。"由，从。业，专业。

②问必以其序：弟子向老师求教，应该遵循由浅入深、循序渐进的原则。序，次序，顺序。

③不决：指问题没有解决。决，解决。

④承间：利用老师空闲时间。观色：观察老师脸色。如果老师面色疲惫，或有不悦之色，就不宜再问。复：再问。

⑤不说：老师不再解说。不强争：不再勉强争取。

【译文】

君子一定要学业有专攻,向老师问业一定要讲究先后次序。如果对某一问题尚有疑问,可以利用老师空闲时间,在观察老师脸色之后,再次向老师请教,如果老师不予答复,那么就不要勉强再问。

君子既学之,患其不博也①;既博之,患其不习也②;既习之,患其无知也③;既知之,患其不能行也④;既能行之,贵其能让也⑤。君子之学,致此五者而已矣⑥。

【注释】

①患:担忧。博:广博。《论语·雍也》载孔子曰:"君子博学于文,约之以礼,亦可以弗畔矣夫。"

②习:温习。《论语·学而》载孔子曰:"学而时习之,不亦说乎?"

③知:心知其义。《论语·为政》载孔子曰:"温故而知新,可以为师矣。"

④行:践行,身体力行。

⑤让:礼让。王聘珍说:"推贤尚善曰让。"

⑥致:做到,达到。

【译文】

君子已经立志向学了,就怕所学不够广博;所学已经广博了,就怕不能按时温习;已经按时温习了,就怕不能心知其义;已经心知其义了,就怕不能身体力行;已经身体力行了,就怕不能做到礼让。君子的学习,不过是做到博学于文、按时温习、心知其义、身体力行、能够礼让这五点而已。

君子博学而孱守之①,微言而笃行之②,行必先人③,言必后人^④。君子终身守此悒悒^⑤。

【注释】

①博学而孱（chán）守：即由博返约。孱，懦弱，弱小，引申为简约。

②微言：少说话。笃行：忠厚老实地做。《论语·里仁》载孔子曰："君子欲讷于言而敏于行。"

③行必先人：行动一定要在他人之先。

④言必后人：说话一定要在他人之后。

⑤君子终身守此悒悒（yì）：由博返约、少说多做、行动在他人之先、说话在他人之后，这些都需要"克己"的功夫，因此君子要始终以严于律己，担心自己做得不够的心情去坚守。悒悒，忧虑不安。

【译文】

君子广博学习而简约坚守，少说话而忠厚老实地去做，行动在他人之先，说话在他人之后。君子应该终身以忧患意识恪守这些原则。

　行无求数有名^①，事无求数有成。身言之^②，后人扬之^③；身行之，后人秉之^④。君子终身守此惮惮^⑤。

【注释】

①行无求数（shuò）有名：行动不要追求迅速出名。数，通"速"，迅速，立即。

②身：自身。

③扬：褒扬，表扬。

④秉：秉持，继承。

⑤惮惮（dàn）：忧惧，诚惶诚恐。

【译文】

行动不要追求迅速出名，做事不要追求迅速成功。自身发表了言论,为后人所褒扬;自身有所行动,为后人所继承秉持。君子终身诚惶诚恐地坚守这些原则。

君子不绝小不殄微也①,行自微也不微人②。人知之则愿也③,人不知苟吾自知也④。君子终身守此勿勿也⑤。

【注释】

①不绝小:不以小善为无益而不为。绝,断绝。不殄(tiǎn)微:意同"不绝小"。殄,灭绝。

②行自微也不微人:自己有善,务求隐匿;他人有善,不为隐匿。微,隐匿。一说,"微"为"徵"之误。徵,求。自徵,即自求,只要自己知道就可以了。不微人,不求别人知道。

③人知之则愿也:别人如果知道自己的才德,那正是自己所希望的。

④人不知苟吾自知也:别人如果不知道自己的才德,那么只要自己问心无愧就行了。《离骚》:"不吾知其亦已兮,苟余情其信芳。"

⑤勿勿:王引之认为即"忽忽",忧愁的样子。

【译文】

君子不因为善事微小就放弃不做,自己有善行务求隐匿,但不隐匿他人的善行。别人如果了解自己的善行,那正是自己所希望的,别人如果不了解自己的善行,那就只求问心无愧就行了。君子终身忧患地坚守这些原则。

君子祸之为患①,辱之为畏,见善恐不得与焉②,见不善者恐其及己也③,是故君子疑以终身④。

【注释】

①祸之为患:担忧灾祸。

②见善恐不得与焉：看到善事唯恐自己赶不上。与，及。

③见不善者恐其及己也：看到不善的事唯恐涉及自己。《论语·季氏》载孔子曰："见善如不及，见不善如探汤。"

④疑：疑惑。指担心涉及不善的事。

【译文】

君子担忧灾祸，害怕耻辱，看到善事唯恐自己赶不上，看到不善的事唯恐涉及自己，君子终身疑惧自己涉及不善。

君子见利思辱①，见恶思诟②，嗜欲思耻，忿怒思患③，君子终身守此战战也④。

【注释】

①辱：羞辱。

②恶：邪恶。诟：污垢，诟病。

③忿怒思患：忿怒容易使人冲动，因此需要想到冲动所带来的祸患。患，祸。

④战战：恐惧的样子。

【译文】

君子看见利益就要想到它可能带来羞辱，看到邪恶就要想到它可能带来诟病，在放纵自己欲望时要想到它可能带来羞耻，在忿怒时要想到冲动可能带来祸患，君子终身战战兢兢地恪守这些原则。

君子虑胜气①，思而后动，论而后行，行必思言之②，言之必思复之③，思复之必思无悔言④，亦可谓慎矣。

【注释】

①虑胜气：谓理性思考战胜血气冲动。虑，思虑，思想。胜，克，战

胜。气,血气。

②行必思言之:行动一定要想到此事能够光明正大地说出来。《礼记·缁衣》载孔子曰:"可行也,不可言,君子弗行也。"

③言之必思复之:说出来的话一定要想到能够兑现。复,兑现。

④无悔言:没有后悔的言论。

【译文】

君子要做到用理性思考去战胜血气冲动,先认真思考而后付诸行动,先讨论是否可行而后付诸实施,行动之前一定要想到此事能够光明正大地说出来,说出来的话一定要想到能够兑现,既然想到兑现承诺那就想到不说后悔的话,这样就可以称得上慎重了。

人信其言,从之以行①。人信其行,从之以复②。复宜其类③,类宜其年④,亦可谓外内合矣。

【注释】

①人信其言,从之以行:《论语·为政》载子贡问君子,孔子曰:"先行其言而后从之。"人,他人。其,指君子。从之以行,指随后观察君子的行动。从,随后。之,指君子之言。

②复:兑现,实现。

③宜:适宜,宜于。类:类似,指持之以恒,每天如此行动。

④年:每年如此,指长期坚持。年,一本作"言"。

【译文】

人们相信君子的言论,随后就要观察君子的行动。人们相信君子的行动,随后就要观察君子是否能够全部兑现所说的话。君子兑现诺言,应该坚持天天如此,年年如此,这样就可以称得上言行一致内外相合了。

君子疑则不言①,未问则不言②,两问则不行其难者③。

【注释】

①疑：有疑问。不言：不发表意见。

②未问则不言：别人没有主动提问，就不要告诉别人。《礼记·曲礼上》："礼闻来学，不闻往教。"

③两问：问一件事的难易两种处理方式。不行其难者：指择其易行者而告之。《礼记·学记》："善问者如攻坚木，先其易者，后其节目。"

【译文】

君子如果对某一问题存在疑问，那么就不要对此发表意见；别人如果没有主动提问，那么就不要主动告诉别人；如果别人问一件事的难易两种处理方式，那么就不要把难以施行的答案告诉别人。

君子患难除之①，财色远之，流言灭之。祸之所由生，自孅孅也，是故君子夙绝之②。

【注释】

①患难：祸患灾难。除：消除，排除。

②"祸之所由生"几句：《礼记·经解》："夫礼，禁乱之所由生，犹坊止水之所自来也。……故礼之教化也微，其止邪也于未形，使人日徙善远罪而不自知也，是以先王隆之也。"孅孅（xiān），细小。孅，同"纤"。夙，早。

【译文】

君子排除祸患灾难，远离财色，灭绝流言蜚语。灾祸的产生，往往是从细小的事件开始的，因此君子早早地灭绝小的祸根。

君子己善，亦乐人之善也①；己能，亦乐人之能也②；己虽不能，亦不以援人③。

【注释】

①君子己善,亦乐人之善也:《论语·雍也》载孔子曰:"夫仁者,己欲立而立人,己欲达而达人。"

②己能,亦乐人之能也:《尚书·秦誓》:"人之有技,若己有之;人之彦圣,其心好之。"能,能干,有才能。

③己虽不能,亦不以援人:自己即使才能不足,也不攀引别人的才能不足而宽慰自己。援,引,攀缘。一说,"援"通"爱",意为愤怒、怨恨。此句意谓自己即使才能不足,也不因此而怨恨别人。

【译文】

君子自己善,也乐于看到别人善;自己有才能,也乐于看到别人有才能;即使自己才能不够,也不会攀引别人的才能不足而宽慰自己。

君子好人之为善而弗趣也①,恶人之为不善而弗疾也②。疾其过而不补也③,饰其美而不伐也④,伐则不益⑤,补则不改矣⑥。

【注释】

①趣:催促。

②弗疾:不急于催促恶人改错,以防急而生变。疾,急速。一说,疾,憎恨。

③疾其过而不补也:疾其过,憎恨恶人之过。不补,不替恶人弥补过失。按,此句承"恶人之为不善",主语是君子。

④饰其美:修饰他人之美。饰,修饰。不伐:不去夸耀他人之美,以防其骄傲。伐,夸耀,矜夸。

⑤伐则不益:夸耀过多,好人就难以再进步了。益,进益,进步。

⑥补则不改:替恶人补过,恶人就不思悔改了。

【译文】

君子爱好看到他人为善，但是不要催促他人更多更快地为善；君子厌恶他人不善，但是不要急于纠正他人过失，以防急而生变。君子憎恨恶人的过错而不替恶人弥补过失，修饰善人的美善而不过分夸耀。如果夸耀过多，那么善人就难以再进步了；如果替恶人补过，那么恶人就不思悔改了。

君子不先人以恶①，不疑人以不信②。不说人之过，成人之美。存往者③，在来者④。朝有过夕改则与之⑤，夕有过朝改则与之。

【注释】

①不先人以恶：不事先预测他人是恶人。

②不疑人以不信：不怀疑他人是不讲信用的人。

③存往者：保存已经过去的事情，即既往不咎。

④在来者：观察未来的发展。

⑤与：赞许。

【译文】

君子不事先预测他人是恶人，不怀疑他人是不讲信用的人。不谈论他人的过错，成全他人的美事。对已经过去的事情不再追究，观察事情的未来发展。赞许那些早上犯错晚上就改正的人，晚上犯错第二天早上就改正的人也要肯定。

君子义则有常①，善则有邻②。见其一，冀其二③；见其小，冀其大。苟有德焉④，亦不求盈于人也⑤。

【注释】

①义则有常：做正义的事情会持之以恒。常，恒常。

②善则有邻：做善事会找到志同道合的人。《论语·里仁》载孔子曰："德不孤，必有邻。"

③见其一，冀其二：君子看见他人做了一件善事，就希望看到他人做两件善事。冀，希望。

④苟：如果，只要。德：美德。

⑤不求盈于人：对他人不求全责备。盈，满。

【译文】

君子做正义的事情会持之以恒，做善事会找到志同道合的人。看见他人做了一件善事，就希望看到他人做两件善事；看见他人做了一件小的善事，就希望看到他人做大的善事。只要他人有一些美德，就不必对他人求全责备。

君子不绝人之欢①，不尽人之礼②。来者不豫③，往者不慎也④；去之不谤⑤，就之不赂⑥。亦可谓忠矣⑦。

【注释】

①君子不绝人之欢：《礼记·曲礼上》："君子不尽人之欢，不竭人之忠，以全交也。"绝，竭尽。欢，友谊。按，不绝人之欢，是防止物极则反。

②尽：意同"绝"。

③来者：来交往者。不豫：不为之喜悦。豫，喜悦。

④慎：一本作"嗔"，生气。

⑤去之：即前文"往者"，指背离而去。谤：毁谤。

⑥就之：即前文"来者"，指前来接近的人。赂：用财物笼络人心。

⑦忠：尽己之谓忠，竭尽全力。

【译文】

君子不无限制地要求他人的友谊,也不无限制地要求他人的礼数。对于前来交往的人不要喜形于色,对于不再交往的人也不要生气;对于背离而去的人不要说他的坏话,对于前来交往的人不要用财物笼络他。这样做可以算得上竭尽全力了。

君子恭而不难①,安而不舒②,逊而不谄③,宽而不纵④,惠而不俭⑤,直而不径⑥,亦可谓知矣⑦。

【注释】

①难:王引之说,"难"读为"戁(nǎn)",畏惧。

②安:安逸。舒:本义为舒展,引申为不能自我约束。

③逊:谦逊。谄:谄媚。

④宽:宽大。纵:放纵。

⑤惠:施惠。俭:节俭,引申为吝啬。

⑥直:正直。径:捷径。

⑦知:同"智"。

【译文】

君子恭敬而不畏惧,安逸而不放松对自己的约束,谦逊而不谄媚,宽容而不放纵,施惠而不吝啬,正直而不走捷径,这样也就称得上智慧了。

君子入人之国,不称其讳,不犯其禁①,不服华色之服②,不称惧惕之言③。故曰:与其奢也,宁俭④;与其倨也⑤,宁句⑥。

【注释】

①不称其讳,不犯其禁:《礼记·曲礼上》:"入竟(境)而问禁,入国

而问俗,入门而问讳。"讳,国家忌讳。犯,触犯。禁,禁令。

②不服华色之服:《孝经》:"非先王之法服不敢服。"华色之服,色彩
　华丽的服饰。

③称:称述。惧:恐惧。惕:惊悚。

④与其奢也,宁俭:《论语·八佾》载孔子曰:"礼,与其奢也,宁俭。"
　奢,奢侈。

⑤倨:倨傲。

⑥句(gōu):曲,引申为谦虚恭敬。黄怀信认为本字当为"拘",拘束。

【译文】

君子进入其他诸侯国,不称说该国的忌讳,不触犯该国的禁令,不
穿色彩过于华丽的衣服,不发表让人恐惧、惊悚的言论。所以说,与其奢
侈,还不如节俭;与其倨傲不敬,不如谦虚恭敬。

可言而不信①,宁无言也。君子终日言,不在尤之中②;
小人一言,终身为罪。

【注释】

①可言而不信:可以说但不能确保真实。

②君子终日言,不在尤之中:《孝经》:"言满天下无口过。"尤,过错。

【译文】

可以说但不能确保真实的话,宁可不说。君子终日说话,却不在过
错之中;小人有时只说一句话,却获终身之罪。

君子乱言而弗殖①,神言弗致也②,道远日益云③。众信
弗主④,灵言弗与⑤,人言不信不和⑥。

【注释】

①乱言而弗殖：意为不要让胡言乱语之风滋长。乱言，胡言乱语。殖，生长。王引之说，"而"为衍文。

②神言弗致：不要相信鬼神之言，此即《论语》"不语乱力怪神"之意。神言，神奇鬼怪之言。致，至，到达。一说，弗致，意为不传播。

③道远日益：《论语·泰伯》载曾子曰："士不可以不弘毅，任重而道远。仁以为己任，不亦重乎？"日益，每日增益。云：语助词。一说，"云"为衍文。

④众信弗主：不认同众人之说。信，俞樾说，"信"乃"言"字之误。众言，众人之言。弗主，不主张，不认同。按，不认同众人之言，是保持个人独立思考，不随波逐流。

⑤灵言：灵异之言。孙诒让说，"灵"或为"虚"字之误。弗与：不赞成。

⑥人言不信不和：不要附和不真实的他人之言。

【译文】

　　君子不让胡言乱语之风滋长，不听信有关鬼怪神奇的言论，虽然任重道远，但每日都有进步。君子不随波逐流去附和众人之言，不赞成那些奇怪灵异的言论，不应和那些不真实的言论。

　　君子不唱流言①，不折辞②，不陈人以其所能③。言必有主④，行必有法⑤，亲人必有方。多知而无亲⑥，博学而无方⑦，好多而无定者⑧，君子弗与也⑨。君子多知而择焉⑩，博学而算焉⑪，多言而慎焉⑫。博学而无行⑬，进给而不让⑭，好直而径⑮，俭而好佚者⑯，君子不与也。夸而无耻，强而无惮，好勇而忍人者⑰，君子不与也。亟达而无守⑱，好名而无体⑲，忿怒而为恶，足恭而口圣⑳，而无常位者㉑，君子弗与也。

【注释】

①唱：同"倡"，倡导。一本作"倡"。

②不折辞：不曲折言辞。黄怀信认为即有话直说。《大戴礼记》认为"即《论语》'恶讦以为直'也"，即不揭露别人以表现自己的正直。一说，不折辞，意为说话不打折扣。

③不陈人以其所能：不向他人陈述自己的才能。陈，陈述。

④言必有主：说话一定要在思想上有主脑，即思想立场鲜明。主，主脑，中心思想。

⑤行必有法：行为一定要有法则。法，法则。

⑥多知而无亲：有很多相知者却没有亲近之人。此句承"亲人必有方"。

⑦博学而无方：广博学习却没有方法。此句承"行必有法"。

⑧好多而无定：爱好很多却没有主脑。此句承"言必有主"。

⑨与：赞成。

⑩多知而择：多知人，再择善而从。此句承"多知而无亲"。

⑪博学而算：广博学习而有重点筛选。此句承"博学而无方"。算，一本作"选"，选择。

⑫多言而慎：说话很多但态度谨慎。

⑬博学而无行：广博学习却没有行动。

⑭进给：急于进取，走捷径。进，进取。给，便捷。让：礼让。

⑮好直而俓（jìng）：爱好正直且又性急。俓，急。

⑯俭：节俭。偫（zhì）：窒塞。

⑰忍人：对人残忍。

⑱亟达而无守：急于飞黄腾达而无操守。亟，急。一说，亟，屡次。

⑲好名而无体：爱好虚名而无容体。无体，不顾体面。犹今人说"吃相不好看"。一说，体，实体。好名而无体，意即有名无实。

⑳足恭而口圣：恭敬十足而能说会道。

㉑常位：犹言常德、常道。

【译文】

君子不倡导流言蜚语，不闪烁其词，不向他人陈述自己的才能。说话时一定要有思想立场，行为一定要有法则，亲近他人一定要有正确的方法。有很多相知相识者却没有亲近之人，广博学习却没有方法，爱好很多却没有定力，君子对这些都是不赞成的。君子在很多相知中会择善而从，广博学习而有重点筛选，说话很多但态度谨慎。广博学习却不能付诸行动，急于走捷径进取而不讲礼让，爱好正直且又性急，节俭而不施于人，君子对这些是不赞成的。自我夸耀而不知羞耻，作风强悍而肆无忌惮，爱好勇武而对人残忍，君子对这些是不赞成的。急于飞黄腾达而无操守，爱好虚名而不顾体面，一旦忿怒便会作恶，恭敬十足而能说善辩，却又没有恒常之道，君子对这些是不赞成的。

巧言令色①，能小行而笃②，难于仁矣③。嗜酤酒④，好讴歌⑤，巷游而乡居者乎⑥！吾无望焉耳⑦。出入不时⑧，言语不序⑨，安易而乐暴⑩，惧之而不恐⑪，说之而不听，虽有圣人，亦无若何矣⑫。临事而不敬⑬，居丧而不哀，祭祀而不畏⑭，朝廷而不恭，则吾无由知之矣⑮。

【注释】

①巧言：花言巧语。令色：装出美好的样子。《论语·学而》载孔子曰："巧言令色鲜矣仁。"

②小行：细小的行为。笃：固，厚，引申为固执。

③难于仁：难以达到仁的境界。《论语·卫灵公》载孔子曰："群居终日，言不及义，好行小慧，难矣哉。"

④嗜酤（gū）酒：喜欢买酒。此指酤酒滥饮。酤，买。

⑤讴（ōu）歌：唱歌。

⑥巷游：在小街小巷中游荡。乡居者：乡下人。

⑦无望：不抱希望。

⑧出入不时：随时随地出入。

⑨言语不序：语无伦次。

⑩安易：安于简易，不求精深。乐暴：以残暴为乐。

⑪惧之而不恐：受到警告而不害怕。

⑫无若何：无可奈何，拿他没有办法。

⑬临事：面对重要事情。不敬：不能严肃认真。

⑭不畏：不怕鬼神。

⑮无由知之：无法理解，不可理喻。《论语·八佾》载孔子曰："居上不宽，为礼不敬，临丧不哀，吾何以观之哉！"

【译文】

花言巧语，态度谄媚，能做点小事，而固执地认为这就够了，这样的人很难达到仁的境界。嗜酒贪杯，喝醉了就好唱歌，这样的人是在小街小巷中游荡的乡下人吧！我对这种人是不抱希望的了。随时进进出出，说话语无伦次，安于简易而乐于残暴，吓唬他也不害怕，劝说也不听，即使有圣人在世，对这种人也没有办法。面对大事而不能严肃认真，处于丧期而不悲哀，祭祀鬼神而不敬畏，身在朝廷而态度不恭，对这种人我是无法理解的。

三十四十之间而无艺①，即无艺矣；五十而不以善闻矣，七十而无德，虽有微过，亦可以勉矣②。其少不讽诵③，其壮不论议④，其老不教诲⑤，亦可谓无业之人矣⑥。

【注释】

①艺：道艺，技艺。

②勉：通"免"，免于责罚。

③讽诵：背诵朗读。指诵读《诗》《书》。

④壮：《礼记·曲礼上》："三十曰壮，有室。"论议：议论时政，包括口头议论和书面著述。《论语·宪问》载孔子曰："长而无述焉。"

⑤教诲：教导后生。

⑥无业之人：没有事业的人。

【译文】

一个人到了三十岁、四十岁的时候还没有掌握一门技艺，那么这个人一辈子也就不会有技艺了；到了五十岁的时候还不能以善闻名，那么这个人就不会再有好名声了。到了七十岁的时候还没有好的德行，即使犯有小过错，也可以免于责罚。少年时代不诵读《诗》《书》，壮年时代不著文议论时政，老年时代不教诲后生，也可以说是没有事业的人了。

少称不弟焉①，耻也；壮称无德焉②，辱也；老称无礼焉，罪也。过而不能改，倦也③；行而不能遂④，耻也；慕善人而不与焉⑤，辱也；弗知而不问焉，固也⑥；说而不能⑦，穷也⑧；喜怒异虑⑨，惑也⑩；不能行而言之，诬也⑪；非其事而居之⑫，矫也⑬；道言而饰其辞⑭，虚也⑮；无益而食厚禄⑯，窃也；好道烦言⑰，乱也；杀人而不戚焉⑱，贼也⑲。

【注释】

①称：被人称为。不弟：不能敬重兄长。《论语·宪问》载孔子曰："幼而不孙弟，长而无述焉，老而不死，是为贼。"弟，通"悌"，敬重兄长。

②无德：道德低下。

③倦：懈怠。

④行而不能遂：意谓做事半途而废。遂，成功，成就。

⑤慕：仰慕。与：参与。引申为"像善人一样去做"。

⑥固：固陋。

⑦说而不能：试图解说事理而说不清楚。

⑧穷：理屈词穷。

⑨喜怒异虑：喜怒之时思虑不一样，爱之欲其生，恶之欲其死。

⑩惑：心无定见。

⑪诬：欺骗，言行不一。

⑫非其事而居之：不是自己做的事却居功。

⑬矫：欺诈，假扮。

⑭道言：道听途说。饰其辞：加以文饰。

⑮虚：空虚。

⑯无益：对人无益。

⑰好道：喜欢言说。烦言：烦琐之言。

⑱戚：悲伤。

⑲贼：贼害，残忍。

【译文】

　　少年时代被人称为不能敬重兄长，这是一种羞耻；壮年时代被人称为没有德行，这是一种侮辱；老年时代被人称为无礼，这是一种罪孽。有过错而不能改正，这是懒惰；行动而半途而废，这是羞耻；仰慕善人而不能见贤思齐，这是耻辱；自己不知而不问他人，这是固陋；试图解说而讲不清楚，这是理屈词穷；喜悦与愤怒之时思虑不一，这是糊涂；明知不能付诸行动而对人说，这是欺骗；不是自己做的事却居为己功，这是欺诈；道听途说而文饰其辞，这是空谈；无益于人而领取厚禄，这是盗窃；喜好称说烦琐之言，这是乱说；杀人而不悲伤，这是贼害。

　　人言不善而不违①，近于说其言②；说其言，殆于以身近之也^③；殆于以身近之，殆于身之矣^④。人言善而色葸焉^⑤，近于不说其言；不说其言，殆于以身近之也；殆于以身近之，殆于身之矣。

【注释】

①人言不善：别人说不善的话。不违：不违背，不反对。

②近于说其言：近于喜欢听不善的话。说，同"悦"。

③殆于以身近之：近于自己去说不善的话。殆，近。

④身之：亲身为之。

⑤色葸（xǐ）：害怕、畏缩的样子。

【译文】

别人说不好的话而不去反对，这就近于喜欢听不好的话；喜欢听不好的话，这就近于自己会说不好的话；近于自己会说不好的话，这就近于亲自说了不好的话。别人说好的话而面色畏缩，这就近于不喜欢听好的话；不喜欢听好的话，这就近于自己会不说好的话；近于自己会不说好的话，这就近于亲自不说好的话。

故目者，心之浮也^①，言者，行之指也^②，作于中^③，则播于外也^④。故曰以其见者^⑤，占其隐者^⑥。故曰听其言也，可以知其所好矣。观说之流^⑦，可以知其术也^⑧。久而复之^⑨，可以知其信矣^⑩。观其所爱亲，可以知其人矣^⑪。临惧之而观其不恐也^⑫，怒之而观其不惕也^⑬，喜之而观其不诬也^⑭，近诸色而观其不逾也^⑮，饮食之而观其有常也^⑯，利之而观其能让也^⑰，居哀而观其贞也^⑱，居约而观其不营也^⑲，勤劳之而观其不扰人也^⑳。

【注释】

①故目者，心之浮也：意谓眼睛是心灵的符号。浮，通"符"。

②言者，行之指也：意谓言语是行动的指向。指，指示，指向。

③作于中：内心有心理活动。

④播于外：通过眼睛、言语而将心中所想传播于外。

⑤见者：外在的眼睛、言语、行动等可见可闻的现象。见，读为"现"。

⑥占：预测，推测。隐者：指内心活动。

⑦观说之流：观察一个人说哪一类的话。流，类。

⑧术：心术。

⑨复：兑现诺言。

⑩知其信：可以知道这个人讲信用的程度。

⑪知其人：了解这个人属于哪一类的人。

⑫临惧之而观其不恐也：对其施加恐惧，观察一个人能否做到不畏惧。临惧之，对其施加恐惧。临，自上视下曰临。一说，"临"字为衍文。

⑬怒之而观其不惛（hūn）也：将其激怒，以此观察一个人是否能够在愤怒之下保持不糊涂。惛，糊涂，昏聩。

⑭喜之而观其不诬也：让其大喜，以此观察一个人是否能够在大喜之下保持不狂妄。诬，吹嘘，说大话。一说，"诬"为"轻"之误。

⑮近诸色而观其不逾也：让其接近女色，以此观察一个人是否能够做到不越轨。近诸色，接近女色。不逾，不逾礼节，不越轨。

⑯饮食之而观其有常也：请他吃饭喝酒，以此观察一个人是否能够做到不醉饱而保持常态。常，常态，不失礼。

⑰利之而观其能让也：对其输送利益，以此观察一个人是否能够做到让利。利之，对其输送利益。让，谦让，让利。

⑱居哀而观其贞也：在丧礼期间，可以观察一个人是否真心尽哀。贞，真心。

⑲居约而观其不营也：在贫困期间，可以观察一个人是否钻营。约，贫困。营，钻营。

⑳勤劳之而观其不扰人也：让其勤苦劳作，可以观察一个人是否怨天尤人。扰，通"尤"。

【译文】

　　眼睛，是心灵的符号，言语，是行动的指向，内心有心理活动，会通过眼睛、言语传播于外。所以说可以通过眼睛、言语这些可以闻见的外在现象，来推测一个人内心隐秘的活动。因此听一个人所说的话，就可以知道他的喜好。观察一个人说哪一类的话，就可以知道他的心术。长期观察一个人是否兑现诺言，就可以知道这个人是否讲信用。观察一个人喜爱亲近哪些人，就可以知道这个人属于哪一类的人。对其施加恐惧，可以观察一个人能否做到临危不惧；将其激怒，可以观察一个人是否能够在愤怒之下保持不糊涂；让其大喜，可以观察一个人是否能够在大喜之下不至于口出狂言；让其接近女色，可以观察一个人是否能够做到不越轨；请其吃饭喝酒，可以观察一个人是否能够做到不醉饱而保持常态；对其输送利益，可以观察一个人是否能够做到让利；在丧礼期间，可以观察一个人是否真心尽哀；在贫困期间，可以观察一个人是否奔走钻营；让其勤苦劳作，可以观察一个人是否怨天尤人。

　　君子之于不善也，身勿为能也①，色勿为不可能也②；色也勿为可能也，心思勿为不可能也③。太上乐善④，其次安之⑤，其下亦能自强⑥。仁者乐道⑦，智者利道⑧，愚者从⑨，弱者畏⑩。不愚不弱，执诬以强⑪，亦可谓弃民矣⑫。太上不生恶⑬，其次而能夙绝之也⑭，其下复而能改也⑮。复而不改，殒身覆家⑯，大者倾覆社稷⑰。是故君子出言以鄂鄂⑱，行身以战战⑲，亦殆勉于罪矣⑳。是故君子为小由为大也，居由仕也,备则未为备也,而勿虑存焉㉑。

【注释】

①身勿为能也:自身不做不善的事是可能的。勿,不。为,做。

②色勿为不可能也:脸上不露出不善的神色是不可能的。色,面色,脸色。

③心思勿为不可能也:心思上不想不善是不可能的。

④太上:道德水平最高的人。乐善:乐于为善。

⑤其次安之:道德水平次一等的人安于为善。

⑥其下亦能自强:道德水平低下的人也能勉强自己为善。

⑦仁者乐道:仁者以得道为乐。《论语·雍也》载孔子曰:"知之者不如好之者,好之者不如乐之者。"

⑧智者利道:智者以得道为利。《礼记·表记》:"仁者安仁,知者利仁。"

⑨愚者从:愚昧的人从道。

⑩弱者畏:软弱的人畏道。

⑪执诬以强:坚持诬妄之道而强行。

⑫弃民:被社会摒弃的人。王聘珍曰:"古者弃民,屏之远方,终身不齿。"

⑬不生恶:没有为恶念头。

⑭夙绝之:早早地断绝为恶念头。

⑮复而能改:虽数次为恶但能改正。

⑯殒身:亡身。覆家:灭家。

⑰倾覆:覆灭,颠覆。社稷:土地神和谷神,用以指代国家。

⑱鄂鄂:直言争辩的样子。一说,指说话谨慎的样子。

⑲行身:立身行事。战战:谨慎的样子。《诗经·小雅·小旻》:"战战兢兢,如临深渊,如履薄冰。"

⑳殆：庶几。勉：通"免"。

㉑"是故君子为小由为大也"几句：据王念孙说，这几句意思是，做小事如同做大事一样，居家如同出仕一样，虽然没有专门准备，但准备无疑已经存在。由，通"犹"。居，居家。仕，出仕。勿虑，无虑。存，存在。

【译文】

君子对于不善的事，肢体不去做是可能的，但不流露不想做的脸色是不可能的；即使脸上不露出不想做的神色是可能的，但真正在心里不想做是不大可能的。道德水平最高的人乐于为善，其次是安于为善，其下是自己努力勉强行善。仁者以得道为乐，智者以得道为利，愚昧的人随从大道，软弱的人畏惧大道。有些人既不愚昧也不软弱，却持守诬妄之道而强行，这样的人应该是为社会摒弃的人。道德水平最高的人不会产生恶的念头，其次是能够早早消灭恶念，其下是虽然恶念复发但能够改正。如果屡教不改，那么小则亡身灭家，大则颠覆国家。因此君子说话正直，立身行事谨慎，差不多可以免于罪过了。所以君子做小事如同做大事一样，居家如同出仕一样，虽然没有专门思想准备，但思想准备无疑已经存在。

事父可以事君①，事兄可以事师长②，使子犹使臣也③，使弟犹使承嗣也④；能取朋友者⑤，亦能取所予从政者矣⑥。赐与其宫室⑦，亦由庆赏于国也⑧；忿怒其臣妾⑨，亦犹用刑罚于万民也。是故为善必自内始也⑩。内人怨之⑪，虽外人亦不能立也⑫。

【注释】

①事父可以事君：侍奉父亲的孝子可以侍奉君主。《孝经》载孔子

曰:"君子之事亲孝,故忠可移于君。"

②事兄可以事师长:侍奉兄长的弟弟可以侍奉长官。《孝经》载孔子曰:"事兄悌,故顺可移于长。"

③使子犹使臣:父亲支使儿子,如同君主支使臣子。

④使弟犹使承嗣:兄长使唤弟弟,如同长官使唤下属。承嗣,丞司,即长官的下属僚佐。承,通"丞"。嗣,读为"司"。

⑤能取朋友:能够获得朋友的信任。取,获取。此指获得信任。

⑥所予从政者:一起从政的人,即同事,同僚。予,通"与"。

⑦其:指前文事父的孝子、事兄的弟弟。

⑧由:通"犹"。庆赏:赏赐。

⑨臣妾:家中地位低下的男女奴仆。

⑩内:家内。《礼记·大学》:"欲治其国者,先齐其家。"

⑪内人:家人。

⑫虽:通"唯",语首助词。外人:国人。立:通"莅",驾驭。

【译文】

侍奉父亲之道可以用来侍奉君主,侍奉兄长之道可以用来侍奉官长,父亲使唤儿子,如同君主使唤臣子;兄长使唤弟弟,如同官长使唤下属;能够获得朋友的信任,也就能够获得从政同僚的信任。赏赐宫室给家人,如同在国内施行赏赐;在家中对奴仆发泄忿怒,如同对国内万民动用刑罚。因此行善要从家中开始。家内人如果怨恨,那么也不能驾驭国人。

居上位而不淫①,临事而栗者②,鲜不济矣③。先忧事者后乐事④,先乐事者后忧事⑤。昔者天子日旦思其四海之内⑥,战战唯恐不能乂⑦;诸侯日旦思其四封之内⑧,战战唯恐失损之⑨;大夫士日旦思其官⑩,战战唯恐不能胜⑪;庶人日旦思其事^⑫，战战唯恐刑罚之至也。是故临事而栗者，鲜不济矣。

【注释】

①淫：淫逸。

②栗：恐惧战栗。此指态度敬畏。

③鲜：少。济：成功。

④先忧事者后乐事：先忧事者，会以谨慎认真态度去做事，因而能够成事，成事而后乐事。

⑤先乐事者后忧事：先乐事者，必以轻率态度去做事，因而很难成事，事败而后忧事。

⑥日旦：每日。

⑦乂（ài）：治理，安定。

⑧四封：四境。封，筑土为国土疆界。

⑨失损之：失去或损害国家。

⑩官：官职。

⑪胜：胜任。

⑫事：谋生产业。

【译文】

居于上位而不放纵淫逸，每逢政事而恐惧战栗的人，很少有不成功的。先忧患政事的人而后乐其政事成功，先嬉乐政事的人而后忧患政事失败。从前天子每日思考四海之内政事，战战兢兢，唯恐天下不能安定；诸侯每日思考四境之内政事，战战兢兢，唯恐失去政权或损害国家；大夫、士每日思考各自的官职，战战兢兢，唯恐自己不能胜任；庶人每日思考各自的谋生产业，战战兢兢，唯恐刑罚降临到自己的头上。因此，处理政事而心怀畏惧的人，很少有不成功的。

君子之于子也，爱而勿面也①，使而勿貌也②，导之以道而勿强也③。宫中雍雍④，外焉肃肃⑤，兄弟憘憘⑥，朋友切切⑦，远者以貌⑧，近者以情⑨。友以立其所能⑩，而远其所不能⑪。苟无失其所守⑫，亦可与终身矣⑬。

【注释】

①爱而勿面：喜爱而不形于面，即不要把爱写在脸上。

②使而勿貌：支使而不动于貌，即不要将心疼表现在外表上。

③导之以道而勿强：用正道引导儿子而不强迫。

④宫中：指家里。雍雍：和谐的样子。

⑤外焉：家庭之外。肃肃：恭敬的样子。

⑥憘憘（xǐ）：和乐的样子。

⑦切切：切磋劝勉的样子。《论语》载孔子曰："朋友切切偲偲。"

⑧远者以貌：用礼貌对待关系疏远的人。

⑨近者以情：用真情对待关系亲近的人。

⑩友以立其所能：对待朋友，要使用他们擅长的一面。立，行，使用。

⑪远其所不能：不要使用他们所不擅长的一面。

⑫苟：只要。所守：所坚守的原则。

⑬可与终身：可以与之终身为友。

【译文】

君子对于自己的儿子，虽然喜爱他不要流露在脸上，指派他干活时不要把心疼表现在脸上，用正道来引导儿子而不要强迫。在家庭内部保持和谐，在家庭之外态度恭敬，兄弟欢乐，朋友之间互相切磋劝勉，用礼貌对待关系疏远的人，用真情对待关系亲近的人。对待朋友，要使用他们能干的一面，不要使用他们所不擅长的一面。只要对方不失交友的原则，那么就可以与之终身为友了。

曾子本孝第六

【题解】

本篇选自《大戴礼记》，记载曾参关于如何尽孝的言论，篇名取自文章开头"忠者，其孝之本与"两句。曾参是中国古代孝子的典型，孝道是曾门教学的重要内容，孔子之后，战国阐述孝道思想的儒家学者主要是曾子师徒。曾参的完整孝道思想见于《孝经》，《大戴礼记》所收录的几篇曾子论孝的文章，应该是曾门弟子记录的曾参论孝言论，这些论孝文章是对《孝经》的丰富与补充。本篇有些论述可以与《论语》相参，如"父死三年，不敢改父之道"，意同《论语·学而》"三年无改于父之道，可谓孝矣"；"故孝之于亲也，生则有义以辅之，死则哀以莅焉，祭祀则莅之以敬"，实际上是《论语·为政》"生，事之以礼；死，葬之以礼，祭之以礼"的不同表达。篇中有些论述则与《孝经》相近，如"士之孝也，以德从命；庶人之孝也，以力恶食"，近于《孝经》对士之孝和庶人之孝的论述。本篇也提出了一些关于孝的新思想，例如，"忠者，其孝之本与"，相对于《论语·学而》"孝弟也者，其为仁之本与"，在孝道理论上有明显的推进与创新；"君子之孝也，以正致谏"，与《论语·里仁》"事父母几谏"思想不尽相同，正谏与几谏是两种不同的讽谏方式；"孝子不登高，不履危，痹亦弗凭，不苟笑，不苟訾，隐不命，临不指"等论述，是对尽孝要求的进一步具体化。这些地方都值得读者认真体会。

　　曾子曰:"忠者,其孝之本与①? 孝子不登高②,不履危③,痹亦弗凭④,不苟笑⑤,不苟訾⑥,隐不命⑦,临不指⑧,故不在尤之中也⑨。孝子恶言死焉⑩,流言止焉,美言兴焉,故恶言不出于口,烦言不及于己⑪。故孝子之事亲也,居易以俟命⑫,不兴险行以徼幸⑬。孝子游之⑭,暴人违之⑮。出门而使,不以或为父母忧也⑯。险涂隘巷⑰,不求先焉⑱,以爱其身,以不敢忘其亲也。孝子之使人也,不敢肆⑲,行不敢自专也。父死三年,不敢改父之道⑳。又能事父之朋友㉑,又能率朋友以助敬也㉒。君子之孝也,以正致谏㉓;士之孝也,以德从命㉔;庶人之孝也,以力恶食㉕;任善㉖,不敢臣三德㉗。故孝之于亲也,生则有义以辅之㉘,死则哀以莅焉㉙,祭祀则莅之以敬。如此,而成于孝子也㉚。"

【注释】

①忠者,其孝之本与:忠,尽己之谓忠。忠者孝之本,是要求人们将自己内心的爱亲、孝亲之情全部发掘出来。曾子以忠作为孝之本,是希望人们在内德修养上建立孝的依据。前人或将"忠"解释为"忠诚""由衷""敬",恐非。

②不登高:孝子尽孝,要从保护父母赐予的身体开始,由于高处危险,对孝子身体存在威胁,因此孝子不登临高处。

③履(lǚ):践,涉足。

④痹(bēi)亦弗凭:低下之处不要靠近,即不临深渊。痹,通"庳",低下之处。凭,依托,临。

⑤苟:随便,苟且。笑:黄怀信说,谓讥笑他人。

⑥訾(zǐ):诋毁他人。

⑦隐不命:在幽隐之处不发号施令,即孝子不在暗中做事。《礼

记·曲礼上》:"孝子不服暗。"隐,幽隐之处。

⑧临不指:登高时不指指点点。临,登临,登高。

⑨尤:过错,指责。

⑩恶言死焉:意即下文"恶言不出于口"。恶言,恶毒语言。死,绝口。

⑪烦言:疑为"忿言","忿""烦"音近。忿言,忿怒的话,怨恨的话。《礼记·祭义》:"恶言不出于口,忿言不反于身。"

⑫居易:居于平易之地。俟(sì):等待。命:父母的命令。一说,命,指命运。

⑬兴:行。险行:危险行为。徼(jiǎo)幸:通"侥幸"。

⑭游之:出游。《论语·里仁》载孔子曰:"父母在,不远游,游必有方。"一说,游,通"由",顺从。

⑮暴人违之:意谓不要与残暴之人同游。暴人,残暴之人。违,去,离开。

⑯出门而使,不以或为父母忧:奉使出外,慎勿疑惑,让父母担忧。或,通"惑"。

⑰险涂隘巷:危险的道路,狭隘的小巷。涂,路。

⑱不求先:不求先行,避免以身犯险。

⑲肆:放肆。

⑳不敢改父之道:不敢改变父亲的为人处事之道,包括尊重父亲生前的朋友,继续任用父亲生前的僚属,继续推行父亲生前的政策,等等。《论语·学而》载孔子曰:"父在观其志,父没观其行。三年无改于父之道,可谓孝矣。"

㉑事父之朋友:孝子不仅要敬其父,还要敬父亲的朋友。《礼记·曲礼上》:"见父之执,不谓之进不敢进,不谓之退不敢退,不问不敢对。此孝子之行也。"

㉒率朋友以助敬:率领朋友,在孝亲过程中互相勉励,彼此增益敬亲之心。助,帮助,互相勉励。

㉓以正致谏：以正道进谏君父。按，此处文字或有脱误。

㉔以德从命：以孝德听从父命。

㉕以力恶食：以体力劳动来供养父母。《孝经》："用天之道，分地之利，谨身节用，以养父母，此庶人之孝也。"恶，当作"务"。

㉖任善：任用贤人。

㉗三德：指三老。三老，指国三老，多以致仕三公任之。泛指有声望的老人。

㉘有义以辅之：用孝义辅助父母亲。《孝经》："生事爱敬，死事哀戚，生民之本尽矣，死生之义备矣，孝子之事亲终矣。"

㉙莅：临。

㉚成：成就。

【译文】

曾子说："忠，大概是孝的根本吧？孝子不登临高处，不涉足危险之地，不亲临低下危深之处，不随便讥笑别人，不随意诋毁别人，不在幽暗之中做事，登高时不指指点点，因此孝子不在别人的指责之中。恶毒语言传到孝子这里中止了，流言蜚语传到孝子这里停止了，赞美之言传到孝子这里播散开了，因而孝子恶毒语言不出于口，忿恨之言不及于己。所以孝子侍奉父母亲，居于平易之地听候父母命令，不会以危险行为来追求侥幸。孝子出游，会远离残暴之人。孝子奉命出使，不会因为疑惑不定而让父母担忧。凡是遇到危险的道路和狭隘的小巷，孝子都不会先去打探，以此爱惜其身，因为时刻不敢忘记父母亲。孝子使唤他人，不敢恣意放肆，行为不敢自我专断。父亲死后三年，孝子不敢改变父亲为人处事之道。孝子能够侍奉父亲的朋友，率领朋友彼此增益敬亲之心。君子的孝，是用正道进谏君父；士的孝，是按照孝德服从父命；庶人的孝，是用体力劳动来供食父母；孝子任用贤人，不敢以三老为臣。因此孝子对于父母亲，活着的时候用孝义辅助他们，父母死后就悲哀地处理丧事，祭祀时以恭敬的态度对待。这样做，就可以成为孝子了。"

曾子立孝第七

【题解】

本篇取自《大戴礼记》,篇名取自开头"曾子曰:君子立孝"。本篇主要发挥《孝经》关于"君子之事亲孝,故忠可移于君;事兄悌,故顺可移于长;居家理,故治可移于官"的思想。立孝是本篇的核心思想,围绕立孝这一中心,文章还讨论了人父如何畜子、人兄如何顺弟以及人君如何使臣等伦理问题。文章的新意主要体现在两点:一是提出"礼以将其力,敬以入其忠"的思想,认为孝子对父母有礼,可以藉此更好地体现孝子对父母的尽力;孝子对父母表达敬意,可以让父母更深切地从内心接纳孝子的尽心。二是提出孝悌是孝子道德修养的终极目标。篇中所载孔子"可入也,吾任其过;不可入也,吾辞其罪"之语,不见于其他儒家文献,对于研究孔子关于孝子劝谏父母的思想很有意义。

曾子曰:"君子立孝^①,其忠之用^②,礼之贵^③。故为人子而不能孝其父者,不敢言人父不畜其子者^④;为人弟而不能承其兄者^⑤,不敢言人兄不能顺其弟者^⑥;为人臣而不能事其君者,不敢言人君不能使其臣者也。故与父言,言畜子;与子言,言孝父;与兄言,言顺弟;与弟言,言承兄;与君言,言使臣;与臣言,言事君⑦。君子之孝也,忠爱以敬⑧;反是⑨,乱也。尽力而有礼⑩,庄敬而安之⑪;微谏不倦⑫,听从而不怠⑬,欢欣忠信,咎故不生⑭,可谓孝矣。尽力无礼,则小人也⑮;致敬而不忠,则不入也⑯。是故礼以将其力⑰,敬以入其忠⑱,饮食移味⑲,居处温愉⑳,著心于此㉑,济其志也㉒。

【注释】

①立孝:确立孝道。

②其忠之用:孝为忠君所用。意谓孝子以孝亲之情来侍奉君主。

③礼之贵:孝为礼所贵。按,礼重在区分亲疏尊卑,以尊亲忠君为灵魂的孝道,自然为礼之所贵。

④不敢言人父不畜(xù)其子者:不孝之子不敢批评那些作为父亲的人不抚养儿子。畜,养育,抚养。

⑤承:承奉,承顺。

⑥不敢言人兄不能顺其弟者:不能敬事兄长之弟不敢批评那些做哥哥的人不能爱护弟弟。顺,爱护。一说,顺,通"训"。

⑦"故与父言"几句:《仪礼·士相见礼》:"与君言,言使臣。与大人言,言事君。与老者言,言使弟子。与幼者言,言孝弟于父兄。"

⑧忠爱以敬:用尽己、亲爱之情来孝敬父母。此处的"忠",与开头"其忠之用"之"忠",两者意义不同:此处是指尽己,前者是指忠君。

⑨反是:违反了忠爱以敬的原则。

⑩尽力:意即《论语·学而》"事父母能竭其力"。

⑪庄敬:端庄恭敬。安之:使父母安度晚年。

⑫微谏:又称几谏,委婉劝谏。《礼记·内则》:"父母有过,下气怡色,柔声以谏。"

⑬听从而不怠:听从父母之命而不敢怠惰。《礼记·内则》:"谏若不

入,起敬起孝,说则复谏。"

⑭咎故:灾害事故。

⑮尽力无礼,则小人也:虽尽力侍奉父母却无礼,这是小人作为。

⑯致敬而不忠,则不入也:表达敬意而不能做到发自内心,就不能得到父母的信任。不入,指不能得到父母信任。入,进入父母之心。

⑰礼以将其力:此句承"尽力而有礼",意谓对父母有礼更能体现孝子的尽力。将,扶助。

⑱敬以入其忠:此句承"致敬而不忠,则不入也",意谓表达敬意,让父母从内心接纳孝子的忠心。

⑲饮食移味:饮食变换口味。

⑳居处温愉:居住环境温和惬意。

㉑著心于此:将心力聚集于此。

㉒济其志:成就孝子之志。

【译文】

　　曾子说:"君子确立孝道,是为忠君之所用,也是为礼仪之所贵。因此,做儿子的不能孝敬父亲,不敢说别人的父亲不能抚养其子;做弟弟的不能承顺自己哥哥,不敢说别人哥哥不能爱护弟弟;做人臣的不能侍奉君主,不敢说别人的君主不能指挥人臣。因此,与做父亲的人交谈,可以讨论如何抚养儿子的话题;与做儿子的人交谈,可以讨论如何孝敬父母的话题;与做哥哥的人交谈,可以讨论如何爱护弟弟的话题;与做弟弟的人交谈,可以讨论如何承顺哥哥的话题;与君主交谈,可以讨论如何指挥人臣的话题;与人臣交谈,可以讨论如何侍奉君主的话题。君子的孝,应该用尽己、爱亲之心来孝敬父母。如果不是这样,那么整个社会就乱套了。尽自己的努力,对父母有礼,以端庄恭敬的态度使父母安享晚年;父母有了过错,孝子就不知疲倦地委婉劝谏父母;听从父母之命而不敢稍加怠慢,快乐地履行忠信之道,祸咎也就不会发生,这可以说是尽孝了。尽力侍奉父母,但态度无礼,这是小人。表面对父母致敬,但言不由衷,这样是得不到父母信任的。因此,对父母有礼更能体现孝子的尽力,表达敬意会让父母从内心接纳孝子的尽心,饮食要变换味道,居住环境要温和惬意,系心于这些方面,才能成就其孝子之志。

"子曰①:'可入也,吾任其过②;不可入也,吾辞其罪③。'《诗》云:'有子七人,莫慰母心④。'子之辞也⑤。'夙兴夜寐,无忝尔所生⑥。'言不自舍也⑦。不耻其亲⑧,君子之孝也。是故未有君而忠臣可知者,孝子之谓也⑨;未有长而顺下可知者,弟弟之谓也⑩;未有治而能仕可知者,先修之谓也⑪。故曰:孝子善事君,弟弟善事长。君子一孝一弟,可谓知终矣⑫。"

【注释】

①子曰:此处孔子之语是从孝子角度来说的,未见其他文献,可能是曾参记载的孔子语录。

②可入也,吾任其过:意即《礼记·坊记》"善则称亲,过则称己"。入,指父母采纳孝子的微谏。任,承担。

③吾辞其罪:我可以免除看到父母有过而不谏的罪责。辞,免。

④有子七人,莫慰母心:诗见《诗经·卫风·凯风》。《毛诗序》:"《凯风》,美孝子也。卫之淫风流行,虽有七子之母,犹不能安其室,故美七子能尽其孝道,以慰其母心,而成其志耳。"曾参征引《凯风》,是批评不孝之子不能安慰父母。

⑤子之辞也:指《凯风》是孝子之辞。

⑥夙兴夜寐,无忝尔所生:诗见《诗经·小雅·小宛》。无忝尔所生,意谓不要辱没父母。忝,辱。所生,指父母。

⑦不自舍:不自我放弃。

⑧不耻其亲：不要给父母带来耻辱，亦即"无忝尔所生"。

⑨是故未有君而忠臣可知者，孝子之谓也：由于孝子必为忠臣，因此即使在没有君主的情况下，也可以断定谁是忠臣，这个忠臣就是孝子。《孝经》说："以孝事君则忠。"又说："君子之事亲孝，故忠可移于君。"

⑩未有长而顺下可知者，弟弟之谓也：由于敬重兄长的弟弟必定尊敬官长，因此在没有官长的情况下，也可以断定谁是顺从官长的下属，这个顺从官长的下属就是敬重兄长的弟弟。《孝经》说："以敬事长则顺。"又说："事兄悌，故顺可移于长。"弟弟，前一个"弟"通"悌"。悌弟，敬重兄长的弟弟。

⑪未有治而能仕可知者，先修之谓也：在没有任职的情况下，可以预知谁能出仕当官，这个能当官的人就是在家修身的人。《孝经》说："居家理，故治可移于官。"《礼记·中庸》说："知所以修身，则知所以治人。"治，担任治理的职务。先修，指在未出仕之前，先在家修身。

⑫知终：知道修养的终点。

【译文】

　　"孔子说：'劝谏若被父母采纳，我替他们承担过错；劝谏如果不被父母采纳，我也会免除罪责。'《诗》中说：'母亲养了七个儿子，他们却不能安慰母亲之心。'这是孝子唱的歌词。'早起晚睡，不要辱没了你的父母。'《诗》中说的是孝子不放弃自己的努力。不让父母蒙受羞耻，这是君子的孝。因此虽然没有君主在场，但可以知道谁是忠臣，这个忠臣就是孝子；没有官长在场，但可以知道谁是顺从官长的下属，这个顺从官长的下属就是尊敬哥哥的人；没有做官治理实践，但可以知道谁能当官，这个能当官的人就是先修身于家的人。所以说，孝敬父母的人善于侍奉君主，尊敬哥哥的人善于侍奉官长。君子一孝一悌，可以说是知道自己修养的终点了。"

曾子大孝第八

【题解】

本篇选自《大戴礼记》,篇名取自开头三句。文中提到曾参弟子乐正子春的门弟子,可见本篇出自曾参再传弟子之手。全篇由四个章节组成。第一章记载曾参关于"大孝尊亲,其次不辱,其下能养"尽孝三个境界的论述。第二章提出孝道是天地的大纲常,是放之四海而皆准的伦理道德。第三章再次提出"大孝不匮,中孝用劳,小孝用力"三种孝道境界。最后记载曾参弟子乐正子春关于爱护父母所赐身体的言论。全篇思想可与《孝经》相参,文章的新意主要体现在两个方面:一是提出"仁""义""忠""信""礼"等伦理最终都要落实在孝道之上;二是认为孝道是具有普遍真理价值的伦理道德。

曾子曰:"孝有三:大孝尊亲①,其次不辱②,其下能养③。"公明仪问于曾子曰④:"夫子可谓孝乎⑤?"曾子曰:"是何言与! 是何言与! 君子之所谓孝者,先意承志⑥,谕父母以道⑦。参直养者也⑧,安能为孝乎? 身者,亲之遗体也⑨。行亲之遗体⑩,敢不敬乎? 故居处不庄,非孝也;事君不忠,非孝也;莅官不敬⑪,非孝也;朋友不信,非孝也;战陈无勇⑫,

非孝也。五者不遂^⑬，灾及乎身，敢不敬乎？故烹熟鲜香，尝而进之，非孝也，养也。君子之所谓孝者，国人皆称愿焉^⑭，曰：'幸哉！有子如此！'所谓孝也。民之本教曰孝^⑮，其行之曰养^⑯。养可能也，敬为难；敬可能也，安为难^⑰；安可能也，久为难^⑱；久可能也，卒为难^⑲。父母既殁，慎行其身，不遗父母恶名，可谓能终也^⑳。夫仁者，仁此者也^㉑；义者，宜此者也^㉒；忠者，中此者也^㉓；信者，信此者也^㉔；礼者，体此者也^㉕；行者，行此者也；强者，强此者也。乐自顺此生^㉖，刑自反此作^㉗。

【注释】

①尊亲：指孝子立功名，给父母扬名。按，这一孝道观念来自西周初年，周公制礼作乐，用天子礼祭祀从后稷到文王的周人先公，以后稷配天，以文王配享上帝。周公因此被人视为大孝的楷模。

②不辱：指不辱没父母。司马迁《报任安书》："太上不辱先，其次不辱身，其次不辱理色，其次不辱辞令。"

③能养：能养活父母，指满足父母生存需求。《吕氏春秋·孝行览》载养有五道：养体、养目、养耳、养口、养志。

④公明仪：曾参弟子。一说为子张（颛孙师）弟子。

⑤夫子：指曾子。古代尊称老师为夫子。

⑥先意：父母尚未开口，孝子已事先了解父母心意。承志：迎合父母意旨。

⑦谕父母以道：将大道告诉父母。谕，晓谕，告诉。按，这是要求孝子当父母有过错时，以大道委婉劝谏父母。

⑧参：曾子之名。直：特，只不过。

⑨身者，亲之遗体也：孝子的身体是父母留下来的。《孝经》："身体

发肤,受之父母,不敢毁伤,孝之始也。"

⑩行:使用。

⑪莅(lì)官:担任官职。莅,临。敬:包含有恭敬、严肃、认真、谨慎
    等多层意义。

⑫战陈:战场列阵,与敌作战。陈,同"阵"。

⑬遂:成,做到。

⑭称:称誉。愿:倾慕。

⑮本教:根本教化。

⑯行之:行孝。

⑰安:使父母安乐。

⑱久:长久尽孝。

⑲卒:终身。

⑳"父母既殁"几句:大意是说,父母去世以后,孝子还要继续谨言
    慎行,不要因为自己犯错而给父母留下恶名,并要将这种谨言慎
    行一直保持到生命的终点。慎行其身,谨言慎行,立身行道。

㉑夫仁者,仁此者也:所谓孝,就是以孝亲为仁。《论语·学而》:"孝
    弟也者,其为仁之本与!"此,指孝亲。以下九个"此"都是指孝亲。

㉒义者,宜此者也:所谓义,就是以孝亲为义。义,宜。

㉓忠者,中(zhòng)此者也:所谓忠,就是要合于孝亲。中,合。按,
    为孝子者必为忠臣。

㉔信者,信此者也:所谓信,就是笃信孝亲之道。信,笃信。

㉕礼者,体此者也:所谓礼,就是践行孝道。体,体验,践履。

㉖乐自顺此生:顺此孝亲之道,则生和乐。

㉗刑自反此作:反此孝亲之道,则刑罚及身。

【译文】

　　曾子说:"孝有三种境界:大孝是孝子立功名为父母扬名,次等的孝
是不给父母带来耻辱,下等的孝是能够奉养父母。"弟子公明仪问曾子

说:"老师您可以算得上孝了吧?"曾子说:"这是什么话! 这是什么话!君子所说的孝,指的是父母尚未开口,孝子就已悟出父母心意,进而迎合父母旨意,在父母有过错时用大道委婉劝谏父母。我曾参只是算得上奉养父母,怎么能称得上孝呢? 孝子的身体,是父母遗留下来的。使用父母遗留下来的身体,怎么敢不敬畏呢? 居处不端庄恭敬,不能算孝;侍奉君主不忠,不能算孝;担任官职不恭敬,不能算孝;对朋友不讲信用,不能算孝;在战场上不勇敢,不能算孝。这五条做不到,就会祸及自身,怎么敢不敬畏呢? 把美味的食物烹熟,自己先尝一下,再进献给父母,这不能算孝,只能叫作奉养。君子所说的孝,国人纷纷称誉美慕说:'真是幸运啊,有这样的好儿子!'这才算是孝。民众道德教化之本就是孝,侍奉父母的行为叫作养。奉养父母是一般人可以做到的,但要做到敬父母就难了;有些人能够做到敬父母,但让父母安乐就难了;有些人能够做到让父母安乐,但要长久坚持就难了;有些人能够长久坚持让父母安乐,但要做到善始善终就难了。父母死后,能够谨言慎行,不让自己的恶名玷污父母,这可以说是善始善终了。仁,就是指仁于孝;义,就是指宜于孝;忠,就是指忠于孝;信,就是指信于孝;礼,就是指身体力行于孝;行,就是指行于孝;强,就是指强于孝。顺此孝亲之道则生和乐,反此孝亲之道则刑罚及身。"

"夫孝者,天下之大经也①。夫孝,置之而塞于天地②,衡之而衡于四海③,施诸后世,而无朝夕④,推而放诸东海而准,推而放诸西海而准,推而放诸南海而准,推而放诸北海而准⑤。《诗》云:'自西自东,自南自北,无思不服⑥。'此之谓也。

【注释】

①大经:大的纲常。

②置之而塞于天地：置，竖立起来。塞，充满，充塞。按，这是指孝道
　境界之高。

③衡之而衡于四海：衡于四海，横贯四海。衡，横。按，这是指孝道
　境界之广。

④施诸后世，而无朝夕：言其常行，没有一朝一夕中断。无朝夕，没
　有朝夕之分。按，这是指孝道在时间上久远。

⑤"推而放诸东海而准"几句：即后人所说"放之四海而皆准"。
　推，推行。准，水准。此处用做动词，指符合水准。

⑥"自东自西"几句：诗见《诗经·大雅·文王有声》。无思不服，
　即无不思服，没有人会想到不服从。

【译文】

"孝，竖立起来就会充塞天地，横放就会横贯四海，施之于后世就会
始终一贯，没有一朝一夕中断，将它推广到四海，放之于东海而符合道德
水准，放之于西海而符合道德水准，放之于南海而符合道德水准，放之于
北海而符合道德水准。《诗》中说：'从西方到东方，从南方到北方，无人
想到不服从。'说的就是这种情形。

"孝有三：大孝不匮①，中孝用劳②，小孝用力③。博施备
物④，可谓不匮矣。尊仁安义⑤，可谓用劳矣。慈爱忘劳⑥，
可谓用力矣。父母爱之⑦，喜而不忘；父母恶之，惧而无怨；
父母有过，谏而不逆⑧；父母既殁，以哀祀之。加之如此，谓
礼终矣⑨。"

【注释】

①匮（kuì）：竭尽。

②用劳：以功劳。

③用力：用气力。指庶人通过体力劳动来供养父母。

④博施：广泛地施惠于人。备物：备其物用。按，此指君主之孝。

⑤尊仁安义：尊重仁者，安顿义者。按，此指士大夫之孝。

⑥慈爱忘劳：慈爱幼儿，爱敬父兄，忘记劳苦。按，此指庶民之孝。

⑦父母爱之："之"指代孝子。下文"父母恶之"的"之"，也是指孝子。

⑧谏而不逆：《论语·里仁》载孔子曰："事父母几谏。见志不从，又敬不违，劳而不怨。"不逆，不违背父母旨意。

⑨加之如此，谓礼终矣：王念孙谓"加"字为衍文，此二句应为"如此之谓礼终矣"。

【译文】

"孝有三种情形：大孝无穷无尽，中孝建立功劳，小孝奉献气力。广泛施惠，备其物用，可以算是大孝的无穷无尽；尊重仁者，安顿义者，可以算是中孝的建立功劳；慈幼爱长，忘记劳苦，可以算是小孝的奉献气力。父母喜爱孝子，孝子对父母的喜爱永志不忘；父母厌恶孝子，孝子对父母劳而无怨；父母有过，孝子委婉劝谏而不会忤逆；父母去世，孝子悲哀地举行祭祀。这样就叫事亲之礼的终点。"

乐正子春下堂而伤其足①，伤瘳②，数月不出，犹有忧色。门弟子问曰："夫子伤足瘳矣，数月不出，犹有忧色，何也？"乐正子春曰："善！如尔之问也。吾闻之曾子，曾子闻诸夫子曰③：'天之所生，地之所养，人为大矣。父母全而生之④，子全而归之⑤，可谓孝矣。不亏其体⑥，可谓全矣。故君子顷步之不敢忘也⑦。'今予忘夫孝之道矣，予是以有忧色。故君子一举足不敢忘父母，一出言不敢忘父母。一举足不敢忘父母，故道而不径⑧，舟而不游⑨，不敢以先父母之遗体行殆也⑩。一出言不敢忘父母,是故恶言不出于口,忿言不及于己⑪,然后不辱其身,不忧其亲⑫,则可谓孝矣。草木以时伐焉,禽兽以时杀焉。夫子曰:'伐一木,杀一兽,不以其时,非孝也。'⑬"

【注释】

①乐正子春:曾参弟子,乐正是姓。

②瘳(chōu):病愈。

③夫子:指孔子。

④父母全而生之:父母将孝子四肢完整地生出来。

⑤子全而归之:孝子死后,将一个四肢完整的身体归还给父母。按,这一说法是建立在人死后有灵的信仰之上。古人认为,人死后有灵,孝子死后,可以在阴间见到父母。

⑥亏:亏损,残缺。

⑦顷步:半步。不敢忘:指时刻不忘保护好父母赐予的身体。

⑧道而不径:走大道,而不走小径。

⑨舟而不游:渡河过江选择坐船,而不游水。

⑩先父母之遗体:自己的身体是先父母留下来的。先父母,指死去的父母。行殆:行于危险之地。

⑪忿言:怨言。

⑫忧:在此处是使动用法,意谓使父母担忧。

⑬"草木以时伐焉"几句:黄怀信引方苞曰:"《孟子》曰:'君子亲亲而仁民,仁民而爱物。'故断一树杀一兽不以其时,非孝也。"以时伐,按照一定季节(多在秋冬)砍伐。以时杀,按照一定季节(多在秋冬)捕杀。有人认为这几句为后人误置于此,如孙诒让、阮元皆持此论。黄怀信认为,此因人而及草木禽兽,不必有误。

【译文】

　　乐正子春下堂的时候伤了脚,伤愈以后,几个月不出门,脸上仍有忧虑之色。门下弟子问道:"老师的脚已经伤愈了,几个月不出门,脸上有忧虑之色,这是什么原因呢?"乐正子春回答说:"你的问题提得好呀。我听老师曾子说过,曾子听孔夫子说过:'天之所生,地之所养,人为大。父母把儿子完完整整地生下来,儿子死后到阴间见父母的时候,要归还一个完完整整的身体给父母,这才叫作孝。不亏缺身体,才可以说是完完整整地归还身体给父母的了。所以君子走半步路都不敢忘记孝道。'如今我忘记孝道了,所以我有忧虑之色。因此君子一举足不敢忘记父母,一张嘴说话不敢忘记父母。一举足不敢忘记父母,所以走路时选择走大道,不抄小路;渡江河时选择坐船,不去游水;不敢将父母遗留下来的身体置于危险之地。一开口说话不敢忘记父母,因而恶言不出口,怨忿之言与自己无关,然后才能做到不辱身体,不让父母蒙羞,这样做可以说是孝了。树木要按照一定的季节砍伐,禽兽要按照一定的季节捕杀。孔子说过:'砍伐一棵树木,捕杀一只禽兽,不是按照一定的季节,就不能叫作孝。'"

曾子事父母第九

【题解】

　　本篇选自《大戴礼记》，篇中记载曾参门人单居离与其师关于"事父母""事兄""使弟"的三轮问答，篇名取自单居离之问"事父母有道乎"。关于"事父母"之道，曾参指出，除了"爱而敬"之外，还要强调孝子对父母过错的劝谏问题。文章的新意主要体现在曾参对"事父母""事兄""使弟"伦理的论述之上。关于"事父母"，曾参提出"孝子无私乐，父母所忧忧之，父母所乐乐之"，明确要求孝子情感应该服从宗法伦理，否定孝子个人情感的独立性。在曾参之前，孔子提出了"悌"的事兄伦理，曾参在孔子论述基础上将"悌"进一步展开，提出了事兄的若干具体要求，诸如让兄长成为弟弟的道德偶像，弟弟不要忘记兄长的指令，弟弟对兄长负有劝谏之责，同时对兄长不符合正道的行为要加以遮隐等等。关于"使弟"伦理，《礼记·礼运》曾经提出"兄良"之说。本篇文章则指出，兄长要为弟弟及时举办冠礼和婚礼，弟弟的行为如果符合正道，就按照对待弟弟的正道来使唤他；如果弟弟的行为不符合正道，那么就像尊敬兄长一样让他感悟，如果弟弟仍然不能改变自己的错误行为，然后就放弃他。这些说法不见于其他文献，读者可以对此予以关注。

　　单居离问于曾子曰^①："事父母有道乎？"曾子曰："有。

爱而敬。父母之行,若中道则从②,若不中道则谏。谏而不用③,行之如由己④。从而不谏⑤,非孝也;谏而不从⑥,亦非孝也。孝子之谏,达善而不敢争辨⑦。争辨者,作乱之所由兴也⑧。由己为无咎则宁⑨,由己为贤人则乱⑩。孝子无私乐⑪,父母所忧忧之,父母所乐乐之。孝子唯巧变⑫,故父母安之。若夫坐如尸⑬,立如齐⑭,弗讯不言⑮,言必齐色⑯,此成人之善者也⑰,未得为人子之道也⑱。"

【注释】

①单居离:曾参弟子。

②中(zhòng)道:符合正道。

③不用:不接受,不采纳。

④行之如由己:父母如已所愿而行之。

⑤从而不谏:只听从父母而不劝谏。

⑥谏而不从:劝谏父母,父母不采纳意见,孝子就不再听从父母。《礼记·曲礼下》:"子之事亲也,三谏而不听,则号泣而随之。"《礼记·内则》:"父母有过,下气怡色,柔声以谏,谏若不入,起敬起孝。"

⑦达善:将善道传达给父母。

⑧作乱:指犯上。兴:起。

⑨由己为无咎则宁:父母由于采纳自己的劝谏而避免过错,这样家庭就会安宁。

⑩由己为贤人则乱:父母由于自己争辩求胜而生气,这样家庭就会生乱。贤人,胜于人。

⑪私乐:个人的欢乐。

⑫巧变:善于变化。即随父母之忧而忧,随父母之乐而乐。

⑬坐如尸:尸因其坐姿端庄,所以曾子要求孝子坐姿要像尸一样。
　尸,祭祀时扮演受祭者。

⑭立如齐:站立时要像斋戒时一样肃立。齐,同"斋"。

⑮弗讯不言:别人没有问到,就不要说话。讯,讯问。

⑯齐色:正色。

⑰成人之善者:成年人当中做得好的人。

⑱为人子之道:作为儿子的正道。

【译文】

门人单居离问曾子:"侍奉父母有道吗?"曾子回答说:"有,亲爱父母而态度恭敬。父母的行为如果符合正道就听从,如果不符合正道就委婉劝谏,劝谏而父母不听,那么就让父母如己所愿而行之。一味听从父母而不劝谏,这不是孝;劝谏父母之后,父母不予采纳,孝子便不再听从父母,也不是孝。孝子劝谏父母,应该把善道对父母讲清楚但不敢争辩。争辩是祸乱发生的原因。父母采纳自己的劝谏而避免犯错误,这样就会家庭安宁;父母由于自己争辩求胜而生气,这样家庭就会生乱。孝子没有个人的快乐,父母所忧虑的事,孝子随之忧虑;父母快乐的事情,孝子随之快乐。孝子只有随着父母忧乐而巧妙地变化,才能使父母心安。至于孝子坐的姿势像代为受祭的尸一样端庄,站立的姿势像斋戒时一样肃立,不问到他便不开口说话,说话一定要正色而对,这不过是成年人的优点罢了,还没有得到作为儿子的正道。"

　　单居离问曰:"事兄有道乎?"曾子曰:"有。尊事之以为己望也①,兄事之不遗其言②。兄之行若中道,则兄事之;兄之行若不中道,则养之③。养之内不养于外④,则是越之也⑤;养之外不养于内,则是疏之也⑥;是故君子内外养之也。"单居离问曰:"使弟有道乎?"曾子曰:"有。嘉事不失时也⑦。弟之行若中道，则正以使之⑧；弟之行若不中道，则兄事之⑨。诎事兄之道⑩，若不可，然后舍之矣⑪。"曾子曰："夫礼，大之由也⑫，不与小之自也⑬。饮食以齿⑭，力事不让⑮，辱事不齿⑯，执觞觚杯豆而不醉⑰，和歌而不哀⑱。夫弟者，不衡坐⑲，不苟越⑳，不干逆色㉑，趋翔周旋㉒，俯仰从命㉓。不见于颜色㉔，未成于弟也㉕。"

【注释】

①己望：犹言"自己的道德偶像"。望，榜样，偶像。

②不遗其言：不遗忘兄长的指令。

③养：读为"隐"，遮隐。

④内：内心。外：外貌。一说，内指家内，外指家外。

⑤越之：越过兄弟伦理。一说，越，宣扬。

⑥疏之：疏远。

⑦嘉事不失时：按时举行冠礼和婚礼。古人二十岁时举行冠礼。至于何时举行婚礼，不同时代有不同规定。嘉事，指冠礼、婚礼。

⑧正以使之：按照正常礼仪来使唤。

⑨兄事之：按照对待兄长的礼仪来使唤，以期盼其感悟。

⑩诎（qū）事兄之道：屈身以侍奉兄长之道。诎，卑屈恭敬的样子。

⑪舍：放弃。

⑫夫礼，大之由也：意谓礼为成人所用。大，指成人。由，用。

⑬不与小之自也：礼不可用于幼小者。《礼记·内则》："十年，朝夕学幼仪。二十而冠，始学礼。"小，指幼小者。自，由，用。

⑭饮食以齿：饮食时按照年龄大小，先长后幼。齿，年龄大小。

⑮力事：出力之事。不让：不责求幼小者。

⑯辱事不齿：意谓遇到屈辱之事，幼小者不像成人那样爱面子讲尊

严，因而可以承担责任。辱事，屈辱之事。不齿，不与成人并列。

⑰觞（shāng）觚（gū）杯豆：皆指酒器。

⑱和（hè）：唱和。

⑲不衡坐：《礼记·曲礼上》："并坐不横肱。"意谓二人以上并坐，不能横着手臂。衡，横。

⑳不苟越：行走时不随便超越年长者。苟，随便。越，超越。

㉑干：犯。逆色：不悦之色。

㉒趋：小步快走。翔：行走时向人拱手行礼。周旋：应对。

㉓俯仰：指前俯后仰。

㉔不见于颜色：未能体现在脸色上。

㉕未成于弟：尚未成就弟道。

【译文】

单居离又问："侍奉兄长有道吗？"曾子回答说："有，尊敬地侍奉兄长，让兄长成为自己的道德偶像，按照对待兄长的礼仪要求来侍奉哥哥，不要忘了兄长的指令。兄长的行为如果符合正道，就把他当作兄长来敬重；兄长的行为如果不符合正道，就把这些行为遮掩起来。如果只是在内心遮掩而不在外表遮掩，那就越过了兄弟伦理；如果只是在外表遮掩而不在内心遮掩，那就与兄长关系疏远了。因此君子在内心与外表都要替兄长遮掩不符合正道的行为。"单居离又问："使唤弟弟有道吗？"曾子说："有，冠礼、婚礼这些好事都要不失时机地去做。弟弟的行为如果符合正道，就按照对待弟弟的正道来使唤他；如果弟弟的行为不符合正道，那么就像尊敬兄长一样对待他让他感悟。委屈地以侍奉兄长的方式对待弟弟，如果弟弟仍然不能改变自己的错误行为，然后就放弃他。"曾子说："礼，是为成年人所用的，不是为年幼者所用的。饮食的时候按照先长后少的年齿排定座次，遇到体力劳动就不要责求年幼者，遇到受辱的事就不要讲年齿，而由年幼者替兄长受辱，年幼者手执觞、觚、杯、豆各类酒器喝酒时不要喝醉，与人唱和时不要流露悲哀之情。年幼者在兄长面前不要横着手臂坐，行走时不要随便地超越兄长，不去触犯兄长的不悦之色，跟随兄长或快走，或左右拱手，学会应对，或低头，或抬头，一切行为听命于兄长。在外表容色上不能体现礼义，是不能成就悌道的。"

曾子制言上第十

【题解】

　　本篇选自《大戴礼记》。曾子文章题目一般都是节取篇前两三个字,这也是先秦文章最常见的命名方式,本篇文章则另立篇名。王聘珍《大戴礼记解诂》说:"《曾子》多篇皆篇首文字标题,《制言》别撰名目者,是后学纂述先师之语,比诸先王之法言也。三篇之中,主言行礼秉德、居仁由义、进退不苟之事,以简策重多,分为上中下三篇。"据此,所谓"制言",就是"法言"的意思。《曾子制言》上中下三篇不是记载曾子一次谈话,而是曾子多次谈话内容的集锦。这些谈话没有统一的主旨,然其大旨不出进德修业的范围。本篇的思想要点:一是告诫弟子要用礼来规范行为;二是要通过笃行仁义来确立名声;三是要重视朋友在进德修业中的作用;四是提出一些关于如何履行孝悌伦理的要求;五是要确立正确的贫富荣辱观念,并强调宗法血亲复仇的正义性;六是提出以坚守仁义、先做后说作为出使他国的行为基本准则。

　　曾子曰:"夫行也者,行礼之谓也①。夫礼,贵者敬焉②,老者孝焉,幼者慈焉,少者友焉③,贱者惠焉④。此礼也,行之则行也⑤,立之则义也⑥。今之所谓行者⑦,犯其上⑧,危其下^⑨，衡道而强立之^⑩，天下无道故。若天下有道，则有司之所求也^⑪。故君子不贵兴道之士^⑫，而贵有耻之士也^⑬。若由富贵兴道者与？贫贱吾恐其或失也^⑭。若由贫贱兴道者与？富贵吾恐其嬴骄也^⑮。夫有耻之士，富而不以道，则耻之；贫而不以道，则耻之^⑯。

【注释】

①夫行也者，行礼之谓也：《礼记·聘义》："所贵于有行者，贵其行礼也。"

②贵者敬焉：对公卿大夫这些地位尊贵的人要予以尊敬。贵者，指公卿大夫。

③少者友焉：对年少于自己的人要友好。

④贱者惠焉：对地位卑贱的人要予以恩惠。

⑤行之则行：第一个"行"，施行。第二个"行"，朱彬疑为"仁"字。

⑥立：置立。此指设置为制度。义：宜。

⑦行者：泛指当时僭越礼制的人。

⑧犯：侵犯。其上：指贵者、老者。

⑨危：危害。其下：指幼者、少者、贱者。

⑩衡道：横行霸道。衡，横。强立：暴行。

⑪有司：有关部门。此当指有关司法官员。求：求索，追究。

⑫不贵兴道之士：意谓不看重治理才能。贵，看重。兴道之士，治理社会的人。道，戴礼说，"道"应该读为《论语·学而》"道千乘之国"之"道"，意为治理。

⑬贵有耻之士：意谓看重道德。有耻之士，有礼义廉耻的人。

⑭若由富贵兴道者与？贫贱吾恐其或失也：意谓如果由富贵者治理社会，那么贫贱者可能会因为向往富贵而有所惑失。或，通"惑"。

按,此二句古今大多断为"若由富贵兴道者与贫贱,吾恐其或失也",语意不通。

⑮若由贫贱兴道者与? 富贵吾恐其嬴骄也:意谓如果由贫贱者治理社会,那么富贵者可能会因被富贵所累而生骄傲。嬴骄,有所牵累而生骄。嬴,通"累",牵连。按,此二句古今大多断为"若由贫贱兴道者与富贵,吾恐其嬴骄也",语意不通。

⑯"夫有耻之士"几句:《论语·里仁》载孔子曰:"富与贵,人之所欲也。不以其道得之,不处也。贫与贱,人之所恶也。不以其道得之,不去也。"不以道,不用正确的方法。

【译文】

曾子说:"我所说的行,指的是施行礼。按照礼的要求,要尊敬公卿大夫这些地位尊贵的人,孝顺年老的人,慈爱年幼的人,结友年少的人,施惠卑贱的人。这个礼,如果得以施行,社会就充满仁义,如果被确立为社会制度,诸事就会适宜。现在人们所说的行,是侵犯尊贵的人和年老的人,危害年幼的人和卑贱的人,他们的行就是横行霸道,这是因为天下无道的缘故。如果天下有道,那么这些现象正是司法官员所要追究的。因此君子不看重能够治理社会的人,而看重具有礼义廉耻的人。如果由富贵者治理社会,那么贫贱者可能会因为向往富贵而有所迷惑犯错。如果由贫贱者治理社会,那么富贵者可能会因被富贵所累而滋生骄傲之心。具有礼义廉耻的人,用不正确的方法来获得富贵,他会感到羞耻;用不正确的方法抛弃贫贱,他也会感到羞耻。

"弟子无曰'不我知也'①,鄙夫鄙妇相会于廧阴②,可谓密矣③,明日则或扬其言矣④。故士执仁与义而明⑤,行之未笃故也⑥,胡为其莫之闻也⑦?

【注释】

①不我知:不了解我。《论语·先进》:"居则曰,不吾知也。"

②鄙夫鄙妇:鄙陋浅薄的男女,这是古代对社会底层男女的蔑称。
　廧(qiáng)阴:墙角阴影处。廧,同"墙"。

③密:秘密,隐秘。

④扬其言:其言传开。《礼记·中庸》:"莫见于隐,莫显于微,故君子
　慎其独也。"

⑤执:坚守。明:《群书治要》作"不闻"。王引之认为当是"不闻"
　之误,作"明"字,文不成义。"闻"与"明"字形相近而讹,又脱
　"不"字。

⑥笃:固,厚。

⑦胡为:何为,为什么。莫之闻:没有人听说过。

【译文】

"弟子们不要说'没有人了解我呀',那些鄙陋浅薄的男女在墙角阴
影处幽会,可以说是非常秘密了,可是到第二天他们之间的谈话就在社
会上传开了。因此士人坚守仁义而名声不为人知,这是由于他们践行仁
义不够笃实的缘故,不然的话,为什么践行仁义而没有人听说过他们的
名声呢?

"杀六畜不当及亲^①,吾信之矣;使民不时失国^②,吾信
之矣。

【注释】

①杀六畜不当及亲:由于杀牲畜不当而失去亲爱之心。《礼记·玉
　藻》:"君无故不杀牛,大夫无故不杀羊,士无故不杀犬豕。杀六畜
　不当其礼,则失亲爱之心。"不当,不恰当,不合礼法。及,洪颐煊
　说,"及"为"失"之误。

②使民不时：征发民工不考虑农时，指在农忙季节征发徭役。

【译文】

"杀六畜不合礼法会失去亲情，对此我是相信的；使用民力不顾农时会失去国家政权，对此我也是相信的。

"蓬生麻中^①，不扶自直；白沙在泥^②，与之皆黑。是故人之相与也^③，譬如舟车然，相济达也^④，己先则援之^⑤，彼先则推之。是故人非人不济^⑥，马非马不走^⑦，土非土不高^⑧，水非水不流^⑨。

【注释】

①蓬：蓬蒿，一种野草。麻：一种密集丛生的草本植物，其梗劲直。

②沙：一说即今"纱"字。《论衡·率性篇》曰："白纱入缁，不练自黑。"《程材篇》曰："白纱入缁，不染自黑。"其字皆作"纱"。泥：本字为"涅"，黑泥。

③相与：相处。

④济：乘舟渡水。达：乘车抵达。

⑤己先则援之：如果自己的舟车走在前面，那么就要拉后面的舟车一把。援，牵引。

⑥济：济事，成功。

⑦马非马不走：第一个"马"指群马，第二个"马"指领头马。在马群奔跑中，领头马起到引领方向作用。走，奔跑。

⑧土非土不高：土如果不堆积，就不会形成高山。

⑨水非水不流：水如果不积累，就不会流动。

【译文】

"蓬蒿生于麻中，不用扶助而自然长得笔直；白沙在黑泥之中，与黑泥一起变黑。因此,人与人相处,譬如行舟赶车一样,是互相帮扶而到达目的地的,如果是自己领先,就拉一把后面的舟车,如果是他人领先,那么就请他人推一把。因此人没有他人的帮助就不能成事,马没有领头马就不知向何处奔跑,土没有其他土的堆积就不会形成高山,水没有其他水的汇入就不会流动。

　　"君子之为弟也,行则为人负^①,无席则寝其趾^②,使之为夫人则否^③。近市无贾^④,在田无野^⑤,行无据旅^⑥,苟若此,则夫杖可因笃焉^⑦。

【注释】

①为人负:替兄长肩负重物。

②无席则寝其趾:睡席不够,就卧在兄长脚边。趾,脚趾,泛指脚。

③使之为夫人则否:此句承前两句而来,言君子行路应该为兄长背负重物,晚上席子不够大,就睡在兄长脚边,但是如果被指派帮助他人,就不必这样做。夫人,犹言"他人"。

④近市无贾(gǔ):虽接近集市而不做生意。贾,此处用做动词,经商。按,中国古代实行重农轻商政策,一般人不屑于经商。

⑤在田无野:虽在田耕作而不野宿。野,野宿,在野外过夜。

⑥行无据旅:行为不违背兄长的意愿。据旅,违背。

⑦夫杖:到老拄杖而行。夫,用同"扶"。戴礼曰:"'夫'当作'扶'。"笃:厚,固。

【译文】

　　"君子作为弟弟,行路就要为兄长背负重物,晚上没有睡席,就卧在兄长脚边,但是如果被委派帮助他人,就不必这样做。居处接近集市而不做生意,在田耕作而不在野外住宿,行为不违背兄长的意愿,如果终身能够做到这样,那么到年老扶杖时就可以称得上笃厚了。

　　"富以苟①，不如贫以誉②；生以辱，不如死以荣。辱可避，避之而已矣；及其不可避也，君子视死若归。父母之仇，不与同生③；兄弟之仇，不与聚国④；朋友之仇，不与聚乡⑤；族人之仇，不与聚邻⑥。

【注释】

①以：而。苟：苟且，卑下。

②誉：美誉。

③不与同生：不与仇敌一起活着，意谓不是你死，就是我活。

④不与聚国：不在一个国家相聚。《礼记·檀弓上》："请问居昆弟之仇如之何？曰：仕弗与共国。"

⑤不与聚乡：不在一个乡里相聚。

⑥邻：古代行政单位。有五家为邻、四家为邻、八家为邻等说法。

【译文】

　　"与其活得富贵而苟且，还不如活得贫穷而享有美誉；与其活着而蒙受耻辱，还不如死去而身后光荣。耻辱如果可以避免，那么就避之而已；到了耻辱不可避免的时候，君子视死如归。父母的仇敌，不与他一起活着；兄弟的仇敌，不与他在同一个诸侯国相聚；朋友的仇敌，不与他在同一个乡里相聚；同姓族人的仇敌，不与他在同一个邻里相聚。"

　　"良贾深藏若虚①，君子有盛教如无②。"

【注释】

①良贾：善于经营的商人。虚：无。此指没有财富。

②君子有盛教如无：《史记·老子韩非列传》作"君子盛德容貌若愚"。盛教，良好教育。盛，多，丰足。无，此指君子表面看起来

质朴无华,像没受过教育似的。

【译文】

"好的商人深藏不露,就像没有财货一样;君子受到良好教育,却谦虚得像未受到教育一样质朴。"

弟子问于曾子曰:"夫士,何如则可以为达矣①?"曾子曰:"不能则学,疑则问,欲行则比贤②,虽有险道③,循行④,达矣。今之弟子,病下人⑤,不知事贤⑥,耻不知而又不问,欲作则其知不足⑦,是以惑暗⑧,惑暗终其世而已矣⑨,是谓穷民也⑩。"

【注释】

①达:通达。《论语·颜渊》载:"子张问:'士何如斯可谓之达矣?'子曰:'何哉,尔所谓达者?'子张对曰:'在邦必闻,在家必闻。'子曰:'是闻也,非达也。夫达也者,质直而好义,察言而观色,虑以下人。在邦必达,在家必达。夫闻也者,色取仁而行违,居之不疑。在邦必闻,在家必闻。'"可以与这一节参照。

②比贤:视贤人为标准。

③险道:艰险之道。

④循行:沿险道而行。

⑤病下人:即病于下人,以居于人后为耻。病,耻辱,以为羞耻。

⑥事贤:侍奉贤人,即向贤人求教。

⑦作:作为,兴作。知:同"智",智慧。

⑧惑暗:困惑愚昧。暗,愚昧,昏乱。

⑨终其世:终身。

⑩穷民:指不成器的人。穷,困。《论语》:"困而不学,民斯为下矣。"

注:"困谓有所不通。"孔子认为这类人为下愚之人。

【译文】

弟子问曾子说:"对士来说,怎样做才可以被称为通达?"曾子回答说:"不能的事就要学习,有疑惑就要多问,想有行动就要向贤人看齐,即使前面有艰险道路,也要沿着这条路走下去,这样最终就会通达了。现在有些弟子,耻于居于人后,不知道向贤人学习,认为不知道可耻却又不愿问人,想有作为但智慧不足,因而困惑愚昧,如此一辈子困惑愚昧,这样的人叫作不成器的人。"

曾子门弟子或将之晋①,曰:"吾无知焉②。"曾子曰:"何必然③,往矣!有知焉谓之友④,无知焉谓之主⑤。且夫君子执仁立志⑥,先行后言,千里之外,皆为兄弟。苟是之不为⑦,则虽汝亲⑧,庸孰能亲汝乎⑨?"

【注释】

①或:有人。

②无知:在晋国无相知之人。

③何必然:何必这样畏惧。

④有知焉谓之友:有相知的人,这些相知的人叫朋友。

⑤无知焉谓之主:如果没有相知的人,那么所要拜访的人叫作主人。主,与客相对。己为客,所拜访的人为主。

⑥且夫:况且。执仁:执守仁义。

⑦苟是之不为:如果连这一点都做不到。是,这。

⑧亲:父母。

⑨庸孰:何,为什么。二字皆为表示反问的连词,此处连用加强语气。王念孙曰:"余谓'庸''孰'皆何也……既言'庸'而又言

'孰'者,古人自有复语耳。"

【译文】

曾子有一个门人弟子要到晋国去,他对曾子说:"我在晋国没有相知的人。"曾子说:"何必这样畏惧呢? 去吧! 有相知的人,这个相知的人叫朋友;没有相知的人,那么就到晋国去拜访当地的贤主人。况且君子执守仁义,立下大志,先做后说,那么千里之外,皆为兄弟。如果连这一点都做不到,那么即使是你的父母双亲,又怎么能亲近你呢?"

曾子制言中第十一

【题解】

本篇选自《大戴礼记》，篇中记载曾子关于君子立身处世的言论。关于君子的进退，曾子认为君子进则建功立业，退则坚守善道。这被后来的孟子概括为"达则兼济天下，穷则独善其身"。在如何交友方面，曾子继承孔子"里仁为美"的思想，认为君子要避免与不仁的人交朋友。在贫富方面，曾子恪守孔子提出的"不义而富且贵，于我如浮云"信念，认为君子宁可布衣蔬食，甚至葬身于沟壑之中，也不要用不正当的手段去谋取富贵。《庄子·让王》载有"曾子居卫"的寓言故事，故事中的曾子极度贫困衣食不继，但他内在的精神却发出万丈光芒。庄子这个寓言故事可以作为本篇曾子言论的注脚。曾子要求君子像舜、伯夷、叔齐三个仁人那样，通过仁的美德培养来获得爵禄和名声。曾子生活在战国初期，一些具有先见之明的诸侯贵族开始尊士养士，士林开始从政治配角而逐步走向政治舞台的中心。在这种社会剧烈变动的情况下，曾子提醒他的弟子要始终坚守自己的道德情操，不要为追求名利爵禄而放弃自己的思想立场。

曾子曰："君子进则能达①，退则能静②。岂贵其能达哉③？贵其有功也④。岂贵其能静哉？贵其能守也⑤。夫唯进之何功⑥,退之何守,是故君子进退有二观焉⑦。故君子进则能益上之誉⑧,而损下之忧⑨;不得志,不安贵位,不怀厚禄⑩,负耜而行道⑪,冻饿而守仁,则君子之义也。有知之⑫,则愿也⑬;莫之知,苟吾自知也⑭。

【注释】

①进:出仕。达:通达,显达。

②退:退位,避位。静:安静。《论语·述而》:"子谓颜渊曰:'用之则行,舍之则藏,唯我与尔有是夫。'"

③贵:以之为贵,看重。

④功:指齐家治国平天下的功绩。

⑤守:坚守道义。《论语·泰伯》:"守死善道。"

⑥唯:以,因为。何功:可以建功立业。何,于鬯说,"何"读为"可"。下句"退之何守"即"退之可守"。

⑦君子进退有二观:意谓君子或进或退都有可观之处。观,戴礼曰:"有为有守,人皆可观以为法也。"则有示范之意。

⑧上:指君主。

⑨下:指老百姓。

⑩怀:留恋,怀恋。

⑪耜(sì):古代翻土农具。

⑫有知之:有了解君子退守之志的人。

⑬则愿也:则如所愿。

⑭莫之知,苟吾自知也:如果没有人了解自己,那只要我自己了解就行了。按,《离骚》"不吾知其亦已兮,苟余情其信芳"与此意同。

【译文】

曾子说:"君子出仕就能显达,退隐就能静处。难道君子是看重出仕的显达吗？其实是看重出仕能够建立功业。难道君子是看重退隐的安静吗？其实是看重退隐能够坚守善道。因为出仕可以建功，退隐可以守道，因此君子或进或退，两者都可以为天下示范。因此君子出仕就能增益君主的美誉，减少下民百姓的忧愁；君子如果不得志，就不会安处高官尊位，不怀恋厚禄，肩负耒耜而独行其道，即使饥寒交迫也要坚守仁义，这就是君子的大义。如果有人了解君子的志向，那么这是君子的愿望；如果没有人了解君子的志向，那么君子只要自己了解就行了。

　　"吾不仁其人①，虽独也②，吾弗亲也。故君子不假贵而取宠③，不比誉而取食④。直行而取礼⑤，比说而取友⑥；有说我则愿也；莫我说，苟吾自说也。故君子无悒悒于贫⑦，无勿勿于贱⑧，无惮惮于不闻⑨；布衣不完，蔬食不饱⑩，蓬户穴牖⑪，日孜孜上仁⑫。知我，吾无诉诉⑬；不知我，吾无悒悒。是以君子直言直行，不宛言而取富⑭，不屈行而取位⑮。仁之见逐⑯，智之见杀，固不难⑰；诎身而为不仁⑱，宛言而为不智，则君子弗为也。

【注释】

①吾不仁其人：我不认为那个人是仁人。仁，以之为仁。

②虽独：即使孤独。

③假：借。贵：权贵。

④比：比附。誉：虚假的声誉。取食：求得俸禄。

⑤直行：直道而行。行正道，按道义去做。取礼：求得合于礼规。

⑥比说而取友：选取志同道合的人做朋友。比，齐同。此指志同道合。阮元曰："志同道合乃相亲合。"说，同"悦"。

⑦悒悒（yì）：忧虑的样子。

⑧无匆匆于贱：不要急于摆脱卑贱。匆匆，读为"忽忽"，迅速的样子。

⑨惮惮：惶恐的样子。不闻：不为人知。

⑩蔬食：菜饭，粗食。

⑪蓬户：柴门。穴牖：在墙上凿洞，作为窗户。

⑫孜孜：不倦的样子。上仁：崇尚仁义。上，通"尚"。

⑬䜣䜣（xīn）：喜悦的样子。

⑭宛言：委婉之言。此处指曲意逢迎之言。宛，委曲顺从。

⑮屈行：屈己之行。

⑯仁之见逐：仁者被驱逐。见，被。

⑰固不难：本来就不是君子所害怕的。难，畏惧，担心。

⑱诎（qū）：弯曲，屈服。

【译文】

"如果我不认定那个人是仁人，那么即使自己感到孤独，我也不会去亲近他。因此君子不会攀附权贵来获取宠信，不会比附虚假的声誉来谋取俸禄。按道义去做，以求合礼，选取志同道合的人做朋友；如果有喜欢我的人，那正如我所愿；如果没有喜欢我的人，那么我就自己喜欢自己好了。因此君子不要忧虑贫穷，不要急于摆脱卑贱，不要害怕不为人所知；布衣残破，粗茶淡饭吃不饱，以柴为门，在墙上凿洞作为窗户，仍要坚持每日孜孜不倦地崇尚仁义。有了解我的人，不要沾沾自喜；没有了解我的人，也不要郁郁寡欢。所以君子言行正直，不说曲意逢迎的话来谋取财富，不以委屈自己的行为来谋取官位。仁者被驱逐，智者被杀害，这些本来就不是君子所害怕的事情；委屈自身而做不仁的事，说曲意逢迎的话而做不智的事，这些都是君子不屑去做的。

"君子虽言不受必忠①，曰道；虽行不受必忠，曰仁；虽谏不受必忠，曰智。天下无道，循道而行，衡涂而偾②。手足不掩，四支不被③，《诗》云：'行有死人，尚或墐之④。'此则非士之罪也,有士者之羞也⑤。是故君子以仁为尊⑥。天下之为富,何为富?则仁为富也;天下之为贵,何为贵?则仁为贵也。昔者,舜匹夫也⑦,土地之厚,则得而有之;人徒之众⑧,则得而使之;舜唯以仁得之也⑨。是故君子将说富贵,必勉于仁也。昔者,伯夷、叔齐,仁者也,死于沟浍之间⑩,其仁成名于天下。夫二子者,居河、济之间⑪,非有土地之厚、货粟之富也⑫,言为文章⑬,行为表缀于天下⑭。是故君子思仁义,昼则忘食,夜则忘寐,日旦就业⑮,夕而自省,以殁其身,亦可谓守业矣。"

【注释】

①不受:不被君主接受。必忠:不改忠诚。

②"天下无道"几句:意即孟子所云"天下无道,以身殉道"。循道而行,遵循正道而行。衡涂而偾(fèn),横死于道路。衡,横。涂,道路。偾,僵仆,倒下,死亡。

③手足不掩,四支不被:指尸体未能掩埋。支,同"肢"。被,覆盖。

④行(háng)有死人,尚或墐(jìn)之:诗见《诗经·小雅·小弁》。意谓路上有死去的人,还有人会去掩埋他。行,道路。墐,本指道路边上的坟冢,此处指掩埋。

⑤有士者:指那些养士的天子、诸侯和贵族。

⑥为:通"谓"。

⑦匹夫:平民百姓。

⑧人徒:臣民百姓。

⑨舜唯以仁得之:《大戴礼记》无"仁"字。汪中、王念孙等人皆认为当有"仁"字,今据补。

⑩沟浍(kuài):田间水道,沟渠。浍,小水沟。

⑪河、济（jǐ）之间：一说指伯夷、叔齐不食周粟隐居之首阳山，在今山西永济（一说在今河南偃师）；一说即孟子所谓"北海之滨"，伯夷、叔齐未至首阳时所居，在今山东无棣。河，黄河。济，济水。源出河南济源王屋山，东流入山东，与黄河并行入海。古代与长江、黄河、淮河合称"四渎"。

⑫货：财货。粟：谷子。此处指粮食。

⑬文章：法度。

⑭表缀：又作"表掇"，原指表示分界的直木，引申为仪范、楷模、标志。

⑮日旦：每日早晨。

【译文】

"君子即使言论不被君主接受也不改忠诚，这叫作道；即使行为不被君主接受也不改忠诚，这叫作仁；即使劝谏不被君主接受也不改忠诚，这叫作智。天下无道，就遵循正道而行，最终僵仆横尸于路也在所不惜。尸体无人掩埋，四肢未能覆盖，《诗》中所说：'路上有死人，有人将其掩埋。'这种现象并不是士的罪过，而是那些养士之人的羞耻。因此君子以仁为尊贵。关于天下所说的富，什么是富？仁是最大的富；关于天下所说的贵，什么是贵？仁是最大的贵。从前，舜只是一个平民百姓，后来当了天子，天下广博深厚的土地，都归舜所有；天下众多的臣民百姓，都归舜使唤；舜就是凭借自己的仁德而得到这一切。因而君子如果喜欢富贵，那么必定要勉力修养仁德。从前，伯夷、叔齐是两位仁人，他们饿死于沟渠之间，是仁使他们扬名于天下。伯夷、叔齐这两位仁人，住在黄河、济水之间，他们没有广博深厚的封地，也没有财物粮食的富有，可是他们说的话成为法度，他们的行为成为天下的楷模。因此君子思慕仁义，白天要达到忘食的程度，夜晚要达到忘睡的地步，早晨起来干事业，晚上自我反省，这样做一直到死，就可以称得上坚守儒业了。"

曾子制言下第十二

【题解】

　　本篇选自《大戴礼记》，主旨是论述道德君子人生进退的处世之道。曾子提出了很多观点，例如，君子应该根据天下有道还是无道而分别采取不同的人生策略，依据君主对待贤士的态度而决定是否为其所用，君子进入其他诸侯国应该了解该国的禁忌和禁令，不要侍奉那些不仁不义的诸侯贵族，而要与信奉仁义的人结群为友。读者在阅读本篇时，要特别注意战国初期的历史文化背景。当时社会已经开启了诸侯贵族尊士养士的风气，志士仁人奔走于各诸侯国之间，试图施展各自的生平政治抱负。国家政治状况的好坏，诸侯贵族对待士林的态度，这些因素都会影响到士林阶层的人生选择，曾参上述这些观点为他的门人弟子进退出入提供了重要的指导意见。值得注意的是，曾参在人生进退之间，似乎更强调退隐，他特别欣赏那些归隐山林的秉德之士，这也为后人理解曾参一生的进退行止提供了一条重要线索。

　　曾子曰："天下有道，则君子欣然以交同①；天下无道，则衡言不革②；诸侯不听，则不干其土③；听而不贤④，则不践其朝⑤。是以君子不犯禁而入⑥，入境及郊⑦，问禁请命⑧。

不通患而出危色^⑨，则秉德之士不诒矣^⑩。故君子不诒富贵，以为己说^⑪；不乘贫贱^⑫，以居己尊^⑬。凡行不义，则吾不事；不仁，则吾不长^⑭。奉相仁义^⑮，则吾与之聚群^⑯；乡尔寇盗^⑰，则吾与虑^⑱。

【注释】

①䜣（xīn）然：高兴的样子。交同：结交志同道合者。

②衡言不革：意谓坚持正确的言论不改变。衡言，横言，抗言。衡，横。革，改变。

③不干其土：不进入他的国境。干，涉，关涉。土，国土。

④不贤：不以为贤而加以任用。

⑤不践其朝：不在其朝廷任职。践，登。朝，朝廷。按，战国初期，士林阶层开始游说诸侯。曾子为弟子提出一个取舍标准：游说诸侯是为了推行自己信仰的思想学说，而不是为了高官厚禄。如果诸侯不能采用自己的政治主张，那么就要及时离开这个诸侯国。

⑥不犯禁而入：不触犯诸侯国禁令而入境。禁，王聘珍曰："谓国中政教所忌。"

⑦入境及郊：入境之后到达国都郊区。郊，周制距国都百里或五十里、三十里、十里之地。根据诸侯国的大小而定。

⑧问禁请命：询问该国的禁忌和政令。请，问。令，政令。按，《大戴礼记汇校集解》《大戴礼记汇校集注》引各家之说，认为"入境及郊"之"入"字当作"人"，又以为"及郊问禁请命"六字为卢注误入正文。据此，则"是以君子不犯禁而入"三句当为一句："是以君子不犯境而入人境"。

⑨不通患而出危色：意谓未在其国任职，得知患难就立即离开，无迟疑之色。通，知，知晓。患，患难。危，疑。《孟子·离娄下》记载了曾参一个小故事："曾子居武城，有越寇。或曰：'寇至，盍去

诸?'曰:'无寓人于我室,毁伤其薪木。'寇退,则曰:'修我墙屋,
我将反。'寇退,曾子反。"曾参在越寇到来之际逃离武城,这是对
"不通患而出危色"的形象说明。

⑩秉德之士不诣:那些道德之士不需要诣谀权贵,为自己离开解说。
秉德之士,秉持道德之士,此处指上文的君子。诣,诣谀。

⑪以为己说:以诣媚富贵作为悦己之事。说,同"悦"。

⑫不乘贫贱:不欺凌贫贱者。乘,欺凌。

⑬以居己尊:把自己放在尊位之上。居,处。

⑭不仁,吾则不长:不让不仁的人做自己的官长,即不做他的下属。
长,官长。

⑮奉相:辅佐。奉,承奉。相,辅助。

⑯聚群:聚集为一个群体。《周易·系辞上》:"方以类聚,物以群分。"

⑰乡尔寇盗:接近那些不仁不义、形同盗寇的人。乡尔,接近。尔,
通"迩",近。

⑱则吾与虑:戴震认为此句应为"则吾不与虑",意谓不予考虑。

【译文】

曾子说:"天下政治清明,那么君子就高兴地结交志同道合者;天下
政治黑暗,那么君子就抗言而不变立场;诸侯不听从其言,那么君子就不
踏入他的国土;诸侯虽听而不认为其为贤人而加以任用,那么君子就不
在他的朝廷任职。因此君子不会触犯诸侯国禁令而随便入境,如果进入
某一诸侯国国境,那么到了近郊,就要询问该国的禁忌和政令。君子不
会在知悉祸患后逃离而露出迟疑脸色,因为他不需要诣谀权贵,为自己
的逃离去做解说。因此,君子不诣媚富贵,以此作为自己快乐之事;不凌
驾于贫贱者之上,借此把自己置于尊位。凡是行为不义之人,我都不会
去侍奉他;凡是居心不仁之人,我都不会做他的下属。凡是辅助仁义的
人,我都会和他交往聚会;至于接近那些不仁不义、形同盗寇的人,我连
想都不会想他一下。

"国有道则突若入焉①，国无道则突若出焉，如此之谓义②。夫有世义者哉③？曰仁者殆④，恭者不入⑤，慎者不见使，正直者则迭于刑，弗违则殆于罪⑥，是故君子错在高山之上⑦，深泽之污⑧，聚橡栗藜藿而食之⑨，生耕稼以老十室之邑⑩。是故昔者禹见耕者五耦而式⑪，过十室之邑则下⑫，为秉德之士存焉⑬。"

【注释】

①突若：意同"突然"，迅速的样子。

②义：宜，适宜。

③世义：世世相宜。一说谓与世相宜。

④殆：危险。

⑤不入：不被接纳。

⑥违：离去，避开。殆：接近。

⑦错（cuò）：通"措"，置身。

⑧污：低洼。

⑨聚：采集。橡栗藜藿（lí huò）：泛指野菜野果等粗劣的食物。橡栗，橡树果实，可以食用。藜，称灰藋、灰菜。嫩叶可食。藿，豆叶。嫩时可食。

⑩生耕稼以老十室之邑：意谓贤者隐耕于穷乡僻壤，甘心老死于此，不求闻达。生耕稼，活着的时候自己耕稼。老，老死。十室之邑，只有十户人家的乡邑，指穷乡僻壤。

⑪五耦：十人并耕。耦，两人并耕曰耦。式：通"轼"，车前横木，此处用做动词，意为凭轼，即乘车人低头抚车横木，表示敬意。

⑫下：下车寻访。

⑬为秉德之士存焉：因为有有德君子住在这里。为，因为。存，在。

《论语·公冶长》:"十室之邑,必有忠信如丘者焉。"

【译文】

"国家政治清明,君子就迅速进入该国;国家政治黑暗,君子就赶快离开该国;这样的做法才叫作适宜。有世世相宜的君子处世之道吗?答案是,仁爱的人危险,恭敬的人不被接纳,谨慎的人不被任用,正直的人近于受刑罚,不离开危国的人近于获罪,因此君子要置身于高山之上,处于深渊之畔,采集橡栗、藜草、豆叶作为食物,活着的时候自己耕稼而食,老死于穷乡僻壤而不求闻达。因此从前夏禹看见十人并耕就凭轼致敬,路过十户人家的乡邑就下车寻访,这是因为有道德君子生活在这里。"

曾子疾病第十三

【题解】

　　本篇选自《大戴礼记》，篇名取自首句。文章记载曾参在病重弥留之际对其子曾元、曾华的道德教诲，这些教诲可以视为曾参本人毕生道德修养的心得。曾参谈话虽然简短，但思想内涵非常丰富。文章有如下要点：其一是君子只要不以利害义，就会远离耻辱；其二是道德修养要按照孔子提出的忠恕思路，从亲者、近者、小者做起，做到由亲及疏、由近及远、由小及大；其三是人生苦短，孝悌要及时，不要等到父兄去世之时才想到孝悌；其四是要树立高明、广大的道德事业志向；其五是一言一行都要从自身条件出发，不要说自己做不到的话，不要做自己做不到的事；其六是要选择一个好的道德环境，做到亲君子远小人；其七是要做到永远好学、耐心教诲、经常反省、与时俱进。人之将死，其言也善，这篇文章凝聚了曾参对后代子孙成为道德君子的殷切希望。

　　曾子疾病①，曾元抑首，曾华抱足②。曾子曰："微乎③！吾无夫颜氏之言④，吾何以语汝哉⑤？然而君子之务⑥，尽有之矣⑦。夫华繁而实寡者，天也⑧；言多而行寡者，人也⑨。鹰隼以山为卑而曾巢其上⑩，鱼鳖鼋鼍以渊为浅而蹶穴其中⑪,卒其所以得之者,饵也⑫。是故君子苟无以利害义⑬,则辱何由至哉? 亲戚不悦⑭,不敢外交⑮;近者不亲⑯,不敢求远;小者不审⑰,不敢言大。故人之生也,百岁之中,有疾病焉,有老幼焉,故君子思其不可复者而先施焉⑱。亲戚既殁,虽欲孝,谁为孝⑲? 老年耆艾⑳,虽欲弟㉑,谁为弟? 故孝有不及㉒,弟有不时,其此之谓与?

【注释】

①疾病:生病叫作疾,病重叫作病。

②曾元抑首,曾华抱足:曾元、曾华是曾参之子。抑首,按摩头部。抱足,把父亲双脚抱在怀里。

③微乎:犹言"不必按摩啦"。微,无。

④颜氏:指颜渊。按,颜渊是孔门七十子中道德修养最高的人,故曾参在此自叹不如。

⑤吾何以语汝哉:我对你们说些什么呢? 语,告诉。

⑥君子之务:君子可做的事。务,事。

⑦尽:一说为"盖"之误。

⑧夫华繁而实寡者,天也:花朵繁茂而果实很少,这是自然现象。华,花。天,天意,指自然现象。《论语•子罕》载孔子曰:"苗而不秀者有矣夫,秀而不实者有矣夫。"

⑨言多而行寡者,人也:说得多做得少,这是人类现象。按,花繁实寡,比喻言多行寡。戴礼曰:"天生树木,凡开花多必成实少,以丰乎此则啬于彼,犹人之巧言者必鲜仁也。"

⑩隼(sǔn):凶猛的鹰类大鸟。以山为卑:认为山峦低下。曾巢:聚集柴木做巢。曾,通"橧",用柴薪堆造的住处。

⑪鳖:甲鱼。鼋(yuán):大鳖。鼍(tuó):形似蜥蜴的水生动物。以

渊为浅：认为深渊水浅。蹶（jué）穴其中：在深渊中掘穴打洞。
蹶，挖掘。

⑫卒其所以得之者，饵也：鹰隼鱼鳖鼋鼍最终被人捕获，是因为它们
受到饵食的诱惑。卒，最终。得，被人捕获。饵，诱饵。

⑬苟：只要。

⑭亲戚：父母。

⑮外交：对外交往。

⑯近者不亲：距离近的人不亲附。

⑰审：清楚，熟悉。

⑱故君子思其不可复者而先施焉：意谓君子应该考虑抓住不可再
现的时机优先履行孝悌责任。复，再现，重复。施，施行，指履行
孝悌。

⑲谁为孝：为谁尽孝。

⑳耆（qí）艾：六十岁为耆，五十岁为艾。此处泛指老年人。

㉑弟：通"悌"。

㉒不及：赶不上，指父母去世。

【译文】

曾子病重，儿子曾元按摩父亲的头部，曾华抱着父亲的双脚。曾子
对两个儿子说："不必按摩啦！我没有颜氏的善言，我拿什么来告诫你们
呢？然而君子可做的事，是应有尽有的。如果花儿繁多而果实少，可能
是上天造成的原因；但是话说得多而做得少，则是人为的原因。鹰隼认
为大山低矮，于是把鸟巢筑在高山之上；鱼鳖鼋鼍认为深渊水浅，于是在
深渊底下挖掘洞穴；它们最终被猎人或渔人捕获，这是因为它们贪于诱
饵的缘故。因此，君子只要不因为利益而损害道义，那么羞辱又从何而
来呢？父母不高兴，就不敢对外交结朋友；近处的人不亲附，就不敢亲近
远处的人；小事不熟悉，就不敢讨论大事。人活在世上，百年当中，有患
病的时候，有年老的时候，有年幼的时候，因此君子应该考虑抓住时机

优先去做那些一旦错过就不能再做的事情。如果父母去世了,虽然想尽孝,但是对谁尽孝呢? 到了年老,即使想敬重兄长,但是兄长不在了,去敬重谁呢? 因此,想尽孝道却赶不上,想敬重兄长又错过了时机,大概说的就是这种情形吧?

　　"言不远身^①,言之主也^②;行不远身^③,行之本也^④。言有主,行有本,谓之有闻矣^⑤。君子尊其所闻^⑥,则高明矣^⑦;行其所闻^⑧,则广大矣^⑨。高明广大,不在于他,在加之志而已矣^⑩。与君子游^⑪,苾乎如入兰芷之室^⑫,久而不闻^⑬,则与之化矣^⑭;与小人游,贷乎如入鲍鱼之次^⑮,则与之化矣。是故君子慎其所去就^⑯。与君子游如长,日加益而不自知也^⑰;与小人游,如履薄冰,每履而下^⑱,几何而不陷乎哉^⑲? 吾不见好学盛而不衰者矣^⑳,吾不见好教如食疾子者矣^㉑,吾不见日省而月考之其友者矣^㉒,吾不见孜孜而与来而改者矣^㉓!"

【注释】

①言不远身:说话不要脱离自身条件,即不要说自己做不到的话。

②言之主:说话的关键。

③行不远身:行动不要脱离自身条件,即不要做自己做不到的事。

④行之本:行动的根本。

⑤有闻:对大道有所闻。《论语·公冶长》:"子路有闻,未之能行,唯恐有闻。"

⑥尊其所闻:尊崇其所闻之道。

⑦高明:见解高超明达。

⑧行:践行。

⑨广大:事业广阔远大。

⑩加之志：将高明广大作为人生志向。

⑪游：交往。

⑫苾（bì）：芳香。兰、芷：两种香草。

⑬不闻：不闻其香。

⑭化：同化，潜移默化。

⑮贷：王念孙说为"臑（zhí）"之误。臑，鱼肉腐臭。鲍鱼：盐渍鱼，干鱼。其气腥臭。次：市中店铺。

⑯去就：取舍，去留。

⑰与君子游如长，日加益而不自知：与君子交往，就像日晷每天加长而自己不知道。日，此指日晷。阮元曰："日行出赤道北，不觉其长。……《汉书·董仲舒传》云：'积善在身，犹长日加益而人不知也；积恶在身，犹火之销膏而人不见也。'董以火对日为言，则此文言日晷之长无疑。"按，这两句另一种断句为："与君子游，如长日加益而不自知也。"则于语意更胜。

⑱每履而下：每次踏上薄冰都会下沉。履，踩，踏。

⑲几何：多少，多久。

⑳好学盛而不衰：一本无"盛"字。

㉑食（sì）疾子：喂生病的孩子吃饭。

㉒日省：每日考察。月考：每月考校。之：就。

㉓孜孜：不倦的样子。与来而改：与岁月之来而变化，言其日进不已（用孙诒让说）。

【译文】

"说话不脱离自身条件，这是说话的关键；行动不脱离自身条件，这是行动的根本。说话抓住了关键，行动抓住了根本，这就可以称得上对大道有所知闻了。君子推崇他所知闻的大道，那么他的德行就高超明达；践行他所知闻的大道，他的事业就广阔远大。道德高超明达，事业广阔远大，不在于其他方面，而在于将这些作为人生志向。和君子交游，如同进入馨香的兰花芷草之室，久而不闻其香，是渐渐与之同化了。与小人交游，如同进入臭烘烘的鲍鱼店一样，久而不闻其臭，也是与之同化了。因此，君子应该谨慎地对待自己的取舍去就。和君子交游，德行如同日暑每天增长而自己不知道；和小人交游，如同踏在薄冰之上，每踩踏一次，冰面都会下沉一些，几时能不沉没呢？我没有见到长期好学而意志不衰的人，没有见到乐于教人如同喂病儿吃饭一样耐心的人，没有见到每月每日都与朋友省察、考校自己德行的人，没有见到孜孜不倦地与日俱进的人。"

曾子天圆第十四

【题解】

　　本篇选自《大戴礼记》。王聘珍《大戴礼记解诂》说："名曰天圆者，亦以篇首文字标题。篇中发明天地阴阳、礼乐律历之道。曾子所闻于孔子，以示后学者也。"单居离所提到的天圆地方说，在我国起源甚早，《周髀算经》就记载了"方属地，圆属天，天圆地方"的说法，后人将这种观点概括为"盖天说"。曾参讲述了孔子的观点：所谓天圆地方，并不是指天地形状，而是就天道与地道而言。孔子将天地万物的产生及其变化看作是阴阳二气作用的结果，从风雷雨电霜雪，到毛羽甲鳞各种动物，乃至于被称为"倮虫"的人类，无一不是由阴阳二气化感而生。孔子特别强调作为"倮虫之精"的圣人的作用，圣人通过观察日月星辰而发现了律历，进而制礼作乐，所有万物的产生、礼乐仁义的发明以及政治好坏，最终都可以归结为阴阳二气的作用。本篇是研究孔子宇宙观的重要文献，孔子没有将宇宙万物的产生归之于上帝天神，而是从阴阳二气的作用来阐述自然与社会现象，这一思想值得孔子研究者特别注意。

　　单居离问于曾子曰："天圆而地方者①，诚有之乎②？"曾子曰："离！而闻之云乎③！"单居离曰："弟子不察④，此以敢问也⑤。"曾子曰:"天之所生上首⑥,地之所生下首⑦。上首之谓圆,下首之谓方⑧。如诚天圆而地方,则是四角之不掩也⑨。且来,吾语汝。参尝闻之夫子曰:天道曰圆⑩,地道曰方⑪,方曰幽⑫,而圆曰明⑬。明者,吐气者也⑭,是故外景⑮;幽者,含气者也⑯,是故内景。故火日外景⑰,而金水内景⑱。吐气者施⑲,而含气者化⑳,是以阳施而阴化也。

【注释】

①天圆而地方:这是古人对天地的认识。《吕氏春秋·季春纪·圜道》:"天道圜,地道方,圣王法之,所以立上下。"

②诚:真的,确实。

③而:你。云:说,说法。

④不察:不能明察,不懂。

⑤此以:以此。敢:谦辞,犹冒昧。

⑥天之所生上首:意谓天气下降从上开始。所生,指天地生出万物。首,《尔雅》:"首,始也。"按,天地交而万物生。

⑦地之所生下首:意谓地气上腾从下开始。

⑧上首之谓圆,下首之谓方:曾子告诉单居离,所谓天圆地方,是因为上端叫作圆,下端叫作方。这只是天地名称而已,并不是说天是圆形,地是方形。

⑨四角之不掩:指天地边界结合之处的四个角不能被覆盖。掩,覆盖。

⑩天道曰圆:圆是上天运行的规律,不是说上天的形状是圆的。天道,上天运行的规律。

⑪地道曰方:方是大地运行的规律,不是说大地的形状是方的。地道,大地运行的规律。

⑫方曰幽:按照阴阳划分,地属阴,阴有幽暗之义。

⑬圆曰明:按照阴阳划分,天属阳,阳有光明之义。

⑭吐气:出气。

⑮外景:外在景观。

⑯含气:藏气。

⑰火日外景:如火的太阳是上天的外在景观。

⑱金水内景:各种金属与地下水流是大地的内在景观。按,古人多从阴阳角度解释以上几句,释"景"为"光"。如卢辩曰:"火气阳也。金质阴也。"王聘珍曰:"离(☲)为火,为日,以二阳而周乎一阴之外,故光在外。兑(☱)为金,以二阳而说于一阴之内。坎(☵)为水,以一阳而陷于二阴之中,故光在内。"阮元曰:"日与火属天,其景外照……。金与水属地,其景内照。"戴礼曰:"火日积阳之气,故光外照;金水凝阴之气,故光内耀。"

⑲施:施予。

⑳化:化生。

【译文】

单居离问曾子:"天的形状是圆的,地的形状是方的,真的有这回事吗?"曾子说:"离,你听到过天圆地方的说法吗?"单居离说:"弟子对此没有深察,因此才冒昧地请教老师。"曾子说:"上天位于上端,大地位于下端。上端叫作圆,下端叫作方。如果天真的是圆形,地真的是方形,那么天地结合处就有四个角不能覆盖了。你姑且过来,我告诉你。我曾经听孔子说过,圆是上天运行的规律,方是大地运行的规律,方的特点是幽暗,圆的特点是明亮。光明的天是向外出气的,因此叫作外在景观;幽暗的地是对内藏气的,因此叫作内在景观。如火的太阳是上天的外在景观,而藏于地中的金属与水是大地的内在景观。出气的上天云行雨施,藏气的大地化生万物,天为阳,地为阴,因此阳善于施予,而阴善于化生。

　　"阳之精气曰神①,阴之精气曰灵。神灵者,品物之本也②,而礼乐仁义之祖也③,而善否治乱所由兴作也④。阴阳之气各从其所则静矣⑤,偏则风⑥,俱则雷⑦,交则电⑧,乱则雾⑨,和则雨⑩。阳气胜则散为雨露⑪,阴气胜则凝为霜雪。阳之专气为雹⑫,阴之专气为霰⑬,霰、雹者,一气之化也⑭。毛虫毛而后生⑮,羽虫羽而后生⑯,毛羽之虫,阳气之所生也。介虫介而后生⑰,鳞虫鳞而后生⑱,介鳞之虫,阴气之所生也。唯人为倮匈而后生也⑲,阴阳之精也⑳。毛虫之精者曰麟,羽虫之精者曰凤,介虫之精者曰龟,鳞虫之精者曰龙,倮虫之精者曰圣人㉑。龙非风不举㉒,龟非火不兆㉓,此皆阴阳之际也㉔。兹四者㉕,所以役于圣人也,是故圣人为天地主,为山川主,为鬼神主,为宗庙主。

【注释】

①精气:精华之气。

②品物:万物。本:根本。

③礼乐仁义之祖:意谓礼乐仁义都是天地阴阳化生的。祖,始。《礼记·乐记》说:"天高地下,万物散殊,而礼制行矣。流而不息,合同而化,而乐兴焉。春作夏长,仁也;秋敛冬藏,义也。仁近于乐,义近于礼。"天地阴阳本属天文,礼乐仁义本属人文,古人将天文与人文融合为一,且认为人文出自天文。

④善否(pǐ):政治好坏。否,恶。所由兴作:产生的原因。

⑤各从其所:各安其处。从,一本作"静"。静,平静,安静。

⑥偏:阴阳二气偏于一端,处于不平衡状态。

⑦俱:阴阳二气俱盛。

⑧交：阴阳二气相交。

⑨乱：阴阳二气秩序混乱。

⑩和：阴阳二气调和。

⑪散：散布。

⑫专气：专一之气。

⑬霰（xiàn）：小冰粒，俗称雪珠、雪子。

⑭一气：指阳气或阴气。化：变化。

⑮毛虫毛而后生：兽类先长毛而后出生。毛虫，指兽类。虫，古代作
　　为动物的总称。

⑯羽虫：长羽毛的飞禽。

⑰介虫：指有甲壳的虫类或水族，如龟鳖之类。介，甲。

⑱鳞虫：体表有鳞甲的动物，一般指鱼类和爬行类。

⑲倮（luǒ）匈：没有毛羽甲鳞，即裸体。倮，裸，赤体。匈，同"胸"。

⑳精：精灵，精华，灵长。

㉑倮虫：指人类。

㉒举：飞翔。

㉓龟非火不兆：卜人以火烤灼龟壳，龟壳出现裂纹，卜人根据裂纹兆
　　象而判断吉凶。兆，显示吉凶征兆。

㉔阴阳之际：阴阳际会。际，会合，交会。

㉕兹四者：指毛虫、羽虫、介虫、鳞虫。

【译文】

"阳的精华之气叫作神，阴的精华之气叫作灵。阴阳神灵，是万物
的根本，是礼乐仁义发生的源头，是政治好坏、社会治乱发生的根本原
因。阴阳之气平衡，各安其处，那么宇宙就处于平静状态。阴阳之气偏
于一端就会刮风，阴阳二气俱盛就会打雷，阴阳二气相交就会闪电，阴阳
之气紊乱就会起雾，阴阳之气调和就会下雨。阳气的力量胜于阴气就会
散布为雨露，阴气的力量胜于阳气就会凝结为霜雪。阳的专一之气形成

冰雹,阴的专一之气形成冰粒,冰粒和冰雹,都是阳气或阴气的变化。长毛的兽类先长毛而后出生,长羽毛的飞禽先长羽毛而后出生,兽类和飞禽都是阳气所生。有甲壳的动物先长甲壳而后出生,有鳞片的动物先长鳞片而后出生,长有甲壳或鳞片的动物是阴气所生。只有人类是裸体出生,堪称阴阳二气的精华。兽类的灵长叫作麟,飞禽的灵长叫作凤,长甲壳动物的灵长叫作龟,长鳞动物的灵长叫作龙,人类的灵长叫作圣人。龙如果没有风就不会飞举,龟如果不用火灼就不会显示吉凶征兆,这些都是阴阳际会的结果。毛、羽、介、鳞这四类动物,都是被圣人所役使的,因此圣人是天地的主宰,是山川的主宰,是鬼神的主宰,是宗庙的主宰。

　　"圣人慎守日月之数①,以察星辰之行②,以序四时之顺逆③,谓之历④。截十二管⑤,以索八音之上下清浊⑥,谓之律也⑦。律居阴而治阳⑧,历居阳而治阴⑨,律历迭相治也,其间不容发⑩。圣人立五礼以为民望⑪,制五衰以别亲疏⑫;和五声之乐以导民气⑬,合五味之调以察民情⑭;正五色之位⑮,成五谷之名⑯,序五牲之先后贵贱⑰。诸侯之祭,牲牛⑱,曰太牢⑲;大夫之祭,牲羊⑳,曰少牢㉑;士之祭,牲特豕㉒,曰馈食。无禄者稷馈㉓,稷馈者无尸㉔,无尸者厌也㉕。宗庙曰刍豢㉖,山川曰牺牷㉗,割列禳瘗㉘,是有五牲。此之谓品物之本、礼乐之祖、善恶治乱之所由兴作也。"

【注释】

①慎守日月之数:审慎地守望日月运行的度数来确定历法,即一年十二个月三百六十五日。

②察星辰之行:观察星辰运行而确定二十四节气。

③序四时之顺逆:序列春夏秋冬的顺序。四时,春、夏、秋、冬。顺,

正常运行。逆,反常运行。

④历:历法。

⑤截十二管:截断十二根竹管。《汉书·律历志》:"黄帝使泠纶自大夏之西,昆仑之阴,取竹之解谷生,其窍厚均者,断两节间而吹之,以为黄钟之宫。制十二筩以听凤之鸣。其雄鸣为六,雌鸣亦六,此黄钟之宫,而皆可以生之,是为律本。"

⑥索:求。八音:金、石、丝、竹、匏、土、革、木。上:高音。下:低音。清:清音。浊:浊音。

⑦律:音律。

⑧律居阴而治阳:音律来自大夏之西昆仑之阴,地属阴,故曰居阴。律以候气,天气属阳,故曰治阳。

⑨历居阳而治阴:历法来自天象,天属阳,故曰居阳。历以治时,地属阴,故曰治阴。

⑩律历迭相治也,其间不容发:律历交替相治,其中没有丝毫间隙。迭,交替。

⑪五礼:吉、凶、军、宾、嘉。民望:人民所瞻视。

⑫五衰(cuī):五种丧服:斩衰、齐衰、大功、小功、缌麻。以别亲疏:五种丧服是根据血缘关系亲疏而制定的,血亲关系越近,所服丧服级别越高。

⑬五声之乐:宫、商、角、徵、羽。导:疏导。民气:民众风气。

⑭五味:酸、苦、甘、辛、咸。调:调和。

⑮五色之位:春秋战国时期,人们将五种颜色与五个方位相配:东方为青、南方为赤、西方为白、北方为黑、中间为黄。

⑯五谷:黍、稷、麻、麦、菽。

⑰五牲:牛、羊、豕、犬、鸡。《周礼》与《洪范·五行传》,牛土畜,鸡木畜,羊火畜,犬金畜,豕水畜。《礼记·月令》以羊为木、鸡为火。先后:指四时所用不同。贵贱:不同等级祭祀所用牺牲不同,如下

文所述。

⑱牲牛：用牛作为祭祀的牺牲，举牛以包括羊、豕。

⑲太牢：牛、羊、豕。

⑳牲羊：用羊作为祭祀的牺牲品，举羊以包括豕。

㉑少牢：羊、豕。

㉒牲特豕：用一头猪作为牺牲。特，一头牺牲。

㉓无禄者：没有俸禄的庶民。稷馈：用稷作为祭品，不用牲畜。

㉔尸：古代祭祀时代表死者受祭的人。

㉕厌：厌饫（yù）。厌饫神灵时，或在迎尸之前，叫作阴厌；或在撤尸之后，叫作阳厌；两者都没有尸在场。

㉖刍豢（chú huàn）：泛指牛羊犬豕之类的家畜。如果细分，则食草的牲畜叫刍，如牛羊；豢养的家畜叫豢，如犬豕。

㉗牺牷（quán）：指古代祭祀时，天子用的纯色牲和诸侯用的全体之牲。牺，古代祭祀用的纯色牲畜。牷，色纯而完整的祭牲。

㉘割列：肢解牲畜。列，同"裂"。禳（ráng）：祭名，此处指四面除邪消灾的祭祀。瘗（yì）：一种祭地的祭名。

【译文】

"圣人审慎地守望着日月运行的度数，观察星辰的运行，看看春夏秋冬四时运行的顺序是否正常，这叫作历法。截断十二根竹管，来求索金、石、丝、竹、匏、土、革、木八音的高低和清浊，这叫作音律。音律处于阴位而治理阳气，历法处于阳位而治理阴气，音律与历法交替治理阴阳，其中没有丝毫间隙。圣人制作吉、凶、军、宾、嘉五礼作为民众所望，制定斩衰、齐衰、大功、小功、缌麻五种丧服制度来区别血缘亲疏，调和宫、商、角、徵、羽五声音乐来疏导民众风气，调和酸、苦、甘、辛、咸五味来观察民情，端正东方为青、南方为赤、西方为白、北方为黑、中间为黄五个方位，确定黍、稷、麻、麦、菽五谷的名称，序列牛、羊、豕、犬、鸡五牲的先后贵贱。诸侯用的祭品，牲用牛、羊、豕而以牛为主，称之为太牢；大夫用的祭品,牲用羊、豕而以羊为主,称之为少牢;士用的祭品,牲用一头豕,称之为馈食。没有俸禄的庶民用稷作为祭品,用稷作为祭品的人祭祀时不用代表鬼神的"尸",无"尸"的祭祀叫作厌饮。宗庙祭品是牛羊犬豕之类的家畜,山川神灵的祭品是毛色纯一、躯体完整的牲畜,肢解牲畜、四面禳祭、瘗埋牲畜以祭祀地神,此类祭品有牛、羊、豕、犬、鸡五牲。这就叫作万物的根本、礼乐的根源、政治好坏与社会治乱发生的根本原因。"

子思子

前言

　　孔伋,字子思,是孔子之孙,孔鲤之子,在年辈上属于孔子的再传弟子。孔鲤死在孔子之前,一生在政治和学术上都没有什么建树,而子思则是战国前期儒家一大重镇,也是孔子后人中一大思想家。子思大约生于公元前483年,死于公元前402年。郑玄根据《礼记·檀弓上》子思哭嫂为位的记载,而推测子思并非孔鲤嫡子。这位不知名的子思兄长大约去世较早,子思因此成为孔子唯一的孙子。《史记·孔子世家》对子思的生平有简短的记载:"伯鱼生伋,字子思,年六十二(或为"八十二"之误——作者注)。尝困于宋。子思作《中庸》。"

　　《史记》所说的困于宋,发生在子思少年时代。据《孔丛子·居卫》记载,子思十六岁那年到宋国,宋大夫乐朔与子思讨论学问。乐朔批评《尚书》中的商周之书"故作难知之辞",子思年少气盛,出言不逊,讽刺乐朔是"委巷之人"。乐朔本想与圣人之后讨论《尚书》语言问题,却无端受到子思侮辱,于是率众围攻子思,幸赖宋君出面相救,子思才得以脱险。困宋的经历使子思发愤述作,反而成就了他的学术事业。

　　子思与鲁缪公的关系是他生平又一重要悬案。汉人以为子思为鲁缪公之师,这个说法在《孟子》一书中已露端倪。《孟子·万章下》载:"缪公亟见于子思,曰:'古千乘之国以友士,何如?'子思不悦,曰:'古之人有言曰,事之云乎,岂曰友之云乎?'子思之不悦也,岂不曰:'以位,则子,君也,我,臣也;何敢与君友也? 以德,则子事我者也,奚可以与我友?'"鲁缪公自以为身为千乘之君,放下身段与子思以朋友相交,子思应该心满意足了,谁知子思心里想的是"子事我",就是说子思理想中的与鲁缪公关系是师徒而非朋友。在战国时代,为王者师,是许多士人共同的人生理想,像子思这样以道德学术傲视诸侯的一代名士,渴望为王者师是很自然的事情。《孟子·公孙丑下》又载孟子曰:"昔者鲁缪公无人乎子思之侧,则不能安子思。"《孟子·万章下》曰:"缪公之于子思也,亟问,亟馈鼎肉,子思不悦,于卒也,摞使者出诸大门之外,北面再拜稽首而不受,曰:今而后知君之犬马畜伋。"这条材料是说鲁缪公专门派人慰问、服侍子思,馈送子思鼎肉,但子思所需要的不是物质享受,而是精神上的尊重。据《礼记·檀弓下》记载,鲁缪公曾经向子思请教丧服之礼。郭店楚墓出土的竹简中有一篇《鲁穆公问于子思》,记载鲁缪公问子思何为忠臣,子思说,经常指出君主过错的人才是忠臣。以上材料表明,鲁缪公确实尊敬子思,并且向子思请教过一些问题,但很难确指子思为鲁缪公师。钱穆《先秦诸子系年》指出,鲁缪公元年在周威烈王十一年(前407),上距孔子之卒已有64年之久,如果子思年寿为六十二,那么子思绝无可能赶上鲁缪公时代。有人认为"六十二"是"八十二"之误,这样子思与鲁缪公就有交集的时间。也有人认为,《史记》"六十二"之说不误,子思与鲁缪公的交往是在鲁缪公尚为太子之时。可能是子思晚年由卫、宋返鲁,受到鲁缪公的礼遇。战国诸侯贵族尊礼贤士,本是当时普遍的社会现象,当时所谓为王者师,充其量是受到国君礼遇而已,不可当真,与那种正规的师徒有很大差别。汉人在战国人说法基础上添枝加叶,遂把子思说成是鲁缪公之师。

　　子思的学术渊源也是学术界历来关注的问题。《史记》和孔门礼学文献都没有关于子思师承的记载。到了唐宋时代,一些学者提出子思学于曾参。韩愈在《送王秀才序》一文中说:"孟轲师子思,子思之学盖出于曾子。"二程说:"孔子没,曾子之道日益光大。孔子没,传孔子之道

者,曾子而已。曾子传之子思,子思传之孟子,孟子死,不得其传,至孟子
而圣人之道益尊。"(《二程集·河南程氏遗书》卷二十五)宋儒言之凿
凿,编制了孔子—曾子—子思—孟子一脉相承的道统体系。从先秦文献
来看,子思与曾参确曾相识并有交往。《礼记·檀弓上》载曾子曰:"子
思之哭嫂也为位,妇人倡踊。"这是曾参以子思哭嫂为执小功丧礼范例。
同篇又载:"曾子谓子思曰:'伋!吾执亲之丧也,水浆不入于口者七日。'
子思曰:'先王之制礼也,过之者俯而就之,不至焉跂而及之。故君子之
执亲之丧也,水浆不入于口者三日,杖而后能起。'"子思在此委婉地批
评曾参执亲之丧逾礼,如果是师徒,那么这就是不可思议的事情。《孔丛
子·居卫》载:"曾子谓子思曰:'昔者吾从夫子游于诸侯,夫子未尝失人
臣之礼,而犹圣道不行。今吾观子有傲世主之心,无乃不容乎?'子思曰:
'时移世异,各有宜也。当吾先君,周制早毁,君臣固位,上下相持若一
体然。夫欲行其道,不执礼以求之,则不能入也。今天下诸侯方欲力争,
竞招英雄以自辅翼,此乃得士则昌、失士则亡之秋也。伋于此时不自高,
人将下吾;不自贵,人将贱吾。舜禹揖让,汤武用师,非故相诡,乃各时
也。'"曾子称子思为"吾子",批评子思有傲世主之心,而子思则表示要
我行我素,丝毫没有接受曾子忠告之意,如果子思真的学于曾子,那么子
思决不会对曾子采取如此态度。从这些文献材料看来,曾参与子思确实
有交集,但子思学于曾参之说实不可信。《荀子·非十二子》将思孟学
派上溯到孔子和子游,康有为、郭沫若等人遂以为子思之学出于子游,
此说目前还缺乏有力证据。那么,子思之师究竟是谁呢? 子思虽然在
辈分上属于孔门第二代弟子,但他是特殊的孔门后学,因为他是孔子之
孙,从小在孔府长大,不仅有机会亲炙于孔子,而且从小就混迹于孔门七
十子之中,与七十子有或多或少的交往。《孔丛子·记问》记载了三条子
思问孔子的材料,《孔丛子·居卫》载子思"吾闻诸子夏"之说,此外子
思也提及子游。子思在这个圣贤环境中长期耳濡目染,终于成就为一代
大儒。

　　子思是一个具有强烈个性色彩的文人。他说话不留情面，犀利尖刻，火气十足，架子很大。他以道德才能傲世，高扬士人不屈的气节，伸张独立的士林人格，时刻捍卫自己的尊严。在这些方面，他不仅有别于他的爷爷孔子，而且不同于他的学术前辈七十子，倒是与他的同辈段干木、田子方等人立身行事方式颇有相似之处，堪称是他那个时代得风气之先的新潮人士。这其中的原因，实在是时代文化环境使然。孔子时代，士文化思潮尚在酝酿阶段，当时支配孔子和七十子言行的主要是西周和春秋时期的礼义，而到了子思时代，战国士文化思潮正在兴起，一种以道德、才能、义气抗衡财富爵位的新的价值观正在形成，士逐步走向政治文化舞台的中心，子思深深感到，士人扬眉吐气的历史时刻到了，因此才有他的傲世、骄世等狂放之举。当时有一些好心人劝告子思随顺世俗，放下身段，《孔丛子·公仪》载："胡毋豹谓子思曰：'子好大，世莫能容子也，盍亦随时乎？'子思曰：'大非所病，所病不大也。凡所以求容于世，为行道也。毁道以求容，道何行焉？大不见容，命也；毁大而求容，罪也。吾弗改矣。'"此处的"大"，既是指子思追求的境界大，气魄大，也是指子思架子大，脾气大。子思坚决不愿毁大以求容，而宁愿求大以行道。

　　子思是战国前期儒家代表人物，在中国哲学史上占有重要地位，但不同时代的人们对子思作品有不同的取舍。战国时期，学术界重视的是子思论述五行的作品，学者们将子思与孟子合称思孟。《荀子·非十二子》说："略法先王而不知其统，犹然而材剧志大，闻见杂博，案往旧造说，谓之五行，甚僻违而无类，幽隐而无说，闭约而无解，案饰其辞而祗敬之曰：此真先君子之言也。子思唱之，孟轲和之，世俗之沟犹瞀儒，嚾嚾然不知其所非也，遂受而传之，以为仲尼、子游为兹厚于后世。是则子思、孟轲之罪也。"按此说法，"五行"是思孟学派的核心思想。不过这个"五行"不是阴阳五行学派所说的金、木、水、火、土，庞朴先生说，"行"读音为"héng"，"五行"指的是仁、义、礼、智、圣五种德行。马王堆帛书《老子》甲本卷后有一种古佚书，篇中论述仁、义、礼、智、圣五种德行，后面附有世子所作的传,整理者因此将这篇古佚书定名为《五行》。二十世纪末,《五行》又重见于郭店楚墓竹简,与帛书《五行》相比,它有经无传。《五行》强调道德的内在性和道德的形上性,这与子思一贯倡导的内德修养是一致的。

到了宋代,以道德心性学说为核心内容的新儒学兴起,子思的另一篇代表作《中庸》因此受到特殊重视,被朱熹列为"四书"之一。《中庸》一开始提出了"天命之谓性,率性之谓道,修道之谓教"的著名命题。天之所命的"性"有它的特定内涵,其核心内容就是"中庸"。在"中庸"尚未内化为人性之前,它作为天性存在;从人的生命胚胎形成那一刻开始,"中庸"就内化为人性,存在于人性之中;用清人王聘珍《大戴礼记解诂》的话说,就是"命禀于有生之前,性形于受命之始"。因此"中庸"品德的修养不必外求,只需要循性而行,将天赋人性中的"中庸"品质诱发出来加以培养,这就是中庸之道;而将此中庸之道加以修治,这就是人性教化。《中庸》将人性追溯到终极源头——天之所命,将人性与天性打通,从天人合一的角度提升了"中庸"伦理修养的价值,使"中庸"成为一种天人宇宙所共有的伦理准则。将天道与人道结合起来。《中庸》从时间和空间角度证明"中庸"作用无所不在:"君子之道费而隐。"什么叫"费而隐"呢?"这里所讲的'费'字,就是到处都散漫着,任何时间、空间都随便弥漫着它的作用便叫费。'隐'字,是与'费'字相反的意思,任何时间、空间,随便在哪里,你都摸不着、看不到的,便叫隐。"(南怀瑾:《话说中庸》)由此可见,无论你是否意识到,"中庸"之道广泛存在于任何时间和空间之中。《中庸》还指出,"中庸"品质修养是不讲时空和身份地位条件的:"素富贵,行乎富贵;素贫贱,行乎贫贱;素夷狄,行乎夷狄;素患难,行乎患难;君子无入而不自得焉。"不同社会阶层的人,在不同的时空条件之下,都能在"中庸"的品德修养中找到自己的安身立命之地。这种思想对于"刑不上大夫,礼不下庶人"的传统观念,无疑是一个重要突破:"中庸"品质修炼不再仅仅是上流社会士大夫阶层的专利,贫贱者乃至于蛮夷戎狄都应该一无例外地可以培养"中庸"心性品质。《中庸》运用很大的篇幅,重点阐述了"诚"的思想。什么是"诚"? 朱熹说:"诚者,真实无妄之谓,天理之本然也。"(《四书章句集注》)据此,"诚"是一种不受后天污染的澄澈透明的人性原初状态。要想培养"中庸"伦理品质,就要拂去遮蔽在"道心"之上的种种尘埃污垢,让人性呈现出清明澄澈的原初状态,"中庸"精神就完满地保留在这种人性原初状态之中,做到了"诚","中庸"也就在其中了。因此,要培养"中庸"品质,就要先在人性终极源头之处下功夫,清除后天的社会污染,培养"诚"的品质。作者认为要践履中庸之道,就要处理好五达道即君臣、父子、夫妻、兄弟、朋友五种人际关系,履行智、仁、勇三达德,还要贯彻修养自身、尊重贤人、爱护亲族、敬重大臣、体恤众臣、爱护百姓、劝勉各种工匠、优待远方来的客人、安抚诸侯这九经。慎独自修、忠恕宽容、至诚尽性则是实行中庸之道的几项主要原则。《中庸》是儒家论述心性道德培养的重要文献,它是儒家礼学思想的哲学升华,代表了先秦儒家的世界观和方法论,从中可以清楚地看出礼学与儒家哲学的内在联系。由于它是从心性修养角度论述,因而《中庸》被宋儒说成是"孔门传授心法"之作。

《孔丛子·居卫》载子思的著作有四十九篇,《汉书·艺文志》诸子略儒家类著录《子思子》二十三篇,这说明子思文章在秦汉之际就已经亡佚大半。《史记·孔子世家》载子思作《中庸》。《孔丛子》所载的子思四十九篇和汉志著录的《子思子》二十三篇已经亡佚,因此我们无法看到子思文章的原貌,这无疑是一个很大的损失。据《隋书·音乐志》记载,今本《礼记》中的《坊记》《中庸》《表记》《缁衣》四篇出自《子思子》,这要归功于《礼记》的收录。《郭店楚墓竹简》中除《缁衣》外,尚有《五行》《鲁缪公问子思》竹书,论者以为是子思著作。《礼记》收录的四篇子思文章,再加上《郭店楚墓竹简》中的两篇,这六篇文章是我们今天仅见的子思文献,距离《孔丛子·居卫》所载子思著作四十九篇,已经仅存八分之一。今人所读到的《子思子全书》,系清人汪晫所编,他编辑

《子思子全书》的方法与《曾子全书》相同,其利弊也与《曾子全书》一样,《四库全书总目提要》对此已有考辨。汪晫无由见到《五行》《鲁缪公问子思》等文章,这是《子思子全书》的缺憾。本书采取与《曾子》相同的处理方式,从传世先秦两汉儒家文献和出土儒家文献中重新选取篇目,《子思子》所收六篇取自《礼记》和《郭店楚墓竹简》,书中所收各篇文章的篇名沿用所出古籍的旧名。正文文字,《中庸》《坊记》《表记》《缁衣》四篇采自《礼记》的以十三经注疏本为底本;《鲁穆公问子思》和《五行》则取自荆门市博物馆编《郭店楚墓竹简》。

陈桐生

2024 年 11 月

中庸第一

【题解】

《史记·孔子世家》载:"子思作《中庸》。"《中庸》初稿作于战国初年,此后儒家后学在传习过程中可能有一些增删,西汉经学家戴圣编《礼记》,将《中庸》收录其中。宋儒将《中庸》从《礼记》中提取出来,使之独立成篇,成为"四书"之一。《中庸》文中既有子思本人的论述,又征引了十八章孔子语录,全文就是由三十几个相对独立的章节组合而成。《中庸》既是一篇重要的礼学文献,又是一部重要的儒家哲学经典。早在殷商时期,人们就已经形成了尚中意识,从治国理政到品性修养都追求不偏不倚,反对片面和极端。西周初年,周公制礼作乐,以礼乐制度形式确认了殷商以来的尚中意识。春秋末年的孔子在重建周礼秩序过程中,对周礼精神进行深刻反思,他用"礼所以制中"的画龙点睛之笔来概括周礼的精髓,并首次提出"中庸"概念,将周礼精神提升到形而上的哲学层次。孔子还提出"时中"思想,强调"中"伴随着时空条件的变化而变化;他将中庸之道的心性修养与儒家倡导的修齐治平结合起来,提出"五达道""三达德""九经"的具体要求,以此避免空谈心性之弊端。子思继孔子之后,对中庸思想做了深入的阐述和发挥:他将中庸之道溯源到天命,认为中庸之道存在于天赋人性之中,在人性终极源头之处确立中庸之道的价值,从天人合一的角度提升了"中庸"伦理修养的价值,使

"中庸"成为一种天人宇宙所共有的伦理准则;子思论证了中庸之道存在的普遍性,揭示中庸之道"须臾不可离"的特性,说明无论何人在何时何地都可以从事中庸之道的修养;他特别强调"诚"的概念,以"诚"的内德修养作为中庸心性修炼的入门途径。《中庸》代表了春秋战国儒家对西周以来礼学文化传统的哲学思考成就,标志着春秋战国儒家礼学事业由"行为礼"向"心中礼"的重要转变。朱熹用了三十年时间作《中庸章句》,认为《中庸》是"孔门传授心法"之书。他将《中庸》划分为三十三章,并将三十三章分为三大部分:从第一章到第十一章为第一部分,论述中庸之道修养要"反求诸身而自得之";从第十二章到第二十章为第二部分,申明"道不可离";从第二十一章到第三十三章为第三部分,阐述天道与人道。"其书始言一理,中散为万事,末复合为一理"。朱熹这个结构划分,可以帮助读者更好地理解《中庸》的文理脉络。

　　天命之谓性①,率性之谓道②,修道之谓教③。道也者,不可须臾离也④,可离非道也。是故君子戒慎乎其所不睹,恐惧乎其所不闻⑤。莫见乎隐⑥,莫显乎微⑦,故君子慎其独也⑧。喜怒哀乐之未发,谓之中⑨;发而皆中节,谓之和⑩。中也者,天下之大本也⑪;和也者,天下之达道也⑫。致中和⑬,天地位焉⑭,万物育焉⑮。⑯

【注释】

①天命之谓性:上天所给予人的禀赋叫作性。天,上天。这个"天"既是自然的天,也是人格神的天。命,命令,赋予。性,禀性,天性,本性。郭店楚墓竹简《性自命出》说:"性自命出,命自天降。"据此,"天""命""性"三者关系是:由天降命,由命出性。子思认为,在人性源头之处,人性一片纯真纯善,中庸之道的源头就在这

里,仁义道德的源头也在这里。心性道德修炼到极境,就是这种纯净澄澈的人性源头。

②率性之谓道:遵循自然天性而行叫作道。率,循。"天命之谓性"意谓着在天赋禀性之中就含有中庸之道的内容,"率性之谓道"进一步指出,中庸之道的心性修养不必外求,它就包含在人的自然天性之中,只需要遵循天赋本性中的中庸内容,这就是道了。

③修道之谓教:修治中庸之道叫作教化。徐复观说,"天命"三句,是儒家心性学说的纲领。

④道也者,不可须臾离也:每分每秒都要坚持修治中庸之道,不可片刻与道分离。须臾,片刻。离,分离,离开。

⑤是故君子戒慎乎其所不睹,恐惧乎其所不闻:意谓中庸之道的品质修养,不仅在公开场合需要坚持,同时在别人看不到、听不见的独处场合也要坚持。戒慎,警惕,谨慎。其所不睹,别人看不到的。其所不闻,别人听不到的。

⑥莫见(xiàn)乎隐:没有比在幽暗之处更能体现人的品质的了。见,同"现"。隐,暗处。

⑦莫显乎微:没有比在细微的小事上更能显示人的德行的了。显,显示,显现。微,微小之事。

⑧慎其独:谨慎地对待独处。慎独是战国儒家提出的道德修养的重要原则,这是因为人在公众场合会受到他人的关注,此时人的欲望会受到抑制,而在独处的情况下则容易放纵自己。慎独学说体现了儒家严格律己的一面。

⑨喜怒哀乐之未发,谓之中:意谓在喜怒哀乐尚未外发的时候,淡然虚静,无偏无倚,无过与不及,这种情形就叫作"中"。喜怒哀乐,人的几种自然天性。未发,尚未外发出来。按,这只是给"中"举例子,而不是给"中"下定义。

⑩发而皆中节,谓之和:意谓喜怒哀乐外发出来,就是情,各种情都

符合礼义节限,合众异以成和,这种情形就叫作"和"。中节,合乎礼节。按,这只是给"和"举例子,而不是给"和"下定义。

⑪大本:最大的根本。

⑫达道:通达之道。

⑬致:达到,做到。中和:朱熹《中庸章句》引游氏曰:"以性情言之,则曰中和,以德行言之,则曰中庸是也。"朱熹认为,"中庸"之"中",实兼"中和"之义。

⑭天地位焉:天地各得其位。

⑮万物育焉:万物得到养育。

⑯按,以上为第一章,是《中庸》的总纲,说明中庸之道就在天赋人性之中,修道就是要对天赋人性之中的中庸之道加以培养。朱熹认为,第一章是子思所论,以下十章是征引孔子言论进行论证。

【译文】

上天所赋予人的禀性叫作性,遵循自然天性而行叫作道,修治中庸之道叫作教。道,是不可片刻离开的,可以离开的,就不是道了。因此,君子要在别人看不到的地方保持警惕谨慎,在别人听不到的地方保持恐惧之心。没有比在幽暗之处更能体现人的品质的了,没有比在细微的小事上更能显示人的德行的了,所以君子要谨慎地对待独处。人们喜怒哀乐本性尚未外发的时候叫作中,外发出来都符合礼节的叫作和。中是天下最大的根本,和是天下的通达之道。做到中和,天地就能各自得其尊卑之位,万物就能健康发育生长。

仲尼曰①:"君子中庸②,小人反中庸。君子之中庸也,君子而时中③;小人之中庸也,小人而无忌惮也④。"⑤

【注释】

①仲尼:孔子的字。

②中庸:程颐说:"不偏之谓中,不易之谓庸。中者,天下之正道,庸
　者,天下之定理。"朱熹说:"中庸者,不偏不倚、无过不及,而平常
　之理,乃天命所当然,精微之极致也。"中庸的意义,是将"中"的
　道理运用在日常生活之中。

③时中:因时因地做到中庸。"中"不是两端之间一个等距离的地
　方,它不是固定不变的,而是与时俱进,随着时空条件的变化而
　变化。这就要求人们在不同时空下都能根据条件变化而及时调
　整言行,确立新的"中",确保在任何时候任何情况下都能保持中
　道,做到不偏不倚。"时中说"包含了孔子一贯倡导的权变思想。

④忌惮:害怕。

⑤按,以上为第二章,征引孔子言论,说明君子中庸与小人反中庸的
　区别。

【译文】

仲尼说:"君子倡导中庸,小人违反中庸。君子倡导中庸,所以君子
能够因时因地做到中庸。小人违反中庸,所以小人肆无忌惮。"

子曰:"中庸其至矣乎①!民鲜能久矣②!"③

【注释】

①至:最高,顶点。

②鲜(xiǎn):很少。《论语·雍也》载孔子曰:"中庸之为德也,其至
　矣乎?民鲜久矣。"

③按,以上为第三章,征引孔子言论,赞美中庸是最高的道德,感叹
　中庸之道失传已久。

【译文】

孔子说:"中庸大概是最高的道德品质了吧!人们很少能够做到中
庸,这种情况已经很久了啊!"

子曰："道之不行也^①,我知之矣:知者过之^②,愚者不及也^③。道之不明也,我知之矣:贤者过之,不肖者不及也^④。人莫不饮食也,鲜能知味也。"^⑤

【注释】

①道:指中庸之道。

②知者过之:智者的禀赋超过了"中"。知,同"智"。

③愚者不及:愚者的禀赋达不到"中"。

④不肖:不像。本义是指子不似父,故多称不孝之人为"不肖",后引申为不正派、不贤明、不成器。肖,似,像。

⑤按,以上为第四章,征引孔子言论,认为中庸难行的原因,是智贤者过之而愚不肖者不及。

【译文】

孔子说:"中庸之道难以推行,我知道其中的原因:聪明人超过了中道,愚蠢的人达不到中道。中庸之道难以昌明,我知道其中的原因:贤人超过了中道,不贤的人达不到中道。人没有不吃饭喝水的,但很少有人真正知道其中滋味。"

子曰："道其不行矣夫^①!"^②

【注释】

①道:中庸之道。行:推行,施行。

②按,以上为第五章,征引孔子言论,慨叹中庸之道难以推行。

【译文】

孔子说:"中庸之道大概是难以推行的了!"

子曰："舜其大知也与^①！ 舜好问而好察迩言^②，隐恶而扬善^③，执其两端^④，用其中于民^⑤。其斯以为舜乎！"^⑥

【注释】

①舜其大知也与：大知，大智慧。与，语气词，表感叹。按，朱熹认为，孔子是以帝舜作为"智"的典范。

②好问：爱好提问。察：明察。迩（ěr）言：浅近的话。迩，近。

③隐恶：隐去言论不善者。扬善：褒扬言善者。

④两端：指过与不及。

⑤用其中：指避免过与不及两种极端，选择不偏不倚的中道。

⑥按，以上是第六章，征引孔子言论，赞美舜执两用中。

【译文】

孔子说："舜恐怕是有大智慧吧！ 舜喜欢遇事多问，又留意考察浅近之言，隐去别人言论不好的一面，表彰别人言论好的一面，他避免过与不及两种极端，用中道治理人民。这大概就是舜之所以为舜的奥秘吧！"

子曰："人皆曰'予知'^①，驱而纳诸罟擭陷阱之中而莫之知辟也^②。人皆曰'予知'，择乎中庸而不能期月守也^③。"^④

【注释】

①予知：我聪明。

②驱而纳诸罟（gǔ）擭（huò）陷阱之中：是指人们被利益所驱使而进入种种无形的罗网之中。诸，之于。罟擭陷阱，都是捕获野兽的工具或手段。罟，网。擭，装有机关的捕兽木笼。辟（bì）：躲避。

③期（jī）月：一个整月。

④按,以上为第七章,征引孔子言论,说明中庸难行是因为人们被私
　欲所困且没有恒心。

【译文】

孔子说:"人们都说'我聪明',可是面对利益他们就像野兽被驱赶
到罗网、木笼、陷阱之中而不知逃避。人们都说'我聪明',可是如果让
他们选择中庸之道,他们连一个整月都不能坚守。"

子曰:"回之为人也^①,择乎中庸,得一善,则拳拳服膺
而弗失之矣^②。"^③

【注释】

①回:孔子最得意的弟子颜回。孔门十哲之一,七十子之首,孔子曾
　经称赞颜回"其心三月不违仁"。按,朱熹认为,孔子是以颜回作
　为"仁"的典范。

②拳拳(quán):恳切的样子。服膺(yīng):铭记在心,衷心信奉。

③按,以上为第八章,征引孔子言论,赞美颜回能够选择并持守中庸
　之道。

【译文】

孔子说:"颜回的为人是,选择了中庸之道,每得到一善,就深切地记
在心里而不再丢失。"

子曰:"天下国家可均也^①,爵禄可辞也^②,白刃可蹈也^②,
中庸不可能也^④。"^⑤

【注释】

①天下国家可均也:均,平治。按,朱熹认为,这是就"智"而言。

②爵禄可辞也：辞，推辞。朱熹认为，这是就"仁"而言。

③白刃可蹈也：可以用脚踩刀刃，意谓不惧死亡。蹈，踩。朱熹认为，这是就"勇"而言。

④不可能：是指难以做到中庸。

⑤按，以上为第九章，征引孔子言论，感叹平治天下、辞去爵禄、足蹈白刃三者虽难实易，而践行中庸之道似易实难。

【译文】

孔子说："天下国家是可以平治的，爵禄是可以辞掉的，刀刃是可以用脚踩上去的，但完全做到中庸却是不可能的。"

子路问强①。子曰："南方之强与？北方之强与？抑而强与②？宽柔以教③，不报无道④，南方之强也，君子居之⑤。衽金革⑥，死而不厌⑦，北方之强也，而强者居之⑧。故君子和而不流⑨，强哉矫⑩！中立而不倚⑪，强哉矫！国有道，不变塞焉⑫，强哉矫！国无道，至死不变，强哉矫！"⑬

【注释】

①子路：孔子弟子，名仲由，字子路，又字季路，善于政事，以好勇著称。强：坚强。按，朱熹认为，孔子是以子路作为"勇"的典型。

②抑而强与：抑或是你所认为的坚强呢。抑，表示选择的连词，还是。而，你。

③宽柔以教：以宽容温柔之道教人。

④不报无道：不报复无道之人。能容忍别人的冒犯。报，报复。

⑤南方之强也，君子居之：居之，指具有以上所说的宽容品质。按，朱熹认为，南方风气柔弱，以含忍之力胜人为强，这是君子的坚强。

⑥衽（rèn）金革：指头枕刀枪甲胄而眠。衽，睡觉用的席子，此处用

作动词,以……为席。金,指以金属制作的武器,如刀枪。革,指
以皮革制作的甲胄。

⑦死而不厌:死而无恨。厌,悔恨。

⑧北方之强也,而强者居之:按,朱熹认为,北方风气刚劲,以果敢之
力胜人为强,这是强者的坚强。

⑨和:多样性的和谐统一。流:随波逐流。

⑩矫:通"佼",此处指佼佼者。一说,矫为坚强的样子。

⑪中立:立于中道。不倚:不偏向一边。

⑫不变塞:不改变困顿时的操守。塞,此处指困顿。

⑬按,以上为第十章,征引孔子言论,说明坚强不是南北方人所谓的
君子之强或强者之强,中庸之道才是真正的坚强。

【译文】

子路问坚强。孔子说:"你指的是南方人的坚强呢?还是北方人的
坚强呢?或者是指你自己心目中的坚强呢?以宽容温柔之道去教育人
们,不对无道之人进行报复,这是南方人的坚强,君子具有这种坚强品
质。以刀枪甲胄为枕席,虽死不悔,这是北方人的坚强,强者具有这种坚
强品质。所以君子与人和谐相处而不随波逐流,这是坚强中的佼佼者!
立于中道而不偏不倚,这是坚强中的佼佼者!国家有道,不改变困顿时
的操守,这是坚强中的佼佼者!国家无道,至死不改变气节,这是坚强中
的佼佼者!"

子曰:"索隐行怪①,后世有述焉②,吾弗为之矣。君子
遵道而行,半涂而废,吾弗能已矣③。君子依乎中庸,遁世不
见知而不悔④,唯圣者能之。"⑤

【注释】

①索隐:寻求隐僻之道。索,朱熹《中庸章句》作"素",盖字之误。

　　行怪：做怪异的事。按，索隐行怪，是为了欺世盗名。

②述：称扬述说。

③已：止。

④遁世不见知而不悔：遁世，避世。《周易·乾·文言》："遁世无闷，不见是而无闷。"

⑤按，以上为第十一章，征引孔子言论，强调君子坚持中庸，不通过标新立异、奇谈怪论来欺世盗名，不会半途而废，即使隐遁出世也不后悔。

【译文】

　　孔子说："寻求隐僻的道理，做些怪异的行动，即使后代有人对此称述，我也不会去做。君子遵循大道而行事，经常半途而废，而我遵循大道是不会中途停止的。君子依据中庸之道，避开现实社会的关注，不为世人所知，自己也不后悔，只有圣人才能做到这样。"

　　君子之道费而隐①。夫妇之愚，可以与知焉②，及其至也，虽圣人亦有所不知焉③；夫妇之不肖，可以能行焉，及其至也，虽圣人亦有所不能焉④。天地之大也，人犹有所憾⑤。故君子语大，天下莫能载焉⑥；语小，天下莫能破焉⑦。《诗》云："鸢飞戾天，鱼跃于渊⑧。"言其上下察也。君子之道造端乎夫妇⑨，及其至也，察乎天地。⑩

【注释】

①费而隐：费，用途广大。隐，幽隐精微。南怀瑾《话说中庸》说："这里所讲的'费'字，就是到处都散漫着，任何时间、空间都随便弥漫着它的作用便叫费。'隐'字，是与'费'字相反的意思，任何时间、空间，随便在哪里，你都摸不着、看不到的，便叫隐。"

②夫妇之愚,可以与知焉:夫妇,匹夫匹妇,指普通人、平常人。与知,参与知晓。按,这是讲中庸之道"费"的一面:中庸之道无所不在,即使是普通人都可以知晓一点。

③及其至也,虽圣人亦有所不知焉:至,极至,指中庸之道的最高级、最精微之处。按,这是讲中庸之道"隐"的一面:中庸之道的最为高深精微之处,即使是圣人也难以企及。

④"夫妇之不肖"几句:行,行动,付诸行动。与前文"知"对应。按,从匹夫匹妇对中庸之道的知行,到圣人也难以企及,这说明中庸之道的心性修养是一个由低级到高级的逐步提升过程。

⑤憾:恨,感到不足。

⑥载:装载,承载。

⑦破:破析。

⑧鸢(yuān)飞戾(lì)天,鱼跃于渊:诗见《诗经·大雅·旱麓》。鸢,鹰。戾,至。按,诗句以雄鹰、鱼儿为喻,说明中庸之道的"费"与"隐"。

⑨造端:开始。

⑩按,以上为第十二章,说明中庸之道的特点是"费而隐"。朱熹说:"子思之言,盖以申明首章道不可离之意也。其下八章,杂引孔子之言以明之。"

【译文】

君子的中庸之道用途广大而又幽隐精微,即使是像普通男女那样愚昧,也可以知道一些中庸之道,而涉及它的精微之处,即使是圣人也有所不知;普通人虽然不贤,但他们仍然能够或多或少践行一些中庸之道,而涉及它的精微之处,即使是圣人也不能完全践行。天地如此之大,但人们对天地仍有不满足的地方。因此,君子中庸之道就其大处说,天下都无法装载;就其小处说,天下都没有人能够破析得开。《诗》中说:"雄鹰飞上蓝天,鱼儿跃入深渊。"这两句诗说的是仰观俯察的道理。君子的中庸之道，从普通人知其皮毛开始，到了它的最深造诣，就是圣人的明察天地。

　　子曰："道不远人①。人之为道而远人②，不可以为道③。《诗》云：'伐柯伐柯，其则不远④。'执柯以伐柯，睨而视之⑤，犹以为远。故君子以人治人⑥，改而止⑦。忠恕违道不远⑧，施诸己而不愿，亦勿施于人。君子之道四，丘未能一焉⑨：所求乎子，以事父未能也⑩；所求乎臣，以事君未能也⑪；所求乎弟，以事兄未能也⑫；所求乎朋友，先施之未能也⑬。庸德之行⑭，庸言之谨，有所不足，不敢不勉，有余不敢尽⑮；言顾行，行顾言⑯，君子胡不慥慥尔⑰！"⑱

【注释】

①道不远人：因为"率性之谓道"，道就在天赋禀性之中，所以中庸之道不会远离于人。

②人之为道而远人：有人以为中庸之道高不可攀。为，以为。

③为道：从事中庸之道的修养。

④伐柯伐柯，其则不远：诗见《诗经·豳风·伐柯》。拿着斧头砍斧柄，什么样的木头能做斧柄呢？样品就是自己手中的斧柄。柯，斧柄。则，法则。按，孔子引《诗》，意在说明进行中庸之道的修养，不必远求，只需返身向内，发掘上天赋予人的善性，因为中庸之道就蕴含在自身天赋禀性之中。

⑤睨（nì）：斜视。

⑥以人治人：第一个"人"，指君子自己。第二个"人"，指老百姓。治人者与被治者，都是"人"，而"人"的天赋禀性之中，就有中庸之道。因此，君子根据推己及人的忠恕之道去治理老百姓。

⑦改而止：老百姓能改错，即止不治。

⑧忠：尽己之谓忠。恕：己所不欲，勿施于人，叫作恕。违道：离道。违，去。

⑨丘：孔子之名。

⑩所求乎子，以事父未能也：意谓自己要求儿子尽孝，但是却没有对自己的父亲完全尽孝。求，责，要求。

⑪所求乎臣，以事君未能也：意谓自己要求臣子对君主尽忠，但自己却没有对君主完全尽忠。

⑫所求乎弟，以事兄未能也：意谓自己要求弟弟敬爱兄长，但自己却没有对兄长做到完全敬爱。

⑬所求乎朋友，先施之未能也：意谓自己要求他人对朋友诚信，但自己却没有做到先对朋友诚信。先施之，先做到诚信。之，指对朋友信。

⑭庸德：平常的道德。行：践行。

⑮不敢尽：不敢说已经做到尽头。

⑯言顾行，行顾言：意谓君子应该言行合一，责人先责己，要求他人做到的，自己首先做到。

⑰慥慥（zào）：忠厚诚实的样子。

⑱按，以上为第十三章，征引孔子言论，提出要按照忠恕的思路进行中庸之道的修养。

【译文】

孔子说："中庸之道并不远离人们。有人以为中庸之道高不可攀，这样的人不适合进行中庸之道的修养。《诗》中说：'持斧伐斧柄，法则并不远。'拿着斧头砍木头做斧柄，斜眼看一下手里的斧柄，仍然觉得木头与自己手中斧柄相距甚远。所以，君子根据推己及人之道去治人，老百姓改错之后就不再惩治。做到尽己的忠和推己及人的恕，距离中庸之道就不远了，施于自己而不愿，就不要施于他人。君子之道有四条，我孔丘一条也没有做到：我要求儿子对自己尽孝，但自己未能对父亲完全尽孝；我要求臣子对君主尽忠，但自己未能对君主完全尽忠；我要求弟弟对哥哥尽悌，但自己未能完全对哥哥尽悌；我要求人们对朋友讲信，但自己未能完全首先对朋友讲信。平常道德的践行，平常言语的谨慎，做得有不足的地方，我不敢不勉励自己，在这些方面尚有努力的余地，我不敢认为自己做到了尽头。言语要顾及行为，行为要顾言语，君子为什么不能忠厚诚实地做到言行一致呢？"

君子素其位而行①，不愿乎其外②。素富贵，行乎富贵；素贫贱，行乎贫贱；素夷狄③，行乎夷狄；素患难④，行乎患难；君子无入而不自得焉⑤。在上位不陵下⑥，在下位不援上⑦，正己而不求于人则无怨⑧。上不怨天，下不尤人⑨，故君子居易以俟命⑩，小人行险以徼幸⑪。子曰："射有似乎君子⑫，失诸正鹄，反求诸其身⑬。"⑭

【注释】

①素其位而行：根据自己所处地位去做应当做的事。素，平素，指现时所处地位，此处用作动词。行，为所当为。

②不愿乎其外：不羡慕自己分外的事。愿，羡慕。

③夷狄：东方少数民族称夷，北方少数民族称狄。此处夷狄泛指中原以外的周边少数民族。

④患难：艰险困苦的处境。

⑤君子无入而不自得焉：无入，无往，无处。自得，自得其所，自得其乐。按，以上几句是说，中庸之道的修养不必好高骛远，而是从现有条件做起，从自己目前所处的份位做起，你平时在什么份位，你就在那个份位上从事中庸之道的修养，任何时候、任何地方都可

以从事中庸之道的修养,中庸之道的修养是不讲时间、地点、身份、贫富、贵贱等外在条件的。

⑥陵:欺凌,欺压。

⑦援:攀缘,巴结。

⑧正己:端正自己。求:责。

⑨尤:责怪。

⑩居易:居心平易。即"素其位而行"。俟(sì)命:听天任命。即"不愿乎其外"。俟,等待。

⑪行险:冒险。徼幸:通"侥幸",作非分之想。

⑫射有似乎君子:射礼似有君子之道。《论语·八佾》载孔子曰:"君子无所争。必也射乎!揖让而升,下而饮。其争也君子。"

⑬失诸正鹄(gǔ),反求诸其身:如果射不中靶子,那就要返回自身去寻找原因。正鹄,靶子。画在布上的叫正,画在皮上的叫鹄。反求诸其身,反过来从自身寻找射技问题。按,这两句以射箭比喻中庸之道的修养。

⑭按,以上为第十四章,提出中庸之道的修养要从现有条件做起。

【译文】

君子根据自己平时所处的地位而行事,不美慕自己地位以外的事。现时处于富贵地位,就做富贵地位上的事;现时处于贫贱地位,就做贫贱地位上的事;现时处于夷狄地位,就做夷狄地位上的事;现时处于患难地位,就做患难地位上的事;这样君子就无时无处不自得其乐了。处于上位不欺凌在下位之人,处于下位不攀附在上位的人,端正自己而不苛求于他人,这样就会没有怨恨。上不怨天,下不尤人,因而君子居心平易听天任命,小人则通过冒险手段来求得侥幸。孔子说:"射箭之礼似有君子之道,君子射不中靶子,就要反过来寻找自身的原因。"

君子之道,辟如行远必自迩,辟如登高必自卑①。《诗》

曰②："妻子好合,如鼓瑟琴③。兄弟既翕④,和乐且耽⑤。宜尔室家⑥,乐尔妻孥⑦。"子曰："父母其顺矣乎⑧!"⑨

【注释】

①辟如行远必自迩,辟如登高必自卑:意谓中庸之道的修养要从近处、低处做起,逐步提升自己的道德品质。辟,通"譬",譬如。迩,近。

②《诗》曰:引诗见《诗经·小雅·棠棣》。

③妻子好合,如鼓琴瑟:意谓夫妇和合,如同琴瑟和鸣。好合,友好和合。鼓,弹奏。

④翕(xī):融洽。

⑤耽:今本《诗经》作"湛"。湛,深。

⑥室家:家室,家庭。

⑦妻孥(nú):妻子和儿女。孥,儿女。

⑧顺:顺心,称心如意。

⑨按,以上为第十五章,提出君子修身之后就要齐家。

【译文】

君子之道,譬如走远路必定要从近处开始,如同登高必定要从低处开始。《诗》中说:"与妻子友好和合,如同鼓瑟弹琴。兄弟已经融洽,和乐而且情深。使你的家庭美满,使你的妻儿快乐。"孔子说:"能够做到这样,父母大概就顺心了吧!"

子曰："鬼神之为德①,其盛矣乎②! 视之而弗见,听之而弗闻,体物而不可遗③。使天下之人齐明盛服④,以承祭祀。洋洋乎⑤,如在其上,如在其左右。《诗》曰:'神之格思,不可度思,矧可射思⑥!'夫微之显⑦,诚之不可掩如此夫⑧。"⑨

244 子思子

【注释】

①德：功效，功德。

②盛：盛大。

③体物：体现于万物。遗：遗漏。

④齐（zhāi）：同"斋"，斋戒。明：明洁。盛服：身穿庄严的服装。

⑤洋洋：恍恍惚惚，指人想像中的鬼神情状。

⑥"神之格思"几句：诗见《诗经·大雅·抑》。格，至，降临。思，句尾语气词。度，测度。矧（shěn），何况。射（yì），通"斁"，厌倦。

⑦微：指鬼神形象视之弗见，听之弗闻。显：指鬼神功德显著地体现在万物之上。

⑧诚：真实无妄。

⑨按，以上为第十六章，征引孔子言论，以鬼神无形而体物来比喻中庸之道由微至显。本章借鬼神来讲中庸之道费而隐，在逻辑结构上似与上下章不相衔接，这是因为《中庸》由独立的多章组合而成，全文虽有一个大致的理路，但各章并不是严格按照逻辑关系排列。

【译文】

孔子说："鬼神的功德，真是盛大呀！用肉眼看不到它，用耳朵听不到它，但鬼神的功德却体现在万物之上而没有遗漏。鬼神使天下之人斋戒明洁，穿着庄严礼服来祭祀它。祭祀的时候，鬼神的形象恍恍惚惚，似乎在人们的上方，又如同在人们的左右。《诗》中说：'鬼神的降临，是不可测度的，怎么能厌倦不敬呢！'鬼神从形象隐微到功德显著，真诚无妄的力量是如此不可掩蔽呀。"

子曰："舜其大孝也与！德为圣人①，尊为天子②，富有四海之内③。宗庙飨之④，子孙保之⑤。故大德必得其位⑥，必得其禄⑦，必得其名⑧，必得其寿⑨。故天之生物⑩，必因其材而笃焉⑪。故栽者培之⑫,倾者覆之⑬。《诗》曰⑭:'嘉乐君子⑮,宪宪令德⑯!宜民宜人⑰,受禄于天;保佑命之⑱,自天申之⑲!'故大德者必受命⑳。"㉑

【注释】

①德为圣人:先秦时期的"圣人"有两层含义:一是指博学通才之人,二是指道德修养达到最高水平的人。此处"圣人"是在第二层含义上而言的。

②尊:指爵位尊贵。

③富有四海之内:在家天下的历史条件下,天下所有财产与臣民,都是天子的私有财富。

④宗庙飨(xiǎng)之:指舜死后,其神位在宗庙中受到子孙祭祀。飨,奉献祭品,祭祀。

⑤子孙保之:子孙承保祭祀。周朝时,陈国是舜的后裔子孙,承保对舜的祭祀。在中国古代,宗庙祭祀香火不绝,是政权延续的象征。

⑥必得其位:指舜尊为天子。

⑦必得其禄:指舜富有四海之内。

⑧必得其名:指舜有大孝美名。

⑨必得其寿:传说舜活了一百一十岁。

⑩天之生物:上天所生万物,包括人类和其他动植物。

⑪必因其材而笃焉:上天一定会根据物的材质而加以厚待。因,根据。材,材质。笃,厚待。

⑫栽者培之:对培养美德的人加以扶持。栽,栽植。此指培养美德。培,培土。此指培养、扶持。

⑬倾者覆之:对倾危者加速其覆亡。倾,倾危。覆,覆亡。按,"故天之生物"四句,意谓上天奖善罚恶。

⑭《诗》曰:引诗见《诗经·大雅·假乐》。

⑮嘉乐：快乐。按，今本《诗经》写作"假乐"，当依《中庸》改为"嘉乐"。

⑯宪宪：今本《诗经》作"显显"。显显，显著的样子。令德：美德。

⑰宜民：宜养万民。宜人：宜命官人。

⑱保：安。佑：助。命：命令他，即命他作天子。

⑲申：重申命令。

⑳受命：接受天命为天子。

㉑按，以上为第十七章，征引孔子言论，论述舜因大德而获得天命。

【译文】

孔子说："舜恐怕要算大孝的典型吧！论道德他是圣人，论尊贵他是天子，论财富他拥有四海，后世子孙建立宗庙祭缩他，子子孙孙承保祭祀。因此大德之人必定得到相应的尊位，必定得到相应的利禄，必定得到相应的声名，必定得到相应的年寿。所以，天生万物，必定根据它的优劣材质而给予不同的笃厚对待，应该栽植的就给予培养，应该倾覆的就让它覆灭。《诗》中说：'快乐的君子啊，显著的美德！宜养万民宜命官吏，自己从天接受爵禄；上天保佑扶助他，三令五申降天命！'所以，有大德的人必定接受天命而为天子。"

子曰："无忧者其惟文王乎①！以王季为父②，以武王为子③，父作之④，子述之⑤。武王缵大王、王季、文王之绪⑥，壹戎衣而有天下⑦，身不失天下之显名⑧。尊为天子，富有四海之内。宗庙飨之，子孙保之。武王末受命⑨，周公成文武之德⑩，追王大王、王季⑪，上祀先公以天子之礼⑫。斯礼也⑬，达乎诸侯大夫⑭，及士庶人。父为大夫，子为士；葬以大夫，祭以士。父为士，子为大夫；葬以士，祭以大夫⑮。期之丧达乎大夫⑯，三年之丧达乎天子⑰，父母之丧无贵贱一也。"⑱

【注释】

①文王:周文王,姓姬名昌。他用毕生精力开疆拓土,为周武王灭殷奠定基础,史书称他天下三分而有其二。

②王季:名季历,太王之子,文王之父,周人拥有天下后尊称他为王季。

③武王:周武王,姓姬名发,文王之子。他继承文王的灭殷事业,讨伐殷纣王,建立周王朝。

④作:首创。

⑤述:继承发挥。

⑥缵(zuǎn):继承。大王:古代"大"同"太","大王"即"太王",王季的父亲古公亶父。绪:绪业。

⑦壹戎衣:一着戎衣以伐纣。壹,同"一"。戎衣,军服,战衣。

⑧显名:显著的名声。

⑨末:末年。周武王晚年伐纣。受命:接受天命为天子。

⑩周公成文武之德:周武王在灭殷几年之后去世,继位的周成王年幼,周公于是摄政当国。此时武庚、管叔、蔡叔反叛,新生的西周政权面临空前危险。他率兵东征,平定武庚叛乱。政局稳定之后,周公制礼作乐,制定周朝制度,继承并发展了文王、武王未竟之业。周公,姓姬名旦,周文王之子,周武王之弟。

⑪追王(wàng)大王、王季:太王和王季在殷商时期都是诸侯,他们生前并未称王。周公制礼作乐,祭祀先祖,追赠曾祖古公亶父为太王、祖父季历为王季、父亲西伯姬昌为文王。追王,给死者追加王号。

⑫上祀先公以天子之礼:从周人始祖后稷到西伯姬昌,历代周人首领都是诸侯。周公制礼作乐,用天子礼仪祭祀周人先公。《孝经》载孔子曰:"天地之性人为贵,人之行莫大于孝,孝莫大于严父,严父莫大于配天,则周公其人也。昔者周公郊祀后稷以配天,宗祀

文王于明堂，以配上帝。"先公，指从后稷到姬昌的历代周人先祖。

⑬斯礼：指周公制作的追赠先祖祭礼。

⑭达：推及。

⑮"父为大夫"几句：意谓葬礼按照死者爵位举行，祭礼则按照主祭者的禄位举行。如果父亲爵位为大夫，儿子食士禄，那么就用大夫礼仪为父亲举行葬礼，但祭礼则以儿子士礼级别举行。如果父亲爵位为士，儿子为大夫禄位，那么就用士礼埋葬父亲，用大夫礼祭祀父亲。

⑯期之丧达乎大夫：服丧一周年的丧礼，从庶人、士一直上达大夫。这是因为，按照礼仪，天子、诸侯不为旁亲服丧。期，周年。

⑰三年之丧：孝子为父母所服的丧期，实为二十五个月。

⑱按，以上为第十八章，征引孔子言论，表彰周文王、武王、周公的道德事业。

【译文】

孔子说："没有忧愁的人，恐怕只有周文王吧！文王以王季为父亲，以武王为儿子。父亲开创了帝王基业，儿子接过父亲的事业。武王继承太王、王季、文王的事业，仅一次穿上战衣就夺取了天下，自身不失天下显赫威名。武王处于天子的至尊地位，富有四海，后世建宗庙祭飨他，子子孙孙永保祭祀。武王在晚年接受天命成为天子，周公最终成就文王、武王的德业，追尊太王、王季为王，用天子的礼节祭祀周人先公。周公制定的这个祭礼，推行到诸侯、大夫、士、庶人。周礼规定，父亲的身份是大夫，儿子的身份是士，父亲死后，用大夫之礼安葬，用士礼祭祀。父亲的身份是士，儿子的身份是大夫，父亲死后，用士礼安葬，用大夫之礼祭祀。服丧一周年的丧礼，从平民、士一直推行到大夫为止。服丧三年的礼制，从平民一直上达于天子，因为父母的丧礼，无论贵贱都是一样的。"

子曰："武王、周公其达孝矣乎①？夫孝者，善继人之志^②，善述人之事者也^③。春秋修其祖庙^④，陈其宗器^⑤，设其裳衣^⑥，荐其时食^⑦。宗庙之礼，所以序昭穆也^⑧；序爵^⑨，所以辨贵贱也；序事^⑩，所以辨贤也^⑪；旅酬下为上^⑫，所以逮贱也^⑬；燕毛^⑭，所以序齿也^⑮。践其位^⑯，行其礼^⑰，奏其乐，敬其所尊，爱其所亲，事死如事生，事亡如事存，孝之至也。郊社之礼^⑱，所以事上帝也；宗庙之礼，所以祀乎其先也。明乎郊社之礼，禘尝之义^⑲，治国其如示诸掌乎^⑳？"^㉑

【注释】

①达孝：通达之孝，即为天下人所共同承认的孝。

②继人之志：继承先人遗志。

③述人之事：继承发挥先人的事业。

④祖庙：祖先宗庙。按照周人礼仪，天子七座祖庙，诸侯五座祖庙，大夫三座祖庙，士一座祖庙。

⑤陈：陈列。宗器：用于祭祀的宗庙礼器。

⑥设：陈设。裳衣：先祖穿过的衣服。

⑦荐：进献。时食：时令食品。

⑧序：排序。昭穆：宗庙中列祖列宗神主排列的次序，始祖神主居中，以下父子按左昭右穆的顺序排列。

⑨序爵：排列公、侯、卿、大夫爵位的序位。

⑩序事：排列宗祝有司的职事。

⑪辨贤：辨别贤不肖。

⑫旅酬下为上：祭祖之后，众人轮流敬酒，地位最低、年龄最小的人向稍尊于自己的人举杯，自己先饮一杯，然后按照地位年龄，由下而上依次敬酒。旅酬，众人举杯劝酒。

⑬逮贱：让恩惠施及地位最低的人。逮，及。

⑭燕毛：古代祭祀后宴饮时，以须发的颜色别长幼的座次，须发白年长者居上位。燕，通"宴"。毛，毛发颜色。此处指按照白发、灰白发、黑发区分长幼次序。

⑮序齿：排列年龄大小。

⑯践其位：指参与祭祀的人按照尊卑亲疏次序站在一定位置之上。践，站，立足。

⑰行其礼：举行祭礼。

⑱郊：国君在京师郊区举行祭天及诸神的祭礼。社：国君祭祀土地神的祭礼。

⑲禘（dì）：天子在宗庙举行的隆重祭礼。尝：秋祭曰尝。

⑳治国其如示诸掌乎：示，通"视"。按，君主祭祀天神是因为上天授命，祭祀祖宗神是因为这些祖宗接受天命建立政权，通过祭祀天神和祖宗神，可以确立尊卑贵贱秩序，政治宗法秩序一旦确立，国家治理也就顺理成章了。所以孔子说，懂得郊、社、禘、尝的意义，治国就如同观看手掌之物一样容易。

㉑按，以上为第十九章，征引孔子言论，表彰武王与周公通过祭礼治国。

【译文】

孔子说："周武王、周公大概是天下公认的孝子吧！所谓孝，是指善于继承先人的遗志，善于接续先人的事业。每逢春秋时节，孝子修葺祖庙，陈列宗庙礼器，摆设先人的衣裳，进献时令食品。宗庙之礼，是用来排列左昭右穆顺序的；排列公、侯、卿、大夫、士爵位，是用来辨别身份贵贱的；排列宗祝有司的职事，是用来辨别贤才的；祭后众人轮流劝酒，通过自下而上劝酒将恩惠施及卑贱者；祭后宴饮，众人按照白发、灰白发、黑发颜色排列座次，这是用来区分年龄大小的。每人按照尊卑亲疏次序站在特定的位置上，举行祭祀的礼仪，演奏祭祀的音乐，尊敬那些应该尊敬的祖先，亲爱那些应该亲爱的亲属，侍奉死者如同侍奉他生时一样，侍奉亡故的如同侍奉他在世时一样，这是孝的极致。祭天的郊礼和祭土地神的社礼，是用来侍奉上帝的；宗庙之礼，是用来祭祀祖先的。懂得了郊、社、禘、尝各种祭礼的意义，治国大概就如同观看掌上之物一样容易吧。"

　　哀公问政①。子曰："文武之政，布在方策②。其人存则其政举③，其人亡则其政息④。人道敏政⑤，地道敏树⑥。夫政也者，蒲卢也⑦。故为政在人⑧，取人以身⑨，修身以道⑩，修道以仁。仁者人也，亲亲为大⑪；义者宜也，尊贤为大。亲亲之杀⑫，尊贤之等⑬，礼所生也。在下位不获乎上，民不可得而治矣⑭！故君子不可以不修身；思修身，不可以不事亲；思事亲，不可以不知人；思知人，不可以不知天。天下之达道五⑮，所以行之者三⑯。曰君臣也，父子也，夫妇也，昆弟也，朋友之交也。五者，天下之达道也。知、仁、勇三者，天下之达德也，所以行之者一也⑰。或生而知之，或学而知之，或困而知之。及其知之，一也。或安而行之⑱，或利而行之⑲，或勉强而行之，及其成功一也。"

【注释】

①哀公：姬姓，名将，鲁定公之子，春秋时期鲁国君主，前494—前468年在位。孔子晚年自卫返鲁之后，鲁哀公经常与作为国老的孔子探讨政治学术问题。

②布：发布。方策：指文献典籍，写在木板上的叫作方，写在竹简上的叫作策。

③其人：指周文王、周武王。举：得到施行。

④息：停息，止息。

⑤人道敏政：人的特点是能够迅速地推行政治举措。人道，人的特点。敏，迅速。

⑥地道敏树：土地的特点是能够让植物迅速生长。树，种植，栽种。

⑦夫政也者，蒲卢也：施政也就像种植蒲卢一样容易推行。蒲卢，一种芦苇，生长迅速。

⑧为政在人：《孔子家语》写作"为政在于得人"。人，指贤臣。

⑨取人以身：获得贤人在于君主自身。身，指君主自身，只有明君才能赏识贤臣。

⑩修身以道：君主要想成为明君，就要以道修身。

⑪亲亲：亲爱父母。

⑫亲亲之杀（shài）：杀，等差。按，儒家讲的仁爱是分等级的，区分等级的依据是宗法血缘关系的亲疏远近，这与墨家所说的"兼爱"有所不同。

⑬等：等级。

⑭在下位不获乎上，民不可得而治矣：按，此二句又见于下文，据郑玄注，此处为误重。不译。

⑮达道：通达之道。

⑯所以行之者：用来履行五达道的品德。

⑰所以行之者一也：用来履行五达道的三种品德，其宗旨是一致的。

⑱安：心安理得。

⑲利：为了名利。

【译文】

鲁哀公向孔子咨询如何施政。孔子说："周文王、周武王的政治，都记载于文献典籍之上。他们活着的时候，他们的政治举措就能推行；他们死后，这些政治举措也就停息了。人的特点是可以使政事迅速推行，这就像土地的特点可以使树木迅速生长一样。政治举措的推行，如同蒲卢生长一样迅速。为政之道在于得到贤人，得到贤人之道在于君主修养自身,君主要修养自身就必须以道德为准则,进行道德修养必须以仁为根本。仁就是爱人的意思,亲爱父母是最大的仁;义就是适宜的意思,尊重贤才是最大的义。亲爱近亲要区分等差,尊重贤才要划分等级,反映亲疏尊卑关系的礼就是从这里产生的。因此,君子不能不修养自身德行;要修养自身德行,就不能不孝敬父母;要孝敬父母,就不能不知晓人道;要想知晓人道,就不能不知晓天道。天下通达的人道有五条,用来履行这五条人道的品德有三种。五条通达人道是:君臣之道、父子之道、夫妇之道、兄弟之道、朋友交往之道。这五条人道,是天下通达之道。智、仁、勇,是天下三大通达品德,在保证人道得以实现方面,三大品德的宗旨是一致的。对于五达道三达德,有的人生来就知晓,有的人通过学习才知晓,有的人是在经历困顿之后才知晓。待到他们都知晓了,也就是一样的了。对于五达道三达德的践行,有的人安心去做,有的人是为利益而做,有的人是勉强去做,待到他们成功的时候,也都是一样的了。"

子曰:"好学近乎知^①,力行近乎仁^②,知耻近乎勇。知斯三者,则知所以修身;知所以修身,则知所以治人;知所以治人,则知所以治天下国家矣。凡为天下国家有九经^③:曰修身也,尊贤也,亲亲也,敬大臣也,体群臣也^④,子庶民也^⑤,来百工也^⑥,柔远人也^⑦,怀诸侯也^⑧。修身则道立,尊贤则不惑,亲亲则诸父昆弟不怨^⑨,敬大臣则不眩^⑩,体群臣则士之报礼重,子庶民则百姓劝^⑪,来百工则财用足,柔远人则四方归之,怀诸侯则天下畏之。齐明盛服^⑫,非礼不动,所以修身也。去谗远色^⑬,贱货而贵德^⑭,所以劝贤也。尊其位,重其禄,同其好恶,所以劝亲亲也。官盛任使,所以劝大臣也^⑮。忠信重禄^⑯,所以劝士也。时使薄敛^⑰,所以劝百姓也。日省月试⑱,既禀称事⑲,所以劝百工也。送往迎来,嘉善而矜不能⑳,所以柔远人也。继绝世㉑,举废国㉒,治乱持危㉓,朝聘以时㉔,厚往而薄来㉕,所以怀诸侯也。凡为天下国家有九经,所以行之者一也㉖。

【注释】

①知:同"智"。

②力行:身体力行。

③为:治理。经:常,常道。

④体:设身处地体恤他人。

⑤子庶民:以庶民为子。子,如父母爱其子。

⑥来:招致。百工:各种工匠。

⑦柔:怀柔,优待。远人:远方之人,多指周边少数民族。

⑧怀诸侯也:怀,安抚。按,关于九经之间的逻辑关系,朱熹《中庸章句》引吕氏曰:"天下国家之本在身,故修身为九经之本。然必亲师取友,然后修身之道进,故尊贤次之。道之所进,莫先其家,故亲亲次之。由家以及朝廷,故敬大臣、体群臣次之。由朝廷以及其国,故子庶民、来百工次之。由其国以及天下,故柔远人、怀诸侯次之。此九经之序也。"

⑨诸父:指与父亲同辈的叔伯。昆弟:兄弟。

⑩眩(xuàn):迷乱,迷惑。

⑪劝:勉励,激励。

⑫齐明:整齐而严明。一说谓在祭祀前斋戒沐浴,静心洁身。齐,同"斋",庄重,严肃恭敬。

⑬去谗:摒除谗言。远色:远离女色。

⑭贱货:看轻财货。

⑮官盛任使,所以劝大臣也:官盛,属官盛多。任使,任其支使。朱熹《中庸章句》注:"官属众盛,足任使令也。盖大臣不当亲细事,故所以优之者如此。"《中庸直讲》说:"做大臣的,若教他亲理庶务,便失了大体,故必多设官属,足任他的使令,如此然后大臣得以从容论道,经济天下的大事,故曰'所以劝大臣也'。"

⑯忠信:指以忠实诚信待士。重禄:厚禄。

⑰时使:以时使民,指不在农忙季节征发徭役。薄敛:少征税。

⑱省(xǐng):省察。试:考核。

⑲既(xì)廪:薪水粮食。既,通"饩",赠人的谷物或饲料。称事:与百工事业实绩相称。

⑳矜:体恤。

㉑继绝世:恢复已灭绝的宗祀,承续已断绝的后代。

㉒举废国:复兴衰亡的诸侯国。举,复兴,振兴。

㉓治乱:为小国平治内乱。持危:扶持局势不安宁、面临危急的国家。

㉔朝聘以时:按一定时间朝见聘问。

㉕厚往:赐予的财物要丰厚。薄来:受纳的贡赋要微薄。

㉖所以行之者一也:一,指"诚"。按,本节提出了修身齐家治国平天下的思路,这对《大学》应该有深刻的启示。

【译文】

孔子说:"好学近于智,身体力行近于仁,懂得廉耻近于勇。懂得了这三点,就知道怎样修身;懂得怎样修身,就知道怎样治理民众;懂得怎样治理民众,就知道如何治理天下国家。大凡治理天下国家,有九条常道可以遵循:修养自身、尊重贤才、亲爱父母、尊敬大臣、体恤群臣、爱民如子、招致百工、怀柔远人、安抚诸侯。修养自身就能确立人道,尊重贤人就不被奸臣所惑,亲爱父母就会使叔伯兄弟无怨,尊敬大臣就能遇事不迷乱,体恤群臣就能获得士大夫丰厚的回报,爱民如子就会使百姓受到勉励,招致百工就能使财用丰足,怀柔远人就能使四夷归顺,安抚诸侯就能使天下敬畏。整洁庄重，身着盛装，不合礼义的不去妄动，这是用来修身的方法。摒除谗言，远离美色，看轻财物而重视道德，这是用来勉励贤才的方法。使亲人地位受到尊重，使亲人的俸禄增加，与亲人好恶相同，这是用来勉励亲爱近亲的方法。给大臣配备众多属官，任其支使，这是用来勉励大臣的方法。忠信待人，俸禄丰厚，这是用来勉励士人的方法。按照一定的时节使用民力，减少赋税，这是用来勉励百姓的方法。每天省察，每月考核，使他们的薪酬与事业实绩相称，这是用来勉励各种工匠的方法。送往迎来，嘉奖善举而体恤无能，这是用来怀柔远人的方法。延续绝嗣的诸侯，复兴衰亡的诸侯国，为之平治内乱，扶持倾危，让诸侯按照一定时机前来朝见聘问，赏赐甚厚，而受纳进贡甚薄，这是用来安抚诸侯的方法。大凡治理天下国家有以上九条常道，而实施这九条常道的准则只有一个诚字。

"凡事豫则立^①，不豫则废。言前定则不跲^②，事前定则不困^③，行前定则不疚^④，道前定则不穷^⑤。在下位不获乎上^⑥，民不可得而治矣。获乎上有道：不信乎朋友，不获乎上矣。信乎朋友有道：不顺乎亲^⑦，不信乎朋友矣。顺乎亲有道：反诸身不诚^⑧，不顺乎亲矣。诚身有道：不明乎善，不诚乎身矣^⑨。诚者，天之道也^⑩；诚之者，人之道也^⑪。诚者不勉而中^⑫，不思而得，从容中道，圣人也。诚之者，择善而固执之者也^⑬。博学之，审问之^⑭，慎思之，明辨之，笃行之^⑮。有弗学，学之弗能弗措也^⑯；有弗问，问之弗知弗措也；有弗思，思之弗得弗措也；有弗辨，辨之弗明弗措也；有弗行，行之弗笃弗措也。人一能之，己百之；人十能之，己千之。果能此道矣，虽愚必明，虽柔必强。"^⑰

【注释】

① 豫：事先预备。

② 言前定则不跲（jiá）：在说话之前，打个腹稿，说话时就不会打磕。
跲，窒碍。此处指说话打磕巴不流利。

③ 困：困窘。

④ 行：行动。疚：病，愧疚。

⑤ 道前定则不穷：预先确定了"道"，就不会窘迫。道，大道，即中庸
之道。穷，穷途末路，困厄，困窘。朱熹说："这一句又包得大，连
那上三句都包在里面，是有个妙用，千变万化而不穷之谓。事到
面前，都理会得。它人处置不得底事，自家便处置得；它人理会不
得底事，自家便理会得。"（《朱子语类》）

⑥ 获：获信。

⑦ 顺：顺心。

⑧ 诚：朱熹《中庸章句》注："诚者，真实无妄之谓，天理之本然也。"
冯友兰说："诚就是实实在在、老老实实，没有虚假。"据此，"诚"
是一种不受后天污染的澄澈透明的人性原初状态。要想培养
"中庸"的伦理品质，就要拂去遮蔽在"道心"之上的种种尘埃污
垢，让人性呈现出清明澄澈的原初状态，"中庸"精神就完满地保
留在这种人性原初状态之中，做到了"诚"，"中庸"也就在其中了。

⑨ 不明乎善，不诚乎身矣：幺峻洲《中庸说解》云："朱熹注说：'不
明乎善，谓不能察于人心天命之本然，而真知至善之所在也。'这
个善是指'至善'。什么是'至善'？就是'人心天命之本然'，就
是我们所说的良心（良知）。一个人本着良心，焉能不诚？反之，
如果一个人'不明乎善'，即没有良心，焉能'诚其身'？所以'明
善'，就是逆觉其本心之善，而此逆觉（明）的本身，就是诚体的呈
现，也就是说，逆觉本身就是善。曾子的'吾日三省吾身：为人谋
而不忠乎？与朋友交而不信乎？传不习乎？'就是逆觉其本心，

就是善。从三省中,看出曾子之'诚'。"

⑩诚者,天之道也:诚是一种真实无妄的品质,这种品质出于天赋,不需要勉励,不需要思考,不需要教化,不需要修行,率性而为,天然如此,因此说是天之道。前文所说的舜、周文王、周武王、周公等,就是具备诚之品质的圣人。

⑪诚之者,人之道也:未能做到真实无妄,但希望做到真实无妄,去修炼诚的品质,这是后天的人为努力,因此说是人之道。

⑫诚者不勉而中:天生而诚的人不用勉强就能合于中道。

⑬诚之者,择善而固执之者也:后天学诚的人择取善道而加以固守。由于天生而诚的圣人毕竟是极少数,绝大多数的人都需要通过后天的努力修养而培养诚的品质,因此下文重点讨论如何培养后天的诚的品质。朱熹《中庸章句》:"诚者,真实无妄之谓,天理之本然也。诚之者,未能真实无妄,而欲其真实无妄之谓,人事之当然也。圣人之德,浑然天理,真实无妄,不待思勉而从容中道,则亦天之道也。未至于圣,则不能无人欲之私,而其为德不能皆实。故未能不思而得,则必择善,然后可以明善;未能不勉而中,则必固执,然后可以诚身,此则所谓人之道也。"

⑭审问:详细地问究。

⑮笃行:笃实地践行。

⑯弗措:不放下。

⑰按,以上为第二十章,论述修齐治平要做到"五达道""三达德""九经"。

【译文】

"大凡做任何大事,事先有预备就能成功,事先没有预备就会失败。说话先有定稿就不会打磕巴,做事先有定准就不会陷入困境,行动先有定则就不会事后愧疚,修道先有定见就不会遭遇窘迫。在下位的人如果不能获得在上位者的信任,那么民众就很难治理了。获得在上位者的信

任有道可寻：如果不被朋友信任，就不能获得在上位者的信任。使朋友
信任有道可寻：不让父母顺心，就不会被朋友信任。让父母顺心有道可
寻：反省自身不能做到诚实，就不能让父母顺心。自身诚实有道可寻：
不明白什么是善，就不能自身诚实。天生的诚，是天道；学习诚，是做人
之道。天生而诚的人，不用勉励就能符合中道，不用思索言行就能得当，
从从容容就能符合中庸之道，这就是圣人啊！学习诚的众人，是择取善
道而能固守的人。这种后天学习诚的人要广博地学习，详细地问究，谨
慎地思考，明晰地分辨，笃实地践行。不学则已，学了没有学会就绝不放
下；不问则已，问了而没有弄清就绝不放下；不思考则已，思考而没有所
得就绝不放下；不分辨则已，分辨而没有明晰就绝不放下；不践行则已，
践行而不够笃实就绝不放下。别人一次能做到的，我要做它一百次；别
人十次能做到的，我要做它一千次。果真能做到这样，即使愚笨也一定
能聪明起来，即使柔弱也一定能刚强起来。"

　　自诚明谓之性①，自明诚谓之教②。诚则明矣③，明则
诚矣④。⑤

【注释】

①自诚明谓之性：意谓圣人天生而诚，由诚而明，这是自然烛照，出
　于天性。自诚明，由诚而明，这是指圣人而言。明，明白，觉悟，豁
　然开朗。

②自明诚谓之教：意谓贤人及众人明白向善之理，由明而向诚，这叫
　作道德教化。自明诚，由明而诚，这是指贤人及众人而言。

③诚则明：圣人由诚而明。

④明则诚：贤人及众人由明而诚。朱熹《中庸章句》："子思承上章
　夫子天道、人道之意而立言也。自此以下十二章，皆子思之言，以
　反复推明此章之义。"

⑤按,以上为第二十一章,论述"自诚明"与"自明诚"。

【译文】

　　由天赋之诚实而明达善理,这叫作出于天性;由明达善理而后向诚,这叫作后天教化。天赋诚实就会明达善理,明达善理就会培养诚实品质。

　　唯天下至诚①,为能尽其性②;能尽其性,则能尽人之性③;能尽人之性,则能尽物之性④;能尽物之性,则可以赞天地之化育⑤;可以赞天地之化育,则可以与天地参矣⑥。⑦

【注释】

①至诚:最高的诚,指圣人之诚。

②尽其性:完全呈现自己天赋本性。天下最高的诚,能够让澄澈清明的自然本性全部呈现,这叫作尽其性。

③能尽其性,则能尽人之性:由于人类有其共性,人与人在人类共性上有相通之处,因此能够尽己之性,就能够尽他人之性。尽人之性,尽他人之性。

④能尽人之性,则能尽物性:由于人性与物性都是上天所赋予,人性是天之所命,物性也是天之所命,人性与物性在天赋性命上相通,所以能够尽人之性,也就能够尽物之性。尽物之性,尽事物之性。

⑤能尽物之性,则可以赞天地之化育:能够尽物之性,人性、物性、天性都能在诚的基点上相通,这样人就能参与赞助天地化生、养育万物。赞,赞助。化育,化生养育。

⑥可以与天地参:在人性终极源头之处,一片纯净澄澈,天赋本性得到完全呈现,自性与他性,人性与物性,人与天地,都在此处达到完全融通,最终人与天地并立为三。参,通"三",指人、天、地并立为三。

⑦按,以上为第二十二章,论述"自诚明"。

【译文】

只有天下最诚实的圣人才能充分呈现他的天赋本性;能充分呈现他的天赋本性,就能充分呈现人类的本性;能充分呈现人类的本性,就能充分呈现万物的本性;能充分呈现万物的本性,就可以赞助天地化育万物;可以赞助天地化育万物,人就可以与天、地并立为三了。

其次致曲①,曲能有诚②,诚则形③,形则著④,著则明⑤,明则动⑥,动则变⑦,变则化⑧,唯天下至诚为能化。⑨

【注释】

①其次致曲:其次,次一等的贤人,相对于上文"自诚明"的圣人而言。致,致力。曲,局部。此指大道的一部分。朱熹《中庸章句》:"惟圣人能举其性之全体而尽之,其次则必自其善端发见之偏,而悉推致之,以各造其极也。"

②曲能有诚:致力于大道的局部也能达到诚。

③形:积于中而形之于外。指他人能够看到"曲能有诚"的成效。

④著:显著。

⑤明:昭明。

⑥动:感动人心。

⑦变:转变。此指改恶为善。

⑧化:教化。

⑨按,以上为第二十三章,论述"自明诚"。

【译文】

次一等的贤人致力于大道的局部,致力于大道的局部也能达到诚,能达到诚就会有所体现,有所体现就会显著,显著就会昭明,昭明就会感动人心,感动人心就会引起由恶向善的转变,引起转变就会实现教化,只有天下最诚的人才能实现教化。

　　至诚之道，可以前知^①。国家将兴，必有祯祥^②；国家将亡，必有妖孽^③；见乎蓍龟^④，动乎四体^⑤。祸福将至，善，必先知之；不善，必先知之。故至诚如神。^⑥

【注释】

①至诚之道，可以前知：进入至诚境界，可以烛照未来。这种神秘说法有些类似于宗教修炼。从理论上说，在至诚境界，人性、物性、天性没有任何阻隔，可以互相打通，因此能够烛照未来。前知，预先知道。

②祯（zhēn）祥：吉祥的预兆。

③妖孽（niè）：妖异。草木反常曰妖，虫豸反常曰孽。

④见乎蓍（shī）龟：指通过占卜显现出来。见，同"现"。蓍，用来占卜的蓍草。龟，用来占卜的龟甲。

⑤动乎四体：指通过人的动作来观察吉凶祸福。如手执玉圭过高或过低，行礼时仪容应俯却仰之类。

⑥按，以上为第二十四章，论述至诚可以预知未来。

【译文】

最高的诚，可以预知未来。国家将要兴盛，必定先有吉祥的预兆；国家将要灭亡，必定先有妖异的征兆；这些征兆体现在占蓍、龟卜兆象中，也反映在人们的肢体动作上。祸福将要到来之前，是善，必定预先知道；是不善，也必定预先知道。所以说最高的诚如同神灵一样灵异。

　　诚者自成也^①，而道自道也^②。诚者物之终始^③，不诚无物^④。是故君子诚之为贵。诚者非自成己而已也^⑤，所以成物也⑥。成己,仁也;成物,知也。性之德也⑦,合外内之道也⑧,故时措之宜也⑨。⑩

【注释】

①诚者自成:诚的品质是自我成就的。

②道自道:大道是人们自愿遵循的。第一个"道",意为"大道"。第二个"道",意为"遵循"。

③诚者物之终始:诚贯穿万物的终始。

④不诚无物:没有诚就不能成就万物。这里不是说没有诚万物就不存在,而是说没有诚就做不成任何事。

⑤非自成己而已:并不是仅仅成就自我而已。

⑥成物:成就万物。

⑦性之德:"仁"和"智"都是本性固有的品德。

⑧合外内之道:通过至诚而合成己、成物为一。外内,成己为内,成物为外。

⑨时措之宜:随时适用诚都是适宜的。

⑩按,以上为第二十五章,论述诚者成己成物。

【译文】

诚是自我成就的,大道是人们自愿遵循的。诚的精神贯穿事物的终始,没有诚就不能成就万物,因此君子以诚为贵。诚并非仅限于自我成就,还要成就万物。成就自我,叫作仁;成就万物,叫作智。仁和智是出于本性固有的品德,通过至诚而将成己成物合而为一,所以随时适用诚都是适宜的。

故至诚无息①。不息则久,久则征②,征则悠远,悠远则博厚③,博厚则高明④。博厚,所以载物也⑤;高明,所以覆物也⑥；悠久，所以成物也⑦。博厚配地⑧，高明配天⑨，悠久无疆⑩。如此者，不见而章⑪，不动而变⑫，无为而成⑬。天地之道，可一言而尽也⑭：其为物不贰⑮，则其生物不测⑯。天地之道：博也，厚也，高也，明也，悠也，久也。今夫天，斯昭昭之多⑰，及其无穷也，日月星辰系焉⑱，万物覆焉⑲。今夫地，一撮土之多⑳，及其广厚，载华岳而不重，振河海而不泄㉑，万物载焉。今夫山，一卷石之多㉒，及其广大，草木生之，禽兽居之，宝藏兴焉㉓。今夫水，一勺之多，及其不测㉔，鼋鼍、蛟龙、鱼鳖生焉㉕，货财殖焉㉖。《诗》云："维天之命，於穆不已㉗！"盖曰天之所以为天也。"於乎不显！文王之德之纯㉘！"盖曰文王之所以为文也㉙，纯亦不已。㉚

【注释】

①息：停息，间断。

②征：有征验。

③博厚：广博深厚。

④高明：高大光明。

⑤载物：承载万物。

⑥覆物：覆盖、照耀万物。

⑦成物：成就万物。

⑧博厚配地：圣人至诚之德，其博厚与大地同功。

⑨高明配天：圣人至诚之德，其高明与上天同光。

⑩无疆：无穷无尽。

⑪不见而章：不见所为而功业彰显。章，彰显。

⑫不动而变：不见动作而万物改变。

⑬无为而成：无所施为而道德成就。

⑭天地之道，可一言而尽也：天地之道可以用一个"诚"字概括。一言，一个字，即"诚"字。

⑮不贰：诚一。即上文"一言""所以行之者一也"。

⑯生物不测：化生万物的奥秘不可测度。

⑰昭昭：小小的光亮。朱熹《中庸章句》："昭昭犹耿耿，小明也。"

⑱日月星辰系焉：即所谓日月丽天。系，维系，悬挂。

⑲覆：覆盖。

⑳一撮土之多：意谓脚下的地不过一小把土。

㉑振：收，容纳。

㉒一卷（quán）石：一块拳头大的石头。卷，通"拳"。

㉓兴：起。此处指形成，生长出来。

㉔不测：深不可测。

㉕鼋（yuán）：大鳖。鼍（tuó）：扬子鳄。

㉖殖：增加，增长。

㉗维天之命，於（wū）穆不已：诗见《诗经·周颂·维天之命》。於，语气词，表示赞叹。穆，肃穆。不已，不停止。

㉘於乎不（pǐ）显，文王之德之纯：诗见《诗经·周颂·维天之命》。不显，伟大光辉。不，通"丕"，大。显，明显。纯，纯一不杂。

㉙文：是周文王的谥号。《谥法解》："经纬天地曰文，道德博闻曰文，学勤好问曰文，慈惠爱民曰文，闵民惠礼曰文，赐民爵位曰文。"

㉚按，以上为第二十六章，论述至诚及其功效。

【译文】

最高的诚是不会停息的。不停息就会长久，长久就能得到验证，得到验证就会悠远，悠远就会广博深厚，广博深厚就会高大光明。广博深厚是用来承载万物的，高大光明是用来覆照万物的，悠久是用来成就万物的。广博深厚可以与大地相配，高大光明可以与上天相配，悠久则意味着无穷无尽。能做到这样,不见所为而功业自然彰明,不见动作而万物自然变化,无所施为而自然成就。天地之道,可以用"诚"一个字就概括尽了。天地作为事物是诚一不贰的,它化生万物的奥秘是不可推测的。天地之道的特点是:广博、深厚、崇高、光明、悠远、长久。现在人们所说的上天,我们所看到的就是这小小的光亮,而论及它的无穷,日月星辰都依靠它维系,世上万物都依靠它普照。现在人们所说的大地,我们所涉足的只有一撮土之多,而论及它的广博深厚,承载华山而不感到沉重,容纳黄河、大海而不会泄露,万物都可以承载。现在人们所说的高山,我们所触及的只是拳头大的石块,而论及它的广大,草木在山上生长,禽兽在山中居住,宝藏在山中形成。现在人们所说的水泽,我们每次喝下的只有一勺之多,而论及它的深不可测,鼋鼍、蛟龙、鱼鳖在水中生长,各种财富在水中增长。《诗》中说:"上天的道理,肃穆地运行不止!"这大概说的是天之所以为天的道理吧。又说:'啊呀,多么伟大光辉!文王品德是那样纯正!'这大概说的是文王之所以为文王的道理,他的德教是没有休止的。

　　大哉圣人之道!洋洋乎①!发育万物②,峻极于天③。优优大哉④!礼仪三百⑤,威仪三千⑥。待其人而后行⑦。故曰苟不至德⑧,至道不凝焉⑨。故君子尊德性而道问学⑩,致广大而尽精微⑪,极高明而道中庸⑫。温故而知新⑬,敦厚以崇礼⑭。是故居上不骄,为下不倍⑮,国有道其言足以兴⑯,国无道其默足以容⑰。《诗》曰:"既明且哲,以保其身⑱。"其此之谓与!⑲

【注释】

①洋洋:浩瀚的样子。此处描写道德充满之貌。

②发育:生发孕育。

③峻极:高峻到极点。

④优优:宽裕的样子。

⑤礼仪:指经礼,大的礼仪,如婚、冠、丧、祭等。

⑥威仪:指曲礼,小的礼仪,有关进退、升降、俯仰、揖让之类。

⑦待其人:等待贤人。行:施行。

⑧苟不至德:如果没有最高道德的圣人。

⑨至道:最高的道,即中庸之道。不凝:不聚,不成。

⑩尊:尊崇。德性:指至诚。道:由,通过。问学:即博学审问。

⑪致广大而尽精微:由于中庸之道的特点是"费而隐",因此君子心性修养既要向广大发展,同时也要竭尽精微之处。致广大,贤人通过问学而自致广大之境。尽精微,极尽精微之妙。

⑫极高明而道中庸:君子要达到极高明的主客合一、物我融合境界,但又不离中庸之道,极高明的境界就在日常生活之中。极高明,达到高大光明境界。道中庸,通达中庸之理。

⑬温故而知新:在温习旧知识过程中能有新发现。《论语·为政》载孔子曰:"温故而知新,可以为师矣。"

⑭敦厚:敦实笃厚。崇礼:尊崇礼仪。

⑮倍:通"背",背弃,背叛。

⑯兴:兴国。

⑰默:沉默。容:避祸容身。

⑱既明且哲,以保其身:诗见《诗经·大雅·烝民》。既明且哲,既明了事理又充满智慧。

⑲按,以上为第二十七章,说明中庸之道需要圣贤之人来施行。

【译文】

伟大啊圣人之道! 浩瀚无际啊! 生发孕育万物,它的峻高直达于天。多么优裕伟大啊! 主要礼仪三百条,细小礼仪三千条。这些礼仪都有待于圣贤之人来施行。因此说如果没有具备最高德行的圣人,至高的大道也就不会凝聚形成。因而君子要尊崇至诚德行而追求学问,达到广博境界而又穷尽精微之理,极端高明而又讲究中庸之道。温习已有知识而能从中得到新知,敦实宽厚而又推崇礼仪。所以居于上位而不骄傲,居于下位而不背叛。国家政治清明,他的言论足以振兴国家;国家政治黑暗,他的沉默足以避祸容身。《诗》中说:"既明了事理又充满智慧,可以保全自身。"大概说的就是这个道理吧!

　　子曰:"愚而好自用①,贱而好自专②,生乎今之世,反古之道③。如此者,灾及其身者也④。"非天子,不议礼⑤,不制度⑥,不考文⑦。今天下车同轨⑧,书同文⑨,行同伦⑩。虽有其位,苟无其德,不敢作礼乐焉。虽有其德,苟无其位,亦不敢作礼乐焉。子曰:"吾说夏礼,杞不足征也⑪;吾学殷礼,有宋存焉⑫;吾学周礼,今用之,吾从周⑬。"⑭

【注释】

①自用:自以为是,听不进他人意见。

②自专:一任己意,独断独行。

③反古之道:返回古代的治国之道。反,同"返"。

④如此者,灾及其身者也:《中庸恒解》曰:"生今反古,不明'时中'之义,而妄拟古人,倍王制也。"《中庸直讲》曰:"似这等人,越理犯分,必为王法所不容,而身不能保矣,故曰'灾及其身者也'。"

⑤非天子,不议礼:由于一代王朝有一家礼乐制度,因此只有天子才有制礼作乐的资格和权利。《礼记·乐记》:"王者功成作乐,治定制礼。"议礼,制礼作乐。

⑥制度:动宾词组,指制定国家宫室、车舆、旌旗、服饰、历法、度量等

制度。

⑦考文：考定字体。

⑧车同轨：车辙的距离相同。

⑨书同文：用统一的字体书写。

⑩行同伦：行为依据统一的伦理标准。按，"今天下车同轨"三句写的是秦统一天下之后的情形，以此推测，这几句话不大可能是出于孔子或子思之口，而可能是由秦代儒生增补的。战国秦汉文章大都不是一次写成，而是在形成初稿之后，由后人根据己意进行增删。

⑪杞：国名，周武王灭商后，分封夏禹后裔于杞。杞国故城在今河南杞县。征：征实，验证。

⑫宋：国名，周武王灭商之后，分封商汤后裔微子于宋。宋国故城在今河南商丘。

⑬吾从周：以上"子曰"几句，朱熹《中庸章句》曰："三代之礼，孔子皆尝学之而能言其意；但夏礼既不可考证，殷礼虽存，又非当世之法，惟周礼乃时王之制，今日所用。孔子既不得位，则从周而已。"幺峻洲《中庸说解》云："子曰：'吾说夏礼'一节，是采自《论语·八佾》第九章。原文是：'夏礼，吾能言之，杞不足征也；殷礼，吾能言之，宋不足征也。文献不足故也。足，则吾能征之矣。'《论语》原文和《中庸》引文的主要不同有两点：一是'宋不足征也'，《中庸》改为'有宋存焉'。……《中庸》所以这样改，有人解释说：'《史记》言子思居宋作《中庸》，或因此而为宋讳。'二是《中庸》最后加了一句：'学周礼，今用之，吾从周。'这句是采自《八佾》第十四章，原文是：'子曰：'周监于二代，郁郁乎文哉！吾从周。'……这句表明孔子与本章开头的愚者、贱者不同，反对复古，赞成周公制作的礼法制度。"又说："'愚而好自用'一节，是说'知新'的必要。"

⑭按,以上为第二十八章,论述"为下不倍"。

【译文】

孔子说:"愚蠢而又喜欢刚愎自用,卑贱而又喜欢独断专行,生活在当今时代,却想返回到上古之道。这样做,灾祸会降临到他的身上。"不是天子就不要议论如何制定礼仪,不要制定法度,不要考订文字。如今天下车子的轮距一致,书写的文字相同,行为伦理规范相同。即使有天子的地位,如果没有圣人的德行,也不敢制礼作乐。即使有圣人品德,如果没有天子的地位,也不敢制礼作乐。孔子说:"我讲述夏朝之礼,但夏的后裔杞国不足以验证;我学习殷朝之礼,殷的后裔宋国还残存一些;我学习周礼,现在鲁国还使用它,所以我遵从周礼。"

王天下有三重焉①,其寡过矣乎! 上焉者虽善无征②,无征不信,不信民弗从;下焉者虽善不尊③,不尊不信,不信民弗从。故君子之道:本诸身④,征诸庶民⑤,考诸三王而不缪⑥,建诸天地而不悖⑦,质诸鬼神而无疑⑧,百世以俟圣人而不惑⑨。质诸鬼神而无疑,知天也⑩;百世以俟圣人而不惑,知人也⑪。是故君子动而世为天下道⑫,行而世为天下法⑬,言而世为天下则⑭。远之则有望⑮,近之则不厌⑯。《诗》曰:"在彼无恶,在此无射。庶几夙夜,以永终誉⑰。"君子未有不如此而蚤有誉于天下者也⑱。⑲

【注释】

①三重:指议礼、制度、考文。

②上焉者虽善无征:朱熹认为指夏礼和商礼虽善,但不可考;上焉者指夏礼和商礼。一说上焉者,指在上位的人,即君主;虽善无征,指议礼、制度、考文三件事虽然做得好,但没有征验。

③下焉者虽善不尊:朱熹认为指像孔子这样在下位的圣人虽善于礼,但地位不尊。虽善不尊,虽有好的想法,但地位不尊。

④本诸身:以自身道德为本。

⑤征诸庶民:以庶民是否信从为征验。

⑥考:查考。三王:夏、商、周三代之王。缪(miù):谬误。

⑦建诸天地:建立于天地之间。悖:背逆,指违背天地之理。

⑧质诸鬼神:指通过占卜来质询鬼神之意。无疑:指得到卦象肯定。

⑨百世以俟(sì)圣人而不惑:意谓百世之后,圣人出现,也不会对此提出疑问。俟,等候。

⑩知天:知晓天道。

⑪知人:知晓人道。

⑫动而世为天下道:一有举动,便世世代代成为天下人的先导。

⑬行而世为天下法:一有行为,便世世代代为天下人所效法。

⑭言而世为天下则:一有言论,便世世代代被天下人奉为准则。

⑮远之则有望:远离君子就会对其产生仰望之情。

⑯近之则不厌:近于君子就永不厌倦。

⑰"在彼无恶"几句:诗见《诗经·周颂·振鹭》。射(yì),通"斁",厌弃。庶几,希望。夙夜,早晚,指早起晚睡。永,永远保有。终誉,终身荣誉。

⑱蚤:通"早"。

⑲按,以上为第二十九章,论述"居上不骄"。

【译文】

称王天下做好议礼、制度、考文三重大事,大概可以很少有过失了吧!上古时代,夏、商之礼虽好,但没有征验,而没有征验就不能取信于民,不能取信于民,人民就不能服从;身在下位的圣人,即使擅长于礼,但地位不尊,而地位不尊就不能取信于民,不能取信于民,人民就不会服从。因此君子治理天下之道是:要以自身德行为根本,并从庶民那里得到验证,考查夏、商、周三代圣王之道而没有谬误之处,立于天地之间而没有悖逆之处,用卜筮质正于鬼神而没有疑惑,等到百世之后圣人审议而不会惶惑。质正于鬼神而没有疑惑,这是因为知道天理;等到百世之后圣人审议而不会惶惑,这是因为知道人情。因此,君子一举一动而世世代代成为天下人的先导,君子的行为世世代代成为天下人的法度,君子的言论世世代代成为天下人的言论准则。距离君子远的人有仰望之情,距离君子近的人则不厌倦。《诗》中说:"在那边无人憎恶,在这边无人厌弃。希望早起晚睡,以便永保荣誉。"君子都是这样做而早早地获得天下荣誉的。

　　仲尼祖述尧舜①,宪章文武②;上律天时③,下袭水土④。辟如天地之无不持载⑤,无不覆帱⑥,辟如四时之错行⑦,如日月之代明⑧。万物并育而不相害⑨,道并行而不相悖⑩,小德川流⑪,大德敦化⑫,此天地之所以为大也。⑬

【注释】

①祖述尧舜:远宗尧舜。祖述,效法,仿效。

②宪章文武:近效周文王、武王。宪章,效法。

③上律天时:上与天时规律相符。律,顺应,符合。

④下袭水土:下与水土特性相应。袭,因袭,承袭。

⑤辟:通"譬",比喻。持载:承载。

⑥覆帱(dào):覆盖。帱,覆盖。

⑦四时之错行:春夏秋冬交错运行。

⑧日月之代明:日月交替发出光明。

⑨并育:共同生长发育。

⑩道并行而不相悖:此句与"万物并育而不相害"互文见义,"道并

行"即指"万物并育"之道。

⑪川流:如川之流,比喻层见叠出,盛行不衰。

⑫敦化:敦厚化育。

⑬按,以上为第三十章,表彰孔子继承尧、舜、文、武事业。

【译文】

仲尼远宗尧、舜,近效周文王、武王,上合天时,下顺水土,譬如天地那样,没有什么不承载,没有什么不覆盖,如同春夏秋冬交错运行,如同日月交替发出光明。万物共同生长而不相害,道理并行而互不相悖。小的德行像河水一样川流不息,大的德行敦厚化育,这就是天地之所以为大的原因。

　　唯天下至圣,为能聪明睿知①,足以有临也②;宽裕温柔,足以有容也③;发强刚毅,足以有执也④;齐庄中正,足以有敬也⑤;文理密察,足以有别也⑥。溥博渊泉⑦,而时出之。溥博如天,渊泉如渊。见而民莫不敬,言而民莫不信,行而民莫不说⑧。是以声名洋溢乎中国⑨,施及蛮貊⑩,舟车所至,人力所通,天之所覆,地之所载,日月所照,霜露所队⑪,凡有血气者⑫,莫不尊亲,故曰配天。⑬

【注释】

①睿:思想敏锐。知:同"智"。

②临:居上临下,监临。

③宽裕温柔,足以有容也:朱熹认为这是指圣人之"仁"。容,包容。

④发强刚毅,足以有执也:朱熹认为这是指圣人之"义"。发强,奋发图强。刚毅,刚强坚毅。执,执掌权柄。

⑤齐庄中正,足以有敬也:朱熹认为这是指圣人之"礼"。齐庄,仪

态端庄。齐,同"斋"。中正,不偏不倚。

⑥文理密察,足以有别也:朱熹认为这是指圣人之"智"。文,文章。理,条理。密,详细。察,明辨。别,区别,指明辨是非。

⑦溥(pǔ):普遍,周遍。博:广博。渊泉:深泉,比喻思虑深远。朱熹《中庸章句》注:"静深而有本也。"

⑧说(yuè):同"悦",喜悦。

⑨洋溢:充满。中国:中央之国,指中原王室和各诸侯国,相对于下句"蛮貊"而言。

⑩施:散布。蛮貊(mò):南蛮北貊,指中原以外的落后部族。

⑪队(zhuì):同"坠",降落。

⑫凡有血气者:指人类。

⑬按,以上为第三十一章,赞美孔子至圣之德。孔子以其仁义礼智之德,创造了广大深沉的思想学说,泽被天下。

【译文】

只有天下最高的圣人,才能做到聪明睿智,才足以监临民众。宽裕温柔,足以容众;奋发图强、刚直坚毅,足以执掌权柄;整洁端庄,秉心中正,足以表达恭敬;条理详细明辨,足以辨别是非。圣人之德广博深沉,不时涌现出来。广博像天一样,深沉像渊潭一样。当圣人之德外现的时候,人民无不崇敬;圣人发表言论,人民无不信服;圣人行事,人民无不喜悦。因此,圣人的声名充满中国,传播到南蛮北貊,凡是舟车所能到达的地方,人力所能通达的地方,上天所覆盖的地方,大地所承载的地方,日月所能照耀的地方,霜露降落的地方,凡是有血气的人,没有不尊崇、爱戴他的,因此说圣人之德可以配天。

唯天下至诚,为能经纶天下之大经①,立天下之大本②,知天地之化育③。夫焉有所倚④?肫肫其仁⑤,渊渊其渊⑥,浩浩其天⑦。苟不固聪明圣知达天德者⑧,其孰能知之?⑨

【注释】

①经纶：本义是理丝，引申为治理，此处译为掌握。大经：大纲。

②大本：大的根本。

③化育：化感孕育万物。

④夫焉有所倚：哪里有什么偏倚呢？倚，偏侧，偏重。没有偏倚，就是中庸之道。

⑤肫肫（zhūn）：诚恳的样子。

⑥渊渊：深沉的样子。

⑦浩浩：广大的样子。

⑧固：实，确实。天德：上天之德。

⑨按，以上为第三十二章，赞美圣人至诚境界的深沉阔大。

【译文】

只有天下最高的诚，才能掌握天下的大纲，建立天下的根本，知道天地化感孕育万物的道理。掌握了中庸之道，哪里会有什么偏倚呢？至诚的圣人，他的仁心是那样诚恳，他的思想像深渊那样的深沉，他的胸怀像上天那样的浩翰阔大。如果不是确实聪明圣智通达上天之德的人，谁能知晓这个中庸之道呢？

《诗》曰"衣锦尚䌹"①，恶其文之著也②。故君子之道，暗然而日章③；小人之道，的然而日亡④。君子之道，淡而不厌⑤，简而文⑥，温而理⑦，知远之近⑧，知风之自⑨，知微之显⑩，可与入德矣⑪。《诗》云："潜虽伏矣，亦孔之昭⑫！"故君子内省不疚，无恶于志⑬。君子之所不可及者，其唯人之所不见乎⑭。《诗》云："相在尔室，尚不愧于屋漏⑮。"故君子不动而敬，不言而信。《诗》曰："奏假无言，时靡有争⑯。"是故君子不赏而民劝，不怒而民威于铁钺⑰。《诗》曰："不显惟德,百辟其刑之⑱。"是故君子笃恭而天下平⑲。《诗》曰:"予怀明德,不大声以色⑳。"子曰:"声色之于以化民,末也㉑。"《诗》曰:"德辅如毛㉒。"毛犹有伦㉓。"上天之载,无声无臭"㉔,至矣。㉕

【注释】

①衣(yì)锦尚䌹(jiǒng):诗见《诗经·卫风·硕人》,今本《诗经》写作"衣锦褧(jiǒng)衣"。意谓在锦绣婚衣之外加披麻布罩衣。衣锦,穿着锦绣婚衣。衣,此处用作动词,穿。锦,结婚穿的锦绣服装。尚,上,加。䌹,麻布罩衣。

②恶其文之著:厌恶锦绣婚衣太耀眼。文,文采。著,显著,鲜明。作者征引此诗,说明心性修养重在自我提高,而不是装点一个华丽的外表,做给别人看。

③暗然而日章:虽表面暗淡却日益彰显。

④的然而日亡:虽表面鲜明却日渐消亡。的,明亮,鲜明。

⑤淡而不厌:清淡而不令人生厌。

⑥简而文:简朴而有文采。

⑦温而理:温和而有理致。

⑧知远之近:知道远处是从近处开始的。

⑨知风之自:知道风来自何处。

⑩知微之显:知道隐微会走向显著。此句说明有诸内必然形诸外,内在美好,必然要在外表上显现出来。

⑪入德:进入道德之门。以上数句说明,心性修养不必大肆张扬,不应招摇过市,而是应该"淡""简""温""近""微",重在进入道德之门。

⑫潜虽伏矣,亦孔之昭:诗见《诗经·小雅·正月》。意谓即使潜伏

水底，也能清晰看到。孔，很。昭，明白。

⑬无恶于志：意谓无愧于心。

⑭君子之所不可及者，其唯人之所不见乎：意谓在人们看不到的地方保持节操，也即慎独。以上数句强调内德修养重在内省，消除心中恶念，做到无愧于心。

⑮相在尔室，尚不愧于屋漏：诗见《诗经·大雅·抑》。意谓遍视独处居室，没有羞愧之处。以喻内德无瑕，心中无愧。相，看。尔室，你的居室。屋漏，古代室内西北角施设小帐，安藏神主，为人所不见的地方称作"屋漏"。

⑯奏假无言，时靡（mǐ）有争：诗见《诗经·商颂·烈祖》。意谓祈祷时都不说话，没有争论。奏假，祈祷。无言，没有说话。靡，无，没有。

⑰是故君子不赏而民劝，不怒而民威于铁钺（fū yuè）：意即君子有德自威，不需要奖赏和惩罚。铁钺，古代执行军法时用的大斧。

⑱不显惟德，百辟（bì）其刑之：诗见《诗经·周颂·烈文》。意谓天子德行伟大光辉，诸侯们都效法他。不显，伟大光辉。不，通"丕"。百辟，众位诸侯。辟，诸侯。刑，效法。

⑲笃恭：笃厚恭敬。以上几句是说，君子以美德为天下人树立榜样。

⑳予怀明德，不大声以色：诗见《诗经·大雅·皇矣》。意谓我赠给你美好的德行，不厉声厉色。怀，《毛传》："归也。"指馈赠，赠送。以，与。

㉑声色之于以化民，末也：末，末策，下策。按，以上几句是说，要像周文王那样，不是靠疾声厉色来树立威信，而是用他的美德来感化人民。

㉒德辑（yóu）如毛：诗见《诗经·大雅·烝民》。意谓德行轻如鸿毛。

㉓伦：比。

㉔上天之载，无声无臭（xiù）：语出《诗经·大雅·文王》。载，化育

万物。臭，气味。以上几句是说，上天感化人民，没有声音，没有
气味，如同雁过无痕。这是以德化民的最高境界。

㉕按，以上为第三十三章，论述中庸之道修养，先培养内德再以美德
化人。

【译文】

《诗》中说"锦绣婚衣之外又罩麻衣"，这是厌恶文采过于耀眼。因
此，君子之道虽然暗淡却日益彰显，小人之道虽然鲜明却日渐消亡。君
子之道清淡而不令人生厌，简朴而有文采，温和而有理致，知道远处是从
近处开始，知道风向从何而来，知道隐微会走向明显，这样就可以进入道
德之门了。《诗》中说："即使潜伏水底，也能清晰看到。"因此，君子反省
内心不会愧疚，心中没有恶念。君子之所以使人赶不上，大概就在这种
别人看不见的地方吧。《诗》中说："看看你独处的内室，尚且无愧于房
中无人可见的地方。"因此君子不行动而受到尊敬，不说话而受到信任。
《诗》中说："静默祈祷时不说话，大家都不争论。"因而君子不必赏赐而
民众受到勉励，不发怒而民众像害怕斧钺一样。《诗》中说："伟大光辉
的是天子的德行，诸侯们都纷纷效法。"因此君子笃厚恭敬而天下太平。
《诗》中说："我赐给文王你美德，你不要对人疾声厉色。"孔子说："运用
疾声厉色来教化人民，那是一个下策。"《诗》中说："德行轻如毛发。"虽
然轻如毛发，但还是有行迹可比。又说："上天化育万物，没有声音也没
有气味。"无声无味，这才是以德化民的极境啊！

坊记第二

　　本篇选自《礼记》，篇名取自文章中的关键词"坊"，"记"是汉代解经的文体。据《隋书·音乐志》引沈约之语，称《礼记》中的《坊记》《中庸》《表记》《缁衣》四篇出自《子思子》。因此，《坊记》可能是《汉书·艺文志》诸子略儒家类所著录《子思》二十三篇之一。"坊"，指堤防。用礼防民犹如用堤防水。本篇即辑录孔子关于以礼防民的语录，说明统治者虽然致力于以礼防民，但社会上仍然难免存在诸多违礼现象，因此统治者治民任重道远。与《论语》相比，《坊记》《表记》《缁衣》几篇虽然同样收录孔子语录，但这些篇章的文字都是理论阐述，而不再有《论语》中的感性描述。这说明子思在编辑孔子语录时在文字上做了加工处理。《论语》各篇语录内容虽然略有侧重，但尚未以类相从，而《坊记》所收的孔子各章语录则围绕一个"坊"字主题，这也是本篇经过加工处理而留下的痕迹。《坊记》《表记》《缁衣》在每章孔子语录之后，以《诗》《书》《易》《春秋》《论语》作为佐证，这种"孔子语录+六经文字"的表述方式，可能是孔子说话时就有，但更有可能是子思以六经佐证孔子论述。以上几点表明，《坊记》《表记》《缁衣》在编辑孔子语录方面有明显的进展。

子言之：“君子之道①，辟则坊与②！坊民之所不足者也。大为之坊③，民犹逾之④。故君子礼以坊德⑤，刑以坊淫⑥，命以坊欲⑦。”

【注释】

①君子之道：君子的治国之道。按，先秦“君子”一词，有时是从爵位而言，指君主；有时是从道德而言，是指道德高尚的人。此处“君子”是从爵位而言的。

②辟：通“譬”。坊：堤防，堤坝。坊以防水，犹礼以防民。

③大：极大。

④逾：逾越。

⑤礼以坊德：用礼规来防止道德缺失。

⑥刑以坊淫：用刑罚来防止淫乱。

⑦命以防欲：用教令来防止放纵欲望。按，本章在全篇起到概论作用。

【译文】

孔子说：“君子的治国之道，就好比在江河上构筑堤坝，防止老百姓出现各种过失。虽然大加设防，老百姓仍然有人逾越。所以君子用礼规来防止老百姓道德缺失，用刑罚来防止老百姓淫乱，用教令来防止老百姓放纵欲望。”

子云：“小人贫斯约①，富斯骄。约斯盗，骄斯乱。礼者，因人之情而为之节文②，以为民坊者也。故圣人之制富贵也③，使民富不足以骄，贫不至于约，贵不慊于上④，故乱益亡⑤。”

【注释】

①贫:贫穷,贫贱。斯:则,就。约:困窘。

②因人之情而为之节文:顺应人的性情而制定有节制作用的行为规范。情,指喜、怒、哀、乐各种性情。文,指礼品、礼器以及跪拜揖让等形体动作。

③制:制约。

④慊(qiàn):不满足。

⑤亡:无。

【译文】

孔子说:"小人贫贱就会困窘,富贵就会骄横。困窘就会偷盗,骄横就会作乱。礼,就是顺应人的性情而制定的节制行为的规范,以此作为老百姓行为的堤防。因此,圣人制约富贵,使富人不足以骄横,贫贱的人不至于困窘,尊贵的人不会对上级不满,因而犯上作乱的事件就日趋减少。"

子云:"贫而好乐,富而好礼①,众而以宁者②,天下其几矣③!《诗》云:'民之贪乱,宁为荼毒④。'故制⑤:国不过千乘⑥,都城不过百雉⑦,家富不过百乘⑧。以此坊民,诸侯犹有畔者⑨。"

【注释】

①贫而好乐,富而好礼:《论语·学而》:"子贡曰:'贫而无谄,富而无骄,何如?'子曰:'可也。未若贫而乐,富而好礼者也。'"

②众而以宁:指族人众多的大族能安宁不作乱。宁,安宁。《礼记集解》引郑氏曰:"大族众家,恒多作乱。"

③几:几个。表示数量稀少。

④民之贪乱,宁为荼毒:诗见《诗经·大雅·桑柔》。贪乱,因贪婪

而作乱。宁，安心。荼毒，毒害，残害。

⑤制：制度，规定。

⑥国不过千乘（shèng）：一个诸侯国不能超过一千辆兵车。乘，一辆兵车为一乘。

⑦雉：城墙高一丈、长三丈为一雉。

⑧家：卿大夫的采邑。

⑨畔：通"叛"。

【译文】

孔子说："贫贱而能自得其乐，富贵而能好礼，族人众多而能安宁，天下能够做到这样能有几人？《诗》中说：'奸民因贪婪而作乱，安心毒害他人。'因此制度规定，诸侯国的兵车不得超过一千乘，都城的城墙不得超过一百雉，卿大夫家即使再富有，其兵车也不得超过一百乘。用这种规定来提防民众，诸侯仍然还有叛乱的。"

子云："夫礼者，所以章疑别微①，以为民坊者也。故贵贱有等②，衣服有别③，朝廷有位④，则民有所让⑤。"

【注释】

①章疑：弄清疑惑。章，辨别，区分。别微：辨别隐微之处。

②等：等级。

③别：差别。

④位：不同爵位。

⑤让：礼让。即卑让尊，贱让贵，幼让长等。

【译文】

孔子说："礼，是用来弄清疑惑、辨别隐微，防范民众越轨的。因此要做到贵贱有等级，衣服有差别，朝廷有不同的爵位，这样民众就知道礼让了。"

子云:"天无二日,土无二王①,家无二主,尊无二上②,示民有君臣之别也。《春秋》不称楚、越之王丧③。礼:君不称天④,大夫不称君⑤,恐民之惑也。《诗》云:'相彼盍旦,尚犹患之⑥。'"

【注释】

①土无二王:土,地。《诗经·小雅·北山》:"溥天之下,莫非王土;率土之滨,莫非王臣。"

②尊无二上:不能同时有两个至高无上的尊位。尊,尊位。

③《春秋》不称楚、越王之丧:《春秋》不记载楚、越两国君主丧葬之事。《春秋》,鲁国春秋时期的编年史。按,战国秦汉之际儒家说《春秋》为孔子所作,果真如此,孔子不会征引自己的书作为经典论据。楚,诸侯国名。楚国本是西周分封的子国,但春秋时期楚国君主僭越称王。越,春秋时诸侯国名。据《史记》所说,越国本为夏禹后裔,其政权历夏、商、周三代,春秋末年,越人允常僭越称王。虽然楚、越僭越称王,但《春秋》一律称其君主为楚子、越子,以此正名分。

④君不称天:诸侯国君不能称天公,以避免与天王相混。《礼记集解》引郑氏曰:"臣者天君,称天子为天王,称诸侯不言天公,辟王也。"

⑤大夫不称君:大夫称主,不能称君,以避免与诸侯相混。

⑥相彼盍旦,尚犹患之:诗不见于今本《诗经》,当为逸诗。人们厌恶盍旦鸟,是因为它夜里鸣叫,颠倒了昼夜次序。征引此诗,旨在说明尊卑贵贱次序不可打乱。相,看。盍旦,鸟名,喜欢夜里鸣叫,人们以为它在半夜鸣叫是盼望天明。患,厌恶。

【译文】

孔子说:"天上没有两个太阳,地上没有两个国王,一家没有两个家长，至尊只能有一个，这是要向民众彰显君臣之别。《春秋》不记载楚、越君主丧葬之事。按照礼规：对诸侯不称天，对大夫不称君，这是担心民众对王侯尊卑关系产生迷惑。有一首诗说：'看那盍旦鸟半夜鸣叫，人们尚且讨厌它！'"

子云："君不与同姓同车①，与异姓同车不同服②，示民不嫌也③。以此坊民，民犹得同姓以弑其君。"

【注释】

①君不与同姓同车：君主不与同姓的人同乘一辆车。之所以如此，一是防止同姓之人有弑君图谋，二是防止路人误认。同姓，指同一家族。

②与异姓同车不同服：君主与异姓人同乘一辆车，但两人要穿不同的服装，以示尊卑区别。

③嫌：嫌疑。

【译文】

孔子说："君主不与同姓的人同乘一辆车，与异姓的人同乘一辆车时要穿不同的服装，让民众看到而不生嫌疑。用这种方法来防范民众非礼，民众之中还有同姓杀其君主的。"

子云："君子辞贵不辞贱①，辞富不辞贫②，则乱益亡③。故君子与其使食浮于人也④，宁使人浮于食。"

【注释】

①辞贵不辞贱：推辞尊贵而不推辞卑贱。

②辞富不辞贫：推辞富有而不推辞贫穷。

③亡：无。

④食浮于人：所食俸禄超过个人才能。食，食禄。浮，超过。

【译文】

孔子说："君子推辞尊贵而不推辞卑贱，推辞富有而不推辞贫穷，这样就会使犯上作乱的事越来越少。因此，君子与其让自己所食俸禄超过个人才能，还不如让个人才能超过自己所食俸禄。"

子云："觞酒豆肉①，让而受恶②，民犹犯齿③。衽席之上④，让而坐下⑤，民犹犯贵。朝廷之位⑥，让而就贱⑦，民犹犯君。《诗》云：'民之无良，相怨一方。受爵不让，至于己斯亡⑧。'"

【注释】

①觞（shāng）酒：一杯酒。觞，酒杯。豆肉：一盘肉。豆，先秦时期的食器和祭祀礼器。

②让：推让。受恶：接受差的酒肉。

③犯齿：侵犯年长者。齿，年齿。

④衽（rèn）席：本指床褥与莞簟，后用来指卧席或座席。

⑤让而坐下：推让而后坐在下位。

⑥位：位次。

⑦让而就贱：推让而后站在卑贱的位置。

⑧"民之无良"几句：诗见《诗经·小雅·角弓》。相怨一方，互相抱怨对方。受爵不让，接受爵位不辞让。至于己斯亡，轮到自己就忘了。亡，通"忘"。

【译文】

孔子说："一杯酒，一盘肉，君子在推让之后才接受差的酒肉，就这样还有人侵犯年长者。座席之上,君子在推让之后才坐在下位,就这样还有人侵犯尊贵者。朝廷上的位次,君子在推让之后站在卑贱之位,就这样还有人侵犯君主。《诗》中说:'民众之心不善良,互相抱怨另一方。接受官爵不谦让,事关自己礼义忘。'"

子云:"君子贵人而贱己,先人而后己,则民作让^①。故称人之君曰君,自称其君曰寡君^②。

【注释】

①作让:兴起谦让之风。作,兴起。

②寡君:寡德之君。

【译文】

孔子说:"君子尊重别人而贬抑自己,让别人居先而自己居后,这样民众就会兴起谦让之风。因此在外交场合,称呼别人的国君叫君,称呼自己的国君叫寡君。"

子云:"利禄先死者而后生者^①,则民不偝^②;先亡者而后存者^③,则民可以托^④。《诗》云:'先君之思,以畜寡人^⑤。'以此坊民,民犹偝死而号无告^⑥。"

【注释】

①先死者而后生者:先给死者,后给生者。

②偝(bèi):违背,背弃。

③亡者:在国外奔波的人。存者:生活在国内的人。

④托:信托,托付。

⑤先君之思,以畜寡人:诗见《诗经·邶风·燕燕》。先君之思,对

先君的思慕。畜,今本《诗经》作"勖",勉励。

⑥偝死而号无告:背弃死者,孤苦者哀号无处告诉。

【译文】

孔子说:"利禄先给死者,后给生者,那么民众就不会背弃;利禄先给在国外奔波的人,后给生活在国内的人,那么民众就可以信托。《诗》中说:'你用对先君的思慕,来勉励寡人。'用这种道德来防止民风浇薄,民众仍然背弃死者,使孤苦者哀号无告。"

子云:"有国家者,贵人而贱禄,则民兴让①;尚技而贱车,则民兴艺②。故君子约言③,小人先言④。"

【注释】

①贵人而贱禄,则民兴让:《礼记集解》曰:"人,谓有德之人也。人君贵尚有德,而不爱其爵禄,则人知爵禄之不可以无德受也,故皆兴起于礼让。"贵人,尊重有德之人。贱禄,不吝惜爵禄。

②尚技而贱车,则民兴艺:《礼记集解》曰:"人君贵尚技能,而不爱其车服,则人知车服之不可以无能得也,故皆兴起于技艺。"技,技艺,技能。车,车服,车舆礼服。古代君主以赐臣下车服来表彰其功绩。

③约言:少说多做。

④先言:先说大话。

【译文】

孔子说:"有国家的君主,应该尊重有德之人,不吝惜爵禄,这样民众就会兴起礼让之风;君主崇尚技能,不吝惜车服,这样民众就会兴起重视技艺风气。因此君子少说多做,小人先说大话。"

子云:"上酌民言①,则下天上施②。上不酌民言,则犯也③；下不天上施，则乱也。故君子信让以莅百姓④，则民之报礼重⑤。《诗》云：'先民有言，询于刍荛⑥。'"

【注释】

①酌民言：酌取民众建言。酌，选取，择善而行。

②下天上施：下层民众视国家政令如同上天所施。

③犯：违犯民意。

④信：诚信。让：礼让。莅：临，统治。

⑤报礼重：用重礼回报。

⑥先民有言，询于刍荛（chú ráo）：诗见《诗经·大雅·板》。先民，先人。询，咨询。刍荛，割草打柴的人。刍，割草。荛，柴草，也指打柴的人。

【译文】

孔子说："在上位的人如能对民众的建言择善而从，下层民众就会视国家政令如同上天所施。在上位的人如果不能对民众的建言择善而从，那么民众就会犯上。下层民众如果不把国家政令视同上天所施，那么就会作乱。所以，君子用诚信礼让态度来治理民众，这样民众就会以重礼回报。《诗》中说：'先人说过，要向割草打柴的人咨询。'"

子云："善则称人①，过则称己②，则民不争。善则称人，过则称己，则怨益亡。《诗》云：'尔卜尔筮，履无咎言③。'"

【注释】

①善则称人：有了好的效果就称道是他人的作用。

②过则称己：有过错就说责任在自己。

③尔卜尔筮，履无咎言：诗见《诗经·卫风·氓》。卜，用龟占卜。筮，用蓍草占卜。履，今本《诗经》作"体"，指卜筮卦象。咎言，凶咎

之言，即不好的话。

【译文】

孔子说："有了好的效果就称道是他人的作用，有过错就说责任在自己，这样做民众就不会为名利争夺。有了好的效果就称道是他人的作用，有过错就说责任在自己，这样做民众的怨恨就会日益消除。《诗》中说：'你占卜算卦，卦体上没有不好的话。'"

子云："善则称人，过则称己，则民让善①。《诗》云②：'考卜惟王③，度是镐京④。惟龟正之⑤，武王成之⑥。'"

【注释】

①让善：将善归功于他人。

②《诗》云：引诗见《诗经·大雅·文王有声》。

③考卜：稽考占卜。惟：维，是。王：周武王。

④度：今本《诗经》作"宅"，谋，定宅。是：这。镐京：西周国都，周武王在此建立都城。镐京故址在今陕西西安长安区。

⑤惟龟正之：通过龟卜决定在此建都。正，决定。

⑥成之：指建成镐京。

【译文】

孔子说："有好事就称道是他人的作用，有过错就说责任在自己，这样民众就会将善归功于他人。《诗》中说：'考察占卜是武王，都址决定在镐京。龟兆显示此处吉，武王在此建都城。'"

子云："善则称君①，过则称己，则民作忠②。《君陈》曰③：'尔有嘉谋嘉猷④，入告尔君于内⑤，女乃顺之于外⑥，曰：此谋此猷，惟我君之德⑦。於乎⑧！是惟良显哉⑨。'"

【注释】

①善则称君:有好事就称道是君主的作用。

②作忠:兴起忠诚之风。

③《君陈》:《尚书》中的一篇文章,已佚。

④嘉谋:好的谋划。嘉猷(yóu):好的思想。猷,道,法则。

⑤入:进入官殿。内:指宫中。

⑥顺:通"逊",谦虚,辞让。外:指宫外。

⑦惟:是。

⑧於(wū)乎:同"呜呼"。

⑨良显:善良的显现。

【译文】

孔子说:"有好事就归功于君主,有过错就说责任在自己,这样民众就会兴起忠诚之风。《尚书·君陈》上说:'你有好的谋划与好的思想,就到宫中告诉君主,然后你在外边谦逊地说:这个好的谋划与好的思想,都是出于君主的美德。啊!这就是善良的显现啊。'"

子云:"善则称亲①,过则称己,则民作孝②。《大誓》曰③:'予克纣④,非予武⑤,惟朕文考无罪⑥。纣克予,非朕文考有罪,惟予小子无良⑦。'"

【注释】

①亲:父母。

②作孝:兴起孝悌之风。

③《大誓》:《尚书》中的一篇文章,已佚。大,读"太",亦作"泰"。

　　伪古文《尚书》中有《泰誓》上中下三篇,乃后人伪作。

④克:战胜。纣:即帝辛,殷纣王,为末代商王。

⑤武:勇武。

⑥朕：我，周武王自称。文：指周文王。考：亡父曰考。

⑦予小子：周武王谦称。无良：不好。

【译文】

孔子说："有善归功于父母双亲，有过错就说责任在自己，这样民众就会兴起孝悌之风。《尚书·太誓》记载周武王誓言说：'如果我战胜殷纣王，那不是因为我武勇，而是因为我的亡父文王无罪。如果殷纣王战胜我，那不是因为我的亡父文王有罪，而是因为我做得不好。'"

子云："君子弛其亲之过①，而敬其美②。"《论语》曰："三年无改于父之道，可谓孝矣③。"《高宗》云④："三年其惟不言⑤，言乃讙⑥。"

【注释】

①弛：忘记。

②敬：敬重。美：美德。

③三年无改于父之道，可谓孝矣：引文出于《论语·学而》。无改于父之道，不改变亡父立身处事之道。

④《高宗》：指《尚书·高宗之训》，已佚。

⑤三年其惟不言：高宗三年不说话。关于高宗三年不说话的原因，古今有许多解释，孔子认为是高宗因为服三年之丧而不说话。近人郭沫若考证，高宗不说话是因为得了喑哑症。

⑥言乃讙（huān）：一说话就让人民欢欣。讙，通"欢"。

【译文】

孔子说："君子要忘记父母的过错，敬重父母的美德。"《论语》说："三年不改变亡父生前立身处事之道，这可以说是孝顺了。"《尚书·高宗之训》说："高宗三年不说话，一说话就让人民欢欣。"

子云："从命不忿①，微谏不倦②，劳而不怨，可谓孝矣。《诗》云：'孝子不匮③。'"

【注释】

①从命：服从父母之命。忿：一说当作"怠"。《大戴礼记·曾子立孝》："微谏而不倦，听从而不怠。"语意与此正同。

②微谏：委婉劝谏。

③孝子不匮：诗见《诗经·大雅·既醉》。匮，匮乏，穷尽。

【译文】

孔子说："服从父母之命毫不懈怠，委婉劝谏父母不知疲倦，为父母劳苦而毫无怨言，这样的人可以称得上孝子了。《诗》中说：'孝子对父母的孝心是没有穷尽的。'"

子云："睦于父母之党①，可谓孝矣。故君子因睦以合族②。《诗》云：'此令兄弟，绰绰有裕；不令兄弟，交相为瘉③。'"

【注释】

①睦：和睦。父母之党：父母宗族亲属。

②因睦以合族：通过和睦来联合宗族。

③"此令兄弟"几句：诗见《诗经·小雅·角弓》。令，善良。绰绰有裕，形容宽容融洽。绰绰，宽容的样子。有裕，有余裕。交，更。瘉（yù），病。引申为危害。

【译文】

孔子说："能与父母宗族亲属和睦相处，可以称得上孝了。因此君子通过和睦来联合宗族。《诗》中说：'这是善良的兄弟，彼此宽容融洽；这是不善的兄弟，彼此互为危害。'"

子云："于父之执^①,可以乘其车,不可以衣其衣^②,君子以广孝也^③。"

【注释】

①父之执:与父亲爵位相等的人。《礼记·曲礼上》:"见父之执,不谓之进,不敢进;不谓之退,不敢退;不问,不敢对。"

②可以乘其车,不可以衣其衣:可以乘坐与自己爵位相当的车,但要穿次一等级的服饰,以示对父执的尊敬。王夫之《礼记章句》曰:"此谓与父执爵位相等者,时往见之,可以乘己所得乘之车而往,而必降服不敢与之相拟,盖车行于道路以章贵贱之别,而止于门外,不逼主人;衣则侍坐之顷两贵相临,非以崇敬矣。"

③广孝:推广孝道。

【译文】

孔子说:"对于与父亲爵位相等的人,当自己的爵位与之相同时,可以乘坐爵位相当的车子,但不可以穿爵位相当的衣服。君子将孝道推及父亲的同辈。"

子云："小人皆能养其亲,君子不敬,何以辨^①?"

【注释】

①辨:辨别君子与小人。

【译文】

孔子说:"连小人都能供养双亲,如果君子供养双亲而不恭敬,那么拿什么去辨别君子与小人呢?"

子云："父子不同位^①,以厚敬也^②。《书》云^③:'厥辟不辟^④,忝厥祖^⑤。'"

【注释】

①同位：处于尊卑相等的位置。

②厚敬：增加敬重。

③《书》云：以下引文出自《尚书·太甲》，已佚。

④厥：其。辟：君主。

⑤忝：辱没。祖：祖先。

【译文】

孔子说："父子不能处在尊卑相同的位置上，以此来加强儿子对父亲的敬重。《尚书·太甲》说：'君主不像个君主，这是辱没他的祖先。'"

子云："父母在，不称老，言孝不言慈①。闺门之内②，戏而不叹③。君子以此坊民，民犹薄于孝而厚于慈④。"

【注释】

①言孝不言慈：儿子只谈论孝道，而不谈论慈爱。是说孝子只谈自己应尽的孝道义务，而不要强调父亲对自己的慈爱伦理，这就是严于律己，宽于待父。慈，是做父亲对子女应尽的伦理责任。

②闺门之内：家庭之内。

③戏：谈笑。叹：叹息。

④薄于孝：孝心淡薄。厚于慈：对下一代慈爱之心深厚。按，薄于孝而厚于慈，即所谓水往下流。

【译文】

孔子说："父母健在，儿子不敢自称年老，儿子与人只谈论为子孝亲之道，而不谈为父慈爱之道。家庭之内，可以谈笑，不可叹息。君子以此来防范民众，民众仍然孝亲之心淡薄而慈爱子女深厚。"

子云："长民者①，朝廷敬老，则民作孝。"

【注释】

①长民：为民之长，指各级统治者。

【译文】

孔子说："作为百姓的官长，如果在朝廷上能够敬老，那么民众就会兴起孝悌之风。"

子云："祭祀之有尸也①，宗庙之主也②，示民有事也③。修宗庙，敬祀事，教民追孝也④。以此坊民，民犹忘其亲。"

【注释】

①尸：古代祭祀时代表死者受祭的人。

②主：神主。

③有事：有尊敬的对象。事，侍奉，敬重。

④追孝：向上追溯，致孝于祖先。

【译文】

孔子说："祭祀时设有代表死者受祭的尸，宗庙之中设立神主，这是向民众显示应该尊奉的对象。修建祖先宗庙，恭敬地从事祭祀，这是教育民众向上追溯，致孝于祖先。以此防范民众不孝，民众仍有忘掉亲人的。"

子云："敬则用祭器①，故君子不以菲废礼②，不以美没礼③。故食礼④：主人亲馈则客祭⑤，主人不亲馈则客不祭。故君子苟无礼⑥，虽美不食焉。《易》曰：'东邻杀牛，不如西邻之禴祭，实受其福⑦。'《诗》云：'既醉以酒，既饱以德⑧。'以此示民，民犹争利而忘义。"

【注释】

①敬：敬飨贵宾。祭器：祭祀器皿。

②菲：菲薄。

③美：指物品丰美。没礼：淹没礼节。

④食礼：饮食之礼。

⑤馈：馈赠食物。祭：食前祭一下饮食神。

⑥君子苟无礼：君子如果遇到无礼之人。

⑦"东邻杀牛"几句：语见《周易·既济》。东邻杀牛，祭祀用牛说明祭祀的隆重。有人说，东邻是指殷纣王。禴（yuè）祭，薄祭。有人说，西邻是指周文王。实受其福，实实在在地受到神灵赐福。意谓与其奢而慢礼，不如俭而恭敬，神明是对诚心礼敬者赐福，不在祭品的厚薄。

⑧既醉以酒，既饱以德：诗见《诗经·大雅·既醉》。已经醉人的是酒，已经饱人的是德。郑注："言君子飨、燕，非专为酒肴，亦以观威仪，讲德美。"孙希旦《礼记集解》曰："食者利之所在，礼者义之所出。君子于饮食之际，务于行礼，而不惟其物之厚薄，凡以重义而轻利而已。"

【译文】

孔子说："敬飨贵宾就用祭祀器皿盛放食品，因此君子不因物品菲薄而废弃礼节，也不因物品丰美而淹没礼仪。所以饮食礼仪规定，主人亲自馈赠食物给宾客，宾客食前就要祭一下饮食神；主人不亲自馈赠食物给宾客，宾客食前就不需要祭饮食神。所以，君子如果遇到无礼之人，即使食品丰美也不去吃。《周易》说：'东面邻居杀牛隆重祭祀，还不如西边邻居的薄祭，西邻实实在在地受到神灵赐福。'《诗》中说：'已经醉人的是美酒，已经饱人的是美德。'以此来教育民众，民众仍有争利而忘义的。"

子云："七日戒①，三日齐②，承一人焉以为尸③，过之者趋走④,以教敬也⑤。醴酒在室⑥,醍酒在堂⑦,澄酒在下⑧,示民不淫也⑨。尸饮三⑩,众宾饮一⑪,示民有上下也⑫。因其酒肉⑬,聚其宗族⑭,以教民睦也⑮。故堂上观乎室⑯,堂下观乎上⑰。《诗》云:"礼仪卒度,笑语卒获⑱。"

【注释】

①七日戒:此处指散斋。古礼于祭祀父母前七日不御不乐不吊,谓之"散斋"。

②三日齐:此处指致斋。古代在举行祭祀前清心洁身的礼式。齐,同"斋"。

③承:承奉。一人:即尸。

④过之者趋走:经过尸车的人要小步急行,赶快回避以致敬。趋走,小步快走。

⑤教敬:教育民众敬事祖先。

⑥醴酒:甜酒。在室:以献尸。

⑦醍(tǐ)酒:较清的浅红色酒。在堂:以献宾客。

⑧澄酒:清酒。在下:以酬士。

⑨示民不淫:不淫,不过度饮酒。按,醴酒、醍酒、澄酒三种酒,醴酒最薄,澄酒最醇厚。味薄者在室堂,味厚者在堂下,示民以不淫于味也。

⑩尸饮三:谓大夫士祭礼馈食之后,主人、主妇、宾长各向尸献酒一次,尸共饮酒三杯。

⑪众宾饮一:主人只向众宾客献酒一次,诸位宾客各饮一杯。

⑫示民有上下:上下,指尊卑贵贱。《礼记集解》:"尸尊,故得献多,宾客卑,故得献少,示民以上下之分也。"

⑬因:借。

⑭宗族：同姓族人。

⑮教民睦：教育民众和睦。

⑯堂上观乎室：堂上的人观摩室内的人，视其如何行礼。

⑰堂下观乎上：堂下的人观摩堂上的人。按，堂下、堂上、室内，是祭礼中的三个位置，室内人最尊，堂上者次之，堂下人最下。

⑱礼仪卒度，笑语卒获：诗见《诗经·小雅·楚茨》。卒度，尽合法度。卒获，尽能相得。

【译文】

孔子说："七天散斋，三天斋戒，承奉一人作为尸，士大夫遇到尸都要快走回避致敬，这是教育民众敬事祖先。甜酒放在室内以献尸，浅红色酒放在堂上以献宾客，清酒放在堂下以酬士，这是教育民众不要过度饮酒。尸饮酒三杯，诸位宾客各饮一杯，这是向民众显示上下尊卑的秩序。借祭祀酒肉，聚集族人会餐，这是教育民众要和睦相处。因此堂上的人观摩室内的人行礼，堂下的人观摩堂上的人行礼。《诗》中说：'礼仪尽合法度，谈笑尽能相得。'"

子云："宾礼每进以让①，丧礼每加以远②。浴于中霤③，饭于牖下④，小敛于户内⑤，大敛于阼⑥，殡于客位⑦，祖于庭⑧，葬于墓，所以示远也。殷人吊于圹⑨，周人吊于家⑩，示民不偝也⑪。

【注释】

①宾礼每进以让：迎宾之礼，每到进门、拐弯、升阶之处，主人都要作揖，礼让宾客。

②丧礼每加以远：举行丧礼，每进行一项礼仪，尸体就要距离原寝室更远。

③浴于中霤(liù)：在室中央为死者沐浴。中霤，室中央。

④饭于牖(yǒu)下：在南窗下给死者口中填米。牖，窗。

⑤小敛：指给死者沐浴，穿衣，盖被。敛，通"殓"。

⑥大敛：将已装裹的尸体放入棺材。阼：堂下东边的台阶。

⑦殡：停放灵柩。客位：堂上西边的客位。

⑧祖：祖祭。庭：家庙庭中。

⑨圹：墓地。

⑩家：家庙。

⑪偝：同"背"，背弃。

【译文】

孔子说："行迎宾礼时，每到进门、拐弯、升阶之处，主人都要作揖礼让；行丧礼时，每进行一项仪式，尸体就要距离死者原寝室更远。在室中央为死者沐浴，在南窗下给死者口中填米，在室内给死者沐浴、穿衣、盖被，在堂下东阶将已装裹的尸体放入棺材，在堂上西边客位停放灵柩，在家庙庭中举行祖奠，最后葬于墓穴，这表明死者越来越远。殷人在墓地吊唁，周人在死者家庙中吊唁，这是教育人们不要背弃死者。"

　　子云："死，民之卒事也①，吾从周②。以此坊民，诸侯犹有薨而不葬者。"

【注释】

①民之卒事：人的最后的事。

②从周：依从周人的做法。

【译文】

孔子说："死，是人生的最后大事，我依从周人的送终办法。以此来防止人们失礼，诸侯还有死后不能按礼下葬的。"

子云："升自客阶①，受吊于宾位②，教民追孝也③。未没丧④，不称君⑤，示民不争也⑥。故鲁《春秋》记晋丧曰：'杀其君之子奚齐及其君卓⑦。'以此坊民，子犹有弑其父者。"

【注释】

①升：升堂。客阶：西阶。

②受吊：接受吊唁。宾位：西边客位。按，《礼记恒解》曰："升自客阶，受吊宾位，谓反哭时也。既葬，犹不由阼阶，不忍即父位也。"

③追孝：向上追溯，致孝于祖先。

④未没丧：服丧未满。没，尽，终。

⑤不称君：继位的诸侯不敢称君。

⑥不争：不争君位。

⑦"故鲁《春秋》"二句：《春秋·僖公九年》载："晋里克杀其君之子奚齐。"《春秋·僖公十年》载："晋里克弑其君卓。"晋献公宠幸骊姬，生子奚齐，骊姬妹生子卓子。骊姬谗杀太子申生，逼走公子重耳、夷吾。鲁僖公九年（前651），晋献公去世，奚齐继位，晋大夫里克先后杀死骊姬、奚齐和卓子。奚齐和卓子虽然通过骊姬阴谋而登君位，但他们毕竟是君主，《春秋》记载里克弑君，就是谴责以臣弑君的行为。又，《春秋》称"杀其君之子奚齐"，不称奚齐为"君"，因为他与献公死在同一年，不能称"君"；卓子称"君"是因为他死时已是鲁僖公十年，献公死已逾年，故可称"君"。《礼记集解》曰："'未没丧，不称君'，谓史册所书也。以下文引《春秋》推之，当云'未逾年，不称君'，记者之误尔。盖一岁不二君，未逾年而称君，则是急于受国而有争夺其父之心矣。"

【译文】

孔子说："孝子葬毕回家，从西阶客位升堂，站在西边客位接受吊唁，这是教育民众向上追溯，致孝于祖先。因此，鲁国《春秋》在记载晋国丧事时说：'晋大夫里克杀死了君主之子奚齐及其国君卓子。'以此防范人们弑君弑父，还是有儿子杀死父亲的。"

子云："孝以事君①，弟以事长②，示民不贰也③。故君子有君不谋仕④，唯卜之日称二君⑤。丧父三年⑥，丧君三年⑦，示民不疑也⑧。父母在⑨，不敢有其身⑩，不敢私其财⑪，示民有上下也⑫。故天子四海之内无客礼⑬，莫敢为主焉⑭。故君适其臣⑮，升自阼阶⑯，即位于堂⑰，示民不敢有其室也⑱。父母在，馈献不及车马⑲，示民不敢专也⑳。以此坊民，民犹忘其亲而贰其君。

【注释】

①孝以事君：用事父的孝心来侍奉君主。

②弟以事长：用敬重兄长之心来侍奉官长。弟，通"悌"。

③不贰：没有二心。

④君子有君不谋仕：君主之子在父亲在世时不谋求官职。

⑤唯卜之日称二君：只有在代替君主占卜的时候才自称是君主的副手。二君，君主副手。二，贰。孔颖达疏："谓君有事故不得亲临卜筮，其嗣子为君而卜，其辞得称'君之贰某'，告龟筮也。"

⑥丧父三年：父死，孝子服丧三年。

⑦丧君三年：君死，臣子服丧三年。

⑧示民不疑：不疑，忠君无可置疑。郑玄注："不疑于君之尊也。君无骨肉之亲，不重其服，至尊不明。"孔颖达疏："示民不疑者，君无骨肉之亲，若不为重服，民则疑君不尊。今丧君三年，与丧父同，示民不疑于君之尊也。"

⑨在：在世，活着。

⑩不敢有其身：为父母活着，不敢私自处理自己的身体。有，犹"专"。

⑪私其财：私藏财产。

⑫上下：尊卑。

⑬天子四海之内无客礼：天子是天下的主人，没有天子做客的礼节。

⑭莫敢为主：没有人敢做天子的主人。

⑮适其臣：到臣子家里。

⑯升自阼阶：从主阶升堂。

⑰即位于堂：在堂上主位就座。

⑱民不敢有其室：臣民不敢有私人宫室。

⑲馈献不及车马：车马是家中最贵重的财产，馈赠、奉献他人物品时，不涉及车马。馈，馈赠。献，奉献。

⑳专：专擅财产。

【译文】

孔子说："用事父的孝心来侍奉君主，用敬重兄长之心来侍奉官长，这是对民众显示不可对君父怀有二心。所以，君主之子在父亲在世时不谋求官职，只有在代替君主占卜时才自称是君主的副手。父死孝子守丧三年，君死臣子守丧三年，这是向民众显示忠君之道无可置疑。父母在世，孝子不敢私自处理自己的身体，不敢私藏财产，这是向民众显示上下尊卑的道理。因此，天子在天下没有做客的礼节，因为没有人敢做天子的主人。因而君主到臣子家里，从主阶升堂，在堂上主位就座，这是显示臣民不敢有私人宫室。父母在世，孝子向别人馈赠、奉献物品，不涉及车马等贵重物品，这是显示孝子不能专擅财产。以此防范民众失礼，民众仍有忘掉父母、对君主怀有二心的。"

子云："礼之先币帛也①，欲民之先事而后禄也②。先财而后礼则民利③，无辞而行情则民争④。故君子于有馈者⑤，弗能见则不视其馈⑥。《易》曰："不耕获，不菑畬，凶⑦。"以此坊民，民犹贵禄而贱行。"

【注释】

①礼之先币帛：先行相见之礼，再送币帛。币帛，古人用作馈赠或祭祀的丝织品。

②先事而后禄：先做事，后拿财物。事，《礼记章句》："尽乎己者之谓'事'。"意即努力完成自己应做之事。禄，《礼记恒解》："人之惠我者也。"此指币帛财物。

③先财而后礼则民利：先送财物而后行礼，民众就会好利。利，犹"贪"。

④无辞而行情则民争：没有言辞礼让而直接用财物通情，民众就会争利。《礼记集解》："辞，宾主相接之辞。《表记》曰'无辞不相接也，无礼不相见也'，是也。行情，谓用币帛以致其情也。宾主相接，先有辞以相通，然后执贽以相见；既相见，然后用币帛以致其情。先财而后礼，无辞而行情，则是不务行礼，而唯以贷财为尚，故民化之，而有贪利争夺之心也。"

⑤有馈者：送礼物的人。

⑥弗能见则不视其馈：如果不能见送礼物的人，就不接受馈赠。

⑦不耕获，不菑畬（zī yú），凶：语本《周易·无妄》六二爻辞："不耕获，不菑畬，则利有攸往。"不耕获，不耕而获。不菑畬，不开荒而有良田。菑，初耕的田地。畬，开垦过三年的田。《礼记集解》曰："《尔雅》曰：'田一岁曰菑，二岁曰新田，三岁曰畬。'菑，谓始垦之而菑杀其草木也。畬，谓既耕之而其土舒缓也。引《易》言不耕则不得获，不菑则不得畬，以喻为其事而后获其利，先事而后禄之意也。"按，《周易》无"凶"字，而云"利有攸往"，两者意义不同。

【译文】

孔子说："先行相见之礼而后再送币帛，这样做是想让民众先做事后取财物。先送财物而后行礼,民众就会贪财;没有言辞礼让而直接用财物通情,民众就会争利。所以,在有人馈赠礼物时,君子如果不能接见,就不接受对方的馈赠。《周易》说:'不耕而获,不开荒而有良田,凶。'以此防范民众好利,民众仍有重利禄而轻做事的。"

　　子云:"君子不尽利以遗民①。《诗》云②:'彼有遗秉③,此有不敛穧④,伊寡妇之利⑤。'故君子仕则不稼⑥,田则不渔⑦,食时不力珍⑧。大夫不坐羊⑨,士不坐犬⑩。《诗》云⑪:'采葑采菲⑫,无以下体⑬,德音莫违⑭,及尔同死⑮。'以此坊民,民犹忘义而争利,以亡其身。"

【注释】

①君子不尽利以遗民:君子不占有全部利益,留下一点利益给人民。郑玄注:"不与民争利也。"

②《诗》云:引诗见《诗经·小雅·大田》。

③遗秉:丢下来的一把谷穗。秉,把。

④不敛穧(jì):没有捆扎的谷物。穧,已经收割而尚未打捆的谷物。

⑤伊寡妇之利:意谓收获之后遗留的谷物,让寡妇拾取为利。伊,是。按,引《诗》为"不尽利以遗民"之证。

⑥仕则不稼:做官有俸禄就不种庄稼。

⑦田则不渔:打猎就不捕鱼。

⑧食时:吃时令食物。不力珍:不力求山珍海味。力,尽力。

⑨不坐羊:在座位上不用羊皮做垫子。

⑩不坐犬:在座位上不用狗皮做垫子。以上几句,孔颖达疏:"言人君食四时之膳,不更用力务求珍羞。'大夫不坐羊、士不坐犬'者,言大夫无故不得杀羊坐其皮,士无故不得杀犬坐其皮,皆谓不贪

其利以厚己也。"

⑪《诗》云:引诗见《诗经·邶风·谷风》。

⑫葑(fēng):蔓菁。菲(fēi):萝卜。

⑬无以下体:以,用。下体,根茎。葑、菲的根叶都可以吃,但根是主要部分。诗人以根比喻德行,以叶比喻容貌,喻娶妻不取其德,但取其色,色衰即抛弃。按,《礼记集解》曰:"言采葑菲者既取其叶,无得兼取其根,以证不尽利之义。此与诗之本义不同,亦断章之法尔。"

⑭德音:好听的话。违:违背。

⑮及尔同死:与你同生共死。

【译文】

孔子说:"君子不占有全部利益,而留下一点利益给人民。《诗》中说:'那里有丢下的一把谷穗,这里有尚未捆扎的谷禾,这属于寡妇们的利益。'所以君子当官就不耕稼,打猎就不捕鱼,四季吃时令食物,不力求山珍海味。大夫不坐羊皮坐垫,士不坐狗皮坐垫。《诗》中说:'采了蔓菁采萝卜,既取茎叶不取根。好听的话不要忘,与你生死不分离。'以此来防范民众争利,民众仍然有忘义争利而丧身的。"

子云:"夫礼,坊民所淫①,章民之别②,使民无嫌③,以为民纪者也④。故男女无媒不交⑤,无币不相见⑥,恐男女之无别也。以此坊民,民犹有自献其身⑦。《诗》云:'伐柯如之何?匪斧不克。取妻如之何?匪媒不得⑧。艺麻如之何?横从其亩。取妻如之何?必告父母⑨。'"

【注释】

①坊民所淫:防止人民淫乱。

②章民之别：彰显男女区别。章，显示，表明。

③无嫌：无男女之嫌。嫌，嫌疑。

④纪：纪纲。

⑤媒：媒人。

⑥币：纳币，为婚礼中的一个环节。

⑦自献其身：指女子私奔。《礼记集解》曰："谓不待媒妁、币聘而奔
人者。"

⑧"伐柯如之何"几句：伐柯，砍伐斧柄。如之何，怎么样。匪，同
"非"。不克，不能胜任。取，同"娶"。按，此四句诗，今本《诗
经·齐风·南山》写作："析薪如之何？匪斧不克。取妻如之
何？匪媒不得。"又，《诗经·豳风·伐柯》："伐柯如何？匪斧不
克。取妻如何？匪媒不得。"以此观之，可能编者在编辑这一章
文字时，将《齐风·南山》与《豳风·伐柯》相混，且颠倒了诗句
顺序。

⑨"艺麻如之何"几句：艺，种植。从，同"纵"。按，此四句诗，今本
《诗经·齐风·南山》写作："艺麻如之何？衡从其亩。取妻如之
何？必告父母。""艺麻"四句在"析薪"四句之前。

【译文】

孔子说："礼，可以用来防止人民淫乱，彰显男女区别，使民众没有
男女之嫌，作为民众的纲纪。因此，青年男女之间没有媒人就不得交往，
不纳币就不得相见，怕的是男女无别。以此来防范民众淫乱，民女仍有
自己主动献身私奔的。《诗》中说：'砍伐斧柄怎么样？没有斧头就不行。
娶个妻子怎么样？没有媒人办不成。种麻怎么样？要整理田亩。娶妻
怎么样？要告诉父母。'"

子云："取妻不取同姓①，以厚别也②。故买妾不知其
姓，则卜之③。以此坊民，鲁《春秋》犹去夫人之姓，曰吴④，

其死曰'孟子卒'⑤。"

【注释】

①取妻不取同姓：先秦时期人们就认识到"男女同姓，其生不蕃"，因此，礼仪规定，不能娶同姓女子为妻。取，同"娶"。

②厚别：加强血缘的区别。

③卜之：通过占卜来视其吉凶。

④鲁《春秋》犹去夫人之姓，曰吴：《论语·述而》："君取于吴，为同姓，谓之吴孟子。"鲁昭公娶吴国女子为妻，吴为姬姓，按照鲁国《春秋》记事体例，应该记载"夫人姬氏至自吴"，但因吴与鲁同姓，《春秋》里并没有这样的记载，这是为鲁公讳。

⑤其死曰孟子卒：这里的"孟子"，犹言"大姑娘"。《春秋·哀公十二年》载"夏五月甲辰孟子卒"。《春秋》体例，于夫人之死当书"夫人某氏薨"，然于昭公夫人之死，则书"孟子卒"。按春秋时女子称谓，"孟"为字，其下当为姓，但昭公夫人为姬姓，讳而不书，曰"子"，仿佛是宋女（宋为子姓），以掩人耳目。

【译文】

孔子说："娶妻不娶同姓之女，这是为了加强血缘的区别。因此，买妾时如果不知道她的姓氏，就应该通过占卜来视其吉凶。以此来防范人们失礼，鲁国《春秋》还不得不隐去鲁昭公夫人的姬姓，只说她来自吴国，她死时仅记载'吴国大姑娘去世'。"

子云："礼，非祭，男女不交爵①。以此坊民，阳侯犹杀缪侯而窃其夫人②。故大飨废夫人之礼③。"

【注释】

①交爵：互相敬酒。

②阳侯犹杀缪侯而窃其夫人：阳侯访问缪国，缪侯为阳侯举行大飨
　　之礼，缪侯夫人出席。阳侯看到缪侯夫人很美，于是杀死缪侯而
　　娶其夫人。按，其事未见其他文献记载。
③大飨：他国诸侯来朝，东道国君主设宴款待。废夫人之礼：夫人不
　　出席大飨之礼，由他人代理。其所以如此，乃是因为缪侯夫人出
　　席大飨之礼，引发阳侯邪念，导致缪侯杀身灭国之祸。

【译文】

　　孔子说："按照礼规，不是祭祀之时，男女之间不可互相敬酒。以此
来防范人们失礼，阳侯还杀掉缪侯并霸占了他的夫人。因此，大飨就废
除了夫人参加的礼节。"

　　子云："寡妇之子，不有见焉①，则弗友也②，君子以辟
远也③。故朋友之交，主人不在④，不有大故⑤，则不入其门。
以此坊民，民犹以色厚于德。"

【注释】

①有见：亲眼看到他的才艺。
②弗友：不与他做朋友。
③辟远：远避嫌疑。
④主人：男主人。
⑤大故：死丧之类的重大事故。

【译文】

　　孔子说："对寡妇之子，如果不是亲眼看到他有才艺，就不和他交朋
友，这是因为君子要远避嫌疑。因此，朋友之间互相往来，如果男主人不
在家，除非有死丧之类的重大事故，否则就不进他家的门。以此来防范
民众，民众还好色超过了好德。"

子云:"好德如好色,诸侯不下渔色①。故君子远色以为民纪②。故男女授受不亲③。御妇人则进左手④。姑、姊、妹、女子子已嫁而反⑤,男子不与同席而坐。寡妇不夜哭⑥。妇人疾,问之不问其疾⑦。以此坊民,民犹淫泆而乱于族⑧。"

【注释】

①不下渔色:不在自己国中猎取女色。

②纪:榜样。

③授受不亲:不亲手授受物品。

④御妇人进左手:为妇女驾车左手在前。孔颖达疏:"'御妇人则进左手'者,以御者之礼,妇人于车上左厢,御者在妇人之右,进左手,谓左手在前,转身向右微偝妇人。"

⑤反:同"返",回娘家。

⑥寡妇不夜哭:郑玄注:"嫌思人道。"意即有想男女之事的嫌疑。

⑦不问其疾:不要问得的是什么病。孔颖达疏:"谓不问其疾所委曲。若问其委曲,嫌似媚。故不丁宁,但略问增损而已。"《礼记集解》曰:"妇人之疾,或有不可以语人者,故不问之,亦为其相亵故也。"

⑧泆(yì):放荡,放纵。乱于族:在家族中淫乱。《礼记恒解》曰:"上云姑、姊、妹、女子子及问疾诸事,皆族中礼,故结之以'乱于族'。"

【译文】

孔子说:"爱好美德,应该像爱好美色那样,诸侯不应该在本国中挑选美女作妻妾。因此君子要远离女色,为民众树立榜样。因而男女不亲手授受物品。为妇女驾车,应该左手在前。姑姑、姐姐、妹妹、女儿出嫁后回到娘家,家里男子就不再和她们同席而坐。寡妇不要在夜间哭泣。

妇女有病,可以问候,但不要问她得的是什么病。以此来防范民众淫乱,民众仍有淫逸而在家族中乱伦的。"

子云:"婚礼,婿亲迎①,见于舅姑②,舅姑承子以授婿③,恐事之违也④。以此坊民,妇犹有不至者⑤。"

【注释】

①婿亲迎:女婿亲自到岳父家迎娶新娘。

②舅姑:此处指岳父岳母。

③承子以授婿:手牵女儿交给女婿。

④事:侍奉公婆和丈夫。违:违礼。《仪礼·士昏礼》:"父送女,命之,曰:'戒之敬之,夙夜无违命。'母施衿结帨,曰:'勉之敬之,夙夜无违宫事。'"

⑤不至:做不到礼仪所要求的。

【译文】

孔子说:"按照婚礼规定,女婿要亲自上门迎娶新娘,拜见岳父岳母,岳父岳母亲手把女儿交给女婿,怕的是女儿不能按照礼仪侍奉公婆和丈夫。以此来防范民众失礼,仍有一些妇女达不到礼仪要求。"

表记第三

【题解】

本篇选自《礼记》。关于篇题的涵意,孔颖达疏引郑玄曰:"名曰《表记》者,以其记君子之德,见于仪表。""记"是汉代解经的文体。如果译成白话,"表记"就是"关于君子外在仪表的传记"。《表记》收录了孔子五十五章语录,孔颖达认为:"此一篇总论君子及小人为行之本,并论虞、夏、殷、周质文之异,又论为臣事君之道。"这基本可以概括《表记》的思想内容。篇中记载了孔子很多道德训诫,诸如"君子不失足于人,不失色于人,不失口于人","不以其所能者病人,不以人之所不能者愧人","彰人之善而美人之功","口惠而实不至,怨菑及其身"等等,在今天读来仍有教益。在《表记》五十五章语录之中,八章是以"子言之"开头,孔颖达对此解释说:"称'子言之',凡有八所。皇氏云:'皆是发端起义,事之头首,记者详之,故称"子言之"。若于子言之下更广开其事,或曲说其理,则直称"子曰"。'今检上下体例,或如皇氏之言。今依用之。"用"子言之"发端起义,提要各层大义,再用"子曰"领起各章语录,这对孔子语录的分类编辑体例具有重要意义。

子言之:"归乎①!君子隐而显②,不矜而庄③,不厉而威④,不言而信⑤。"

【注释】

①归乎:孔子周游列国,但没有一个诸侯愿意用他,于是他滋生了返回鲁国的念头。

②君子隐而显:意谓君子虽然隐退在野,但他的思想学说仍然得到一定的传播。隐而显,身隐而名显。

③矜:矜持。庄:庄重。

④厉:严厉。威:有威仪。

⑤不言而信:不说话而能取信于人。《礼记恒解》曰:"子因无所遇,而欲退藏,故以修己无求于外意示人也。"

【译文】

孔子说:"回去吧! 君子身隐而名显,不矜持而自然庄重,不严厉而有威仪,不说话而能取信于人。"

子曰:"君子不失足于人①,不失色于人②,不失口于人③。是故君子貌足畏也④,色足惮也⑤,言足信也。《甫刑》曰⑥:'敬忌而罔有择言在躬⑦。'"

【注释】

①不失足于人:手足举措对人没有失礼之处。

②不失色于人:神情脸色对人没有失礼之处。

③不失口于人:言谈对人没有失礼之处。

④貌足畏:容貌足以令人畏服。

⑤色足惮:神情脸色足以令人惧怕。

⑥《甫刑》:《尚书·周书》中的一篇文章,又作《吕刑》。

⑦敬:恭敬。忌:戒惧。罔有择言:没有坏话。罔,无。择,读为"致(yì)",意为败坏(用王引之说)。躬:自身。

【译文】

孔子说:"君子手足举措对人没有失礼之处,神情脸色对人没有失礼之处,言谈对人没有失礼之处。因此,君子的容貌足以令人畏服,神情脸色足以令人惧怕,说话足以令人信服。《甫刑》说:'必敬必戒,没有坏话出于己身。'"

子曰:"裼袭之不相因也^①,欲民之毋相渎也^②。"

【注释】

①裼(xī):袒开正服而不尽覆盖其裘。袭:尽覆其裘而不使裘见于外。不相因:在古代礼仪中,或以裼为敬,或以袭为敬。隆重场合,以袭为敬;一般宴享,以裼为敬。
②欲民之毋相渎也:《礼记章句》曰:"一事而各有节,或裼或袭,不偷循其便而必中于礼,民不得而亵之矣。言君子之于敬,无斯须之或乱也。"相渎,互相轻慢。

【译文】

孔子说:"行礼或以袒开正服而不尽覆其裘为敬,或以尽覆其裘而不使裘见于外为敬,这是希望民众不要互相轻慢。"

子曰:"祭极敬^①,不继之以乐^②。朝极辨^③,不继之以倦^④。"

【注释】

①极敬:极尽崇敬之情。
②继之以乐:祭祀以后接着娱乐。之,指祭祀。
③朝:处理朝政。极辨:极具辨别能力。辨,郑玄注:"分别政事也。"
④继之以倦:在疲倦之后继续处理朝政。《礼记章句》曰:"祭虽献酬交错而意不在欢,朝廷之事虽烦劳而威仪必整,皆笃敬以厚其终也。"

【译文】

孔子说:"祭祀时要极尽崇敬之情,不能在祭祀以后接着娱乐。处理朝政要极具辨别能力,不可在疲倦之后继续处理朝政。"

子曰:"君子慎以辟祸①,笃以不掩②,恭以远耻③。"

【注释】

①慎以辟祸:用谨慎来避免灾祸。

②笃以不掩:用笃厚来避免困窘。笃,厚,诚。掩,困窘。

③恭以远耻:用恭敬来避免耻辱。《礼记集解》:"人能敬慎,则择地而蹈,而可以辟祸患矣。人能笃厚,则诚以感人,而不至于被困迫矣。人能恭敬,则人亦敬之,而可以远耻辱矣。"

【译文】

孔子说:"君子用谨慎来避免灾祸,用笃厚来避免困窘,用恭敬来避免耻辱。"

子曰:"君子庄敬日强①,安肆日偷②。君子不以一日使其躬儳焉③,如不终日④。"

【注释】

①庄:庄重。敬:恭敬。日强:每日图强。

②安:安心。肆:放肆。日偷:每日苟且偷安。按,"安肆日偷"是指小人而言。

③躬:身。儳(chán):轻贱的样子。

④如不终日:如同惶惶不可终日。

【译文】

孔子说:"君子庄重恭敬,每日图强;小人安于放肆,每日苟且偷安。

君子一天也不让自己变得轻贱,似乎惶惶不可终日。"

子曰:"齐戒以事鬼神^①,择日月以见君^②,恐民之不敬也。"

【注释】

①齐戒:斋戒,古人在祭祀前洁静身心,表示虔敬。齐,同"斋"。
　事:敬奉。
②择日月以见君:此指臣或者出使,或者在京外为官,入朝见君主需
　择吉日。择日月,选择吉日。

【译文】

孔子说:"斋戒以后敬奉鬼神,选择吉日去谒见君主,这是怕民众不
敬。"

子曰:"狎侮^①,死焉而不畏也^②。"

【注释】

①狎侮:轻慢戏侮。
②死焉而不畏:到死还不知道畏惧。《礼记集解》:"小人好相狎昵侮
　慢,不知畏死亡也,而死亡恒及之。此'慎以辟祸'之反也。"

【译文】

孔子说:"有人爱好轻慢戏侮,到死还不知畏惧。"

子曰:"无辞不相接也^①,无礼不相见也^②,欲民之毋相
亵也^③。《易》曰:'初筮告,再三渎,渎则不告^④。'"

【注释】

①无辞不相接:没有言辞沟通互相就不交接。辞,辞令。接,《礼记

章句》曰:"谓摈介相传。"孔颖达疏:"言朝聘会聚之时,必有言辞以通情意,若无言辞则不得相交接也。"《礼记章句》曰:"主人请事而客答也。"《礼记集解》曰:"宾主相接之辞,若《士相见礼》曰'某也愿见,无由达,某子以命命某见'是也。"

②无礼不相见:古人见面要呈上见面礼,称为"执贽"。礼,此特指"贽",见面礼。

③欲民之毋相亵(xiè)也:亵,不庄重,轻慢。《礼记恒解》曰:"辞以通情,礼以致敬,非是则亵而不敬。"

④"初筮告"几句:语见《周易·蒙卦》卦辞。初筮告,第一次占卜,卜者会告诉吉凶。再三渎,第二次、第三次占卜,就是亵渎神明。渎则不告,既然亵渎神明,那么卜者就不再告诉吉凶。按,引《周易》表明不可互相轻慢。《礼记章句》曰:"'渎'则接神不以礼而神厌之。言神人一理,不可不敬也。"

【译文】

孔子说:"没有辞令沟通就互不交接,没有见面礼就不相见,这是希望民众不要互相轻慢。《周易》说:'第一次占卜,卜者会告诉吉凶;第二次、第三次占卜,就是亵渎神明;既然是亵渎神明,那么卜者就不再告知吉凶。'"

子言之:"仁者,天下之表也①。义者,天下之制也②。报者③,天下之利也④。"

【注释】

①表:仪表,标准。

②制:裁断原则。

③报:回报。郑玄曰:"礼尚往来。"

④天下之利也:《礼记恒解》曰:"仁,人心也,万善统焉。天下无不

仁而犹为人者，故为表。义，所以全仁节制而得其宜者也。报施准乎仁义，而情谊相属，故曰天下之利。《易·文言》'利者义之和'是也。"《礼记集解》曰："此下七章，兼明仁、义、报三者之道也。"

【译文】

孔子说："仁是天下的仪表，义是裁断天下事物是非的原则，回报恩德是天下的公利。"

子曰："以德报德，则民有所劝①。以怨报怨，则民有所惩②。《诗》曰：'无言不雠，无德不报③。'《大甲》曰④：'民非后⑤，无能胥以宁⑥；后非民，无以辟四方⑦。'"

【注释】

①劝：劝勉，勉励。

②则民有所惩：惩，惩戒。《礼记恒解》曰："施德者获德报，则民劝于善。施怨者获怨报，则民惩于不善。"《礼记集解》曰："劝者，勉于施德；惩者，戒于树怨。"

③无言不雠（chóu），无德不报：诗见《诗经·大雅·抑》。雠，应答。《礼记恒解》曰："《诗》言一言必有答，一德必有报，可见所施不可不慎也。"

④《大甲》：即《尚书·太甲》，已佚。今本《太甲》是伪书。

⑤民非后：民众如果没有君主。后，君主。

⑥无能：不能。胥：互相。宁：安宁。

⑦无以辟四方：辟，君，君临。孔颖达曰："证君之与臣上下各以其事相报，是相报答之义也。"

【译文】

孔子说："倡导以恩德回报别人的恩德，这样民众就会得到劝勉。提倡以怨恨回报别人的怨恨,这样民众就会有所惩戒。《诗》中说:'没有得不到应答的语言,没有得不到回报的恩德。'《太甲》说:'民众没有君主,就不能互相安宁;君主没有民众,就不能统治四方。'"

子曰:"以德报怨,则宽身之仁也①;以怨报德,则刑戮之民也②。"

【注释】

①宽身之仁:宽容己身的人。宽身,谓息事宁人,安身求容。宽,犹"爱"。仁,郑玄说,当读为"民"。孔颖达疏:"若以直报怨,是礼之当也。今以德报怨,但是宽爱己身之民,欲苟息祸患,非礼之正也。"

②刑戮:受刑罚或被杀死。

【译文】

孔子说:"以恩德回报别人的怨恨,这是安身求容的人;以怨恨回报别人的恩德,这是应该判刑杀死的人。"

子曰:"无欲而好仁者①,无畏而恶不仁者②,天下一人而已矣③。是故君子议道自己④,而置法以民⑤。"

【注释】

①无欲而好仁:没有欲望而好仁。

②无畏而恶不仁:无所畏惧而厌恶不仁。

③天下一人:言其少。《礼记章句》曰:"唯体仁之君子能之,非民所及也。"

④议道自己:谈论道理,先从自己开始。意谓严于责己。

⑤置法以民:设置法律,要根据民情。意谓对人宽仁。

【译文】

孔子说:"没有欲望而好仁,无所畏惧而厌恶不仁,天下恐怕只有个把人而已。因此,君子谈论道理要先从自己能否做到开始,设置法律则要根据民情。"

子曰:"仁有三①,与仁同功而异情②。与仁同功,其仁未可知也③;与仁同过④,然后其仁可知也。仁者安仁⑤,知者利仁⑥,畏罪者强仁⑦。仁者右也,道者左也⑧。仁者人也,道者义也⑨。厚于仁者薄于义,亲而不尊;厚于义者薄于仁,尊而不亲⑩。道有至、义、有考⑪。至道以王,义道以霸,考道以为无失⑫。"

【注释】

①仁有三:即下文所说的安仁、利仁、强仁。

②同功:三种仁同等功效。异情:动机不同。情,此指动机。

③其仁未可知:为仁的动机还不能被人了解。

④与仁同过:施行仁道时同样犯了过错。

⑤仁者安仁:仁者天性安于行仁。按,"仁者安仁"以下三句都是说明行仁动机不同,仁者行仁是出于天性,智者行仁是从利益考虑,畏罪者行仁是从免罪角度考虑。

⑥知者利仁:智者从仁中获利,若无所利,则不行仁。《论语·里仁》载孔子曰:"仁者安仁,知者利仁。"知,同"智"。

⑦畏罪者强仁:怕犯罪的人勉强行仁,若无所畏,则不行仁。

⑧仁者右也,道者左也:仁如同人的右手,道如同人的左手。郑玄曰:"右也左也,言相须而成也。"按,人的右手比左手重要,可见仁比道更为重要。

⑨仁者人也,道者义也:仁是施以人恩,道是道义。义,郑玄注:"义也,谓断以事宜也。"《礼记集解》曰:"仁者,中心所具之德,体也。道者,事物所由之路,用也。"

⑩"厚于仁者薄于义"几句:《礼记集解》曰:"仁者,温然之慈惠,故人亲爱之;义者,截然之裁制,故人尊敬之。"此谓仁为体,义为用,二者应相辅相成,偏重仁情就会薄于道义,令人亲爱而不尊敬;偏重道义就会薄于人情,令人尊敬而不亲爱。《礼记恒解》曰:"世或不知体用一原,动静相须,或厚于仁而义不尽协,人感其恩而亲之,然施不合宜,弗尊之也。或厚于义而仁未胹至,人服其明而尊之,然诚恳未周,弗亲之也。"

⑪道有至、义、有考:郑玄说:此句应当读为"道有至、有义、有考",脱一"有"字。至,极至。孔颖达疏:"至,谓兼行仁义。"义,相宜。孔颖达疏:"谓仁义之中,唯有义无仁,故云有义。"《礼记恒解》曰:"义,裁制合宜之名,有大小精粗不同。"考,稽考。意谓考察仁义之道而慎行之。《礼记训纂》引叶少蕴曰:"仁义不足于己,而能考合于道而行之,则亦无失于己。"

⑫"至道以王"几句:无失,没有过失。《礼记集解》引吕大临曰:"至道者,至于道之极,不可以有加也,故以王。义道者,揆道而裁之,制节谨度,可以有国而长诸侯,故以霸。考道者,必稽古昔,称先王,所谓'非法不言,非道不行',虽未达道,亦庶几乎不失矣。"

【译文】

孔子说:"行仁有安仁、利仁、强仁三种情况,三者虽然具有同等功效但动机不同。与仁同等功效,还看不出其动机;如果施行仁道时都有过错,那么这时候就可以看出其行仁动机了。仁者是天性安于行仁,智者是从行仁中获利,怕犯罪的人是勉强行仁。仁如同是人的右手,道如同是人的左手。仁是施以人恩,道是根据义理进行裁断。厚于仁情就会薄于道义,这会令人亲爱而不受尊敬;厚于道义就会薄于人情,这会令人受尊敬而不被人亲爱。道有极至之处,有其义理所在,有其稽考之法。实行至道可以称王,实行义道可以称霸,实行考道可以没有过失。"

子言之:"仁有数①,义有长短小大②。中心憯怛③,爱人之仁也④。率法而强之⑤,资仁者也⑥。《诗》云⑦:'丰水有芑⑧,武王岂不仕⑨!诒厥孙谋⑩,以燕翼子⑪,武王烝哉⑫!'数世之仁也⑬。《国风》曰⑭:'我今不阅,皇恤我后⑮。'终身之仁也⑯。"

【注释】

①数:度数。

②长短小大:意义与上句的"数"相同。孔颖达疏:"长谓国祚久远,大谓覆养广多,短谓世位浅促,小谓所施狭近也。"

③中心:心中。憯怛(cǎn dá):忧伤哀痛。

④爱人之仁:指天性中的仁。爱人,怜爱他人。《礼记集解》引吕大临曰:"仁,发于性者也。"

⑤率法而强之:遵循法律强力推行仁。率法,遵循法律。

⑥资仁:取于仁。指受外在法律约束而行仁。资,取。

⑦《诗》云:引诗见《诗经·大雅·文王有声》。

⑧丰水:古代水名,在今陕西西安鄠邑区东南,注入渭水。芑(qǐ):一种野菜,似苦菜。

⑨武王岂不仕:周武王岂不以天下为事。仕,通"事",谓从事于某种工作或事业。

⑩诒厥孙谋:意谓武王能给子孙留下美善之谋,征伐殷纣王,建立周王朝,将王业传给子孙。诒,遗。厥,其。孙,子孙。谋,善谋。

⑪以燕翼子:谓武王能安助其子孙。燕,安。翼,助。

⑫武王烝（zhēng）哉：武王真是有德之君啊！烝，国君，君王。

⑬数世之仁：指周武王仁德泽及数世。

⑭《国风》：此指《诗经·邶风·谷风》。

⑮我今不阅，皇恤我后：弃妇自叹不为其夫所容，哪有时间忧其后世子孙。阅，容纳。皇，暇，空闲。恤，忧。按，此处引《诗》是借弃妇只忧及自身而不能顾及后代，喻取于仁者只能成就自身之仁而不能延及后世。

⑯终身之仁：终其自身之仁。《礼记章句》曰："仁义之施，所及各有量。惟根心以出，则立之有原，行之委曲详尽，斯所及者广而可久。若资成法勉强而率循之，则不能远及矣。"

【译文】

孔子说："仁有度数，义也有长短大小的区别。对他人怀有哀痛之心，这是天性怜爱他人的仁。遵循法律而强力行仁，这是以仁作为手段。《诗》中说：'丰水边长有艺菜，周武王岂不念天下之事！他给子孙留下好谋略，庇护着他的子孙，武王真是有德之君啊！'这是惠及身后数代的仁。《诗》中说：'我自身不为丈夫所容，哪有时间担忧后代呢？'这是终其自身的仁。"

子曰："仁之为器重①，其为道远②，举者莫能胜也③，行者莫能致也④。取数多者，仁也⑤。夫勉于仁者不亦难乎⑥？是故君子以义度人⑦，则难为人⑧；以人望人⑨，则贤者可知已矣。"

【注释】

①仁之为器重：如果把仁比作一件器具，那么这个器具非常沉重。

②其为道远：如果把行仁比作一条路，那么这条路非常长远。

③举者莫能胜：此句承"仁之为器重"而来，说明举重的人难以举起"仁"这个器具。

④仁者莫能致：此句承"其为道远"而来，说明行路的人很难走完"仁"这条路。

⑤取数多者，仁也：取举重相对多的和走得相对远的，就是仁。按，郑玄注："言计天下之道，仁居其多。"可备一说。

⑥勉：勉力。

⑦度：衡量。

⑧难为人：很难找到合乎标准的人。

⑨以人望人：用一般人的标准来衡量人。

【译文】

孔子说："如果把仁比作器具，那是非常沉重的；如果把仁比作一条道路，那是非常遥远的。举重的人举不起"仁"这个器具，行路的人也走不完"仁"这条路。只能看谁相对举得较重、走得较远，那就算作仁了。如此勉力于仁，不是很难吗？因此，君子如果用道义的标准来衡量人，那么就很难找到合乎标准的人；如果用一般人的标准去衡量他人，那么就可以知道谁是贤人了。"

　　子曰："中心安仁者①，天下一人而已矣。《大雅》曰②：'德𬨎如毛③，民鲜克举之④；我仪图之⑤，惟仲山甫举之⑥，爱莫助之⑦。'《小雅》曰⑧：'高山仰止⑨，景行行止⑩。'"

【注释】

①中心安仁：内心安于行仁。

②《大雅》曰：引诗见《诗经·大雅·烝民》。

③𬨎（yóu）：轻。

④鲜：少。克：能。

⑤仪图：揣度。仪，推测，忖度。图，谋。

⑥仲山甫：周宣王时期卿士，为一代中兴名臣。

⑦爱莫助之：可惜无人帮助他。按，此处引诗，孔颖达疏曰："引此者证中心安仁者少，亦无人能行之。言贤者少也。"

⑧《小雅》曰：引诗见《诗经·小雅·车舝》。

⑨仰：仰望。止：语尾助词。

⑩景行：大路。行：走。按，此处引诗《礼记集解》曰："谓乡道而行，仁以为己任也。"

【译文】

孔子说："内心安于行仁的人，天下只有个把人而已。《诗经·大雅》中说：'道德虽然轻如鸿毛，但很少有人能把它举起来。我细细揣度过，只有仲山甫能够举起，可惜没有人能够帮助他。'《诗经·小雅》中说：'巍巍高山令人仰望，沿着大路向前行走。'"

子曰："《诗》之好仁如此。乡道而行①，中道而废，忘身之老也，不知年数之不足，俛焉日有孳孳②，毙而后已③。"

【注释】

①乡：通"向"。

②俛（miǎn）：勤劳的样子。孳孳：同"孜孜"，勤勉努力。

③毙：死。已：止。

【译文】

孔子说："《诗》如此爱好仁。向着仁的大道行进，半路上走不动才停下来，忘记自身已经年老，不知道自己来日不多，仍然勤勉，孜孜不倦，死而后已。"

子曰："仁之难成久矣①！人人失其所好②，故仁者之过易辞也③。"

【注释】

①难成：难以成功。

②失其所好：失于对仁的偏好。人们对仁的理解有所不同，在如何行仁方面也会有偏差。

③仁者之过易辞也：易辞，容易解释。按，孔颖达疏曰："以仁是善行，故仁者有过，其恶不甚，易可以言辞解说也。"可备一说。

【译文】

孔子说："仁难以成功，这种情形由来已久。人人对仁的理解和践行都会有所偏失，因此仁者的过失是容易得到解释的。"

子曰："恭近礼①，俭近仁②，信近情③。敬让以行④，此虽有过⑤，其不甚矣。夫恭寡过，情可信，俭易容也⑥。以此失之者⑦，不亦鲜乎？《诗》曰：'温温恭人，惟德之基⑧。'"

【注释】

①恭近礼：礼主敬，故恭敬近于礼。

②俭近仁：俭者爱物，故节俭近于仁。

③信近情：人的性情追溯到终极源头，就是一个诚，故诚信近于人情。

④敬让以行：恭敬谦让地行事。

⑤虽：即使。

⑥俭易容：节俭则能知足，不抢夺，故不为人所忌，易于容身。

⑦此：指恭、情、俭。失：失误。

⑧温温恭人，惟德之基：诗见《诗经·大雅·抑》。温温，温和。恭人，恭敬的人。惟，是。德之基，道德的基石。《礼记集解》曰："引

《大雅·抑》之诗，言人能有上三者之行，则可以为德之基而渐进于仁也。"

【译文】

孔子说："恭敬近于礼，节俭近于仁，诚信近于人情。恭敬谦让地行事，即便有过失，也不会是严重的过失。恭敬就会少犯过失，真情就会让人信任，节俭易于容身。以恭敬、真诚、节俭的态度做人而有过失，这种情形不是少有的吗？《诗》中说：'温和恭敬的人，是道德的基石。'"

子曰："仁之难成久矣，惟君子能之。是故君子不以其所能者病人[1]，不以人之所不能者愧人[2]。是故圣人之制行也[3]，不制以己[4]，使民有所劝勉愧耻[5]，以行其言[6]。礼以节之[7]，信以结之[8]，容貌以文之[9]，衣服以移之[10]，朋友以极之[11]，欲民之有壹也[12]。《小雅》曰：'不愧于人，不畏于天[13]。'是故君子服其服[14]，则文以君子之容；有其容，则文以君子之辞[15]；遂其辞[16]，则实以君子之德。是故君子耻服其服而无其容，耻有其容而无其辞，耻有其辞而无其德，耻有其德而无其行。是故君子衰绖则有哀色[17]，端冕则有敬色[18]，甲胄则有不可辱之色[19]。《诗》云：'惟鹈在梁，不濡其翼；彼记之子，不称其服[20]。'"

【注释】

①病：困，责备。

②愧：羞愧。此处用作使动词，意谓使他人惭愧。

③制行：制定行为规则。

④不制以己：不以自己所能作为标准。

⑤劝勉：劝导勉励。愧耻：惭愧羞耻。

⑥以行其言：来践行圣人之言。

⑦礼以节之：用礼仪节制人民的行为。

⑧信以结之：用诚信来团结人民。

⑨容貌以文之：用合乎礼规的仪容面貌来文饰人民。文，文饰。

⑩衣服以移之：用合乎身份的衣服来影响人民。移，变化。按，古代穿衣服划分等级。此处意谓通过穿衣服的差别来培养老百姓的上下尊卑意识。

⑪朋友以极之：用朋友劝勉切磋使人民极致于道。极，致。

⑫壹：专一。专一于仁。

⑬不愧于人，不畏于天：诗见《诗经·小雅·何人斯》。《礼记恒解》曰："引《诗》言，以明如此善诱，则人皆知愧人而畏天。"

⑭服其服：君子穿与自己等级相配的服装。

⑮君子之辞：君子应该说的话。

⑯遂其辞：成功练就了一个君子所说的言辞。遂，顺利完成。

⑰衰绖（cuī dié）：古代丧服。此处用作动词，意谓身穿衰绖丧服。古人丧服胸前缀有长六寸、广四寸的麻布，名衰；缠在头上的散麻绳为首绖，缠在腰间的散麻绳为腰绖。哀色：悲哀之色。

⑱端冕：玄衣和大冠，为古代帝王贵族的礼服。此处用作动词，意谓穿上礼服。

⑲甲胄：铠甲和头盔。此处用作动词，意谓身披铠甲，戴上头盔。按，《礼记集解》曰："盖衣服容貌若在于外，然养其外者以及其内，修其粗者以及其精，而言语、德行皆由此而出焉。圣人之使人劝勉愧耻以行其言如此。"

⑳"惟鹈（tí）在梁"几句：诗见《诗经·曹风·候人》。鹈，鹈鹕，一种水鸟。梁，鱼坝。濡，沾湿。彼记之子，今本《诗经》写作"彼其之子"。不称其服，与服装不相配。

【译文】

孔子说:"仁之难以成功由来已久,只有君子行仁能够成功。因此君子不以自己所擅长去怪罪别人,也不以别人不擅长而让人难堪。所以圣人在制定行为标准时,不是以自己为标准,而是以中等人为标准,使民众有所劝勉和愧疚,以此来践行圣人之言。用礼仪节制民众的行为,用诚信来团结民众,用合礼的仪容神情来文饰民众,用合乎身份的衣服来影响民众,用朋友劝勉使民众极致于道。《诗经·小雅》中说:'俯不愧于人,仰不畏于天。'因此,君子穿君子应该穿的服装,用君子的仪容来加以文饰;有了君子的仪容,还要用君子应该说的话来加以文饰;成功练就了一个君子所说的言辞,还要用君子的道德来加以充实。因此君子耻于穿了君子服装而无君子仪容,耻于只有君子仪容而无君子言辞,耻于只有君子言辞而无君子道德,耻于只有君子道德而无君子行为。因此君子穿上了衰绖丧服就会有悲哀的神色,穿上了玄衣大冠朝服就会有恭敬的神色,穿上了盔甲就会有不可侵犯的神色。《诗》中说:'鹈鹕鸟儿立河梁,河水未曾湿翅膀。那些无德小子们,不配穿上那衣裳。'"

子言之:"君子之所谓义者,贵贱皆有事于天下^①。天子亲耕^②,粢盛秬鬯以事上帝^③,故诸侯勤以辅事于天子^④。"

【注释】

①有事:有所尊事。

②天子亲耕:古代有所谓天子藉田制度。每年正月,天子亲自到田间耕作,表示重农,收获的粮食在天坛明堂供奉上帝。

③粢盛(zī chéng):古代盛在祭器内以供祭祀的谷物。秬鬯(jù chàng):古代以黑黍和郁金酿造的酒,用于祭神,或赏赐有功诸侯。

④故诸侯勤以辅事于天子:辅事,辅佐事奉。按,《礼记章句》曰:"'义'之体,敬也;其用,宜也。尽其职分之所当为以敬其所尊,

乃所以为天下之制也。人君以义制天下，必先自修其义于上，故天子、诸侯各尽敬于所尊以为民极，而非徒立法制以坊民也。"

【译文】

孔子说："君子之所谓义，是说无论身份贵贱，都要有所尊事。天子要亲耕藉田种植谷物，用黑黍和郁金酿酒来祭祀上帝，因此诸侯也要勤勉地辅佐天子。"

子曰："下之事上也，虽有庇民之大德①，不敢有君民之心②，仁之厚也。是故君子恭俭以求役仁③，信让以求役礼④，不自尚其事⑤，不自尊其身⑥，俭于位而寡于欲⑦，让于贤，卑己而尊人，小心而畏义，求以事君⑧。得之自是⑨，不得自是，以听天命⑩。《诗》云：'莫莫葛藟，施于条枚。凯弟君子，求福不回⑪。'其舜、禹、文王、周公之谓与！有君民之大德，有事君之小心。《诗》云：'惟此文王，小心翼翼，昭事上帝，聿怀多福，厥德不回，以受方国⑫。'"

【注释】

①庇：庇护。

②君民之心：称君的野心。

③恭俭以求役仁：恭敬俭朴以求服务于仁。

④信让以求役礼：诚信谦让以求服务于礼。

⑤不自尚其事：不抬高自己的事业。尚，尊崇。

⑥不自尊其身：不自我尊大以抬高身份。

⑦俭于位：不奢求更高的爵位。寡于欲：减少欲望。

⑧求以事君：要求自己以这样的态度侍奉君主。

⑨得之自是：得到利禄，自己的表现是这样。

⑩以听天命:《礼记集解》曰:"尽仁礼以事君,不以外之得失而有变焉。盖得与不得者命也,我之所当为者义也。义则尽之自己,命则听之于天,此君子之心也。"

⑪"莫莫葛藟(lěi)"几句:引诗见《诗经·大雅·旱麓》。莫莫,茂密的样子。葛藟,葛藤。施(yì),蔓延。条,树枝。枚,树干。凯弟(tì),和乐平易的样子。不回,郑玄注:"不回者,不违先祖之道。"回,违。孔颖达疏:"引之者证君子以听天命,虽求福禄,不为邪僻之行。"

⑫"惟此文王"几句:诗见《诗经·大雅·大明》。昭事,明白地侍奉。聿(yù),语气助词。怀,来,招来。厥,其。回,邪。方国,商周时期对诸侯国的称呼。

【译文】

孔子说:"在下位的侍奉在上位的,即使具有庇护民众的大德,也不敢有称君的野心,这是仁厚的表现。因此君子恭敬俭朴以求服务于仁,诚信谦让以求服务于礼,不抬高自己所从事的事业,不自我尊大以提高身价,不奢求更高的爵位,做到清心寡欲,让位给贤人,自己谦卑而尊重他人,小心谨慎,敬畏道义,要求自己用这样的态度来侍奉国君。得到利禄时自己的表现是这样,得不到利禄时自己的表现也是这样,以此听从天命安排。《诗》中说:'茂盛密集的葛藤,缠绕树干和树枝。和乐平易的君子,不违祖德把福求。'大概说的就是帝舜、夏禹、文王、周公这些圣人吧!他们既有统治民众的大德,又有侍奉君主的小心。《诗》中说:'就是这个周文王,小心翼翼如临渊。明白如何事上帝,得到福佑一桩桩。他的德行真够棒,天下方国都归他。'"

子曰:"先王谥以尊名①,节以壹惠②,耻名之浮于行也③。是故君子不自大其事④,不自尚其功⑤,以求处情⑥;过行弗率⑦,以求处厚⑧;彰人之善而美人之功,以求下贤。是故君子虽自卑,而民敬尊之。"

【注释】

①谥(shì)以尊名:用谥号来推尊死者的声名。谥,古代帝王、贵族、大臣、名人死后,生者根据其生前事迹所给予的称号。

②节以壹惠:节取死者一项大善来确定谥号。节,节取。壹,一。惠,善。

③名之浮于行:名声大于实际行为,即名不副实。

④自大其事:自己夸大自己的事业。

⑤自尚其功:自己抬高自己的功劳。

⑥处情:处于实情之中,即名实相副。情,情实,即实际情形。

⑦过行:过失行为。弗率:不再遵循。

⑧处厚:处于厚道之中。

【译文】

孔子说:"先王通过谥号来推重死者的名声,节取死者一生中最大的善行来确定谥号,这是耻于名声大于实际做过的事。因此君子不夸大自己的事业,不抬高自己的功劳,以求名实相副;有了过失而不再重犯,以求为人厚道;表彰别人的优点,赞美别人的功劳,以求礼贤下士。因此君子尽管自己谦卑,但民众对他十分尊敬。"

子曰:"后稷①,天下之为烈也②,岂一手一足哉③!唯欲行之浮于名也④,故自谓便人⑤。"

【注释】

①后稷:周人始祖,姬姓,名弃,传说他教民稼穑,被帝舜任命为农业主管官员,是中国最早的农业专家。

②烈：功业。

③一手一足：比喻受后稷之惠者不止一人。

④行之浮于名：行为大于名声。

⑤便人：熟习其事的人。此指后稷自称是熟习稼穑之人。

【译文】

孔子说："后稷，建立了惠及天下的伟大功业，受惠者岂止是一两个人？只是他想让自己实大于名，所以谦称自己只是一个懂得种庄稼的人。"

子言之："君子之所谓仁者，其难乎！《诗》云①：'凯弟君子，民之父母。'凯以强教之②，弟以说安之③。乐而毋荒④，有礼而亲，威庄而安⑤，孝慈而敬。使民有父之尊，有母之亲，如此而后可以为民父母矣。非至德其孰能如此乎？今父之亲子也，亲贤而下无能⑥；母之亲子也，贤则亲之，无能则怜之。母，亲而不尊⑦；父，尊而不亲。水之于民也，亲而不尊；火，尊而不亲。土之于民也，亲而不尊；天，尊而不亲。命之于民也，亲而不尊⑧；鬼，尊而不亲⑨。"

【注释】

①凯弟君子，民之父母：诗见《诗经·大雅·泂酌》。

②凯以强教之：君子以和乐方式教人自强。凯，乐。

③弟以说安之：君子以平易方式教人安悦。弟，平易。说，同"悦"。

④乐而毋荒：快乐而不荒废事务。

⑤威庄：威严庄重。安：相安。

⑥亲贤：亲近贤能的儿子。下无能：轻视无能的儿子。

⑦亲而不尊：亲切而不够尊严。

⑧命之于民也，亲而不尊：命，君主下达的政令。孔颖达疏："人君教命

随四时以教于人，欲人生厚，是亲也；附近于民，使民勤事，是不尊。"

⑨鬼，尊而不亲：孔颖达疏："鬼谓鬼神，神道严敬，降人祸福，是尊也；人神道隔，无形可见，是不亲也。"按，《礼记章句》曰："尊亲之道并至为难，父母、水火、天地不能兼备，唯王者爱敬合德，因时而利导之，体生成化育之理，发政施令以说安之，尊鬼施敬以强教之，仁义并行，迭相主辅，而其末流所趋犹不能无偏，如下章所云者，宜君子之于仁难言之也。"

【译文】

孔子说："君子所说的仁，做起来是很难的呀！《诗》中说：'快乐平易的君子，是民众的父母。'君子以和乐方式教人自强，以平易方式教人安悦。使人民快乐而不荒废事业，有礼貌而相亲相爱，威严庄重而安宁，孝顺慈爱而恭敬。使民众中做父亲的人有尊严，做母亲的人有亲切感，如此君子才可以成为民众的父母。如果不具备最高的德行，谁能做到这样呢？如今做父亲的人亲爱儿子，亲爱贤能的儿子，儿子无能他就看不起。做母亲的人亲爱儿子，亲爱贤能的儿子，儿子无能她就怜惜。母亲虽亲切而无尊严，父亲有尊严而不可亲。水对民众是可亲而不可尊，火是可尊而不可亲。土地对民众是可亲而不可尊，天是可尊而不可亲。国君的政令对民众可亲而不可尊，鬼神可尊而不可亲。"

子曰："夏道尊命①，事鬼敬神而远之，近人而忠焉②，先禄而后威③，先赏而后罚，亲而不尊。其民之敝④，蠢而愚，乔而野⑤，朴而不文⑥。殷人尊神，率民以事神，先鬼而后礼⑦，先罚而后赏，尊而不亲。其民之敝，荡而不静⑧，胜而无耻⑨。周人尊礼尚施⑩，事鬼敬神而远之，近人而忠焉，其赏罚用爵列⑪，亲而不尊。其民之敝，利而巧⑫，文而不惭⑬，贼而蔽⑭。"

【注释】

①夏道:夏朝治国之道。尊命:尊崇四时政教之令。

②近人:接近民众。一说指通人情。忠:忠朴。

③先禄:把俸禄放在第一位。常颁曰"禄"。后威:把朝廷威严放在第二位。责怒曰"威"。

④敝:通"弊",流弊。一说指后世政教衰失之时。

⑤乔:通"骄",骄傲。野:粗野。

⑥朴:质朴。不文:没有文采。

⑦先鬼:把鬼神放在第一位。后礼:把礼仪放在第二位。

⑧荡而不静:放荡而不安静。

⑨胜而无耻:好胜而没有羞耻之心。

⑩尊礼:尊崇礼仪。尚施:崇尚施惠于民。

⑪用爵列:视爵位尊卑而定赏罚。

⑫利:好利。巧:投机取巧。

⑬文而不惭:多文辞而无惭愧之心。

⑭贼而蔽:贼害民众而手法隐蔽。按,《礼记训纂》曰:"忠之政,使民近人而已,不求其所不能;知劝于为善而已,不责其所不能为。及其末也,人不知进于学,故守其颛蒙;不困于刑罚,故不为诈谖。忠之敝,至于愚而野,故殷人尊神以救之,民知敬鬼神,则诚也。及其末也,求神于虚无不可知之域,则茫然不知其所安;畏威于无所措手足之地,则不知礼义之所贵。故周人尊礼以救之。礼,人文也。人文之著,则上下有等,亲疏有辨。及其末也,溺于文而不求其实,拘于末而不反其本,故其俗文而不惭,文胜质而不知义也。其民则贼而蔽,不反其本,故贼于其末,不求其实,故敝于虚文也。三代之本末可知矣。"

【译文】

孔子说:"夏朝治国之道是尊崇四时政教之令,对鬼神敬而远之,接近人民而情意忠实，把俸禄放在第一位，把朝廷威严放在第二位，把赏赐放在第一位，把刑罚放在第二位，因此夏朝行政风格亲切而无尊严。这种行政风格所造成的民众流弊是，民众蠢笨而愚昧，骄傲而粗野，质朴而无文采。殷朝尊崇鬼神，率领民众敬事鬼神，把鬼神放在第一位，把礼仪放在第二位，把刑罚放在第一位，把赏赐放在第二位，因此殷朝行政风格是尊严而不可亲。这种行政风格所造成的民众流弊是，民众放荡而不安静，好胜而不知羞耻。周人尊崇礼仪，崇尚施惠于民，对鬼神敬而远之，接近民众而情意忠实，施行赏罚是视爵位尊卑而定，因此周朝的行政风格是可亲而不可尊。这种行政风格所造成的民众流弊是，民众贪利而投机取巧，花言巧语而无羞愧之心，贼害民众而手法隐蔽。"

子曰："夏道未渎辞①，不求备②，不大望于民③，民未厌其亲④。殷人未渎礼⑤，而求备于民。周人强民⑥，未渎神⑦，而赏爵刑罚穷矣⑧。"

【注释】

①未渎辞：尚未滥用言辞。指夏朝不尚文辞，文书简约。渎，亵渎。辞，言辞。

②求备：求全责备。

③不大望于民：不向民众征收重税。望，责望。此处指征收赋税。

④未厌其亲：没有厌弃上下相亲。

⑤未渎礼：礼仪没有繁文缛节。

⑥强民：强迫民众遵守礼仪。

⑦渎神：滥祭鬼神。

⑧穷：穷尽，达到极致。按，《礼记训纂》引《礼记正义》曰："夏言'未渎辞'，则殷渎辞也。殷未渎礼，则周渎礼矣。周未渎神，则周衰之后渎神也。"《礼记章句》曰："仁义本无偏胜之弊，因频用而

失之。二代惩前事之敝，而不渎于彼者且穷于此，所以屡降愈下，
盖矫枉过直，其势然也。"

【译文】

孔子说："夏朝不滥用文辞，对民众不苛求责备，不向民众征收重税，
民众没有厌弃上下相亲。殷朝礼仪没有繁文缛节，但对人民求全责备。
周人强迫民众遵循礼仪，虽然不滥祭鬼神，但赏赐爵位、施行刑罚达到
极致。"

子曰："虞、夏之道，寡怨于民[①]；殷、周之道，不胜其敝[②]。"

【注释】

①寡怨：少怨。

②不胜其敝：犹言流弊无穷。按，《礼记集解》引吕大临曰："虞夏之
　道质，质者责人略，故寡怨于民。殷周之道文，文者责人详，民之
　不从，则穷刑赏以驱之，故不胜其敝。"

【译文】

孔子说："虞、夏治国之道，很少结怨于民；殷、周治国之道，流弊无穷
无尽。"

子曰："虞、夏之质[①]，殷、周之文[②]，至矣。虞、夏之文不
胜其质，殷、周之质不胜其文[③]。"

【注释】

①质：质朴。

②文：文采。

③殷周之质不胜其文：胜，胜过，超过。按，《礼记恒解》曰："法三代
　者，当善损益。虞夏时质，民风亦少华鹜，法之尚可以寡怨于民。

盖民乐趋于简易也。殷周民风益繁，圣人折衷而立法，以归于中，不善学之，则不胜其散。因言四代圣王，文质皆美，特虞夏质多文少，殷周文多质少，故效法之者，当善取耳。"

【译文】

孔子说："虞、夏的质朴，殷、周的文采，都达到了极致。虞、夏的文采超不过它的质朴，殷、周的质朴超不过它的文采。"

子言之曰："后世虽有作者①，虞帝弗可及也已矣②。君天下，生无私③，死不厚其子④，子民如父母，有憯怛之爱⑤，有忠利之教⑥；亲而尊，安而敬⑦，威而爱，富而有礼，惠而能散⑧。其君子尊仁畏义，耻费轻实⑨，忠而不犯⑩，义而顺⑪，文而静⑫，宽而有辨⑬。《甫刑》曰⑭：'德威惟威⑮，德明惟明⑯。'非虞帝其孰能如此乎？"

【注释】

①作者：指兴起的圣王。作，兴起。

②虞帝：指舜，虞是帝舜的国号。

③生无私：活着的时候无私。按，据《礼记·礼运》记载，虞舜时代是天下为公的大同时代："大道之行也，天下为公。选贤与能，讲信修睦。故人不独亲其亲，不独子其子，使老有所终，壮有所用，幼有所长，矜寡孤独废疾者，皆有所养。男有分，女有归。货，恶其弃于地也，不必藏于己；力，恶其不出于身也，不必为己。是故谋闭而不兴，盗窃乱贼而不作，故外户而不闭，是谓大同。"

④死不厚其子：临死也没有厚待其子。厚，厚待。按，舜没有将帝位传给其子商均，而是传位于禹。《史记·五帝本纪》载："舜子商均亦不肖，舜乃预荐禹于天。十七年而崩。三年丧毕，禹亦乃让舜

子,如舜让尧子。诸侯归之,然后禹践天子位。"

⑤憯怛(cǎn dá):忧伤,悲痛。

⑥忠利:忠实利人。

⑦安而敬:安详而恭敬。

⑧惠而能散:施惠而能散发适宜。《礼记章句》曰:"惠不偏也。"

⑨耻费轻实:耻于浪费,轻于财货。实,指财货。《礼记恒解》曰:"耻费,即富而有礼。轻实,即惠而能散。"

⑩忠而不犯:忠君而不犯上。《礼记章句》曰:"忠,尽爱敬之实以事上也。"

⑪义而顺:正义而恭顺。《礼记集解》曰:"刚而克之以柔也。"

⑫文而静:文雅而安静。《礼记集解》曰:"文则不朴陋而又能静,则非浮华之文也。"

⑬宽而有辨:宽,宽容。辨,明辨是非。《礼记集解》曰:"宽则不惨刻而又有辨,则非纵弛之宽也。"

⑭《甫刑》:《尚书·周书》中的一篇文章,又作《吕刑》。

⑮惟威:令人敬畏。威,意为畏惧,敬畏。

⑯德明惟明:道德光明令人明察。

【译文】

孔子说:"后世虽有圣王兴起,也赶不上虞舜了。他君临天下,活着时没有私心,临死也不把帝位传给儿子,慈爱民众就像亲生父母,既有忧伤哀痛的爱护,也有忠实利人的教育;亲切而尊严,安详而恭敬,威严而有仁爱,富贵而有礼,施惠于民而能散发适宜。帝舜时代的君子尊仁畏义,耻于浪费,轻于财货,忠君而不犯上,正义而恭顺,文雅而安静,宽容而明辨。《尚书·甫刑》说:'道德威严使人敬畏,道德光明令人明察。'除了虞舜还有谁能做到这样?"

子言之:"事君先资其言①,拜自献其身②,以成其信③。

是故君有责于其臣④，臣有死于其言⑤。故其受禄不诬⑥，其受罪益寡⑦。"

【注释】

①事君先资其言：侍奉君主，要先谋算如何建言。资，谋。

②拜自献其身：谋定以后拜见君主，自进其身。

③以成其信：成全自己的诚信。《礼记集解》曰："先藉其言以告君，所谓'敷奏以言'也。度君之能用我言焉而后进，故无不可践之言，而能成其信。"

④君有责于其臣：君主根据臣之建言而责成其兑现。责，责成，要求。

⑤臣有死于其言：为自己的建言而效死。

⑥受禄不诬：接受俸禄不要虚妄，即不要无功受禄。《礼记集解》曰："功与位称，故受禄不诬。"诬，诬罔，虚妄。

⑦受罪益寡：蒙受诬罔君主之罪少。《礼记集解》曰："事与言符，故受罪益寡。"

【译文】

孔子说："侍奉君主，要先谋算如何建言，谋定以后拜见君主，自进其身，以此成全自己的诚信。因此，君主应该根据臣之建言责成臣下，臣下应该不惜一死来实现自己的建言。臣下不要无功受禄，这样也就很少受到惩罚。"

子曰："事君大言入则望大利①，小言入则望小利②。故君子不以小言受大禄，不以大言受小禄③。《易》曰：'不家食，吉④。'"

【注释】

①大言：大的建议。《礼记章句》曰："大言，陈国家之大道。"入：被君主采纳。大利：大的利益。利，指君主封赏。

②小言：小的建议。《礼记章句》曰："小言，一官一职之议也。"

③故君子不以小言受大禄，不以大言受小禄：孔颖达疏："言臣禄各以其德能相称。若小言受大禄则臣滥，若大言受小禄则君重财而薄德也。"

④不家食，吉：语见《周易·大畜·象传》。《周易》原文作："不家食，吉。养贤也。"家食，与家人分享。郑玄注："言君有大畜积，不与家食之而已，必以禄贤者。"《礼记集解》曰："引《大畜》卦辞，言臣之受禄不可苟也。若以小言受大禄，以大言受小禄，则不可谓之吉矣。"

【译文】

孔子说："侍奉君主，如果大的建议被君主采纳，就可以指望得到大的利益；小的建议被君主采纳，就只能指望得到小利益。因此，君子不因小建议被采纳而接受大官禄，也不因大建议被采纳而接受小官禄。《周易》说：'不仅仅与家人分享，这样才吉利。'"

　　子曰："事君不下达①，不尚辞②，非其人弗自③。《小雅》曰④：'靖共尔位⑤，正直是与⑥；神之听之，式榖以女⑦。'"

【注释】

①不下达：不将私事禀报君主。

②不尚辞：不崇尚浮华言辞。《礼记集解》引吕大临曰："尚辞而实不称，则欺其君者也。"

③非其人弗自：不是正派人就不由他来引荐。自，《礼记集解》曰："自，由也，所由以进者也。"

④《小雅》曰：引诗见《诗经·小雅·小明》。

⑤靖：通"静"，安静。共：通"恭"，敬业。尔位：你的职位。

⑥正直是与：与正直的人亲近。与，亲近。

⑦式穀以女：赐给你福禄。式，用。穀，禄。以，与，给。女，汝。按，《礼记章句》曰："君子之义，难进易退而已。难进易退，则自不屑与佞幸通，而所交者无非正人，其迹虽若疏远于君以自树声气，而实乃忠爱之至。庸主不察，斥为朋党，则小人得以肆其攻击，而国之败亡必由是而起。汉、唐以下二千年间，覆轨相因，如出一辙，诵是诗者不能不为之潸然流涕也。"

【译文】

孔子说："侍奉君主，不要将私下的事情禀报君主，不要崇尚浮华言辞，不是正派人就不要由他引荐。《诗经·小雅》中说：'安静做好职事，亲近正直之人；神明听到这些，就会赐你福禄。'"

子曰："事君远而谏则谄也①，近而不谏则尸利也②。"

【注释】

①事君远而谏则谄：远，关系疏远。谄，谄媚。孔颖达疏："若与君疏远，强欲谏诤，则是谄佞之人，望欲自达也。"《礼记集解》引吕大临曰："既无言责，又远于君，非其职而谏之，凌节犯分，以求自达，故曰'谄'。"

②近而不谏则尸利：尸利，尸位素餐。谓居位受禄而无所作为。《礼记集解》引吕大临曰："有言责之臣，不谏则旷厥官，怀禄固宠，主于为利，故曰'尸利'。"

【译文】

孔子说："侍奉国君，如果与君主关系疏远而越级进谏，那就有谄媚之嫌；如果与君主关系亲近，却不进谏，那就是尸位素餐。"

子曰:"迩臣守和①,宰正百官②,大臣虑四方③。"

【注释】

①迩臣守和:迩臣,近臣。守和,调和君事。孔颖达疏:"言亲近之臣,献可替否,毗辅赞助于君,守其调和之事也。"

②宰:宰相。正:端正。《礼记章句》曰:"正者,疏其流品,审其殿最。"

③大臣虑四方:大臣,谓卿大夫。虑,谋划,考虑。四方,天下。《礼记集解》曰:"大臣谋虑四方之大事,非徒治一职而已。"

【译文】

孔子说:"君主的近臣要调和君事,宰相要端正百官,大臣要考虑天下大事。"

子曰:"事君欲谏不欲陈①。《诗》云:'心乎爱矣,瑕不谓矣?中心藏之,何日忘之②。'"

【注释】

①事君欲谏不欲陈:谏,劝谏。陈,在外陈述君主之过。《礼记恒解》曰:"恐扬君之恶,伤君之意,爱君之至也。"

②"心乎爱矣"几句:诗见《诗经·小雅·隰桑》。瑕,今本《诗经》写作"遐",胡,为何。谓,告诉。中心,心中。按,《礼记集解》曰:"引《诗》以明谏君者由于心之爱君,而陈者不能然也。"

【译文】

孔子说:"侍奉国君,对国君的过失应该进谏,而不应该在外边到处乱说。《诗》中说:'心里爱着你,为啥不说出?思念藏心底,哪天能忘记?'"

子曰:"事君难进而易退^①,则位有序^②;易进而难退,则乱也^③。故君子三揖而进,一辞而退^④,以远乱也^⑤。"

【注释】

①难进:难于接受晋升。易退:易于辞职。

②位有序:官位井然有序。《礼记章句》曰:"有序,无躐等也。"按,《礼记恒解》曰:"难进,不苟进。易退,不苟禄。人皆不躁进,则位当其才而有序。"

③乱:紊乱礼制。

④故君子三揖而进,一辞而退:相见之礼,主人迎宾,三次作揖,至于阶,三让。在退出时,宾一次告辞而退出,主人拜送,宾去不顾。

⑤以远乱也:远乱,远离混乱。按,《礼记集解》曰:"事君者易进而难退,则乱贤否之分。相见者易进而难退,则乱宾主之分。故君子三揖而进,一辞而遂退,所以远乱也。"

【译文】

孔子说:"侍奉国君,应该难于接受晋升,易于辞职,这样官位就会井然有序。如果是易于接受晋升,难于辞职,那么官位就混乱了。所以君子拜访他人,要三次作揖才进门,而告辞一次就可离去,这是为了远离混乱。"

子曰:"事君三违而不出竟^①,则利禄也^②。人虽曰不要^③,吾弗信也。"

【注释】

①三违:多次与君主政见相违。竟:通"境",国境。

②利禄:此处作用动词,意谓贪图利禄。

③要（yāo）：求取。

【译文】

孔子说："侍奉君主，多次与君主政见不合，还不肯辞职出境，那就是贪图利禄。即使有人说他不求取利禄，我也不信。"

子曰："事君慎始而敬终①。"

【注释】

①事君慎始而敬终：慎始，开头谨慎。敬终，以恭敬结束。《礼记章句》曰："慎始，不轻进也。敬终，虽不见用，必尽臣礼而去也。"《礼记恒解》曰："必可以行道而后委贽，既知遇，则死生以之而不懈。"《礼记集解》曰："慎始，不敢苟进。敬终，不敢苟去也。……盖君子虽难进易退，而其去亦必有其道也，不然，则未免为小丈夫矣。"

【译文】

孔子说："侍奉君主，要以谨慎开始，以恭敬结束。"

子曰："事君可贵可贱①，可富可贫，可生可杀，而不可使为乱②。"

【注释】

①可贵：君主可以使臣子尊贵。本章六个"可"字的主语都是臣子。

②而不可使为乱：臣子不可让自己违礼乱来。乱，郑玄注："乱谓废事君之礼也。"按，《礼记集解》引吕大临曰："臣之事君，富贵、贫贱、生杀，唯君所命，其不可夺者，吾之理义而已。凡违乎理义者，皆乱也。"

【译文】

孔子说："臣子侍奉君主,可以尊贵,可以卑贱,可以富有,可以贫穷,可以为了实现自己的理想而隐忍活着,可以为了坚守节操而死去,但不可以让自己违礼乱来。"

子曰:"事君,军旅不辟难①,朝廷不辞贱②。处其位而不履其事则乱也③。故君使其臣④,得志则慎虑而从之⑤。否则孰虑而从之⑥,终事而退⑦,臣之厚也⑧。《易》曰:'不事王侯,高尚其事⑨。'"

【注释】

①不辟难:不逃避危难。

②不辞贱:不辞去卑贱职务。

③处其位不履其事:即在其位不谋其政。履,履行。

④使:役使,指挥。

⑤得志:合乎心愿。慎虑:慎重考虑。

⑥否:不合心意。孰虑而从之:孰,同"熟"。《礼记集解》曰:"谓详孰思虑,欲其无悖乎君之命,而又无贬乎己之道也。"

⑦终事:完成任务。退:退职,辞职。

⑧厚:忠厚,厚道。臣下虽对君主委派任务感到不合心愿,但仍然服从君主命令,完成任务以后再辞职,这就是臣下的厚道之处。

⑨不事王侯,高尚其事:语见《周易·蛊卦》上九爻辞。按,《礼记集解》引吕大临曰:"唯不事王侯,乃可以高尚其事。若委质而仕,反欲高尚而不事事,则旷官尸利,无所逃罪矣。"

【译文】

孔子说:"侍奉君主,在军旅之中应该不逃避危难,在朝廷上应该不辞去微贱职务。在其位不谋其政就会使朝政陷入混乱。因此君主役使臣下，臣下认为合乎心愿就要慎重考虑而从命。如果臣下认为这项任务不合心愿，那就要深思熟虑而从命，完成任务以后再辞职，这体现了臣下的忠厚之处。《周易》说：'不去侍奉王侯，去做高尚的事。'"

子曰："唯天子受命于天，士受命于君。故君命顺则臣有顺命^①，君命逆则臣有逆命^②。《诗》曰：'鹊之姜姜，鹑之贲贲；人之无良，我以为君^③?'"

【注释】

①君命顺：君主命令顺应天命。臣有顺命：臣下顺从君主命令。

②君命逆：君主命令违背天命。臣有逆命：臣下就背逆君主命令。按，《礼记集解》引吕大临曰："君命合乎理义为顺天命，为臣者将不令而从；不合则为逆天命，为臣者虽令不从矣。"又曰："上章言'终事而退'，谓其事虽非己之所欲，而犹无甚害于义理者也。命逆则害于义理，而不可以苟从矣，可谏则谏，不可谏则去之可也。"

③"鹊之姜姜"几句：诗见《诗经·鄘风·鹑之奔奔》。鹊，喜鹊。鹑，鹌鹑。姜姜，今本《诗经》作"彊彊"。贲贲，今本《诗经》作"奔奔"。"姜姜"与"贲贲"在《诗经》中皆雌雄相随而飞的意思。按，引《诗》戒君主不要做不善之事。

【译文】

孔子说："天子受命于天，臣下受命于天子。如果天子命令顺应天命，那么臣下也就顺从君命；如果天子命令违背天命，那么臣下就违背君命。《诗》中说：'雌雄喜鹊翩翩飞，鹌鹑也是成双对。那人心地不善良，我为何将其作国君？'"

子曰:"君子不以辞尽人①。故天下有道,则行有枝叶②;天下无道,则辞有枝叶③。是故君子于有丧者之侧,不能赙焉④,则不问其所费⑤;于有病者之侧,不能馈焉⑥,则不问其所欲;有客,不能馆⑦,则不问其所舍⑧。故君子之接如水,小人之接如醴⑨。君子淡以成,小人甘以坏⑩。《小雅》曰⑪:'盗言孔甘⑫,乱是用餤⑬。'"

【注释】

①不以辞尽人:不以一个人的言辞来评判他的整体为人。

②行有枝叶:行为如同枝叶衬托主干一样。意谓美好的行为有助于突出有礼君子的风范。有,读"犹"。枝叶,《礼记章句》曰:"旁博有余之意。"孔颖达疏:"言有道之世则依礼所行,外余有美好,犹如树干之外更有枝叶也。"《礼记集解》曰:"行有枝叶,则行有余于其言。"

③辞有枝叶:《礼记集解》曰:"言有余于其行。"

④赙(fù):以财物助人办理丧事。

⑤问其所费:询问办理丧事花费多少钱。

⑥馈:馈赠。

⑦馆:用作动词,提供馆舍住宿。

⑧问其所舍:询问他住在哪里。按,"是故君子于丧者之侧"至此,是戒虚言无实。《礼记集解》曰:"君子之行己,则但当致力于行,而不可致饰于言,故不为无实之言以取悦于人也。"

⑨故君子之接如水,小人之接如醴:接,与人交往。醴,甜酒。《礼记恒解》曰:"水淡而可久,醴甘而易坏。"

⑩君子淡以成,小人甘以坏:成,成事。坏,坏事。孔颖达疏:"水相合为江河,酒醴相合而久乃败坏也。"《礼记集解》曰:"君子与人

以实，一时若无可悦，而其后不至于相负，如水之淡而可久。小人悦人以言，一时虽可以结人之欢，而其后至于相怨，如醴之甘而必败。"

⑪《小雅》曰：引诗见《诗经·小雅·巧言》。

⑫盗言：盗贼的话。孔：很。甘：甜。

⑬是用：因此。餤（tán）：本义为进食，引申为增多。按，引《诗》以证"小人甘以坏"。

【译文】

孔子说："君子不根据一个人的言辞来评判他的整体为人。天下政治清明，行为如同枝叶衬托主干。天下政治黑暗，漂亮话如同枝叶遮蔽主干。因此君子在有丧事的人身边，如果无力资助他办丧事，就不要询问办理丧事花费多少钱；在有病的人旁边，如果无力馈赠他，就不要问他想要什么；有客从远方来，如果自家不能提供馆舍住宿，就不要询问他住在哪里。所以君子之交淡如水，小人之交浓如酒。君子之交虽然平淡但能成事，小人之交虽然甘甜但会坏事。《诗》中说：'盗贼的话很甜，祸乱因此增添。'"

子曰："君子不以口誉人①，则民作忠②。故君子问人之寒则衣之③，人之饥则食之④，称人之美则爵之。《国风》曰：'心之忧矣，于我归说⑤。'"

【注释】

①不以口誉人：不用言语来夸奖他人，即不要说空说好话。

②作忠：兴起忠实之风。

③衣之：给他衣穿。

④人之饥则食之：承上省"君子问"三字。

⑤心之忧矣，于我归说（shuì）：诗见《诗经·曹风·蜉蝣》。于，与。

归,回家。说,歇息。《礼记章句》曰:"忧人之无依而令就己舍息,
不徒言也。"

【译文】

孔子说:"君子不以空话夸奖人,这样民众就会兴起忠实之风。因
此君子询问他人是否寒冷就要给他衣穿,询问他人是否饥饿就要给他饭
吃,称赞他人优点就要给他加官进爵。《诗》中说:'心忧他人无归宿,与
我回家去歇息。'"

子曰:"口惠而实不至①,怨菑及其身②。是故君子与其
有诺责也③,宁有已怨④。《国风》曰⑤:'言笑晏晏⑥,信誓旦
旦⑦,不思其反⑧;反是不思⑨,亦已焉哉⑩!'"

【注释】

①口惠:口头上给人恩惠。实不至:实际恩惠没有。

②怨:怨恨。菑(zāi):灾祸。

③有诺责:负有承诺的责任。

④有已怨:接受不承诺的埋怨。已,止,引申为不承诺。

⑤《国风》曰:引诗见《诗经·卫风·氓》。

⑥言笑:有说有笑。晏晏:和悦温柔的样子。

⑦信誓:真挚的誓言。旦旦:诚恳的样子。

⑧不思:没有想到。反:违反。

⑨反是:违反这个誓言。不思:不再想它。

⑩亦已焉哉:那就算了吧。已,止。按,《礼记集解》曰:"引《卫风·氓》
之篇,言约誓者不思其后之反复,以致于乖离,犹轻诺者不思其后
之不能践,以至于见怨也。"

【译文】

孔子说:"口头上给人恩惠,实际恩惠却没有,这样怨恨或灾祸就会

降临到他的身上。因此,君子与其对人负有承诺的责任,还不如接受对于不承诺的埋怨。《诗》中说:'你的誓言多诚恳,没有想到你变心。既然变卦不再想,那就从此算了吧!'"

子曰:"君子不以色亲人①。情疏而貌亲②,在小人则穿窬之盗也与③?"

【注释】

①不以色亲人:孔颖达疏:"谓不以虚伪善色诈亲于人也。"

②情疏:感情疏远。貌亲:外貌亲热。

③穿窬(yú)之盗:挖墙洞的盗贼。窬,门旁小洞。孔颖达疏:"许慎《说文》云:穿窬者,外貌为好,而内怀奸盗。似此情疏貌亲之人,外内乖异,故云'穿窬之盗也与'。"

【译文】

孔子说:"君子不虚伪地摆出好脸色去亲近他人。感情疏远,外貌亲热,这在小人当中不就是挖墙洞的盗贼吗?"

子曰:"情欲信①,辞欲巧②。"

【注释】

①情欲信:情感应该诚实。

②辞欲巧:言辞应该巧妙。《礼记集解》曰:"巧,谓善达其情,而非致饰于外也。"孔颖达疏:"言君子情貌欲得信实,言辞欲得和顺美巧,不违逆于理,与巧言令色者异也。"

【译文】

孔子说:"情感应该诚实,言辞应该巧妙。"

子言之："昔三代明王①，皆事天地之神明②，无非卜筮之用③，不敢以其私亵事上帝④。是故不犯日月⑤，不违卜筮⑥。卜筮不相袭也⑦。大事有时日⑧，小事无时日，有筮⑨。外事用刚日⑩，内事用柔日⑪。不违龟筮。"

【注释】

①三代：指夏、商、周。

②事：侍奉，指祭祀。

③无非：无不。

④私：私意。亵事：轻慢地侍奉。

⑤不犯日月：不冲犯不吉利的月日。

⑥不违卜筮：不违背龟卜、蓍占所显示的神意。

⑦卜筮不相袭：在龟卜、蓍占之中，只选一种，禁止龟卜、蓍占重复使用。

⑧大事：大的祭祀。有时日：有固定的时日。

⑨小事无时日，有筮：小的祭祀没有固定时日，用蓍占决定时日。

⑩外事：指祭祀天地鬼神。刚日：一旬中的奇数日：甲、丙、戊、庚、壬。

⑪内事：指祭祀宗庙。柔日：一旬中的偶数日：乙、丁、己、辛、癸。

【译文】

孔子说："从前夏、商、周三代的圣明君王，都祭祀天地神明，祭祀活动无不取决于卜筮，不敢以自己的私意亵渎祭祀上帝活动。因此他们不会冲犯不吉利的月日，不违背龟卜、蓍占所显示的神意。在龟卜、蓍占之中只选一种，禁止卜筮重复使用。大的祭祀有固定的时日，小的祭祀没有固定的时日，可以用蓍占来决定时日。祭祀天地鬼神要用一旬中甲、丙、戊、庚、壬这些单数日，祭祀宗庙的神要用一旬中乙、丁、己、辛、癸这些双数日。不要违背龟卜、蓍占所显示的神意。"

子曰："牲牷、礼乐、齐盛①,是以无害乎鬼神,无怨乎百姓②。"

【注释】

①牲牷（quán）:用作祭品的牲畜毛色纯正。礼乐:指用于祭祀的礼
　　仪和乐舞。齐盛（zī chéng）:放在祭器中供祭祀的谷物。

②无怨乎百姓:老百姓无怨。按,《礼记恒解》曰:"无害无怨,神享
　　其敬,而民受其福也。"《礼记章句》曰:"谓备物尽敬,动不违时而
　　神人咸宜也。"

【译文】

孔子说:"祭牲毛色纯正,礼乐齐备,谷物丰盛清洁,因此对鬼神无
害,老百姓无怨。"

子曰："后稷之祀易富也①。其辞恭②,其欲俭③,其禄及
子孙④。《诗》曰:'后稷兆祀,庶无罪悔,以迄于今⑤。'"

【注释】

①富:丰备。

②辞恭:言辞恭敬。

③欲俭:欲望俭朴。

④禄及子孙:福禄施及子孙。

⑤"后稷兆祀"几句:诗见《诗经·大雅·生民》。兆祀,开创祭礼。
　　兆,今本《诗经》写作"肇"。庶,幸。罪悔,罪过,灾祸。迄,至。
　　按,《礼记恒解》曰:"承上文言事神明之事,而结之以此,明祭祀
　　本于恭俭,神明不尚虚文,即后稷之祀以明之。"

【译文】

孔子说:"后稷的祭祀容易筹备。他的言辞恭敬,欲望俭朴,他的福禄

施及子孙。《诗》中说：'后稷开创祭礼，所幸没有罪过，祭礼延续至今。'"

子曰："大人之器威敬①。天子无筮②，诸侯有守筮③。天子道以筮④，诸侯非其国不以筮⑤，卜宅寝室⑥。天子不卜处大庙⑦。"

【注释】

①大人：指天子、诸侯、卿、大夫。器：《礼记章句》曰："所守以交于神明者，如元龟、泰筮、祭器之类。"威敬：威严尊重，不可亵渎轻用。威，威严。敬，受到敬重。

②天子无筮：天子用龟卜，不用蓍占。

③守筮：守国神筮，国有大事则用之。天子有守龟，诸侯有守筮。筮，占卜用的蓍草。

④天子道以筮：天子在旅途中遇到小事就用蓍草占筮。

⑤诸侯非其国不以筮：诸侯不在自己的国内就不用蓍占。按，《礼记集解》曰："天子言'道'，诸侯言'非其国'，互见之也。在道，天子但用筮，诸侯不筮，皆简于其在国之礼也。"

⑥卜宅寝室：诸侯在外国要占卜寝室。《礼记集解》曰："诸侯适他国，于所舍之寝室，卜而后处之，备不虞也。"

⑦天子不卜处大庙：天子来到诸侯国，无须占卜，住在诸侯太庙之中。《礼记恒解》曰："天子适诸侯，舍于庙，至尊无二，又大庙本吉，不须卜也。"大庙，太庙。

【译文】

孔子说："大人物的器物威严尊重不可轻用。天子用龟卜而不用蓍占，诸侯则有守国的神筮。天子在旅途中遇到小事就用蓍草占筮，诸侯如果不在本国之内就不用筮占，诸侯在外国要占卜寝室。天子来到诸侯国，无须占卜，就直接住在诸侯太庙之中。"

子曰:"君子敬则用祭器①。是以不废日月②,不违龟筮,以敬事其君长。是以上不渎于民③,下不亵于上④。"

【注释】

①敬则用祭器:敬重贵宾,在宴飨时就用祭祀所用的器皿而不用举行燕礼所用的器具。

②不废日月:不废弃朝聘规定的时间。《礼记章句》曰:"始见君必择日也。"《礼记集解》曰:"诸侯朝于天子,竟邑之大夫入见于其君,皆卜、筮其日月而后行。"

③不渎于民:不亵渎民众。

④不亵于上:不轻慢在上位的人。按,《礼记集解》曰:"祭祀卜日,事君上亦卜日,是敬事其长上与祭祀同,亦'敬则用祭器'之义也。上有以全其尊,故不渎于民;下有以致其敬,故不亵于上。"

【译文】

孔子说:"君子敬重贵宾,就在宴飨时使用祭祀器皿。因此,君子不废弃朝聘规定的时间,不违背龟卜、筮占的指示,以此恭敬地侍奉君长。因此在上位者不亵渎民众,在下位者不轻慢在上位的人。"

缁衣第四

【题解】

　　本篇选自《礼记》。20世纪末21世纪初,郭店楚墓竹简《缁衣》和上博简《缁衣》相继面世。将传世本《缁衣》与郭店简、上博简《缁衣》相比,可以发现传世本与竹简本在章序、字数、征引《诗》《书》等方面存在一定差异。春秋战国之际文章的篇名,大多取自开头两三个字,传世本《缁衣》篇名取自第二章,这不符合春秋战国之际确定文章篇名的惯例,而郭店简、上博简《缁衣》恰恰是以今本第二章作为首章,完全符合当时确定篇名的学术界习俗。今本首章以“子言之曰”开头,其他各章一律以“子曰”开头,这种体例既不同于《坊记》,也不同于《表记》,它说明今本首章可能是秦汉儒生添加上去的。本篇各章顺序依从传世本《缁衣》原貌。本篇围绕上与下、言与行等问题辑录孔子言论。篇中强调君长自身的道德修养在治国理政中的重要性,倡导以德礼治国的政治主张,要求君长以自己的模范德行来引导民俗,希望构建“民以君为心,君以民为体”的君民关系。在言行方面,篇中提出君长要谨言慎行,做到“言有物而行有格”,为民众做出表率。

　　子言之曰:“为上易事也①,为下易知也②,则刑不烦矣③。”

【注释】

①为上易事：在上位的人不苛虐，臣下易于侍奉。

②为下易知：在下位的人不奸诈，君主易于知情。

③刑不烦：刑罚不烦多。

【译文】

孔子说："在上位的人不苛虐，臣下易于侍奉；在下位的人不奸诈，君主易于知情；这样刑罚就不会烦多了。"

　　子曰："好贤如《缁衣》①，恶恶如《巷伯》②，则爵不渎而民作愿③，刑不试而民咸服④。《大雅》曰⑤：'仪刑文王⑥，万国作孚⑦。'"

【注释】

①《缁衣》：《诗经·郑风》中的一首诗。缁衣是先秦时期卿士大夫私朝穿的黑色衣服。从《缁衣》诗句来看，似是描写卿士大夫妻妾为丈夫做衣的诗歌。《毛诗序》说："《缁衣》，美武公也。父子并为周司徒，善于其职，国人宜之，故美其德，以明有国善善之功焉。"孔子说《缁衣》是"好贤"之作，这与后来《毛诗序》"美武公"之说不尽相同。

②恶（wù）恶（è）：厌恶丑恶。《巷伯》：《诗经·小雅》中的一首诗。诗的作者是"寺人孟子"，抒发被小人谗害的怨愤。其六章曰："取彼谮人，投畀豺虎；豺虎不食，投畀有北；有北不受，投畀有昊。"这就是孔子所谓"恶恶"。

③爵不渎：官爵不会滥授。民作愿：民众兴起谨厚的风气。作，兴起。愿，恭谨。

④刑不试：刑罚不用。试，使用，运用。

⑤《大雅》曰：引诗见《诗经·大雅·文王》。

⑥仪刑：效法。仪，象。刑，通“型”，模范。

⑦孚：信。按，以上三次征引《诗经》，说明好贤、惩恶在治国理政中的重要性。

【译文】

孔子说：“如果能像《缁衣》所说的那样去尊敬贤人，像《巷伯》所说的那样去厌恶恶人，民众就会兴起谨厚之风，不使用刑罚，民众都会心悦诚服。《诗·大雅·文王》说：‘效法文王，万国就会兴起诚信之风。’”

子曰：“夫民，教之以德，齐之以礼①，则民有格心②。教之以政③，齐之以刑，则民有遁心④。故君民者，子以爱之⑤，则民亲之；信以结之⑥，则民不倍⑦；恭以莅之⑧，则民有孙心⑨。《甫刑》曰⑩：‘苗民匪用命⑪，制以刑⑫，惟作五虐之刑曰法⑬，是以民有恶德⑭，而遂绝其世也⑮。’”

【注释】

①齐之以礼：用礼仪来整齐民众的行为。《论语·为政》载孔子曰：“道之以政，齐之以刑，民免而无耻；道之以德，齐之以礼，有耻且格。”

②格心：归服之心（用杨伯峻说）。

③政：政令。

④遁心：逃遁之心。即离心离德。

⑤子以爱之：像疼爱子女一样疼爱民众。

⑥信以结之：用诚信来团结民众。

⑦倍：通“背”，背叛。

⑧恭以莅之：用恭敬的态度来统治民众。莅，临。

⑨孙心：谦逊之心，引申为顺从之心。孙，通“逊”。

⑩《甫刑》:《尚书》中的一篇文章,又作《吕刑》。按,本篇所引《甫刑》与今本《吕刑》在文字上有较大的差异。

⑪苗民匪用命:今本《尚书》写作"苗民弗用灵"。苗民,最先居住于黄河中下游地区的部落,后迁至江汉平原,又由江汉平原而逐渐迁移到西南山区和云贵高原。此指苗民的首领。匪用命,不用政令。命,此指德、礼。匪,同"非"。

⑫制以刑:以刑制裁。

⑬惟作五虐之刑曰法:制定了五种酷刑叫作"法"。惟,句首助词。五虐,指大辟、割鼻、断耳、宫、黥等五种酷刑。滥用五刑以残民故谓"五虐"。

⑭恶德:恶劣的德行。

⑮绝其世:断了后代。按,此极言尚刑之失。

【译文】

孔子说:"对民众,如果用道德教育他们,用礼仪去整齐他们的行为,那么民众就会有归服之心。如果用政令教育他们,用刑罚去整齐他们的行为,那么民众就会有逃遁之心。因此,君主如果像爱护子女一样爱护民众,民众就会亲近他;君主如果用诚信去团结民众,民众就不会背叛;君主如果用恭敬的态度去统治民众,民众就会产生顺从之心。《尚书·甫刑》说:'苗民首领不用政令,用刑罚来制裁民众,制定了五种酷刑叫作"法",于是民众道德变得恶劣,最终断了后代。'"

子曰:"下之事上也,不从其所令①,从其所行②。上好是物③,下必有甚者矣④。故上之所好恶,不可不慎也,是民之表也⑤。"

【注释】

①不从其所令:不服从在上位者的政令。

②从其所行:跟从在上位者的行为。

③上好是物:在上位的人爱好这个事物。

④甚:更厉害。

⑤表:表率。《礼记集解》曰:"令之被民也浅,行之感民也深。"

【译文】

孔子说:"在下位的人侍奉在上位的人,他们不是服从在上位者的政令,而是跟从在上位者的行为。在上位的人爱好这个事物,在下位的人爱好这个事物会更厉害。因此在上位的人的主观好恶,不可不慎重,因为在上位的人的行为是民众的表率。"

子曰:"禹立三年①,百姓以仁遂焉②,岂必尽仁③?《诗》云:'赫赫师尹,民具尔瞻④。'《甫刑》曰:'一人有庆⑤,兆民赖之⑥。'《大雅》曰⑦:'成王之孚⑧,下土之式⑨。'"

【注释】

①立:立为天子。

②遂:成就。

③岂必尽仁:难道禹时的老百姓都有仁德吗?意谓由于禹好仁,百姓被其教化,所以虽然并非本性尽仁,但也都成就了仁德。

④赫赫师尹,民具尔瞻:诗见《诗经·小雅·节南山》。赫赫,显赫。师,太师。尹,太师的姓。尔,你,指尹太师。瞻,看,注视。

⑤一人:指天子。有庆:有喜事,有美德。

⑥兆民:天下人民。赖之:依赖君主美德。

⑦《大雅》曰:引诗见《诗经·大雅·下武》。

⑧成王:周成王,周武王之子,西周第二任君主,姬姓,名诵。孚:信。

⑨下土:大地。式:法式,楷模。按,以上引《诗经》《尚书》都是证明君为民之表率。

【译文】

孔子说:"禹立为天子三年,老百姓在仁的方面就有所成就,难道是禹时的老百姓个个都有仁德吗?《诗》中说:'显赫的尹太师啊,民众都在看着你。'《尚书·甫刑》说:'天子一人有美德,天下人民依赖它。'《诗·大雅》说:'成王讲信用,人民好榜样。'"

子曰:"上好仁,则下之为仁争先人①。故长民者章志、贞教、尊仁②,以子爱百姓,民致行己以说其上矣③。《诗》云:'有梏德行,四国顺之④。'"

【注释】

①为仁争先人:人人争先恐后为仁。先人,先于别人。

②长民者:做民众君长的人,即统治者。章志:表明自己的好恶。章,显示,表明。贞教:端正教化。以正道引导民众。贞,正。

③民致行己以说其上:指由于君上好仁,民众则致力于行仁以取悦君上。行己,致力于行己之意。《礼记章句》曰:"谓力于躬行。"说,同"悦"。

④有梏德行,四国顺之:诗见《诗经·大雅·抑》。梏,大。

【译文】

孔子说:"在上位的人好仁,那么臣下就会人人争先恐后地为仁。因此在上位的人应该自明心志、端正教化、尊崇仁义,像爱护子女那样爱护民众,这样民众就会自己致力于行仁,以取悦于在上位的人。《诗》中说:'天子有大的德行,四方诸侯就会顺从'。"

子曰:"王言如丝①,其出如纶②;王言如纶,其出如綍③。故大人不倡游言④。可言也不可行,君子弗言也;可行也不可言，君子弗行也⑤。则民言不危行⑥，而行不危言矣。《诗》云：'淑慎尔止，不愆于仪⑦。'"

【注释】

①王言如丝：君王的话像蚕丝一样细。

②其出如纶：民众听来像绶带那样粗。纶，官员系印用的青丝绶带。

③绋（fú）：牵引棺材的大绳索。

④故大人不倡游言：游言，浮言，不实之言。按，《礼记集解》曰："纶大于丝，绋大于纶。……王者之言，宣之为政教，成之为风俗，其端甚微，其末甚大，苟以游言倡之，则天下亦相率为游言，而虚浮之风作矣。"

⑤"可言也不可行"几句：意谓不可以说过高之言，行过高之事，君子之言行当遵循"中庸"。可言也不可行，可以说但难以施行。可行也不可言，君子贤人可以做到但不可以对普通人说而成为标准。

⑥言不危行：言辞不会高于行为。

⑦淑慎尔止，不愆于仪：诗见《诗经·大雅·抑》。淑，美好。慎，谨慎。止，举止。愆，过错。仪，礼仪。按，引《诗经》证明言行不能相违。

【译文】

孔子说："君王的话像蚕丝一样细，民众听来像绶带那样粗；君王的话像绶带一样细，民众听来像牵引棺材的大绳索那样粗。因此大人物不讲浮华的话。可以说但难以施行，君子就不说；君子可以做但不可以说出来作为普通人的标准，君子就不做。这样民众言辞就不会高于行为，行为也不会高于言辞。《诗》中说：'举止谨慎要做好，礼仪方面莫出错。'"

　　子曰："君子道人以言①，而禁人以行②。故言必虑其所终^③，而行必稽其所敝^④，则民谨于言而慎于行。《诗》云：'慎尔出话，敬尔威仪^⑤。'《大雅》曰^⑥：'穆穆文王^⑦，於缉熙敬止^⑧。'"

【注释】

①道（dǎo）人以言：理非言不明，故用语言引导人。道，引导。

②禁人以行：用行动禁止人们作恶。《礼记章句》曰："止人之恶，必躬行无邪，而民乃知格也。"《礼记集解》曰："于言言'道'，于行言'禁'，互相备也。"

③言必虑其所终：说话要考虑它的后果。

④稽：考查，核查。敝：通"弊"，弊病。

⑤慎尔出话，敬尔威仪：诗见《诗经·大雅·抑》。出话，说话，发话。敬，严肃，恭敬，端庄。孔颖达疏："引《诗》证言行必慎。"

⑥《大雅》：指《诗经·大雅·文王》。

⑦穆穆：端庄恭敬的样子。

⑧於（wù）：叹词。缉熙：光明的样子。止：语尾助词。孔颖达疏："《大雅》明文王亦敬其言行而已。"

【译文】

孔子说："君子用语言引导人，用行动禁止人们作恶。因此讲话要考虑它的后果，行动一定要考察它会带来什么弊端，这样民众对自己的一言一行就会小心谨慎了。《诗》中说：'说话要谨慎，威仪要恭敬。'《诗·大雅》说：'文王端庄又恭敬，德行光明又严谨！'"

子曰："长民者衣服不贰^①，从容有常^②，以齐其民^③，则民德壹^④。《诗》云^⑤：'彼都人士^⑥，狐裘黄黄^⑦。其容不改^⑧，出言有章^⑨。行归于周^⑩，万民所望^⑪。'"

【注释】

①衣服不贰:服装样式保持不变。

②从容有常:举动有常规。

③以齐其民:来整齐民众的行为。

④民德壹:民众德行划一。壹,整齐不参差。

⑤《诗》:指《诗经·小雅·都人士》。

⑥都人:旧注为京都之人,更有人称"都人士"指古明王。

⑦狐裘:狐皮袍子。黄黄:黄色罩衫。

⑧容:容貌。

⑨章:有系统的文辞。

⑩行:将。归于周:归于忠信。周,指忠信。

⑪望:仰望。

【译文】

孔子说:"做君长的人衣服样式保持不变,举止有常规,以此来整齐统一民众的行为,这样民众的道德才会整齐划一。《诗》中说:'来自京都美男子,狐皮袍子罩黄衫。他的仪容有常规,讲话出口成文章。他的行为有忠信,深为万民所仰望。'"

子曰:"为上可望而知也①,为下可述而志也②,则君不疑于其臣,而臣不惑于其君矣③。《尹吉》曰④:'惟尹躬及汤⑤,咸有壹德⑥。'《诗》云:'淑人君子,其仪不忒⑦。'"

【注释】

①可望而知:一眼望去就可以知道他的心理。

②可述而志:可以通过陈述而知道他的心理。《礼记章句》曰:"好恶以诚而达于外者有常,则可望而知矣。言行有恒而无隐情之不可见,则可称述而传记之矣。"王引之认为"述而志"犹"望而知"。

③则君不疑于其臣,而臣不惑于其君矣:《礼记集解》曰:"上以诚待下,而见于貌者平易而可亲;下以诚事上,而见于言者终始之不渝。则君臣之间情意交孚,而无所疑惑矣。"

④《尹吉》:郑玄注:"'吉'当为'告'。告,古文'诰'字之误也。"《尹诰》已亡佚。

⑤尹:伊尹自称。躬:自身。汤:商汤。

⑥咸有壹德:都有纯一美德。《礼记恒解》曰:"引《书》以明君臣诚一之德。"

⑦淑人君子,其仪不忒:诗见《诗经·曹风·鸤鸠》。淑人,善人。忒,差错。《礼记恒解》曰:"引《诗》以释光明正大之意。"

【译文】

孔子说:"臣下看到君主的外貌就知道他的心理,君主通过臣下陈述而知道他的心理,这样君主就不会怀疑臣下,臣下也不会对君主感到困惑。《尹诰》说:'伊尹和我君成汤,都有纯一的德行。'《诗》中说:'善人君子,他们的仪容不会有差错。'"

子曰:"有国者章善瘅恶①,以示民厚②,则民情不贰③。《诗》云:'靖共尔位,好是正直④。'"

【注释】

①章善瘅(dǎn)恶:表彰良善,痛恨丑恶。瘅,憎恨。

②以示民厚:向民众昭示忠厚。

③不贰:专一。《礼记恒解》曰:"不贰,一于为善也。"《礼记集解》引吕大临曰:"好善恶恶,则民壹归于义理,此民情所以不贰也。"

④靖共尔位,好是正直:诗见《诗经·小雅·小明》。靖,通"静"。共,通"恭"。尔,你。位,职位。好,爱好。是,这。

【译文】

孔子说:"国君应该表彰良善,痛恨丑恶,向民众昭示忠厚,这样民众就会专一不二。《诗》中说:'安静履行你职位,爱好这种正直人。'"

子曰:"上人疑则百姓惑①,下难知则君长劳②。故君民者,章好以示民俗③,慎恶以御民之淫④,则民不惑矣。臣仪行⑤,不重辞⑥,不援其所不及⑦,不烦其所不知⑧,则君不劳矣⑨。《诗》云:'上帝板板,下民卒瘅⑩。'《小雅》曰⑪:'匪其止共⑫,惟王之邛⑬。'"

【注释】

①上人:在上位的人。疑:迟疑。

②难知:难以理解。《礼记章句》曰:"烦辞诡行,心不可知也。"长劳:长久劳神。《礼记恒解》曰:"上怀疑贰,下怀欺诈,则不相信而徒劳苦。"

③章好:彰明好品德。章,表彰,显扬。示:示范。

④慎恶以御民之淫:谨慎地惩治恶人来防范民众放纵。御,防止,防范。淫,过度,放纵。《礼记恒解》曰:"防微以禁民之过度。"

⑤臣仪行:臣下以义事君而行。仪,郑玄注:"仪,当为'义',声之误也。"

⑥不重辞:不注重浮华之辞。

⑦援:引。其:指君主。所不及:君主做不到的事。

⑧烦:烦扰。所不知:君主不知道的事。

⑨则君不劳矣:劳,劳苦,劳累。按,《礼记集解》曰:"盖为人臣者虽当责难于君,然时势有难易缓急,而君之材质又有昏明强弱,若不量度乎此,而遽为高远难行之说,强其君以必从,亦岂事之所可行者乎?"

⑩上帝板板，下民卒瘅（dǎn）：诗见《诗经·大雅·板》。板板，乖
　　戾，不正常。卒，借为"瘁"，病。瘅，因劳致病。今本作"瘅"。
　　按，引此诗以证"君使民惑"。

⑪《小雅》曰：此指《诗经·小雅·巧言》。

⑫匪：同"非"。止：举止。共：通"恭"。

⑬邛（qióng）：病。按，引此诗以证"臣使君劳"。

【译文】

孔子说："君主迟疑不定就会使老百姓迷惑，臣下难以理解就会使君
主劳神。因此，君主应该通过彰示好品德来引导民俗，谨慎地惩治恶人
来防范民众放纵，这样民众就不会迷惑了。臣下依据大义而行，不注重
浮华之辞，不引导君主去做力不能及的事，不用君主所不知道的事来烦
扰君主，这样君主就不会劳累了。《诗》中说：'上帝乖戾不正常，下民百
姓都遭殃。'《诗·小雅》中说：'臣下任职不恭敬，君主因此会累病。'"

子曰："政之不行也①，教之不成也②，爵禄不足劝也③，
刑罚不足耻也。故上不可以亵刑而轻爵④。《康诰》曰⑤：'敬
明乃罚⑥。'《甫刑》曰：'播刑之不迪⑦。'"

【注释】

①政之不行：政令不能推行。

②教：教化。

③劝：劝勉。

④亵刑：滥用刑罚。轻爵：轻易授爵。

⑤《康诰》：《尚书》篇名，为周公教导卫康叔的文诰。

⑥敬：严肃认真。明：明示。罚：刑罚。

⑦播刑之不迪：郑玄注："'不'，衍字耳。"施行刑罚之道。播，施行。
　　迪，道。

【译文】

孔子说:"政令不能推行,教化不能成功,是由于爵禄不足以劝勉,以及刑罚不足以使坏人羞耻。因此君主不可以滥用刑罚,轻易授爵。《尚书·康诰》说:'严肃地明示你的刑罚。'《尚书·甫刑》说:'要讲施行刑罚之道。'"

子曰:"大臣不亲①,百姓不宁②,则忠敬不足③,而富贵已过也④。大臣不治⑤,而迩臣比矣⑥。故大臣不可不敬也,是民之表也⑦;迩臣不可不慎也,是民之道也⑧。君毋以小谋大⑨,毋以远言近⑩,毋以内图外⑪,则大臣不怨,迩臣不疾⑫,而远臣不蔽矣⑬。叶公之顾命曰⑭:'毋以小谋败大作⑮,毋以嬖御人疾庄后⑯,毋以嬖御士疾庄士、大夫、卿士⑰。'"

【注释】

①大臣不亲:谓国君与大臣互相疏远。大臣,官职尊贵之臣。亲,亲附。

②百姓不宁:宁,安宁。《礼记集解》曰:"大臣者,所以出政令以治民,大臣疏则政令不行而百姓不宁矣。"

③忠敬不足:郑玄注:"谓臣不忠于君,君不敬于臣。"

④富贵已过:富贵过了头。

⑤大臣不治:大臣不从事国政治理。

⑥迩臣比:君主的近臣朋比为奸。《礼记章句》曰:"不以忠敬待大臣而徒崇其爵位,使不得志修职,而迩臣比党以乱政也。"

⑦民之表:民众的表率。

⑧道:道路,引申为途径。近臣接近君主,是臣民意见上达君主的途径。孔颖达疏:"道,谓道路。言迩臣是民之道路,迩臣好则人从之好,迩臣恶则人从之恶也。"

⑨君毋以小谋大：君主不要与身边小臣谋划大臣的事。

⑩毋以远言近：君主不要与远臣谈论近臣的事。

⑪毋以内图外：不要与宫廷内臣谈论外臣的事。

⑫疾：非难，指责。

⑬蔽：雍蔽。《礼记恒解》曰："大臣权重，小臣常易忌之；近臣亲任，远臣尝欲间之；外臣疏远，内臣尤易毁之。使之各得其所，而不偏听，则不怨、不疾、不蔽矣。"

⑭叶公之顾命：顾命，临终遗嘱。《礼记集解》曰："'叶'当作'祭'，字之误也。将死而言曰顾命。祭公之顾命者，祭公谋父将死告穆王之言也。今见《逸周书·祭公解》篇。"译文从之。

⑮小：小臣。谋败：用计谋挫败。大：大臣。作：作为。

⑯嬖御人：宠妾。疾：疾恨。庄后：庄重的嫡妻。

⑰嬖御士：宠幸小臣。庄士：端正之士，正人君子。按，《礼记章句》曰："国家之权不归于大臣则归于近侍，祸乱覆亡皆由此而兴，此千古之通患，不可不鉴也。"

【译文】

孔子说："大臣不亲附君主，老百姓不得安宁，这是因为臣子不忠君，君主不敬臣，大臣的富贵超过了礼规。大臣不肯治理国政，君主的近臣朋比为奸。因此，君主对大臣不可不敬，因为大臣是老百姓的表率。君主选择近臣不可不谨慎，因为近臣是臣民意见上达君主的途径。君主不要与身边小臣谋划大臣的事，不要与远臣谈论近臣的事，不要与宫廷内臣谈论外臣的事，这样大臣就不会产生怨恨，近臣就不会产生嫉妒，远臣不会被雍蔽。祭公的遗嘱说：'不要让小臣用计谋挫败大臣的作为，不要因宠妾而非难庄重的嫡夫人，不要因宠幸小臣而非难庄重守礼的士人、大夫和卿士。'"

子曰："大人不亲其所贤^①，而信其所贱^②，民是以亲

失③,而教是以烦④。《诗》云⑤:'彼求我则⑥,如不我得⑦;执
我仇仇⑧,亦不我力⑨。'《君陈》曰⑩:'未见圣⑪,若己弗克
见⑫;既见圣⑬,亦不克由圣⑭。'"

【注释】

①大人:指王侯将相。贤:贤人。

②贱:不肖者,卑贱无能的人。

③亲失:即失亲,失去所当亲近的人。

④教是以烦:教化因此烦琐。孔颖达疏:"言在上者不亲任其贤有德
之人,而信其贱无德者,民效于上,失其所当亲,惟亲爱群小,政教
所以烦乱也。"《礼记恒解》曰:"贤否失宜,民是以不亲上,而教烦
亦复无益。"

⑤《诗》云:引诗见《诗经·小雅·正月》,是贤臣感慨君主不用贤人。

⑥彼:指周天子。则:法则。

⑦如不我得:唯恐得不到我。

⑧执:持。仇仇:通"扰扰",拿东西不用力的样子(用王引之说)。

⑨力:用力,引申为重视。

⑩《君陈》:《尚书》篇名,已佚。今本《尚书》中的《君陈》为伪书。

⑪圣:圣道。

⑫弗克见:不能见到。

⑬既:已经。

⑭不克由圣:不能运用圣道。由,运用。按,《礼记恒解》曰:"《君
陈》所言,未见圣思之甚,既见,不从其所为,亦如君知贤而不亲
也。"

【译文】

孔子说:"大人物不亲近贤人,而相信那些卑贱小人,民众因此失去
所当亲近的人,教化因此变得烦乱。《诗》中说:'当初王要我立则,好像

唯恐得不到；得到之后很随意，并不把我来重视。'《尚书·君陈》说：'人们在没有见到圣人之道时，好像自己不能见到；等到见到了圣人之道，又不能够运用圣人之道。'"

子曰："小人溺于水①，君子溺于口②，大人溺于民③，皆在其所亵也④。夫水近于人而溺人⑤，德易狎而难亲也⑥，易以溺人⑦；口费而烦⑧，易出难悔⑨，易以溺人⑩；夫民闭于人⑪，而有鄙心⑫，可敬不可慢⑬，易以溺人。故君子不可以不慎也。《太甲》曰⑭：'毋越厥命⑮，以自覆也⑯。若虞机张⑰，往省括于厥度则释⑱。'《兑命》曰⑲：'惟口起羞⑳，惟甲胄起兵㉑，惟衣裳在笥㉒，惟干戈省厥躬㉓。'《太甲》曰：'天作孽㉔，可违也㉕；自作孽，不可以逭㉖。'《尹吉》曰㉗：'惟尹躬天见于西邑夏㉘，自周有终㉙，相亦惟终㉚。'"

【注释】

①小人溺于水：小人淹死在水里。按，小人即下层民众，他们需要从事体力劳动，因此容易淹死在水里。

②君子溺于口：君子淹死在言语里。口，此指言语。按，君子或被舆论压迫而死，或因言语招致的祸患而死。

③大人溺于民：大人淹死在民众怨愤之中。按，君主如舟，民众如水；水能载舟，亦能覆舟。

④亵：轻慢。

⑤水近于人而溺人：水为人之生活所需，它近于人，也能淹死人。

⑥德易狎而难亲：狎，轻忽。道德有深浅之分，浅近的道德容易做到且使人轻忽，精深的道德则难以亲近，非长期修行不能入门。

⑦易以溺人：这是以水来比喻修德：水能淹死人，道德精深之处也易

于让人有沉溺之感。

⑧口费而烦：说的话多令人厌烦。费，辞费，话多。

⑨易出难悔：话容易说出口但难以追悔。此所谓一言既出，驷马难追。

⑩易以溺人：君子死于口祸，犹如小人溺死水中。

⑪民闭于人：有些民众不通人情事理。闭，闭塞。人，人情事理。

⑫鄙心：鄙陋之心。

⑬慢：轻慢。

⑭《太甲》：《尚书》篇名，已佚。今本《尚书》中的《太甲》上中下三篇为伪书。

⑮毋越厥命：不要让你的教令越出正轨。越，超越。厥，其。命，教令。

⑯自覆：自取覆灭。

⑰虞：猎人。机：弩机。张：张开。

⑱往：去。省：省视。括：通"栝"，箭的末端，与弓弦交会处。厥：其。度：所射猎物。释：发箭。按，此引《太甲》意谓为政者出教令应如虞人射禽，张设机弩之后一定要观察箭栝，到适当的时候才放箭。取其慎重之意。

⑲《兑（yuè）命》：《尚书》篇名，已佚。今本《尚书》有《说命》上中下三篇（说、兑通），为后人所伪造。说，指傅说，辅佐殷商高宗武丁安邦治国的贤臣。

⑳惟：语气词。口起羞：言辞能引起羞辱。

㉑甲胄：铠甲和头盔。起兵：引起兵祸。

㉒笥（sì）：盛东西的方形竹器。

㉓惟干戈省厥躬：在使用武器前要反躬自省。干戈，泛指武器。省，反省。按，此引《兑命》，意仍在劝人谨慎。孔颖达疏："口为荣辱之主，若出言不当则被人所贱，故起羞辱也。甲胄罚罪之器，若所罚不当，反被兵戎所害，故甲胄起兵也。衣裳在箧笥，当服之以行

礼，不可妄与于人。惟所施干戈之事，当自省己身，不可妄加无
罪，浪以害人。"

㉔天作孽：上天降下灾祸，如水旱灾荒等。孽，妖孽，灾祸。

㉕违：避开。

㉖逭（huàn）：逃避。

㉗《尹吉》：《尚书》篇名，当为《尹诰》，已佚。此引《尹诰》意在劝
勉执政者要始终坚持忠信。

㉘天：郑玄注："天，当为'先'字之误。"西邑夏：商都在亳，夏都在
亳西，故伊尹称夏为西邑。

㉙自周有终：自始至终以忠信治国。周，忠信。

㉚相亦惟终：宰相也像夏王一样终久忠信。相，宰相。

【译文】

孔子说："小人淹死在水里，君子淹死在言语里，大人淹死在民愤里，
这都是因为他们态度轻慢。水近于人而淹死人，道德也是浅近易玩而精
深难亲，像水一样容易淹死人；有人说话很多，令人厌烦，话容易说出口，
但难以追悔，像水一样容易淹死人；有些民众不通人情事理，心里鄙陋，
对他们可敬而不可怠慢，民众也像水一样容易淹死人。因此君子不可以
不谨慎。《尚书·太甲》说：'不要让你的教令越出正轨，以免自取覆灭。
就像打猎的人张开弩机，看看箭头是否对准猎物，然后再放箭。'《尚
书·兑命》说：'随意说话会带来羞辱，头盔铠甲会引起刀兵，礼服应该
放在竹箱里，盾牌戈矛在使用之前要反躬自省。'《尚书·太甲》说：'上
天降下灾祸，还可以避开；自己造成的灾祸，就无法逃避。'《尚书·尹
诰》说：'我伊尹先前曾到过夏朝西邑，夏王始终以忠信治国，宰相也像
夏王一样始终坚持忠信。'"

子曰："民以君为心，君以民为体①；心庄则体舒②，心
肃则容敬③。心好之，身必安之④；君好之，民必欲之⑤。心

以体全⑥，亦以体伤；君以民存，亦以民亡⑦。《诗》云⑧：'昔吾有先正⑨，其言明且清⑩，国家以宁，都邑以成⑪，庶民以生⑫。''谁能秉国成⑬？不自为正⑭，卒劳百姓。'《君雅》曰⑮：'夏日暑雨⑯，小民惟曰怨⑰；资冬祁寒⑱，小民亦惟曰怨⑲。'"

【注释】

①体：身体。

②庄：庄重。舒：舒服。

③肃：严肃。容敬：容貌恭敬。

④安之：安于接受。

⑤欲之：希望按照君主喜好的去做。

⑥全：保全。

⑦君以民存，亦以民亡：按，《礼记恒解》曰："心与体相依，存则俱存，亡则俱亡，以此喻君民之不容歧视，至切也。"

⑧《诗》云：引诗"谁能秉国成？不自为正，卒劳百姓"三句出于《诗经·小雅·节南山》，其余为逸诗。

⑨先正：先前的君长。正，官长。

⑩其言明且清：明，明确。清，清楚。《礼记章句》曰："通达事理曰明，分别义类曰清。"

⑪都邑：都城。大曰"都"，小曰"邑"。

⑫生：安生。

⑬谁能秉国成：谁来执掌国家大权。秉，主持，掌握。国成，国家政务的权柄。

⑭不自为正：周王不肯亲自执政。正，通"政"，政治，政事。

⑮《君雅》：《尚书》篇名，《书序》作《君牙》，已佚。今本《尚书》中的《君牙》为伪书。

⑯暑雨:酷暑下雨。

⑰惟日怨:唯有抱怨。

⑱资冬:到了冬天。资,通"至"。祁寒:严寒。

⑲小民亦惟日怨:按,此引《君雅》意谓小民对寒暑尚且抱怨,何况
　　对于君主的政策呢? 呼应"君以民存,亦以民亡"。

【译文】

孔子说:"民众应该将君主当作心脏,君主应该把民众当作身体;内心庄重就会身体安舒,内心严肃就会容貌恭敬。内心喜好的东西,身体一定安于接受;君主喜好的东西,民众一定希望按照君主喜好的去做。心脏因身体而得以保全,同时也会跟着身体受到损伤;君主因民众的拥护而生存,也会由于民众的反对而灭亡。有诗说:'从前我们有先君,教令明确条理清。国家赖此得安宁,都城赖此得建成,百姓赖此得安生。''有谁能秉国事? 周王不肯执政,害苦天下百姓。'《尚书·君雅》说:'夏天酷暑下雨,小民会埋怨;冬天严寒来临,小民也会埋怨。'"

子曰:"下之事上也,身不正,言不信,则义不壹①,行无类也②。"

【注释】

①义不壹:情义不专一。

②行无类:行为不像样。

【译文】

孔子说:"臣下侍奉君主,如果自身行为不正,说话不讲信用,那么君主就会认为他情义不专一,行为不像样。"

子曰:"言有物而行有格也①;是以生则不可夺志,死则不可夺名。故君子多闻,质而守之②;多志③,质而亲之④;精

知⑤,略而行之⑥。《君陈》曰:'出入自尔⑦,师虞庶言同⑧。'《诗》云:'淑人君子,其仪一也⑨。'"

【注释】

①言有物:言之有物,内容不空虚。行有格:行为有法度。格,法式,规格。

②质:抓住本质。守:坚守。

③多志:郑玄注:"谓博交泛爱人也。"指多与人交往。志,记住。

④亲:亲近。

⑤精知:精益求精,领会其精要。

⑥略而行之:抓住要略而付诸行动。略,要略。

⑦出入自尔:出入政教由你决定,即政教一统。

⑧师虞庶言同:众人皆同意你。师、庶,皆众人之意。虞,度。按,此引《君陈》意谓与众人谋划之后,政教皆由己出,而众人共同执行。

⑨淑人君子,其仪一也:诗见《诗经·曹风·鸤鸠》。其仪一也,仪度纯一。

【译文】

孔子说:"一个人说话要言之有物,行为要有法度,因此活着的时候没有人能够剥夺他的志向,死了以后也无人能够剥夺他的名声。所以君子应该广博见闻,抓住本质的东西而加以坚守;应该多交游识人,抓住主要人才而去亲近;应该精细求知,抓住要略而付诸行动。《尚书·君陈》说:'出入政教由你决定,众人都趋同于你。'《诗》中说:'善人君子,仪度纯一。'"

子曰:"唯君子能好其正①,小人毒其正②。故君子之朋友有乡,其恶有方③。是故迩者不惑,而远者不疑也。《诗》

云：'君子好仇^④。'"

【注释】

①正：正直。

②毒：憎恨。

③故君子之朋友有乡（xiàng），其恶有方：意谓君子所交的朋友一定是君子，他所厌恶的一定是小人。乡，向，志向。恶，厌恶。方，原则。按，《礼记集解》曰："君子所交之朋友，有一定之乡，必其善者也；其所恶亦有一定之方，必其不善者也。"

④君子好仇（qiú）：诗见《诗经·周南·关雎》。孔颖达疏："此断章云'君子以好人为匹'也。"仇，配偶。今本作"逑"。

【译文】

孔子说："只有君子能够喜好正直，小人则憎恨正直。因此，君子的朋友有共同志向，君子厌恶他人也有一定的原则。所以，无论近者还是远者都不会对君子产生疑惑。《诗》中说：'是君子的好配偶。'"

子曰："轻绝贫贱^①，而重绝富贵^②，则好贤不坚^③，而恶恶不著也^④。人虽曰不利^⑤，吾不信也。《诗》云：'朋友攸摄，摄以威仪^⑥。'"

【注释】

①轻绝贫贱：轻易地和贫贱朋友绝交。

②重绝富贵：与富贵朋友绝交非常慎重。

③好贤不坚：爱好贤才之心不坚定。

④恶（wù）恶（è）不著：厌恶邪恶之心不明显。

⑤不利：不是出于私利。

⑥朋友攸摄，摄以威仪：诗见《诗经·大雅·既醉》。朋友，原义指
　　宾客助祭者。此可泛指朋友。攸，所。摄，辅佐。威仪，庄重的仪
　　容举止。按，以上征引《诗经》，说明应该按照重义轻利的原则来
　　处理朋友关系。

【译文】

　　孔子说："轻易地和贫贱朋友绝交，与富贵朋友绝交时却非常慎重，
说明这种人好贤之心不坚定，厌恶邪恶之心不明显。即使有人说这种人
不是为了个人私利，我也不会相信。《诗》中说：'朋友相辅助，威仪来维
系。'"

　　子曰："私惠不归德①，君子不自留焉②。《诗》云：'人之
好我，示我周行③。'"

【注释】

　　①私惠不归德：私自施惠而不能归于公德。
　　②不自留：不自己留下。《礼记集解》曰："君子爱人以德，苟有私惠
　　　于我，而不归于德义之公，则君子不以其身留之。"
　　③人之好我，示我周行（háng）：诗见《诗经·小雅·鹿鸣》。周行，
　　　大道。按，以上征引《诗经》，说明要按照公德来接受他人施惠。
　　《礼记集解》曰："言人之相好，当相示以大道，而不可以私惠也。"

【译文】

　　孔子说："他人私自施惠而不能归于公德的，君子不能自己收留下
来。《诗》中说：'喜欢我的人，请指明大道。'"

　　子曰："苟有车，必见其轼①；苟有衣，必见其敝②；人苟
或言之③，必闻其声；苟或行之，必见其成④。《葛覃》曰⑤：

'服之无射⑥。'"

【注释】

①苟有车,必见其轼:苟,果真。轼,车前横木。一说,"轼"为车上
　所载之物。两说皆可通。联系下文"有此必有彼"的语意来看,
　"苟有车,必见其轼"是"苟或行之,必见其成"的一种比喻,说明
　一定的言行必然会带来一定的后果。

②敝:破旧,破烂。

③或:有时。

④成:成效。

⑤《葛覃》:《诗经·周南》中的一首诗。

⑥服之无射:今本《诗经》写作"服之无斁(yì)"。服,穿。斁,厌
　弃。朱熹《诗集传》对"服之无斁"解释说:"盖亲执其劳,而知其
　成之不易,所以心诚爱之,而不忍厌弃也。"《缁衣》征引"服之无
　斁",意在鼓励士人坚持言行的修炼。

【译文】

孔子说:"一个人果真有车,就一定能看到他的车前横木;一个人
果真有衣服,就一定能够看到他穿到破旧;一个人果真说过话,就一定
能够听到他的声音;一个人果真有所行动,就一定能够看到他的成效。
《诗·周南·葛覃》说:'衣服穿不厌。'"

子曰:"言从而行之①,则言不可饰也②;行从而言之③,则
行不可饰也。故君子寡言而行以成其信④,则民不得大其美
而小其恶⑤。《诗》云⑥:'白圭之玷⑦,尚可磨也⑧;斯言之玷⑨,
不可为也⑩。'《小雅》曰⑪:'允也君子⑫,展也大成⑬。'《君奭》
曰⑭:'昔在上帝⑮,周田观文王之德⑯,其集大命于厥躬⑰?'"

【注释】

①言从而行之:说了随后就付诸行动。从,就,随即。

②言不可饰:即不能夸大其词。饰,夸饰。

③行从而言之:行动之后说出来。

④寡言而行以成其信:少说多做,以此成就信用。

⑤大其美:夸大美好的一面。小其恶:缩小邪恶的一面。

⑥《诗》云:引诗见《诗经·大雅·抑》。

⑦白圭:白玉。玷(diàn):玉上的斑点。

⑧磨:琢磨清除。

⑨斯言之玷:说话出了毛病。

⑩不可为:毛病不可消除。按,引《诗经·大雅·抑》以说明要慎言有信。

⑪《小雅》:此指《诗经·小雅·车攻》。

⑫允:诚实。

⑬展:确实。大成:大有成就。按,引《诗经·小雅·车攻》以说明君子有诚信才能成功。

⑭《君奭(shì)》:《尚书》篇名,记载周公与召公的谈话。按,《缁衣》所引《君奭》文字,汉代今文、古文《尚书》有所不同。古文《缁衣》写作"周田观文王之德",今文《缁衣》写作"割申劝宁王之德"。郭店简有一篇《缁衣》,这几句写作:"昔在上帝,割绅观文王德,其集大命于厥身?"郭店简是战国文本,时间最早,最为可信,因此本书对这几句的注译,根据郭店简《缁衣》。

⑮昔在:从前。

⑯周田:郭店简作"割绅"。割,曷,何,为什么。绅,申,重,一再。观:观赏。

⑰集:集中。大命:做天子的天命。厥:其。躬:郭店楚墓竹简作"身"。按,此引《君奭》以说明周文王因有诚信而得天命。以上征引

《诗》《书》，说明做人应该言必行，行必果，有一说一，有二说二。

【译文】

孔子说："说了就付诸行动，所以说话不能夸大其词；行动之后就说出来，所以行动不能加以浮夸。因此君子通过少说多做来成就信誉，这样民众就不能夸大其优点而缩小其缺点。《诗》中说：'白玉有斑点，尚可磨干净；说话出毛病，想磨也不行。'《诗·小雅》说：'诚实的君子，确有大成就。'《尚书·君奭》说：'从前上帝为什么一再欣赏文王美德，将天命集中在他的身上呢?'"

子曰："南人有言曰：'人而无恒，不可以为卜筮。'①古之遗言与②? 龟筮犹不能知也③，而况于人乎?《诗》云：'我龟既厌，不我告犹④。'《兑命》曰：'爵无及恶德⑤，民立而正事⑥。纯而祭祀，是为不敬⑦。事烦则乱⑧，事神则难⑨。'《易》曰：'不恒其德，或承之羞⑩。''恒其德侦，妇人吉，夫子凶⑪。'"

【注释】

①"南人有言曰"几句：《论语·子路》："子曰：'南人有言曰：人而无恒，不可以作巫医。善夫! 不恒其德，或承之羞。'子曰：'不占而已矣。'"南人，南方人。又，孔颖达疏："南人，殷掌卜之人。"人而无恒，不可为卜筮，对于没有恒心的人，龟卜和蓍占都不能显示他的吉凶。而，若。恒，恒心，常心。卜，用龟甲占卜。筮，用蓍草占卜。

②古之遗言：古代留下来的话。

③龟筮犹不能知：龟卜和蓍占尚且不能预测无恒之人的吉凶。

④我龟既厌，不我告犹：诗见《诗经·小雅·小旻》。厌，厌倦。不

我告犹,不把吉凶告诉我。犹,通"猷",谋略,计策。此处指龟筮预测结果。

⑤爵:爵位。无及:不要给予。恶德:品德恶劣之人,如不恒其德之人。

⑥民立而正事:民众会立为正面榜样而侍奉之。

⑦纯而祭祀,是为不敬:烦扰的祭祀,这是对鬼神的不敬。纯,郑玄注:"纯,或为'烦'。"

⑧事烦则乱:事情烦扰就会混乱。

⑨难:此指难以获鬼神赐福。

⑩不恒其德,或承之羞:见《周易·恒卦》九三爻辞。意谓不能恒久地保持美德,有时要承受羞辱。

⑪"恒其德侦"几句:见《周易·恒卦》六五爻辞。恒其德,恒常其德。德,据《周易·恒卦》,此特指柔顺之德。柔顺则每每求正于人,随从于人,不能坚持己见,故对女子吉,对男子凶。侦,《周易》作"贞",正,求正于人。按,以上征引古代遗言和《诗》《书》《易》,说明持之以恒是做人做事的重要品质。

【译文】

孔子说:"南方人有这样的话:'一个人如果没有恒常之德,那么即使是龟卜和蓍占都不能显示他的吉凶。'这大概是古人留下来的话吧?龟卜和蓍占尚且不能预测无恒之人的吉凶,何况是人呢?《诗》中说:'我的灵龟已经厌倦,不再把吉凶告诉我。'《尚书·兑命》说:'爵位不能赏给品德恶劣之人,否则民众将把他们树为正面楷模而加以侍奉。烦扰的祭祀,这是对鬼神的不敬。事情烦扰就会混乱,祭祀鬼神也难以获得福佑。'《周易·恒卦》说:'不能恒久地保持美德,有时要承受羞辱。''恒常保持美德,每每向人求正,这在妇人是吉,而在男子是凶。'"

鲁穆公问子思第五

【题解】

本篇选自荆门市博物馆编《郭店楚墓竹简》,篇中记载鲁穆公与子思关于什么样的人才是忠臣的对话,以及成孙弋对子思言论的阐释。本篇文章虽短,但内涵十分丰富。生活在春秋末年的孔子,严格按照礼的要求来规范君臣关系。《论语·八佾》载有孔子"君使臣以礼,臣事君以忠"的语录,从中可见孔子理想中的君臣关系是一种既尊卑有序又温情脉脉的关系,基本没有人物个性棱角和锋芒。孔子虽然也提倡做君主的"诤臣",但他特别强调臣子谏君的方式是委婉劝谏。子思生活在战国初年,其时战国士文化正在兴起,士林阶层正在走向政治舞台的中心。作为当时士的杰出代表人物,子思希望通过批评和指导诸侯贵族来展现自己的价值,因此他发前人之未发,以"恒称君之恶者"作为忠臣的内涵,对忠臣提出了全新的见解。联系《孟子》中鲁穆公与子思关于"友""事"的分歧,以及《孔丛子》中关于子思"好大"的记载,可以更深切地理解本篇子思论忠臣的涵意。文中的鲁穆公是一个充满矛盾的人物:他一方面顺应战国时代潮流而做出好士的举动,另一方面他又放不下身段,他的思想意识总是比进步的时代精神慢半拍。成孙弋则是一个目光犀利的人,寥寥数语,就揭示出子思言论的真正价值。

　　鲁穆公问于子思曰①："何如而可谓忠臣?"子思曰："恒称其君之恶者②,可谓忠臣矣。"公不悦,揖而退之③。成孙弋见④,公曰:"向者吾问忠臣于子思⑤,子思曰:'恒称其君之恶者,可谓忠臣矣。'寡人惑焉,而未之得也⑥。"成孙弋曰:"噫,善哉,言乎! 夫为其君之故杀其身者,尝有之矣。恒称其君之恶,未之有也。夫为其君之故杀其身者,效禄爵者也⑦。恒称其君之恶者,远禄爵者也。为义而远禄爵,非子思,吾恶闻之矣⑧?"

【注释】

①鲁穆公:又作"鲁缪公"。姬姓,名显。前410—前377年在位。

②恒:经常。称:称说。恶:过恶,错误,缺点。

③揖而退之:此句主语是子思。

④成孙弋:生平事迹不详,可能是鲁国大夫。

⑤向者:刚才。

⑥得:得到答案。

⑦效禄爵:为爵禄效命。

⑧吾恶闻之矣:我从哪里能听到呢? 恶,何,哪里。按,自"夫为其君之故杀其身者"至此,原简缺文较多,此数句为裘锡圭所补。

【译文】

　　鲁穆公问子思:"怎样做才能叫作忠臣?"子思说:"经常指出君主缺点的人,可以称得上忠臣了。"鲁穆公不高兴,子思对鲁穆公作个揖,便退下了。成孙弋朝见,鲁穆公说:"刚才我问子思怎样做才能叫忠臣,子思说:'经常指出君主缺点的人,可以称得上忠臣了。'寡人对此很困惑,不明白他的意思。"成孙弋说:"啊,这话说得好呀! 为了君主而牺牲生命的人,这种人是曾经有的。但是,经常指出君主缺点的人,却从未有过。为了君主而牺牲生命的人,不过是报效自己的爵禄。而经常指出君主缺点的人,是远离爵禄的。为了大义而远离爵禄,如果不是子思,我从哪里能听到这样的话呢?"

五行第六

【题解】

《荀子·非十二子》在批评子思、孟轲学派时说:"案往旧造说,谓之五行。"唐人杨倞将"五行"解为"五常",即仁、义、礼、智、信。近人庞朴指出,此处"五行"当为仁、义、礼、智、圣。"行"读héng,不读xíng。1973年12月,长沙马王堆汉墓帛书《老子》甲本卷后古佚书面世,古佚书共有四篇,其中第一篇论述仁、义、礼、智、圣,这为庞朴之说提供了证据,整理者因此将这篇佚文定名为《五行》。帛书本《五行》在"经"下有"说",这说明在秦汉之际,思孟学派的五行学说已经有人专门研究。1993年10月,湖北荆门郭店楚墓出土一批竹书,其中有五十枚竹简讨论仁、义、礼、智、圣,竹书开头有"五行"二字,正文与马王堆古佚书第一篇经部大体相同,这进一步证实"五行"就是指仁、义、礼、智、圣。由于竹书本比帛书本抄写时间要早,更接近作品原创时的面貌,因此本篇文字取自郭店楚墓竹书《五行》,篇中残损的文字,据马王堆帛书本和上下文例予以补足。关于《五行》的作者,学术界虽有不同的看法,但基本上都承认这是思孟学派的作品。《荀子·非十二子》在论及五行学说时说:"子思倡之,孟轲和之。"可见五行学说是子思的首创,将《五行》断为子思作品,是合适的。子思对儒学发展的贡献,前人多依据《中庸》立论,《五行》的面世为人们全面理解子思的思想提供了新材料。

《五行》是儒家心性道德学说的重要文献,文章提出了很多关于五行道德修养的观点。首先,文章强调仁、义、礼、智、圣五行的修养应该形成内在心性道德,而不能仅仅停留于外在行为之上。其次,文章认为仁、义、礼、智四行是人道,四行之和就是"善",仁、义、礼、智、圣五行和谐是天道,五行之和就是"德"。五行修养如同礼乐演奏中的金声玉振一样,要从"为善"的人道开始,以"为德"的天道结束。第三,文章强调五行道德修养要注意慎独,从他人无法监督的细微之处做起,通过内心的道德自觉来实现自律。第四,文章强调"为善"与"为德"的不同:"为善"是身体行为,"为德"是心理活动;"为善"可以有始有终,"为德"与身体相始,而不与身体相终。第五,文章以抽丝剥茧的手法,依次梳理了仁、义、礼、智、圣五种德行的不同培养路径和方法,并探讨了仁、义、礼、智、圣五行之间的相生相成关系。第六,文章以断狱过程中大罪大诛、小罪隐匿为例,具体说明如何在现实政治生活中培养仁义品质。第七,文章要求君子应该集仁、义、礼、智、圣五德之大成,博采众长。第八,文章论述了心与耳、目、鼻、口、手、足六者的关系,说明心在仁、义、礼、智、圣五行修养中起到决定性作用。第九,文章提出仁、义、礼、智、圣五行道德修养要遵循生而知之、学而知之这两条圣贤路径。

在《五行》之前,《论语》中对仁、义、礼、智、圣各有分别论述。将五种德行集中在一起,熔铸成"五行"的理论范畴,将仁、义、礼、智规定为人道,将圣作为天道,强调五行之间的相和相成,这是子思独特的理论贡献。荀子虽然在《非十二子》中激烈批评子思,但他在《劝学》中仍然与子思殊途同归,承认学习的终点是成为圣人。

五行①:仁形于内谓之德之行,不形于内谓之行②。义形于内谓之德之行,不形于内谓之行。礼形于内谓之德之行,不形于内谓之□③。□□于内谓之德之行④,不形于内谓之行。圣形于内谓之德之行，不形于内谓之德之行⑤。

【注释】

①五行（héng）：仁、义、礼、智、圣。

②仁形于内谓之德之行，不形于内谓之行：意谓仁的品质形成于内在心性叫作"德之行"，仁的品质不在内心而仅体现于行为叫作"行"。两者的区分是：一在内形成心性道德，一在外仅停留于行为。两者相比，"德之行"比"行"的修养层次要高。以下"义""礼""智""圣"几句意义仿此。《礼记·表记》说："君子耻服其服而无其容，耻有其容而无其辞，耻有其辞而无其德，耻有其德而无其行。"据此，有其德而无其行，是不可取的。理想的境界是德行一致，知行合一。

③不形于内谓之□：据上下文例及帛书本，此处残损一字为"行"。

④□□内谓之德之行：据上下文例及帛书本，此处残损二字为"智形"。

⑤不形于内谓之德之行：据上下文例及帛书本，"德之"二字为衍文。按，这一节强调仁、义、礼、智、圣五行的修养应该形成内在心性道德，而不能仅仅停留在行为之上。

【译文】

五行：仁的道德品质形成于内心叫作"德之行"，仁的道德品质不在内心而仅体现于行为叫作"行"。义的道德品质形成于内心叫作"德之行"，义的道德品质不在内心而仅体现于行为叫作"行"。礼的道德品质形成于内心叫作"德之行"，礼的道德品质不在内心而仅体现于行为叫作"行"。智的道德品质形成于内心叫作"德之行"，智的道德品质不在内心而仅体现于行为叫作"行"。圣的道德品质形成于内心叫作"德之行"，圣的道德品质不在内心而仅体现于行为叫作"行"。

德之行五①，和谓之德②，四行和谓之善③。善，人道也。德，天道也④。君子亡中心之忧则亡中心之智⑤，亡中心之智则亡中心□□⑥，亡中心□□□□安⑦，不安则不乐，不乐则亡德⑧。

【注释】

①德之行五：意为德之五行，即指仁、义、礼、智、圣。

②和谓之德：仁、义、礼、智、圣五行相和，叫作有德。和，协调，和谐，指各种道德因素通过彼此联系和影响，达到协调融合。

③四行：仁、义、礼、智。《礼记·丧服四制》："恩者仁也，理者义也，节者礼也，权者知也。仁、义、礼、知，人道具矣。"为什么仁、义、礼、智四行属于人道？《五行》对此没有展开论述。后来孟子把这个问题讲清楚了，他说："仁、义、礼、智，非由外铄我也，我固有之也。"（《孟子·告子上》）就是说仁、义、礼、智是人与生俱来的潜质，是上天赋予的人性。

④"善，人道也"几句：言仁、义、礼、智四行是人道，属于善的范围；仁、义、礼、智、圣五行之和为德，进入圣的境界，是属于比人道更高的天道。在子思之前，孔子将"圣"看成是比"仁"更高的道德境界，《论语·雍也》载："子贡曰：'如有博施于民而能济众，何如？可谓仁乎？'子曰：'何事于仁？必也圣乎！尧舜其犹病诸。'"后来孟子进一步指出，仁、义、礼、智根于心，人人都具备，但要成为圣人，则需要长期的道德修养。

⑤君子亡中心之忧则亡中心之智：言君子如果没有心中之忧，就没有心中之智。亡，无。忧，担忧不能成为圣人。《论语·述而》载子曰："不愤不启，不悱不发。"若无忧患意识，就不能开启心智。《孟子·离娄下》载孟子曰："君子有终身之忧，无一朝之患也。

乃若所忧则有之：舜，人也；我，亦人也。舜为法于天下，可传于后世，我由未免为乡人也，是则可忧也。忧之如何？如舜而已矣。若夫君子所患则亡矣。非仁无为也，非礼无行也。如有一朝之患，则君子不患矣。"孔孟的论述可以帮助我们理解此处"忧"的内涵。

⑥亡中心之智则亡中心□□：据上下文例及帛书本，此处残损二字为"之悦"。

⑦亡中心□□□□安：据上下文例及帛书本，此处残损四字为"之悦则不"。

⑧不安则不乐，不乐则亡德：言内心之德会带来人生的安乐。此处的"乐"与孔子所说的"回也不改其乐"意义相同，指一种由道德完善带来的审美愉悦，因为道德修养的最高境界是审美。《礼记·祭义》："易、直、子、谅之心生则乐，乐则安，安则久，久则天，天则神。"庞朴说，德始于忧，而终于乐。按，这一节讨论五行相和形成内德，强调形成内德的重要性。作者认为仁、义、礼、智属于人道，是善；仁、义、礼、智、圣五行之和为天道，是德。

【译文】

德的五行仁、义、礼、智、圣，五行相和叫作德，仁、义、礼、智四行相和叫作善。善属于人道，五行相和之德属于天道。君子如果心中不担忧自己不能成为圣人，那么心中就失去智，心中失去智，那么心中就没有喜悦，心中没有喜悦就会不安，心中不安就会不快乐，不快乐就没有德。

五行皆形于内而时行之，谓之君□①。士有志于君子道②，谓之志士。善弗为亡近③，德弗志不成④，智弗思不得⑤，思不精不察⑥，思不长不形⑦，不形不安⑧，不安不乐，不乐亡德⑨。

【注释】

①谓之君□：据上下文例及帛书本，此处残损一字为"子"。

②君子道：即内有五行之德而付诸行动的君子之道。

③善弗为亡近：意谓如果具备仁、义、礼、智的人道之善而不付诸行动，那么距离善也就很远了。善，指仁、义、礼、智四行，即人道。

④德弗志不成：意谓如果不立志尚德，那么德就不能形成。德，指仁、义、礼、智、圣五行之和。

⑤智弗思不得：意谓智是通过思考获得的，如果不思考，就不能获得智。

⑥思不精不察：意谓如果思考不精细，就不能明察。

⑦思不长不形：帛书本《五行》写作"思不长不得，思不轻不形"，郭店简本"思不长不形"是帛书本的压缩，意谓思考不深入，就不能形成于外。长，长久。

⑧安：安定，心安理得。

⑨不安不乐，不乐亡德：意谓五行修养成功的标志是心理获得审美愉悦，如果没有审美愉悦，那就意味着五行之德尚未形成。按，这一节讨论五行修养与立志、实践、思考等因素的关系。

【译文】

仁、义、礼、智、圣五行形成于内心并按时实行，这种人叫作君子。有志于君子之道的士，叫作志士。如果具备仁、义、礼、智的人道之善而不付诸行动，那么距离善也就很远了。如果不立志尚德，那么德就不能形成；如果不思考，那么就不能获得智；如果思考不精细，那么就不能明察；如果思考不长久，那么智就不能形成于外；如果智不能形成于外，那么就不能安定；如果不能安定，那么就不会快乐；如果不快乐，那么就没有德。

不仁，思不能清①。不智，思不能长②。不仁不智，未见君子，忧心不能惙惙；既见君子，心不能悦③。"亦既见之，亦既觏之，我心则□④。"此之谓也。□仁⑤，思不能清。不圣，思不能轻⑥。不仁不圣，未见君子，忧心不能忡忡；既见君子，心不能降⑦。

【注释】

①不仁，思不能清：意谓如果不仁，那么思考就不能精细。清，帛书本写作"精"，较郭店竹简本为优，下文"清"字仿此。

②不智，思不能长：意谓如果不智，那么思考就不能长久。

③"不仁不智"几句：意谓人如果不仁不智，未见君子之时，不能忧虑不安，既见君子后，其心亦不能悦。惙惙（chuò），忧虑不安的样子。按，仁者爱人，智者知人；唯爱人，才能以不见君子为忧；唯知人，才能以已见君子为悦。

④"亦既见之"几句：诗见《诗经·召南·草虫》，描写抒情诗主人公见到君子后的喜悦之情。既，已经。觏（gòu），遇见。我心则口，据上下文例及帛书本，此处残损一字为"悦"。

⑤口仁：据上下文例及帛书本，此处残损一字为"不"。

⑥轻：崇尚。帛书本《五行》"说"部解释："轻者，尚也。"

⑦心不能降：《诗经·召南·草虫》："亦既见止，亦既觏止，我心则降。"降，放下。圣者"博施于民而能济众"，故能在既见君子之后，放下忧心。按，这一节连同以下三节讨论仁、智、圣品质与思考之间的关系。

【译文】

如果不仁，那么思考就不能精细。如果不智，那么思考就不能长久。如果不仁不智，那么在未遇见君子之时，就不会忧虑不安；在已经见到君子之后，心里也不会喜悦。"已经见到了，已经遇到了，我的心里就喜悦了。"诗句说的就是这种情形。如果不仁，思考就不能精细。如果不圣，心里就不崇尚思考。如果不仁不圣，那么在未见君子之时，就不会忧心忡忡；在已经遇见君子之后，心里也不能放下。

仁之思也清①,清则察②,察则安③,安则温④,温则悦,悦则戚⑤,戚则亲,亲则爱,爱则玉色⑥,玉色则形⑦,形则仁。

【注释】

①仁之思也清:意谓具有仁的品质,思考就会精细。清,帛书本写作"精",较郭店竹简本为优,下文"清"字仿此。

②察:善于体察。

③安:安详。

④温:温和。

⑤戚:亲近,亲密。

⑥玉色:本指美丽容貌,引申为玉色美质。《孔子家语·问玉》载孔子曰:"夫昔者君子比德于玉:温润而泽,仁也;缜密以栗,智也;廉而不刿,义也;垂之如坠,礼也;叩之,其声清越而长,其终则诎然,乐矣;瑕不掩瑜,瑜不掩瑕,忠也;孚尹旁达,信也;气如白虹,天也;精神见于山川,地也;珪璋特达,德也;天下莫不贵者,道也。《诗》云:'言念君子,温其如玉。'故君子贵之也。"《尚书大传》:"在内者皆玉色,在外者皆金声。"

⑦形:形成内德。

【译文】

具有仁的品质,思考就会精细,思考精细就会善于体察,善于体察就会态度安详,态度安详就会温和,温和就会喜悦,喜悦就会亲近,亲近就会亲密,亲密就会相爱,相爱就会产生玉色美质,有了玉色美质就会形成内德,形成内德就会富有仁心。

智之思也长①,长则得②,得则不忘,不忘则明③,明则见贤人④,见贤人则玉色,玉色则形,形则智。

【注释】

①智之思也长：意谓具有智的人，思考就会长久。《文子》："知贤之谓智。"

②得：有心得，有收获。

③明：明察。《荀子·解蔽》："知贤之谓明。"

④见贤人：看出谁是贤人。见，同"现"。

【译文】

具有智的人，思考就会长久，长久则就会有所收获，有所收获就不会忘记，不会忘记就会明察，明察就会看出谁是贤人，看出谁是贤人品质就会有玉色美质，有玉色美质就会形成内德，形成内德就会更加益智。

圣之思也轻①，轻则形，形则不忘，不忘则聪，聪则闻君子道，闻君子道则玉音②，玉音则形，形则圣。

【注释】

①圣之思也轻：意谓具有圣的品质的人，思考就容易提升道德水平。轻，尚，上，引申为提升。

②玉音：金玉其音，有德者之音，与前文"玉色"意近。

【译文】

具有圣的品质的人，思考起来就容易提升道德水平，提升道德后就会形成内德，形成内德就不会忘记，不会忘记就会聪明，聪明就会懂得君子之道，懂得君子之道就会金玉其音，金玉其音就会形成内德，形成内德就会更有圣的品质。

"淑人君子，其仪一也①。"能为一，然后能为君子，慎其独也②。"□□□□，泣涕如雨"③。能差池其羽，然后能至哀④。君子慎其□□⑤。

【注释】

①淑人君子,其仪一也:诗见《诗经·曹风·鸤鸠》。诗人赞美君子用心如一。其仪一也,今本写作"其仪一兮"。

②慎独:谨慎地对待独处。《礼记·中庸》说:"道也者,不可须臾离也,可离非道也。是故君子戒慎乎其所不睹,恐惧乎其所不闻。莫见乎隐,莫显乎微,故君子慎其独也。"朱熹《中庸章句》解释说:"独者,人所不知而己所独知之地也。言幽暗之中,细微之事,迹虽未形而几则已动,人虽不知而己则知之,则是天下之事无有著见明显而过于此者。是以君子既常戒惧,而于此尤加谨焉,所以遏人欲于将萌,而不使其滋长于隐微之中,以至离道之远也。"独处之时最容易分心,所以在"能为一"之后,紧接着强调慎独。

③□□□□,泣涕如雨:据上下文例及帛书本,此处残损四字为"瞻望弗及"。诗见《诗经·邶风·燕燕》。《毛诗序》认为,此诗为卫庄公夫人庄姜所作。庄姜无子,以庄公妾戴妫之子完为己子。庄公死后,完即位不久,即被州吁杀害。由于其子被杀,戴妫永久回归自己娘家陈国,古人称此为"大归"。此诗即为庄姜送戴妫所作,庄姜目送戴妫归去,眼看戴妫渐行渐远,一直到望不见戴妫身影,两行热泪从庄姜脸颊流下。诗中表达了庄姜对戴妫的深切思念、感伤之情。

④能差池其羽,然后能至哀:两句说明人们往往触景生情,看到燕子差池飞去,最后消失于天际,一种孤独感袭上心头,由此想起伊人大归,不禁动了至哀真情,潸然泪下。差池其羽,语见《诗经·邶风·燕燕》,形容燕子展开翅膀时羽毛不齐的样子。这是以燕子高飞兴起戴妫远行。至哀,哀伤的极点,指"泣涕如雨"。

⑤君子慎其□□:据上下文例及帛书本,此处残损二字为"独也"。

按,这一节征引《鸤鸠》诗句,强调修德重在专一;又引《燕燕》诗
句,说明修养需要用情深切,且要慎独。

【译文】

"善人君子啊,他的仪容真专一。"能够做到专一,然后才能成为君
子,所以要慎重地对待独处啊。"看不到她的身影了,我泪如雨下"。唯
有看到燕子展翅飞去,然后才能引发至哀之情。君子要慎重地对待独
处啊。

□子之为善也,有与始,有与终也①。君子之为德也,
□□□,□□终也②。

【注释】

①"□子之为善也"几句:意谓君子为善,需身体力行,要有始有终。
根据帛书本《五行》"说"部解释,君子为善"与其体始,与其体
终",就是说身体伴随为善的始终。□子之为善也,据上下文例及
帛书本,此处残损一字为"君"。

②"君子之为德也"几句:意谓君子修德是一种心理活动,它与身体
相始,而不与身体相终。为德,修德。□□□,□□终也,据上下
文例及帛书本,此处残损五字为"有与始,无与"。按,这一节强
调"为善"与"为德"的不同:为善是身体行为,修德是心理活动;
为善可以有始有终,修德与身体相始,而不与身体相终。

【译文】

君子为善,身体始终相伴。君子修德是心理活动,它与身体相始,而
不与身体相终。

金声而玉振之①,有德者也。金声,善也②;玉音,圣也③。

善，人道也；德，而□□也④。有德者然后能金声而玉振之⑤。

【注释】

①金声玉振：礼乐演奏时，以钟发声，以磬收韵。金声，指撞钟。玉振，指击磬。金声玉振比喻内德美好，声名远播。《孟子·万章下》："集大成也者，金声而玉振之也。金声也者，始条理也；玉振之也者，终条理也。始条理者，智之事也；终条理者，圣之事也。"

②金声，善也：意谓礼乐演奏以钟开始发声，比喻修德始于为善。

③玉音，圣也：意谓礼乐演奏以击玉磬结束，比喻修德终于成圣。玉音，据上下文例，此二字当作"玉振"。

④而□□也：据上下文例及帛书本，此处残损二字为"天道"。

⑤有德者然后能金声而玉振之：按，这一节以礼乐演奏中的金声玉振，来比喻道德修养由始到终的途径。

【译文】

以钟发声，以磬收韵，这可以用作有德者的比喻。以钟发声，比喻修德始于为善；以击玉磬结束，比喻修德终于成圣。为善属于人道，为德属于天道。有德然后才能像金声玉振一样。

不聪不明，不圣不智①，不智不仁②，不仁不安③，不安不乐④，不乐亡德⑤。

【注释】

①不聪不明，不圣不智：帛书本《五行》"说"部解释："不聪不明，聪也者，圣之藏于耳也；明也者，智之藏于目者也。聪，圣之始也；明，智之始也。故曰'不聪明则不圣智'。圣智必由聪明。"《文子·道德》载老子曰："闻而知之，圣也；见而知之，智也。圣人常

闻祸福所生而择其道,常见祸福成形而择其行。圣人知天道吉凶,故知祸福所生;智者先见成形,故知祸福之门。闻未生,圣也;先见形,智也。无闻见者愚迷。"这些论述可以帮助我们理解圣智聪明的问题。

②不智不仁:意谓仁的品质培养要借助智,没有智,也就没有仁。

③不仁不安:意谓没有仁的品质,就不能安静。孔子说,仁者静。

④不安不乐:意谓心不能安静,也就没有快乐。

⑤不乐亡德:据《左传·襄公十一年》"乐以安德"之说,不乐就不能安养德行。按,这一节讨论圣、智、仁与德的关系。

【译文】

不能做到耳聪目明,也就不能达到圣和智;没有智,也就没有仁;没有仁,也就不能心安;不能心安,也就不能快乐;不能快乐,也就不能安养德行。

不变不悦①,不悦不戚②,不戚不亲,不亲不爱,不爱不仁③。

【注释】

①变:据帛书本《五行》"说"部解释,意为"勉"。勉,努力。

②戚:亲近。

③不爱不仁:按,这一节讨论悦、戚、亲、爱与仁的关系。此节连同以下四节,梳理仁、义、礼、智、圣五行修养的路径。

【译文】

不勉力就不会喜悦,不喜悦就不会亲近,不亲近就不会相亲,不相亲就不会相爱,不相爱就不会有仁心。

不直不肆①,不肆不果②,不果不简③,不简不行,不行不义④。

【注释】

①直:正直。肆:恣肆,肆志,全力去做。

②果:果敢。

③简:简择。

④不行不义:按,这一节讨论直、肆、果、简、行等品质与义的关系。

【译文】

不正直就不能全力去做,不全力去做就不能果敢,不果敢就不能有所简择,不简择就行不通,行不通就会不义。

不远不敬①,不敬不严②,不严不尊③,不尊不恭④,不恭亡礼⑤。

【注释】

①不远不敬:意谓不保持一定距离就不能使人产生敬意。远,保持距离,距离产生敬意。

②严:威严。

③尊:尊贵。

④恭:谦恭。

⑤不恭亡礼:按,这一节讨论恭敬与礼的关系。

【译文】

不保持一定距离就不能使人产生敬意,没有敬意就不能产生威严,没有威严就不能显示尊贵,没有尊贵就不能使人谦恭,没有谦恭就属于无礼。

　　未尝闻君子道,谓之不聪①。未尝见贤人,谓之不明②。闻君子道而不知其君子道也,谓之不圣③。见贤人而不知其有德也,谓之不智④。

【注释】

①未尝闻君子道,谓之不聪:意谓未尝听闻君子之道,相当于什么也没听到,就像耳朵不灵一样。聪,听觉灵敏。

②未尝见贤人,谓之不明:意谓未尝见到有德贤人,相当于什么也没看到,就像眼睛看不清一样。明,视觉灵敏。

③闻君子道而不知其君子道也,谓之不圣:意谓曾经听闻过君子之道却不懂得这就是君子之道,这叫作不圣。

④见贤人而不知其有德也,谓之不智:意谓见到贤人但却不懂得什么是德,这叫作不智。按,这一节讨论聪、明与圣、智的关系。

【译文】

未尝听闻君子之道,这叫作不聪。未尝见到有德贤人,这叫作不明。曾经听闻过君子之道却不懂得这就是君子之道,这叫作不圣。见到贤人但却不懂得什么是德,这叫作不智。

　　见而知之,智也①。闻而知之,圣也②。明明,智也③。虩虩,圣也。"明明在下,虩虩在上",此之谓也④。

【注释】

①见而知之,智也:据《文子·道德》,此语出于老子。《文子·道德》说:"智者先见成形,故知祸福之门。"见,此指见到细微征兆。

②闻而知之,圣也:据《文子·道德》,此语出于老子。《文子·道德》说:"圣人知天道吉凶,故知祸福所生。"又说:"闻未生,圣也。"

③明明，智也：意谓能够明察天下，这是见而知之，是智的体现。明
　明，明察的样子。

④"虩虩（xì），圣也"几句：明明在下，虩虩在上，诗见《诗经·大
　雅·大明》。毛传："文王之德，明明于下，故赫赫然著见于天。"
　虩虩，今本《诗经》写作"赫赫"，显赫的样子。言文王德政的应
　验显赫于天，这是圣的体现。按，这一节讨论智与圣的关系。

【译文】

　　看到事物迹象就知道是祸是福，这是智。听到事物迹象就知道天道
吉凶，这是圣。明察天下，这是智。德行征兆显赫于天，这是圣。"文王
明察在下，其德征兆显赫于天。"说的就是这种情形。

　　闻君子道，聪也。闻而知之，圣也①。圣人知天道也②。
知而行之，义也③。行之而时④，德也。见贤人，明也⑤。见
而知之⑥，智也。知而安之，仁也⑦。安而敬之，礼也⑧。圣，
知礼乐之所由生也，五□□□□也⑨。和则乐，乐则有德，
有德则邦家兴⑩。文王之见也如此⑪。"文□□□，□□于
天⑫。"此之谓也⑬。

【注释】

①闻而知之，圣也：意谓能够听闻君子之道而且能够明白，这就是圣。

②圣人知天道：仁、义、礼、智、圣五行之中，仁、义、礼、智四行是人
　道，圣是天道，所以圣人能够知晓天道。

③义：宜，适宜。

④行之而时：意谓能够不失时势地施行天道。时，合于时势。

⑤见贤人，明也：意谓认识到谁是贤人，这就是明。《荀子·解蔽》：
　"知贤谓之明。"见，读"现"，引申为认识。

⑥知：相知。

⑦知而安之，仁也：意谓不仅与贤人相知，而且让贤人安于任职，这就是仁。《论语·里仁》："仁者安仁。"安，指让贤人安于任职。

⑧安而敬之，礼也：意谓不仅使贤人安于任职，而且让贤人感受到敬意，这就是礼。按，礼主敬。

⑨"圣，知礼乐之所由生也"几句：意谓所谓圣，就是了解礼乐产生的缘由，懂得如何调和五行。五□□□□也，根据上下文例及帛书本，此处残损四字为"行之所和"。

⑩邦家：国家。

⑪文王之见也如此：意谓周文王就是善于调和五行的人。见，同"现"，表现。

⑫文□□□，□□于天：根据上下文例及帛书本，此处残损五字为"王在上，於昭"。这两句诗见于《诗经·大雅·文王》，意谓文王神灵在上，昭显于天。

⑬此之谓也：按，这一节讨论五行之间的关系。

【译文】

能够听闻君子之道，这就是聪。能够听闻君子之道而且能够知晓，这就是圣。圣人是能够知晓天道的。知晓天道而且能够实行它，这就是义。能够不失时势地施行天道，这就是德。认识到谁是贤人，这就是明。不仅与贤人相识，而且能与贤人相知，这就是智。不仅与贤人相知，而且让贤人安于任职，这就是仁。不仅使贤人安于任职，而且让贤人感受到敬意，这就是礼。所谓圣，就是了解礼乐产生的缘由，懂得如何调和五行。五行调和就会快乐，能快乐就有德，有德就会使国家兴盛。周文王就是善于调和五行的人。"文王神灵在上，昭显于天。"说的就是这种情形。

见而知之，智也①。知而安之，仁也②。安而行之，义也。行而敬之,礼也。仁义,礼所由生也③,四行之所和也④。和则同,同则善⑤。

【注释】

①见而知之,智也:帛书本《五行》"说"部解释:"智者,言由所见知所不见也。"《吕氏春秋·察今》:"有道之士,贵以近知远,以今知古,以所见知所不见。"

②知而安之,仁也:《论语·里仁》载孔子曰:"仁者安仁,智者利仁。"安,定也。

③仁义,礼所由生也:意谓以亲亲为灵魂的仁,以尊贤为核心的义,都是由礼所生的。《礼记·中庸》:"仁者人也,亲亲为大;义者宜也,尊贤为大。亲亲之杀,尊贤之等,礼所生也。"

④四行:指仁、义、礼、智。和:协和。前文说,四行和谓之善。

⑤和则同,同则善:意谓仁、义、礼、智协和就能同心,同心协力就是善。按,此处"和""同"与孔子所说的"君子和而不同"含义不同,孔子所说的"和"是多样性的统一,"同"是单一的雷同。此处"和""同"是指协和同心。按,这一节讨论仁、义、礼、智四行和同的关系。

【译文】

以所见知所不见,这就是智。知而能安,这就是仁。能安于仁,再付诸行动,这就是义。行而能敬,这就是礼。仁义是由礼所生的,是仁、义、礼、智协和的产物。仁、义、礼、智协和就能同心,同心协力就是善。

　　颜色容貌温变也①。以其中心与人交②,悦也。中心悦焉,迁于兄弟③,戚也④。戚而信之,亲⑤。亲而笃之⑥,爱也。爱父,其继爱人⑦,仁也⑧。

【注释】

①温变：温恭的样子。《礼记·冠义》说："礼义之始，在于正容体，齐颜色，顺辞令。"

②中心：由衷之心。

③迁：推及，即孟子所说"举斯心加诸彼"（《孟子·梁惠王上》）。

④戚：亲近。

⑤戚而信之，亲：郭店简本"亲"下为重文符号，则当为下一句的第一个字，故此处与本段其他句式不同，无"也"字。

⑥笃：忠实，深厚。

⑦爱父，其继爱人：先爱父亲，再推广到他人。继，推及。

⑧仁也：按，这一节主张以由衷的仁心与人相往来，推己及人。其意义略与《诗经·大雅·思齐》"刑于寡妻，至于兄弟，以御于家邦"相通。

【译文】

神色容貌要保持温良谦恭。以由衷的仁心与他人交往，就会感到喜悦。将心中喜悦之情推及兄弟，兄弟之间就会亲近。兄弟亲近互信，就会增加亲情。亲情笃厚，就会互爱。爱自己的父亲，再推及爱他人的父亲，这就是仁。

　　中心辩然而正行之①，直也。直而遂之，肆也②。肆而不畏强御③，果也。不以小道害大道，简也④。有大罪而大诛之，行也⑤。贵贵，其等尊贤，义也⑥。

【注释】

①辩然：明辨的样子。正行：正道直行。

②直而遂之，肆也：意谓正道直行而获成功，这就是肆志。遂，成功。

③强御：强暴有力。

④简：简择，分辨是非。

⑤行：犹"正行"，正道直行，据义而行。《荀子·正名》："正义而为谓之行。"

⑥"贵贵"几句：意谓尊敬贵人，如同尊贤一样，这就是义。贵贵，尊敬贵人。其等，等同。《孟子·万章下》载孟子曰："用下敬上，谓之贵贵；用上敬下，谓之尊贤。贵贵尊贤，其义一也。"《荀子·大略》："贵贵，尊尊，贤贤，老老，长长，义之伦也。"孟、荀的论述可以帮助我们理解"贵贵，其等尊贤，义也"。按，这一节讨论怎样做到义，即如何适宜地行动，包括心中明辨是非、正道直行、不畏强暴、尊敬贵人，等等。

【译文】

　　心中明辨是非而能正道直行，这就是直。正道直行而获顺利成功，这就是肆志。肆志而又不畏强暴，这就是果敢。不以小道害大道，这就是简择。有大罪就予以诛讨，这就是正道直行。尊敬贵人，如同尊贤一样，这就是义。

　　以其外心与人交，远也①。远而庄之，敬也②。敬而不懈，严也③。严而畏之④，尊也。尊而不骄，恭也。恭而博交⑤，礼也⑥。

【注释】

①以其外心与人交，远也：意谓以外心与天下交往，以德怀远。外心，《礼记·礼器》："礼之以多为贵者，以其外心者也。"郑玄注："外心，用心于外，其德在表也。"

②远而庄之，敬也：意谓怀远以矜庄，这就是敬。《论语·为政》："临之以庄，则敬。"庄，矜庄。

③严：严肃。

④畏：通"威"，威重。

⑤博交：广泛交往。

⑥礼也：按，这一节讨论怎样做到礼，包括做到以德怀远、矜庄恭敬、严肃威重、态度谦恭。

【译文】

以外心与天下交往，这就是以德怀远。怀远而能矜庄，这就是敬。恭敬而不懈怠，这就是严肃。严肃而能威重，这就是尊严。尊严而不骄傲，这就是谦恭。以谦恭的态度广与人交，这就是礼。

不简，不行①。不匿，不察于道②。有大罪而大诛之，简也。有小罪而赦之，匿也。有大罪而弗大诛也，不行也。有小罪而弗赦也，不察于道也③。

【注释】

①不简，不行：意谓断狱时不加以简择，这是不行的。简，简练，简择。

②不匿，不察于道：意谓断狱时不隐匿小罪，这是不明大道。匿，隐匿。

③不察于道也：按，这一节讨论在断狱时应该加以简择区分，大罪要大诛，小罪要赦免。

【译文】

断狱时如果不加以简择，这是不行的。断狱时不隐匿小罪，这是不明大道。人有大罪而严加惩罚，这就是简择。人有小罪而予以赦免，这就是隐匿。人有大罪而不予以严加惩罚，这是不行的。人有小罪而不予以赦免，这是不明大道。

简之为言犹练也①，大而晏者也②。匿之为言也犹匿匿也③，小而轸者也④。简，义之方也⑤。匿，仁之方也。刚，义之方^⑥。柔,仁之方也^⑦。"不竞不絿,不刚不柔"^⑧,此之谓也^⑨。

【注释】

①练:通"拣",选择。

②大:此指断大罪。晏:清。

③匿匿:亲暱。

④轸:隐匿。

⑤方:道术。

⑥刚,义之方:刚,刚强。此二句承上,言大罪大诛,做到刚强清正,这是体现义的道术。

⑦柔,仁之方:柔,柔和。此二句承上,言小罪隐匿,做到赦免小过,这是体现仁的道术。

⑧不竞不絿,不刚不柔:诗见《诗经·商颂·长发》。意谓商汤既不强争也不急躁,既不刚强也不柔和,而是刚柔相济。竞,强争。絿,今本作"絿(qiú)",急躁。

⑨此之谓也:按,这一节承上文,将简择与隐匿提升到仁义高度。

【译文】

简的意思就是简择,断大罪时要做到清明公正。匿的意思就是亲暱,断小罪时予以隐匿。简择是体现义的道术。隐匿是体现仁的道术。大罪大诛,做到刚强公正,这是体现义的道术。小罪隐匿,做到赦免小过,这是体现仁的道术。"商汤既不强争也不急躁,既不刚强也不柔和。"说的就是这种刚柔相济的情形啊。

君子集大成^①。能进之为君子^②,弗能进也,各止于其里^③。大而晏者,能有取焉^④。小而轸者,能有取焉^⑤。胥肤肤达诸君子道,谓之贤^⑥。君子知而举之^⑦,谓之尊贤;知而事之⑧,谓之尊贤者也。后⑨,士之尊贤者也⑩。

【注释】

① 集大成:集中某类事物此前所有成就。此处指集中仁、义、礼、智、
圣五德。

② 能进之:能够达到集大成境界。

③ 止:停留。其里:原有的道德水平。

④ 大而晏者,能有取焉:意谓断大罪时做到清正,可以从中取义。有
取,指取义。

⑤ 小而轸者,能有取焉:意谓断小罪时予以隐匿,可以从中取仁。有
取,指取仁。

⑥ 胥肤肤达诸君子道,谓之贤:二句承上"大而晏""小而轸"之意,
言两者都达到君子之道,可以称之为贤人。胥,皆。肤肤,大大。

⑦ 君子:此指王侯大人。

⑧ 知而事之:主语是士。言士能了解并服事上述两类人。

⑨ 后:后者,指"知而事之"的士。

⑩ 士之尊贤者也:按,这一节讨论"大而晏者"与"小而轸者"都有
可取,都是王侯士大夫尊重的对象。

【译文】

君子集中仁、义、礼、智、圣的所有成就。能够达到集大成境界的人
就是君子,不能达到集大成境界,就停留在原有的道德水平。断大罪时
做到清正公平,可以从中取义。断小罪时予以隐匿,可以从中取仁。两
者都达到君子之道,可以称之为贤人。王侯大人了解并举用上述两类
人,叫作尊贤。士能了解并服事上述两类人,也可以叫作尊贤。后者指
的是士之尊贤。

　　耳、目、鼻、口、手、足六者,心之役也①。心曰唯②,莫敢

不唯；诺^③，莫敢不诺；进，莫敢不进；后，莫敢不后；深，莫敢不深；浅，莫敢不浅。和则同，同则善^④。

【注释】

①耳、目、鼻、口、手、足六者，心之役也：意谓耳、目、鼻、口、手、足六者受心的役使。役，役使，驱使。

②唯：应答之声。

③诺：应诺，答应声。

④和则同，同则善：意谓心与六者协调就会步调同一，步调同一就是善。和，心与耳、目、鼻、口、手、足六者协调。按，这一节讨论心与耳、目、鼻、口、手、足六者的关系，说明心在仁、义、礼、智、圣五行修养中起到决定性作用。

【译文】

耳、目、鼻、口、手、足六者都接受心的役使。心答应了，耳、目、鼻、口、手、足六者不敢不答应。心应诺了，耳、目、鼻、口、手、足六者不敢不应诺。心命令前进，耳、目、鼻、口、手、足六者不敢不前进。心命令后退，耳、目、鼻、口、手、足六者不敢不后退。心命令深入，耳、目、鼻、口、手、足六者不敢不深入。心命令浅显，耳、目、鼻、口、手、足六者不敢不浅显。心与六者协调就会步调同一，步调同一就是善。

目而知之，谓之进之^①。喻而知之^②，谓之进之。辟而知之^③，谓之进之。几而知之^④，天也^⑤。"上帝贤汝，毋贰尔心"^⑥，此之谓也^⑦。

【注释】

①进之：此指进于君子之道。

②喻:晓喻,告知。

③辟:通"譬",譬喻。《论语·雍也》:"能近取譬,可谓仁之方也已。"

④几:细微的征兆。

⑤天:天意。

⑥上帝贤汝,毋贰尔心:诗见《诗经·大雅·大明》,言上帝正在眷顾武王,武王切莫有二心。贤,今本《诗经》写作"临"。

⑦此之谓也:按,这一节讨论了三种悟道途径:"目而知之""喻而知之""辟而知之"。至于"几而知之",则是出于无意。

【译文】

通过眼睛观看而悟道,这叫作进于君子之道。通过晓喻而悟道,这叫作进于君子之道。通过取譬而悟道,这叫作进于君子之道。通过细微的征兆而悟道,这是出于天意。"上帝正眷顾武王,武王切莫有二心。"说的就是这种天意啊。

大施诸其人,天也①。其人施诸人②,狎也③。

【注释】

①大施诸其人,天也:意谓天赋明德于人,这种人是天生的圣人。大施,天赋,天生。

②人施:人为的后天习染。

③狎:习。按,这一节将人的禀赋分为两种:一种是生而知之,另一种是学而知之。仁、义、礼、智、圣五行道德修养也要遵循这一路径。这一思想与《中庸》相通。

【译文】

天赋明德于人,这种人是天生的圣人。通过后天习染而提升道德水平,这种人是习染而成的贤人。

闻道而悦者，好仁者也①。闻道而畏者②，好义者也。闻道而恭者③，好礼者也。闻道而乐者④，好德者也。

【注释】

①闻道而悦者，好仁者也：意谓闻道而心悦诚服，这是好仁的人。悦，心悦诚服。帛书本《五行》"说"部解释："悦也者，形也。"意谓闻道而心悦诚服，形成内德。

②畏：敬服，敬畏。

③恭：谦恭。

④乐：快乐，娱悦。

⑤好德者也：按，这一节讨论修德者闻道之后的不同反应，说明人们在道德修养方面各有偏胜。

【译文】

闻道而心悦诚服的人，这是好仁的人。闻道而敬畏的人，这是好义的人。闻道而谦恭的人，这是好礼的人。闻道而快乐的人，这是好德的人。

孔丛子

前言

　　《孔丛子》是一部重要儒学著作,主要记叙了上至孔子下至其第二十三世孙季彦等十六位人物的嘉言懿行与重要事迹,时间跨度从战国初期到东汉中期,长达六百年。该书内容丰富广泛,基本详实地反映了汉以前孔子世家的发展、演变与影响,同时又体现了孔氏儒学的思想内蕴和父子相承的家学脉络,亦可看作"孔家杂记",具有重要的文献价值。

　　全书共七卷二十三篇,以仲尼、子思、子上、子高、子顺、子鱼等之言为先后。第一至五篇为《嘉言》《论书》《记义》《刑论》《记问》,记孔子与门人弟子、列国诸侯及卿大夫等人的应答之语;第六至十篇为《杂训》《居卫》《巡守》《公仪》《抗志》,记孔子的孙子孙伋(子思)在鲁、卫、齐、宋等国的交游与言谈,内容十分广泛,涉及人物、地点众多;第十一篇《小尔雅》乃解释词义的训诂学之作,应当是孔门旧有藏书,然其与全书不类,何以被编入其中迄今无合理解释;第十二至十四篇为《公孙龙》《儒服》《对魏王》,乃孔子七世孙孔穿(字高)与公孙龙、平原君、信陵君、魏王、齐王的言谈记录;第十五至十七篇为《陈士义》《论势》《执节》,记孔子八世孙孔谦(子顺)与魏王、赵王、韩王、卿大夫之言谈,以及在魏赵两国从政之事迹;第十八至二十一篇为《诘墨》《独治》《问军礼》《答问》,乃孔子九世孙孔鲋(子鱼)反驳墨家对孔子和儒家的批评,以及孔鲋与陈涉讨论军礼和其他问题的记录;第二十二至二十三篇为《连丛子》两篇,分为上下两部,记子顺以下的世系、孔臧几篇作品及书信、子建与季彦等人的言行。

《孔丛子》尽显其孔子世家之风貌以及儒学风雅之传统,然其真伪问题历来为古今学者争论不休的话题。其中,《孔丛子》的作者及其成书时间问题,便一直是学界的一大疑案。

《汉书·艺文志》并未收录《孔丛子》,《孔丛子》最早的著录始见于《隋书·经籍志》,题"孔丛七卷,陈胜博士孔鲋撰",序录称"《孔丛》《家语》并孔氏所传仲尼之旨"。孔鲋字子鱼,又称子鲋;一名甲,又称孔甲。孔子九世孙。一般认为孔子旧宅壁中书就是他在战乱时所藏,这一事件在《孔丛子》中亦有记载。孔鲋的另一重要身份便是陈胜的博士。孔鲋是陈馀、张耳的好友,经由他们的推荐而成为陈胜的博士,陈胜以太师之礼待他,不时向他请教军礼、孝道、祭祀等问题。陈胜任命周章为大将攻打秦国,孔鲋虽极力劝阻,可陈胜一意孤行,最终惨败。此后不久,孔鲋也去世了。

《隋书》之后,《旧唐书·经籍志》《新唐书·艺文志》《宋史·艺文志》《崇文总目》《通志·艺文志》《遂初堂书目》《直斋书录解题》《文献通考》等唐宋元官私书目皆著录《孔丛子》,历代亦多有《孔丛子》抄本、刻本传世。北魏郦道元的《水经注》、唐代李善的《文选注》、宋初的《太平御览》、司马光主编的《资治通鉴》等也都曾引用《孔丛子》中的材料。这说明此书至少在北宋中期之前并未被疑为伪书,且被列为儒家的重要著作。然而自北宋后,"孔鲋撰"说开始遭到质疑,特别是第七卷《连丛子》记孔鲋身后之事,更成为伪书说的重要证据。

《四库全书总目提要》引宋晁公武《群斋读书志》:"《汉志》无《孔丛子》,儒家有《孔臧》十篇,杂家有孔甲《盘盂书》二十六篇,其《独治》篇,鲋或称孔甲。意者,《孔丛子》即孔甲《盘盂》,《连丛》即《孔臧书》。"宋咸注《孔丛子》时亦谓:"此书盖孔氏子孙所集,故多不书其名。"此二人看法颇有道理,从该书后部着重记载孔鲋后代的言行文章来看,很可能出自孔鲋以下孔氏子孙之手。宋洪迈《容斋随笔》则论《孔丛子》:"略无楚、汉间气骨,岂非齐梁以来好事者所作乎?"宋朱熹亦断言:"《孔丛子》说话多类东汉人文,其气软弱,又全不似西汉人文。"此后,反对"孔鲋撰"日益盛行。明李濂推测"或子丰、季彦辈集先世遗文而成之,故其书东京始行"。《四库全书总目提要》谓《孔丛子》"其说与伪孔传、伪家语并同,是亦晚出之明证也"。顾实《重考古今伪书考》推论《孔丛子》《孔子家语》二书并出曹魏时王肃依托,认为"孔丛子论书篇,其说与伪孔传、伪家语并同,此即王肃伪造孔丛之明证也"。

近现代学者在总括前人之说的基础上,为《孔丛子》的成书年代大致定了一个时间下限。陈梦家通过分析《连丛子》,看出其《叙书》与孔臧的时代刺谬之处,怀疑《叙书》有被后人更改的可能,并推论《孔丛子》的最后成书当在东晋义熙四年(408)前后。谭戒甫《公孙龙子形名发微》认为,《孔丛子·公孙龙》篇后段关于"臧三耳"的文字,见于《吕氏春秋·淫辞》篇,而前段文字当来源于桓谭《新论》,即《公孙龙》篇成文当在东汉后。许华峰引《孔丛子·居卫》篇"尚书虞、夏数四篇,善也",提出"数四"一词先秦典籍中未见,乃魏晋南北朝时才广泛出现,又为"东晋成书说"添一佐证。白冶钢以《后汉书·儒林列传》中之《孔僖传》对照《孔丛子》最后一篇《连丛子》下中关于子和、长彦和季彦等人的记载,发现字句大同小异,而《孔丛子》见诸著录,又远在《后汉书》之后,因而推测《孔丛子》的最后成书当在魏晋南北朝时。

诸家所言,皆就事论事,各有理据,但是若从考证作者与成书时间来论证《孔丛子》之伪,便存在一定问题。《孔丛子》一书内容颇杂,其记人自孔子始,下历子思、子上、子高、子顺、子鱼迄东汉孔子二十三世孙季彦,从时间跨度及编排来看,此书绝非出自一人之手,这是不言自明的。日本学者冢田虎对此有过较公允的评价:"以虎观之,自首篇至第五篇,其圣人之遗言也,则懿训邵义,固不可以间然矣。自第六篇至第十篇,其子思之言行,亦克负荷其圣业而与道进退。……第十二篇以下,子高、子顺、子鱼,皆父子相承,善继其志,善述其事。……于事无非,于义无失,乃亦所宜以为孔氏之书也。……而《连丛子》二篇……其篇末记孔季彦之卒,则知季彦子弟,辑孔臧以来遗记,以连乎其家书者也矣。"冢田虎从内容、性质、作者等方面做了实事求是的阐释,说法相当客观。我们认为,《孔丛子》全书只有编者,而无作者,考察《孔丛子》之真伪,不必着眼于作者问题,只要书中材料不是伪造,有真实可靠之来源,便不可称其为伪书。

　　然而,《孔丛子》书中的某些记事,的确存在人物关系、时间上相互矛盾的现象,这也成为后人认定其为伪书的根据。书中所记子思与孟子对话、孔子与子思对话便是争论的第一问题。《孔丛子·记问》载子思与孔子问答事,高似孙认为:"孟子以子思在鲁穆公时固常师之,是为的然也。按孔子没于哀公十六年……穆公既立,距孔子之没七十年矣,当是时,子思犹未生,则问答之事,安得有之耶?"对此,罗根泽《诸子考索·〈孔丛子〉探源》则论:"孟子是受业子思之门人,不是受业子思之门。"另有钱穆据《吕氏春秋》考证,对《孔丛子》中《陈士义》《论势》《执节》三篇所记子顺之事加以辩驳,认为劝归齐尸者为甯越,其事在威烈王时,下距子顺之世尚百七十年,核之史料,更有五不合之处。

　　众家所考,史实精当,但古书中关于人物、事件的一些记载,按后来的考据标准,往往有许多互相抵牾之处,不独《孔丛子》。《风俗通义》《列女传》《汉书·艺文志》均有"孟子受业子思之说",独独批评《孔丛子》,未免过于苛责。若在微观上仅以有关人物、事件"不合"来论其真伪,恐怕诸子中几乎无一部典籍可免受"伪书"之名。以《庄子》为例,其中出现过的孔子言论、事迹,显然是《庄子》撰者为突出庄学思想的杜撰,若以《史记》《论语》等与之相核"不合",便谓之为"伪作",实乃无稽。然迄今学者无一人以此为据否认《庄子》,却对《孔丛子》诸多偏见,的确不该。对《孔丛子》中某些记载,理当辩证看待。笔者认为,时代久远,孔氏子孙回忆家事时误记乃正常现象,而非有意做伪;其次,作为一部记言记事典籍,《孔丛子》基本以话题问答及精短故事来说理,其中选用的材料,或为前代典籍记载,或源于当时人们口头传播,而这些流传的内容极容易发生分歧与增损,同一件事、同一个人在不同时期的文献记载中可能不同,这便是子书类文献的特点,《说苑》《新序》《晏子春秋》《风俗通义》均如此,这些"异辞"根本无从考证其"真伪",这正如严可均谓"浅学之徒,少所见多所怪,谓某事与某书违异,某人与某人不相值,生二千载后,而欲画一二千载以前之事,甚非多闻阙疑之意"。

一直以来,《孔丛子》囿于"真伪"之辨,在儒家文献中颇受冷遇,不仅研究者较少,其中许多材料也均不受引用。实际上,书的真伪和书的价值是两个问题,从文献流传及学术思想角度看,《孔丛子》具有极其珍贵的价值。

首先,《孔丛子》具有较高的文献价值。《孔丛子》中引用、套用前代典籍旧语较多,因此可以据以补正前代文献在流传中所发生的讹误。《孔丛子·诘墨》共收墨家非孔子之语九条进行辩诘,前六条见于《墨子·非儒下》,其传世刻本中的一些文字讹误可据《孔丛子·诘墨》篇校正;后三条虽不见于今本墨子,但可见于今本《晏子春秋》,可见非《孔丛子》杜撰,当补为今本《非儒下》所阙。其次,《孔丛子》中有些叙事与《吕氏春秋》相近,或有共同资料来源,然二者比较,有《吕氏春秋》误而《孔丛子》不误之文,因而《孔丛子》可资以补正。此外,《孔丛子》对研究《晏子春秋》《尚书大传》《韩诗外传》等亦有参考价值,几处脱字、错字、改字皆在《孔丛子》中得以校正。因此,毋庸赘言,《孔丛子》在文献互校方面的价值是不可忽视的。

其次,《孔丛子》具有明显的史料价值。《孔丛子》保留了一些古代已失传的古代文献及相关资料。一是保存了孔子论诗的部分内容。孔子论诗的一些内容从战国起便开始出现,但只是散见于《吕氏春秋》《韩诗外传》等文献中,并不系统。《孔丛子·记义》中论诗内容则相对集中,且所论涉及二十二篇之多,谋篇布局均按《诗经》篇目先后顺序精心排列,句式有序,行文简洁,搭配整齐。但因"伪书"说,其论诗内容历来被学者忽视，直至上海博物馆于2001年公布战国竹书简中《孔子诗论》的内容后，二者相互参释，《孔丛子》中的论诗史料价值才逐渐为学界所认可。二是《小尔雅》一书由于收入《孔丛子》，使之失而复得，流传至今。三是《孔丛子》提供了有关孔子世家的珍贵史料。《孔丛子》重点记载孔子后世子孙的言行事迹，李学勤认为，从孔子家学角度看，其价值大于《孔子家语》。此外《连丛子》中记录的孔氏家族的特殊继承制，更是宗法社会继承制的罕见样本，具有重大研究价值。

再次，《孔丛子》具有不可忽视的思想价值。《孔丛子》在宣扬、阐发孔子思想方面做了一定的努力，书中多次提及孔子对子孙的教导，以及孔氏后人恪守先祖之业，坚守夫子遗训之传统的事例，展示了载德流声的孔子世家风范，为后辈学人体悟孔子儒学精神提供了真切的来源。此外，《孔丛子》的论证、说理多有可取之处，在推进儒学思想的创新与发展方面可圈可点。陈澧《东塾读书记》从古为今用的角度，认为读《执节》篇中赵王与子顺之问答实乃治夷狄之术；冢田虎评价《论势》篇子顺"以国赞嫪毐"是救魏国危亡之奇策；以及《杂训》篇中子思与悬子关于禅让与革命之辩题，《问答》篇中陈胜与孔鲋对文献权威的质疑等等，在当时来讲都是十分难能可贵的。

《孔丛子》正文以宋代宋咸《孔丛子注》七卷本为底本，吸收借鉴了古今人多种研究和校勘成果，注释过程中参考了傅亚庶《孔丛子校释》、白冶钢《孔丛子译注》和王钧林、周海生译注的《孔丛子》，在此向前辈学者致以深深的敬意与谢意。为方便阅读，我们将一些较长的章节根据意义分为若干段落，为了将各章区分开，我们为除《小尔雅》和《连丛子上》之外的各章按篇编号标明。由于个人学力不够，在译注过程中可能会有不少失误，亟盼专家学者和广大读者批评指正。

孙雪霞

2024年11月

卷一

【题解】

此书次序，是以仲尼、子思、子上、子高、子顺、子袱子孙之言为先后，卷一所含《嘉言》《论书》《记义》三篇，皆记孔子言行。

《嘉言》共七章，记孔子与弟子及卿大夫应答之语。所谈圣人修身治国之要，遏暴除强之为，重德好礼之旨，皆为仁德善言，故以"嘉言"名篇。

《论书》共十六章，记孔子与列国诸侯或弟子辨析《尚书》大义。其中既总论《尚书》典谟誓诰之义，又分论《尚书》中受终于文祖、有鳏在下、一人不刑而天下治、帝尧弗迷、禋于六宗、莫高山钦四邻、明德慎罚、祖甲不义为王、百兽率舞、夔一足等词句之义，故以"论书"名篇。

《记义》共十章，记孔子与弟子、君卿大夫因事所发之义。所论涉及乡党之义、同僚服丧之义、远色尚贤之义、任贤之义、忠君之义、圣人行道之义、君臣有别之义、贤者不必避嫌之义及《诗经》风雅之义等，故以"记义"名篇。

此卷意以孔子之言行预显其后代之世家风貌，儒学风雅之传统，各章篇幅均较长，行文形式与《孔子家语》《说苑》《韩诗外传》等书所见孔子言论的材料相似。

嘉言第一

1.1　夫子适周^①，见苌弘^②，言终而退。苌弘语刘文公曰^③："吾观孔仲尼，有圣人之表^④，其状河目而隆颡^⑤，黄帝之形貌也；修肱而龟背^⑥，其长九尺有六寸^⑦，成汤之容体也。然言称先王，躬礼廉让^⑧，洽闻强记^⑨，博物不穷，抑亦圣人之兴者乎？"刘子曰："方今周室衰微，而诸侯力争，孔丘布衣，圣将安施？"苌弘曰："尧、舜、文、武之道，或弛而坠^⑩，礼乐崩丧，亦正其统纪而已矣^⑪。"既而夫子闻之，曰："吾岂敢哉！亦好礼乐者也。"

【注释】

①夫子：这里指孔子。适：往，归向。周：周王室。

②苌弘：字叔，又称苌叔。春秋时期周景王、敬王的大臣刘文公所属大夫。后因统治集团内部斗争，于周敬王二十八年（前492）被杀。

③刘文公：春秋时周王室的大臣。姬姓，名卷，一名狄，字伯蚠。食采邑于刘（今河南偃师南），文公是其谥号。

④表：外表，外貌。

⑤河目：眼眶平而长。隆颡：高额头。

⑥修肱（gōng）：长长的胳膊。龟背：背部隆起，像乌龟。

⑦九尺有六寸：周朝的一尺相当于现在的六寸。九尺六寸大约相当于现在的1.9米。

⑧躬礼：亲自践行礼仪。廉让：洁行谦让。

⑨洽闻：多闻博识。

⑩弛：废弛。坠：坠落，毁坏。

⑪正：匡正。统纪：纲纪，法度，秩序。

【译文】

孔子到周王朝去,拜见苌弘,说完话孔子就告退了。苌弘对刘文公说:"我看孔子,有圣人的外貌。他眼眶平而长,高高的额头,这是黄帝的形貌;长长的胳膊隆起的背部,身高九尺六寸,这是商汤的容貌。他说话一定要称述先王,亲自践行礼仪,洁行谦让,见识广记忆好,无所不知,这难道不是圣人要兴起吗?"刘文公说:"现在周王朝衰微,而诸侯争霸,孔子只是一介布衣,即使圣明,又将从哪里施行呢?"苌弘说:"尧、舜、文、武之道,有的废弛有的坠落,礼崩乐坏,孔子就是要匡正这个法度和秩序啊!"不久孔子听闻了这段对话,说:"岂敢岂敢! 我只是喜好礼乐的人罢了。"

1.2　陈惠公大城^①,因起凌阳之台,未终而坐法死者数十人,又执三监吏^②,将杀之。夫子适陈,闻之,见陈侯,与俱登台而观焉。夫子曰:"美哉,斯台! 自古圣王之为城台,未有不戮一人而能致功若此者也。"陈侯默然而退,遽窃赦所执吏^③。既而见夫子,问曰:"昔周作灵台^④,亦戮人乎?"答曰:"文王之兴,附者六州^⑤。六州之众,各以子道来^⑥。故区区之台,未及期日而已成矣^⑦,何戮之有乎? 夫以少少之众,能立大大之功,唯君尔。"

【注释】

①陈惠公:春秋时陈国君主,妫姓,名吴,谥惠。楚平王所立。大:扩大。

②监吏:监管建筑凌阳台的官吏。

③遽:匆忙地。窃:私底下,悄悄地。

④灵台:周文王所建。用以观天象,察灾祥。《孟子·梁惠王上》:"文王以民力为台为沼,而民欢乐之,谓其台为灵台。"

⑤六州：孔子称文王三分天下有其二，即雍、梁、荆、豫、徐、扬六州，
　其余三州冀、青、充属于纣王。

⑥子道：子女孝敬父母之道。

⑦未及期日而已成：语本《诗经·大雅·灵台》："经始灵台，经之营
　之。庶民攻之，不日成之。"期日，约定完成的日期。

【译文】

陈惠公要扩建都城，于是建筑凌阳台，工程还没完成，因犯法而判
死罪的人就有几十个，还抓了三个监管的官吏，准备将他们杀掉。孔子
到陈国，听到这件事，就去拜见陈惠公，和他一起登上凌阳台观望。孔子
说："这座台真美啊！自古圣人建筑高台，没有不杀掉一人就能达到这样
的功业的。"陈惠公不发一言退了出来，匆忙地私下赦免了被抓的官吏。
不久见到孔子，问道："以前周文王修建灵台的时候，也杀人吗？"孔子回
答说："文王兴起，天下六州都追随他。六州的民众，都用儿女侍奉父母
之道来为文王效力。所以小小一个灵台，还没有到计划完工的日期就建
成了，哪里还用得着杀人呢？用极少的人力，能够建成极大的功业，只有
您做得到啊！"

1.3　子张曰①："女子必渐乎二十而后嫁②，何也？"孔
子曰："十五许嫁，而后从夫，是阳动而阴应、男唱而女随之
义也。以为纺绩组纴织纴者③，女子之所有事也；黼黻文章
之美④，妇人之所有大功也⑤。必十五以往，渐乎二十，然后
可以通乎此事。通乎此事，然后乃能上以孝于姑舅，下以
事夫养子也。"

【注释】

①子张：姓颛孙，名师，字子张。孔子弟子。陈国人。

②渐:及,等到。

③纺绩:纺丝绩麻。组:丝带。纴(xún):细带。纤:缯帛之属。

④黼黻(fǔ fú):古代礼服上绘绣的花纹。文章:这里指斑斓美丽的
花纹。

⑤大功:大事。

【译文】

子张说:"女子必须等到二十岁然后才能出嫁,为什么呢?"孔子说:"女子十五岁可以定亲,然后二十岁嫁人,这才符合男子动于前而女子应于后、夫唱妇随的道理。纺丝绩麻、纺织缯帛这样的事,都是女子应当承担的;为礼服绣上斑斓花纹,这是女子的大事。一定要十五岁以后,接近二十岁,才能精通此事。只有精通此事,才能对上孝敬公婆,对下侍奉丈夫,抚育孩子。"

1.4 宰我使于齐而反①,见夫子曰:"梁丘据遇虺毒②,三旬而后疗③,朝齐君。齐君会大夫众宾而庆焉,弟子与在宾列。大夫众宾并复献攻疗之方,弟子谓之曰:'夫所以献方,将为病也,今梁丘子已疗矣,而诸夫子乃复献方,方将安施?意欲梁丘大夫复有虺害,当用之乎?'众坐默然无辞。弟子此言何如?"夫子曰:"汝说非也。夫三折肱为良医④,梁丘子遇虺毒而获疗,诸有与之同疾者,必问所以已之之方焉。众人为此,故各言其方,欲售之⑤,以已人之疾也。凡言其方者,称其良也,且以参据所以已之方优劣耳。"

【注释】

①宰我:宰予,字子我。孔子弟子。鲁国人。善于言辞论辩。反:同"返"。

②梁丘据:字子犹。齐国大夫,齐景公宠臣。虺(huǐ):毒蛇。

③旬:十天为一旬。疗:止,治。此指治愈。

④三折肱为良医:多次遭受断臂,就能成为治疗此症的好医生了。
　　三折肱,多次断臂。

⑤售:施展。

【译文】

　　宰我出使齐国回来,拜见孔子说:"梁丘据被毒蛇咬伤,三十天才痊愈,朝见齐国国君。齐国国君大会大夫、宾客为他庆贺,我也在宾客之中。大夫、宾客们一个个又献出治疗蛇毒的药方,我对他们说:'献药方是为了治病,现在梁丘先生都已经痊愈了,你们还献药方,哪里用得着呢?难道你们想让梁丘先生再次被毒蛇咬伤,然后来使用这些药方吗?'大家因此都默不出声。我这番话您觉得怎么样?"孔子说:"你这样说不对。多次断臂的人能成为好的医生,梁丘先生被毒蛇咬伤而痊愈,各位与他有同种遭遇的人,一定会询问治疗的良方。众人因为这个原因,所以才各自说出自己知道的药方,想施展这个药方功效,从而治好别人的病。那些贡献药方的人,不单是因为觉得药方好,而且也想借这个机会来比较各种药方的优劣。"

　　1.5　夫子适齐,晏子就其馆①。既宴其私焉②,曰:"齐其危矣,譬若载无辖之车③,以临千仞之谷,其不颠覆,亦难冀也。子,吾心也④,子以齐为游息之馆⑤,当或可救。子幸不吾隐也。"夫子曰:"夫死病不可为医。夫政令者,人君之衔辔⑥,所以制下也,今齐君失之已久矣。子虽欲挟其辀而扶其轮⑦,良弗及也。抑犹可以终齐君及子之身⑧,过此以往,齐其田氏矣⑨。"

【注释】

①晏子:姓晏,名婴,字仲。谥平,史称为晏平仲,后人尊称为晏子。齐国大夫。历事灵公、庄公、景公,在景公时为相。尚俭力行,是春秋时期著名的政治家。馆:宾馆,客舍。

②私:悄悄地,私底下。

③辖:车轴两头用以挡住车轮,不使脱落的金属键。

④吾心:这里是说孔子就像他的腹心一般,是可信赖的人。

⑤游:周游。息:停留,休息。

⑥衔辔(pèi):马嚼子和马缰绳。比喻制约臣下的工具。

⑦辀(zhōu):车辕。

⑧抑:但是,然而。

⑨田氏:齐桓公时,陈国公子完奔齐,以田为氏。齐景公去世之后,田氏掌权。前386年,田和将齐康公流放,自立为国君,史称"田氏代齐"。

【译文】

孔子到齐国,晏子来到他住的宾馆。宴请之后晏子私下对孔子说:"齐国很危险啊,就好像没有车辖的车辆,面临千仞深渊,要想不翻车,那是很难的了。您是我信赖的人,如果您愿意把齐国作为自己周游停息的馆舍,齐国也许还有挽救的可能。希望您不要对我有所隐瞒。"孔子说:"无可救药的病是不可能医治好的。政令是国君驾驭制约大臣的工具,现在齐国君主失去政令已经很久了。您虽然想拉住车辕扶正车轮,实在是难以做到啊。不过齐国或许还可以延续到齐国君主和先生去世,在这之后,齐国就是田氏的了。"

1.6　齐东郭亥欲攻田氏①,执贽见夫子而访焉②。夫子曰:"子为义也,丘不足与计事。"揖子贡使答之③。子贡谓之曰:"今子士也,位卑而图大。位卑则人不附也,图大则人惮之,殆非子之任也,盍姑已乎④? 夫以一缕之任系千钧之重,上悬之于无极之高,下垂之于不测之深,旁人皆哀其绝,而造之者不知其危,子之谓乎! 马方骇,鼓而惊之;系方绝,重而填之⑤。马奔车覆,六辔不禁;系绝于高,坠入于深,其危必矣。"东郭亥色战而跪曰:"吾已矣,愿子无言。"既而夫子告子贡曰:"东郭亥,欲为义者也,子亦告之以难易则可矣,奚至惧之哉⑥?"

【注释】

①东郭亥:齐国人,齐国大夫东郭贾的族人。

②贽:古代初次拜见尊长所送的礼物。访:咨询。

③揖:作揖,这里是"请"的意思。子贡:姓端木,名赐,字子贡。孔子弟子。

④盍(hé):何不。

⑤填:通"颠",跌落。

⑥奚:为什么。

【译文】

齐国东郭亥将要攻打田氏,拿着礼物来咨询孔子。孔子说:"你是为了道义要做这件事,但我没办法为你出谋划策。"向子贡作揖请他来为东郭亥解答。子贡对他说:"现在你不过是一个士而已,地位低下而图谋大事。地位低下人们就不会附和你,图谋大事人们就会忌惮你,恐怕这不是你所能承担的大任,何不姑且罢手呢? 用一根丝线系着千钧重物,而且上悬在无边的高处,向下垂于难以测量的深渊,旁观者都哀叹这根丝线肯定要断绝,而做这件事的人却不知道其中的危险,这说的不就是你吗? 马刚刚受惊,又击鼓来惊吓它;丝线已经要断了,又给它加重使它坠落。马狂奔车倾覆,六根缰绳也拉不住;高处系着重物的丝线断了,重物坠入深渊,这样危险的结局是必然的。"东郭亥听得脸色大变浑身战栗,跪直身体说:"我不做这件事了,请您不要再说了。"过了一会,孔子对子贡说:"东郭亥是想要为了大义而做事的人,你只要告诉他这件事的难易程度就行了,为什么要让他如此恐惧呢?"

1.7　宰我问:"君子尚辞乎^①?"孔子曰:"君子以理为尚^②。博而不要^③,非所察也^④;繁辞富说,非所听也。唯知者不失理^⑤。"孔子曰:"吾于予^⑥,取其言之近类也^⑦;于赐^⑧,取其言之切事也^⑨。近类,则足以喻之^⑩;切事,则足以惧之。"

【注释】

①尚:崇尚。辞:言辞。

②理:道理。

③要:要领,要点。

④察:体察,审察。

⑤知:同"智",智慧。

⑥予:宰予,即宰我。

⑦取:选择。类:类比。

⑧赐:指子贡。

⑨切事:切合事理。

⑩喻:告知,开导。

【译文】

宰我问:"君子崇尚言辞吗?"孔子说:"君子崇尚道理。渊博而不得要领,这不是君子所要体察的;言辞华丽夸夸其谈,这也不是君子所要听的。只有智慧的人才能不失去道理。"孔子说:"对于宰予,我认同他用近似类比的方式来讲道理;对于子贡,我认同他言辞能切中事理。用近似类比的方式讲道理,就足以让人触类旁通容易理解;言辞切合事理,就足以让人畏惧。"

论书第二

2.1　子张问曰:"圣人受命,必受诸天,而《书》云'受终于文祖'①,何也?"孔子曰:"受命于天者,汤、武是也;受命于人者,舜、禹是也。夫不读《诗》《书》《易》《春秋》,则不知圣人之心②,又无以别尧、舜之禅③,汤、武之伐也④。"

【注释】

①受终于文祖:语见《尚书·舜典》。指舜接受尧的禅让。受终,承受帝位。文祖,指尧的太祖庙。

②心:用心。

③别:区别,辨别。禅:禅让。

④伐:征伐,攻伐。

【译文】

子张问道:"圣人秉受天命,一定是受之于天,而《尚书》却说'舜在文祖庙接受了尧的禅让',这是为什么呢?"孔子说:"受命于天的是汤、武,受命于人的是舜、禹。不读《诗》《书》《易》《春秋》,就不懂得圣人的用心,也没有办法辨别尧、舜的禅让与汤、武攻伐桀、纣之间的不同。

2.2　子张问曰:"礼,丈夫三十而室①。昔者舜三十征庸②,而《书》云'有鳏在下,曰虞舜'③,何谓也? 襄师闻诸夫子曰④:'圣人在上,君子在位,则内无怨女,外无旷夫⑤。'尧为天子,而有鳏在下,何也?"孔子曰:"夫男子二十而冠,冠而后娶,古今通义也。舜父顽母嚚⑥,莫能图室家之端焉,故逮三十而谓之鳏也。《诗》云'娶妻如之何,必告父母'⑦,父母在,则宜图婚,若已殁,则己之娶,必告其庙。今舜之鳏,乃父母之顽嚚也,虽尧为天子,其如舜何?"

【注释】

①室:娶妻,成家。

②征:被征召。庸:任用。

③有鳏(guān)在下,曰虞舜:语见《尚书·舜典》。鳏,无妻的男人,单身汉。

④曩(nǎng):以往,从前,过去的。师:即子张,姓颛孙,名师。孔子弟子。

⑤旷夫:无妻的成年男子。

⑥顽:愚妄。嚚(yín):暴虐,愚顽。

⑦娶妻如之何,必告父母:诗见《诗经·齐风·南山》。郑玄笺:"取妻之礼,议于生者,卜于死者,此之谓告。"即父母在世就与父母商议,父母去世,则要到祖庙禀告。

【译文】

子张问道:"按照礼的规定,男子三十岁要结婚。以前舜三十岁被征召任用时,《尚书》中记载道'民间有个单身汉,名为虞舜',这是为什么呢?从前我听老师说:'圣人在上,君子在位,那么家里就不会有该嫁而未嫁的女子,外面也不会有当娶而未娶的男子。'当时尧为天子,而舜却该娶而未娶,这是为什么呢?"孔子说:"男子二十岁就要行加冠礼表示成年,加冠之后就可以娶妻,这是古往今来通行的道理。舜的父亲愚妄母亲暴虐,不能一起商议成家的事,所以导致舜三十还没娶妻。《诗》中说:'娶妻要怎么做?一定要先告诉父母。'父母健在就应该与父母一起商议婚姻大事,如果父母已经去世,那么自己娶妻就必须到祖庙禀告。现在舜成为鳏夫,是因为他的父母愚妄暴虐,即便是尧为天子,又有什么办法呢?"

2.3　子夏问《书》大义^①。子曰:"吾于《帝典》^②,见尧、舜之圣焉;于《大禹》《皋陶谟》《益稷》^③,见禹、稷、皋陶之忠勤功勋焉;于《洛诰》^④,见周公之德焉。故《帝典》可以观美^⑤,《大禹谟》《禹贡》可以观事^⑥,《皋陶谟》《益稷》可以观政^⑦,《洪范》可以观度^⑧,《秦誓》可以观义^⑨,五诰可以观仁^⑩,《甫刑》可以观诚^⑪。通斯七者,则《书》之大义举矣。"

【注释】

①子夏:卜商,字子夏,孔子弟子。卫国人。文章博学。

②《帝典》:《尚书·尧典》的别称。主要记载尧、舜的事迹。

③《大禹》《皋陶谟》《益稷》:都是《尚书》篇名。记载禹、皋陶、稷等人与舜的讨论与互相告诫的场景。《大禹》指《大禹谟》。《益稷》本是《皋陶谟》的一部分,孔安国将其分出。

④《洛诰》:《尚书》篇名。记载周公经营洛邑,遣使向周成王告卜、君臣问答、成王命周公留洛邑等事。

⑤美:美德,这里指礼乐之美。

⑥《禹贡》:《尚书》篇名。将当时的中国划分为九州,记述各州山川分布、交通、土壤、物产,以及贡赋等级和路线,是我国最早的一部地理文献。事:指大禹分九州、平水土、定贡赋、论政事等。

⑦政:典章教化之政。

⑧《洪范》:《尚书》篇名。相传是商末箕子向周武王陈述的"天地之大法",即治理国家、安定百姓的九条根本原则。度:法度,指君

王的行为准则。

⑨《秦誓》：《尚书》篇名。记载秦穆公伐郑丧师后，召集群臣自责不听老臣忠言的过错，表示改过自新之意。秦，有本或作"泰"。《泰誓》是古文《尚书》中的一篇，今已佚。据《泰誓序》，此篇是周武王在伐纣渡过孟津后的誓词。义：指天命之义。底本作"议"，有本作"义"。《尚书大传》"六誓可以观义"，亦作"义"。其意为长，今据改。

⑩五诰：当即伏生所传《尚书》二十八篇中的《大诰》《康诰》《酒诰》《召诰》《洛诰》五篇。是周公、召公总结夏、商两代的灭亡教训，提出敬天保民，以及平定叛乱、营建洛邑的必要性等文告。仁：指仁爱、仁德。

⑪《甫刑》：《尚书》篇名。又作《吕刑》。是周穆王时有关刑法的文书，由吕侯请命而颁，后因吕侯后代改封甫侯，故《吕刑》又称《甫刑》。诚：指钦慎之诚。

【译文】

子夏向孔子请教《尚书》的宗旨。孔子说："我在《尧典》中可以看到尧、舜的圣德，在《大禹谟》《皋陶谟》《益稷》中看到大禹、后稷、皋陶忠诚勤勉的功勋，在《洛诰》中看到周公的德行。所以《帝典》可以观礼乐之美，《大禹谟》《禹贡》可以观政事，《皋陶谟》《益稷》可以观典章教化，《洪范》可以观君王的行为法度，《秦誓》可以观天命之义，《大诰》等五篇可以观仁德，《甫刑》可以观敬慎之告诫。如果读通了《尚书》中的这七篇，那么《尚书》的宗旨你就明白了。"

2.4　孔子曰："《书》之于事也，远而不阔①，近而不迫②，志尽而不怨③，辞顺而不诌。吾于《高宗肜日》④，见德之有报之疾也。苟由其道致其仁，则远方归志而致其敬焉⑤。吾于《洪范》，见君子之不忍言人之恶而质人之美也^⑥。发乎中而见乎外以成文者，其唯《洪范》乎？"

【注释】

①阔：迂阔，不切实际。

②迫：逼迫，紧迫。

③志尽：意志情感完全表达出来。志，意志，情感。也指意志情感的
　　表达。

④《高宗肜（róng）日》：《尚书》篇名。殷高宗武丁的贤臣祖己在高
　　宗肜祭成汤时作此文，训诫高宗不要过于奢侈。肜，商代祭祀名。
　　正祭之后第二天再祭称之为肜。

⑤归志：归附。

⑥君子之不忍言人之恶而质人之美：周武王灭商后向箕子请教殷商
　　灭亡的原因，箕子不忍心说殷商不好，而向周武王陈述治国安民
　　的根本大法，即《洪范》九畴。质，成全，成就。

【译文】

　　孔子说："《尚书》记事，远古的事情也不会让人觉得迂阔，新近的事
情也不会让人觉得紧迫，完全地表达了心情而没有怨恨，言辞恭顺而不
谄媚。我在《高宗肜日》中看到德行高尚能很快得到回报。如果遵循道
义致力于实行仁政，那么远方的人也会前来归附以表达敬意。我在《洪
范》中看到君子不忍心说别人的缺点而是要成人之美。发乎内心的真实
情感而外化为文章，大概就是《洪范》吧？"

　　2.5　子张问曰："尧、舜之世，一人不刑而天下治，何
则？以教诚而爱深也。龙子以为一夫而被以五刑^①，敢问
何谓？"子曰："不然。五刑所以佐教也^②，龙子未可谓能为
《书》也。"

【注释】

①龙子:古之贤人。一夫:犹言独夫。指独裁。有本作"教一",意为教化专一。被:施加。

②教:教化。

【译文】

子张问孔子说:"尧、舜时代,一个人也没有处罚而天下大治,这是为什么呢? 我认为是教化真诚而且深爱民众。龙子却认为是独裁然后施加各种刑法,请问这是什么意思?"孔子说:"他说得不对。五刑只是来辅佐教化的,龙子还不能说是懂得《尚书》的。"

2.6　子夏读《书》,既毕而见于夫子。夫子谓曰:"子何为于《书》?"子夏对曰:"《书》之论事也,昭昭然若日月之代明①,离离然若星辰之错行②,上有尧、舜之德,下有三王之义。凡商之所受《书》于夫子者③,志之于心弗敢忘,虽退而穷居河、济之间④,深山之中,作壤室⑤,编蓬户⑥,常于此弹琴,以歌先王之道,则可以发愤慷喟⑦,忘己贫贱,故有人亦乐之,无人亦乐之。上见尧、舜之德,下见三王之义,忽不知忧患与死也⑧。"夫子愀然变容曰⑨:"嘻! 子殆可与言《书》矣。虽然,其亦表之而已⑩,未睹其里也⑪。夫窥其门而不入其室⑫,恶睹其宗庙之奥、百官之美乎⑬?"

【注释】

①代明:轮流照耀。

②离离然:井然有序的样子。错行:交替运行。

③商:卜商,字子夏。孔子弟子。

④河:黄河。济:济水。

⑤壤室：土屋。

⑥蓬户：用蓬草编成的门户。指穷人居住的陋室。

⑦发愤：发奋振作。慷喟：慷慨感叹。

⑧忽：不经意。

⑨愀（qiǎo）然：形容神色变得严肃。

⑩表：宋咸注："表者，礼乐仁义之美。"

⑪里：宋咸注："里者，天命之极。"

⑫窥其门而不入其室：比喻了解学问的表面意义但没有理解其精微之处。

⑬宗庙之奥、百官之美：意谓宗庙中百官行礼作乐深奥美妙的深意。奥，深奥，微妙。

【译文】

子夏习读《尚书》，读完后去拜见孔子。孔子问道："你读《尚书》有什么体会？"子夏回答说："《尚书》论事，就像日月轮流照耀那样明白显著，就像星辰交替运行那样井然有序。上可见尧、舜之德，下可见夏、商、周三王之义。我跟先生学习的《尚书》，全都牢记在心不敢遗忘，即使我退隐困居于黄河、济水之间，深山之中，住着土屋草房，也经常在其中弹琴奏乐，来歌颂先王之道，可以使我奋发振作慷慨感叹，忘掉自己的贫贱，所以有人知道我会快乐，没有人知道我也会快乐。从《尚书》中我看到了尧、舜的美德和三王的大义，不经意间就不再在意自己的忧患与生死了。"孔子神色忽然变得严肃起来说："哦！基本上可以和你讨论《尚书》了。不过，你还只是了解《尚书》中的礼乐仁义的外在之美，没有理解《尚书》蕴含的大道理。光在门外看而不进入室内，怎么能领略到宗庙中行礼作乐的微妙深意和众多官员行礼赞币的美妙呢？"

2.7　宰我问："《书》云'纳于大麓，烈风雷雨弗迷'①，何谓也？"孔子曰："此言人事之应乎天也。尧既得舜，历试诸难,已而纳之于尊显之官②,使大录万机之政③,是故阴阳清和,五星来备④,烈风雷雨各以其应,不有迷错愆伏⑤,明舜之行合于天也。"

【注释】

①纳于大麓,烈风雷雨弗迷:语出《尚书·舜典》。本意是说舜有圣德,在深山老林里,遇到狂风暴雨能不迷路。此则是孔子从人事角度做的解释。

②纳:使之入。此指任命。

③大录:总录,总领。万机:当政者处理的各种重要事务。

④五星来备:指天时正常祥和。五星,金、木、水、火、土五大行星。代指天象、天时。钱熙祚认为:"'星'疑当作'是'。《后汉书·李云传》云:'五氏来备。'《荀爽传》云:'五韪咸备。''氏''韪'并与'是'通。"五是,即雨、旸(晴)、燠(热)、风、寒。

⑤迷错:迷失错乱。愆伏:谓阴阳失调,多指气候失常。

【译文】

宰我问道:"《尚书》中记载:'帝尧让舜视察山林,舜即使遭遇狂风暴雨也没有迷失方向。'这是什么意思呢?"孔子说:"这是说人事与天命是相互呼应的。尧得到舜以后,就以各种艰难险阻来考验他,不久后便任命他担任尊显的官职,让他总领各种重要政务,从此以后阴阳之气清静平和,一年四季气候正常,暴风雷雨都应时而兴,没有再出现使人迷惑错乱的失常气候,这些都证明舜的所作所为是符合天命的。"

2.8　宰我曰:"敢问'禋于六宗'①,何谓也?"孔子曰:"所宗者六,皆洁祀之也:埋少牢于太昭②,所以祭时也③;祖迎于坎坛④,所以祭寒暑也;主于郊宫⑤,所以祭日也;夜

明⑥,所以祭月也;幽禜⑦,所以祭星也;雩禜⑧,所以祭水旱
也。'禋于六宗',此之谓也。"

【注释】

①禋(yīn)于六宗:语出《尚书·舜典》。禋,祭名,焚柴升烟而祭。
　六宗,古代尊祀的六神。据下文,此指阴阳、寒暑、日、月、星、水
　旱之神。

②少牢:用于祭祀的牺牲。牛、羊、豕三牲俱用叫太牢,只用羊、豕二
　牲叫少牢。太昭:坛名。古代祭祀四时阴阳之神的祭坛。

③时:春夏秋冬四时。也指阴阳之神,春夏为阳,秋冬为阴。

④祖:送。迎:接。坎坛:挖地为坎,垒木为坛。坎以祭寒、月等神,
　坛以祭暑、日等神。寒暑气应退而不退,则祭送之。寒暑之气应
　至而不至,则祭迎之。

⑤郊宫:祭日之坛。

⑥夜明:祭月之坛。

⑦幽禜(yǒng):祭星之坛。幽,暗。星夜出故曰幽。禜,祭祀名,多
　用以禳灾。

⑧雩(yú)禜:祭水旱之神的坛。雩,为祈雨举行的祭祀。

【译文】

宰我问:"请问'禋于六宗',是什么意思呢?"孔子说:"天子所尊奉
之神有六位,都需要天子斋戒沐浴来诚心祭祀:在太昭坛掩埋少牢来祭
祀四时阴阳之神,在坎和坛祭祀迎送寒暑之神,在郊宫之坛祭祀日神,在夜
明之坛祭祀月神,在幽禜之坛禜祭星神,在雩禜之坛禜祭水旱之神。所谓
'禋于六宗',就是祭祀阴阳、寒暑、日、月、星、水旱这六位神祇的意思。"

2.9 《书》曰:"兹予大享于先王,尔祖其从与享之①。"
季桓子问曰②:"此何谓也?"孔子曰:"古之王者,臣有大功,

死则必祀之于庙，所以殊有绩、劝忠勤也③。盘庚举其事以厉其世臣④，故称焉。"桓子曰："天子之臣有大功者，则既然矣；诸侯之臣有大功者，可以如之乎？"孔子曰："劳能定国，功加于民，大臣死难，虽食之公庙⑤，可也。"桓子曰："其位次如何？"孔子曰："天子诸侯之臣，生则有列于朝，死则有位于庙，其序一也。"

【注释】

①兹予大享于先王，尔祖其从与享之：语见《尚书·盘庚上》。享，祭祀名。孔颖达《尚书正义》："天神曰祀，地祇曰祭，人鬼曰享。此大享于先王，谓天子祭宗庙也。"

②季桓子：季孙氏，名斯，谥桓子。鲁定公时鲁国执政大夫。

③殊：区别。此指特别优待。劝：勉励。

④厉：同"励"，振奋，劝勉。世臣：历代有功勋的旧臣。此指功臣后裔。

⑤公庙：指诸侯国君之庙。

【译文】

《尚书》中说："在我大祭先王的时候，也让你们的祖先跟着受享。"季桓子问道："这是什么意思？"孔子说："古代的圣王，如果臣下有大功劳，死后就一定要在先王的宗庙里祭祀他，这是为了特别优待那些生前有功绩的人，也是为了勉励那些忠诚勤谨的人。商王盘庚列举功臣们的事迹以激励功臣们的子孙，所以这么说。"季桓子又问道："天子之臣有大功劳的，可以在天子宗庙受享；那么诸侯之臣有大功劳的，可以仿照实行吗？"孔子说："诸侯之臣如果有安邦定国的功劳，对百姓有巨大的贡献，在他去世之后，受享于诸侯的宗庙，也是应该的。"季桓子又问："位次如何安排呢？"孔子说："天子和诸侯的大臣，生前在朝堂有相应的位置，死后在宗庙里也有相应的位置，和在朝堂上的次序是一样的。"

2.10　《书》曰："维高宗报上甲微①。"定公问曰②："此何谓也?"孔子对曰："此谓亲尽庙毁③,有功而不及祖④,有德而不及宗⑤,故于每岁之大尝而报祭焉⑥,所以昭其功德也。"公曰："先君僖公⑦,功德前行,可以与于报乎?"孔子曰："丘闻昔虞、夏、商、周,以帝王行此礼者则有矣,自此以下,未之知也。"

【注释】

①维高宗报上甲微:此句不见于今本《尚书》,应为《尚书》佚文。维,发语词。高宗,殷高宗,名武丁。报,报祭,上古祭帝王之礼。上甲微,卜辞作上报甲、报甲。一说微是其名。商汤六世祖。

②定公:鲁定公,姬姓,名宋,春秋时期鲁国君主,前509—前495年在位。

③亲尽庙毁:礼制,五世亲尽,不再奉祀,撤除其庙,将庙中神祖藏于始祖之庙。

④祖:古代帝王的世系中,始祖者称祖。

⑤宗:古代帝王的世系中,继祖者称宗。

⑥大尝:庙祭名。秋祭曰尝。

⑦僖公:鲁僖公,姬姓,名申,春秋时期鲁国君主,前659—前627年在位。

【译文】

《尚书》中记载:"殷高宗报祭上甲微。"鲁定公问孔子说:"这是什么意思?"孔子回答说:"这是说对于先祖五世以后就不再奉祀而撤除其庙,他们有功劳而不能称祖,有德行而不能称宗,因此在每年的秋祭时报祭他们,以昭明他们的功德。"定公说:"我的先君僖公,功德居于前列,可以报祭吗?"孔子曰:"我只是听说从前虞、夏、商、周的时代,有以帝王的身份行此礼的，自那以后，我就不知道了。"

2.11　定公问曰："《周书》所谓'庸庸祗祗，威威显民'①，何谓也？"孔子对曰："不失其道，明之于民之谓也。夫能用可用，则正治矣②；敬可敬，则尚贤矣；畏可畏，则服刑恤矣③。君审此三者以示民④，而国不兴，未之有也。"

【注释】

①庸庸祗祗，威威显民：语见《尚书·周书·康诰》。庸庸，用可用的人。庸，用。祗祗，敬可敬之人。祗，恭敬貌。威威，威慑当威慑之人。威，威慑。显，明示，公示。

②正：通"政"，政治，政事。

③服：遵从，遵守。刑恤：慎用刑罚。恤，慎。

④审：明白，清楚。

【译文】

鲁定公问："《尚书·周书》中说的'任用应当任用之人，尊敬应当尊敬之人，威慑应当威慑之人，明确地告知民众'，这些话是什么意思呢？"孔子回答说："这是说君主不要偏离治理国家的正道，把治理国家的原则明确地告诉民众。任用应当任用之人，政事才能得到治理；尊敬应当尊敬之人，才能崇尚贤能；威慑应当威慑之人，才能慎用刑法。君主如果能明白清楚地把这三个原则向百姓公布，而国家却不兴盛强大的，还不曾有过。"

2.12　子张问："《书》云'奠高山'①，何谓也？"孔子曰："高山五岳，定其差秩②，祀所视焉③。"子张曰："其礼如何？"孔子曰："牲币之物④，五岳视三公⑤，小名山视子男⑥。"

子张曰:"仁者何乐于山?"孔子曰:"夫山者,峞然高⑦。"子张曰:"高则何乐尔?"孔子曰:"夫山,草木植焉,鸟兽蕃焉⑧,财用出焉,直而无私焉,四方皆伐焉。直而无私,兴吐风云,以通乎天地之间,阴阳和合,雨露之泽,万物以成,百姓咸飨⑨,此仁者之所以乐乎山也。"

【注释】

①奠高山:语见《尚书·禹贡》。奠,定。

②差秩:等级次序。

③所视:所比照的参照物。《尚书大传·禹贡》:"所视者,谓其牲币、粢盛、笾豆、爵献之数。"视,比,比照。

④牲币:牺牲和币帛。泛指一般祭祀供品。

⑤三公:人臣中最高的三个官位。周代时以太师、太傅、太保为三公。《尚书·周官》:"立太师、太傅、太保,兹惟三公,论道经邦,燮理阴阳。"

⑥子男:子爵和男爵。古代诸侯五等爵位的第四等和第五等。

⑦峞(kuī)然:高大的样子。

⑧蕃(fán):繁殖,增长。

⑨飨:通"享",享受。

【译文】

子张问道:"《尚书》中说'确定各州高山等级',这是什么意思呢?"孔子说:"给各州的高山和五岳确定等级,可以作为祭祀山神时比照的标准。"子张又问道:"祭祀山神的礼是怎样的?"孔子说:"祭祀山神时所使用的牺牲布帛的规格和数量,五岳比照三公,五岳外的名山比照子爵和男爵。"子张又问:"有仁德的人为什么喜欢山呢?"孔子说:"山,峞然高大。"子张说:"山高大,有什么可喜欢的呢?"孔子说:"山,草木生长于此，鸟兽繁衍于此，财富产生于此，山正直而无私，四方之民都可采伐取用。山正直无私，它产生吞吐的风云，可以往来通行于天地之间，使天地之间的阴阳二气得以调和，形成雨露甘霖，使天下万物得以生长，百姓都能享受到恩惠，这就是有仁德的人之所以喜欢山的原因。"

2.13　　孟懿子问①："《书》曰'钦四邻'②，何谓也？"孔子曰："王者前有疑，后有丞，左有辅，右有弼，谓之四近③，言前后左右近臣当畏敬之，不可以非其人也。周文王胥附、奔辏、先后、御侮④，谓之四邻⑤，以免乎牖里之害⑥。"懿子曰："夫子亦有四邻乎？"孔子曰："吾有四友焉。自吾得回也⑦，门人加亲，是非胥附乎？自吾得赐也⑧，远方之士日至，是非奔辏乎？自吾得师也⑨，前有光，后有辉，是非先后乎？自吾得由也⑩，恶言不至于门，是非御侮乎？"

【注释】

①孟懿子：姬姓，孟孙氏，名何忌，又称仲孙何忌，谥懿子。春秋鲁昭公时鲁国执政大夫。曾随孔子学礼。孔子堕三桓之邑，他指使家臣拒命。后又四次率师伐邾，终灭之。

②钦四邻：语见《尚书·益稷》。钦，敬。邻，近。

③"王者前有疑"几句：疑、丞、辅、弼，都是古官名。四近，即四辅，古代天子身边的四个亲近辅臣。

④胥附、奔辏、先后、御侮：指周文王的四位亲信之臣。见《诗经·大雅·绵》。胥附，《诗经》作"疏附"，率下亲上之臣。奔辏，《诗经》作"奔奏"，奔走效力之臣。先后，在王前后参谋政事之臣。御侮，抵御外侮之臣。

⑤四邻：犹四辅。天子左右的大臣。文王四邻，即散宜生、闳天、南

　　宫括、太颠。

⑥牖（yǒu）里：即羑（yǒu）里（今河南汤阴北），纣拘文王于此。

⑦回：颜回，字子渊。鲁国人，孔子弟子。以好学著称，重德行，以贤
　　为孔子称道。

⑧赐：端木赐，字子贡。卫国人，孔子弟子。善于言辞，亦善于经商。

⑨师：颛孙师，字子张。陈国人，孔子弟子。资质宽冲，博接从容。
　　主张官吏应勤勉为公，见危受命，尊贤士，容众说。

⑩由：仲由，字子路，亦字季路。鲁国人，孔子弟子。性勇而直，喜闻
　　过，事亲至孝。曾为季孙氏家臣，后任卫大夫孔悝邑宰，在卫国内
　　乱中被杀。

【译文】

　　孟懿子问道："《尚书》中说'钦敬四邻'，这是什么意思呢？"孔子说：
"君王前有疑，后有丞，左有辅，右有弼，这是君王的四个亲近辅臣。就是
说对这前后左右的四位近臣应当敬畏，不能随意责备他们。周文王有率
下亲上的胥附、奔走效力的奔辏、参谋策划的先后、抵御外侮的御侮，散
宜生、闳夭、南宫括、太颠四位被称为亲近辅臣，所以他才能在被商纣王
关押在牖里期间免遭杀害。"孟懿子又问："先生您也有这样的四位辅佐
者吗？"孔子说："我有四个朋友。自从我得到颜回，弟子门人更加亲密，
这不就是率下亲上的胥附吗？自从我得到端木赐，远方的士人纷纷到我
这里来求教，这不就是奔走效力的奔辏吗？自从我得到颛孙师，前后有光
辉，这不就是参谋策划的先后吗？自从我得到仲由，再也听不到恶言恶
语，这不就是抵御外侮的御侮吗？"

　　2.14　孔子见齐景公。梁丘据自外而至，公曰："何迟？"
对曰："陈氏戮其小臣①，臣有辞焉②，是故迟。"公笑而目孔
子曰："《周书》所谓'明德慎罚'，陈子明德也，罚人而有辞，
非不慎矣。"孔子答曰："昔康叔封卫，统三监之地③，命为孟

侯④。周公以成王之命作《康诰》焉,称述文王之德,以成敕诫之文⑤。其《书》曰'惟乃丕显考文王⑥,克明德慎罚。'克明德者,能显用有德,举而任之也;慎罚者,并心而虑之⑦,众平然后行之,致刑错也⑧。此言其所任不失德,所罚不失罪,不谓己德之明也。"公曰:"寡人不有过言,则安得闻君子之教也?"

【注释】

①戮:处罚。小臣:小吏。

②有辞:有正言相告。

③三监:武王灭商后,分商王畿为三部分,设三监治理。三监的具体人物及辖地,说法不一。一说指纣王子武庚和武王弟管叔、蔡叔。一说指周公弟管叔、蔡叔、霍叔。三监地域,一般认为,商都以北地区为邶;商都以西地区为鄘;商都以东地区为卫。后来,武庚、管叔、蔡叔作乱,为周公所灭,三监之地由卫侯康叔管理。

④孟侯:诸侯之长。康叔为五等诸侯之长。孟,长。

⑤敕:敕令。诫:告诫。

⑥丕显:英明。丕,大。考:对亡父的美称。

⑦并心:犹言集中心思,专心。一本"并"作"屏",屏心,指摒除私心。

⑧刑错:有刑法而不用。《史记·周本纪》:"故成康之际,天下安宁,刑错四十余年而不用。"

【译文】

孔子见齐景公。梁丘据从外面进来,齐景公问道:"怎么来得这么晚啊?"梁丘据回答说:"陈氏要惩罚他的一个小臣,我替这个小臣争辩了一番,所以来迟了。"齐景公看着孔子,笑着说:"《周书》里说'彰明德行,慎用刑罚',陈氏果真重视德教,惩罚人还能允许争辩,不能说不慎重啊。"孔子答道:"从前康叔被分封到卫国,统辖三监之地,被任命为诸侯之长。周公依照成王的命令作《康诰》,赞美周文王的仁德,撰成敕令告诫的典章。《康诰》中说:'伟大英明的父亲文王,能够彰明德行,慎用刑罚。'能够彰明德行,是指重视有德行的人,并提拔重用他;慎用刑罚,是指集中精神去考虑,大家都认为刑罚公正然后再施行,这样才能达到有刑法而不用的境界。这是说要任用那些有德之人,并惩罚那些真正有罪之人,而不是说文王自己仁德卓著。"齐景公说:"要不是我把话说错了,怎么能够听到您的教诲呢?"

2.15　《书》曰:"其在祖甲,不义惟王①。"公西赤曰②:"闻诸晏子:'汤及太甲、祖乙、武丁③,天下之大君。'夫太甲为王,居丧行不义,同称君,何也?"孔子曰:"君子之于人,计功以除过。太甲即位,不明居丧之礼,而干冢宰之政④,伊尹放之于桐⑤,忧思三年,追悔前愆⑥,起而复位,谓之明王。以此观之,虽四于三王,不亦可乎?"

【注释】

①其在祖甲,不义惟王:语出《尚书·无逸》。祖甲,即汤孙太甲。初遭祖丧,言行不义,伊尹将他放逐到桐宫。三年后,太甲悔过返善,伊尹将他迎回,授之政。他复位后,能继承并发展成汤事业,诸侯咸归,百姓以宁,后世称太宗。正与下文孔子之说相应。第二十五代商王亦称祖甲,是武丁次子。武丁初欲废长立幼,遭贵族反对,他也以此为不义,遂逃亡于民间。后继祖庚而立。初能"保惠于庶民",后乃淫乱,为殷商由盛而衰之转折点。其人当非此处所说的祖甲。义,公正合宜的道理或举动。

②公西赤:公西华,姬姓,公孙氏,名赤,字子华。鲁国人,孔子弟子。

有外交才能,知宾主之仪。

③祖乙:第十四任商王。继叔父河亶甲而立。商朝在河亶甲时,国势衰落,他即位后,任名臣巫贤为相,平服东夷,国势复振。甲骨卜辞称之为中宗。武丁:第二十三任商王,称高宗。即位后修政行德,作用贤臣甘盘、傅说等,并讨伐四夷,商朝达到鼎盛。

④干:干预。冢宰:为朝内主宰、六卿之首,此指伊尹。在国君治丧期间,百官听命于冢宰。

⑤放:放逐。桐:地名,在今河北临漳,一说在今山西万荣西。相传汤葬于此,建有宫室,故又名桐宫。

⑥愆(qiān):罪过,过失。

【译文】

《尚书》说:"当初商王祖甲,为王不义。"公西赤说:"我听晏子说:'商汤与太甲、祖乙、武丁,都是天下圣明的君主。'而太甲身为君王,在治丧期间做了不符合丧礼的事,却还与商汤等人同称圣明君主,为什么呢?"孔子说:"君子在评价一个人的时候,考察他的功绩免除他的罪过。太甲即位后,不遵守居丧的礼仪,而干预冢宰处理政事,伊尹把他放逐到桐宫,他忧思三年,追悔以前所犯的错误,伊尹重新恢复他的王位,后来成为明君。由此看来,即使太甲与其余三王并列为四,不也是应当的吗?"

2.16 鲁哀公问①:"《书》称夔曰②:'於,予击石拊石,百兽率舞,庶尹允谐③。'何谓也?"孔子对曰:"此言善政之化乎物也。古之帝王,功成作乐。其功善者其乐和,乐和则天地且犹应之,况百兽乎?夔为帝舜乐正④,实能以乐尽治理之情。"公曰:"然则政之大本,莫尚夔乎?"孔子曰:"夫乐,所以歌其成功,非政之本也。众官之长,既咸熙熙⑤,然后乐乃和焉。"公曰:"吾闻夔一足,有异于人,信乎?"孔子曰："昔重黎举夔而进^⑥，又欲求人而佐焉。舜曰：'夫乐，天地之精也，唯圣人为能和六律^⑦，均五声^⑧，知乐之本，以通八风^⑨。夔能若此，一而足矣。'故曰'一足'，非一足也。"公曰："善！"

【注释】

①鲁哀公：姬姓，名将，谥哀。春秋时鲁国国君，前494—前468年在位。

②夔（kuí）：人名。舜的乐正。

③"於（wū），予击石拊（fǔ）石"几句：语见《尚书·益稷》。於，叹词。击，重击。拊，轻击。石，指石磬。庶尹，众官之长，亦指百官。庶，众。尹，正。允谐，非常和谐。

④乐正：官名。周代乐官之长。

⑤熙熙：和乐的样子。

⑥重黎：氏名，黄帝后裔。但据《尚书·舜典》，举夔者实为伯夷。

⑦六律：古乐十二律中的阳律，即黄钟、太簇、姑洗、蕤宾、夷则、无射。律，乐律。

⑧均：均平，调和。五声：古代音乐中的五种音阶：宫、商、角、徵、羽。

⑨八风：即"八音"。古代对乐器的统称，由金、石、丝、竹、匏、土、革、木八种材质制成的乐器。

【译文】

鲁哀公问："《尚书》称赞夔说：'啊，我或轻或重地击打石磬，飞禽走兽都会随着乐曲翩翩起舞，众多官长非常和谐。'这句话是什么意思呢？"孔子回答说："这是说善政能够感化万物。古代的帝王，治理天下大功告成以后就会制乐。国家治理得成功，音乐就会和谐，音乐和谐连天地都会产生感应，更何况是鸟兽呢？夔作为舜帝的乐正，确实善于以音乐来体现天下大治的情景。"哀公说："那么治理国家的根本，没有比夔的作乐更重要的了吗？"孔子说："音乐仅仅是用来歌颂君王的功德的，并不是为政之本。百官都能和睦快乐,音乐才会和谐。"哀公又问道:"我听说夔只有一只脚,和一般人不一样,是真的吗?"孔子说:"从前重黎氏向舜举荐了夔,又想找个人来辅助夔。舜帝说:'音乐是天地的精华,只有圣人才能调和六种音律,平衡五种声调,明白音乐的本质,使各种不同材质的乐器合奏出的美妙乐曲。夔具有这种才能,一个人就足够了。'所以'一足'是说一人足够的意思,并不是说只有一只脚。"哀公说:"说得好啊!"

记义第三

3.1　季桓子以粟千钟饩夫子①,夫子受之而不辞,既而以颁门人之无者。子贡进曰②:"季孙以夫子贫,故致粟。夫子受之而以施人,无乃非季孙之意乎?"子曰:"何?"对曰:"季孙以为惠也。"子曰:"然,吾得千钟,所以受而不辞者,为季孙之惠,且以为宠也③。夫受人财不以成富,与季孙之惠于一人,岂若惠数百人哉?"

【注释】

①钟:古代的一种容量单位。春秋时齐国公室的公量,一钟合六斛四斗。饩(xì):赠送食物。

②进:进劝,规劝。

③且以为宠:并且将其视为一种荣宠。孔子认为季桓子赠送给他粮食是尊贤的表现。他把粮食分给众门人,是为了彰显季桓子的尊贤。宠,荣耀,荣宠。

【译文】

季桓子把一千钟粮食赠送给孔子,孔子毫不推辞就欣然接受了,不久就把这千钟粮食分给了没有粮食的弟子。子贡进言规劝说:"季孙是因为您贫穷,所以送给您粮食。您接受了却把它施舍给别人,这恐怕不符合季孙的本意吧?"孔子说:"为什么这样说呢?"子贡回答说:"季孙认为这是一种恩惠。"孔子说:"是的。我在得到这些粮食之时,之所以接受而没有推辞,就是因为这是季孙对我的恩惠,而且还要彰显这一荣宠。不应该靠接受别人的财物变得富有,与其让季孙氏的恩惠施于我一人,哪里比得上惠及几百人呢?"

3.2　秦庄子死①,孟武伯问于孔子曰②:"古者,同寮有服乎③?"答曰:"然,同寮有相友之义④。贵贱殊等⑤,不为同官。闻诸老聃⑥:昔者,虢叔、闳夭、太颠、散宜生、南宫括⑦,五臣同寮比德⑧,以赞文、武⑨。及虢叔死,四人者为之服朋友之服,古之达礼者行之也⑩。"

【注释】

①秦庄子:鲁国大夫。

②孟武伯:姬姓,孟孙氏,名彘,字泄,又称仲孙彘,谥武。春秋末鲁哀公时期鲁国执政大夫。

③同寮:亦作"同僚"。古代称同朝或同官署做官的人。服:服孝,穿孝服。

④相友:彼此友好

⑤殊等:指人或事物的不同地位、等级。

⑥老聃:即老子,姓李名耳,字聃。春秋时期的思想家,道家学派的创始人。楚国苦县(今河南鹿邑)人,曾为周朝"守藏室之史",孔子曾向他问礼。

⑦虢(guó)叔:周文王异母弟,文王时任卿士。武王时封于东虢

（今河南荥阳东北），为东虢开国国君。因其为周武王之叔，故称
虢叔，又称虢公。闳夭、太颠、散宜生、南宫括：皆贤臣名，文王以
为四友。

⑧比德：同心同德。

⑨赞：辅佐，佐助。

⑩达：通晓。

【译文】

秦庄子去世，孟武伯向孔子问道："古代有为同僚服孝的吗？"孔子回
答说："有的，同僚之间有彼此友爱的情谊。有高低贵贱的分别，就不能
称之为同僚了。我曾听老聃说过：从前，虢叔、闳夭、太颠、散宜生、南宫
括等五个人同朝为官，同心同德，辅佐周文王和周武王。当虢叔去世时，
其余四人都作为同僚为他服朋友之丧，古代通晓礼仪的人是这样做的。"

3.3　公父文伯死①，室人有从死者②，其母怒而不哭。
相室谏之③，其母曰："孔子，天下之贤人也，不用于鲁，退而
去，是子素宗之而不能随④，今死而内人从死者二人焉。若
此，于长者薄，于妇人厚也。"既而夫子闻之，曰："季氏之妇
尚贤哉⑤！"子路愀然对曰⑥："夫子亦好人之誉己乎？夫子
死而不哭，是不慈也，何善尔？"子曰："怒其子之不能随贤，
所以为尚贤者，吾何有焉？其亦善此而已矣。"

【注释】

①公父文伯：姬姓，公父氏，名歜（chù），谥文伯。季孙氏别支，季桓
子堂兄。

②室人：公父文伯的妻妾。从死：自杀陪其同死。

③相室：古代为卿大夫管理家务的人。男称家老，女称傅母，通称

家臣。

④是子素宗之而不能随：指公父文伯一向推尊孔子，但在孔子离开
　　鲁国时不能追随他一起离开。《韩诗外传》："昔是子也，吾使之事
　　仲尼，仲尼去鲁，送之不出鲁郊，赠之不以家珍。"宗，推尊而效法。
⑤季氏之妇：谓公父文伯之母敬姜。
⑥愀然：形容神色变得严肃或不愉快。

【译文】

　　公父文伯死后，妻妾中有人为他自杀殉死，公父文伯的母亲非常愤怒不为他哭泣哀悼。家臣劝说她，她说："孔子是天下的贤人，不被鲁国重用，被迫离开鲁国，我这个儿子向来尊崇孔子却不能追随他。如今他死了，竟有两个妻妾愿意为他殉死。像这种情况，说明他对长者薄情，而对妇人厚爱。"后来孔子听到了这些话，说："季氏家的妇人真是崇尚贤者的人啊！"子路颇为不快地对孔子说："老师您也喜欢别人称赞自己吗？她儿子死了却不悲伤哭泣，这是对子女没有慈爱之心，还有什么值得称道的呢？"孔子说："她是不满意儿子没有去追随贤者，所以我才认为她是个敬贤的人，我哪里称得上什么贤者？我也只是称道她敬贤而已。"

　　3.4　卫出公使人问孔子曰①："寡人之任臣，无大小，一一自言问观察之②，犹复失人③，何故？"答曰："如君之言，此即所以失之也。人既难知，非言问所及、观察所尽。且人君之虑者多，多虑则意不精④。以不精之意，察难知之人，宜其有失也。君未之闻乎？昔者舜臣尧，官才任士，尧一从之。左右曰：'人君用士当自任耳目⑤，而取信于人，无乃不可乎？'尧曰：'吾之举舜，已耳目之矣。今舜所举人，吾又耳目之，是则耳目人终无已已也⑥。'君苟付可付⑦，则己不

劳而贤才不失矣。"

【注释】

①卫出公：姬姓，名辄，春秋时卫国国君。他是卫灵公之孙，太子蒯聩之子。卫灵公去世时，太子蒯聩出奔在外，卫遂立他为君。后太子蒯聩在晋卿赵鞅的帮助下回国争位，出公被迫出逃。六年后回国，九年后又被逐出，死于越国。

②言问：询问，讯问。

③失人：谓错过人才，错用人才。

④精：思想周密、专一。

⑤耳目：耳朵和眼睛。此处比喻辅佐或亲信之人。

⑥"今舜所举人"几句：指不信任舜所举用之人，而自己再找人暗中探查，那么探查暗访将会没完没了。耳目，指侦察或了解情况。亦指暗探。一说，指尧将舜任用的人也当作自己的亲信，这样自己的亲信就会无穷无尽。

⑦付：交付权力。

【译文】

卫出公派人问孔子说："我任用臣下的时候，无论官职大小，都要亲自一一询问观察他们是否贤能，却仍然遗漏人才，这是什么原因呢？"孔子回答说："像国君刚才所说的，这就是遗漏人才的原因。人是很难了解的，不是仅仅通过询问就能够完全认识到，也不是通过观察就可以全部了解的。况且君主顾虑的事情比较多，顾虑多了就难以集中精力。以并不专一的精力来审察难以了解的人，就难怪会遗漏人才了。国君难道没有听说过吗？以前舜在做尧的臣子时，量才授官，任用士人，尧始终都听从舜的决定。尧身边的人说：'君主选用属下，应当亲自挑选自己信得过的人，而您却只听任舜去用人，这恐怕不行吧？'尧回答说：'我任用舜，就是把他当作我信得过的耳目。现在舜所举荐的人才，我又自己去探查他们,那么这种探查就会没完没了。'国君如果能像尧那样把选拔人才的权利托付给可以信任的人,那么您自己就不用操心劳神,而贤才也不会被遗漏了。"

3.5　子贡问曰:"昔孙文子以卫侯哭之不哀①,知其将为乱,不敢舍其重器而行②,尽置诸戚③,而善晋大夫二十人。或称其知,何如?"孔子曰:"吾知其为知也,人未知其为知也④。"子贡曰:"敢问何谓也?"子曰:"食其禄者,必死其事。孙子知卫君之将不君⑤,不念伏死以争⑥,而素规去就⑦,尸利携贰⑧,非人臣也。臣而有不臣之心,明君所不赦。幸哉!孙子之以此免戮也。"

【注释】

①孙文子:孙林父,卫国大夫。卫献公无礼,他和大夫宁殖废献公而立殇公,献公出奔齐。卫侯哭之不哀:卫定公死,献公为太子,哭而不哀。卫侯,此指卫献公。姬姓,名衎,谥献。前577年即位。立十八年,被大夫孙林父等攻逐,出奔齐。在外流亡十二年后,在齐、晋支持下于前547年返国,再度执政三年去世。

②舍:安置。重器:国中的宝器。此处指贵重的财物。

③戚:地名,也称"宿",孙文子的食邑,在今河南濮阳东北。

④吾知其为知也,人未知其为知也:此为孔子评论孙文子之行,或当作"人知其为知也,吾未知其为知也"。"人知其为知也"承上"或称其知"而言,"吾未知其为知"就下"素规去就,尸利携贰"而言。译文从之。

⑤不君:失去君道。

⑥伏死:甘愿舍弃生命。争:通"诤",诤谏,规劝。

⑦素规：一直在筹划。去就：去留不定。常有离去之意。

⑧尸利：尸位素餐而无所作为。携贰：怀有二心。

【译文】

子贡问道："从前孙文子看到卫献公在父亲定公的丧礼上哭得不悲伤，知道卫国将会有祸乱发生，不敢将贵重的财物放在卫国都城的家中，而是全部都放到他的食邑戚地，并结交晋国大夫二十多人。有人称赞他很有智慧，您觉得怎么样？"孔子说："人们都说他有智慧，我倒不觉得他有什么智慧。"子贡说："请问先生您为什么这样说呢？"孔子说："既然享用了人家的俸禄，就应该为人家的事分忧甚至献出生命。孙文子明明看到卫献公将不行君道，却不想着冒死谏诤，反而始终在谋划着离开，像这种尸位素餐、无所作为还怀有二心的人，不配做臣子。作臣子的不守臣子的本分，即使是圣明仁慈的君主也不能宽恕他。孙文子这样做却没有被杀头，他实在是太侥幸了！"

3.6　孔子使宰予使于楚，楚昭王以安车象饰因宰予以遗孔子焉①。宰予曰："夫子无以此为也。"王曰："何故？"对曰："臣以其用，思其所在，观之，有以知其然②。"王曰："言之。"宰予对曰："自臣侍从夫子以来，切见其行不离道③，动不违仁，贵义尚德，清素好俭。士而有禄，不以为费④，不合则去，退无吝心⑤。妻不服彩，妾不衣帛。车器不雕，马不食粟。道行则乐其治，不行则乐其身，此所以为夫子也。若夫观目之丽靡⑥，窈窕之淫音⑦，夫子过之弗之视，遇之弗之听也。故臣知夫子之无用此车也。"王曰："然则夫子何欲而可？"对曰："方今天下，道德寝息⑧，其志欲兴而行之。天下诚有欲治之君，能行其道，则夫子虽徒步以朝，固犹为

之,何必远辱君之重贶乎⑨?"王曰:"乃今而后知夫子之德
也大矣!"宰予归,以告孔子。孔子曰:"二三子以予之言何
如⑩?"子贡对曰:"未尽夫子之美也。夫子德高则配天,深
则配海,若予之言,行事之实也。"子曰:"夫言贵实,使人信
之,舍实何称乎? 是赐之华,不若予之实也。"

【注释】

①楚昭王:楚国国君,芈姓,熊氏,名轸,楚平王之子。安车:古代可
　以坐乘的小车。高官告老还乡或征召有重望的人,往往赐乘安
　车。安车多用一马,礼尊者则用四马。象饰:指象牙做的装饰物。

②有以:表示具有某种条件、原因等。

③切:同"窃",私下。表示个人意见的谦词。

④费:钱财,费用。

⑤吝心:不舍之心。此指舍不得禄位。吝,爱惜,舍不多。

⑥观目:指外观。丽靡:华丽,奢华。

⑦窈窕:妖冶的样子。淫音:淫邪的乐声。淫,邪恶,放纵。

⑧寝息:停息。

⑨贶(kuàng):赠,赐。

⑩二三子:犹言诸位。

【译文】

　　孔子派宰予出使楚国,楚昭王准备了一辆用象牙装饰的安车作为
礼物,想通过宰予赠送给孔子。宰予说:"夫子他老人家是不会坐这种车
的。"楚昭王问:"为什么?"宰予回答说:"我通过观察老师的日常用度,
思量老师的心思所在,就知道他是不会乘坐这种车的。"楚昭王说:"说
说看。"宰予回答说:"自从我追随夫子以来,私下里见他言谈不离大道,
行动不违背仁义,重视仁义崇尚道德,清正廉洁喜好节俭。做官时虽有

俸禄,却不为发财,如果不合道义他就会离去,而且辞官的时候毫无留恋之意。妻子不穿华丽的衣服,妾也不穿丝制的衣服。车辆器皿从不精雕细刻,也从不用粮食喂马。如果道可行则以治理国家为乐,道不行则以修身自好为乐,夫子就是这样的一个人。对于华而不实的东西,淫邪不正的音乐,夫子经过的时候看都不会去看,遇到的时候听都不会去听的。所以我认为夫子是不会乘坐这辆车的。"楚昭王说:"那么先生到底是希望得到什么呢?"宰予回答说:"如今的时代,道德沦丧,夫子的志向就是要复兴礼乐仁义并推行它。如果天下真有哪位君主想要把国家治理好,能施行夫子的治国之道,夫子即使走着去朝见,也一定会乐意,何必劳驾您大老远地送给他贵重的礼物呢?"楚昭王说:"今天我总算明白孔子的道德境界是多么高尚了!"宰予从楚国回来后,把这件事告诉了孔子。孔子说:"诸位觉得宰予的话讲得怎么样?"子贡说:"我认为宰予还是没有真正说清楚先生的伟大之处。先生的道德像天一样高,像海一样深,而宰予对楚王所说的那些,不过是先生所作所为的一些实事罢了。"孔子说:"讲话就是应该注重事实,这样才会使人相信,脱离事实的话还有什么值得称赞的呢?所以端木赐的话浮华夸张,不如宰予的话实事求是。"

3.7　孔子适齐,齐景公让登①,夫子降一等②,景公三辞,然后登。既坐,曰:"夫子降德③,辱临寡人④,寡人以为荣也;而降阶以远,自绝于寡人,寡人未知所以为罪。"孔子答曰:"君惠顾外臣⑤,君之赐也;然以匹夫敌国君⑥,非所敢行也。虽君私之,其若义何?"

【注释】

①让登:让别人先登。

②降:退下。

③降德：赐予恩惠。此处指屈尊。

④辱临：敬称他人的来临。

⑤外臣：古诸侯国的士大夫见别国君主时的自称。

⑥敌：对等。

【译文】

孔子到齐国去，在上台阶时，齐景公请孔子先上，孔子却退下一级台阶请齐景公先行，齐景公再三推辞，然后才上台阶。落座后，齐景公说："夫子您能屈尊到我这里来，我以此为荣；但是您却退下一级台阶，和我拉开距离，您这是在疏远我啊，我不知道是哪里做错了。"孔子回答说："国君您能接见我这个外臣，这是您对我的恩赐；但是让一个平民百姓与国君平起平坐，我可不敢这么做。虽然您偏爱我，但把道义置于何地呢？"

3.8　颜雠善事亲①，子路义之。后雠以非罪执于卫②，将死，子路请以金赎焉，卫人将许之。既而二三子纳金于子路以入卫。或谓孔子曰："受人之金，以赎其私昵③，义乎？"子曰："义而赎之，贫取于友，非义而何？爱金而令不辜陷辟④，凡人且犹不忍，况二三子于由之所亲乎？《诗》云：'如可赎兮，人百其身⑤。'苟出金可以生人，虽百倍古人，不以为多。故二三子行其欲，由也成其义，非汝之所知也。"

【注释】

①颜雠（chóu）：又称颜雠由，一作"颜浊邹"。春秋时期卫国贤大夫。孔子门人，子路妻兄。

②非罪：强加之罪，无罪。执：逮捕。

③私昵：指所亲近、宠爱的人。

④辟：罪，罪行。

⑤如可赎兮，人百其身：诗见《诗经·秦风·黄鸟》。意思是如果允许赎他们的命，人们愿意用一百个人来换。

【译文】

颜雠对父母非常孝顺，子路认为合乎道义而称许他。后来颜雠在卫国蒙冤被捕，将要被处死，子路请求用赎金来赎救他，卫国人同意了。不久孔子的弟子们就把赎金交给子路让他去卫国赎人。有人对孔子说："接受别人的金钱，去赎救自己的私交好友，这能算是义吗？"孔子说："正是出于道义才去赎他，因为贫穷才从朋友那里拿钱，这不是义是什么？爱惜钱财而让无辜的人遭受刑罚，就是一般人都不忍心，何况这些学生要救的是子路所亲近的人呢？《诗》中说：'如果允许赎命的话，我们情愿用一百人来换他们。'假如出钱就能使人活命，即使出的钱是古人的一百倍，也不算多。所以我的这些学生做了他们想做的事，而仲由也成就了大家的义举，这些道理不是你能理解的。"

3.9　孔子读《诗》，及《小雅》，喟然而叹曰①："吾于《周南》《召南》，见周道之所以盛也②。于《柏舟》，见匹夫执志之不可易也③。于《淇澳》，见学之可以为君子也④。于《考槃》，见遁世之士而不闷也⑤。于《木瓜》，见苞苴之礼行也⑥。于《缁衣》，见好贤之心至也⑦。于《鸡鸣》，见古之君子不忘其敬也⑧。于《伐檀》，见贤者之先事后食也⑨。于《蟋蟀》，见陶唐俭德之大也⑩。于《下泉》，见乱世之思明君也⑪。于《七月》，见豳公之所造周也⑫。于《东山》，见周公之先公而后私也⑬。于《狼跋》，见周公之远志所以为圣也⑭。于《鹿鸣》，见君臣之有礼也⑮。于《彤弓》，见有功之必报也⑯。于《羔羊》，见善政之有应也⑰。于《节南山》，见忠臣之忧世也⑱。于《蓼莪》,见孝子之思养也⑲。于《楚茨》,见孝子之思祭也⑳。于《裳裳者华》,见古之贤者世保其禄也㉑。于《采菽》,见古之明王所以敬诸侯也㉒。"

【注释】

①喟(kuì)然:叹息的样子。

②吾于《周南》《召南》,见周道之所以盛也:《毛诗序》:"《周南》《召南》,正始之道,王化之基。"《周南》《召南》,皆《诗经·国风》的组成部分。《周南》诗十一篇,后人认为所收大抵为今陕西、河南、湖北之交的民歌,颂扬周德化及南方。汉以后被作为诗教的典范。《召南》诗十四篇,传统说法是产生于召公姬奭统治下的南方地区,或说在终南山北麓召公奭所封的召国领域之内。

③于《柏舟》,见匹夫执志之不可易也:《毛诗序》:"《柏舟》,共姜自誓也。卫世子共伯蚤死,其妻守义,父母欲夺而嫁之,誓而弗许,故作是诗以绝之。"《柏舟》,见《诗经·鄘风》。

④于《淇澳》,见学之可以为君子也:《毛诗序》:"《淇奥》,美武公之德也。有文章,又能听其规谏,以礼自防,故能入相于周,美而作是诗也。"《淇澳》,《诗经·卫风》作《淇奥》。

⑤于《考槃》,见遁世之士而不闷也:《毛诗序》:"《考槃》,刺(卫)庄公也,不能继先公之业,使贤者退而穷处。"《考槃》,见《诗经·卫风》。

⑥于《木瓜》,见苞苴(jū)之礼行也:《毛诗序》:"卫国有狄人之败,出处于漕。齐桓公救而封之,遗之车马器服焉。卫人思之,欲厚报之,而作是诗也。"《木瓜》,见《诗经·卫风》。诗中有"投我以木瓜,报之以琼琚"之句,意即相互馈赠礼物。苞苴,以苇叶或茅叶包裹鱼肉,指礼物。

⑦于《缁衣》,见好贤之心至也:《毛诗序》:"《缁衣》,美(郑)武公

也。父子并为周司徒，善于其职，国人宜之，以明有国善善之功焉。"《缁衣》，见《诗经·郑风》。

⑧于《鸡鸣》，见古之君子不忘其敬也：《毛诗序》："《鸡鸣》，思贤妃也。哀公荒淫怠慢，故陈贤妃贞女夙夜警戒相成之道焉。"《鸡鸣》，见《诗经·齐风》。

⑨于《伐檀》，见贤者之先事后食也：《毛诗序》："《伐檀》，刺贪也。在位贪鄙，无功而受禄，君子不得进仕耳。"《伐檀》，见《诗经·魏风》。

⑩于《蟋蟀》，见陶唐俭德之大也：《毛诗序》："《蟋蟀》，刺晋僖公也。俭不中礼，故作是诗以闵之。……此晋也而谓之唐，本其风俗，忧深思远，俭而用礼，乃有尧之遗风焉。"《蟋蟀》，见《诗经·唐风》。陶唐，即唐尧。

⑪于《下泉》，见乱世之思明君也：《毛诗序》："《下泉》，思治也。曹人疾共公侵刻下民不得其所，忧而思明王贤伯也。"《下泉》，见《诗经·曹风》。

⑫于《七月》，见豳（bīn）公之所造周也：《毛诗序》："《七月》，陈王业也。周公遭变故，陈后稷先公风化之所由，致王业之艰难也。"《七月》，见《诗经·豳风》。豳公，指周的祖先公刘。曾率周人迁徙豳地（今陕西彬州）定居。

⑬于《东山》，见周公之先公而后私也：《毛诗序》："《东山》，周公东征也。周公东征，三年而归，劳归士，大夫美之，故作是诗也。"《东山》，见《诗经·豳风》。

⑭于《狼跋》，见周公之远志所以为圣也：《毛诗序》："《狼跋》，美周公也。周公摄政，远则四国流言，近则王不知，周大夫美其不失其圣也。"《狼跋》，见《诗经·豳风》。

⑮于《鹿鸣》，见君臣之有礼也：《毛诗序》："《鹿鸣》，燕群臣嘉宾也。既饮食之，又实币帛筐篚，以将其厚意，然后忠臣嘉宾，得尽其心

矣。"《鹿鸣》,见《诗经·小雅》。

⑯于《彤弓》,见有功之必报也:《毛诗序》:"《彤弓》,天子锡有功诸
　侯也。"《彤弓》:见《诗经·小雅》。

⑰于《羔羊》,见善政之有应也:《毛诗序》:"《羔羊》,鹊巢之功致也。
　召南之国化文王之政,在位皆节俭正直,德如羔羊也。"《羔羊》,
　见《诗经·召南》。

⑱于《节南山》,见忠臣之忧世也:《毛诗序》:"《节南山》,家父刺幽
　王也。"《节南山》,见《诗经·小雅》。是讽刺太师尹氏的诗,其
　中多有忧国忧民的诗句。

⑲于《蓼莪》,见孝子之思养也:《毛诗序》:"《蓼莪》,刺幽王也。民
　劳苦,孝子不得终养尔。"《蓼莪》,见《诗经·小雅》。

⑳于《楚茨》,见孝子之思祭也:《毛诗序》:"《楚茨》,刺幽王也。政
　烦赋重,田莱多荒,饥馑降丧,民卒流亡,祭祀不飨,故君子思古
　焉。"《楚茨》,见《诗经·小雅》。

㉑于《裳裳者华》,见古之贤者世保其禄也:《毛诗序》:"《裳裳者
　华》,刺幽王也。古之仕者世禄,小人在位则谗谄并进,弃贤者之
　类,绝功臣之世焉。"《裳裳者华》,见《诗经·小雅》。

㉒于《采菽》,见古之明王所以敬诸侯也:《毛诗序》:"《采菽》,刺幽
　王也。侮慢诸侯。诸侯来朝,不能锡命以礼,数征会之,而无信
　义,君子见微而思古焉。"《采菽》,见《诗经·小雅》。

【译文】

　　孔子读《诗经》,读到《小雅》的时候,感叹地说:"我从《周南》《召
南》中,知道了周朝为什么能够兴盛。从《柏舟》中,明白了即使是普通
人也难以改变其志向。从《淇澳》中,知道学习圣贤可以使自己成为君
子。从《考槃》中,了解到真正的隐士虽处穷苦也并不愁闷。从《木瓜》
中,懂得了古人是如何行馈赠之礼的。从《缁衣》中,知道古人是怎样敬
重贤者的。从《鸡鸣》中,知道君子应该时刻不忘他的敬重之心。从《伐

檀》中，明白了贤者不应该不劳而获。从《蟋蟀》中，了解到尧帝的节俭美德。从《下泉》中，知道乱世臣民对明君的渴望。从《七月》中，知道周朝先祖公刘开创基业的艰辛。从《东山》中，了解到周公先公后私的美德。从《狼跋》中，明白了周公的志向远大及其被称为圣人的原因。从《鹿鸣》中，知道君臣之间应该以礼相待。从《彤弓》中，明白有功于国就一定能够得到回报。从《羔羊》中，知道施仁政可以感化百姓。从《节南山》中，看到了忠臣对于国家命运的忧虑。从《蓼莪》中，知道孝子是如何思念奉养双亲的。从《楚茨》中，知道孝子是怎样念念不忘祭祀祖先的。从《裳裳者华》中，了解到古代的贤者是如何世世代代保守其禄位的。从《采菽》中，知道古代的圣君明王是如何礼敬诸侯的。"

3.10　孔子昼息于室而鼓琴焉，闵子自外闻之[1]，以告曾子曰[2]："向也[3]，夫子之音，清彻以和，沦入至道[4]；今也，更为幽沉之声[5]。幽则利欲之所为发[6]，沉则贪得之所为施[7]，夫子何所之感若是乎？吾从子入而问焉。"曾子曰："喏。"二子入问孔子，孔子曰："然，汝言是也，吾有之。向见猫，方取鼠，欲其得之，故为之音也。汝二人者孰视诸？"曾子对曰："是闵子。"夫子曰："可与听音矣。"

【注释】

①闵子：闵损，字子骞，鲁国人。孔子弟子，以德行著称。

②曾子：曾参，字子舆，鲁国人。孔子弟子，儒家学派的重要代表人物。

③向：从前。

④沦：进入。至道：最高的境界。

⑤幽沉：幽深低沉。

⑥发：出自。

⑦施：施行，推行。

【译文】

孔子白天在屋里休息的时候弹琴，闵子骞从外面听到琴声，告诉曾子说："从前，先生的琴声清亮平和，达到了音乐的最高境界；可是今天的琴声却变得幽深低沉。琴声幽深是出自利欲之心，琴声低沉是因为贪得之念，究竟是什么事能使夫子产生这样的感触呢？我跟着你一起进去问问吧。"曾子说："好。"二人就进屋向孔子询问，孔子说："是的，你说得很对，我确实有所感发。刚才我看见一只猫，正在逮老鼠，我很希望它能捉住，所以才会弹奏出这种音乐。你们两个人是谁听出来的？"曾子回答说："是闵子骞。"孔子说："可以跟他共赏音乐了。"

卷二

【题解】

卷二含《刑论》《记问》《杂训》《居卫》四篇。前两篇与卷一相同,多记孔子言行,谈德刑教化、仁道礼乐之事;后两篇记孔子的孙子孔伋之言谈,内容十分广泛。孔伋,字子思,孔子嫡孙,孔子之子孔鲤之子。

《刑论》共九章,记孔子与弟子、卿大夫等论刑之言。此篇言治国当先礼而后刑,虽刑为辅,亦缘情而设,当以礼止刑杀,故以"刑论"名篇。此篇有论《书》者四章,然皆涉及刑义,故不附于前篇,而归于《刑论》。

《记问》共八章,唯第五、第六章无所问而记孔子自歌,其余皆记孔子及其孙子思及弟子宰我、冉有问答之言。诸子有所问,孔子皆以法度之言答复,内容涉及圣道得传、礼乐化民、仁道在迩、执着其道等思想,故以"记问"名篇。

《杂训》共十章,记子思与其子子上、孟子车、悬子以及鲁穆公等君卿大夫训论事理之言。内容涉及诸侯弟子有所请,而子思训之非一理,故曰杂,以"杂训"名篇。另有姜兆锡曰:篇首因子上之杂所习,而以训正之,故以杂训名篇。

《居卫》共十章,记子思论修德修身之言。子思久去于鲁而居于卫,此首章便记子思居卫时事迹;中杂有子思适齐、适宋之言,盖自卫地而往;其余皆思与师友及其子所言,未载何时与何地,故以首章之意以

"居卫"名篇。此外,该篇亦涉及子思困于宋而作《中庸》一事,于《中庸》成书之研究甚有助益。

此卷由孔子过渡到子思,体现孔氏后人恪守先祖之业,坚守夫子遗训之传统。子思上承曾参,下启孟子,鲁穆公时被尊为师,在儒家道统传承中地位赫然,故本书多记其言行,至卷三各篇亦如是。

刑论第四

4.1　仲弓问古之刑教与今之刑教①。孔子曰:"古之刑省②,今之刑繁。其为教,古有礼③,然后有刑,是以刑省;今无礼以教,而齐之以刑④,刑是以繁。《书》曰:'伯夷降典,折民维刑⑤。'谓下礼以教之⑥,然后维以刑折之也⑦。夫无礼则民无耻⑧,而正之以刑⑨,故民苟免⑩。"

【注释】

①仲弓:冉雍,字仲弓,鲁国人。孔子弟子,以德行著称。刑教:刑罚与教化。

②省:简,少。

③礼:特指三代的礼仪。礼本是社会生活中由于风俗习惯而形成的行为准则、道德规范和各种礼节,后逐渐演化为某些具有约束力的行为规范,在上古时期具有一定的法的作用。儒家认为上古圣王就是用这种"礼"来以引导、规范、约束,乃至惩戒人们。

④齐:整治,整理。

⑤伯夷降典,折民维刑:语见《尚书·吕刑》。意思是伯夷颁布典礼,用刑法来裁决百姓的行为。伯夷,远古传说中人物。舜时为秩宗,典三礼。相传为齐太公之先祖。降,颁布。典,典礼。折,

　　判断，裁决。

⑥下礼：下达礼法，即上文的"降典"。

⑦维：乃，是。别本或作"继"，取先之以礼，继之以刑之意，亦通。

⑧无耻：没有廉耻之心。

⑨正：匡正，修正。

⑩苟免：暂时免于刑罚。

【译文】

　　仲弓向孔子请教古今刑罚教化的区别。孔子说："古代刑罚较少，现在的刑罚繁多。为了达到教化百姓的目的，古代先用礼来引导，然后才用刑罚来惩处，所以刑罚少；现在不用礼来教化百姓，而是用刑罚来治理，所以刑罚繁多。《尚书》说：'伯夷颁布典礼，然后以刑法来裁断百姓的行为。'这就是说首先应该下达礼仪来教化百姓，然后才用刑法来裁决他们。不用礼来教化百姓就没有廉耻之心，如果只用刑罚来匡正他们的行为，那么百姓也只是暂时免于刑罚而已。"

　　4.2　孔子适卫，卫将军文子问曰①："吾闻鲁公父氏不能听狱②，信乎？"孔子答曰："不知其不能也。夫公父氏之听狱，有罪者惧，无罪者耻。"文子曰："有罪者惧，是听之察、刑之当也③。无罪者耻，何乎？"孔子曰："齐之以礼，则民耻矣；刑以止刑④，则民惧矣。"文子曰："今齐之以刑，刑犹弗胜，何礼之齐？"孔子曰："以礼齐民，譬之于御则辔也⑤；以刑齐民，譬之于御则鞭也。执辔于此而动于彼，御之良也；无辔而用策⑥，则马失道矣。"文子曰："以御言之，左手执辔，右手运策，不亦速乎？若徒辔无策，马何惧哉？"孔子曰："吾闻古之善御者，'执辔如组，两骖如舞'⑦，非策之助也。是以先王盛于礼而薄于刑，故民从命。今也废礼而尚刑,故民弥暴。"文子曰:"吴、越之俗,无礼而亦治,何也?"孔子曰:"夫吴、越之俗,男女无别,同川而浴,民相轻犯,故其刑重而不胜,由无礼也。中国之教^⑧,为外内以别男女,异器服以殊等类^⑨,故其民笃而法^⑩,其刑轻而胜,由有礼也。"

【注释】

①卫将军文子:名木,字弥牟,卫灵公之孙。

②公父氏:鲁国大夫,季孙氏旁支。此或指公父穆伯,名靖。听狱:
　　听理讼狱。

③察:明辨,详审。当:恰当,得当。

④刑以止刑:用刑罚来制止犯罪行为。

⑤御:驾车。辔:驾驭马的缰绳。

⑥策:驱赶骡马役畜的鞭棒,头上有尖刺。

⑦执辔如组,两骖如舞:诗见《诗经·郑风·大叔于田》。意思是手
　　执缰绳整齐如丝带,两匹骖马行进和谐如舞蹈。组,丝带。骖,驾
　　车时位于两侧的马。

⑧中国:指中原地区。

⑨殊:区分,区别。

⑩笃:诚笃。

【译文】

　　孔子到了卫国,卫将军文子向他请教道:"我听说鲁国的公父氏不会断案,这是真的吗?"孔子回答说:"我不知道他会不会断案。公父氏断案时,能使有罪的人感到害怕,无罪的人感到羞耻。"文子说:"使有罪的人感到害怕,这是因为他审案明察、刑罚得当。但是使无罪的人感到羞耻,这是为什么呢?"孔子说:"用礼来治理,那么百姓就有廉耻之心;

用刑罚来制止犯罪,那么百姓就会感到害怕。"文子说:"现在用刑罚来治理,尚且管不过来,用礼怎么能治理呢?"孔子说:"用礼来治理百姓,用驾车来比喻,就像是用缰绳来驾驭马一样;用刑罚来治理百姓,用驾车来比喻,就好像用马鞭来抽打马一样。我在这边手握缰绳而车马在那边随我心意行动,这才是驾车高手;不用缰绳而用马鞭,那么马就会迷路翻车。"文子说:"用驾车来做比喻,左手握着缰绳,右手拿着鞭子,不是可以跑得更快吗?如果只有缰绳而没有鞭子,马还有什么可害怕的呢?"孔子说:"我听说古代善于驾车的人,'手握缰绳整齐如丝带,两匹骖马奔跑起来好像在跳舞一样节奏和谐',这不是靠鞭子的辅助。所以先王重视礼而减少刑罚,百姓服从王命。现在废除礼而崇尚刑罚,所以百姓更加残暴。"文子说:"吴、越等地的民俗,没有礼也能治理,这是为什么呢?"孔子说:"吴、越的民俗,男女没有区别,在同一条河流中洗澡,百姓相互轻慢侵犯,所以他们的刑罚很重还管不过来,这就是因为他们不讲礼仪。中原的教化,区分内外使男女有别,区分器物服饰而使等级类别有差异,所以百姓诚笃而守法,刑罚很轻就能够治理好,这是因为有礼啊。"

4.3 孔子曰:"民之所以生者,衣食也。上不教民,民匮其生①,饥寒切于身而不为非者②,寡矣。故古之于盗,恶之而不杀也。今不先其教,而一杀之③,是以罚行而善不反④,刑张而罪不省⑤。夫赤子知慕其父母,由审故也⑥,况为政,兴其贤者,而废其不贤,以化民乎⑦?知审此二者,则上盗先息⑧。"

【注释】

①匮:穷尽,匮乏。

②切:靠近,贴近。

③一:一概,一律。

④反：同"返"，还归，回。

⑤张：扩大。省：减少，削减。

⑥审：知道，察知。

⑦化：教化，教育。

⑧上盗：大盗。息：停息。

【译文】

孔子说："百姓赖以生存的是衣服和食物。在上者如果不教化百姓，百姓生活资料匮乏，陷于饥寒交迫而不为非作歹，那是很少的。所以古代对于盗贼，虽然很厌恶但却不会杀了他们。现在不提前教化他们，而一律将他们处死，因此惩罚了罪行但却不能让善行回归，刑罚扩大了而犯罪行为却没有减少。初生的婴儿懂得思慕自己的父母，这是因为他知道谁是自己的父母的缘故，何况是治理国家呢？任用贤才，废除不贤之人，以此来教化百姓吧！如果清楚衣食对于百姓的重要性，那么大盗也就会停息。"

4.4　《书》曰："兹殷罚有伦①。"子张问曰："何谓也？"孔子曰："不失其理之谓也。今诸侯不同德，每君异法，折狱无伦，以意为限，是故知法之难也。"子张曰："古之知法者与今之知法者，异乎？"孔子曰："古之知法者能远狱，今之知法者不失有罪②。不失有罪，其于恕寡矣③；能远于狱，其于防深矣④。寡恕近乎滥⑤，防深治乎本。《书》曰：'维敬五刑，以成三德⑥。'言敬刑所以为德矣。"

【注释】

①兹殷罚有伦：语见《尚书·康诰》。意思是殷的刑罚有理可循。兹，这。殷罚，殷朝的刑罚。伦，理，道理，义理。

②失：遗漏，错漏。

③恕：宽宥，原谅。底本作"怨"，有本作"恕"，据下文"寡恕近乎滥"，则此作"恕"是。今据改。

④防：防止，戒备。

⑤滥：过度，没有节制。此指滥刑。

⑥维敬五刑，以成三德：语见《尚书·吕刑》。五刑，五种轻重不等的刑法。秦以前为墨、劓、刖、宫、大辟。三德，三种品德。《尚书·洪范》："三德，一曰正直，二曰刚克，三曰柔克。"

【译文】

《尚书》记载："殷人的刑罚有理可循。"子张问："这是什么意思呢？"孔子说："这是说它不失掉刑罚本身的道理。现在诸侯心意不同一，每个君主都有不同的法令，断案不依据义理，只凭自己的主观意志，所以要真正懂得法律是很难的。"子张问："古代懂法的人和现在懂法的人有什么不一样吗？"孔子说："古代懂法的人能够使人远离刑罚，现在懂法的人只能不遗漏犯罪之人。不遗漏犯罪之人，就难免缺乏宽宥；能使人远离刑罚，才能戒备深远。缺乏宽宥就近乎滥用刑罚，戒备深远才是法治的根本。《尚书》说：'只有慎用五刑，才能养成三大品德。'意思是慎用刑罚是为了成就德行。"

4.5　《书》曰："非从维从①。"孔子曰："君子之于人也，有不语也，无不听也②，况听讼乎？必尽其辞矣③。夫听讼者，或从其情④，或从其辞。辞不可从，必断以情。《书》曰：'人有小罪，非眚⑤，乃惟终⑥，自作不典⑦，式尔⑧；有厥罪小，乃不可不杀。乃有大罪，非终，乃惟眚灾⑨，适尔⑩，既道极厥辜⑪，时乃不可杀⑫。'"

【注释】

①非从维从：语见《尚书·吕刑》。这句话的意思是不顺从口供，只信从实情。

②有不语也，无不听也：意即自己可以不说话，但别人说的话一定要听。或说意谓别人不说话就罢了，只要说自己一定要听。

③辞：诉讼的言辞。

④情：实情。

⑤非眚：并非过失。指故意犯罪。眚，过失。

⑥乃惟终：指始终不悔改。终，始终。

⑦自作不典：故意做不法的事。不典，不法。

⑧式尔：施用刑罚。式，用，施行。

⑨眚灾：因过失而造成灾害。

⑩适尔：偶然。

⑪既道极厥辜：已经全部交代了他的罪行。极，穷尽，全部。辜，罪。

⑫时乃不可杀：这种情况下不可以杀他。时，通"是"，此，这。按，以上《书》曰云云见《尚书·康诰》。

【译文】

《尚书》记载："不顺从口供，只信从实情。"孔子说："君子与人交往，自己可以有话不说，但不可以不听别人说，何况是断案呢？一定要让双方讲完诉讼的言辞。断案的人，有的信从实情，有的顺从口供。但是口供并不能完全信从，一定要通过实情来断案。《尚书》说：'人犯了小罪，但却是故意的，而且始终不改，存心做不法之事，就要施用刑罚；他的罪虽小，却不可以不杀。有的犯了大罪，但不是始终不改，是因为过失犯罪，是偶然的，如果已经把罪行全部交代了，那么这个人就可以不杀。'"

4.6　曾子问听狱之术①。孔子曰："其大法有三焉：治必以宽②，宽之之术，归于察③；察之之术，归于义④。是故听而不宽,是乱也⑤;宽而不察,是慢也⑥;察而不中义,是私也⑦。私则民怨。故善听者,言不越辞,辞不越情,情不越义⑧。《书》曰:'上下比罚,无僭乱辞⑨。'"

【注释】

①术:策略,方法。

②宽:宽容,宽大。

③察:明辨,详审。

④义:这里指符合正义或道德规范。

⑤乱:败坏,扰乱。

⑥慢:轻忽,怠慢。

⑦私:偏私。

⑧"言不越辞"几句:意思是在听讼词时,要考察实情,当讼词与实情不符就不听;得知实情要从道义角度进行判断。越,超过,脱离。

⑨上下比罚,无僭乱辞:语见《尚书·吕刑》。意思是将案情与以往的案件相比较,不要听犯人及狱官的错误言辞。上下,这里指以往案件中的重罪和轻罪。比,比照。罚,《尚书》作"罪"。僭,不实。

【译文】

曾子问询审理诉讼的方法。孔子说:"大原则有三个:治理一定要宽容,宽容就必须要明辨详审;而要做到明辨详审,就必须要符合道义。因此审理诉讼不宽容,是败坏法纪;宽容而不明辨,是轻慢疏忽;明辨而不符合道义,是心存偏私。心存偏私老百姓就会怨恨。所以善于审理诉讼的人,在听讼词时,要考察实情,当讼词与实情不符就不听;得知实情要从道义角度进行断案。《尚书》说:'定罪的时候要将案情与以往更重或更轻的案件相比较,不要听信犯人及狱官的错误言辞。'"

4.7 《书》曰:"哀敬折狱①。"仲弓问曰:"何谓也?"孔子曰:"古之听讼者,察贫穷,哀孤独及鳏寡②,宥老弱不肖而无告者③,虽得其情,必哀矜之。死者不可生,断者不可属④。若老而刑之,谓之悖⑤;弱而刑之,谓之克⑥;不赦过,谓之逆⑦;率过以小罪⑧,谓之枳⑨。故宥过,赦小罪,老弱不受刑,先王之道也。《书》曰:'大辟疑,赦⑩。'又曰:'与其杀不辜,宁失不经⑪。'"

【注释】

①哀敬折狱:语见《尚书·吕刑》。哀,怜悯,同情。敬,谨慎,

②孤独及鳏寡:泛指没有劳动能力而又没有亲属供养的人。《孟子·梁惠王下》:"老而无妻曰鳏,老而无夫曰寡,老而无子曰独,幼而无父曰孤。此四者,天下之穷民而无告者。"

③宥:宽容,饶恕。不肖:无能。此指没有生活能力的人。无告:孤苦无处可诉。

④断:截断,断开。此指被肉刑毁伤的肢体。属:连接。

⑤悖:违背常理。

⑥克:刻薄寡恩。

⑦逆:违背道义。

⑧率:皆,尽。

⑨枳:通"疻",伤害。

⑩大辟疑,赦:语见《尚书·吕刑》。意思是即使是应判死刑的大罪,如果有疑问,也要赦免。大辟,五刑之一,死刑。

⑪与其杀不辜,宁失不经:语见《尚书·大禹谟》。不辜,无辜,无罪。不经,不合常法。此指不守常法的人。

【译文】

《尚书》说:"要以怜悯和严谨的态度断案。"仲弓问道:"这句话是

什么意思呢?"孔子说:"古代断案的人,能体察贫苦穷困,怜悯孤独无依及鳏寡的人,宽恕老弱无能而无处诉苦的人,即使问明他们犯罪的实情,也必定会怜悯同情他们。死去的人不能复生,砍断的肢体不可能重新接上。如果对老人施加刑罚,就称为违背人之常情;如果对孩子施加刑罚,就称为刻薄寡恩;不赦免小的过失,就称为违背道义;把过失都看作小的罪行,称为伤害民众。因此,宽恕过失,赦免小罪,不对年老和幼小之人施加刑罚,才是先王之道。《尚书》说:'判处死罪而案情有疑点,也要予以赦免。'又说:'与其错杀无罪之人,宁可错放不守常法之人。'"

4.8　《书》曰:"若保赤子①。"子张问曰:"听讼可以若此乎?"孔子曰:"可哉! 古之听讼者,恶其意②,不恶其人;求所以生之,不得其所以生,乃刑之,君必与众共焉③,爱民而重弃之也④。今之听讼者,不恶其意,而恶其人,求所以杀,是反古之道也。"

【注释】

①若保赤子:语见《尚书·康诰》。保,爱护。赤子,婴儿。

②意:意念,动机。

③君必与众共焉:指君主要与众公卿商议共同为犯人定罪。冢田虎曰:"古者听狱,虽狱成也,又命三公卿士,参听棘木之下,而后王以三宥之法听之。"

④重:不轻易。

【译文】

《尚书》说:"爱护百姓就像爱护婴儿一样。"子张问道:"断案也可以这样做吗?"孔子说:"当然可以了! 古代断案的人,厌恶的是犯罪的恶念,而不厌恶罪犯本人。寻求使他们活下来的理由,实在无法减轻罪行的才处罚他们,君主要与众公卿商议共同给犯人定罪,爱护百姓而不轻易舍弃他们。现在断案的人,不厌恶犯罪的恶念,而厌恶罪犯本人,总是想方设法杀死他们,这样做是违背先王之道的。"

4.9 孟氏之臣叛①,武伯问孔子曰①:"如之何?"答曰:"臣人而叛,天下所不容也,其将自反③,子姑待之④。"三旬,果自归孟氏。武伯将执之⑤,访于夫子。夫子曰:"无也。子之于臣,礼意不至,是以去子。今其自反,罪以反除⑤,又何执焉?子修礼以待之,则臣去子,将安往?"武伯乃止。

【注释】

①孟氏:鲁国大夫孟孙氏,也称仲孙氏。鲁桓公之子庆父的后代,与叔孙氏、季孙氏合称"三桓",实掌鲁国政权。

②武伯:孟武伯,名彘,字洩。《世本》作仲孙彘,《左传》一称孟孺子,谥武。时为鲁国正卿。

③其将自反:反,同"返",返回。将,底本作"状",其意不通,有本作"将",钱熙祚校《太平御览》亦作"将"。今据改。

④姑:姑且,暂且。

⑤执:拘捕,逮捕。

⑥除:清除,去除。

【译文】

孟武伯的家臣叛逃了,孟武伯问孔子:"这可怎么办呢?"孔子回答说:"身为人臣却叛逃,天下谁也不会收留他,他会自己回来的,你姑且等待就是了。"三十天后,家臣果然自己返回重新归附孟氏。孟武伯想要逮捕他,又去请教孔子。孔子说:"不要这样做。你对待家臣,礼貌和情意都做得不够,所以他才会离开你。现在他自己主动回来了,叛逃之罪也因此而抵消，为什么还要拘捕他呢？倘若你提高礼仪修养来对待他，那么他离开了你，还能去哪里呢？"孟武伯于是打消了处罚家臣的想法。

记问第五

5.1　夫子闲居，喟然而叹。子思再拜请曰①："意子孙不修②，将忝祖乎③？羡尧、舜之道，恨不及乎？"夫子曰："尔孺子④，安知吾志？"子思对曰："伋于进善⑤，亟闻夫子之教：其父析薪⑥，其子弗克负荷⑦，是谓不肖⑧。伋每思之，所以大恐而不解也⑨。"夫子忻然笑曰⑩："然乎？吾无忧矣。世不废业，其克昌乎！"

【注释】

①子思：孔伋，字子思，孔子之孙。再拜：拜了又拜，表示恭敬。古代的一种礼节。

②意：怀疑。修：善，贤，美好。

③忝（tiǎn）：辱。

④孺子：小孩子。

⑤进善：增进修善。善，底本作"瞻"，有本作"膳"，宋汪晫编《子思子·无忧》篇作"善"。据《子思子》改。

⑥析薪：劈柴。析，劈。薪，木柴。

⑦克：能。负荷：背负肩担。负，背。荷，扛。

⑧不肖：指子弟不成材。

⑨解：通"懈"，懈怠，放松。

⑩忻（xīn）：喜悦，高兴。

【译文】

孔子闲居在家,感慨叹息。子思拜了两拜,毕恭毕敬地问道:"祖父您是不是怀疑子孙不贤,将辱没祖宗呢? 还是因为您仰慕尧、舜之道却遗憾自己没能赶上呢?"孔子说:"你是小孩子,哪里能知道我的意志呢?"子思回答说:"我在不断修习善行时,屡次听到您的教诲:父亲砍柴,儿子却不能把柴背回家,这就是不肖之子。我一想到您这句话,就感到非常恐惧而不敢有丝毫的懈怠。"孔子高兴地笑了,说道:"果真是这样吗? 我就没有什么可担忧的了。后世子孙不废弃祖业,将来一定会兴旺昌盛的!"

5.2 子思问于夫子曰:"为人君者,莫不知任贤之逸也①,而不能用贤,何故?"子曰:"非不欲也,所以官人失能者②,由于不明也。其君以誉为赏,以毁为罚③,贤者不居焉④。"

【注释】

①逸:安逸,轻松。

②官人:任人以官职。失能:遗漏贤能。

③以誉为赏,以毁为罚:根据别人的称誉给予奖赏,根据别人的诋毁给予惩罚。所誉、所毁者是臣子,一说是君主,即称誉君主者受赏,批评君主者受罚。

④居:担任。

【译文】

子思向孔子问道:"那些做君主的人,没有人不知道任用贤能可以使自己轻松愉快,但是却不能重用贤能之人,这是什么原因呢?"孔子说:"并不是他们不想任用贤者,任官授职之所以遗漏贤能之人,是因为君主不够英明。那种君主根据人们的称誉给予奖赏,根据人们的非议诋毁给予惩罚,贤能的人是不会愿意担任官职的。"

5.3　子思问于夫子曰："亟闻夫子之诏^①,正俗化民之政,莫善于礼乐也。管子任法以治齐^②,而天下称仁焉,是法与礼乐异用而同功也,何必但礼乐哉^③?"子曰:"尧、舜之化,百世不辍^④,仁义之风远也。管仲任法,身死则法息,严而寡恩也^⑤。若管仲之智,足以定法,材非管仲,而专任法,终必乱成矣。"

【注释】

①亟(qì):屡次。诏:告诫。

②管子:管仲,名夷吾,字仲。春秋时齐国著名的政治家、思想家,助齐桓公成就霸业,桓公尊之为"仲父"。任:采用。

③但:只,仅。

④百世:世代。辍:停止,中断。

⑤寡恩:缺少恩惠。

【译文】

子思问孔子说:"我多次听到您的告诫,匡正社会风气、教化百姓的政令,没有比施行礼乐之教更好的了。但管仲采用法令治理齐国,天下百姓称他为仁者,这说明法律和礼乐方法不同但功效却相同,何必只用礼乐呢?"孔子说:"尧、舜的礼乐教化,经历百代也不中断,这是因为崇尚仁义的风气流传久远。而管仲用法治国,他死后法令也就废止了,这是因为刑法严苛而缺乏恩惠。像管仲那种的才智,才能够施行法治,才能不如管仲,而只用法令治国,最终必定会导致祸乱。"

5.4　子思问于夫子曰:"物有形类^①,事有真伪,必审之^②,奚由^③?"子曰:"由乎心。心之精神是谓圣^④,推数究理不以疑^⑤,周其所察^⑥,圣人难诸^⑦?"

【注释】

①形类：形状类别。

②审：详究，细察。

③奚由：用什么方法。奚，何，什么。由，用。

④精神：指意识、神志。圣：通达事理。《说文》："圣，通也。"

⑤推：推究，推理。数：事物的内在规律。究：探求。理：道理。疑：疑惑。

⑥周：周密，全面。

⑦圣人难诸：宋咸注："虽圣人犹难，矧其下者，可不慎乎？"

【译文】

子思向孔子请教说："事物有不同的种类，事情有真有假，一定都要仔细考察，用什么方法呢？"孔子说："用心。内心的精神可以通达事理，推究探求事物的规律和道理而不疑惑，对事物进行全面周密的考察，圣人不也觉得很困难吗？"

5.5　赵简子使聘夫子①，夫子将至焉，及河，闻鸣犊与窦犨之见杀也②，回舆而旋③，之卫，息鄹④。遂为操曰⑤："周道衰微，礼乐陵迟⑥。文、武既坠，吾将焉师⑦？周游天下，靡邦可依⑧。凤鸟不识⑨，珍宝枭鸱⑩。眷然顾之⑪，惨焉心悲。巾车命驾⑫，将适唐都⑬。黄河洋洋⑭，攸攸之鱼⑮。临津不济，还辕息鹙。伤予道穷，哀彼无辜。翱翔于卫⑯，复我旧庐。从吾所好，其乐只且⑰。"

【注释】

①赵简子：赵氏，名鞅，后改名志父，谥号简。又称赵简主。春秋末晋国正卿。

②鸣犊与窦犨：二人皆为晋国贤大夫。《史记·孔子世家》作"窦鸣犊、舜华"。又说："孔子曰：'窦鸣犊、舜华，晋国之贤大夫也。赵简子未得志之时，须此两人而后从政；及其已得志，杀之乃从政。'"《史记索隐》曰："《家语》云'闻赵简子杀窦犨鸣犊及舜华'，《国语》云'鸣铎窦犨'，则窦犨字鸣犊，声转字异，或作'鸣铎'。"说法与此不同。

③舆：车。旋：回转。

④息：停止。鄹（zōu）：地名，卫地之鄹未详，鲁国有鄹，在今山东曲阜东南。

⑤遂为操：《史记·孔子世家》作《鄹操》，《琴操》作《将归操》。操，琴曲。朱熹《楚辞后语》引晁氏曰："夫孔子于三百篇，皆弦歌之，'操'亦弦歌之辞也。"

⑥陵迟：渐趋衰败。

⑦师：效法。

⑧靡（mǐ）：没有。

⑨凤鸟：凤凰，喻指贤人。

⑩枭鸱（xiāo chī）：即猫头鹰。旧时以为恶鸟，因亦喻为恶人。枭，相传长大后食母的恶鸟。《诗经·大雅·瞻卬》"懿厥哲妇，为枭为鸱"，郑玄笺："枭鸱，恶声之鸟。"

⑪眷然：回视貌。

⑫巾车：以帷幕装饰车子，指整车出行。命驾：命人驾车马。此处指立即动身。

⑬唐都：唐尧所都之地。此指晋国。尧，号陶唐氏。宋咸注："晋乃唐尧所都之域。"

⑭洋洋：盛大的样子。

⑮攸攸：安闲从容，自得其乐的样子。

⑯翱翔：徘徊不进，停滞不前。

⑰只且（jū）：语气词。表感叹。

【译文】

赵简子派遣使者聘请孔子，孔子即将进入晋国，到了黄河边，听说鸣犊与窦犨被赵简子杀害了，于是调转车头往回走，来到卫国，在鄹邑停了下来。孔子作了一首琴曲，歌中唱道："周道已衰，礼乐崩坏。文武之道不存，我还能效法谁呢？奔走于列国之间，没有邦国可以依靠。不能识别凤鸟，把猫头鹰当作珍宝。回视先王之道，内心倍感悲伤。我驾车启程，赶赴唐尧之都。黄河之水浩浩荡荡，水中的鱼儿悠然自得。我到了渡口却无法渡河，只能驾车返回在鄹邑停留。可惜我的主张不能推行，哀怜那两个无辜被杀的人。在卫国停留徘徊，还是回到我的老家去吧。做我自己喜欢的事，内心才会感到欢乐。"

5.6　哀公使以币如卫迎夫子①，而卒不能当②，故夫子作《丘陵之歌》曰："登彼丘陵，峛崺其阪③。仁道在迩，求之若远。遂迷不复，自婴屯蹇④。喟然回虑⑤，题彼泰山⑥。郁确其高⑦，梁甫回连⑧。枳棘充路⑨，陟之无缘⑩。将伐无柯⑪，患兹蔓延。惟以永叹，涕霣潺湲⑫。"

【注释】

①哀公：鲁哀公，姬姓，名将。春秋时期鲁国国君，前494—前468年在位。币：泛指车马皮帛玉器等礼物。如：往。

②卒：最终。当：指任用。底本作"赏"，别本作"当"，据改。

③峛崺（lǐ yǐ）：逦迤。连绵不断的样子。阪（bǎn）：山坡。

④婴：遭受。屯蹇（zhūn jiǎn）：《周易》中《屯》卦和《蹇》卦的并称。意谓艰难困苦，不顺利。屯，困顿，艰难。蹇，困厄不顺。

⑤喟然：形容叹气的样子。回虑：反复思量。回，循环，曲折。

⑥题：顾，回首。泰山：代指鲁国。

⑦郁确：高大茂盛。

⑧梁甫：又名"梁父"，泰山下面的小山。回连：曲折连绵。

⑨枳（zhǐ）棘：荆棘。喻恶人或艰难险恶的环境。

⑩陟（zhì）：登高。

⑪柯：斧子的柄。此指斧子。

⑫涕：泪水。贾（yǔn）：落下。潺湲（chán yuán）水缓慢流动的样子。此处指流泪状。

【译文】

鲁哀公派遣使者带着玉帛等礼物到卫国迎接孔子回鲁国，但最终还是没有重用他，因此孔子作了一首《丘陵之歌》，歌中唱道："登上丘陵放眼看，山坡崎岖不间断。仁义之道在眼前，求之仿佛在天边。王侯迷途不知返，我自困顿遭艰难。反复思量长叹息，回首家邦望泰山。巍巍泰山高且大，梁甫山低又蜿蜒。荆棘离离满山路，欲攀高峰苦无缘。誓将伐除无利斧，忧深如草蔓无边。感此唯有长叹息，伤心不已泪涟涟。"

5.7　楚王使使奉金帛聘夫子①。宰予、冉有曰②："夫子之道，于是行矣。"遂请见，问夫子曰："太公勤身苦志③，八十而遇文王，孰与许由之贤④？"夫子曰："许由，独善其身者也；太公，兼利天下者也。然今世无文王之君也，虽有太公，孰能识之？"乃歌曰："大道隐兮礼为基⑤，贤人窜兮将待时⑥，天下如一欲何之⑦？"

【注释】

①楚王：据《史记·孔子世家》，聘请孔子的是楚昭王。芈姓，熊氏，名珍，一作"轸"。前515—前489年在位。

②宰予：字子我，又称宰我。春秋时鲁国人。孔子学生。有口才，能
　言善辩。冉有：冉氏名求，字子有。春秋时鲁国人。孔子学生。
　以富有政治才能著称，曾为季孙氏的家臣。

③太公：姜姓，吕氏，名尚，一名望，字子牙，尊称太公望。勤心：谓
　用心苦思。苦志：苦其心志。谓磨炼自己的意志。志，底本作
　"至"，诸本多作"志"，意长，据改。

④许由：尧、舜时代的贤人。尧以其贤能，决定把天下让给他，而许
　由遁去，隐居岐山。

⑤隐：精深微妙。

⑥窜：躲藏。

⑦天下如一欲何之：意谓天下到处都一样，我又能到哪里去呢？一，
　一致，相同。冢田虎曰："滔滔者天下皆是也，则无所往之也。"

【译文】

　　楚昭王派遣使者带着礼物来聘请孔子。宰予和冉有说道："老师的
学说和主张可以得到推行了。"于是一起去求见孔子，问道："姜太公用
尽心思磨炼意志，在八十岁时终于遇见周文王，他和许由相比谁更有贤
德呢？"孔子说："许由是独善其身的人，姜太公是兼利天下的人。但是
当今之世已经没有周文王那样贤明的君主了，即使有姜太公那样的人，
谁又能赏识他呢？"于是孔子唱道："精微深奥的先王之道啊以礼作为根
基，贤人退隐啊是为了等待时机，天下到处礼崩乐坏，我又能到哪里去
呢？"

　　5.8　叔孙氏之车子曰钼商①，樵于野而获兽焉②，众莫
之识，以为不祥，弃之五父之衢③。冉有告夫子曰："麇身而
肉角④，岂天之妖乎？"夫子曰："今何在？吾将观焉。"遂往。
谓其御高柴曰⑤："若求之言，其必麟乎！"到视之，果信。言

偃问曰[⑥]："飞者宗凤[⑦]，走者宗麟，为其难至也。敢问今见，其谁应之？"子曰："天子布德，将致太平，则麟、凤、龟、龙先为之祥[⑧]；今周宗将灭[⑨]，天下无主，孰为来哉？"遂泣曰："予之于人，犹麟之于兽也。麟出而死，吾道穷矣。"乃歌曰："唐、虞世兮麟凤游，今非其时来何求？麟兮麟兮我心忧。"

【注释】

①叔孙氏：鲁国大夫。车子：驾车的人。钼（chú）商：车子之名。

②樵：打柴，砍柴。野：郊外。获：捕获。古时生死皆曰"获"，此为死获。

③五父之衢（qú）：古道路名，即五父衢，在今山东曲阜东南。衢，大路。

④麇（jūn）：獐子。

⑤高柴：字子羔。春秋时卫国人。孔子学生。善政事。

⑥言偃：字子游。春秋时吴国人。孔子学生。擅文章博学。

⑦宗：尊崇。

⑧麟、凤、龟、龙：古代把这四种动物称为瑞兽，看作祥瑞的象征并称四灵。《礼记·礼运》："何谓四灵？麟、凤、龟、龙谓之四灵。"孔颖达疏："以此四兽皆有神灵，异于他物，故谓之灵。"

⑨周宗：周王室。

【译文】

叔孙氏的驾车人名叫钼商，他在郊外砍柴时捕获了一头野兽，大家都不认识，以为它是不祥之物，便把它丢弃在五父衢。冉有告诉孔子说："它长着獐子的身体和肉角，难道是上天降下的妖孽吗？"孔子说："它现在在哪里，我要去看看。"便起身前往。孔子在路上对驾车的弟子高柴说："如果真像冉有说的那样，那它一定是麒麟！"赶到一看，果然是麒麟。言偃问道:"天上飞禽以凤凰为尊,地上走兽以麒麟为尊,是因为它们都很难出现。请问先生,今天麒麟出现了,那么谁会应验这个祥瑞呢?"孔子说:"如果天子广施德政,太平盛世就会到来,那么麒麟、凤凰、龟、龙等灵兽就会降临人间预示祥瑞;现在周王室即将灭亡,天下没有共主,这麒麟还能为谁而来呢?"于是流着眼泪说道:"我对于众人来说,就好像麒麟之于野兽。现在麒麟出现却遭杀害,说明我的学说和主张也到了穷途末路了啊。"于是唱道:"在那唐尧、虞舜之世啊,麒麟四处游走凤凰随意翱翔,现在不是合适的时代,你出来做什么呢? 麒麟啊麒麟,我的内心好忧伤。"

杂训第六

6.1　子上杂所习①,请于子思。子思曰:"先人有训焉②:学必由圣③,所以致其材也④;厉必由砥⑤,所以致其刃也⑥。故夫子之教,必始于《诗》《书》,而终于礼乐,杂说不与焉⑦,又何请⑧?"

【注释】

①子上:子思之子孔白,字子上。杂:指诸子百家之说,非儒家学说。即下文"杂说"。

②先人:即孔子。训:教导,教诲。

③由圣:从圣贤之学入手。由,从,自。圣,圣贤之学,此指儒学。

④所以:用以,用来。致其材:成材,有成就。致,到,达到。

⑤厉:磨砺,使锋利。砥(dǐ):质地很细的磨刀石。

⑥刃:刀锋,刀口。

⑦不与:不包括在内。

⑧何请：即"请何"，宾语前置。

【译文】

子上学习诸子学说，向子思请教。子思说："先人曾经有教导：学习必须从圣贤之学入手，才能成材；刀必须经过磨刀石的打磨，才能有锋利的刀刃。所以夫子的教导，必定从《诗》《书》开始，最后再学习礼乐，诸子百家之说不包括在内，你又有什么可以向我请教的呢？"

6.2 子思谓子上曰："白乎！吾尝深有思而莫之得也，于学则寤焉①；吾尝企有望而莫之见也②，登高则睹焉。是故虽有本性而加之以学③，则无惑矣。"

【注释】

①寤：理解，明白。

②企：踮起脚看。

③虽：即便。本性：天资。此指天生的好资质。

【译文】

子思对子上说："白啊！我曾经冥思苦想可并没有什么收获，但通过学习我就恍然大悟了；我曾经踮起脚来遥望远方却什么也看不到，可是一登上高处就都看见了。所以即便天资聪颖如果再加上勤奋学习，就不会有什么困惑了。"

6.3 悬子问子思曰①："吾闻同声者相求，同志者相好②。子之先君见子产时③，则兄事之。而世谓子产仁爱，称夫子圣人，是谓圣道事仁爱乎？吾未谕其人之孰先后也④，故质于子⑤。"子思曰："然，子之问也。昔季孙问子游⑥，亦若子之言也。子游答曰：'以子产之仁爱譬夫子，其犹浸水之与膏雨乎⑦！'康子曰：'子产死，郑人丈夫舍玦佩⑧，妇女舍珠瑱⑨，巷哭三月⑩，竽瑟不作⑪。夫子之死也，吾未闻鲁人之若是也，奚故哉？'子游曰：'夫浸水之所及也则生，其所不及则死，故民皆知焉。膏雨之所生也，广莫大焉，民之受赐也普矣，莫识其由来者。上德不德，是以无德⑫。'季孙曰：'善。'"悬子曰："其然。"

【注释】

①悬子：名锁，鲁国贤者。

②吾闻同声者相求，同志者相好：求，设法得到，聚合。按，底本无"求同志者相"五字，据《太平御览》补。

③先君：指孔子。子产：公孙侨，字子产，一字子美。春秋时期郑国大夫。执掌郑国国政，为人仁爱，事君忠厚，善外交。

④谕：理解，明白。先后：高下，优劣。

⑤质：询问。

⑥季孙：此指季康子。季桓子之子季孙肥，哀公时鲁国正卿，谥"康"。子游：言偃，字子游，吴国人，孔子弟子。

⑦浸水：灌溉之水。膏雨：滋润作物的霖雨。

⑧丈夫：指男子。舍：放在一边，丢开。《说文》："舍，释也。"玦（jué）佩：半环形有缺口的佩玉。

⑨珠瑱（zhèn）：缀珠的耳饰。

⑩巷哭：在里巷中聚哭。

⑪竽（yú）：古代管乐器名，似笙而略大。瑟：拨弦乐器。似琴，二十五弦。作：演奏。按，以上皆是说明子产死后人们非常痛心，真诚地哀悼他。

⑫上德不德，是以无德：谓上德不言而化，无为而成，不自以为德，

而民众也不觉得受到恩惠而认为他有德。傅亚庶曰："此乃化用《老子》三十八章'上德不德，是以有德；下德不失德，是以无德'语句。汉人引述《老子》文句，已多失其本旨，当随事而用。"姜兆锡曰："此言大德，不同于小补也。"

【译文】

悬子问子思："我听说性情一样的人会相互吸引，志趣相同的人亲密无间。您的先祖孔子见到子产时，把他当作自己的兄长一样敬爱有加。但世人都说子产是仁爱之人，而称孔子为圣人，这是说圣道之人要尊事仁爱之人吗？我不明白他们两人的高下，所以来问问您。"子思回答说："是啊，你所问的的确是个问题。以前季孙氏也向子游问过同样的问题。子游回答说：'以子产的仁爱来与孔子的圣道相比，就如同灌溉之水与润物甘霖的区别啊！'季康子说：'子产去世的时候，郑国的男人不佩玉，妇女不戴珠，都在里巷中痛哭三个月，停歌止乐以悼念子产。孔子去世的时候，我没有听说鲁国人这样做，这是为什么呢？'子游说：'灌溉的水能到达的地方庄稼就能生长，到达不了的地方庄稼就会枯死，所以人们都知道它的好处。但是受到甘霖滋润而生长旺盛的作物又多又广，人们普遍都得到了恩惠，却难以知晓它的来源。上德是潜移默化之德，施德者不认为自己有德，所以百姓也浑然不知，就好像无德一样。'季孙氏说：'说得好。'"悬子说："的确如此。"

6.4　孟子车尚幼[①]，请见子思。子思见之，甚悦其志，命子上侍坐焉[②]，礼敬子车甚崇，子上不愿也。客退，子上请曰："白闻士无介不见[③]，女无媒不嫁。孟孺子无介而见[④]，大人悦而敬之，白也未谕，敢问。"子思曰："然。吾昔从夫子于郯[⑤]，遇程子于途，倾盖而语终日[⑥]，而别，命子路将束帛赠焉[⑦]，以其道同于君子也。今孟子车，孺子也[⑧]，言称尧、

舜,性乐仁义,世所希有也,事之犹可,况加敬乎！ 非尔所及
也。"

【注释】

①孟子车:即孟子。名轲,字子车,一说字子舆。

②侍坐:在尊长近旁陪坐。侍,陪伴。

③介:传宾主之言的人。古时主有傧相迎宾,宾有随从通传叫介。
　引申为引见人、介绍人。

④孺子:犹小子、竖子,含藐视轻蔑意。

⑤郯(tán):古国名。相传为少昊的后裔之国,战国初为越国所灭。
　故地在今山东郯城北。

⑥倾盖而语:形容一见如故。倾盖,途中相遇,停车交谈,双方车盖
　靠在一起。盖,古代马车上的伞盖。

⑦束帛:捆为一束的五匹帛。古代用为聘问、馈赠的礼物。

⑧孺子:此指年龄小,与上文子上所谓"孺子"意思不同。

【译文】

　　孟子车年幼之时求见子思。子思见到他之后,特别欣赏他的志向,
就让子上在近旁陪坐,子思对孟子车礼敬有加,子上却很不情愿。孟子
车离开后,子上问道:"我听说士人之间如果没有介绍人就不能直接见
面,女子如果没有媒人就不能出嫁。孟子车这个小孩没有通过介绍人就
径自来见您,您却这么高兴又对他礼敬有加,我对此很不理解,请问这是
为什么呢?"子思说:"是这样的。以前我跟随先祖孔子到郯国去,在途中
遇到了程子,孔子停车与他交谈了一整天才告别,还让子路把一束帛赠送
给程子,这是因为孔子把程子看成与自己志同道合的君子。如今的孟子
车,虽然年纪轻轻,但言必赞美尧、舜,喜爱仁义,这样的人世间少有,跟
随他学习都可以,更何况是对他敬重有礼呢! 这不是你能达到的。"

6.5　子思在鲁,使以书如卫问子上①。子上北面再拜②,受书伏读③,然后与使者宴。遂为复书④,反中庭⑤,北面再拜,以受⑥。使者既受书,然后退。使者还鲁,问子思曰:"吾子堂上南面立⑦,授臣书,事毕送臣。子上中庭拜,授臣书而不送,何也?"子思曰:"拜而不送,敬也;使而送之,宾也⑧。"

【注释】

①如:前往。

②再拜:古代一种隆重的礼节,先后拜两次,表示郑重的意思。冢田虎曰:"北面再拜,如面见父礼也。"

③伏读:恭敬地阅读。

④遂:于是,就。复书:答复来信。

⑤中庭:古代庙堂前阶下正中部分,为行礼时臣下站立之处。

⑥以受:交给使者。受,同"授"。

⑦吾子:古时对人的尊称,犹言"先生"。

⑧"拜而不送"几句:意谓子上对使者拜而不送,是表示对父亲所派使者的尊敬;子思送别使者,是子思将使者作为宾客,自己是主人,主人要送宾客表示敬重。宾,用宾客的礼节相待。《礼记·乡饮酒义》:"宾出,主人拜送。"宋咸注:"言宾,则送之。今书于父所,非敢以宾礼送。"

【译文】

子思在鲁国,派遣使者带着信件去卫国问候子上。子上面向北方拜了两拜,再接过信来恭敬地阅读,然后宴请使者。写好回信后,子上回到中庭面向北方拜了两拜,再把回信交给使者。等到使者接受了信件,子上就退回室内。使者返回鲁国后,向子思问道:"当初您站在堂上面朝南方把信交给我,然后又送我出发。子上在中庭行完拜礼把回信交给我后,却没有送别我,这是为什么呢?"子思说:"行完拜礼后不送别,这是臣子对君父的礼敬。而我派你送信之时临行相送,这是以宾客之礼相待。"

6.6　鲁人有同姓死而弗吊者①。人曰:"在礼,当免不免②,当吊不吊,有司罚之,如之何子之无吊也?"答曰:"吾以其疏远也。"子思闻之,曰:"无恩之甚也。昔者季孙问于夫子曰:'百世之宗有绝道乎?'子曰:'继之以姓,义无绝也③。故同姓为宗,合族为属。虽国子之尊④,不废其亲,所以崇爱也⑤。是以缀之以食,序列昭穆⑥,万世婚姻不通,忠笃之道然也。'"

【注释】

①吊:吊唁。

②免(wèn):免服。古代丧礼中的袒免之服,即去冠束发之礼,适用于五服之外。

③继之以姓,义无绝也:《礼记·大传》:"别子为祖,继别为宗。……有百世不迁之宗,有五世则迁之宗。百世不迁者,别子之后也。宗其继别子之所自出者,百世不迁者也。"

④国子:国君、卿大夫之子。

⑤崇爱:尊崇爱亲之情。

⑥缀之以食,序列昭穆:《礼记·大传》:"旁治昆弟,合族以食,序以昭缪。"孔颖达正义:"合族以食者,言旁治昆弟之时,合会族人以食之礼,又次序族人以昭穆之事。"缀,系结,连接。昭穆,古代宗法制度,宗庙或宗庙中神主的排列次序,始祖居中,以下递为昭穆,左为昭(父),右为穆(子)。子孙祭祀时也按这种规定排列

行礼。

【译文】

　　鲁国有个人，与他同姓的人死了，他却不去吊唁。有人说："按照礼的规定，应当免服的却没有免服，应当吊唁的却不去吊唁，官府是要治罪的，你为什么不去吊唁呢？"他回答说："我觉得他和我的亲属关系太远了。"子思听到后说："这太没有恩情了。从前季孙氏问孔子：'同姓的宗族过了百代之后，亲族的恩情是不是就不再存在了呢？'孔子回答道：'继承相同的姓氏，恩义不应该断绝。所以同姓的人属于同一宗族，同一宗族的人就是亲属关系。即使贵为国子，也不能舍弃亲族，这是为了尊崇亲族之爱。所以同姓之人用食礼来联络亲情，按辈分次序祭祀同一祖宗，世世代代永不通婚，这才是忠厚笃实之道啊。'"

　　6.7　鲁穆公访于子思曰①："寡人不得②，嗣先君之业三年矣，未知所以为令名者③。且欲掩先君之恶，以扬先君之善，使谈者有述焉④，为之若何？愿先生教之也。"子思答曰："以伋所闻，舜、禹之于其父，非勿欲也，以为私情之细，不如公义之大，故弗敢私之为耳⑤。责以虚饰之教⑥，又非伋所得言。"公曰："思之可以利民者。"子思曰："顾有惠百姓之心，则莫如一切除非法之事也。毁不居之室⑦，以赐穷民⑧；夺嬖宠之禄⑨，以振困匮⑩。无令人有悲怨，而后世有闻见，抑亦可。"公曰："诺。"

【注释】

　　①鲁穆公：名显，鲁元公之子，战国初鲁国国君。前407—前375年在位。他注重礼贤下士，曾隆礼子思，咨以国事。其统治时期，鲁国一度出现安定局面。访：咨询。

②不得：缺乏德行。得，通"德"。

③令名：美好的名声。

④述：遵循。

⑤"舜、禹之于其父"几句：舜之父为瞽叟，史称其愚顽不分善恶。禹之父鲧，史称其违背教命，毁坏善类，治水九年而不成。舜、禹出于公义而不因父子私情弄虚作假夸赞他们。私情，私人的情感。公义，公正的义理。

⑥责：责令，要求。虚饰：弄虚作假。

⑦不居：无人居住。

⑧穷民：指鳏、寡、孤、独等无依无靠的人，泛指贫苦百姓。

⑨嬖（bì）宠：指受君主宠爱的人。

⑩振：救济，赈济。困匮：贫乏，贫困。

【译文】

　　鲁穆公向子思询问道："我没有什么德行，继承先君的基业已经三年了，还不知道怎样做才能获得好名声。而且我还希望掩盖先君的过失，彰显先君的美德，让人们在谈论的时候有所遵循，我该怎么做呢？请先生教导我。"子思回答说："据我所听闻的，舜、禹对于他们的父亲，并非没有父子私情，但认为这种私情是细微而渺小的，比不上公正的大义重要，因此他们不敢以公徇私。您要求我教给您弄虚作假的方法，我就实在无可奉告了。"鲁穆公说："我想这样能给百姓带来利益。"子思说："如果您有施惠百姓的真心实意，还不如完全摒弃违法的行为。拆掉无人居住的宫室，把土地赐给贫苦的人民；削夺您宠幸之臣的俸禄，赈济那些困顿的百姓。不要让现在的人悲伤怨恨，那么后世的人们都能了解到您的恩惠，也许这样做就可以了。"鲁穆公说："好。"

　　6.8　悬子问子思曰："颜回问为邦①，夫子曰：'行夏之时②。'若是，殷、周异正为非乎③？"子思曰："夏数得天④，尧、舜之所同也。殷、周之王，征伐革命，以应乎天，因改正朔，若云天时之改尔，故不相因也⑤。夫受禅于人者，则袭其统⑥；受命于天者，则革之，所以神其事，如天道之变然也⑦。三统之义⑧，夏得其正，是以夫子云。"

【注释】

①为邦：治理国家的方法。

②夏之时：夏代的历法，即"夏时"。以建寅之月（一月）为岁首，此月北斗星斗柄指向十二辰中的寅，相当于春一月。

③殷、周异正：指殷、周历法与夏历不同。殷以建丑之月（十二月）为岁首，此月北斗星斗柄指向十二辰中的丑，相当于冬十二月。周以建子之月（十一月）为岁首，此月北斗星斗柄指向十二辰中的子，相当于冬十一月。

④夏数得天：宋咸注："夏以寅为正，得天数之全。"夏数，夏历。得天，指与天时相合。

⑤"殷、周之王"几句：指殷灭夏、周灭殷是顺应天命的革命，就像天时改变一样，所以改变正朔，不因袭前代。以应乎天，以应天命。天，指天命。正（zhēng）朔，即历法。正是每年的首月，朔是每月的首日。因，因袭，延续。《白虎通义·三正》："王者受命必改朔何？明易姓，示不相袭也。明受之于天，不受之于人，所以变易民心，革其耳目，以助化也。"

⑥受禅于人者，则袭其统：宋咸注："夏因人心之归，以受舜禅，故亦因其朔，不改。"

⑦"受命于天者"几句：冢田虎曰："殷、周则受命于天，而革其统，是其革命之事，非人之所为，实如天道之变，故所以神之也。"

⑧三统：指夏、商、周三代的正朔。夏正建寅为人统，商正建丑为地统，周正建子为天统，亦谓之"三正"。

【译文】

悬子问子思:"颜回问治国的方法,孔子说:'用夏朝的历法。'如果这样的话,殷、周两代与夏朝不同都是错误的吗?"子思说:"夏历与天时相合,是得自于上天,与尧、舜时的历法相同。殷、周两代的君王,顺应天命而进行征伐,因此要颁布新的历法,就像是说天道已经改变,所以就不沿袭前朝的历法。通过禅让而得到王位的,要继承前代的历法;受命于天建立新朝的,要变革前朝的历法,使得受命之事更显神圣,如同天道的改变一样。夏、商、周三代的正朔,只有夏朝得天道之正,所以夫子才这样说。"

6.9　穆公问于子思曰:"立太子有常乎①?"答曰:"有之,在周公之典②。"公曰:"昔文王舍適而立其次,微子舍孙而立其弟③,是何法也?"子思曰:"殷人质而尊其尊④,故立弟;周人文而亲其亲⑤,故立子,亦各其礼也。文质不同,其礼则异。文王舍適立次,权也⑥。"公曰:"苟得行权,岂唯圣人?唯贤与爱立也。"子思曰:"圣人不以权教,故立制垂法⑦,顺之为贵。若必欲犯,何有于异?"公曰:"舍贤立圣,舍愚立贤,何如?"子思曰:"唯圣立圣,其文王乎!不及文王者,则各贤其所爱,不殊于適⑧,何以限之?必不能审贤愚之分⑨,请父兄群臣卜于祖庙,亦权之可也。"

【注释】

①常:常法,常规。

②典:制度,法规。

③昔文王舍適(dí)而立其次,微子舍孙而立其弟:文王舍长子伯邑考而立次子武王,微子启舍其长孙腯(tú)而立其弟衍。適,同

"嫡",正妻所生的儿子。微子,子姓,名启。殷纣王的庶兄,封于微(今山东梁山西北)。

④质:质朴。尊其尊:敬重尊长。第一个"尊"是动词,尊敬。第二个"尊"是名词,指尊长,年长者。

⑤文:与"质"相对,文雅。亲其亲:亲爱嫡亲。第一个"亲"是动词,爱,亲近。第二个"亲"是名词,指嫡亲。

⑥权:权变,变通。

⑦垂法:垂示法则。

⑧殊:分开,区别。

⑨审:察知,明白。

【译文】

鲁穆公向子思问道:"立太子的事有常规吗?"子思回答说:"有,就在周公所制定的制度中。"鲁穆公又问:"从前周文王舍弃嫡长子而立次子为太子,微子启不立长孙而立自己的弟弟为太子,这是遵循什么礼法呢?"子思说:"殷人质朴,敬重尊长,因此立其弟为太子;周人文雅,亲爱嫡亲,所以立自己的儿子为太子,这也是各自的礼法。文雅和质朴有所不同,他们的礼法也就有所区别。周文王舍弃嫡长子而立次子,这是因为武王贤能加以变通的结果。"鲁穆公说:"如果可以变通,难道只是圣人才能这么做吗? 只要是贤能的人或者自己喜爱的人就可以立为太子了。"子思说:"圣人教化百姓不以临时变通作为常规,因此建立制度、垂示法则,而后世能够遵从这些制度才是难能可贵的。如果非要破坏这些法制,那和临时变通有什么区别呢?"鲁穆公问:"舍弃贤人而立圣人,舍弃愚笨之子而立贤能之子,怎么样呢?"子思说:"圣人立圣人为太子,只有文王才能做得到! 那些不如文王的人,只会把自己所宠爱的人视为贤能,如果不把嫡长子和他人相区别,还怎么能限制他们呢? 如果确实难以察知贤愚的区别,那就请父兄群臣到祖庙去占卜,这也算是一种可行的变通办法吧。"

6.10　孟轲问牧民何先^①,子思曰:"先利之。"曰:"君子之所以教民,亦仁义,固所以利之乎?"子思曰:"上不仁则下不得其所,上不义则下乐为乱也,此为不利大矣。故《易》曰:'利者,义之和也^②。'又曰:'利用安身,以崇德也^③。'此皆利之大者也。"

【注释】

①牧民:治民。牧,治理,统治。

②利者,义之和也:语出《周易·乾·文言》。和,和谐,各得其宜。

③利用安身,以崇德也:语出《周易·系辞下》。孔颖达正义:"言欲利益所用,先须自安其身。身既得安,然后举动,德乃尊崇。"

【译文】

孟轲问治理百姓首先要做什么,子思说:"首先要让他们得到利益。"孟轲又问:"君子教化百姓,亦不过是仁义,难道是通过让他们得到利益吗?"子思说:"当政的人如果没有仁爱之心,下面的百姓就无法安生;当政的人如果不讲正义,下面的百姓就会乐于违法乱纪,这个害处就太大了。所以《周易》上说:'利益,是义的和谐状态。'又说'利益使百姓安身立命,这样才能让德行崇高。'这强调的都是利益的重要性。"

居卫第七

7.1　子思居卫,言苟变于卫君曰^①:"其材可将五百乘^②,君任军旅,率得此人^③,则无敌于天下矣。"卫君曰:"吾知其材可将,然变也尝为吏,赋于民^④,而食人二鸡子^⑤,以故勿用也。"子思曰:"夫圣人之官人^⑥,犹大匠之用木也,取其所长,弃其所短。故杞、梓连抱^⑦,而有数尺之朽,良工不弃,何也? 知其所妨者细也,卒成不訾之器⑧。今君处战国之世,选爪牙之士⑨,而以二卵焉弃干城之将⑩,此不可使闻于邻国者也。"卫君再拜曰:"谨受教矣。"

【注释】

①苟变:卫人。卫君:宋咸注:"盖卫昭公。"未详所据。何孟春《余冬录》论其事云:"子思居于卫,有齐寇,或曰:'盍去诸?'子思曰:'如伋去,君谁与守?'必子思少壮从仕时事。子思言苟变于卫果在是,必在悼、敬、昭公时。"

②将:统带,指挥。乘:古代称兵车,四马一车为一乘。

③率:同"帅",军队中的主将,统帅。

④赋:征税。

⑤鸡子:鸡蛋。

⑥官人:授人官职。

⑦杞(qǐ)、梓(zǐ):杞树和梓树,皆为良材。连抱:连臂合抱。多形容树木之粗大。

⑧不訾(zī):不可计量,引申为十分贵重。訾,衡量,计量。

⑨爪牙之士:指勇敢的卫士或得力的助手,比喻辅佐的人。

⑩干(gān)城:比喻捍卫或捍卫者。干,盾牌。城,城墙。

【译文】

子思住在卫国,与卫国国君谈论起苟变说:"苟变的才干可以率领五百乘兵车的军队,您选用将领,如果让这个人来做统帅,那么您就天下无敌了。"卫君说:"我知道他的才能可以为将,但是苟变从前做过小官吏,征税时吃了百姓两个鸡蛋,因为这个原因没有任用他。"子思说:"圣人选人任官,就像高明的木匠选用木材一样,取其所长,弃其所短。所以几人合抱的杞树、梓树,即使有几尺朽坏了,好木匠不会抛弃它,为什么呢? 因为他们知道那些朽坏之处妨碍甚小,最终还是可以制成十分贵重的器物。如今您身处战乱的时代,选拔得力的将士,竟因为区区两个鸡蛋而舍弃保卫国家的将才,这事可千万不能让邻国知道。"卫君行再拜之礼说:"恭敬地接受您的教导。"

7.2　子思适齐。齐君之嬖臣美须眉立乎侧,齐君指之而笑,且言曰:"假貌可相易,寡人不惜此之须眉于先生也。"子思曰:"非所愿也。所愿者,唯君修礼义,富百姓,而伋得寄帑于君之境内①,从襁负之列②,其庸多矣③。若无此须鬣④,非伋所病也⑤。昔尧身修十尺,眉乃八彩,实圣。舜身修八尺有奇,面颔无毛⑥,亦圣。禹、汤、文、武及周公,勤思劳体,或折臂望视⑦,或秃骭背偻⑧,亦圣,不以须眉美鬣为称也。人之贤圣在德,岂在貌乎?且吾先君生无须眉⑨,而天下王侯不以此损其敬。由是言之,伋徒患德之不邵美也⑩,不病毛鬓之不茂也。"

【注释】

①帑(mú):通"孥",妻子和儿女。

②襁(qiǎng)负:用襁褓背负幼儿于背上。《论语·子路》:"四方之民襁负其子而至。

③庸:用。

④须鬣(liè):胡须。鬣,长而硬的胡须。

⑤病:担忧。

⑥颔(hàn):下巴。

⑦折臂:曲臂。此指半身不遂之状。傅亚庶曰:"'折臂'谓商汤,《荀子·非相》篇'禹跳汤偏',杨倞注引郑注《尚书大传》:'汤半体枯。'"望视:仰视。此指驼背。大概驼背的人眼睛都习惯向

上看（用杨伯峻说）。傅亚庶曰："'望视'谓武王，《论衡·骨相》篇：'武王望阳。'《白虎通》卷七《圣人》篇：'武王望羊。'"

⑧秃骭（gàn）：胫毛脱落。骭，胫骨，小腿。傅亚庶曰："'秃骭'谓夏禹，《史记·李斯列传》：'禹……而股无胈，胫无毛，手足胼胝，面目黎黑。'是胫无毛犹秃骭也。"背偻（lǚ）：驼背，背部弯曲。偻，驼背。傅亚庶曰："'背偻'谓周公，《荀子·非相》篇'周公之状，身如断菑'，王先谦集解引郝懿行曰：'菑者，植立之貌。周公背偻，或如袜偻，其形曲折，不能直立，故身如断菑矣。'《论衡·骨相》篇：'周公背偻。'"

⑨且吾先君生无须眉：先君，此指孔子。无须眉，此指须眉不漂亮，不是没有须眉。按，此句底本无"先君"二字，"生"作"性"，有本有"先君"二字，"性"作"生"。宋汪晫编著的《子思子·过齐》有"先君"二字，"生"作"性"。今据补。

⑩邵：通"劭（shào）"，美好，高尚。

【译文】

子思来到了齐国。一个须眉俊美的宠臣站在齐国国君身旁，齐君指着那位宠臣，笑着对子思说："假如相貌可以改变，我会毫不吝惜地把这副漂亮须眉换给先生您。"子思说："这并不是我希望得到的。我所希望的，是您提倡礼仪，百姓富裕，我也能将老婆孩子寄托在您的国境内，跟随着那些身背幼子的人来到贵国，这有用多了。没有这副漂亮的须眉，不是我所担忧的。从前帝尧身高十尺，眉毛有八种颜色，确实是圣人的样貌。舜身高八尺有余，脸上下巴上没有胡须，也是圣人。禹、汤、文、武及周公勤思为民，操劳伤身，有的半身不遂，有的驼背仰视，有的胫毛脱落，有的弯腰驼背，他们也是圣人，却不是因为须眉俊美而被称为圣人。一个人是否圣贤在于其德行如何，怎么会在于相貌呢？况且我的先君生来也没有漂亮的须眉，但天下王侯并未因此减少对他的敬重。从这来说，我只忧虑我的德行是否美好，而不担心须发是否稠密。"

7.3　子思谓子上曰："有可以为公侯之尊,而富贵人众不与焉者,非唯志乎^①? 成其志者,非唯无欲乎? 夫锦缋纷华^②,所服不过温体;三牲大牢^③,所食不过充腹。知以身取节者^④,则知足矣。苟知足,则不累其志矣。"

【注释】

①"有可以为公侯之尊"几句:宋咸注:"惟志之正,则可以逾公侯之尊。"按,底本"公"下无"侯"字,别本并有,今据改。

②锦缋(huì):色彩艳丽的织锦。缋,指彩色的花纹图案。纷华:色彩华丽。

③三牲:古代祭祀用的供品,分为大三牲(牛、羊、豕)和小三牲(鸡、鸭、鱼)。大牢:大,太。古代祭祀,牛、羊、豕三牲具备谓之太牢。太牢用于隆重的祭祀,按古礼规定,一般只有天子、诸侯才能用大牢。

④知以身取节:知道对自身享受加以节制。

【译文】

子思对子上说:"有的人可以有公侯一样的尊贵,但与财物丰裕、身份高贵、随从众多没有关系,难道不是因为他的志向吗? 成就这种志向的,难道不是靠克制自身的欲望吗? 色彩艳丽的织锦,穿在身上也不过是用来保暖的;祭祀时用的牛、羊、猪三牲,吃到肚里也不过是用来填饱肚子。明白如何节制自身物质享受的人,就会知道满足。而一旦能知道满足,那么没有什么会成为他实现志向的负担了。"

7.4　曾子谓子思曰:"昔者吾从夫子游于诸侯^①,夫子未尝失人臣之礼,而犹圣道不行。今吾观子有傲世主之心^②,无乃不容乎?"子思曰:"时移世异,各有宜也^③。当吾先君,周制虽毁,君臣固位,上下相持,若一体然。夫欲行其道,不执礼以求之④,则不能入也。今天下诸侯方欲力争,竞招英雄以自辅翼,此乃得士则昌、失士则亡之秋也。伋于此时不自高⑤,人将下吾;不自贵⑥,人将贱吾。舜、禹揖让⑦,汤、武用师⑧,非故相诡⑨,乃各时也。"

【注释】

①游于诸侯:游,底本作"巡守",别本及宋汪晫编《子思子·胡毋豹》篇并作"游",今据改。

②世主:国君。

③各有宜也:宜,相宜,合适。按,底本"各"作"人",别本及宋汪晫编《子思子·胡毋豹》篇并作"各",今据改。

④执礼:执守礼制。

⑤自高:自傲,自我抬高。

⑥自贵:自重,自珍。

⑦揖让:禅让。让位于贤。

⑧用师:使用军队征伐推翻旧王朝。

⑨诡:违反。

【译文】

曾子对子思说:"从前我跟随孔子周游诸侯列国,孔子从未丢弃作为臣子的礼节,但圣道仍然得不到推行。现在我看到你有傲视诸侯国君之心,岂不是更不被接纳吗?"子思说:"时光流逝,世事变化,每个时代都有适宜的做法。在我先祖的时代,周礼虽然崩坏,但君臣的名分地位还在,上下尊卑的秩序还维持着,像一个整体。如果想要推行他的思想,不以执守臣下之礼求见国君,根本行不通。当今诸侯都以武力争雄,竞相招募英雄豪杰来辅助自己,这是一个得到人才国家就能昌盛,失去人才国家就将灭亡的时代。我身处这样的时代如果不自高自傲，别人就会鄙视我；如果不自珍自重，别人就会轻贱我。舜、禹通过禅让得天下，商汤、武王通过武力夺取天下，并不是故意互相违反，而是由于时代的不同啊。"

7.5　子思在齐。齐尹文子生子不类①，怒而仗之②，告子思曰："此非吾子也，吾妻殆不妇③，吾将黜之④。"子思曰："若子之言，则尧、舜之妃复可疑也。此二帝，圣者之英⑤，而丹朱、商均不及匹夫⑥。以是推之，岂可类乎？然举其多者，有此父，斯有此子，道之常也。若夫贤父之有愚子，此由天道自然，非子之妻之罪也。"尹文子曰："先生止之，愿无言，文留妻矣。"

【注释】

①尹文子：尹文，战国时期齐国大夫，与宋妍、彭蒙、田骈齐名。有《尹文子》一书传世，是先秦论法术和刑名的专著。不类：不像，指其才性不似其父。

②仗：拿着兵器。这里指拿着棍子打。

③殆：必定。不妇：不合为妇之道，违背妇德。

④黜（chù）：黜退，驱逐。此指休妻。

⑤英：精英，杰出人物。

⑥丹朱：尧之子。《史记·五帝本纪》："尧知子丹朱之不肖，不足授天下，于是乃权授舜。"商均：舜之子。《史记·五帝本纪》："舜子商均亦不肖，舜乃豫荐禹于天。"

【译文】

子思在齐国。齐大夫尹文子的孩子才能性格不像他，他便恼羞成怒地用棍子打这个孩子,并对子思说:"这不是我的孩子,我的妻子一定是不守妇道,我要把她休了。"子思说:"如果真像你说的那样,那么尧、舜的妃子也值得怀疑。这两位帝王,都是圣人中的圣人,但他们的儿子丹朱、商均却连普通人的德行都不如。以此推断,怎么可能像他们的父亲呢?但是大多数情况下,都是有其父必有其子,这是常理。至于贤德的父亲有愚笨的孩子,这是天道自然的原因,而不是你妻子的罪过。"尹文子说:"好了先生,请不要再说了,我留下妻子不休了。"

7.6　孟轲问子思曰:"尧、舜、文、武之道,可力而致乎①?"子思曰:"彼,人也;我,人也。称其言,履其行,夜思之,昼行之。滋滋焉②,汲汲焉③,如农之赴时④,商之趣利⑤,恶有不至者乎⑥?"

【注释】

①致:达到。

②滋滋焉:形容勤勉的样子。

③汲汲焉:形容急切的样子,急于得到。

④赴时:赶节令。

⑤趣:趋向,奔向。

⑥恶:哪里,怎么。

【译文】

孟轲问子思:"尧帝、舜帝、周文王、周武王的道义,可以通过努力达到吗?"子思说:"这些圣人,是人;我们,也是人。称颂他们说过的话,做他们做过的事,夜里思考,白天践行。勤勤勉勉、时不我待地去努力争取,就像农民务农赶农时,商人经商追逐利益,哪里还有不能达到的呢?"

7.7　子思谓孟轲曰：“自大^①，而不修其所以大^②，不大矣；自异^③，而不修其所以异，不异矣。故君子高其行，则人莫能偕也^④；远其志，则人莫能及也。礼接于人^⑤，人不敢慢；辞交于人，人不敢侮。其唯高远乎！”

【注释】

①自大：自以为强于别人。

②修：培养，实行。所以大：指志向品行比别人强。

③自异：自以为志向品行与众不同。

④偕：齐等，比并。

⑤接：交接，结交。

【译文】

子思对孟轲说：“自以为比别人强的人，如果不加意培养自己比别人强的志向品行，就算不上比别人强；自以为与众不同的人，如果不加意培养自己与众不同的志向品行，就算不上与众不同。因此，君子要是提升自己的德行，那么普通人就难以与他齐等；使自己的志向高远，那么一般人就赶不上他。以礼待人，别人就不敢怠慢他；用真诚的善言与人交谈，别人就不敢侮辱他。这大概就是那些德行高尚、志向远大的人吧！”

7.8　申祥问曰^①：“殷人自契至汤而王，周人自弃至武王而王，同喾之后也^②，周人追王大王、王季、文王^③，而殷人独否，何也？”子思曰：“文质之异也。周人之所追大王，王迹起焉。”又曰：“文王受命，断虞、芮之讼^④，伐崇邦^⑤，退犬夷^⑥，追王大王、王季，何也？”子思曰：“狄人攻大王，大王召耆老而问焉^⑦，曰：‘狄人何来？’耆老曰：‘欲得菽粟财货^⑧。’

大王曰:'与之。'与之至无,而狄人不止。大王又问耆老曰:'狄人何欲?'耆老曰:'欲土地。'大王曰:'与之。'耆老曰:'君不为社稷乎⑨?'大王曰:'社稷所以为民也,不可以所为民亡民也⑩。'耆老曰:'君纵不为社稷,不为宗庙乎?'大王曰:'宗庙者,私也。不可以吾私害民。'遂杖策而去⑪,过梁山⑫,止乎岐下⑬。豳民之束脩奔而从之者三千乘⑭,一止而成三千乘之邑⑮,此王道之端也⑯,成王于是追而王之⑰。王季,其子也,承其业,广其基焉。虽同追王,不亦可乎!"

【注释】

①申祥:孔子弟子颛孙师(字子张)之子。

②同喾(kù)之后:同为帝喾的后代。传说帝喾次妃简狄生契,舜命做司徒,为商之祖;帝喾元妃姜嫄生弃,舜命做后稷,为周之祖。喾,传说中古代帝王名。《史记·五帝本纪》:"帝喾高辛者,黄帝之曾孙也。"

③追:追尊,追祭。大王:即太王。名亶(dǎn)父,又称古公亶父。周族从公刘起,迁居豳(今陕西彬州东北)。因戎狄多次侵扰,他率族迁到岐下的周原(今陕西岐山北)。周原田地肥美,适宜开垦。于是筑城邑,建房屋,设宗庙,发展农业生产,奠定了周室强盛的基础。周灭商后,认为"王气"始于亶父,故追尊为太王。王季:季历,太王少子,文王之父。即位后,修古公遗道,积极扩展势力。又主动朝商,在商王朝支持下,连年对周围戎狄部落发动战争。商王太丁(又作文丁)封他为"牧师",掌西方诸侯。后因势力强盛遭忌,为太丁(一说为帝乙)所杀。

④断虞(yú)、芮(ruì)之讼:虞、芮是商周时期两个诸侯国。相传虞、芮两国曾因争地兴讼,求西伯姬昌(即后来的周文王)平断。

《史记·周本纪》:"虞、芮之人有狱不能决,乃如周。入界,耕者皆让畔,民俗皆让长。虞、芮之人未见西伯,皆惭,相谓曰:'吾所争,周人所耻,何往为,祇取辱耳。'遂还,俱让而去。"

⑤崇:古国名,在今陕西沣水西(一说在今河南嵩县)。为殷商重要属国。崇侯虎相传曾于商纣王处诬陷西伯姬昌,纣王遂囚禁了姬昌。姬昌获释后数年,攻灭崇国。

⑥犬夷:即犬戎。古族名,戎人的一支。殷周时游牧于泾渭流域,即今陕西彬州、岐山一带,为周之劲敌。

⑦耆(qí)老:年老而有地位的士绅。

⑧菽粟:泛指粮食。菽,豆。粟,小米。

⑨社稷:古代帝王、诸侯所祭的土神和谷神。社,土神。稷,谷神。

⑩不可以所为民亡民也:太王的意思是,社稷本为保佑百姓,如为了保护社稷而让百姓遭殃,就不可以这样做。按,别本"为民"下有"者"字。

⑪杖策:拄杖。策,手杖,拐棍。

⑫梁山:山名,在今陕西乾县境。

⑬岐下:此指今陕西扶风黄堆、法门和岐山京当之间的周原。岐,即岐山,在今陕西岐山县境。

⑭豳(bīn):古邑名。在今陕西旬邑西南。周人自后稷曾孙公刘在此立国。束脩:束载干肉。引申为携带干粮。脩,干肉。

⑮一止而成三千乘之邑:按,《孟子》说"文王以百里",则太王时不可能有"三千乘之邑",傅亚庶曰:"《尚书大传略说》作'三千户之邑',此盖极言其多,不必以实数之。"

⑯王道之端:指周受命称王拥有天下就是由此发端。端,发端,开始。

⑰成王:疑为"文王"之误。《史记·周本纪》:"西伯盖即位五十年。……追尊古公为太王,公季为王季。"而于成王无涉,故当作"文王"为是。

【译文】

申祥问道:"殷人自先祖契开始到商汤时称王,周人从始祖弃起家到周武王时称王,他们同为帝喾的后代,周人追王他们的先祖太王、王季和文王,但殷人却没有这样做,这是为什么呢?"子思说:"这是因为文雅和质朴的区别。周人追王太王,是因为周的王业是从太王开始兴起的。"申祥又问道:"文王秉承天命,解决虞、芮两国的争讼,讨伐崇国,击退犬戎的入侵,为什么还要追王太王、王季呢?"子思说:"狄人攻打太王,太王召集各长老询问:'狄人为何而来?'长老们说:'他们想得到粮食和财物。'太王说:'那就给他们吧。'太王把粮食和财物全都给了他们,可是狄人还是不停地侵犯。太王又问长老们:'狄人还想要什么?'长老们说:'他们想要我们的土地。'太王说:'那就给他们吧。'长老们说:'大王难道不考虑社稷吗?'太王说:'社稷的存在是为了保佑百姓得利,不能为了保佑百姓的社稷而使百姓遭殃。'长老们说:'即便大王不考虑社稷,难道也不为祖先们的宗庙考虑吗?'太王说:'保存宗庙不过是国君的私事而已,我不能为了自己的私利而让百姓受害。'太王于是拄杖离去,翻过梁山,来到岐山脚下。豳地的百姓携带干粮追随太王而来的有三千乘之多,很快就在停居之地形成了一个人口众多的大都邑,周代的王业就是从这里兴起的,所以后来成王追尊古公亶父为太王。王季是太王的儿子,继承父业,进一步扩大了周朝王业。即便也追封为王,不也是理所当然的吗?"

7.9　羊客问子思曰①:"古之帝王,中分天下,使二公治之,谓之二伯。周自后稷封为王者②,后子孙据国,至大王、王季、文王。此固世为诸侯矣,焉得为西伯乎?"子思曰:"吾闻诸子夏:殷王帝乙之时③,王季以功,九命作伯④,受珪瓒秬鬯之赐⑤,故文王因之,得专征伐。此以诸侯为伯,犹周、召之君为伯也⑥。"

【注释】

①羊客:人名,事迹未详。

②周自后稷封为王者:后稷,周先祖。相传姜嫄践天帝足迹,怀孕生
　子,因曾弃而不养,故名之为"弃",虞舜命为农官,教民耕稼,称
　为"后稷"。按,后稷以功被舜封于邰,别为姬姓,没有封王之事。

③帝乙:殷纣王之父。

④九命:古代礼制,《周礼·春官·大宗伯》:"以九仪之命,正邦国之
　位。一命受职,再命受服,三命受位,四命受器,五命赐则,六命赐
　官,七命赐国,八命作牧,九命作伯。"郑玄注:"上公有功德者,加
　命为二伯,得征五侯九伯者。"

⑤珪瓒(guī zàn)秬鬯(jù chàng):珪瓒,玉柄的酒器。秬鬯,古代
　以黑黍和郁金酿造的酒,用于祭祀降神及赏赐有功的诸侯。古时
　有"九锡"(锡,即"赐")之礼,即天子赐给诸侯、大臣的九种器
　物。《春秋公羊传·庄公元年》:"锡者何? 赐也;命者何? 加我服
　也。"汉何休注:"礼有九锡:一曰车马,二曰衣服,三曰乐则,四曰
　朱户,五曰纳陛,六曰虎贲,七曰弓矢,八曰斧钺,九曰秬鬯。"

⑥周、召(shào)之君为伯:周初以陕为界,周公旦主管陕以东的诸
　侯,召公奭主管陕以西的诸侯,二人被尊称为"二伯"。《礼记·王
　制》:"八伯各以其属,属于天子之老二人,分天下以为左右,曰二
　伯。"郑玄注:"自陕以东,周公主之,自陕以西,召公主之。"

【译文】

羊客问子思说:"古代帝王把天下分为两部分,任命两位大臣治理,
称为二伯。周自后稷被封为王,他的后代子孙都沿袭其封地,直到太王、
王季、文王。这样他们原本都是世世代代为诸侯的,怎么会称为西伯
呢?"子思说:"我听子夏说过:殷王帝乙的时候,王季因为功劳卓著受封

为伯,接受了商王赐予的珪瓒秬鬯等,因此文王继承这一职位,拥有征伐诸侯的权力。这是把诸侯封为伯,就像周初周、召二公被周武王封为伯一样。"

7.10 子思年十六,适宋,宋大夫乐朔与之言学焉①。朔曰:"《尚书》《虞》《夏》数四篇②,善也,下此以讫于《秦》《费》,效尧、舜之言耳,殊不如也。"子思答曰:"事变有极③,正自当耳。假令周公、尧、舜不更时易处④,其书同矣⑤。"乐朔曰:"凡书之作,欲以喻民也,简易为上。而乃故作难知之辞,不亦繁乎?"子思曰:"《书》之意,兼复深奥⑥,训诂成义⑦,古人所以为典雅也。昔鲁委巷⑧,亦有似君之言者。仍答之曰:'道为知者传,苟非其人,道不传矣。'今君何似之甚也?"乐朔不悦而退,曰:"孺子辱吾。"其徒曰:"此虽以宋为旧,然世有仇焉⑨,请攻之。"遂围子思。宋君闻之,驾而救子思。子思既免,曰:"文王囚于牖里⑩,作《周易》,祖君屈于陈、蔡,作《春秋》⑪,吾困于宋,可无作乎?"于是撰《中庸》之书四十九篇。

【注释】

①乐朔:人名,事迹不详。

②数四:三四篇或四五篇,非确数。宋咸注:"数四,犹言四五篇,宋语然。"

③事变有极:事情的变化是有准则的。极,中,中正的准则。

④假令周公、尧、舜不更时易处:底本"更"上无"不"字,别本并有。无"不"字意不通,今据增。

⑤其书同矣：同，底本作"周"，别本并作"同"，其意长，今据改。

⑥兼：完备，详尽。复：复杂。

⑦训诂：对古书的字义做解释。

⑧委巷：僻陋曲折的小巷。借指民间。

⑨此虽以宋为旧，然世有仇焉：意谓子思的祖上虽然是宋国人，但他现在已经是鲁国人了，鲁与宋世代有仇。以宋为旧，孔子、子思一脉是宋闵公的后代，至孔父嘉时在宋国内乱中被杀，其后代避乱到了鲁国，遂为鲁人。

⑩文王囚于牖（yǒu）里：牖里，地名，也作羑（yǒu）里。在今河南汤阴。囚，底本作"死"，甚误。别本有作"囚"者，有作"困"者，有作"厄"者。《史记·周本纪》作："西伯盖即位五十年。其囚羑里，盖益《易》之八卦为六十四卦。"据《史记》改。

⑪祖君屈于陈、蔡，作《春秋》：祖君，指孔子。按，孔子作《春秋》有多种说法。《史记·太史公自序》曰："孔子厄陈、蔡，作《春秋》。"

【译文】

子思十六岁的时候到宋国，宋国大夫乐朔与他讨论学问。乐朔说："《尚书》中的《虞书》《夏书》等四五篇文章，都是很好的，而这些篇章以下直到《秦誓》《费誓》等篇，都是在模仿尧、舜的语言，根本比不上《虞书》《夏书》。"子思回答说："事物的变化是有准则的，正是应当这样。假如让周公、尧、舜不随时变易语言，那么他们的作品都是一样的了。"乐朔说："凡是作文章，都是为了晓谕百姓，简洁易懂为好。像这样故意使用难以理解的言辞，不也是太繁琐了吗？"子思说："《尚书》含义详尽复杂深奥，通过文字训诂才能理解，古人因此认为它很是典雅。以前鲁国的僻陋小巷里也有和你看法相同的人。我于是回答他们说：'道必须传授给能理解它的人，如果不是那样的人，也就不能将道传授给他。'现在你的看法怎么和他那么相似？"乐朔很不高兴地走了，说："子思这小子侮辱我。"乐朔的随从们说："子思虽然祖先是宋国人，但他现在是鲁国人，鲁宋两国历来有世仇，请准许我们围攻他。"于是将子思围困起来。宋国国君听说后，亲自驾车赶去营救子思。子思脱险后，说："周文王被囚禁在羑里的时候，作了《周易》，先君孔子被围困在陈、蔡之间时，作了《春秋》，我被困在宋国，怎么可以没有著作传世呢？"于是撰写《中庸》一书四十九篇。

卷三

【题解】

卷三包含《巡守》《公仪》《抗志》《小尔雅》四篇。《小尔雅》乃解释词义的训诂学之作，应是孔氏家学旧有藏书。其余三篇《巡守》《公仪》《抗志》皆与卷二之《杂训》《居卫》相同，多记子思之交游与言谈。

《巡守》共一章，记子思游齐，陈庄伯询问古代圣王巡守之礼。巡守，亦作"巡狩"，谓天子出行，视察邦国州郡。因庄伯之问，不及他义，独明巡守，故以"巡守"名篇，以专其目。

《公仪》共九章，记子思论修德修身、治国理政之道，为国君及欲为政治天下者立言。首章之人物"公仪"，乃指高人。因论及当世名人贤士，皆以公仪为表率，故以首章人物名"公仪"名篇。

《抗志》共十九章，记子思与鲁、卫、齐等国国君、卿大夫及士之对话。所论含坚守志节、为上不骄、修身自好、循礼正名、施行仁政之道。首章"抗志"二字乃高尚其志之意，子思以为，志意修则可骄于王侯。此篇皆属子思抗志之言，可为君子修身之典范，故以"抗志"名篇。

《小尔雅》共十章，前八章所收词语义类与《尔雅》相同或相近，各篇均冠以"广"字点明增广《尔雅》之义；后三章为附加的"度、量、衡"，解释古时长度、容积、重量单位之名称。《小尔雅》之义训多精审，与诸家传注亦相合，因全章的编写体例、释义方式、训诂术语皆效仿《尔雅》，故以"小尔雅"名篇。

此卷前三章涉及人物、地点众多，由其交游可知子思曾长期居留于鲁、卫两国，短期游历于齐、宋等国，亦可推测子思在当时受到各国礼遇，已具有一定的儒学地位。

巡守第八

8.1　子思游齐，陈庄伯与登泰山而观①，见古天子巡守之铭焉②。陈子曰："我生独不及帝王封禅之世③。"子思曰："子不欲尔。今周室卑微，诸侯无霸，假以齐之众，义率邻国以辅文、武子孙之有德者④，则齐桓、晋文之事不足言也⑤。"陈子曰："非不悦斯道，力不堪也。子，圣人之后，吾愿有闻焉。敢问昔圣帝明王巡守之礼，可得闻乎？"子思曰："凡求闻者，为求行之也。今子自计必不能行⑥，欲闻何为？"陈子曰："吾虽不敏，亦乐先王之道，于子何病而不吾告也⑦？"

【注释】

①陈庄伯：名白，《世本》作"伯"，谥"庄"。战国齐威王时为相。

②巡守：古礼天子五年一巡守，即五年外出一次，巡察各地。铭：指刻在器物、碑碣等上面以记述祖先功德、警语的文字。《礼记·祭统》云："夫鼎有铭，铭者，自名也。自名以称扬其先祖之美而明著之后世者也。"《释名·释典艺》曰："铭，名也，述其功美，使可称名也。"

③封禅：中国古代帝王登泰山举行的祭祀天地活动。封，指在泰山上封土为坛以祭天。禅，指在泰山下小山上除地以祭地。王者受

命，必封禅泰山，表示受天命而有天下。

④义率邻国以辅文、武子孙之有德者：文、武子孙之有德者，指周王室
　中有德的人。按，底本无"率"字，意不可通，别本并有，今据补。

⑤齐桓、晋文之事：指像齐桓公、晋文公那样成为诸侯霸主。齐桓、
　晋文，指春秋时期的齐桓公和晋文公，他们凭借"尊王攘夷"而成
　为诸侯霸主。

⑥自计：自忖，自己估量。

⑦不吾告：即"不告吾"。

【译文】

　　子思到齐国游历，与陈庄伯一起登上泰山观览，看到了记载古代天
子巡守的铭文。陈庄伯说："我有生之年是遇不上古代帝王封禅泰山那
样的盛世了。"子思说："您只是不愿意罢了。如今周王室力量薄弱，诸
侯之中也没有可以真正成为霸主的人，如果您能使齐国以道义率领邻国
来辅助周文王、武王有贤德的后代，那么当年齐桓公、晋文公的辉煌霸业
也就不值得一提了。"陈庄伯说："并不是我不想做这番事业，只是我的
能力难以承受这样的重任。您是圣人的后代，我很想向您请教。请问过
去的圣明君王巡守的礼仪是怎样的，我能否听您说说呢？"子思说："但
凡一个人想要了解一件事，都是为了要做成这件事。现在您自己都觉
得没有能力来实现它，还要了解它干什么呢？"陈庄伯说："我虽然不够
聪明，也还是很欣赏先王的礼义之道的，您还有什么顾虑而不肯告诉我
呢？"

　　子思乃告之曰："古者天子将巡守，必先告于祖、祢①，
命史告群庙及社稷、圻内名山大川②。告者七日而遍，亲告
用牲③，史告用币④。申命冢宰⑤，而后道而出⑥。必以迁庙
之主行⑦，载于齐车⑧，每舍奠焉⑨。及所经五岳、四渎⑩，皆

有牲币。岁二月，东巡守，至于岱宗，柴于上帝^⑪，望秩于山川^⑫。所过，诸侯各待于境。天子先问百年者所在而亲见之^⑬，然后觐方岳之诸侯^⑭。有功德者，则发爵赐服，以顺阳义^⑮。无功者，则削黜贬退，以顺阴义^⑯。命史采民诗谣，以观其风。命市纳贾，察民之所好恶，以知其志^⑰。命典礼正制度，均量衡，考衣服之等，协时、月、日、辰^⑱。入其疆，土地荒秽^⑲，遗老失贤，掊克在位^⑳，则君兔。山川社稷有不亲举者，则贬秩削土^㉑。土荒民游为无教，无教者则君退^㉒。民淫僭上为无法^㉓，无法者则君罪。入其疆，土地垦辟，养老尊贤，俊杰在位，则君有庆焉^㉔。遂南巡，五月，至于南岳。又西巡，八月，至于西岳。又北巡，十有一月，至于北岳。其礼皆如岱宗^㉕。归，反，舍于外次^㉖，三日斋，亲告于祖、祢，用特^㉗。命有司告群庙、社稷及圻内名山大川，而后入，听朝。此古者明王巡守之礼也。"

【注释】

①告：指告祭。祭宗庙，告祖先。祖、祢（nǐ）：祖庙与父庙。此处指祖宗之庙。祖，宗庙，祖庙。祢，亲庙，父庙。

②群庙：古代礼制，天子七庙。宗庙次序，始祖庙居中，以下父子依次为昭穆，祭祀时也按这种规定排列行礼。圻（yín）内：境内。圻，同"垠"，界限，边界。

③牲：供祭祀用的牺牲。

④币：指祭祀用的璧帛等物品。《礼记·曾子问》："孔子曰：'天子诸侯将出，必以币、帛、皮、圭告于祖、祢。'"

⑤申命：命令。申，告诫。冢宰：官名。亦称太宰。据《周礼》，冢宰

为天官,六卿之首,是辅佐天子的最高行政长官。

⑥道:祭祀道路神。

⑦必以迁庙之主行:迁庙之主,新迁入迁庙的神主。迁庙是古代太庙中专门供奉、祭祀被迁神主之庙殿,也称远庙。太庙之制,中为始祖或太祖,为不迁之主,左右三昭三穆,自天子之父、祖、曾祖、高祖、高祖之父、之祖共六代。天子薨,其子继位,则迁新死之天子神主入祀太庙为第六代,而迁原第一代神主入迁庙。主,木主,又称神主,俗称牌位。《礼记·曾子问》:“孔子曰:‘天子巡守,以迁庙主行,载于齐车,言必有尊也。’”《礼记集解》:“迁庙主多,莫适载焉,宜奉其近者而载之,故知为新迁庙之主也。”

⑧齐(zhāi)车:斋戒时所用之车。

⑨每舍奠焉:《礼记·曾子问》:“孔子曰:‘……每舍,奠焉而后就舍。’”《礼记集解》:“舍,谓馆舍。每日至馆舍,必设脯、醢之奠于齐车而后就舍,礼神而后即安也。”

⑩五岳:指东岳泰山、中岳嵩山、西岳华山、北岳恒山、南岳衡山。四渎(dú):指江、河、淮、济四河。渎,河流、大川。

⑪柴:燔柴,指烧柴祭天。

⑫望秩:按等级望祭山川。望,祭祀名。望祭,遥望而祭。秩,次序。山川:指东方之山川。

⑬天子先问百年者所在而亲见之:《礼记·王制》:“问百年者就见之。”《礼记集解》:“百年之人,所阅天下之义理多矣,就而见之,亦欲以访问政治之得失,非徒敬老之文已也。”

⑭然后觐方岳之诸侯:觐,觐见。底本作“勤”,别本作“觐”。作“觐”与《礼记·王制》篇文合,《礼记集解》曰:“觐诸侯者,觐见当方之诸侯也。诸侯朝王,四时礼异,至朝于方岳,则一以觐礼行之,故其名皆曰觐也。”今据改。

⑮发爵赐服,以顺阳义:颁赐爵命车服,以顺应“阳”的义理。《礼

记·祭统》:"发爵赐服,顺阳义也。"郑玄注:"爵命属阳。"

⑯削黜贬退,以顺阴义:削减封地,贬低爵禄,以顺应"阴"的义理。《礼记·祭统》:"出田邑,发秋政,顺阴义也。"郑玄注:"国地属阴。"

⑰"命市纳贾"几句:宋咸注:"'贾'读为'价'。言以物贵贱之直,察其民好恶,知其奢俭之志。盖俭则用物贵,奢则侈物贵也。"市,指管理市场的官员。纳,献纳,进纳。贾,同"价",这里指价格记录。志,指老百姓的志趣。《礼记·王制》:"命市纳贾,以观民之所好恶,志淫好辟。"《礼记集解》:"命诸侯司市之官各纳其市贾之贵贱也。诗有贞淫、美刺,市贾有贵贱、质侈,观之,所以见风俗之美恶、好尚之邪正。"

⑱"命典礼正制度"几句:宋咸注:"四时之气节、月之大小、日之甲乙、辰之次序、度之长短、量之等平、衡之轻重、衣服之奇衺,皆命典礼以均正协同之。"典礼,掌管礼制的官员。这里指随从天子巡守的太史。典,主管。

⑲入其疆,土地荒秽:底本无"土地荒秽"四字,别本有,下文"入其疆,土地垦辟"亦述及土地之事。且《孟子·告子下》:"入其疆,土地荒芜,遗老失贤,掊克在位,则有让。"宋汪晫编《子思子·鲁缪公》篇作"土地荒芜",是证此四字当有,今据补。

⑳掊(póu)克:聚敛,搜刮。亦指搜刮民财之人。一说,指自大而好胜之人。掊,积聚。

㉑山川社稷有不亲举者,则贬秩削土:不亲举,不亲自祭祀。按,底本"举"下无"者则贬秩削土"六字,别本有,宋汪晫编《子思子·鲁缪公》亦有;《礼记·王制》篇:"山川神祇有不举者为不敬,不敬者君削以地。"孔颖达正义:"山川是外神,故云'不举'。不举,不敬也。山川在其国竟,故削以地。"此"贬秩削土"正释"削以地"之意。今据补。

㉒君退:黜退其君之爵。

㉓僭（jiàn）上：越分冒用尊者的仪制或宫室、器物等。

㉔庆：奖赏。

㉕其礼皆如岱宗：《礼记训纂》曰：“《三礼义宗》云：‘唐、虞五载巡守一岳，二十年方遍四岳，周则四十八年矣。若一出四岳皆遍，且阙四时祭享。唐、虞衡山为南岳，周氏霍山为南岳，其制吉行五十里，若以二月到东岳，五月到南岳，八月到西岳，十一月到北岳，路程辽远，固必不及。此知每至一岳即归，斯义为长也。’”

㉖反，舍于外次：指天子返回之后在宗庙外住宿休息，以便斋戒。反，返回。次，为临时驻扎和住宿。

㉗特：公牛。

【译文】

　　子思于是告诉陈庄伯说：“古代的天子将要巡守之前，一定要先亲自到祖庙与父庙告祭，并命令掌管祭祀的史官告祭所有宗庙及社稷，以及天子辖境内的名山大川，在七天之内完成这些告祭礼仪。天子亲祭用牺牛，史官祭祀用玉帛。要命令冢宰暂理国政，然后在国都城外祭祀行道之神后出发。巡守时一定要将迁庙中最近迁入的祖先牌位载于斋车之上，每日到达馆舍要先祭奠所载的迁庙祖先再住下。巡守到泰山、嵩山、华山、衡山、恒山五岳和江、河、淮、济四渎时，都要用牺牛和玉帛进行祭祀。巡守当年二月，首先巡察东方，到达东岳泰山时，在山上焚柴祭天，并按大小次序遥祭东方的山川河流。天子巡守经过诸侯国时，各诸侯都要在其本境待命。天子首先要问当地耆老之所在并亲自前往礼见，然后再接受东方诸侯的朝觐。有功德的诸侯，就加封爵位，赐予礼服，以此来顺应阳义。没有功德的诸侯，就削减他们的封地，降低或罢免他们的爵位，以此来顺应阴义。天子命令史官采集民间歌谣，以此来考察当地民风。命令市官进呈当地的物价记录，考察百姓的好恶，以此来了解民众的志趣。命令典礼订正礼制，统一度量衡，考订礼服的等级，使百姓的生产、生活与时、月、日、辰相协调。天子进入诸侯国境，如果看到土地荒芜、遗弃老人、贤才不得用、贪官污吏在位的现象,那么就罢免诸侯国的国君。如果诸侯国君不亲自祭祀自己辖境内的名山大川和土地、谷物之神,那么就降低他的爵位,削减他的封地。诸侯国境内土地荒芜、民众四处游荡,没有对他们施行教化,那么没有教化百姓的国君就要贬退。民众邪恶放纵,以下犯上,国家没有法度,没有法度就要治国君的罪。天子进入诸侯国境,如果土地都得到开垦,老人得到赡养,贤才得到尊敬,俊杰得到任用,那么诸侯国君就会得到赏赐。而后天子向南巡守,当年五月到达南岳衡山。八月,西巡至西岳华山。十一月,北巡至北岳恒山。其礼仪都像祭祀泰山一样。天子巡守结束后,返归都城,在宗庙外临时驻留,随后斋戒三天,亲自祭祀祖庙和父庙,禀告巡守归来,用牛作祭品。然后命令负责祭祀的官吏遍告宗庙、地神、谷神及天子直辖范围内的名山大川,随后入朝听政。这就是古代圣明帝王巡守的礼节。”

　　陈子曰:“诸侯朝乎天子,盟会霸主,则亦告宗庙、山川乎?”子思曰:“告哉!”陈子曰:“王者巡守不及四岳,诸侯盟会不越邻国,则其礼同乎? 异乎?”子思曰:“天子封圻千里[1],公侯百里,伯七十里,子男五十里,虞、夏、殷、周之常制也。其或出此封者,则其礼与巡守、朝、会无变。其不越封境,虽行,如国。”陈子曰:“旨哉[2],古之义也! 吾今而后知不学者浅之为人也。”

【注释】

①封圻:疆界,边界。封,《说文》:“爵诸侯之土也。”
②旨哉:旨,美好。底本无此二字,别本有,宋汪晫编《子思子·鲁缪公》亦有。有此二字,下文“古之义也”乃有所承,今据补。

【译文】

陈庄伯说:"诸侯国君朝见天子,或者是与诸侯霸主会盟,也要告祭诸侯宗庙和国境内的名山大川吗?"子思说:"当然要告祭!"陈庄伯说:"如果天子巡守时没有到达四岳之地,诸侯会盟时也没有越过邻国国境,那么这时的礼仪与前面您所说的是相同还是不同呢?"子思说:"天子所辖的疆界方圆千里,公爵、侯爵所辖的疆界方圆百里,伯爵所辖的疆界方圆七十里,子爵、男爵所辖的疆界方圆五十里,这是虞、夏、殷、周各个朝代通行的制度。如果在以上的疆界之外,那么在举行巡守和朝会时的礼节与我前面所说的仍然相同。如果在国境之内参加朝会,其礼仪就和在自己国境内是一样的。"陈庄伯说:"啊,古代的礼仪是多么美好啊!从此以后我知道一个人不学习是多么浅陋无知了。"

公仪第九

9.1　鲁人有公仪僭者①,砥节砺行②,乐道好古,恬于荣利③,不事诸侯,子思与之友。穆公因子思欲以为相④,谓子思曰:"公仪子必辅寡人⑤,参分鲁国而与之一⑥,子其言之。"子思对曰:"如君之言,则公仪子愈所以不至也。君若饥渴待贤,纳用其谋,虽蔬食水饮⑦,伋亦愿在下风⑧。今徒以高官厚禄钓饵君子⑨,无信用之意,公仪子之智若鱼鸟可也,不然,则彼将终身不蹑乎君之庭矣⑩。且臣不佞⑪,又不任为君操竿下钓⑫,以伤守节之士也。"

【注释】

①公仪僭:鲁国人,事迹无考。

②砥节砺行:磨砺操守和品行。砥,磨炼。节,气节,节操。砺,磨炼。

③恬：淡泊。

④因：凭借，通过。

⑤必：倘若，假如。

⑥参（sān）：通"三"。

⑦蔬食：粗食。以草菜为食。

⑧下风：处于下位，卑位。

⑨钓饵：引鱼上钩的食物。引申为引诱。

⑩蹑（niè）：踏入。

⑪不佞（nìng）：不才，谦辞。佞，有才智。

⑫不任：不能，不堪。

【译文】

鲁国有个叫公仪僭的人，潜心磨砺自己的操守和品行，喜好礼乐之道，向往先王的时代，淡泊功名利禄，不愿违心去侍奉诸侯，子思与他是好友。鲁穆公想通过子思召公仪僭为相，就对子思说："如果公仪先生愿意辅佐我的话，我就把鲁国三分之一的土地赐给他，请你把这话告诉他。"子思回答说："如果按照国君刚才的说法，那么公仪先生就更不会来了。您如果求贤若渴，采纳贤才的建议，那么就算只吃粗茶淡饭，我也情愿为您奔走效劳。现在您只是以高官厚禄来引诱君子，却没有信任使用之意，倘若公仪先生的智慧如同鱼鸟一般，也许他会前来，否则，他至死也不会到您的朝廷来辅佐您。况且我没有什么才智，也不能为您操竿钓鱼，来伤害那些坚守气节的人。"

9.2　闾丘温见田氏将必危齐①，欲以其邑叛而适鲁。穆公闻之，谓子思曰："子能怀之②，则寡人割邑如其邑以偿子③。"子思曰："伋虽能之，义所不为也。"公曰："何？"子思对曰："彼为人臣，君将颠④，弗能扶而叛之；逆臣制国，弗能以其众死而逃之,此罪诛之人也⑤。伋纵不能讨,而又要利以召奸⑥,非忍行也。"

【注释】

①间丘温:齐大夫。间丘,姓氏。

②怀:招徕。

③割邑如其邑以偿子:用和间丘温的封邑一样大的城邑报答你。偿,报答,回报。

④颠:倾倒,覆亡。

⑤罪诛:治罪,以罪处死。

⑥要:探求,求取。奸:犯法作乱的人。

【译文】

齐国大夫间丘温看到田氏将要危及齐国的统治,就想带着封邑叛离齐国而归附鲁国。鲁穆公听到消息,对子思说:"如果你能使间丘温归附鲁国,我就用一个像间丘氏封邑一样大小的城邑来酬谢你。"子思说:"我即使能够做到,从道义上讲也不能这样做。"鲁穆公说:"为什么呢?"子思回答说:"间丘温作为齐国的臣子,国君即将被推翻了,却不去扶助反而背叛君主;叛逆之臣把持国政,却不能领导部众为国死难反而率众逃亡,这是应该被诛杀的罪人。我纵然没有力量去讨伐他,可是让我为求得一己之利去招徕这样的奸臣,这样的事是我不愿意去做的。"

9.3　穆公问子思曰:"吾闻庞栏氏子不孝①,其行何如?"对曰:"臣闻明君之为政,尊贤以崇德,举善以劝民,则四封之内②,孰敢不化③? 若夫过行,是细人所识④。不治其本而问其过,臣不知所以也⑤。"公曰:"善。"

【注释】

①庞栏氏：鲁国人，事迹不详。

②四封：四境。

③化：感化，教化。

④细人：见识浅薄或地位低下的人。

⑤所以：原因，情由。

【译文】

鲁穆公问子思："我听说庞栏氏的儿子不孝顺，他的行为究竟怎么样呢？"子思说："我听说圣明的君主治理国家，尊敬贤德的人以崇尚道德，表彰善良的人来勉励群众，这样一来，整个国家境内的人民，有谁能不被教化呢？至于某个人具体的错误行为，那是见识短浅之人所要了解的。治理国家不从根本着手而关注别人的过失，我实在不明白这样做是为什么。"鲁穆公说："你说得对。"

9.4 穆公谓子思曰："子之书所记夫子之言，或者以谓子之辞也①。"子思曰："臣所记臣祖之言，或亲闻之者，有闻之于人者，虽非其正辞②，然犹不失其意焉③，且君之所疑者何？"公曰："于事无非④。"子思曰："无非，所以得臣祖之意也。就如君言⑤，以为臣之辞，臣之辞无非，则亦所宜贵矣。事既不然，又何疑焉？"

【注释】

①或者：有的人。

②虽非其正辞：正辞，正式文辞，此处指孔子的原话。按，"其正辞"底本作"正其辞"，据下宋咸注文"虽非夫子当时之正辞"观之，其时之所见本当作"其正辞"，别本亦作"其正辞"，今据改。

③不失其意：不偏离孔子的原意。

④非：非难，责怪。

⑤就：即使，纵然。

【译文】

　　鲁穆公对子思说："您的书中所记载的孔子的言论，有人认为实际上是您自己的言辞。"子思说："我所记载的我祖父的那些言语，有的是我亲耳听到的，有的是从别人那里听来的，虽然不一定都是祖父的原话，但还没有偏离祖父的原意，请问国君您怀疑的是什么呢？"鲁穆公说："那些话语里没有对具体事情的非议和责难。"子思说："不去责难和非议具体事情，这正体现了我的祖父的原意啊。即使如同您说的那样，以为这些都是我的言辞，我说的话中没有责难的言辞，那也是应该值得重视的。事情既然不是这样，又有什么可以怀疑的呢？"

　　9.5　穆公谓子思曰："县子言子之为善①，不欲人誉己，信乎？"子思对曰："非臣之情也②。臣之修善，欲人知之。知之而誉臣，是臣之为善有劝也③，此所愿而不可得者也。若臣之修善而人莫知，莫知则必毁臣④，是臣之为善而受毁也，此臣所不愿而不可避者也。若夫鸡鸣为善⑤，滋滋以至夜半⑥，而曰不欲人之知，恐人之誉己，臣以为斯人也者，非虚则愚也。"

【注释】

①县子：名琐，鲁国大夫。

②情：意愿，实情。

③劝：勉励。

④毁：诋毁，诽谤。

⑤鸡鸣：鸡叫。常指天明之前。

⑥滋滋:勤勉的样子。

【译文】

鲁穆公对子思说:"县子说你有善行,却不想别人称赞自己,是这样吗?"子思回答说:"这不是我的本意啊。我修养善行,是希望别人知道的。人们知道后称赞我,这说明我的修善起到了勉励他人的作用,这是我的愿望却没有实现。假如我修养善行而人们不知道,不知道就一定会诋毁我,这就是我因为修善而受到人们的毁谤,这是我所不愿意却难以避免的。如果从鸡鸣时就修善,孜孜不倦一直到半夜,却说不想让别人知道,生怕别人称赞自己,我认为有这种想法的人,不是虚伪就是愚笨。"

9.6　胡毋豹谓子思曰①:"子好大,世莫能容子也,盍亦随时乎②?"子思曰:"大非所病,所病不大也。凡所以求容于世,为行道也。毁道以求容,道何行焉③?大不见容,命也;毁大而求容,罪也。吾弗改矣④。"

【注释】

①胡毋豹:鲁国人。胡毋,姓氏。

②"子好大"几句:大,谓道之大。盍,何不。随时,顺应时势,跟随世俗。按,《史记·孔子世家》子贡亦有类似的话:"夫子之道至大也,故天下莫能容夫子。夫子盖少贬焉?"

③道何行焉:道,底本作"容",别本作"道"。傅亚庶曰:"'容'不可谓'行',作'道何行焉',承上'凡所以求容于世,为行道也'之文义而言,《子思子·胡毋豹》篇作'毁道以求容,何行焉',是谓'道何行'之意,亦可证此'容'乃'道'之讹。"今据改。

④吾弗改矣:按,子思之言与颜回所说相近。《史记·孔子世家》记颜回说:"夫子之道至大,故天下莫能容。虽然,夫子推而行之,不

容何病,不容然后见君子! 夫道之不修也,是吾丑也。夫道既已
大修而不用,是有国者之丑也。不容何病,不容然后见君子!"

【译文】

胡毋豹对子思说:"您喜欢大道,现在的世道容纳不了您,为什么不顺应时势呢?"子思说:"我忧虑的并不是先王之道的宏大,我担忧的是不能大力去倡导。凡是寻求被世俗所容纳的人,都是为了实现大道。如果为了容身于世而破坏大道,那大道怎么实行呢? 如果我因为弘扬大道而难容于世,这是我的命;如果我破坏大道而求容身于世,这是我的罪过。我是不会改变自己的理想的。"

9.7　子思居贫①,其友有馈之粟者②,受二车焉。或献樽酒束脩③,子思弗为当也④。或曰:"子取人粟而辞吾酒脯⑤,是辞少而取多也,于义则无名⑥,于分则不全,而子行之,何也?"子思曰:"然。伋不幸而贫于财,至乃困乏,将恐绝先人之祀。夫所以受粟⑦,为周乏也⑧,酒脯,则所以饮宴也。方乏于食而乃饮宴,非义也,吾岂以为分哉? 度义而行也⑨。"或者担其酒脯以归。

【注释】

①居:居常,平时家居。

②粟:古代泛称谷类,引申为粮食。

③樽酒:一樽酒。束脩:十条干肉。旧时常用作馈赠的一般性礼物。

④当:承担,接受。

⑤脯(fǔ):干肉。

⑥无名:没有正当理由。

⑦夫所以受粟:按,底本无"所"字,别本多有,据文意亦当有,今据补。

⑧周：周济，救济。

⑨度：根据，依据，引申为遵循。

【译文】

　　子思家居生活贫困，有朋友赠送他两车粮食，子思接受了。另有人送他一樽美酒和十条干肉，子思却没有接受。这人就对子思说："您接受别人送来的粮食却不接受我送的酒肉，这是拒绝少的而收取多的，从道义上说没有正当理由，从朋友情分上讲您做得也不周全，但是您却这样做了，为什么呢？"子思说："你说得有道理。我不幸而缺乏钱财，甚至到了穷困无食的地步，我是担心先人的祭祀无以为继。之所以接受粮食，是为了周济生活困难，酒肉，是用来宴饮的。在连饭都吃不上之时却要饮酒吃肉，这就不合道义了，我哪里是不顾朋友情分呢？我只是遵循道义而行罢了。"于是这人就挑着酒肉回去了。

　　9.8　穆公问子思曰："吾国可兴乎？"子思曰："可。"公曰："为之奈何？"对曰："苟君与大夫慕周公、伯禽之治①，行其政化②，开公家之惠，杜私门之利③，结恩百姓，修礼邻国，其兴也勃矣④。"

【注释】

①苟：如果，假使。慕：仿效。伯禽：周公长子，周代鲁国第一任国君。他以礼乐治国，使鲁国成为周王朝控制东方的一个重要邦国，享有"礼义之邦"的美称。

②政化：政治和教化。

③杜：杜绝，堵塞。私门：权贵，权势之家。

④勃：兴盛，旺盛。

【译文】

　　鲁穆公问子思说："我们鲁国可以兴旺发达起来吗？"子思说："可

以。"鲁穆公说:"那应该怎么做呢?"子思回答:"如果您与大夫们能够仿效周公、伯禽的治国方法,推行他们的政治教化,把国家的恩惠赐予民众,杜绝豪门贵族的个人私利,以仁恩团结百姓,以礼与邻国相交,那么鲁国自然就会兴旺发达了。"

9.9　子思曰:"吾之富贵甚易,而人由勿能①。夫不取于人谓之富,不辱于人谓之贵。不取不辱,其于富贵庶矣哉②!"

【注释】

①而人由勿能:由,通"尤",尚,尚且。别本或作"尤"。人,底本无,别本或有。冢田虎曰:"他所谓富贵则难求,我所谓富贵则易致,易致而犹不能治焉。"今据补。

②庶:几乎,将近,差不多。

【译文】

子思说:"我想要实现富贵是很容易的,然而别人还做不到。不向别人索取叫作富,不受别人的侮辱叫作贵。既不索取于人也不被人侮辱,那真就相当于实现富贵了啊!"

抗志第十

10.1　曾申谓子思曰①:"屈己以申道乎②?抗志以贫贱乎③?"子思曰:"道申,吾所愿也。今天下王侯,其孰能哉?与屈己以富贵④,不若抗志以贫贱。屈己则制于人,抗志则不愧于道。"

【注释】

①曾申：曾参之子。

②申：弘扬。道：正道，道义。

③抗志：高尚其志，坚守志节。

④与：与其。富贵：此处"富贵"疑为"申道"之讹，联系上下文意，均与"富贵"无关。

【译文】

曾申对子思说："是委屈自己以弘扬道义呢？还是坚守志节而甘守贫贱呢？"子思说："道义能够得到弘扬，是我的心愿。但如今天下的王侯们，又有谁能做得到呢？所以与其委曲求全来弘扬道义，不如坚守节操甘愿贫贱。委曲求全必然受制于人，而坚守节操则无愧于道义。"

10.2　子思居卫。卫人钓于河，得鳏鱼焉①，其大盈车。子思问之曰："鳏鱼，鱼之难得者也，子如何得之②？"对曰："吾始下钓，垂一鲂之饵③，鳏过而勿视也。更以豚之半体④，则吞之矣。"子思喟然曰⑤："鳏虽难得，贪以死饵；士虽怀道，贪以死禄矣⑥。"

【注释】

①鳏（guān）鱼：鱼名，即鲩鲲，又名鳡鱼。

②子如何得之：如，底本作"思"，意不通。别本或作"如"，或作"果"。钱熙祚曰："'如'原误'果'，依《初学记》《御览》改。"今从改。

③鲂（fáng）：鱼名，即鳊鱼的古称。

④豚：小猪。

⑤喟然：叹气的样子。

⑥士虽怀道，贪以死禄矣：宋咸注："故邦无道，富且贵，仲尼之所耻

也。"冢田虎曰:"虽怀抱道之士,苟贪欲利禄,则或不得其死然。孔子见罗雀者所得,谓弟子曰:'善惊以远害,利食而忘患,自其心矣。'此与今相似矣。"

【译文】

子思住在卫国。有个卫国人在河中钓鱼,钓到一条鳏鱼,大得能装满一辆车子。子思问他说:"鳏鱼,是很难钓到的一种鱼,你是如何钓到它的?"卫人回答说:"我开始下钩的时候,只用一条鲂鱼做钓饵,鳏鱼经过的时候连看都不看。后来我换了半只小猪做钓饵,鳏鱼就上钩了。"子思感叹道:"鳏鱼虽然不容易捕获,但却因为贪吃钓饵而死;士人虽然向往礼义之道,却会因为贪恋利禄而死啊。"

10.3　子思居卫。鲁穆公卒,县子使乎卫[1],闻丧而服,谓子思曰:"子虽未臣,鲁,父母之国也,先君宗庙在焉,奈何弗服?"子思曰:"吾岂爱乎[2]? 礼不得也。"县子曰:"请问之。"答曰:"臣而去国,君不扫其宗庙,则为之服[3]。寄公寓乎是国[4],而为国服。吾既无列于鲁[5],而祭在卫,吾何服哉? 是寄臣而服所寄之君,则旧君无服,明不二君之义也[6]。"县子曰:"善哉! 我未之思也,我未之思也。"

【注释】

①县子:名琐,鲁国大夫。

②爱:吝惜。

③"臣而去国"几句:冢田虎曰:"仕而臣之,以道去之者,其君不扫去我宗庙,则为之反服,否则,不服焉。"《仪礼·丧服》:"以道去君,而未绝者,为其旧君,服其衰三月。"扫,清除。

④寄公:古指失国后寄居别国的诸侯,后亦泛称失位而流亡者。

⑤无列于鲁：指在鲁国没有官职禄位。

⑥"是寄臣而服所寄之君"几句：宋咸注："言寄臣于卫而为鲁君服，是有二君矣。"不二君，不同时做两个君主之臣。

【译文】

子思住在卫国。鲁穆公去世了，鲁国大夫县子当时正出使卫国，听到消息后就穿上丧服为鲁穆公服丧，对子思说："先生虽然没有做鲁穆公之臣，但鲁国毕竟是你的父母之国，先人的宗庙都还在那里，为什么不为鲁君服丧呢？"子思说："难道是我吝惜自己吗？只是根据礼法的规定我不能为鲁君服丧啊。"县子说："请问是什么道理。"子思回答说："如果臣子离开自己的国家，但国君没有清除其宗庙，国君死了要为他服丧。作为流亡者寄居在别国，就要为这个国家的国君服丧。我如今不在鲁国的臣子之列，而且祭祖也是在卫国，我为什么要为鲁君服丧呢？托身他国为臣就应该为寄居之国的君主服丧，对故国的国君则不服丧，这是在表明一臣不事二君的道义。"县子说："说得对啊！这是我没有考虑到的，这是我没有考虑到的。"

10.4　卫君言计非是，而群臣和者如出一口。子思曰："以吾观卫①，所为'君不君、臣不臣'者也②。"公丘懿子曰③："何乃若是？"子思曰："人主自臧④，则众谋不进。事是而臧之，犹却众谋，况和非以长乎⑤？夫不察事之是非，而悦人之赞己，暗莫甚焉；不度理之所在⑥，而阿谀求容⑦，谄莫甚焉。君暗臣谄，以居百姓之上，民弗与也。若此不已，国无类矣⑧。"

【注释】

①以吾观卫：卫，底本无，别本或有，宋汪晫编《子思子·任贤》及

《资治通鉴》并有"卫"字,今据增。

②所为"君不君、臣不臣"者也:宋咸注:"言君能从谏,则可以谓之君;臣能强谏,则可以谓之臣。"

③公丘懿子:卫国大夫,姓公丘。

④臧:好,善。

⑤"事是而臧之"几句:宋咸注:"言事是而自善,尚却去众谋,况更和其非日长而无已乎?"

⑥度:判断。

⑦阿谀求容:讨好奉迎,以求取悦于人。求容,取悦。

⑧国无类矣:宋咸注:"言国当亡,无噍类矣。"类,噍类,指活着的人。

【译文】

卫国国君的言语决策并不正确,但大臣们却都随声附和如出一口。子思说:"我看卫国,就是所说的'君不像君,臣不像臣'的国家。"公丘懿子问:"为什么这样说呢?"子思回答说:"国君自以为是,便听不进去众人的意见。即使他是对的却自以为得计,还会拒绝众人的建议,更何况是他的错误决策而群臣纷纷附和,助长不止呢?君主不能明察是非,而喜欢听人赞美自己,再没有比这更愚昧昏庸的了;群臣不判断事理是否正确,只知一味奉承取悦君主,再没有比这更谄媚的了。君主昏庸,臣下谄媚,他们来管理百姓,百姓是不会同意的。如果这种现象再不停止,这个国家就要灭亡了。"

10.5 子思谓卫君曰:"君之国事将日非矣①。"君曰:"何故?"答曰:"有由然焉②。君出言皆自以为是③,而卿大夫莫敢矫其非④;卿大夫出言亦皆自以为是,而士庶莫敢矫其非⑤。君臣既自贤矣,而群下同声贤之。贤之则顺而有福,矫之则逆而有祸,故使如此。如此,则善安从生?《诗》

云：'具曰予圣，谁知乌之雌雄⑥？'抑亦似卫之君臣乎⑦！"

【注释】

①日非：一天天败坏。

②由然：原委，来由。

③君出言皆自以为是：以，按底本无，别本均有，宋汪晫编《子思子·任贤》及《资治通鉴》亦有，今据补。

④矫：纠正。

⑤士庶：士人和普通百姓。亦泛指人民、百姓。

⑥具曰予圣，谁知乌之雌雄：诗见《诗经·小雅·正月》。具曰予圣，自以为圣人，谓自夸高明。毛传："君臣俱自谓圣也。"郑玄笺："云时君臣贤愚适同如乌，雌雄相似，谁能别异之乎。"

⑦抑亦：表示推测，或许，也许。

【译文】

子思对卫国国君说："您国家的政事将一天天败坏。"卫君问："为什么呢？"子思回答说："这是有原因的。您说话总是自以为是，而卿大夫们却没有人敢纠正您的错误；卿大夫说话也都自以为是，而士人百姓却没有人敢纠正他们的错误。君臣既然都自以为贤能，而下面的人都异口同声地歌功颂德。歌功颂德就遂顺有福，直言矫正则横遭祸患，这就会导致国事日非。这样一来，善政能从哪里产生呢？《诗》中说：'都说自己最圣明，谁能辨别乌鸦的雄雌呢？'这或许说的就是卫国的君臣吧！"

10.6　卫君问子思曰："寡人之政何如？"答曰："无非。"君曰："寡人不知其不肖①，亦望其如此也。"子思曰："希旨容媚②，则君亲之；中正弼非③，则君疏之。夫能使人富贵贫贱者，君也，在朝之士，孰肯舍其所以见亲④，而取其所以见疏乎？是故竞求射君之心⑤，而莫有非君之非者，此臣所谓'无非'也。"公曰："然乎？寡人之过也，今知改矣。"答曰："君弗能焉。口顺而心不怿者⑥，临其事必疣⑦。君虽有命，臣未敢受也。"

【注释】

①不知其不肖：这是卫君自谦之语，意思是说知道自己不贤能。

②希旨：迎合在上者的意旨。希，揣摩。旨，真实想法。容媚：奉承谄媚。

③中正：正直。弼非：匡正过失。弼，纠正。

④孰肯舍其所以见亲：底本无"其"字，钱熙祚曰："《御览》六百二十四'舍'下有'其'字。"傅亚庶认为"舍其所以见亲"与下"取其所以见疏"相对，应补"其"字。今据补。

⑤射：猜测。

⑥怿（yì）：喜悦。

⑦疣（yóu）：用同"尤"，怨恨，归咎，过失。

【译文】

卫国国君问子思："我的国政怎么样？"子思回答说："没有不对。"卫君说："我知道自己不贤能，也希望国政没有不对之处。"子思说："迎合您的意图并奉承谄媚的人，您就亲近他们；品行正直、匡正您的过失的人，您却疏远他们。能够决定人的富贵贫贱是您，朝中百官，又有谁肯放弃被您亲近的机会，而选择被您所疏远呢？所以群臣都竞相猜度您的心思，而没有人去匡正您的过失，这就是我说的'没有不对'的意思。"卫君说："是这样吗？这是我的过错，我如今知道了，会改正的。"子思回答说："您恐怕做不到。口头上答应但内心里却不高兴，等到事到临头时必然会心生怨恨。您即使有承诺，我也不敢接受。"

10.7　司徒文子改葬其叔父^①，问服于子思。子思曰：
"礼，父母改葬，缌^②，既葬而除^③，不忍无服送至亲也。非父
母无服，无服则吊服而加麻^④。"文子曰："丧服既除^⑤，然后
乃葬，则其服何服？"答曰："三年之丧，未葬，服不变，除何
有焉？期、大功之丧^⑥，服其所除之服以葬，既葬而除之。其
虞也^⑦，吉服以行事也^⑧。"

【注释】

①司徒文子：宋咸注："文子，卫之司徒。"

②缌（sī）：古代丧服名。五种丧服之最轻者，以细麻布为孝服，服丧
　三个月。

③既葬而除：下葬后就脱去丧服，不必服三个月。除，除服，指脱去
　丧服。

④吊服而加麻：吊服，吊丧之服。麻，指服丧时系在头部或腰部的麻
　带。服，底本无，别本或有，宋汪晫编《子思子·丧服》亦有。《礼
　记·檀弓》注曰"凡吊服加麻者……"，则"吊服加麻"为丧服之
　礼。今据补。

⑤丧服既除：指父母三年之丧除服之后。

⑥期：为期一年的丧服。大功：丧服五服之一，服期九月。

⑦虞：古代一种祭名。既葬而祭叫虞，有安神之意。

⑧吉服：古代祭祀时所着之服。祭祀为吉礼，故称吉服。

【译文】

司徒文子要改葬他的叔父，就丧服之事向子思请教。子思说："按照
丧礼的规定，改葬父母要穿缌服，下葬以后就脱下，这是因为孝子不忍心
不穿丧服就改葬父母。如果不是自己的父母就不必穿缌服，仅在吊丧的
服装上加麻带就可以了。"文子说："丧服已除，然后才下葬，那又应该穿

什么丧服呢?"子思回答说:"父母去世要服丧三年,没有下葬之前,丧服不变,怎么会有除服的事呢? 期服、大功之丧期满下葬,就穿当初服丧时的丧服来安葬亲人,下葬后就脱下丧服。虞祭的时候,就要改穿吉服来行礼。"

10.8　公叔木谓申祥曰①:"吾于子思,亲而敬之,子思未吾察也。"申祥以告,曰:"人求亲敬于子,子何辱焉?"子思答曰:"义也。"申祥曰:"请闻之。"答曰:"公叔氏之子,爱人之同己,慢而不知贤。夫其亲敬,非心见吾所可亲敬也。以人口而亲敬吾,则亦以人口而疏慢吾矣。"申祥曰:"其不知贤奈何?"答曰:"有龙穆者,徒好饰弄辞说②,观于坐席,相人眉睫以为之意③,天下之浅人也,而公叔子交之。桥子良修实而不修名,为善不为人之知己,不撞不发,如大钟然④,天下之深人也⑤,而公叔子与之同邑而弗能知,此其所以为爱同己而不知贤也。"

【注释】

①公叔木:宋咸注:"木,卫公叔文子之子,定公十四年奔鲁,或为'朱',春秋作'戍'。"
②饰弄辞说:修饰玩弄言辞。
③相人眉睫以为之意:即察言观色。眉睫,眉毛和睫毛,指人的脸色、眼色。
④不撞不发,如大钟然:意谓桥子良有君子品质。《墨子·非儒下》:"君子若钟,击之则鸣,弗击不鸣。"《礼记·学记》:"善待问者如撞钟,叩之以小者则小鸣,叩之以大者则大鸣。"
⑤深人:学问高深的人。

【译文】

公叔木对申祥说："我对子思，既亲近又敬重，而子思却不能体察我的心意。"申祥把公叔木的话告诉了子思，并问道："人家希望向您表达亲近敬重，您为什么让人家难堪受辱呢？"子思回答说："这是出于道义。"申祥说："请让我听听其中的缘由。"子思回答说："公叔木这个人，只是喜欢别人赞同自己，傲慢而不识贤才。他虽然亲敬我，但内心并非真的认为我值得亲敬。他仅是听别人说我值得亲敬就来亲敬我，那么他也会因为别人诋毁我而疏远怠慢我。"申祥说："他的不知贤才有什么根据吗？"子思回答说："有个人叫龙穆，就喜欢花言巧语，玩弄辞令，在座席上察言观色，专说别人喜欢听的话，是天下最为浅薄的人，但公叔子却与他交往。桥子良为人笃实不图虚名，做好事不是为了让别人知晓，就像不撞不响的大钟一样，这是天下真正学问高深的人，而公叔子虽与他住在同一城邑却不知道他，这就说明他只是喜欢别人赞同自己，而不是真正赏识贤才。"

10.9　子思自齐反卫，卫君馆而问曰①："先生鲁国之士，然不以卫之褊小②，犹步玉趾而慰存之③，愿有赐于寡人也。"子思曰："臣羁旅于此，而辱君之威尊，亟临荜门④，其荣多矣。欲报君以财币，则君之府藏已盈，而伋又贫。欲报君以善言，恐未合君志，而徒言不听也⑤。顾有可以报君者⑥，唯达贤尔⑦。"卫君曰："贤则固寡人之所愿也。"子思曰："未审君之愿，将何以为？"君曰："必用以治政。"子思曰："君弗能也。"君曰："何故？"答曰："卫国非无贤才之士，而君未有善政，是贤才不见用故也。"君曰："虽然，愿闻先生所以为贤者。"答曰："君将以名取士耶？以实取士耶？"君曰："必以实。"子思曰："卫之东境有李音者，贤而有实者也。"君曰："其父祖何也？"答曰："世农夫也。"卫君乃卢胡大笑曰⑧："寡人不好农，农夫之子，无所用之。且世臣之子未悉官之⑨。"子思曰："臣称李音，称其贤才也。周公大圣，康叔大贤⑩，今鲁、卫之君，未必皆同其祖考⑪。李音父祖虽善农，则音亦未必与之同也。君言'世臣之子未悉官之'，则臣所谓有贤才而不见用，果信矣。臣之问君，固疑君之取士不以实也。今君不问李音之所以为贤才，而闻其世农夫，因笑而不受，则君取士，果信名而不由实者也。"卫君屈而无辞。

【注释】

①馆：此指来到子思的住处。

②褊（biǎn）：狭小。

③玉趾：对人脚步的敬称。慰存：犹慰问。存，慰问。

④亟（qì）：屡次。荜（bì）门：用竹荆编织的门，常指房屋简陋破旧。荜，同"筚"，荆条竹木之属。

⑤徒言：空话，说空话。

⑥顾有可以报君者：顾，发语词，无意。按，底本"顾"下有"未"字，句意迂曲，钱熙祚曰："'顾'下原衍'未'字，依《御览》删。"今据删。

⑦达贤：举荐贤才。

⑧卢胡：笑声发于喉间。

⑨世臣之子：卿大夫之子。世臣，古代官职实行世袭制度，世臣就是世代承袭的旧臣。悉：全，尽。

⑩康叔：西周卫国的开国之君，名封，周武王弟。初封于康（今河南禹州西北），故称康叔。

⑪祖考：祖先。

【译文】

子思从齐国返回卫国，卫国国君亲自来到子思的住处向他问道："先生是鲁国人，却没有嫌弃卫国国小地狭，亲临我国加以慰问，希望您能对我有所教诲。"子思说："我寄居在贵国，却劳动您的大驾多次光临寒舍，实在是我莫大的荣幸。我想用钱财报答您，可是您的府库已经充盈，而我又贫穷。我想用良言来报答您，又担心不合您的心意，不过是空话您未必愿意听。能够用来报答您的，只能是为您举荐贤才了。"卫君说："能得到贤才本来就是我所希望的。"子思说："不知道您如果得到贤才要用来做什么呢？"卫君说："一定会用他们来治理国家。"子思说："您做不到的。"卫君说："为什么这么说？"子思回答说："卫国并不是没有贤才，可是您治理国家却没有良好的政绩，这就是贤才没有真正得到任用的缘故。"卫君说："虽然是这样，我愿意听听先生所说的贤才是什么样子的。"子思说："您是想以名声取才呢？还是想以真才实学取才？"卫君说："当然是以他的真才实学了。"子思说："卫国东部边境有一个叫李音的，是个有真才实学的贤人。"卫君问道："他的父亲和祖父都是做什么的？"子思说："世代务农。"卫君听完哈哈大笑说："我不喜欢农活，一个农夫之子没有什么用处。何况卫国的卿大夫子弟还没能全都安排官职呢。"子思说："我向您举荐李音，是欣赏他贤良而且有才干。周公是大圣人，康叔是大贤人，可如今鲁国、卫国的国君却未必像其祖先周公、康叔那样圣贤。李音的父祖虽然只善于务农耕作，但李音却未必与他们相同。您刚才说'卫国的卿大夫子弟还未能全都安排官职'，那么我所说的卫国虽有贤才却得不到任用的话，果然没有说错。我问您的时候，原本就怀疑您取士并不是看他们实际的才能。现在您不问李音的贤能之处何在，听说其父祖世代务农，就嘲笑他、拒绝他，这样看来您的取才标准果然只是注重虚名而非真才实学。"卫君理屈词穷，无言以对。

10.10　卫君曰:"夫道大而难明,非吾所能也,今欲学术①,何如?"子思曰:"君无然也。体道者②,逸而不穷③;任术者,劳而无功。古之笃道君子④,生不足以喜之,利何足以动之? 死不足以禁之,害何足以怨之? 故明于死生之分,通于利害之变⑤,虽以天下易其胫毛,无所槩于志矣⑥。是以与圣人居,使穷士忘其贫贱,使王公简其富贵⑦。君无然也。"卫君曰:"善。"

【注释】

①术:权诈之术。宋咸注:"以圣人之道大而难明,欲学权诈之术。"

②体:实行。

③逸:安逸,安乐。穷:困窘。

④笃道:笃信大道。

⑤利害之变:冢田虎曰:"顺道则害变为利,逆道则利变为害。"

⑥虽以天下易其胫毛,无所槩(gài)于志矣:冢田虎曰:"死生各有性分之命,不可求而得,不可去而逃。顺道则害变为利,逆道则利变为害。故体道者,虽以天下之富贵易脚胫之毛,而无所感触于其志矣。"胫毛,小腿上的寒毛,谓物之细微者。槩,触动。

⑦简:轻视。

【译文】

卫国国君说:"世间大道过于深奥,难以明了,不是我可以掌握的,如今我想学习权诈之术,怎么样?"子思说:"您不要这样做。实行道义来治理国家的君主,安逸而不会困窘;玩弄权术治理国家的君主,将会徒劳无功。古代笃守善道的君子,生不足以令他欣喜,利益又怎么能打动他呢? 死不足以禁止他,祸害又怎么能让他怨恨呢? 因此君子明白生死有命,通晓利与害会互相转变的道理,即使用天下来换他小腿上的一根毫毛,也不会使他改变意志。所以和圣人在一起,能使穷苦之士忘掉贫贱,使王公贵族轻视富贵。您不要放弃道义去学权术。"卫君说:"好。"

10.11　齐王谓子思曰:"今天下扰扰^①,诸侯无伯^②。吾国大人众,图帝何如?"子思曰:"不可也,君不能去君贪利之心。"王曰:"何害?"子思曰:"夫水之性清,而土壤汩之^③,人之性安,而嗜欲乱之。故能有天下者,必无以天下为者也^④;能有名誉者,必无以名誉为者也。达此,则其利心外矣^⑤。"

【注释】

①扰扰:形容纷乱的样子。

②伯(bà):通"霸",古代诸侯联盟的首领。

③汩(gǔ):扰乱。

④无以天下为:不追求拥有天下。无以……为,不把……作为重要的事。

⑤外:抛弃,置之于外。

【译文】

齐王对子思说:"如今天下混战纷乱,诸侯没有霸主。我国强大人口众多,如果谋求帝业,您以为如何?"子思说:"不可以,因为您不能去除您的贪利之心。"齐王说:"这有什么害处呢?"子思说:"水性清纯,而土壤却使之浑浊,人性安逸,而贪欲却使之惑乱。所以能够拥有天下者,一定是不对天下孜孜以求的人;能够得到良好声誉的,一定是不把虚名放在心上的人。如果明白了这个道理,就能把贪利之心置之度外了。"

10.12　卫将军文子之内子死^①,复者曰^②:"皋媚女

复③。"子思闻之,曰:"此女氏之字④,非夫氏之名也。妇人于夫氏,以姓氏称⑤,礼也。"

【注释】

①内子:妻子。

②复者:招魂人。复,古丧礼称召唤始死者的灵魂为"复"。

③皋(háo)媚女复:《礼记·礼运》:"及其死也,升屋而号,告曰:'皋某复。'""某"为死者之名。皋,号呼,呼告。媚女,招魂者对文子亡妻的称呼。复,回来,返回。

④女氏:未出嫁者。

⑤妇人于夫氏,以姓氏称:妇人出嫁到夫家后,要称呼她娘家的姓,而不能称她未嫁时的名字。

【译文】

卫国将军文子的妻子死了,招魂的人大声喊道:"啊,媚女回家来吧!"子思听到后说:"这是死去女子在娘家时的称呼,不是她在夫家的称呼。妇人嫁人后,就应当以娘家的姓来称呼她,这才是符合礼制的。"

10.13　费子阳谓子思曰①:"吾念周室将灭,泣涕不可禁也②。"子思曰:"然,此亦子之善意也。夫能以智知可知③,而不能以智知未可知④,危之道也。今以一人之身,忧世之不治,而泣涕不禁,是忧河水之浊而泣清之也⑤,其为无益莫大焉。故微子去殷⑥,纪季入齐⑦,良知时也⑧。唯能不忧世之乱而患身之不治者,可与言道矣。"

【注释】

①费子阳:鲁国大夫的家臣。费,鲁邑名,为季孙氏封地。

②泣涕：流泪。

③知可知：姜兆锡曰："知可知，忧世也。"

④知未可知：姜兆锡曰："知未可知，知时也，能治其身也。而与时为进退，则知时而世不足忧矣。"

⑤是忧河水之浊而泣清之也：泣清之，流泪而想要黄河水变清。按，底本"而"下有"以"字，别本无，宋汪晫编《子思子•无忧》篇亦无。增"以"字句意不通，今据删。

⑥微子去殷：微子名启，商王帝乙之长子，纣王庶兄。封于微（今山东梁山西北），位列子爵。纣王淫乱，微子屡谏不听，遂逃亡。周武王灭殷后，封微子于宋，统率殷族，奉其先祀。

⑦纪季入齐：纪季是春秋时期纪国国君纪侯之弟。季，长幼之序，非人名。前691年，迫于齐国的侵略重压，纪侯分酅（xī）地给纪季，令其投降齐国。第二年，齐国军队攻破纪国都城，纪国灭亡。纪季作为齐国的附庸得以残存，虽无爵位，但有封地，并可以立宗庙，守祭祀。

⑧良：很，确实。

【译文】

费子阳对子思说："我一想到周室即将灭亡，就忍不住泪流不止。"子思说："是啊，这也是你的好心。能够凭借自己的智慧来预测即将发生的事态变故，却不能以智慧去预测时势带来的不可知的大变故，这可就十分危险了。如今您凭一己之力，为天下大乱而担忧，以至于泪流不止，就好比忧虑黄河浑浊而想以哭泣使之变清，没有比这更没用的了。所以从前微子离开殷商，纪季投降齐国，实在都是明察时势的人。只有那种不以世道混乱为忧虑，而是担心自身修养不足的人，才可以与他一起谈经论道。"

10.14　齐王戮其臣不辜①，谓子思曰："吾知其不辜，而适触吾忿②，故戮之，以为不足伤义也。"子思曰："文王葬枯骨而天下称义③，商纣斩朝涉而天下称暴。夫义者，不必遍利天下也；暴者，不必尽虐海内也。以其所施而观其意，民乃去就焉。今君因心之忿，迁戮不辜，以为无伤于义，此非伋之所敢知也④。"王曰："寡人实过，乃今闻命，请改之。"

【注释】

①不辜：无罪，无罪之人。

②忿：愤怒。

③文王葬枯骨而天下称义：《吕氏春秋·异用》篇载：周文王使人挖池塘，"得死人之骸，吏以闻于文王。文王曰：'更葬之。'吏曰：'此无主矣。'文王曰：'有天下者，天下之主也。有一国者，一国之主也。今我非其主也？'遂令吏以衣棺更葬之。天下闻之曰：'文王贤矣，泽及髑骨，又况于人乎！'"《新序》《新书》等亦载之。按，底本"称"作"知仁"，别本作"称义"。下文"义者，不必遍利天下也；暴者，不必尽虐海内也"，亦"义""暴"对言。今据改。

④此非伋之所敢知也：按，底本"伋"作"臣"，蔡宗尧本作"伋"。傅亚庶按："作'伋'是，据改。于齐王，子思自称曰'伋'，非称'臣'。"

【译文】

齐王杀掉了一个无罪的臣子，对子思说："我知道他没有罪，但正赶在我的气头上，所以就把他杀了，我觉得这样做不足以损害道义。"子思说："从前周文王为枯骨下葬而使天下人都知道了他的仁义，商纣王砍断早晨过河的人的腿骨以察看骨髓，则使天下人都认为他残暴无比。所以行仁义的人不一定对全天下施利，而残暴的人也不一定对天下所有的人施虐。根据他的所作所为就可以判断他的内心，百姓会以此来决定自己的向背。今天您仅仅因为自己一时不高兴就迁怒于人，杀戮无辜，还以为无损于道义，这不是我能够明白的事。"齐王说："我确实做得不对，今天听了先生的教诲，今后我一定改正。"

10.15　卫公子交见于子思，曰："先生圣人之后，执清高之操，天下之君子，莫不服先生之大名也。交虽不敏，切慕下风^①，愿师先生之行，幸顾恤之^②。"子思曰："公子不宜也。夫清高之节，不以私自累，不以利烦意，择天下之至道，行天下之正路。今公子绍康叔之绪^③，处战伐之世，当务收英雄，保其疆土，非所以明否臧、立规检、修匹夫之行之时也^④。"

【注释】

①切：深，深切。按，别本或作"窃"。下风：比喻下位、卑位，此处用作谦辞。

②顾恤（xù）：照顾体贴。恤，抚慰，怜惜。

③绍：继承。绪：前人未完成的事业。

④非所以明否臧（pǐ zāng）、立规检、修匹夫之行之时也：否臧，是非，善恶。规检，规矩法度。宋咸注："言清高之节，乃匹夫之为，非公子所行，盖子思谦为之语。"冢田虎曰："言其如是执清高之操者，身未任一国之事，故独善其身而已，斯匹夫之行也。如公子，则当以保其疆土为任，不可唯善其身也。"

【译文】

卫国的公子交和子思相见，说："先生是圣人的后代，坚守高尚的节操，当今天下的君子，没有人不仰慕先生的大名。我虽然不够聪明，但深深地仰慕先生，愿意跟随先生学习，希望先生能体恤我的良苦用心。"子思说："公子您不应该向往这种清高节操。节操清高的人，不会让私心牵累自己，也不会让利益烦扰自己，选择仁为天下的至道，以义为天下的正路。而如今公子您继承的是卫康叔的事业，身处战乱攻伐的时代，您应该致力于招揽天下英雄，保卫国家领土，如今不是您辨别是非善恶、制定规矩法度、修养个人身心的时候。"

10.16　卫公子交馈马四乘于子思，曰："交不敢以此求先生之欢而辱先生之洁也。先生久降于鄙土，盖为宾主之饩焉①。"子思曰："伋寄命以来，度身以服卫之衣，量腹以食卫之粟矣，且又朝夕受酒脯及祭膰之赐②，衣食已优，意气已定，以无行志，未敢当车马之贶③。礼，虽有爵赐人，不逾父兄④。今重违公子之盛旨，则有陷礼之僭焉⑤，若何？"公子曰："交已言于君矣。"答曰："不可。为人子者，三赐不及车马⑥。"公子曰："我未之闻也，谨受教。"

【注释】

①饩（xì）：赠送财物。

②酒脯：酒和干肉，亦泛指酒肴。膰（fán）：古代祭祀用的熟肉。

③未敢当车马之贶（kuàng）：冢田虎曰："言若得行志，而有功于卫国，乃宜受车马。今未有行志，则未敢当此贶。"贶，赠，赐。

④礼，虽有爵赐人，不逾父兄：逾，越过，超过。宋咸注："礼，人子三赐，不及车马。故虽有爵，赐人不逾父兄也。"冢田虎曰："虽有爵位者，赐人不逾其父兄，礼也。今卫君未贶子思车马，而公子赐之，固非礼也。"

⑤今重违公子之盛旨，则有陷礼之僭焉：盛旨，盛意。僭，差失，罪过。冢田虎曰："言公子之赐，虽则非礼也，然今违其盛旨而不受之，则亦将重有失礼之僭差。"

⑥为人子者，三赐不及车马：《礼记·曲礼上》："夫为人子者，三赐不
及车马。三赐，三命也。凡仕者，一命而受爵，再命而受衣服，三
命而受车马。车马，而身所以尊者备矣。卿、大夫、士之子不受，
不敢以成尊比逾于父。天子诸侯之子不受，自卑远于君。"

【译文】

卫公子交赠送给子思车马四乘，说："我不敢凭这来求得先生的欢
心，而侮辱了先生的高洁。先生在鄙国已经居住很久了，这就当是主人
给客人的一点礼物吧。"子思说："我寄居贵国以来，按身量穿着卫国的
衣服，按肚量吃着卫国的粮食，而且还常常得到酒脯和祭肉的赐赠，吃的
穿的已经很好了，我的心意已定，因为没有实行我的志向而没有功劳，所
以不敢接受您赠赐的车马。从礼制上来说，即使有爵位，赐予别人也不
能逾越父兄。现在我若违背公子的盛意，又会犯违背礼节的错误，怎么
办呢？"公子说："我已经禀报过国君了。"子思回答说："我不能接受。作
为王侯、卿大夫和士的儿子，在接受三命之赐时，不能接受车马。"公子
交说："我没有听说过这些道理啊，恭谨地领受先生的教诲。"

10.17　穆公欲相子思，子思不愿，将去鲁。鲁君曰："天
下之王，亦犹寡人也，去将安之①？"子思答曰："盖闻君子犹
乌也②，疑之则举③。今君既疑矣，又以己限天下之君④，臣切
为言之过也⑤。"

【注释】

①之：去往。

②乌：此处疑作"凰"，喻君子之高洁。

③举：飞走。

④限：推测。

⑤臣切为言之过也：宋咸注："又亿度天下之君皆如己，是言之过。"
　　切，同"窃"，犹言私下。

【译文】

鲁穆公打算任用子思为相，子思不愿意接受，将要离开鲁国。鲁穆公说："天下的诸侯国君，都和我差不多，您离开鲁国又能到哪儿去呢？"子思回答说："我听说君子就像凤凰一样，国君若疑忌，就振翅远飞。现在您已经猜疑我，又以一己之心推测天下的国君，我私下以为您的话是不对的。"

　　10.18　齐王谓子思曰："先生名高于海内，吐言，则天下之士莫不属耳目①。今寡人欲相梁起，起也名少②，顾先生谈说之也③。"子思曰："天下之士所以属耳目者，以伋之言是非当也④。今君使伋虚谈于起，则天下之士必改耳目矣。耳目既改，又无益于起，是两有丧也，故不敢承命。"齐君曰："起之不贤，何也？"子思曰："君岂未之知乎？厚于财色，必薄于德，自然之道也。今起以贪成富，闻于诸侯，而无救施之惠焉⑤；以好色闻于齐国，而无男女之别焉。有一于此，犹受其咎⑥，而起二之，能无累乎？"王曰："寡人之言实过，愿先生赦焉。"

【注释】

①属（zhǔ）耳目：耳朵注意听、眼睛注意看。指特别关注。属，关注。
②名少：名气小。
③顾先生谈说之：顾，发语词。谈说，议论，谈论。此指说好话。宋咸注："欲子思谈说以誉之。"按，底本无"生"字，别本或有，今据补。
④以伋之言是非当也：按，底本"以伋"作"欲伋"，姜兆锡本作"以

仅"。钱熙祚曰:"'以'原误'欲',依《子思子》改。"今据改。

⑤救施之惠:对穷人给予救济施舍的恩惠。

⑥咎:怪罪,处分。

【译文】

齐王对子思说:"先生名闻海内,您一说话,天下士人没有不关注的。现在我想任用梁起为相,但梁起没什么名望,希望先生您能为他说点好话。"子思说:"天下士人之所以关注我的议论,是因为我议论是非公允得当。现在您让我为梁起说虚假的好话,那么天下之士就肯定不再关注我了。我不再被相信,而梁起也没有得到什么好处,这样一来就一举两失了,所以我不敢接受您的命令。"齐君说:"说梁起不贤能,为什么呢?"子思说:"您难道不知道吗? 一个人如果重视财富美色,就必然轻视道德,这是自然的事情。梁起靠贪婪致富,各国君主都知道,且又没有扶贫济困的恩惠之举;他的好色闻名于齐国,违背男女有别的礼法。贪财和好色只要有一条,就应该受到处分,而梁起竟二者皆备,这样的人怎能不受贪欲之累?"齐王说:"我刚才的话确实说错了,请先生原谅。"

10.19 子思见老莱子①。老莱子闻穆公将相子思,老莱子曰:"若子事君,将何以为乎?"子思曰:"顺吾性情,以道辅之,无死亡焉②。"老莱子曰:"不可顺子之性也。子性刚,而傲不肖③,且又无所死亡,非人臣也。"子思曰:"不肖,故人之所傲也。夫事君,道行言听,则何所死亡? 道不行,言不听,则亦不能事君,所谓无死亡也。"老莱子曰:"子不见夫齿乎? 虽坚刚,卒尽相摩④;舌柔顺,终以不弊⑤。"子思曰:"吾不能为舌,故不能事君。"

【注释】

①老莱子：楚国人，春秋晚期道家代表人物。相传著有《老莱子》，汉魏时亡佚。

②无死亡：不白白地为君主去死。

③傲：藐视。不肖：小人。

④摩：磨损，磨擦。

⑤弊：破损，败坏。

【译文】

　　子思与老莱子相见。老莱子听说鲁穆公将任用子思为相，老莱子说："如果您侍奉鲁君，将会怎么做呢？"子思说："顺着我的性情，以道义辅助君主，不白白地为君主去死。"老莱子说："不可以顺着您的性情来做事。您的性情太过刚直，又藐视宵小之辈，更何况您又不愿意为君赴死，不适合做臣子。"子思说："没有才德，因此才被人所轻视。侍奉君主，如果大道畅行，那君主就会言听计从，怎么会有杀身之祸？大道不行，谏言不听，连侍奉君主犹且不可能，所以说谈不上死亡。"老莱子说："您没见过牙齿吗？虽然坚刚，最终都因相互摩擦而损坏；舌头柔顺，最终才完好无损。"子思说："我不能像舌头那样柔顺，所以无法侍奉君主。"

小尔雅第十一

广诂第一

　　渊①、懿②、邃③、赜④，深也。

【注释】

①渊：深邃。《诗经·邶风·燕燕》："其心塞渊。"毛传："渊，深也。"

②懿：深，与"浅"相对。《诗经·豳风·七月》："女执懿筐，遵彼微

行,爰求柔桑。"毛传:"懿筐,深筐也。"

③邃:深远。《说文》:"邃,深远也。"《楚辞·招魂》:"高堂邃宇。"邃宇,即深广的屋檐。

④赜(zé):深奥,玄妙。《周易·系辞上》:"圣人有以见天下之赜。"孔颖达疏:"赜,谓幽深难见。"

【译文】

渊、懿、邃、赜,都有"深"的意思。

封①、巨②、莫③、莽④、艾⑤、祁⑥,大也。

【注释】

①封:规模浩大。《诗经·商颂·殷武》:"封建厥福。"毛传:"封,大也。"郑笺:"则命之于小国,以为天子,大立其福。谓命汤使由七十里王天下也。"

②巨:大,与"小"相对。《春秋公羊传·哀公六年》:"力士举巨囊。"

③莫:古同"暮"。暮色苍茫,故引申为广大之意。《左传·庄公二十八年》:"狄之广莫。"《庄子·逍遥游》:"广莫之野。"陆德明释文:"莫,大也。"

④莽:辽阔,无涯际的样子。《吕氏春秋·知接》:"何以为之莽莽也。"高诱注云:"莽莽,长大貌。"

⑤艾:年老的,也指老年人。《礼记》:"五十曰艾,服官政。"郑玄注:"艾,老也。"前人注疏皆以为艾之训大,指年纪老大。

⑥祁:盛大。《诗经·小雅·吉日》:"其祁孔有。"毛传:"祁,大也。"

【译文】

封、巨、莫、莽、艾、祁,都有"大"的意思。

颂①、赋②、铺③、敷④,布也。

【注释】

①颁："颁"之"布"义,当为"班"之假借。《周礼·春官·大史》:"颁告朔于邦国。"郑玄注:"颁读为班,班,布也。"

②赋:本义为征收赋税。《说文》:"赋,敛也。"引申为将赋税徭役摊派下去。《诗经·大雅·烝民》:"明命使赋。"毛传:"赋,布也。"

③铺："铺"之"布"义,乃"敷"之假借。《诗经·周颂·赉》:"敷时绎思,我徂维求定。"《左传·宣公十二年》引作:"铺时绎思。"杜预注:"铺,布也。"

④敷:排布。《说文》:"敷,布也。"《汉书·陈汤传》:"离城三里,止营傅陈。"颜师古曰:"傅,读曰敷。敷,布也。"

【译文】

颁、赋、铺、敷,都有"布"的意思。

盖①、戴②、焘③、蒙④、冒⑤,覆也。

【注释】

①盖:用芦苇或茅草编成的覆盖物。又作动词,覆盖,搭盖。《说文》:"盖,苫也。"《尔雅》:"编菅茅以覆屋曰苫。"

②戴:本义为增益。《说文》:"分物得增益曰戴。"段玉裁注:"引申之凡加于上皆曰戴。"此处为引申义。

③焘(dào):覆盖。《说文》:"焘,溥覆照也。"诸葛亮《请宣大行皇帝遗诏表》:"迈仁树德,覆焘无疆。"

④蒙:覆盖。《诗经·唐风·葛生》:"葛生蒙楚。"

⑤冒:蒙盖。《诗经·邶风·日月》:"下土是冒。"毛传:"冒,覆也。"

【译文】

盖、戴、焘、蒙、冒,都有"覆盖"的意思。

钟①、崇②、府③、最④、积⑤、灌⑥、聚⑦、朴⑧,丛也⑨。

【注释】

①钟:聚集。《国语·周语》:"泽,水之钟也。"

②崇:本义为山高大。《说文》:"崇,嵬高也。"物聚则高大,故引申为聚集。

③府:储藏大量文书或财物的地方。《说文》:"府,文书藏也。"引申为聚集。

④最:聚合。《庄子·德充符》:"得其常心,物何为最之哉?"《管子·禁藏》:"冬收五藏,最万物。"这两处的"最"都是"聚"的意思。

⑤积:本义指堆积谷物。《说文》:"积,聚也。"《荀子·劝学》:"积土成山,风雨兴焉。"引申为聚集。

⑥灌:树木丛生。《尔雅》:"灌木,丛木。"《广韵》:"灌,聚也。"《诗经·周南·葛覃》:"黄鸟于飞,集于灌木。"

⑦聚:会合,集合。《说文》:"聚,会也。"《史记·五帝本纪》:"一年而所居成聚。"

⑧朴:繁体为樸,从木,業声。業为丵字之讹。丵即丛聚而生的草,樸从業得声,因而有丛生木之义。《诗经·大雅·棫朴》:"芃芃棫朴。"毛传:"朴,枹木也。"

⑨丛:聚集。

【译文】

钟、崇、府、最、积、灌、聚、朴,都有"聚集"的意思。

阅①、搜②、履③、庀④,具也⑤。

【注释】

①阅:本义为点数。《说文》:"阅,具数于门中也。"引申为计算。《左

孔丛子

传·襄公九年》：“商人阅其祸败之衅，必始于火。”

②搜：本义为搜求。《说文》：“搜，众意也。一曰求也。”引申为查点、查数。王实甫《西厢记》：“不肯搜自己狂为，则待要觅别人破绽。”

③履：本义与行走有关。《说文》：“履，足所依也。”引申为丈量、度量。《散氏盘》：“矢人有司履田。”履田，即丈量田地。

④庀（pǐ）：具备，备办。《左传·襄公五年》：“宰庀家器为葬备。”杜预注：“庀，具也。”

⑤具：计算。

【译文】

阅、搜、履、庀，都有“计算”的意思。

攻①、为②、诂③、相④、旬⑤、宰⑥、营⑦、匠⑧，治也。

【注释】

①攻：本义是攻击、攻打。引申为以药物治疗疾病。《周礼·天官·疡医》：“以五毒攻之。”郑玄注：“攻，治也。”

②为：治理，处理。《左传·成公十年》：“公疾病，求医于秦。秦伯使医缓为之。”杜预注：“为，犹治也。”

③诂：疑当作“诘”。治理。《左传·襄公二十一年》：“子盍诘盗？”杜预注：“诘，治也。”

④相：治理。《左传·昭公二十五年》：“公鸟死，季公亥与公思展与公鸟之臣申夜姑相其室。”杜预注：“相，治也。”

⑤旬：古通“营”。《广雅·释诂三》：“旬，治也。”王煦疏：“古旬通作营，又通作均……均亦治义，故旬为治也。”

⑥宰：管理，治理。《老子·五十一章》：“生而不有，为而不恃，长而不宰，是谓玄德。”

⑦营：本义为四周垒土建成的居住地。《说文》：“营，居也。”用作营建、建造之义，营建即修治。《诗经·小雅·黍苗》：“肃肃谢功，召伯营之。”郑笺：“营，治也。”

⑧匠：本义为木匠。《说文》：“匠，木工也。”引申泛指工匠。工匠乃制作器物之人，用作动词即为加工制作之义。《楚辞·天问》：“女娲有体，敦制匠之？”

【译文】

攻、为、诘、相、匄、宰、营、匠，都有“治理”“制作”的意思。

蠲①、祓②、禋③、屑④，洁也。

【注释】

①蠲（juān）：古同“涓”。清洁义。《周礼·天官·宫人》：“除其不蠲。”郑玄注：“蠲，犹洁也。”

②祓（fú）：古代用斋戒沐浴等方法除灾求福，亦泛指扫除。《国语·周语上》：“祓除其心，以和惠民。”“祓”即洗涤其心。

③禋（yīn）：升烟祭天求福。《说文》：“禋，洁祀也。”《国语·周语上》：“不禋于神而求福焉，神必祸之。”韦昭注：“洁祀曰禋。”故此处引申为清洁义。

④屑：清洁，整洁。《诗经·邶风·谷风》：“宴尔新昏，不我屑以。”毛传：“屑，洁也。”

【译文】

蠲、祓、禋、屑，都有“清洁”的意思。

勿①、蔑②、微③、曼④、末⑤、没⑥，无也。

【注释】

①勿：不要，别。《诗经·豳风·东山》："勿士行枚。"郑笺："勿，犹无也。"

②蔑：无，没有。《诗经·大雅·板》："丧乱蔑资，曾莫惠我师。"毛传："蔑，无。"

③微：无，非。《论语》："微管仲，吾其被发左衽。"何晏集解引马融曰："微，无也。"

④曼：通"无"。没有。扬雄《法言》："周之人多行，秦之人多病；行有之也，病曼之也。"东晋李轨注："行有之者，周有德也；病曼之者，秦无道也。"

⑤末：没。《论语·子罕》："如有所立，卓尔，虽欲从之，末由也已。"邢昺疏："末，无也。"

⑥没：无，没有。《诗经·小雅·渐渐之石》："曷其没矣？"毛传："没，尽也。"即完结。

【译文】

勿、蔑、微、曼、末、没，都有"没有"的意思。

隆①、巢②、岸③、峻④，高也。

【注释】

①隆：高，高起。《说文》："隆，丰大也。"《尔雅·释山》："宛中隆。""隆"即山中央高。

②巢：本义为鸟巢。鸟巢高居于树上，故引申为高义。《尔雅·释乐》："大笙谓之巢。"陆德明释文引孙炎曰："巢，高也，其声高。"

③岸：河流的高岸。《说文》："岸，水厓而高者。"《诗经·大雅·皇矣》："诞先登于岸。"毛传："岸，高位也。"

④峻：山高而陡。《说文》："峻，高也。"

【译文】

隆、巢、岸、峻,都有"高"的意思。

逼①、尼②、附③、切④、局⑤、邻⑥、傅⑦、戚⑧,近也。

【注释】

①逼:接近,靠近。《说文》:"逼,近也。"

②尼:古同"昵"。亲昵,亲近。清林义光《文源》:"(尼)象二人相昵形,实为昵之本字。"

③附:靠近。《广雅·释诂》:"附,近也。"

④切:密合,贴近。《说文》:"切,刌也。"即切割。切割则刀与物相贴近,故引申为贴近义。《荀子·劝学》:"《礼》《乐》法而不说,《诗》《书》故而不切。"

⑤局:本义为局促。引申为近。《释名》:"挶,局也。使相局近也。"

⑥邻:邻近。《说文》:"邻,五家为邻。"本义为古代居民组织。引申为邻居、亲近的人、邻近等义。《诗经·小雅·正月》:"洽比其邻,昏姻孔云。"毛传:"邻,近。"

⑦傅:靠近,迫近。《诗经·小雅·菀柳》:"亦傅于天。"

⑧戚:因婚姻联成的关系。引申为亲近、亲密。《逸周书·文酌》:"取戚免梏。"孙诒注:"戚,近也。"

【译文】

逼、尼、附、切、局、邻、傅、戚,都有"近"的意思。

邵①、媚②、旨③、伐④,美也。

【注释】

①邵:美好。扬雄《法言·修身》:"公仪子、董仲舒之才邵也。"东晋

李轨注："此二子才德高美。"东汉何休字邵公。《尔雅·释诂下》："休,美也。"故知"邵"取美义。

②媚:美好,可爱。《广雅》："媚,好也。"《吕氏春秋·尽数》："甘水所多好与美人。"高诱注："美亦好也。"

③旨:美味。《说文》："旨,美也。"《诗经·鲁颂·泮水》："既饮旨酒。"即美酒义。

④伐:本义为杀伐。引申指战功、功劳,由功劳再引申为夸耀、赞美。《左传·襄公十三年》："小人伐其技以冯君子。"杜预注："自称其能为伐。"

【译文】

邵、媚、旨、伐,都有"美好"的意思。

贤①、裒②、繁③、优④、饶⑤、夥⑥,多也。

【注释】

①贤:多才而从贝者,是因为古代世俗往往将富有之人视为贤能之人。《说文》："贤,多才也。"引申之,凡多皆称贤。《吕氏春秋·顺民》："得民心,则贤于千里之地。"高诱注："贤,犹多也。"

②裒(póu):本义为聚集。《诗经·周颂·般》："敷天之下,裒时之对,时周之命。"郑笺："裒,众也。"由聚集引申为众多。

③繁:多,众多。字本作"緐"。《说文》："緐,马髦饰也。"段玉裁注："引申为緐多。"《诗经·小雅·正月》："正月繁霜,我心忧伤。"

④优:富裕,充足。《广雅》："优,渥也。"《诗经·大雅·瞻卬》："维其优矣。"引申为多义。

⑤饶:本义为食用丰足。《说文》："饶,饱也。"《左传·成公六年》："国饶则民骄佚。"引申泛指众多。

⑥夥(huǒ):多。《方言》卷一："凡物盛多谓之寇,齐宋之郊、楚魏之

际曰夥。"司马相如《上林赋》:"万物众夥。"

【译文】

贤、衰、繁、优、饶、夥,都有"多"的意思。

几①、蔡②、模③、臬④,法也。

【注释】

①几:当为"纪"之通假,两者音近而通,纪有法制之义,故几也有法、理之义。《尚书·顾命》云:"尔无以钊冒贡于非几。"王煦疏云:"'非几'犹东晋古文《汤诰》言'匪彝',谓非法也。"非几就是非理,不合正道。

②蔡:古或借作"杀"。《尚书·禹贡》:"五百里要服,三百里夷,二百里蔡。"孔安国传:"蔡,法也。法三百里而差简。"孙星衍疏引郑玄曰:"蔡之言杀,减杀其赋。"蔡为刑杀,法为加以刑法,故蔡有法义。

③模:本义为铸造器物的模子。《说文》:"模,法也。"引申为法则。

④臬(niè):本义为箭靶。《说文》:"臬,射准的也。"箭靶为瞄准对象,引申为标准、法度。《尚书·康诰》:"外事,汝陈时臬,司师兹殷罚有伦。"

【译文】

几、蔡、模、臬,都有"法"的意思。

爰①、换②、变③、贸④、交⑤、更⑥,易也。

【注释】

①爰:改换。《左传·僖公十五年》:"晋于是乎作爰田。"孔颖达疏:"服虔、孔晁皆云:'爰,易也。'赏众以田,易其疆畔。"

②换：更换。《说文》："换，易也。"《墨子·备城门》："寇在城下，时换吏卒署，而勿换其养。"

③变：变化，改变。《说文》："变更也。"《逸周书·史记》："好变故易常者亡。"

④贸：本义为交易。《说文》："贸，易财也。"《墨子·号命》："募民逾财物、粟米以贸易凡器者，卒以贾予。"引申为变换。

⑤交：即"骹"的初文，抽象为交叉义，后另加骨旁作"骹"。《说文》："交，交也。"引申为交替、交换。《左传·隐公三年》："郑伯怨王，王曰：'无之。'故周郑交质。"此谓交换人质。

⑥更：改易。《说文》："更，改也。"《国语·周语》："更姓改物。"

【译文】

爰、换、变、贸、交、更，都有"改变"的意思。

生①、造②、奏③、诣④，进也。

【注释】

①生：长进，生长。《说文》："生，进也。"《尚书·盘庚》："汝万民乃不生生，暨予一人猷同心，先后（王）丕降与汝罪疾。"孔颖达疏："物之生长则必渐进，故以生生为进进。"

②造：本义为前往，前往与进的前进义略同，故训为进。《说文》："造，就也。"《孙子兵法·军争》："勇者不得独进，怯者不得独退。"

③奏：进献。《说文》："奏，奏进也。"段玉裁认为"奏进"之奏乃"复举字之未删者"，当删。《尚书·益稷》："予乘四载，随山刊木，暨益奏庶鲜食。"孔安国传："奏谓进于民。"

④诣：前往，去到。《说文》："诣，候至也。""候至"当是间候而前往之义。《晏子春秋·杂下十》："晏子至，楚王赐晏子酒。酒酣，吏缚一人诣王。"引申为前进。

【译文】

生、造、奏、诣,都有"前进"的意思。

索①、寒②、探③、裒④、钩⑤、掠⑥、采⑦、略⑧,取也。

【注释】

①索:求取,讨取。《方言》卷六:"索,取也。"《韩非子·孤愤》:"求索不得,货赂不至。"

②寒:"寒"无取义。杨琳《小尔雅今注》疑本为"搴"字,言因"搴"之手旁漫漶,故讹做"寒"。《说文》:"搴,拔取也。南楚语。《楚词》曰:'朝搴批之木兰。'"

③探:《说文》:"探,远取也。"朱骏声通训:"远取,犹深取也。"《商君书·新经》:"探渊者知千仞之深,悬绳之数也。"

④裒(póu):此处当为"捊"之假借。《说文》:"捊,引取也。"《诗经·小雅·常棣》:"原隰裒矣。"

⑤钩:本义为衣带上的钩。引申为钩取、探取。《说文》:"钩,曲钩也。"段玉裁注:"钩字依《韵会》补。曲物曰钩,因之以钩取物亦曰钩。"《庄子·天运》:"论先王之道而明周、召之迹,一君无所钩用。"陆德明释文:"钩,取也。"

⑥掠:夺取。《说文新附》:"掠,夺取也。"《左传·昭公二十年》:"输掠其聚。"杜预注:"掠,夺取也。"

⑦采:本义为摘取。《说文》:"采,捋取也。"《左传·昭公六年》:"禁刍牧采樵。"引申泛指获取。

⑧略:掠夺,强取。《方言》:"略,求也。就室曰搜,于道曰略。略,强取也。"

【译文】

索、寒、探、裒、钩、掠、采、略,都有"取"的意思。

开①、彻②、接③、通④,达也。

【注释】

①开:通,使通。《史记·五帝本纪》:"放齐曰:'嗣子丹朱开明。'"张守节正义:"开,解而达也。"

②彻:通达,明白。《左传·昭公二年》:"彻命于执事。"杜预注:"彻,达也。"

③接:通"挟"。《诗经·大雅·大明》:"天位殷适,使不挟四方。"毛传:"挟,达也。"

④通:到达,通到。《说文》:"通,达也。"《周易·系辞上》:"往来不穷谓之通。"

【译文】

开、彻、接、通,都有"通达"的意思。

固①、历②、弥③、宿④、旧⑤、尚⑥,久也。

【注释】

①固:稳固。《诗经·小雅·天保》:"亦孔之固。"毛传:"固,坚也。"引申为持久。《国语·晋语六》:"臣固闻之。"

②历:本义为经过、经历。《尔雅·释诂下》:"艾,历也。"郭璞注:"长者多更历。""艾"有年老义,《尔雅》训艾为历,当取长久之义,长久与年老义通。

③弥:长久。《尚书·顾命》:"病日臻,既弥留。"孔颖达疏:"言病困已甚,病既久留于我身。"

④宿:积久。杜牧《吏部尚书崔公行状》:"民有宿逋不可减于上供者,必代而输之。"宿逋,指拖欠已久的赋税。

⑤旧:久。《尚书·无逸》:"旧劳于外。"旧、久原本一词。

⑥尚：古，久远。《吕氏春秋·古乐》："乐所由来者尚矣。"高诱注："尚，久也。"

【译文】

固、历、弥、宿、旧、尚，都有"长久"的意思。

弥①、愈②、滋③、强④，益也。

【注释】

①弥：本义为将弓拉满，满则漫溢，益为溢之初文。引申为增多。《说文》："弥，驰弓也。"《左传·僖公二十六年》："弥缝其阙，而匡救其灾。"

②愈：更加。《诗经·小雅·小明》："政事愈蹙。"郑笺："愈，犹益也。"

③滋：增益，加多。《说文》："滋，益也。"《左传·隐公元年》："无使滋蔓。"服虔注："益也。"

④强：有余，略多于某数。《乐府诗集·木兰诗》："策勋十二转，赏赐百千强。"

【译文】

弥、愈、滋、强，都有"多"的意思。

赫①、煜②、爽③、晓④、昕⑤、著⑥、谶⑦、曙⑧，明也。

【注释】

①赫：明显，显著，盛大。《诗经·大雅·皇矣》："皇矣上帝，临下有赫。"郑笺："天之视天下，赫然甚明。"

②煜（yì）：光明貌。《文选·王延寿〈鲁灵光殿赋〉》："汨硠硠以璀璨，赫煜煜而爌坤。"

③爽：明朗,清亮。《说文》："爽,明也。"《尚书·大诰》："爽邦由哲。"

④晓：天明。《说文》："晓,明也。"《淮南子·俶真训》："冥冥之中,
独见晓焉。"引申指明白。

⑤昕（xīn）：黎明。《说文》："昕,旦明日将出也。"《新唐书·外戚列
传》："明日迟昕,帝出延秋门。"

⑥著：明显,显著。《楚辞·远游》："与化去而不见兮,名声著而日
延。"

⑦谶：同赞。《说文》："赞,见也。"见有明义,故训为明。

⑧曙：天刚亮。《玉篇》："曙,东方明也。"《楚辞·悲回风》："思不眠
以至曙。"王逸注："曙,明也。"

【译文】

赫、焊、爽、晓、昕、著、谶、曙,都有"明"的意思。

阶①、附②、袭③、就④,因也⑤。

【注释】

①阶：本义为台阶,台阶为升降之凭借,故引申为凭借。《汉书·异
姓诸侯王表》："汉亡尺土之阶……五载而成帝业。"

②附：依附。《诗经·小雅·角弓》："如涂涂附。"

③袭：衣上加衣。《说文》："袭,左衽袍也。"袍衣加在其他衣服之上,
故引申为重叠、因袭。《韩非子·孤愤》："今袭迹于齐晋,欲国安
存,不可得也。"

④就：走向,趋近。《广韵》："就,即也。"引申为因袭。王安石《彼
狂》："因时就俗救剽窳。"

⑤因：依靠,凭借。

【译文】

阶、附、袭、就,都有"凭借"的意思。

封①、畛②、际③、限④、疆⑤、略⑥，界也。

【注释】

①封：边界。《吕氏春秋·孟春纪》："王布农事，命田舍东郊皆修封疆。"高诱注："封，界也。"

②畛（zhěn）：本义为田间道路，田间道路亦为田地之界，故引申为界限。《说文》："畛，井田间陌也。"《庄子·齐物论》："夫道未始有封，言未始有常，为是而有畛也。"成玄英疏："畛，界畔也。"

③际：本义为两墙相合之缝。《说文》："际，壁会也。"引申为边界。《楚辞·天问》："九天之际，安放安属？"洪兴祖补注："际，边也。"

④限：边界。《史记·梁孝王世家》："十九年，汉广关，以常山为限，而徙代王王清河。"

⑤疆：田界。《说文》："畺，界也。"畺、疆古今字。《诗经·小雅·信南山》："疆埸翼翼，黍稷彧彧。"朱熹《诗集传》："疆，畔也。"

⑥略：本义为经营土地。《说文》："略，经略土地也。"经营土地常常修整田垄，分割大小，故引申为地界。《左传·庄公二十一年》："郑伯享王于阙西辟，乐备。王与之武公之略，自虎牢以东。"杜预注："略，界也。"

【译文】

封、畛、际、限、疆、略，都有"边界"的意思。

承①、第②、班③、列④，次也。

【注释】

①承：本义为承受、承接。《说文》："承，奉也，受也。"承接则以次相接，故引申为次第。《左传·昭公十三年》："及盟，子产争承。"杜预注："承，贡赋之次。"

②第：次序。《说文》：“第，次也。”《左传·哀公十六年》：“楚国第。”
陆德明释文：“次第也。”

③班：分等列序。《仪礼·既夕礼》：“卒哭，明日以其班祔。”郑玄注：
“班，次也。”

④列：本义为割、分。《说文》：“列，分解也。”引申为分行、排列，由
此引申为行列、位次。《国语·周语中》：“夫狄无列于王室。”韦昭
注：“列，位次也。”

【译文】

承、第、班、列，都有“次序”的意思。

户①、悛②、格③、扈④，止也。

【注释】

①户：本义为门户，因守护而得名。《说文》：“户，护也。”《释名·释
宫室》：“户，护也，所以谨护闭塞也。”门户有阻止之用，故引申为
阻止。《左传·宣公十二年》：“王见右广，将从之乘，屈荡户之。”
杜预注：“户，止也。”

②悛（quān）：悛字从心，本义为悔改。悔改即停止某一行为，故引
申为止。《说文》：“悛，止也。”《左传·隐公六年》：“长恶不悛，从
自及也。”杜预注：“悛，止也。”

③格：阻碍，阻隔。《玉篇》：“格，止也。”《墨子·天志下》：“民之格
者则劲拔之，不格者则系操而归。”此“格者”指抗拒者。阻止义
即由阻抗义引申而来。

④扈（hù）：阻止。《左传·昭公十七年》：“扈民无淫者也。”杜预注：
“扈，止也。”

【译文】

户、悛、格、扈，都有“阻止”的意思。

幽①、曀②、闇③、昧④,冥也。

【注释】

①幽:幽暗。《说文》:"幽,隐也。"《楚辞·惜誓》:"方世俗之幽昏兮。"

②曀(yì):天气阴暗。《说文》:"曀,阴而风也。《诗》曰:'终风且曀。'"

③闇(àn):今简化为"暗"字。本义为闭门。《说文》:"闇,闭门也。"闭门则室内幽暗,故引申为幽暗。《礼记·曲礼》:"孝子不服闇。"郑玄注:"冥也。"

④昧:昏暗不明。《玉篇》:"昧,冥也。"《荀子·哀公》:"君昧爽而栉冠。"注:"昧,闇;爽,明也。谓初晓尚暗之时。"

【译文】

幽、曀、闇、昧,都有"幽暗"的意思。

最①、凡②、目③、质④,要也。

【注释】

①最:概要,纲要。《汉书》:"愿奉三年计最。"颜师古引晋灼曰:"最,凡要也。"

②凡:凡是,表示概括。《说文》:"凡,最括也。"《文选·司马迁〈报任少卿书〉》:"凡百三十篇。"

③目:本义为眼睛,眼睛为以小视大之物,犹纲目概括总体,故引申为纲目、要目。《论语·颜渊》:"请问其目。"刘宝楠正义:"凡行事撮举总要谓之目。"

④质:本义为本体、本质。《左传·文公六年》:"宣子于是始为国政,制事典,正法罪,辟狱刑,董逋逃,由质要。"杜预注:"质要,券契也。"又为主、主体。《庄子·庚桑楚》:"果有名实,因以己为质。"

郭象注:"质,主也。"

【译文】

最、凡、目、质,都有"主要"的意思。

疆①、穷②、充③,竟也。

【注释】

①疆:边界。《诗经·豳风·七月》:"万寿无疆。"毛传:"疆,竟也。"竟、境古今字,故训疆为竟,意为没有尽头。

②穷:穷尽,终结,与"竟"的终结义相同。《说文》:"穷,极也。"《尚书·微子之命》:"永世无穷。"孔安国传:"长世无竟。"

③充:本义为生长。引申为壮大、充满,再引申为穷尽。《说文》:"充,长也,高也。"《左传·襄公三十一年》:"寇盗充斥。"

【译文】

疆、穷、充,都有"穷尽"的意思。

而①、乃②、尔③、若④,汝也⑤。

【注释】

①而:假借为第二人称代词。一般作主语和定语,不作宾语。《说文》:"而,颊毛也。"《国语·晋语二》:"曩而言戏乎?"韦昭注:"而,汝也。"

②乃:假借为第二人称代词,一般作定语。《左传·僖公十二年》:"余嘉乃勋。"

③尔:假借为第二人称代词。可作主语、宾语和定语。《诗经·卫风·氓》:"尔卜尔筮,体无咎言。"郑笺:"尔,汝也。"

④若:假借为第二人称代词。可作主语、宾语和定语。《国语·晋语

　　四》："命曰三日,若宿而至。"韦昭注："若,汝也。"

⑤汝:你。

【译文】

而、乃、尔、若,都有第二人称"你"的意思。

控①、弯②、挽③,引也。

【注释】

①控:拉弓。《说文》："控,引也。"《诗经·鄘风·载驰》："控于大
　邦。"毛传："控,引也。"

②弯:拉弓。《说文》："持弓关矢也。"《玉篇》："弯,引也。"《韩诗外
　传》："昔者楚熊渠子夜行,寝石以为伏虎,弯弓而射之。"

③挽:本作"挽",牵引、拉。《说文系传》："挽,引车也。"段玉裁注:
　"引申之,凡引皆曰挽。……俗作挽。"

【译文】

控、弯、挽,都有"拉"的意思。

承①、赞②、凉③、助④,佐也。

【注释】

①承:辅佐。承、丞音同,古常通假。《吕氏春秋·立介》："有龙于
　飞,周遍天下,五蛇从之,为之丞辅。"高诱注："丞,佐也。"

②赞:辅佐。《国语·晋语八》："子若能以忠信赞君。"

③凉:假借为"倞"。辅佐义。《诗经·大雅·大明》："凉彼武王。"
　毛传："凉,佐也。"

④助:佐助。《说文》："助,左也。"《国语·越语下》："助天为虐者,
　不祥。"

【译文】

承、赞、凉、助,都有"辅佐"的意思。

寻①、由②、以③,用也。

【注释】

①寻:用。《左传·昭公元年》:"日寻干戈。"杜预注:"寻,用也。"

②由:用。《左传·襄公三十年》:"以晋国之多虞,不能由吾子;使吾子辱在泥涂久矣。"杜预注:"由,用也。"《诗经·小雅·小弁》:"君子无易由言。"郑笺:"由,用也。"

③以:作介词及连词时的用法多与"用"相同。《尚书·梓材》:"以厥庶民。"孔安国传:"言当用其众人之贤者与其小臣之良者。"《史记·游侠列传》:"鲁人皆以儒教而朱家用侠闻。""以""用"对文同义。

【译文】

寻、由、以,都有"用"的意思。

要①、捷②、集③、载④,成也。

【注释】

①要:成。《诗经·郑风·褰裳》:"叔兮伯兮,倡予要女。"毛传:"要,成也。"

②捷:本义指战利品。引申为胜利、成功。《说文》:"捷,猎也,军获得也。"《左传·宣公十二年》:"事之不捷,恶有所分。"杜预注:"捷,成也。"

③集:本义为停止。《淮南子·本经训》:"集于心,则其虑通。"高诱注:"集,止也。"由停止引申为完成、终结。《左传·成公二年》:

"此车一人殿之,可以集事。"杜预注:"集,成也。"

④载:承载。《国语·周语上》:"夫利,百物之所生也,天地之所载也。"韦昭注:"载,成也。地受天气以成百物。"

【译文】

要、捷、集、载,都有"成功""成就"的意思。

肆①、赴②、捷③,疾也。

【注释】

①肆:迅速。《诗经·大雅·大明》:"凉彼武王,肆伐大商。"毛传:"肆,疾也。"

②赴:本义为往、去。《说文》:"赴,趋也。"引申为急速。

③捷:本义是战利品。《说文》:"捷,猎也。军获得也。"引申为急速。《楚辞·离骚》:"夫唯捷径以窘步。"王逸注:"疾也。"

【译文】

肆、赴、捷,都有"急速"的意思。

造①、之②、如③,适也④。

【注释】

①造:前往。《说文》:"造,就也。"《仪礼·士丧礼》:"造于西阶下。"

②之:往,到。《尔雅·释诂》:"之,往也。"《诗经·卫风·伯兮》:"自伯之东,首如飞蓬。"

③如:本义为遵从、依照。《说文》:"如,从随也。"段玉裁注:"引申之,凡相似曰如,凡有所往曰如,皆从随之引申也。"从随即跟行,故引申为前往。《左传·僖公四年》:"楚子使屈完如师。"

④适:往,到。

【译文】

造、之、如，都有"前往"的意思。

掇①、督②、抚③，拾也。

【注释】

①掇（duō）：拾取，摘取。《说文》："掇，拾取也。"《诗经·周南·芣
　苢》："采采芣苢，薄言掇之。"郑笺："掇，拾也。"

②督：胡承珙义证认为督与叔同，有拾取之义。《诗经·豳风·七
　月》："九月叔苴。"毛传："叔，拾也。"

③抚：拾，收拢。《小尔雅·广诂》："抚，拾也。"

【译文】

掇、督、抚，都有"拾取"的意思。

肆①、孑②、烬③，余也。

【注释】

①肆（yì）：残余。《诗经·周南·汝坟》："遵彼汝坟，伐其条肆。"毛
　传："肆，余也，斩而复生曰肆。"

②孑：本义为单独、孤独。《说文》："孑，无右臂也。"无右臂者则无
　辅翼，孤单则为众多之余，故引申为剩余。《诗经·大雅·云汉》：
　"周余黎民，靡有孑遗。"王引之《经义述闻》卷七："黎者，众也，
　多也。孑者，余也，少也。黎与孑亦相对为文。"

③烬：本义为灰烬。引申为残余。《国语·吴语》："既罢弊其民，而
　天夺之食，安其受烬，乃无有命矣。"韦昭注："烬，余也。"

【译文】

肆、孑、烬，都有"剩余"的意思。

拓^①、斥^②、启^③、辟^④，开也。

【注释】

①拓：开拓。拓与祏音近而义同。《广雅·释诂》云："祏，大也。今字作开拓，拓行而祏废矣。"大义与开义相通。

②斥：开拓。《汉书·惠帝纪》注引如淳云："斥，开也。"

③启：开启。《左传·宣公十二年》："筚路蓝缕，以启山林。"

④辟：开启。《说文》："辟，开也。"《周易·系辞上》："是故阖户谓之坤，辟户谓之乾。"李鼎祚集解引虞翻曰："辟，开也。"

【译文】

拓、斥、启、辟，都有"开"的意思。

杜^①、实^②、充^③、牣^④，塞也。

【注释】

①杜：堵塞。《一切经音义》引《国语》贾逵注曰："杜，塞也。"

②实：本义为富实。《说文》："实，富也。"引申为充实、填实。《史记·五帝本纪》："瞽叟与象共下土实井。"

③充：充满，填充。《诗经·邶风·旄丘》："叔兮伯兮，褎如充耳。"郑笺："充耳，塞耳也。"

④牣（rèn）：充满。《说文》："牣，牣满也。"引申为填塞。王煦疏："塞有满义，故牣亦训为塞也。"

【译文】

杜、实、充、牣，都有"满实""充实"的意思。

实^①、牣^②，满也。

【注释】

①实：本义为富实。《说文》："实，富也。"引申为充满。《礼记·玉藻》："盛气颠实扬休。"孔颖达疏："实，满也。"

②牣：充满。《说文》："牣，牣满也。"《诗经·大雅·灵台》："王在灵沼，于牣鱼跃。"毛传："牣，满也。"

【译文】

实、牣，都有"充满"的意思。

奖^①、率^②、厉^③，劝也。

【注释】

①奖：劝勉，鼓励。《方言》："自关而西，秦晋之间相劝曰奖。"《左传·昭公二十二年》："无亢不衷，以奖乱人。"孔颖达疏："奖，劝也。"

②率：带领。《诗经·周颂·噫嘻》"率时农夫"，《韩诗》作"帅时农夫"。《周礼·春官·丧祝》注："劝，犹倡帅前引者。"是率有劝义。

③厉：各本作"励"，勉励。

【译文】

奖、率、厉，都有"劝勉"的意思。

勤^①、勉^②、事^③，力也。

【注释】

①勤：本义为辛劳。《说文》："勤，劳也。"引申为努力做事。《左传·僖公二十八年》："令尹其不勤民。"杜预注："尽心尽力，无所爱惜为勤。"

②勉：力所不及而强作。《左传·昭公二十年》："尔其勉之。"孔颖达疏："勉谓努力。"

③事：本义为职事、事务。引申为做事、事奉。事奉需尽力，故引申为努力、勤力。《尔雅·释诂》："事，勤也。"《广雅·释诂》："勤，仂也。"《晋书音义》："仂与力同。"

【译文】

勤、勉、事，都有"尽力"的意思。

经①、屑②、省③，过也。

【注释】

①经："经"与"淫"形近，或讹为"淫"。《文选·司马相如〈上林赋〉》："所以禁淫也。"李善注："《小雅》曰：'淫，过也。'"

②屑：轻忽的。《尚书·多方》："尔乃不大宅天命，尔乃屑播天命。"

③省：为"眚"之假借。《一切经音义》卷十九："眚，病也。"再引申为过失。《左传·僖公三十三年》："且吾不以一眚掩大德。"杜预注："眚，过也。"

【译文】

经、屑、省，都有"过失"的意思。

阙①、缺②、间③，隙也。

【注释】

①阙：本义为古代宫门前两边的楼台，因两座楼台不相连接，中间空处作为道路，故称为阙。《释名·释宫室》："阙，阙也，在门两旁，中央阙然为道也。"引申为空缺、空隙。《左传·昭公二十年》："过齐氏，使华寅肉袒执盖，以当其阙。"杜预注："阙，空也。以盖当侍从空阙之处。"

②缺：本义为器皿残缺。《说文》："缺，器破也。"引申为空隙。《史

记·孔子世家》:"昔吾入此,由彼缺也。"

③间:本义为门缝。《左传·昭公十三年》:"诸侯有间矣。"杜预注:"间,隙也。"引申为间隙。

【译文】

阙、缺、间,都有"空隙"的意思。

迭①、递②、交③,更也。

【注释】

①迭:更迭,交替。《说文》:"迭,更迭也。"《诗经·邶风·柏舟》:"日居月诸,胡迭而微?"朱熹《诗集传》:"迭,更。"

②递:交替。《说文》:"递,更易也。"《荀子·天论》:"日月递照。"

③交:交叉,交替。《礼记·坊记》:"交相为愈。"注云:"交,犹更。"

【译文】

迭、递、交,都有"交替"的意思。

熸①、刬②、没③,灭也。

【注释】

①熸(jiān):熄灭。《玉篇》:"熸,火灭也。"《左传·襄公二十六年》:"王夷师熸。"杜预注:"吴楚之间谓火灭为熸。"

②刬(chǎn):毁灭,删除,削平。《广雅·释诂》:"刬,削也。"引申为消灭。《战国策·齐策一》:"刬而类,破吾家。"高诱注:"刬,灭也。"

③没:本义为沉没。《说文》:"没,沉也。"引申为覆没、灭亡。

【译文】

熸、刬、没,都有"灭亡"的意思。

玄^①、黔^②、骊^③、黝^④，黑也。

【注释】

①玄：赤黑色，黑中带红。《说文》："玄，黑而有赤色者为玄。"《诗经·豳风·七月》："载玄载黄。"毛传："玄，黑而有赤也。"

②黔：黑色。《说文》："黔，黎也。从黑今声，秦谓民为黔首，谓黑色也。"《左传·襄公十七年》："邑中之黔，实慰我心。"杜预注："子罕黑色，而居邑中。"

③骊：纯黑色的马。《说文》："骊，马深黑色。"引申泛指黑色。《庄子·列御寇》："夫千金之珠必在九重之渊，而骊龙颔下。"陆德明释文："骊龙，黑龙也。"

④黝：淡黑色。《说文》："黝，微青黑色。"《周礼·地官·牧人》："阴祀用黝牲。"郑众注："黝，读为幽；幽，黑也。"

【译文】

玄、黔、骊、黝，都有"黑色"的意思。

缟^①、皓^②、素^③，白也。

【注释】

①缟：本义为白色的丝织品。《说文》："缟，鲜色也。"引申为白色。《山海经·海内北经》："有文马，缟身朱鬣，目若黄金，名曰吉量。"

②皓：本义为光明。《诗经·唐风·扬之水》："扬之水，白石皓皓。"引申为白色。毛传："皓皓，洁白也。"

③素：本义为本色的生帛。《说文》："素，白致缯也。"引申为白色。《左传·僖公三十二年》："秦伯素服郊次，乡师而哭。"

【译文】

缟、皓、素,都有"白色"的意思。

彤①、骍②、赪③、缊④,赤也。

【注释】

①彤:本义为用红色涂饰器物。《说文》:"彤,丹饰也。"引申为红色。《诗经·邶风·静女》:"静女其娈,贻我彤管。"郑笺:"彤,赤也。"

②骍(xīng):骍与骍同,指赤色的马。《诗经·鲁颂·駉》:"有骓有骍,以车伾伾。"

③赪(chēng):红色。《诗经·周南·汝坟》:"鲂鱼赪尾。"毛传:"赪,赤也。"

④缊(wēn):赤黄色。《礼记·玉藻》:"士佩瓀玟而缊组绶。"

【译文】

彤、骍、赪、缊,都有"红色"的意思。

淫①、溢②、沉③、灭④,没也。

【注释】

①淫:本义为浸渍、浸泡。引申为沉湎、沉溺,沉溺即沉没。《说文》:"淫,浸淫随理也。"《庄子·在宥》:"而且说明邪?是淫于色也;说聪邪?是淫于声也。"成玄英疏:"淫,沉滞也。"

②溢:本义为水漫出来。《说文》:"溢,器满也。"《尔雅·释诂》:"溢,盈也。"盈、满,亦沉没之义。

③沉:没入水中。《战国策·秦策》:"不沉者三板耳。"高诱注:"沉,没也。"

④灭:淹没。《吕氏春秋·爱类》:"昔上古龙门未开,吕梁未发,河

出孟门,大溢逆流,无有丘陵沃衍,平原高阜,尽皆灭之,名曰鸿水。"高诱注:"灭,没也。"

【译文】

淫、溢、沉、灭,都有"沉没"的意思。

载①、功②、物③,事也④。

【注释】

①载:施行,为。《尚书·皋陶谟》:"亦言其人有德,乃言曰'载采采'。"孔安国传:"载,行;采,事也。"

②功:工作,事务。《诗经·大雅·崧高》:"登是南邦,世执其功。"毛传:"功,事也。"

③物:事情。《周礼·地官·大司徒》:"以乡三物教万民。"郑玄注:"物,犹事也。"

④事:工作。

【译文】

载、功、物,都有"工作"的意思。

广言第二

晏①、明②,阳也。

【注释】

①晏:晴朗。《说文》:"晏,天清也。"扬雄《羽猎赋》:"天清日晏。"注:"无云之处也。"无云即为晴朗明亮。

②明:明亮,清晰明亮。《释名》:"明,阳也。"《史记·五帝本纪》:"顺天地之纪,幽明之占,死生之说,存亡之难。"

【译文】

晏、明,都有"明亮"的意思。

旰^①、晏^②,晚也。

【注释】

①旰(gàn):天晚。《说文》:"旰,晚也。"《左传·昭公十二年》:"日旰君勤。"

②晏:晴朗为晏,晴朗则温暖,温暖则柔和,柔和则迟缓,故有迟暮之义。《列子·汤问》:"晏阴之间。"张湛注:"晏,晚暮也。"

【译文】

旰、晏,都有"天晚"的意思。

筭^①、丽^②,数也。

【注释】

①筭(suàn):古同"算"。本义为计算用的筹码。引申为计算。《说文》:"常弄乃不误也。"枚乘《七发》:"孟子持筹而筭之,万不失一。"

②丽:数,数目。《说文》《方言》并作"敵",云:"数也。"《诗经·大雅·文王》:"商之孙子,其丽不亿。"毛传:"丽,数也。"

【译文】

筭、丽,都有"数目""计算"的意思。

窆^①、艾^②,老也。

【注释】

①叟（sǒu）：古同"叟"。年老。《说文》："叟，老也。"《孟子·梁惠王上》："叟，不远千里而来。"

②艾：年老的，也指老年人。《礼记》："五十曰艾，服官政。"郑玄注："艾，老也。"

【译文】

叟、艾，都有"年老"的意思。

佥①、皆②，同也③。

【注释】

①佥（qiān）：皆，咸。《说文》："佥，皆也。"《一切经音义》引《小尔雅》："佥，同也。"

②皆：全，都。《尚书·汤誓》："予及汝皆亡。"

③同：全都。《广雅·释诂》："同，皆也。"

【译文】

佥、皆，都有"全部"的意思。

交①、校②，报也。

【注释】

①交：本义为交叉。引申为互相往来、联系。《礼记·乐记》："礼也者，报也。"注云："礼有往来。"往来，回报、报答之义。

②校（jiào）：报复，计较。《左传·僖公二十三年》："有人而校。"杜预注："校，报也。"《论语·泰伯》："犯而不校。"

【译文】

交、校，都有"回报"的意思。

舒^①、布^②,展也。

【注释】

①舒:伸展,舒展。《方言》:"舒勃,展也,东齐之间,凡展物谓之舒勃。"《广雅》:"舒,展也。"

②布:本义为麻布。《说文》:"布,枲织也。"布匹可以舒展,故引申为舒展。

【译文】

舒、布,都有"舒展"的意思。

扬^①、翥^②,举也。

【注释】

①扬:高举。《说文》:"扬,飞举也。"《礼记·乡饮酒义》:"盥洗扬觯。"

②翥(zhù):振翼而上,高飞。《说文》:"翥,飞举也。"《楚辞·远游》:"鸾鸟轩翥而翔飞。"

【译文】

扬、翥,都有"高举""高飞"的意思。

索^①、略^②,求也。

【注释】

①索:讨取,要。《周易·说卦》:"一索而得男。"陆德明释文引王肃注:"索,求也。"

②略:通"掠"。抢劫,夺取。《方言》:"略,求也。就室曰搜,于道曰略。"

【译文】

索、略,都有"索取"的意思。

获^①、干^②,得也。

【注释】

①获:狩猎获得。《说文》:"获,猎所获也。"《周礼·夏官·大司马》:"获者取左耳。"郑玄注:"获,得也。"

②干:追求,求取。《论语·为政》:"子张学干禄。"何晏集解:"干,求也。"有求即有所得也。

【译文】

获、干,都有"得到"的意思。

奚^①、害^②,何也。

【注释】

①奚:疑问代词。相当于"胡""何"。《论语·为政》:"子奚不为政?"

②害:通"曷"。相当于"何不"。《诗经·周南·葛覃》:"薄污我私,薄澣我衣。害澣害否,归宁父母。"毛传:"害,何也。"

【译文】

奚、害,都有"为什么"的意思。

里^①、度^②,居也。

【注释】

①里:居住的地方。《说文》:"里,居也。"《诗经·郑风·将仲子》:

"将仲子兮,无逾我里。"毛传:"里,居也。"

②度:居所。《诗经·大雅·皇矣》:"维彼四国,爱究爱度。"毛传:
　　"度,居也。"

【译文】

里、度,都有"居所"的意思。

周①、浃②,匝也。

【注释】

①周:圈子,环绕。《说文》:"帀,周也。""帀"同"匝"。

②浃(jiā):与"挟"通。《周礼·天官·大宰》:"挟日而敛之。"陆
　　德明释文:"挟字又作浃。"《荀子·礼论》:"方皇周挟。"杨倞注:
　　"挟,帀也。"有遍及、周匝义。

【译文】

周、浃,都有"遍及""环绕"的意思。

充①、该②,备也。

【注释】

①充:满,足。《春秋公羊传·桓公四年》:"三日充君之庖。"何休注:
　　"充,备也。"

②该:古同"赅"。完备。《春秋穀梁传·哀公元年》:"此该郊之变
　　而道之也。"范宁注:"该,备也。"《庄子·齐物论》:"百骸、九窍、
　　六藏,赅而存焉。"成玄英疏:"赅,备也。"

【译文】

充、该,都有"完备"的意思。

列①、厥②,陈也。

【注释】

①列:本义为分开。《说文》:"列,分解也。"陈列物品就是分散放置,故引申为陈列。《汉书·司马迁传》:"拳拳之忠,终不能自列。"颜师古注:"列,陈也。"

②厥:或为"庲"。《说文》:"庲,陈舆服于庭也。"取陈列之义。《周礼·天官·司裘》:"大丧,庲裘,饰皮车。"

【译文】

列、厥,都有"陈列"的意思。

轓①、辀②,舆也③。

【注释】

①轓(fān):本义为古代车厢两旁的障蔽物。引申为车。谢朓《日侍宴曲水代人应诏诗》:"华轓徒驾,长缨未饰。"

②辀(zhōu):本义为小车上的独辕。《说文》:"辀,辕也。"引申为车辕,泛指车。《楚辞》:"驾龙辀兮乘雷,载云旗兮委蛇。"

③舆:车。

【译文】

轓、辀,都有"车辆"的意思。

废①、措②,置也。

【注释】

①废:放置。《春秋公羊传·宣公八年》:"废其无声者。"何休注:"废,置也。置者,不去也,齐人语。"

②措：安放。《说文》："措，置也。"《汉书·文帝纪》："几致刑措。"颜师古曰："措，置也。民不犯法，无所刑也。"

【译文】

废、措，都有"放置"的意思。

驾①、乘②，凌也。

【注释】

①驾：本义为驾马。《说文》："驾，马在轭中。"驾马为加车于马身上，故引申为凌驾。《左传·昭公元年》："子木之信，称于诸侯，犹诈晋而驾焉。"杜预注："驾，犹陵也。"

②乘：甲骨文"乘"字如人登于树之形，本义为登升。登升则凌驾于某物之上，故引申为凌驾、欺凌。《国语·周语中》："乘人不义。"韦昭注："乘，陵也。"

【译文】

驾、乘，都有"凌驾"的意思。

收①、戢②，敛也。

【注释】

①收：收取，收集。《诗经·周颂·昊天之命》："假以溢我，我其收之。"毛传："收，聚也。"

②戢（jí）：本义为收藏兵器。《说文》："戢，藏兵也。"引申泛指收敛。《诗经·小雅·鸳鸯》："鸳鸯在梁，戢其左翼。"郑笺："戢，敛也。"

【译文】

收、戢，都有"收敛"的意思。

囚^①、禁^②,录也^③。

【注释】

①囚:拘禁。《说文》:"囚,系也。"《左传·桓公十三年》:"莫敖缢于荒谷,群帅囚于冶父以听刑。"

②禁:拘押。《辽史·耶律重元传》:"先是契丹人犯法,例需汉人禁勘,受枉者多。"

③录:拘捕,拘禁。《世说新语·方正》:"王公既得录,陶公何为不可放?"此处"录"有拘捕义。《荀子·修身》:"程役而不录。"杨倞注:"录,检束也。"此处"录"有禁义。

【译文】

囚、禁,都有"拘禁"的意思。

掌^①、司^②,主也。

【注释】

①掌:本义为手掌。《说文》:"掌,手中也。"握某物于手掌即是掌握某物,故引申为主掌。《孟子·滕文公上》:"舜使益掌火。"赵岐注:"掌,主也。"

②司:主管。《说文》:"司,臣司事于外者。"《诗经·郑风·羔裘》:"彼其之子,邦之司直。"毛传:"司,主也。"

【译文】

掌、司,都有"主管"的意思。

偏^①、赘^②,属也。

【注释】

①偏：本义为偏斜。《说文》：“偏，颇也。”引申为侧旁，又引申为部
　分、部属。《左传·襄公三年》：“举其偏，不为党。”杜预注：“偏，
　属也。”

②赘：附加的。《诗经·大雅·桑柔》：“哀恫中国，具赘卒荒。”毛传：
　“赘，属。”孔颖达疏：“赘，犹缀也，谓系缀而属之。”

【译文】

偏、赘，都有“附属”的意思。

丽、着①，思也。

【注释】

①丽、着：训思，义未详。疑“思”或为“由”之讹，由训为行，与下文
　“载、略”一组相对而出。

【译文】

丽、着，都有“思”的意思。

载①、略②，行也。

【注释】

①载：本义为乘坐车船。《说文》：“载，乘也。”引申为运行、施行。
　《管子·形势》：“虎豹得幽而威可载也。”尹知章注：“载，行也。”

②略：本义为经营土地。《说文》：“略，经略土地也。”经营土地须踏
　勘、巡视，故引申为巡行义。《左传·宣公十一年》：“议远迩，略基
　趾。”杜预注：“略，行也。”

【译文】

载、略，都有“运行”的意思。

沓^①、袭^②，合也。

【注释】

①沓：本义为说话多，啰嗦重复。《说文》："沓，语多沓沓也。"引申为重叠、交合。《楚辞·天问》："天何所沓？"王逸注："沓，合也。言天与地合会何所。"

②袭：本义指死者穿的衣襟在左腋下系结的袍衣。《说文》："袭，左衽袍也。"袍衣即加于内衣之上的外衣，衣上加衣，故引申为重叠、重合。《荀子·不苟》："山渊平，天地比，齐秦袭。"杨倞注："袭，合也。"

【译文】

沓、袭，都有"重合"的意思。

抵^①、享^②，当也。

【注释】

①抵：相抵，相当。《管子·小问》："寡人之抵罪也久矣。"尹知章注："抵，当也。"杜甫《春望》："烽火连三月，家书抵万金。"

②享：本义为将祭品进献给鬼神。《说文》："享，献也。"享受祭品即受而用之。引申为承当，又引申为得当、相当。《东观汉记·光武帝纪》："家有敝帚，享之千金。"

【译文】

抵、享，都有"相当"的意思。

庚^①、彻^②，道也。

【注释】

①庚：本为天干之庚。朱骏声认为庚有道路之义，是因为庚与径音近而假借。《诗经·小雅》笙诗《由庚》序："由庚，万物得由其道也。"

②彻：本义为印迹。引申为道路。《诗经·小雅·十月之交》："天命不彻。"毛传："彻，道也。"

【译文】

庚、彻，都有"道路"的意思。

修^①、杼^②，长也。

【注释】

①修：长。《方言》："修，长也。陈楚之间曰修。"《史记·秦始皇本纪》："德惠修长。"

②杼（zhù）：应为"舒"。《方言》："舒勃，展也，东齐之间，凡展物谓之舒勃。"舒展即变长。

【译文】

修、杼，都有"修长"的意思。

校^①、战^②，交也。

【注释】

①校：交叉，交接。《列子·周穆王》："幡校四时。"殷敬顺释文："校，读作交。"

②战：交战。《说文》："战者，接也。"又云："接，交也。"

【译文】

校、战，都有"交接"的意思。

谒①、复②,白也③。

【注释】

①谒:禀告,告诉。《说文》:"谒,白也。"《战国策·秦策》:"臣请谒其故。"朱姚宏注:"谒,白也。"

②复:本义为返回。《说文》:"复,往来也。"引申为回复、告诉。《管子·中匡》:"管仲惧而复之。"尹知章注:"复,白也。"

③白:告诉。

【译文】

谒、复,都有"告诉"的意思。

勑①、质②,正也。

【注释】

①勑(chì):同"敕"。"敕"通"饬",整治,整饬。《诗经·小雅·六月》:"戎车既饬。"毛传:"饬,正也。"意即使某物变正。

②质:平正,正直。《礼记·月令》:"莫不质良。"郑玄注:"质,正也。"

【译文】

勑、质,都有"端正"的意思。

商①、薎②,末也。

【注释】

①商:应为"裔"之讹,裔本义为衣服的边缘。《说文》:"裔,衣裾也。"引申为末端。《方言》:"裔,末也。"

②薎:末端。《方言》:"木细枝谓之杪,江淮陈楚之内谓之薎。"古同"懱"。《广雅》:"懱,末也。"

【译文】

裔、蔑,都有"末端"的意思。

延①、衍②,散也。

【注释】

① 延:扩散,散布。《国语·晋语上》:"使张老延君誉于四方。"韦昭注:"延,陈也,陈君之称誉于四方。"

② 衍:散布。《文选·张衡〈东京赋〉》:"仁风衍而外流。"李善注引薛综曰:"衍,布也。"

【译文】

延、衍,都有"散布"的意思。

末①、没②,终也。

【注释】

① 末:末端,终端。《尚书·顾命》:"皇后凭玉几,道扬末命。"孔安国传:"称扬终命。""末命"谓临终遗命。《荀子·劝学》:"末世穷年,不免为陋儒而已。"

② 没:死亡,生命的终端。《周易·系辞下》:"包牺氏没,神农氏作。"虞翻注:"没,终也。"

【译文】

末、没,都有"终端"的意思。

仳①、辨②,别也。

【注释】

① 仳(pí)：离别。《说文》："仳，别也。"《诗经·王风·中谷有蓷（tuī）》："有女仳离。"毛传："仳，别也。"

② 辨：本义为判别、辨别。《说文》："辨，判也。"《国语·晋语六》："辨妖祥于谣。"韦昭注："辨，别也。"引申为离别。

【译文】

仳、辨，都有"离别"的意思。

菲①、凉②，薄也。

【注释】

① 菲(fěi)：微薄的，使之微薄的。《论语·泰伯》："菲饮食而致孝乎鬼神。"何晏集解引马融曰："菲，薄也。"

② 凉：涼之俗体，涼本义为稀薄之粥。《说文》："涼，薄也。"引申为微薄义。《诗经·大雅·桑柔》："民之罔极，职凉善背。"毛传："凉，薄也。"

【译文】

菲、凉，都有"微薄"的意思。

复①、旋②，还也。

【注释】

① 复：返还。《说文》："复，往来也。"《周易·泰》："无往不复。"

② 旋：本义为旋转。《说文》："旋，周旋，旌旗之指麾也。"《楚辞·招魂》："旋入雷渊。"王逸注："旋，转也。"旋转则往复，引申为返还义。《诗经·小雅·黄鸟》："言旋言归。"朱熹《诗集传》："旋，回。"

【译文】

复、旋,都有"返还"的意思。

祖①、翼②,送也。

【注释】

①祖:当得名于徂(cú)。汉应劭《风俗通》卷八《祀典·祖》:"谨按《礼传》:'共工之子曰修,好远游,舟车所至,足迹所达,靡不穷览,故祀以为祖神。'祖者,徂也。"《说文》:"徂,往也。"前往谓之徂。祭路神之祖与祖庙之祖为同形字。祭祀路神实为出行者送行,故有送行之义。

②翼:送行。《尚书·多士》:"非我小国敢弋殷命。"孔颖达正义称郑玄弋作翼,引郑注:"翼,犹驱也。"驱有在后相送义。

【译文】

祖、翼,都有"送行"的意思。

走①、卬②,我也。

【注释】

①走:本义为奔跑。《说文》:"走,趋也。"引申指走卒、仆人。《玉篇》:"走,仆也。"用于自谦之称,则相当于我。《文选·班固〈答宾戏〉》:"走亦不任厕技于彼列。"

②卬(áng):用于人称代词,为"姎"之假借。《尔雅·释诂下》:"卬,我也。"郭璞注:"卬,犹姎也,语之转耳。"《说文》:"姎,女人自称我也。"《诗经·大雅·生民》:"卬盛于豆。"毛传:"卬,我也。"

【译文】

走、卬,都有第一人称"我"的意思。

姓①、命②、孥③，子也。

【注释】

①姓：本义为生。《说文》："姓，人所生也。"徐灏《说文解字注笺》："姓之本义谓生，故古通作生。其后因生以赐姓，逐篇姓氏字耳。""姓子"即"生子"，引申为子。《左传·昭公四年》："（穆公）所宿庚宗之妇人献以雉。问其姓，对曰：'余子长矣，能奉雉而从我矣。'"杜预注："问有子否。"

②命：通"姓"。王煦疏："命与姓通。《周语》云：'不亦渎姓乎？'韦昭引唐固、贾逵注云：'姓，命也。'命与姓通，故亦得训为子也。"《国语·周语中》："今陈侯不念胤续之常，弃其伉俪妃嫔，而帅其卿佐以淫于夏氏，不亦渎姓矣乎？"韦昭注："贾（达）、唐（固）二君云：姓，命也。"姓本义为生，故引申而有性命义。

③孥（nú）：儿子。《后汉书·马援传》："援妻孥惶惧，不敢以丧还旧茔。"典籍常作帑。《诗经·小雅·常棣》："乐尔妻帑。"毛传："帑，子也。"

【译文】

姓、命、孥，都有"孩子"的意思。

谐①、吁②，和也。

【注释】

①谐：和谐。《说文》："谐，和也。"和即和谐。《尚书·舜典》："八音克谐。"

②吁：和谐。《尚书·盘庚上》："率吁众感。"孔安国传："吁，和也。"

【译文】

谐、吁，都有"和谐"的意思。

悛^①、寤^②，觉也。

【注释】

①悛（quān）：本义为悔改，悔改即有所觉悟，故有觉悟义。《说文》："悛，止也。"王煦疏："《左氏昭九年传》云：'为是悛而后止。'是悛在止先，言觉而后止也。"

②寤：本义为睡觉时有言语，即做梦。《说文》："寤，寐觉而有信曰寤。"《逸周书·寤儆》："呜呼，谋泄哉！今朕寤有商惊予。"孔晁注："梦为纣所伐，故惊。"做梦为寐中有觉，与醒时相似，故引申为觉悟。

【译文】

悛、寤，都有"觉悟"的意思。

憾^①、猜^②，恨也。

【注释】

①憾：遗憾，不快。《礼记·中庸》："人犹有所憾。"注云："憾，恨字。"《左传·宣公二年》："羊斟非人也，以其私憾，败国殄民。"杜预注："憾，恨也。"

②猜：从犬，兽类残忍，故本义为残害。《说文》："猜，恨贼也。"《汉书·酷吏传·王温舒》："其治复放河内，徒请召猜祸吏与从事。""猜祸吏"谓残害他人之吏。残害多因嫉恨而生，故引申为嫉恨。《左传·僖公九年》："送往事居，耦俱无猜。"杜预注："两无猜恨。"

【译文】

憾、猜，都有"憾恨"的意思。

艾^①、尽^②，止也。

【注释】

①艾（yì）：止，绝。《诗经·小雅·庭燎》："夜如何其？夜未艾。"
朱熹集传："艾，尽也。"《孟子·万章上》："太甲悔过，自怨自
艾。""自艾"谓自止其过。

②尽：本义为空无。《说文》："尽，器中空也。"引申为终止，完结。
《韩非子·难一》："舜有尽，寿有尽，天下过无已者。"

【译文】

艾、尽，都有"终止"的意思。

捆^①，忿也^②。

【注释】

①捆（xiàn）：凶猛。《左传·昭公十八年》："今执事捆然授兵登陴。"
杜预注："捆然，劲忿貌。"

②忿：用同"奋"。猛然用力。

【译文】

捆，表示"凶猛"的意思。

奸^①，犯也。

【注释】

①奸：干犯，抵触。《说文》："奸，犯淫也。"《左传·襄公十四年》：
"君制其国，臣敢奸之？"杜预注："奸，犹犯也。"

【译文】

奸，表示"触犯"的意思。

汨^①、猾^②，乱也。

【注释】

①汨（gǔ）：混乱，扰乱。《尚书·洪范》：“鲧陻洪水，汨陈其五行。”孔安国传：“汨，乱也。”

②猾：通“滑（gǔ）”。扰乱，侵犯。《国语·周语下》：“而滑夫二川之神。”韦昭注：“滑，乱也。”《庄子·齐物论》：“置其滑涽。”陆德明释文：“滑，向本作汨。”

【译文】

汨、猾，都有“扰乱”的意思。

缩^①、续^②，抽也。

【注释】

①缩：抽引。《战国策·秦策五》：“武安君北面再拜赐死，缩剑将自诛。”“缩剑”即抽剑。

②续：“续”本无抽义，因此葛其仁疏证及胡承珙义证皆改“续”作“读”。“读”有抽绎理解文章内容之义。《方言》：“抽，读也。”《诗经·鄘风·墙有茨》：“中冓之言，不可读也。”毛传：“读，抽也。”

【译文】

缩、续，都有“抽取”的意思。

暨^①、捷^②，及也。

【注释】

①暨：来到。《礼记·丧服大记》：“塗不暨于棺。”郑玄注：“暨，及也。”

②捷:本义为战利品。《说文》:"捷,猎也,军中获得也。"引申为得
到。《汉书·扬雄传》:"凤皇翔于蓬陼兮,岂驾鹅之能捷?"颜师古
注引晋灼曰:"捷,及也。"

【译文】

暨、捷,都有"来到""得到"的意思。

苞①、跋②,本也。

【注释】

①苞:本义为草名。《说文》:"苞,苞草也。"其用于草木根部、茎秆之
义,则为"本"之假借。《诗经·商颂·长发》:"苞有三蘖。"毛传:
"苞,本。蘖,余也。"

②跋:本义为仆倒。《说文》:"跋,蹎跋也。"朱骏声通训谓"茇"之假
借。《说文》:"茇,草根也。"《礼记·曲礼上》:"烛不见跋,尊客之
前不叱狗,让食不唾。"郑玄注:"跋,本也。"

【译文】

苞、跋,都有"根本"的意思。

肆①、臬②,极也。

【注释】

①肆:尽,极。《说文》:"肆,极陈也。"《左传·昭公十二年》:"昔穆
王欲肆其心。"杜预注:"肆,极也。"

②臬(niè):本义为箭靶,箭靶为目标,目标即终极对象,故引申为终
极。《说文》:"臬,射准的也。"王粲《游海赋》:"其深不测,其广无
臬。"

【译文】

肆、臬,都有"终极"的意思。

睎^①、题^②,视也。

【注释】

①睎:本义为斜视。《说文》:"睎,目小视也。"小视即稍微看一下。《楚辞·九歌·山鬼》:"既含睇兮又宜笑。"王逸注:"睎,微眄貌也。"引申为看。《后汉书·仲长统传》:"睎盼则人从其目之所视,喜怒则人随其心之所虑。"

②题:本义为额头。《说文》:"题,额也。"其用于"看视"义,则为"睎"之假借。《诗经·小雅·小宛》:"题彼脊令。"毛传:"题,视也。"郑笺:"题之为言视睎也。"

【译文】

睎、题,都有"看"的意思。

犯^①、肆^②,突也^③。

【注释】

①犯:侵犯,冒犯。《左传·襄公十年》:"众怒难犯,专欲难成。"

②肆:冲犯。《诗经·大雅·皇矣》:"是伐是肆,是绝是忽。"郑笺:"肆,犯突也。"

③突:冒犯。曹植《求自试表》:"突刃触锋,为士卒先。"

【译文】

犯、肆,都有"冒犯"的意思。

束^①、縻^②,缚也。

【注释】

①束:捆绑。《说文》:"束,缚也。"《左传·襄公二十八年》:"庆氏之马善惊,士皆释甲束马而饮酒。"杜预注:"束,绊之也。"即用铠甲束缚马腿。

②縻(mí):本义为牛缰绳。《说文》:"縻,牛辔也。"缰绳用来束缚牛,故引申为束缚义。《孙子兵法·谋攻》:"不知军之不可以进而谓之进,不知军之不可以退而谓之退,是谓縻军。"李筌注:"縻,绊也。"

【译文】

束、縻,都有"束缚"的意思。

肆①、从②,遂也。

【注释】

①肆:顺遂。《周礼》:"肆夏。"吕叔玉注:"肆,遂也。"《尚书·舜典》:"肆类于上帝。"孔安国传:"肆,遂也。"

②从:本义为跟随。《说文》:"从,随行也。"引申为顺从。《周易·坤》:"或从王事,无成有终。"孔颖达疏:"或顺从于王事。"

③遂:顺从,顺遂。

【译文】

肆、从,都有"顺遂""顺从"的意思。

放①、投②,弃也。

【注释】

①放:放弃。《尚书·康诰》:"惟威惟虐,大放王命。"孔安国传:"大放弃王命。"

②投：抛弃。《左传·文公十八年》："投诸四裔，以御魑魅。"杜预注：
　　"投，弃也。"

【译文】

放、投，都有"抛弃"的意思。

莽①、芜②，草也。

【注释】

①莽：密生的草。《方言》："莽，草也。南楚曰莽。"

②芜：杂乱丛生的草。《说文》："芜，薉也。"颜延年《秋朝诗》："寝兴
　　日已寒，白露生庭芜。"

【译文】

莽、芜，都有"草"的意思。

暴①、暎②，晒也。

【注释】

①暴（pù）：晾晒。《集韵》："暴，日干也。或作曝。"《周礼·考工
　　记》："书暴诸日。"

②暎（yìng）：古同"映"。《集韵》："映，亦从英。"《通俗文》："日阴曰
　　映。"梁元帝《纂要》云："日在午曰亭，在未曰映。"

【译文】

暴、暎，都有"日晒"的意思。

㷫也，晞①、烯②，干也。

【注释】

①㷇（xìn）也，晞：疑为"㷇，晞也"。㷇为炙烤，晞为干、干燥。炙烤
　使物干燥。《说文》："晞，干也。"故训㷇为晞。《左传·昭公十八
　年》："司马、司寇列居火道，行火所㷇。"杜预注："㷇，炙也。"

②烯：同"晞"。《玉篇》："烯亦晞字。"

【译文】

㷇、晞、烯，都有"干燥"的意思。

迪①、迹②，蹈也③。

【注释】

①迪：践行。《尚书·微子》："诏王子出迪。"孔颖达疏："我教王子出
　奔于外。"孙星衍疏："迪者，行也。"

②迹：遵循。《诗经·小雅·沔水》："念彼不迹，载起载行。"毛传：
　"不迹，不循道也。"

③蹈：践行。

【译文】

迪、迹，都有"遵循""践行"的意思。

衍①、演②，广也。

【注释】

①衍：扩展，扩大。《后汉书·文苑传·杜笃》："夫雍州，本帝皇所以
　育业，霸王所以衍功。"李贤注："衍，广也。"

②演：扩展，推演。《文选·司马迁〈报任安书〉》："盖文王拘而演
　《周易》。"刘良注："演，广也。"

【译文】

衍、演,都有"扩展"的意思。

袤^①、从^②,长也。

【注释】

①袤(mào):本义为衣服衣带以上的部分。《说文》:"袤,衣带以上。……一曰南北曰袤,东西曰广。"引申指南北长度。王筠句读:"衣带以上,直计之也,南北曰袤即由此引申之。"

②从:同"纵"。南北长度。《墨子·备蛾传》:"广、从各丈二尺。"

【译文】

袤、从,都有"长度"的意思。

荷^①、揭^②,担也。

【注释】

①荷:本作"何",负荷。《说文》:"何,儋也。""儋"同"担"。表负荷。

②揭:肩负,扛,担。《一切经音义》卷三引《广雅》:"何、揭,担也。"

【译文】

荷、揭,表示"负担"的意思。

仍^①,再也。

【注释】

①仍:一再,频繁。《汉书·武帝纪》:"今大将军仍复克获。"颜师古注:"仍,频也。"

【译文】

仍，表示"再次"的意思。

徇^①，归也^②。

【注释】

①徇：本义为巡行示众。《说文》作徇，释"行示也"。引申为走向、依从。《左传·文公十一年》："国人弗徇。"杜预注："徇，顺也。"

②归：有走向、归顺之义。《诗经·曹风·蜉蝣》："心之忧矣，于我归处。"

【译文】

徇，表示"走向"的意思。

工^①，官也。

【注释】

①工：本义为工匠的曲尺。《说文》："工，巧饰也，象人有规矩也。"引申为工匠。工匠多为工作负责人，又引申为官吏。《尚书·尧典》："允釐百工。"孔安国传："工，官。"

【译文】

工，表示"官吏"的意思。

稽^①，考也。

【注释】

①稽：考核，核查。《周易·系辞下》："于稽其类。"孔颖达疏："稽，考也。"

【译文】

稽,表示"考核"的意思。

颠①,殒也。

【注释】

①颠:本义为头顶。《说文》:"颠,顶也。"其用于坠落之义,则为"蹎"之假借。《说文》:"蹎,跋也。"徐锴系传:"颠倒字作蹎。"本义为跌倒。引申为坠落。《尚书·盘庚中》:"颠越不恭。"孔安国传:"颠,陨也。"

【译文】

颠,表示"坠落"的意思。

跻①,升也。

【注释】

①跻(jī):登升。《说文》:"跻,登也。"《周易·震》:"跻于九陵。"孔颖达疏:"跻,升也。"

【译文】

跻,表示"登升"的意思。

戕①,残也②。

【注释】

①戕(qiāng):杀害,残杀。《说文》:"枪也。枪者,距也。距谓相抵为害。"《诗经·小雅·十月之交》:"曰予不戕,礼则然矣。"郑笺:"戕,残也。"

②残：杀害。

【译文】

戕，表示"杀害"的意思。

剿^①，截也^②。

【注释】

①剿：用于灭绝义应为"劋"之假借。《尚书·甘誓》："有扈氏威侮五行，怠弃三正，天用剿绝其命。"孔安国传："剿，截也。"

②截：本义为割断。引申为断绝、灭绝。

【译文】

剿，表示"断绝"的意思。

辟^①，除也。

【注释】

①辟：清除。《楚辞·远游》："风伯为余先驱兮，氛埃辟而清凉。"洪兴祖《楚辞补注》："辟，除也。"

【译文】

辟，表示"清除"的意思。

圂^①，患也。

【注释】

①圂（hùn）：担忧。《说文》："圂，忧也。"《左传·昭公六年》："舍不为暴，主不圂宾。"杜预注："圂，患也。"

【译文】

恩,表示"担忧"的意思。

谪①,责也②。

【注释】

①谪(zhé):谴责,责备。《说文》:"谪,罚也。"《诗经·邶风·北门》:"我入自外,室人交遍谪我。"毛传:"谪,责也。"

②责:责怪,责备。

【译文】

谪,表示"责备"的意思。

间①,非也②。

【注释】

①间:本义为缝隙。引申为间隔,用作动词即加以阻隔、予以非难之义。《论语·先进》:"人不间于其父母昆弟之言。"陈群注:"人不得有非间之言也。"皇侃疏亦云:"间,犹非也。"

②非:非难。

【译文】

间,表示"非难"的意思。

顺①,退也。

【注释】

①顺:与"逊"通。《周易·坤》:"履霜坚冰至,盖言顺也。"《春秋繁露》作"盖言逊也"。《尔雅·释言》:"逊,遁也。"《周易·杂卦

传》："遁则退也。"

【译文】

顺，表示"退让"的意思。

抗①，御也。

【注释】

①抗：捍卫，抵御。《说文》："抗，扞也。"《墨子·非攻中》："欲以抗诸侯以为英名。"

【译文】

抗，表示"抵御"的意思。

靳①，取也。

【注释】

①靳：通"蕲（qí）"。"蕲"古同"祈"。有祈求、求取之义。《荀子·儒效篇》："跨天下而无蕲。"注："蕲，求也。"

【译文】

靳，表示"求取"的意思。

蚩①，戏也。

【注释】

①蚩：此处"蚩"用于戏义，为"吙（chī）"之假借。《说文》："吙吙，戏笑貌。"段玉裁注："此今之嗤笑字也。"阮籍《咏怀诗》："乃悟羡门子，嗷嗷令自蚩。"

【译文】

蚩，表示"戏笑"的意思。

褊①，狭也。

【注释】

①褊(biǎn)：本义为衣服狭小。《说文》："褊，衣小也。"引申指狭小。《孟子·梁惠王上》："齐国虽褊小，吾何爱一牛？"

【译文】

褊，表示"狭小"的意思。

惎①，忌也②。

【注释】

①惎(jì)：本义为毒害。《说文》："惎，毒也。"忌与毒义相近，故惎亦可训为忌。《左传·哀公二十七年》："知伯不悛，赵襄子由是惎知伯。"

②忌：忌害，忌恶。

【译文】

惎，表示"忌恶"的意思。

沮①，疑也。

【注释】

①沮：怀疑。司空图《太尉琅琊王公河中生祠碑》："公实宽宏，且无猜沮，每示坦夷之道，不行谗佞之言。"

【译文】

沮,表示"猜疑"的意思。

亏①,损也。

【注释】

①亏:本义为气息少。《说文》:"亏,气损也。"引申为缺损、缺少。《周易·谦》:"天道亏盈而益谦。"孔颖达疏:"亏,谓减损。"

【译文】

亏,表示"缺损"的意思。

毁①,坏也。

【注释】

①毁:毁坏。《说文》:"毁,缺也。"《左传·文公十八年》:"毁则为贼。"杜预注:"毁则,坏法也。"

【译文】

毁,表示"毁坏"的意思。

叛①,散也。

【注释】

①叛:应作"判"。意为分离、分散。《国语·晋语一》:"民外不得利,而内恶其贪,则上下既有判矣。"韦昭注:"判,离也。"

【译文】

判,表示"分散"的意思。

蔽①,断也②。

【注释】

①蔽：审断。《左传·昭公十四年》："叔鱼蔽罪邢侯。"杜预注："蔽，断也。"

②断：判断，决断，审断。

【译文】

蔽，表示"审断"的意思。

交①,俱也。

【注释】

①交：皆，都。《孟子·梁惠王上》："上下交征利，而国危矣。"赵岐注："交为俱也。"

【译文】

交，表示"全都"的意思。

浮①,罚也。

【注释】

①浮：梁沈约《郊居赋》："或升降有序，或浮白无算。""浮白"谓满杯饮酒。再引申为罚饮满杯酒。《篇海类编·地理类·水部》："浮，谓满爵罚之也。"

【译文】

浮，表示"用满杯酒罚人"的意思。

夷①,伤也。

【注释】

①夷:古同"痍(yí)"。表创伤。《周易·明夷》:"夷于左股。"孔颖
　达疏:"左股被伤。"

【译文】

夷,表示"受伤"的意思。

枳①,害也。

【注释】

①枳(zhǐ):本义为树名。《说文》:"枳,木似橘。"《山海经·西山
　经》:"又西百二十里曰浮山,多盼木,枳叶而无伤。"郭璞注:"枳,
　刺针也。能伤人,故名云。"引申为伤害。

【译文】

枳,表示"伤害"的意思。

适①,闲也。

【注释】

①适:舒适,闲适。《楚辞·九辩》:"尧舜皆有所举任兮,故高枕而自
　适。"王逸注:"安卧垂拱,万国治也。"

【译文】

适,表示"闲适"的意思。

缔①,闭也②。

【注释】

①缔：难以解开的结。《说文》："缔，结不解也。"汉焦赣《易林·比
　之大有》："缔结难解。"

②闭：也有解不开的结之义。《吕氏春秋·君守》："鲁鄙人遗宋元王
　闭，元王号令于国，有巧者皆来解闭。"高诱注："闭，结解不开者
　也。"

【译文】

缔，表示"难以解开的结"的意思。

靡^①，细也。

【注释】

①靡：本义为无、没有。《说文》："靡，披靡也。"张舜徽约注："披靡二
　字连语，急言之则为他，他者别也，别即分散之义。物分散则细，
　引申为凡细之称。"《礼记·月令》："靡草死，麦秋至。"孔颖达疏：
　"以其枝叶靡细，故云靡草。"

【译文】

靡，表示"细小"的意思。

辨^①，使也。

【注释】

①辨：通"辩"，"辩"又通"俾"。俾，使令。《尚书序》："成王既伐东
　夷，肃慎来贺，王俾荣伯作《贿肃慎之命》。"陆德明释文："俾，马
　本作辨。"《尔雅·释诂》："俾，使也。"

【译文】

辨，表示"使唤""使令"的意思。

牧^①,临也。

【注释】

①牧:《方言》:"牧,司也。"又云:"监、牧,察也。"是牧与监义略同。《说文》:"监,临下也。"

【译文】

牧,表示"临下"的意思。

尝^①,试也。

【注释】

①尝:尝试。《左传·襄公十八年》:"诸侯方睦于晋,臣请尝之。"杜预注:"尝,试其难易也。"

【译文】

尝,表示"尝试"的意思。

赖^①,赢也。

【注释】

①赖:赢利。《说文》:"赖,赢也。"《国语·齐语》:"相语以利,相示以赖。"韦昭注:"赖,赢也。"

【译文】

赖,表示"赢利"的意思。

若^①,乃也。

【注释】

①若:即"诺"之初文。诺本义为答应。其用于第二人称代词为假借。《墨子·明鬼下》:"使余锡女寿,十年有九,使若国家蕃昌,子孙茂。"

【译文】

若,表示第二人称"你"的意思。

嗟①,发声也②。

【注释】

①嗟:叹词。表示赞美、感叹、打招呼等。《说文》:"嗟,咨也。"《尚书·费誓》:"嗟!人无哗,听命。"

②发声:为古代语法术语,又称"发声语助",指叹词和用于句首或实词前面的语气助词。

【译文】

嗟,表示"发声"的意思。

奏①,为也。

【注释】

①奏:本义为进献。《说文》:"奏,进也。"引申为使上进、使成就,亦即取得、到达之义。《诗经·小雅·六月》:"薄伐猃狁,以奏肤公。"毛传:"奏,为也。""为"作为动词,意义宽泛,故可训奏。

【译文】

奏,表示"有所成就""有所作为"的意思。

振①,救也。

【注释】

①振:救济。《礼记·月令》:"命有司发仓廪,赐贫穷,振乏绝。"郑玄
　注:"振,犹救也。"

【译文】

振,表示"救济"的意思。

庸^①,偿也。

【注释】

①庸:疑当作"庚",意为偿还。《礼记·檀弓》:"请庚之。"注:"庚,
　偿也。"

【译文】

庸,表示"偿还"的意思。

贾^①,价也。

【注释】

①贾(gǔ):本义为做买卖。《说文》:"贾,贾市也。"引申为价钱。《礼
　记·王制》:"命市纳贾,以观民之所好恶。"郑玄注:"贾,谓物贵
　贱厚薄也。"

【译文】

贾,表示"价格"的意思。

赡^①,足也。

【注释】

①赡:多,足够。《孟子·梁惠王上》:"此惟救死而恐不赡,奚暇治礼

义哉!"不赡,即不够。

【译文】

赡,表示"足够"的意思。

曹①,耦也②。

【注释】

①曹:本义为原告被告。《说文》:"狱之两曹也。"引申为偶数。《楚
　辞·招魂》:"分曹并进。"王逸注:"偶也。"
②耦:通"偶"。

【译文】

曹,表示"双数""成对"的意思。

丽①,两也。

【注释】

①丽:成对,成双。《周礼·夏官·校人》:"丽马一圉,八丽一师。"郑
　玄注:"丽,耦也。"

【译文】

丽,表示"成对""成双"的意思。

骤①,数也。

【注释】

①骤:本义为马奔跑。《说文》:"骤,马疾步也。"引申为疾速。《左
　传·成公十八年》:"杞伯于是骤朝于晋而请为昏。"孔颖达疏:
　"骤是疾行之名。"疾速则动作频率快,故又引申为屡次。《吕氏春

秋·适威》:"骤战而骤胜。"高诱注:"骤,数也。"

【译文】

骤,表示"屡次"的意思。

逞^①,快也^②。

【注释】

①逞:通达,满意。《左传·桓公六年》:"今民馁而君逞欲。"杜预注:
"逞,快也。""逞欲"即欲望得以达成,得以满足。

②快:快意,满意。

【译文】

逞,表示"满意"的意思。

越^①,远也。

【注释】

①越:超出,远离。《左传·襄公十四年》:"越在他竟。"杜预注:"越,
远也。"

【译文】

越,表示"远"的意思。

姑^①,且也。

【注释】

①姑:暂且,姑且。《诗经·周南·卷耳》:"我姑酌彼金罍。"毛传:
"姑,且也。"按:《方言》:"盬,且也。"《广雅》:"嫭,且也。"盬、嫭
皆与姑字假借通用。

【译文】

姑,表示"暂且""姑且"的意思。

哿①,可也。

【注释】

①哿（gě）:称许,认可。《说文》:"哿,可也。"《诗经·小雅·正月》:"哿矣富人,哀此惸独。"毛传:"哿,可。"

【译文】

哿,表示"称许""认可"的意思。

释①,解也。

【注释】

①释:解释。《说文》:"释,解也。"《左传·襄公二十九年》:"公在楚,释不朝正于庙也。"杜预注:"释,解也。"孔颖达疏:"解释公所以不得亲自朝正也。"

【译文】

释,表示"解释"的意思。

庸①,善也。

【注释】

①庸:和善,中和。《一切经音义》引《广雅》:"庸,和也。"高诱注《吕氏春秋·贵公》:"善,犹和也。"善与和义相同,故训庸为善。

【译文】

庸,表示"和善"的意思。

荐①,重也。

【注释】

①荐:本义为草垫子。《说文》:"荐,薦席也。"张舜徽约注:"薦席犹云草席,即今语所称藁铺也。此在簟莞之下,故引申有再义、重义。荐与薦音同,故经传亦以薦为荐。"《左传·僖公十三年》:"晋荐饥,使乞籴于秦。"杜预注:"荐,重也。"

【译文】

荐,表示"再""又"的意思。

登①,升也。

【注释】

①登:登升。《说文》:"登,上车也。"《周易·明夷》:"初登于天,后入于地。"

【译文】

登,表示"登升"的意思。

励①,勉也。

【注释】

①励:《说文》无励字,励为厉之后出分别文。《国语·吴语》:"请王励士,以奋其朋势。"取勉励之义。

【译文】

励,表示"勉励"的意思。

赫①,显也。

【注释】

①赫:本义为火红的样子。《说文》:"赫,火赤皃。"引申为明亮、显赫。《诗经·大雅·生民》:"以赫厥灵。"毛传:"赫,显也。"

【译文】

赫,表示"显赫"的意思。

韪①,是也。

【注释】

①韪(wěi):是,对。《说文》:"韪,是也。"《左传·隐公十一年》:"犯五不韪而以伐人,丧其师也不亦宜乎?"杜预注:"韪,是也。"

【译文】

韪,表示"是""对"的意思。

丕①,庄也②。

【注释】

①丕(pī):大。《说文》:"丕,大也。"

②庄:与"壮"通。壮有大义。《说文》:"壮,大也。"卫太史柳庄,《汉书·古今人表》作"柳壮"。

【译文】

丕,表示"大"的意思。

佞①,才也。

【注释】

①佞（nìng）：有才。《左传·成公十三年》："寡人不佞。"孔颖达疏引
服虔曰："佞，才也。"

【译文】

佞，表示"有才"的意思。

　暨^①，息也。

【注释】

①暨（jì）：通"塈"。又塈与呬为古今字。《说文》："东夷谓息为呬。"
故训暨为息。《诗经·大雅·假乐》："民之攸塈。"毛传："塈，息
也。"

【译文】

暨，表示"休息"的意思。

　话^①，善也^②。

【注释】

①话：言语。《说文》："话，合会善言也。"《诗经·大雅·抑》："告
之话言。"毛传："话言，古之善言也。"又《尔雅·释诂》："话，言
也。"

②善：疑为言之形讹。译文取"言"义。

【译文】

话，表示"言语"的意思。

　愿^①，谨也。

【注释】

①愿:谨慎,老实。《说文》:"愿,谨也。"《左传·襄公三十一年》:"愿,吾爱之。"杜预注:"愿,谨善也。"

【译文】

愿,表示"谨慎"的意思。

丰①,豐也。

【注释】

①丰:"豐"的异体字。豐本义为培土植树,培土则土堆丰满,故引申为丰满。《说文》:"豐,豆之丰满者也。"《诗经·郑风·丰》:"子之丰兮。"毛传:"丰,丰满也。"

【译文】

丰,表示"丰满"的意思。

都①,盛也。

【注释】

①都(dū):本义应为建有宗庙的城邑。《说文》:"都,有先君之旧宗庙曰都。"先君宗庙所在地往往为都城,都市广大、繁华,故引申为盛大、高雅。《诗经·郑风·有女同车》:"彼美孟姜,洵美且都。"毛传:"都,闲也。"朱熹《诗集传》:"都,闲雅也。"引申为盛大、娴雅。

【译文】

都,表示"盛大"的意思。

腆①,厚也。

【注释】

①腆（tiǎn）：本义为膳食丰盛。《说文》："腆，设膳腆腆多也。"引申为丰厚。《左传·僖公三十三年》："不腆敝邑。"杜预注："腆，厚也。"

【译文】

腆，表示"丰厚"的意思。

肆①，缓也。

【注释】

①肆：本义为摆放、陈列。引申为放纵、放开。放开则宽缓，故有宽缓之义。《尚书·尧典》："眚灾肆赦。"孔安国传："眚，过。灾，害。肆，缓。……过而有害，当缓赦之。""缓赦"谓宽大处理。

【译文】

肆，表示"宽缓"的意思。

竞①，逐也。

【注释】

①竞：角逐，竞争。《诗经·大雅·桑柔》："职竞用力。"郑笺："竞，逐也。"

【译文】

竞，表示"角逐"的意思。

纪①，基也。

【注释】

①纪：开端，基础。《诗经·秦风·终南》："终南何有？有纪有堂。"毛传："纪，基也。"

【译文】

纪，表示"开端""基础"的意思。

　甚①、忌②，教也。

【注释】

①甚（jì）：教导。《左传·宣公十二年》："晋人或以广队不能进，楚人甚之脱扃。"杜预注："甚，教也。"

②忌：同"諅"。《玉篇》："諅，亦为忌字。"《说文》："諅，诫也。"告诫也有教导之义。

【译文】

甚、忌，都有"教导"的意思。

　憖①，愿也。

【注释】

①憖（yìn）：当为憖（jiù）字之讹。《说文》："憖，问也。敬谨也。"《集韵·宥韵》："憖，《说文》：'谨也。'"据《集韵》所引，知《说文》原有憖字，盖憖讹作憖，后人遂将憖字的训释并于憖下。《国语·楚语》："不毂虽不能用，吾憖置之于耳。"韦昭注："憖，犹愿也。"

【译文】

憖，表示"愿意"的意思。

　憖①，强也。

【注释】

①懋：典籍不见训懋为强之例。《诗经·小雅·十月之交》："不懋遗一老，俾守我王。"郑笺："懋者，心不欲，自强之辞也。"郑笺当引《小尔雅》而言。

【译文】

懋，表示"自强"的意思。

懋①，且也②。

【注释】

①懋：《玉篇》："懋，且也。"《左传·哀公十六年》："孔子卒，公诔之曰：'旻天不吊，不懋遗一老，俾屏余一人以在位。'"杜预注："懋，且也。"

②且：姑且。姑且有勉强义。

【译文】

懋，表示"姑且"的意思。

薄①，迫也②。

【注释】

①薄：本义为草木密集丛生之处。《说文》："薄，林薄也。"密集则草木之间相迫近，故引申为迫近。《尚书·益稷》："外薄四海。"孔安国传："薄，迫也。"

②迫：逼近，靠近。

【译文】

薄，表示"靠近"的意思。

燀^①，炊也。

【注释】

① 燀（chǎn）：烧火做饭。《说文》："燀，炊也。"《左传·昭公二十年》："和如羹焉，水火醯醢盐梅，以烹鱼肉，燀之以薪。"杜预注："燀，炊也。"

【译文】

燀，表示"烧火做饭"的意思。

资^①，取也。

【注释】

①资：取用，求取。《仪礼·丧服》："有余则归之宗，不足则资之宗。"郑玄注："资，取也。"

【译文】

资，表示"取用"的意思。

质^①，信也。

【注释】

①质：诚信。《左传·昭公十六年》："楚子闻蛮氏之乱也，与蛮子之无质也，使然丹诱戎蛮子嘉，杀之。"杜预注："质，信也。"

【译文】

质，表示"诚信"的意思。

饩^①，馈也。

【注释】

①饩（xì）：馈赠。《左传·僖公十五年》："是岁晋又饥，秦伯又饩之粟。"此处意为馈赠食物。

【译文】

饩，表示"馈赠"的意思。

憑①，依也。

【注释】

①憑（píng）：《说文》无憑字。其用于依靠义，则为"凭"之假借。《说文》："凭，依几也。"《尚书·顾命》："相被冕服，憑玉几。"陆德明释文："憑，《说文》作凭，云：'依倚也。'《字林》同。"引申泛指依靠。

【译文】

憑，表示"依靠"的意思。

藉①，借也。

【注释】

①藉（jiè）：凭借。《左传·宣公十二年》："敢藉君灵，以济楚师。"杜预注："藉，犹假借也。""假借"谓凭借。

【译文】

藉，表示"凭借"的意思。

际①，接也。

【注释】

①际：交接，接触。《孟子·万章下》："敢问交际何心也？"赵岐注："际，接也。"

【译文】

际，表示"接触"的意思。

商^①，外也。

【注释】

①商：或为褅（tì）之异体。《广雅·释器》："褅谓之裸。"褅又与裼通。《诗经·小雅·斯干》："裼，裸也。"《礼记·檀弓上》："袪，裼之可也。"郑玄注："裼，表也。"孔颖达疏："裼谓裘上又加衣也。""表裘"谓加衣于裘之外，此或为《小尔雅》训商为外之意。

【译文】

商，表示"外部"的意思。

阈^①，限也。

【注释】

①阈：本义为从外面将门关上。《说文》："阈，外闭也。"引申为阻挡、限制。张衡《西京赋》："右有陇坻之隘，隔阈华戎。"

【译文】

阈，表示"阻挡""限制"的意思。

庐^①，寄也。

【注释】

①庐：寄居之屋。《说文》："庐，寄也。秋冬去，春夏居。"《释名·释宫室》云："寄止曰庐。"以其为临时居所，故声训为寄。《诗经·大雅·公刘》："于时处处，于时庐旅。"毛传："庐，寄也。"

【译文】

庐，表示"寄居"的意思。

萃①，集也。

【注释】

①萃：本义为草丛生貌。《说文》："萃，草皃。"引申为聚集。《左传·宣公十二年》："楚师方壮，若萃于我，吾师必尽。"杜预注："萃，集也。"

【译文】

萃，表示"聚集"的意思。

藻①，倅也②。

【注释】

①藻（zào）：《左传·昭公十一年》："僖子使助薳氏之藻。"杜预注："藻，副倅也。"陆德明释文："《说文》藻从艸。"藻乃藻之变体。

②倅（cuì）：有正副之副的意思。《周礼·夏官·戎仆》："掌王倅车之政。"郑玄注："倅，副也。"

【译文】

藻，表示"副"的意思。

尤①，怪也②。

【注释】

①尤：本义为特异。《说文》："尤，异也。"《左传·昭公二十八年》："夫有尤物，足以移人。"杜预注："尤，异也。"特异即突出、超过，故引申为过失、罪过，用作动词则为怪罪之义。《诗经·郑风·载驰》："许人尤之。"毛传："尤，过也。"

②怪：亦有特异、怪罪二义。《说文》："怪，异也。"《荀子·正论》："今世俗之为说者，不怪朱、象而非尧、舜，岂不过矣哉！"

【译文】

尤，表示"特异""怪罪"的意思。

瞢①，惭也。

【注释】

①瞢（méng）：本义为视力弱。《说文》："瞢，目不明也。"《国语·晋语三》："臣得其志而使君瞢，是犯也。"韦昭注："瞢，惭也。"瞢为目不明，惭为心不明，音同义通。

【译文】

瞢，表示"不明"的意思。

素①，空也。

【注释】

①素：本义为未经染色之帛。《说文》："素，白致缯也。"引申为白色，再引申为空白、空无。《尚书·牧誓》："牝鸡之晨，惟家之索。"孔安国传："索，尽也。"

【译文】

素，表示"空白""空无"的意思。

素^①,故也。

【注释】

①素:本义为未经染色之帛。引申为原始、本来、旧时。《墨子·备梯》:"又听城鼓之音而入,因素出兵施伏。"张纯一集解:"郑注《丧服》曰:'素,犹故也。'因素出兵,犹言照旧出兵耳。"

【译文】

素,表示"原始""本来"的意思。

视^①,比也。

【注释】

①视:比照。《孟子·万章下》:"大夫受地视伯,元士受地视子男。"赵岐注:"视,比也。"

【译文】

视,表示"比照"的意思。

偟^①,往也。

【注释】

①偟(huáng):本作皇。《诗经·小雅·信南山》:"先祖是皇,报以介福。"郑笺:"皇之言暀也,先祖之灵归暀是孝孙,而报之以福。""归暀"即归往。

【译文】

偟,表示"归往"的意思。

矜^①,惜也。

【注释】

①矜（jīn）：此处用于怜惜义，为"怜"之假借。《广韵》："矜，《字样》借为怜字。"《诗经·小雅·鸿雁》："爱及矜人。"毛传："矜，怜也。"怜即怜惜。

【译文】

矜，表示"怜惜"的意思。

狃①，忕也②。

【注释】

①狃（niǔ）：习惯。《诗经·郑风·大叔于田》："将叔无狃，戒其伤女。"毛传："狃，习也。"

②忕（shì）：习惯于。《说文》："忕，习也。"

【译文】

狃，表示"习惯"的意思。

觊①，望也。

【注释】

①觊（jì）：希望得到。《说文》："觊，钦（冀）幸也。"柳宗元《童区寄传》："自毁齿已上，父兄鬻卖，以觊其利。"表寄望、期望。

【译文】

觊，表示"期望"的意思。

何①，任也。

【注释】

①何（hè）：本义为担挑，即负荷之荷的本字。《说文》："何，儋也。"引申为担任。《诗经·商颂·玄鸟》："百禄是何。"毛传："何，任也。"郑笺："谓当担负天之多福。"

【译文】

何，表示"担任"的意思。

御①，侍也。

【注释】

①御：本义为驾驭车马。《说文》："御，使马也。"驾驭车马乃侍奉他人之事，故引申为侍奉。《诗经·大雅·行苇》："肆筵设席，授几有缉御。"郑笺："御，侍也。"

【译文】

御，表示"侍奉"的意思。

殿，填也①。

【注释】

①殿，填也："填"应为"镇"之形误。殿之训镇，取镇抚之义。《诗经·小雅·采菽》："乐只君子，殿天子之邦。"毛传："殿，镇也。"

【译文】

殿，表示"镇抚"的意思。

选①，择也。

【注释】

①选：挑拣，择。《说文》："选，择也。"《诗经·邶风·柏舟》："不可选也。"选即选择。

【译文】

选，表示"挑拣"的意思。

宣[1]，示也。

【注释】

①宣：明示，显示。《左传·僖公二十七年》："民未知信，未宣其用。"《左传·宣公九年》："公卿宣淫，民无效焉。"杜预注："宣，示也。"

【译文】

宣，表示"显示"的意思。

广训第三

诸[1]，之也，乎也。

【注释】

①诸：此处用为语助词。《诗经·邶风·日月》："日居月诸，照临下土。"王引之《经传释词》："诸，之乎也。急言之曰诸，徐言之曰之乎。"《论语·颜渊》："虽有粟，吾得而食诸？"

【译文】

诸，表示"之""乎"的意思。

诸[1]，之乎也。

【注释】

①诸：此条同上。"诸"即"之""乎"的合音。《论语·子罕》："有美玉于斯，韫椟而藏诸？求善价而沽诸？"

【译文】

诸，表示代词"之"和介词"于"的意思。

旃①，之也。

【注释】

①旃（zhān）：此处做语助词。"旃"为"之""焉"二字的合读。《诗经·魏风·陟岵》："上慎旃哉，犹来无止。"马瑞辰通释："之、旃一声之转，又为'之''焉'之合声，故旃训之，又训焉。"

【译文】

旃，表示"之"的意思。

旃①，焉也。

【注释】

①旃：此条同上。此处做语助词。《广雅·释诂》："旃，之也。"王念孙疏证："旃者，'之''焉'之合声，故旃训为之，又训为焉。"《诗经·唐风·采苓》："舍旃舍旃，苟亦无然。"郑笺："旃之言焉也。"

【译文】

旃，表示"焉"的意思。

恶乎①，于何也。

【注释】

①恶乎：疑问代词，相当于"何"。在哪里。乎为介词，相当于
"于"。"恶乎"是代词宾语前置格式，与"何如""是以"同类，盖
为古汉语句法形式的遗存。《礼记·檀弓下》："吾恶乎用吾情？"
郑玄注："恶乎，犹于何也。"

【译文】

恶乎表示"在哪里"的意思。

乌乎①，吁嗟也②。吁嗟，呜呼也。有所叹美，有所伤
痛，随事有义也。

【注释】

①乌乎：颜师古《匡谬正俗》卷二："乌呼，叹辞也。或嘉其美，或伤
其悲，其语备在《诗》《书》，不可具载。但《古文尚书》悉为'於
戏'字，《今文尚书》悉为'呜呼'字。"刘淇《助字辨略》卷二"呜"
下云："呜呼，叹辞，一作'於戏''呜嚎''乌乎'。"乌（呜、於、恶）
和乎（呼）都是可以单用的叹词。《史记·司马相如列传》："乌！
谓此邪！"《左传·文公元年》："呼，役夫！宜君王之欲杀女而立
职也。"叹之不足，故"乌乎"并列以增强其感叹。
②吁嗟：吁和嗟都是可以单用的叹词。《诗经·魏风·陟岵》："父
曰：'嗟，予子行役，夙夜无已。'"《荀子·宥坐》："孔子喟然而叹
曰：'吁，恶有满而不覆者哉！'""吁嗟"并列，构成双音词，亦作
"于嗟"。既可表示赞美，亦可表示伤感，此所谓"随事为义"。
《诗经·周南·麟之趾》："于嗟麟兮！"毛传："于嗟，叹辞。"清王
先谦《诗三家义集疏》："《韩诗》于作吁，于、吁古今字。"此表赞
美。《楚辞·卜居》："吁嗟默默兮，谁知吾之廉贞？"此表伤感。

【译文】

乌乎，表示"吁嗟"的意思。吁嗟，表示"呜呼"的意思。可以表示感叹、赞美，也可以表示伤感，根据所表达的事情而意义有所变化。

无念[①]，念也。

【注释】

①无念："无"为句首发语词，起协调音节、引起对方注意等作用。"念"本义为思念。《说文》："念，常思也。"《诗经·大雅·文王》："王之荩臣，无念尔祖。"毛传："无念，念也。"王引之《经传释词》："孟康注《汉书·货殖传》曰：'无，发声助也。'字或作毋。"

【译文】

无念，表示"怀念"的意思。

无宁[①]，宁也。

【注释】

①无宁："无"为句首发语词，起协调音节、引起对方注意等作用。"宁"本义为宁愿、宁可。《说文》："宁，愿词也。"《左传·隐公十一年》："若寡人得没于地，天其以礼悔祸于许，无宁兹许公复奉其社稷。"杜预注："无宁，宁也。"也作"毋宁"。《左传·襄公二十九年》："且先君而有知也，毋宁夫人，而焉用老臣？"服虔注："毋宁，宁也。"

【译文】

无宁，表示"宁可""宁愿"的意思。

无显[①]，显也。不承[②]，承也。

【注释】

① 无显:"显"为明显之义。《尔雅》:"显,见也。"典籍未见"无显,显也"之训,也不见用例,当是涉上文"无念,念也""无宁,宁也"之误。《诗经·大雅·文王》:"有周不显。"毛传:"不显,显也。""不"起补足音节的用法。

② 不承:"承"为接承之义。《说文》:"承,奉也,受也。"《诗经·周颂·清庙》:"不显不承。"毛传:"显于天矣,见承于人矣。"郑笺:"是不光明文王之德与? 言其光明之也;是不承顺文王之志意与? 言其承顺之也。"是"不显""不承",传与笺皆言"显也","承也"。

【译文】

无显,表示"明显"的意思;不承,表示"继承"的意思。

不肖①,不似也。

【注释】

① 肖:相似,相像。《说文》:"肖,骨肉相似也。不似其先,故曰不肖也。"《孟子·万章上》:"丹朱之不肖,舜之子亦不肖。"形容子不似父。

【译文】

不肖,表示"不相似"的意思。

绳之①,誉之也。

【注释】

① 绳:本义为绳子。《说文》:"绳,索也。"绳也特指木匠取直的墨绳,由此引申为度量、衡量。称誉是对人的一种度量评判,故引申为称誉。《左传·庄公十四年》:"蔡哀侯为莘故,绳息妫以语楚子。"

杜预注："绳，誉也。"《吕氏春秋·古乐》："以绳文王之德。"高诱
注："绳，誉也。"

【译文】

绳，表示"称誉"的意思。

诘朝[1]，明旦也。

【注释】

①诘朝：诘有追问、责备、整治、禁止等义。《说文》："诘，问也。"皆与
"明旦"无关。《左传·僖公二十八年》："诘朝将见。"杜预注："诘
朝，平旦。"赵宦光《说文长笺》："诘朝，当本作喆朝。喆，古哲字，
借明也，故明朝为喆朝。"

【译文】

诘朝，表示"黎明之时"的意思。

遐不黄耇[1]，言寿考也。

【注释】

①遐不黄耇（gǒu）：《诗经·小雅·南山有台》有此诗句。遐，作疑
问代词，通"胡"。黄耇，毛传："黄，黄发也；耇，老。"孔颖达疏：
"《释诂》云：'黄发、耇老，寿也。'"黄发，人老后头发由白而黄，
是高寿的象征。耇，指老年人脸上出现冻梨色。黄发与脸上的冻
梨色都是寿征。《汉书·师丹传》："丹经为世儒宗，德为国黄耇。"

【译文】

遐不黄耇，表示"长寿"的意思。

公孙硕肤，德音不瑕[1]，道成王大美，声称远也[2]。

【注释】

①公孙硕肤，德音不瑕：此为《诗经·豳风·狼跋》中诗句。毛传：
"公孙，成王也，豳公之孙也。硕，大；肤，美也。"向熹《诗经词
典》："德音，声誉。不，衬音助词。瑕，遐之假借，远也。"

②道成王大美，声称远也：此二句古来异说甚多，长期以来即有美刺
两种观点相对立。旧说是"赞美"，现代研究者则多判为是对贵
族"丑态"的"讽刺"。声称，声望、称誉。

【译文】

公孙硕肤，德音不瑕，表示"成王品德声望美好无瑕"的意思。

鄂不韡韡①，言韡韡也。

【注释】

①鄂不韡韡（wěi）：此为《诗经·小雅·常棣》中诗句。毛传："鄂，
犹鄂鄂然，言外发也。韡韡，光明也。"孔颖达疏："毛以为常棣之
木，华鄂鄂然外发之时，岂不韡韡而光明乎？"旨在说明"不韡韡"
表示肯定之意。

【译文】

鄂不韡韡，表示"花萼花蒂灿烂鲜明"的意思。

我从事独贤①，劳事独多也。

【注释】

①我从事独贤：此为《诗经·小雅·北山》中诗句。《说文》："贤，多
才也。"段玉裁注："引申之，凡多皆曰贤。"《诗经·大雅·行苇》：
"序宾以贤。"郑笺："谓以射中多少为次第。"故将"从事独贤"释
为"劳事独多"。马瑞辰《毛诗传笺通释》："贤的本义为多，事多

的人必定劳苦。"

【译文】

我从事独贤，表示"为国事如此劳苦"的意思。

魴鱮甫甫①，语其大也；麀鹿麌麌②，语其众也。

【注释】

①魴鱮（fáng xù）甫甫：此为《诗经·大雅·韩奕》中诗句。魴，鳊鱼。鱮，鲢鱼，也叫白鲢。甫甫，有大义，毛传："甫甫然，大也。"《说文》："甫，大也。"故从甫得声之字亦有大义。

②麀（yōu）鹿麌麌（yǔ）：此为《诗经·小雅·吉日》中诗句。麀鹿，即牝鹿。毛传："麌麌，多也。"《诗经·大雅·韩奕》云："魴鱮甫甫，麀鹿噳噳。"毛传："噳噳然，众也。"噳噳即麌麌。陆德明释文："噳，本亦作麌。"

【译文】

魴鱮甫甫，是形容很大的意思；麀鹿麌麌，是形容很多的意思。

海物维错①，错，杂也。

【注释】

①海物维错：此为《尚书·禹贡》中语。海物，犹今言"海货"。维，今本作"惟"，二字古常通用，语气词，表示强调，犹"乃"。王引之《经传释词》："惟，犹乃也。"错，本义为用金属镶嵌。《说文》："错，金涂也。"镶嵌则间离其中，故有错离之义，引申为繁杂，种类多。

【译文】

海物维错中的"错"，表示"繁杂多样"的意思。

杂毛曰氂^①,杂彩曰绘^②,杂言曰哤^③。

【注释】

①氂:同"犛(lí)"。指硬而卷曲的毛。《说文》:"犛,强曲毛也,可以
箸起衣。"

②绘:本义为五彩绣品。《说文》:"绘,会五采绣也。"故"绘"有众彩
之义。

③哤(máng):语言杂乱。《说文》:"哤异之言。从口尨声。一曰杂
语。"《国语•齐语》:"四民者,勿使杂处,杂处则其言哤,其事
易。"

【译文】

毛硬而卷曲称之为"氂",众彩错杂称之为"绘",语言杂乱称之为
"哤"。

广义第四

凡无妻无夫通谓之寡^①,寡夫曰煢^②,寡妇曰釐^③。妾妇
之贱者,谓之属妇^④。属,逮也,逮妇之名,言其微也。

【注释】

①寡:本义为缺少。《说文》:"寡,少也。"引申为孤独义。寡之用
于孤独义,最初并不限于女子,也不拘于婚否。可指为寡妇(即
单身女子)、未婚成年女子、已婚但丈夫离家的女子及丧偶女子。
《战国策•齐策》:"哀鳏寡,恤孤独。"亦可指为寡夫,即单身男
子。《左传•襄公二十七年》:"齐崔杼生成及强而寡。"

②煢(qióng):此处用于孤独义,当为"惸(qióng)"之假借。《诗
经•小雅•正月》:"哿矣富人,哀此惸独。"即孤独义。

③釐:古同"厘"。《文选•张协〈七命〉》:"荧厘为之擗摽,嬬老为之

　　呜咽。”《孔子家语·好生》：“鲁人有独处室者，邻之釐妇亦独处一室。”王肃注：“釐，寡妇也。”

④妾妇之贱者，谓之属妇：妾妇，指身份为妾之妇，亦即妾。“妇”可特指正妻，亦可泛指妻子，故妾称“妾妇”。《左传·襄公十二年》：“天子求后于诸侯，诸侯对曰：‘夫妇所生若而人，妾妇之子若而人。’”杜预注：“不敢誉，亦不敢毁，故曰若如人。”属妇，《尚书·梓材》：“至于敬寡，至于属妇，合由以容。”孔安国传：“至于敬养寡弱，至于存恤妾妇。”此以“敬”“属”为动词，解“属”为存恤。陆德明释文：“属妇，上音蜀，妾之事妻也。”孔颖达疏：“经言属妇、传言妾妇者，以妾属于人，故名属妇。”皆以“属妇”为妾名。

【译文】

　　凡是无妻无夫的统称为“寡”，寡夫称之为“党”，寡妇称之为“釐”。地位低贱的妾妇，称之为“属妇”。属，表示“逮”的意思，逮妇的称谓，是表示其地位卑微。

非分而得谓之幸①，诘责以辞谓之让②。

【注释】

①幸：侥幸。《说文》：“幸，吉而免凶也。”“非分之得”即为“侥幸”。《春秋公羊传·宣公十五年》：“小人见人之厄则幸之。”注：“侥幸也。”

②让：责备。《说文》：“让，相责让也。”《左传·僖公五年》：“公使让之。”杜预注：“让，遣让之。”

【译文】

　　侥幸得到的称之为“幸”，用言辞诘责称之为“让”。

男女不以礼交谓之淫①，上淫曰烝②，下淫曰报③，旁淫

曰通④。

【注释】

①淫：本义为浸淫。《说文》："淫，侵淫随理也。"引申为越过。男女不以礼交往便是逾越正当，故有淫乱义。《管子·小匡》："男女不淫。"

②上淫曰烝：烝，疑为"烝"之讹误。烝，本义为蒸发，即蒸之初文。《说文》："烝，火气上行也。"古人祭神多用蒸汽，故引申指一种祭祀。《尔雅·释天》："冬祭曰烝。"《国语·楚语下》："烝享无度，民神同位。"上古婚俗，父亡后子可娶庶母为妻，其时需举行烝祭，故谓娶庶母为烝。此种情形在周礼被广泛推行渐为严格规范后成为乱伦行为，故谓之"上淫"。《左传·桓公十六年》："初，卫宣公烝于夷姜，生急子。"杜预注："夷姜，宣公之庶母也。上淫曰烝。"《方言》卷十二："烝，淫也。"郭璞注："上淫为烝。"

③下淫曰报：报，本义为断狱、判决罪人。《说文》："当罪人也。"报又为祭祀名，为报德之祭。《国语·鲁语上》："幕，能帅颛顼者也，有虞氏报焉。"韦昭注："报，报德，谓祭也。"其义与"烝"类似。又，上古婚俗，晚辈可娶长辈寡妻，其时要举行报祭，故谓之报。至周礼广泛推行渐为严格规范，此种行为也被视为乱伦。《左传·宣公六年》："文公报郑子之妃，曰陈妫，生子华、子臧。"杜预注："郑子，文公叔父子仪也。汉律：淫季父之妻曰报。"至于"下淫曰报"，有人谓其为汉时俗说。王煦疏："文公，君也。郑子之妃，臣之妃也。诸侯绝属，义系乎臣，不系乎季父，实为下淫，故谓之报。"

④旁淫曰通：通，本义为通达无阻。《说文》："通，达也。"上文云："上淫曰烝，下淫曰报。"则旁与上、下相对而言，谓侧旁，旁淫为与同辈通淫。童书业云："春秋时叔公'通'侄媳，父'通'儿媳，

弟'通'兄妻等事常见,其他贵族阶级中男女关系较乱之现象,似皆可与家长制家庭之存在有关。"《诗经·邶风·雄雉序》孔颖达疏:"服虔云:'傍淫曰通。'言傍者,非其妻妾,傍与之淫,上下通名也。"

【译文】

男女之间不以礼仪交往称之为"淫",与长辈淫乱称之为"蒸",与晚辈淫乱称之为"报",与别人的妻妾淫乱称之为"通"。

不直失节谓之惭①,惭,愧也。面惭曰赧②,心惭曰恧③,体惭曰逡④。

【注释】

①惭:羞愧。《说文》:"慙,媿也。"慙即惭之异体,媿即愧之异体。胡承珙义证:"不直失节谓之慙。"《后汉书·列女传》:"羊子大惭。"

②赧(nǎn):亦作赧。赧,本义为因惭愧而脸红。《孟子·滕文公下》:"观其色赧赧然,非由之所知也。"朱熹集注:"赧赧,惭而面赤之貌。"赧之惭主要体现在脸上,故云:"面惭曰赧。"

③恧(nǜ):自愧。《说文》:"恧,惭也。"《汉书·王莽传上》:"处之不惭恧。"颜师古注:"恧,愧也。"

④逡(qūn):徘徊的样子。《说文》:"逡,复也。"葛其仁疏证:"《尔雅·释言》:'逡,退也。'"胡承珙义证:"体惭无所形见,逡巡却退即是惭惧之意。"

【译文】

不正直、失节义称之为"惭",惭,即惭愧的意思。因惭愧而脸红称之为"赧",内心羞愧称之为"恧",因羞愧而局促不安称之为"逡"。

广名第五

讳死谓之大行①,死而复生谓之苏②,疾甚谓之阽③。

【注释】

①大行(xíng):旧时皇帝或皇后初崩称为"大行"。讳死即不敢斥其死,故讳之,称为大行。《文选·颜延之〈宋文皇帝元皇后哀策文〉》:"惟元嘉十七年七月二十六日,大行皇后崩于显阳殿。"

②苏:同"甦(sū)"。指死而复生。《集韵》:"苏,俗作甦。"《广韵》:"苏,息也,死而更生也。"

③阽(diàn):本义为壁危欲堕。《说文》:"阽,壁危也。"引申为病危。胡承珙义证:"疾甚欲死,如临危欲堕,故谓之阽也。"《汉书·文帝纪》:"草木群生之物皆有以自乐,而吾百姓鳏寡孤独穷困之人,或阽于死亡,而莫之省忧。"

【译文】

避讳死亡所以称之为"大行",死而复生称之为"苏",病危称之为"阽"。

请天子命曰未可以戚先王①,请诸侯命曰未可以近先君②,请大夫命曰未可以从先子③。

【注释】

①未可以戚先王:语见《尚书·金縢》:"既克商二年,王有疾,弗豫。二公曰:'我其为王穆卜。'周公曰:'未可以戚我先王。'公乃自以为功。"孔安国传:"穆,敬。戚,近也。召公、太公言王疾当敬卜吉凶,周公言未可以死近我先王,相顺之辞。周公乃自以请命为己事。"孔颖达疏:"死则神与先王相近,故言近先王。"先王亦可指已故诸侯。宋玉《高唐赋序》:"昔者先王尝游高唐。"此"先

王"指巳故楚王。曰"戚先王"与下文的"近先君""从先子",皆
死亡之委婉语。

②未可以近先君:王煦疏:"其文未详所出。按《左氏·襄十年传》
云:'惟是春秋窀穸之事,所以从先君于祢庙者。'《楚语》云:'惟
是春秋所以从先君者。'是诸侯称先君也。"按"先君"之称并不
限于诸侯,凡亡父亡祖皆可称为先君。孔安国《尚书序》:"先君
孔子,生于周末。"

③未可以从先子:出处不详。古称先子或指亡父。《孟子·公孙丑
上》:"曾西蹵然曰:'吾先子之所畏也。'"杨伯峻《孟子译注》:
"'先子'指其父亲曾参。"或指丈夫的亡父。《国语·鲁语下》:
"文伯之母闻之,怒曰:'吾闻之先子。'"韦昭注:"先子,先舅季悼
子也。"此当是从丈夫之称。亦泛指祖先。《左传·昭公四年》:
"宣伯曰:'鲁以先子之故,将存吾宗,必召女。'"杜预注:"先子,
宣伯先人。"

【译文】

请天子命要说"未可以戚先王",请诸侯命要说"未可以近先君",请
大夫命要说"未可以从先子"。

空棺谓之榇①,有尸谓之柩②。

【注释】

①榇(chèn):古时指空棺,后泛指棺材。《说文》:"榇,棺也。"《左
传·襄公二年》:"自为榇与颂琴。"

②柩:装有尸体的棺材。《说文》:"柩,棺也。"段玉裁注:"棺、柩义
别。虚者为棺,实者为柩。"《礼记·曲礼下》:"在床曰尸,在棺曰
柩。"郑玄注:"柩之言究也。"孔颖达疏:"三日不生,敛之在棺,
死事究竟于此也。"《释名·释丧制》:"尸已在棺曰柩。柩,究也,

送终随身之制皆究备也。"

【译文】

空棺称之为"榇",装有尸体称之为"柩"。

馈死者谓之赗①,衣服谓之襚②。

【注释】

①赗(fèng):《说文新附》:"赗,赠死者。从贝从冒。冒者,衣衾覆冒之意。"赗既从冒,其本义当指给死者覆盖尸体的布帛。《左传·隐公元年》:"天王使宰咺来归惠公、仲子之赗。"孔颖达疏:"服虔曰:'赗,覆也。天王所以覆被臣子。'何休亦云:'赗,犹覆也。'盖覆被亡者耳。"引申为凡赠送死者之助葬用品皆可称为赗。《集韵·送韵》:"赗,赠死者之物。"

②襚(suì):古吊丧之礼,为死者穿衣。《说文》:"襚,衣死人也。从衣,遂声。"《左传·定公九年》:"齐侯谓夷仪人曰:'得敝无存者,以五家免。'乃得其尸。公三襚之。"杜预注:"襚,衣也。比殡三加襚,深礼厚之。"

【译文】

馈赠给死者的东西称之为"赗",给死者穿衣称之为"襚"。

埋柩谓之瘗①,瘗坎谓之池②。

【注释】

①瘗(yì):埋柩。《说文》:"瘗,塞也。"典籍中讹作堲。堲,即暂时埋葬。《释名·释丧制》:"假葬于道侧曰堲。堲,翳也。"假葬即暂时埋葬。《吕氏春秋·先识》:"威公薨,堲,九月不得葬。"高诱注:"下棺置地中谓之堲。"

②池：葛其仁疏证："殔坎谓池，不见经传。"王煦疏："《礼记·檀弓》云：'人既祖，填池，推柩而反之。'郑注：'祖谓移柩车去载处，为行始也。'按：祖，将葬祭行也。此时柩已在车，于故地之坎仍用土填实之。柩在则谓之殔，柩出则谓之池，因事异名也。"

【译文】

暂时埋葬称之为"殔"，柩移出后的暂埋之处称之为"池"。

圹谓之窆①，下棺谓之窆②，填窆谓之封③。

【注释】

① 窆（cuì）：本义为在地上挖墓穴。《说文》："窆，穿地也。"《周礼·春官·小宗伯》："卜葬兆，甫窆。"郑玄注："郑大夫读窆皆为穿，杜子春读窆为毚，皆谓葬穿圹也。"贾公彦疏："既得吉而始穿地为圹，故云甫窆也。"圹即挖地营造墓穴。《说文》："圹，堑穴也。"圹、窆引申而有墓穴义。《周礼·夏官·量人》："掌丧祭，莫窆之俎实。"贾公彦疏："毚是圹内。"

② 窆（biǎn）：丧葬时下棺于墓穴。《说文》："窆，葬下棺也。"《周礼·地官·乡师》："及窆，执斧以涖匠师。"郑玄注引郑司农曰："窆谓葬下棺也。"又《地官·逐人》："及窆，陈役。"郑玄注引郑司农曰："谓下棺时遂人主陈设也。"

③ 封：字象植树之形，本义应为植树培土。引申为填土埋葬。《左传·文公三年》："封殽尸而还。"杜预注："封，埋葬之。"

【译文】

挖地营造墓穴称之为"窆"，下棺于墓穴称之为"窆"，填土埋葬称之为"封"。

宰①，冢也；垄②，茔也。

【注释】

①宰：当为埩之借字。《方言》卷十三："冢，秦晋之间谓之坟……或谓之埩。"《广雅·释丘》："埩，冢也。"王念孙疏证："埩之言宰也，宰亦高貌也。……《春秋公羊传·僖公三十三年》：'宰上之木拱矣。'何休注云：'宰，冢也。'"

②垄：即垅之异体，本义为高丘。《说文》："垄，丘垅也。"引申为坟墓。《礼记·曲礼上》："适墓不登垄。"郑玄注："垄，冢也。"垄因隆起而得名。

【译文】

宰，指坟墓；垄，亦指坟墓。

无主之鬼谓之殇①。

【注释】

①无主之鬼：无主，犹无后也。殇：本义为未成年而死。《说文》："殇，不成人也。"《仪礼·丧服》传："年十九至十六为长殇，十五至十二为中殇，十一至八岁为下殇，不满八岁以下为无服之殇。"《礼记》："宗子为殇而死，庶子弗为后也。"葛其仁疏证："殇无为人父之道，故绝无后为之祭主，是为无主之鬼。"又《周礼·春官宗伯·大祝》注引司农注："如今祭殇，无所主命。"以主命为神主之主，盖祭殇礼略无所主命，亦得为无主之义也。

【译文】

无主之鬼称之为"殇"。

广服第六

治丝曰织①，织，缯也。麻纻葛曰布②，布，通名也。

【注释】

①织：织布，制作布帛的总称。《说文》："织，作布帛之总名也。"胡承珙义证："此惟曰治丝曰织者，织作之功，于丝为多也。"《礼记·玉藻》："士不衣织。"郑玄注："织，染丝织之，士衣染缯也。"孔颖达疏："织者，前染丝，后织之，此服功多色重，故士贱不得衣之。"

②纻：同"苎"。本义为苎麻。《说文》："纻，麻属。细者为绋，粗者为纻。"引申为苎麻纤维织成的布。葛：本义为植物名，纤维可以织布，葛布即指以葛为原料制成的布、衣、带等。《越绝书·外传记越地传》："使越女织治葛布，献于吴王夫差。"布：麻布。《说文》："布，枲织也。"《说文》："枲，麻也。"

【译文】

用丝帛制作称之为"织"，织，即丝织品"缯"。用麻、纻、葛制作的称为"布"，布是它们的统称。

　　纩①，绵也。絮之细者曰纩，缯之精者曰缟②，缟之粗者曰素③，葛之精者曰絺④，粗者曰绤⑤。

【注释】

①纩（kuàng）：古时指新丝绵絮。后泛指棉絮。《说文》："纩，絮也。"绵即丝絮。《尚书·禹贡》："厥篚织纩。"孔安国传："纩，细绵也。"

②缯：丝织品总称。《说文》："缯，帛也。"缟：本义为白色的丝织品。《尚书·禹贡》："厥篚玄织缟。"孔安国传："缟，白缯。"由缟之得名知缟比缯精细而白。《汉书·食货志》："乘坚策肥，履丝曳缟。"颜师古注："缟，皓素也，缯之精白者也。"

③素：本义为生帛。《说文》："素，白织缯也。"《礼记·杂记下》："纯

以素,纰以五采。"孔颖达疏:"素谓生帛。"即缟、素皆为白色丝织

品,为同义词,故缟常训素。《汉书·韩安国传》:"强弩之末,力不

能入鲁缟。"颜师古注:"缟,素也。"

④绤(chī):细葛布。《说文》:"绤,细葛也。"古人将葛布按线缕粗

细分为三种,最粗者为褐,次粗者为绤,细者为绤。《诗经·周

南·葛覃》:"为绤为绤,服之无致。"毛传:"精曰绤,粗曰绤。"

⑤绤(xì):《说文》:"绤,粗葛也。"张舜徽约注:"绤之言隙也,谓缕

际有空可见白也。"

【译文】

纩,即绵织品。用细致的绵絮制作的称之为"纩",精细色白的丝
织品称之为"缟",粗糙的缟称之为"素",精细的葛布称之为"绤",粗糙
的葛布称之为"绤"。

在首谓之元服①。弁髦②,太古布冠,冠而敝之者也。

【注释】

①元服:帽子。元,指事字,本义为人头,谓手持冠冕加于头也。《仪

礼·士冠礼》:"令月吉日,始加元服。"《汉书·昭帝纪》:"四年春

正月丁亥,帝加元服。"颜师古注:"元,首也。冠者首之所着,故

曰元服。"

②弁髦(biàn máo):弁,古时的一种官帽,后泛指帽子。《周礼·夏

官·弁师》:"弁者,古冠之大称。委貌缁布曰冠。"髦,古代称幼

儿垂在前额的短发。《左传·昭公九年》:"岂如弁髦,而因以敝

之。"古代男子成人时举行冠礼,先加缁布冠,次加皮弁,后加爵

弁,三加之后剃去垂髦,不再用缁布冠。

【译文】

戴在头上的称之为"元服"。弁髦,即古时的布冠,戴在头上遮蔽

头发和额头。

题^①，由也，颠^②、颜^③、颡^④，额也。

【注释】

①题：指头部。《淮南子·本经训》："橼檐欀题。"高诱注："题，头也。"

②颠：本义为头顶。《说文》："颠，顶也。"引申指额头。《诗经·秦风·车邻》："有马白颠。"毛传："白颠，的颡也。"孔颖达疏引舍人言："的，白也。颡，额也。"

③颜：本义指两眉之间的部位。《说文》："颜，眉目之间也。"引申为额头。《方言》："颜，颡也。"《诗经·鄘风·君子偕老》："子之清扬，扬且之颜也。"朱熹《诗集传》："颜，额角丰满也。"

④颡（sǎng）：额头。《说文》："颡，额也。"《孟子·滕文公上》："其颡有泚，睨而不视。"赵岐注："颡，额也。泚，汗出泚泚然也。"

【译文】

题，表示头的意思，颠、颜、颡，表示额头的意思。

玺谓之印^①。

【注释】

①印：本义为按抑，实即抑之古字。《说文》："印，执政所持信也。"印章义由按抑义引申而来。《墨子·备城门》："封以守印。"《说文》："玺，王者印也。"《左传·襄公二十九年》："季武子取卞，使公冶问，玺书追而与之。"孔颖达疏："周时印已名玺，但上下通用。"

【译文】

玺称之为"印"。

绂谓之绶①，襜褕谓之童容②，布褐而绬之谓之蓝缕③。袴谓之襄④，蔽膝谓之袡⑤，带之垂者谓之厉⑥。

【注释】

①绶：拴系佩玉、印章、帷幕等的丝带。《说文》："绶，绂维也。"张舜徽约注："绶之言受也，谓两物之间以此相承受也。"《广雅·释器》："绂，绶也。"王念孙疏证："古者绶以贯玉，至战国始有印绶之名。"汉以后多指印绶。

②襜褕（chān yú）：直襟的单衣。《汉书·隽不疑传》："有一男子乘黄犊车，建黄旌，衣黄襜褕。"《方言》卷四："襜褕，江淮南楚谓之橦褣，自关而西谓之襜褕。"童容：即帏裳。古代女用车辆的装饰性帷帘。《诗经·卫风·氓》："渐车帏裳。"郑笺："帏裳，童容也。"孔颖达疏："以帏障车之旁如裳，以为容饰，故或谓之帏裳，或谓之童容。其上有盖，四旁垂而下，谓之襜。"

③布：指麻布衣，平民所穿。褐：指用粗糙的葛、麻、毛等织的衣服，贫者所穿。绬：缝补。《说文》："绬，缝也。"蓝缕：破烂的衣服。《左传·宣公十二年》："筚路蓝缕，以启山林。"

④袴（kù）：类似于今之护腿。《说文》："绔，胫衣也。"绔即袴之异体。段玉裁注："今所谓套袴也，左右各一，分衣两胫。"襄：《说文》："常，下裙也。襄，常或从衣。"襄亦有套袴之义。《说文》："襄，绔也。"《左传·昭公二十五年》："公在乾侯，征襄与襦。"杜预注："襄，袴也。"

⑤袡（rán）：宋翔凤训纂、胡承珙义证作袡，袡为袡之异体。宋翔凤曰："袡即襜字。《尔雅·释器》：'衣蔽前谓之襜。'郭璞注：'今蔽膝也。'《礼记·杂记》：'茧衣裳与税衣，纁袡为一。'注：'裳，下襈也，妇人蔽膝也。'"

⑥厉：此处"厉"指衣带下垂的部分，乃"裂"之假借。《诗经·小

雅·都人士》：“彼都人士，垂带而厉。”毛传：“厉，带之垂者。”郑
笺：“而亦如也。而厉，如鬐厉也。鬐必垂厉以为饰。厉字当作
裂。”《左传·桓公二年》：“鬐、厉、游、缨，昭其数也。”杜预注：
“厉，大带之垂者。”《礼记·内则》郑玄注引厉作裂。《说文》：
“裂，缯余也。”本义为缯帛的残余。引申指衣带之垂余部分。

【译文】

绂称之为“绶”，襜褕称之为“童容”，布褐破烂而有缝补称之为
“蓝缕”。袴称之为“襄”，蔽膝称之为“袡”，衣带下垂称之为“厉”。

大巾谓之幎①，覆帐谓之幄②，幄，幕也。

【注释】

① 幎：用巾覆物。《说文》：“幎，幔也。……《周礼》有幎人。”宋翔
　凤训纂：“今《周礼》有幂人，郑注：‘以巾覆物曰幂。’”《周礼·天
　官·幂人》：“掌共巾幂。”郑玄注：“共巾可以覆物。”

② 覆帐谓之幄：将帐覆盖于木架之上则成幄。帐，各种有顶帷帐
　的通称。幄，本义为张于房屋形构架上的小帷帐。《释名·释床
　帐》：“幄，屋也，以帛衣板施之，形如屋也。”清王先谦疏证引王
　启原曰：“幄之制必先立板，而后帛有所傅，自有幄已然。”《周
　礼·天官·幂人》：“掌帷、幕、幄、帟、绶之事。”郑玄注：“四合象
　宫室曰幄，王所居之帷也。”

【译文】

用大巾覆物称之为“幎”，用小帷帐包围起来称之为“幄”，幄，即表
示“幕”的意思。

簀①、床，第也②。大扇谓之翣③。

【注释】

① 箦（zé）：本义为竹席。《说文》："箦，床栈也。"《后汉书·袁术传》："至江亭，坐箦床而叹曰：'袁术乃至是乎？'"李注："箦，第也，谓无茵席也。"箦与席子相同。

② 第（zǐ）：竹编的床垫。

③ 翣（shà）：扇子。《说文》："箑，扇也。"箑即翣之异体。张舜徽约注："古之为扇者，或以竹，或以羽，至今犹然。故其字或从竹作箑，或从羽作翣，实一字耳。"

【译文】

箦、床，都表示"第"的意思。大扇称之为"翣"。

杖谓之梃①。键谓之籥②。

【注释】

① 梃（tǐng）：本义为树干。朱骏声通训："竹曰竿，草曰莛，木曰梃。"树干挺直，故谓之梃，引申为杖棒。《孟子·梁惠王上》："杀人以梃与刃，有以异乎？"赵岐注："梃，杖也。"

② 籥（yuè）：本义为古时儿童习字用的竹片。《说文》："籥，书僮竹苦也。"其用于关键义，则是"鑰"之假借。《说文》："鑰，关下牡也。""閞，以木横持门户也。"关即门闩，关之一端有一直孔，将关插入设在门框上的闭中，为阻止关左右移动，要在关孔中插一类似插销的部件，这一部件叫閞。《广雅·释官》："閞、键，户杜也。"《颜氏家训·书记》引蔡邕《月令章句》："键，关牡也。"

【译文】

杖棒称之为"梃"。插销称之为"籥"。

棋局谓之弈①。

【注释】

①奕:汉魏本作弈,奕为弈之形误。《说文》:"弈,围棋也。"本义指下围棋。《左传·襄公二十五年》:"弈者举棋不定,不胜其耦。"

【译文】

下围棋称之为"弈"。

在足谓之履,履尊者曰达履①,谓之金舄而金絇也②。

【注释】

①达履:尊贵的鞋子。《诗经·小雅·车攻》:"赤芾金舄。"毛传:"舄,达履也。"郑笺:"金舄,黄朱色也。"孔颖达疏:"言金舄达履者,《天官·屦人》注云:'舄有三等:赤舄为上,冕服之舄,下有白舄、黑舄。'此云金舄者,即礼之赤舄也,故笺云:'金舄,黄朱色。'加金为饰,故谓之金舄。白舄、黑舄犹有在其上者,为尊未达,其赤舄则所尊莫是过,故云达履,言是履之最上达者也。"

②絇(qú):古代鞋头的装饰品。《礼记·檀弓上》:"绳屦无絇。"

【译文】

穿在脚下称之为"履",尊贵的鞋履称之为"达履",即鞋头缀有金色装饰品的朱黄色鞋子。

广器第七

射有张布谓之侯①,侯中者谓之鹄②,鹄中者谓之正③,正方二尺。正中者谓之槷④,槷方六寸。

【注释】

①侯:《说文》作矦,矦、侯古今字,即箭靶,用布制成。《说文》云:"春飨所射矦也。从人,从厂,象张布;矢在其下。天子射熊虎豹,

服猛也。诸侯射熊豕虎。大夫射麋,麋,惑也。士射鹿豕,为田除害也。"《仪礼·乡射》:"乃张侯下纲。"郑玄注:"侯谓所射布也。"《诗经·齐风·猗嗟》:"终日射侯,不出正兮。"朱熹《诗集传》:"侯,张布而射之者也。"

②鹄(hú):此处指箭靶的中心。《仪礼·大射》:"大侯之崇见鹄于参。"郑玄注:"鹄之言较也,较,直也。射者,所以直己志。或曰鹄,鸟名,射之难中,中为之后,是以所射之侯取名也。"章炳麟《检论·商鞅》:"此其鹄惟在于刑,其刑惟在于任威斩断,而五官之大法无与焉。"又引申为目标。

③正:不偏斜,平正。《论语·乡党》:"席不正不坐。"不偏斜即向这个方位或目标不偏不斜地接近,引申为箭靶的中心。《诗经·齐风·猗嗟》:"终日射侯,不出正兮。"郑笺:"正,所以射于侯中者,天子五正,诸侯三正,大夫二正,士一正,外皆居其侯中参分之一焉。"

④槷(niè):当为槸之异体。槸,本义为树枝因摇曳而相摩擦。《说文》:"槸,木相摩也。"其用于"准"义,当为"臬"之假借。《周礼·考工记·匠人》:"置槷以县。"郑玄注:"槷,古人臬假借字。"《说文》:"臬,射准的也。"

【译文】

用布做成的箭靶称之为"侯",箭靶中心称之为"鹄",鹄的中心称之为"正",正有二尺。正中红心者称之为"槷",槷有六寸。

棘①,戟也。镵②、钺③,斧也。干④、瞂⑤,盾也。戈⑥,句孑戟也⑦。

【注释】

①棘:丛生的小枣树。《说文》:"棘,小枣丛生者。""棘"通"戟"。

戟，即古代兵器名，合戈矛为一体，可以直刺与横击。《左传·隐公十一年》："子都拔棘以逐之。"杜预注："棘，戟也。"

②铖（qī）：斧类兵器。《说文》："戚，戉也。"段玉裁注："戚小于戉。"戚即铖之初文，戉即钺之初文。《诗经·大雅·公刘》："干戈戚扬。"毛传："戚，斧也。"《左传·昭公十二年》："君王命剥圭以为铖柲。"杜预注："铖，斧也。"

③钺（yuè）：斧类兵器。《说文》："戉，斧也。"戉即钺之初文。《尚书·牧誓》："王左杖黄钺。"孔安国传："以黄金饰斧。"陆德明释文："钺本又作戉。"

④干：盾。《尚书·牧誓》："称尔戈，比尔干。"孔安国传："干，楯也。""楯"即"盾"之假借。盾为护卫之具，故引申为捍卫。

⑤瞂（fá）：盾牌。《说文》："瞂，盾也。"《方言》："盾，自关而东或谓之瞂，或谓之干，关西谓之盾。"《逸周书·王会》："请令以……鲛瞂利剑为献。"孔晁注："瞂，盾也，以鲛皮作之。"或借伐为瞂。《诗经·秦风·小戎》："蒙伐有苑。"毛传："伐，中干也。"孔颖达疏："橹是大楯，故以伐为中干。"

⑥戈：《说文》："戈，平头戟也。"徐灏注笺："戟之于戈，惟内有刃为异。浑言之，通谓之戈，故《左传》多言戈，罕言戟。"

⑦句：胡承珙义证作"钩"，句、钩古今字。《周礼·考工记·冶氏》："戈广二寸，内倍之，胡三之，援四之。"郑玄注："戈，今句孑戟也。或谓之鸡鸣，或谓之拥头。"孑：《说文》："孑，无右臂也。"戟仅左边一援横出，右边无，犹如人无右臂，故谓之孑。《方言》："戟，楚谓之孑。"

【译文】

棘，即为戟。铖、钺，都表示刀斧。干、瞂，都表示盾牌。戈，即为戟。

刃之削谓之室①，室谓之鞞②。鞈珌③，鞞之饰也。矢服谓之弢④。

【注释】

①室：刀剑室，即刀鞘。《方言》：“剑削，自河而北、燕赵之间谓之室，自关而东或谓之廓，或谓之削。”

②鞞（bǐng）：刀鞘。《说文》：“鞞，刀室也。”《方言》：“剑削，自关而西谓之鞞。”《逸周书·王会》：“请令以鱼皮之鞞……为献。”孔晁注：“鞞，刀削。”

③琫（běng）：《玉篇》：“琫，刀下饰。亦作琒。”《说文》：“琫，佩刀上饰。天子以玉，诸侯以金。”《释名·释兵》：“其室曰削……室口之饰曰琫。琫，捧也，捧束口也。”即刀剑鞘口之装饰。珌（bì）：本义为鞘末端之装饰。《说文》：“珌，佩刀下饰。”徐锴系传：“下琫谓末也。”《诗经·小雅·瞻彼洛矣》：“君子至止，鞞琫有珌。”毛传：“鞞，容刀鞞也。琫，上饰。珌，下饰。”

④弢（tāo）：弓袋。《说文》：“弢，弓衣也。”《左传·成公十六年》：“乃内旌于弢中。”孔颖达疏：“弢是盛旌之囊也。”

【译文】

刀刃的刀鞘称之为“室”，“室”也称之为“鞞”。琫和珌，是刀剑鞘口与刀鞘末端的装饰。弓箭的袋子称之为“弢”。

小舡谓之艇①，艇之小者曰艀②。船头谓之舳③，尾谓之舻④，楫谓之桡⑤。

【注释】

①舡（chuán）：同“船”。艇：轻便的小船。《释名·释船》：“二百斛以下曰艇。艇，挺也，其形径挺，一人二人所乘行者也。”《淮南子·俶真训》：“越船蜀艇，不能无水而浮。”高诱注：“蜀艇，一版之舟。”

②艕（fú）：短而深的小船。《方言》："艇长而薄者谓之艀，短而深者谓之艕。"钱绎笺疏："《玉篇》：'艕，艇短而深也。'"

③舳（zhú）：船尾。《说文》："舳，舟尾。"《方言》："船后曰舳。"《文选·左思〈吴都赋〉》："弘舸连舳，巨槛接舻。"刘渊林注："舳，船前也。舻，船后也。"《方言》《说文》为汉人著作，说法一致，而称舳为前、舻为后者皆魏晋以后人，是其说后出。盖典籍常"舳舻"连文，舳字在前，舻字在后，故后人误以舳为船头、舻为船尾。典籍未见舳、舻单用于船头或船尾义之例。

④舻：船尾。《说文》："舻，舳舻也。从舟，卢声。一曰船头。"此为船尾。苏轼《前赤壁赋》："舳舻千里，旌旗蔽空。"

⑤桡（ráo）：本义为将木头弄弯曲，与船桨义无涉。《说文》："桡，曲木。"船桨义之桡当是源于挠。《说文》："挠，扰也。"义为搅扰。船桨搅扰于水使船前进，故谓之桡。桨用木制成，故字从木作桡，船桨义之桡与曲木义之桡应为同形字。《楚辞·湘君》："薜荔柏兮蕙绸，荪桡兮兰旌。"王逸注："桡，船小楫也。"泛指船桨。

【译文】

小船称之为"艇"，艇长而薄者称之为"艕"。船头即为"舳"，船尾即为"舻"，船楫即为"桡"。

车辕上者谓之軨①，辕谓之辀②，轸谓之枕③，较谓之干④。

【注释】

①軨（lóng）：《方言》："车轊，齐谓之軨。"轊，即车轴头。《说文》："轊，车轴端也。亦作轛。"《广雅·释器》："軨，轛也。"

②辀（zhōu）：车辕。《说文》："辀，辕也。"大车左右两木直而平者谓之辕，小车居中一木曲而上升谓之辀，故亦曰轩辕，谓其穹隆而高也。

③轸（zhěn）：车箱底部后面的横木。《说文》："轸，车后横木也。"

《考工记图》:"舆下四面材合而收舆谓之轸,亦谓之收,独以为舆后横者,失其传也。"

④较谓之干:较指车厢两旁栏板上的横木,起扶手的作用。葛其仁疏证:"凡物在两旁者皆谓之干,人两胁谓之干,又井阑谓之干,皆其义也。"较在车旁如同栏杆,故谓之干。

【译文】

车轴头称之为"辄",车辕称之为"軹",车后横木称之为"轸",车厢两旁栏板上的横木称之为"干"。

衡①,扼也②,扼上者谓之乌啄③。

【注释】

①衡:绑在牛角上的横木,此泛指横木。《庄子·马蹄》:"加之以衡扼。"陆德明释文:"衡,辕前横木缚轭者也。"

②扼:古同"轭"。牛马等拉东西时架在脖子上的器具,包括车辕前端套在牛、马等颈上的横木。

③乌啄:即轭。牛马等运物时架在脖子上的器具。"乌啄"一词毛传已见。《诗经·大雅·韩奕》:"王锡韩侯,淑旂绥章,簟茀错衡,玄衮赤舄,钩膺镂钖,鞹鞃浅幭,鞗革金厄。"毛传:"厄,乌蠋也。"陆德明释文作"乌噣"。段玉裁《诗经小学》云:"乌噣,轭也。《小尔雅》《释名》谓之乌啄,古噣、啄通用。"

【译文】

衡,即是扼,扼上横木即为"乌啄"。

累①、绠②,缙也③。绹④,索也⑤。大者谓之索,小者谓之绳⑥,诎而戾之为绖⑦,樛而纠之为索⑧。

【注释】

①累：应作“纍”。本义为绳索。《说文》：“纍，大索也。”《汉书·李广传》：“（李）禹从落中以剑斫绝纍，欲刺虎。”颜师古注：“纍，索也。”

②绠（gěng）：汲水用的绳索。《说文》：“绠，汲井绠也。”《左传·襄公九年》：“具绠缶，备水器。”杜预注：“绠，汲索。”

③繘（jú）：汲水用的绳索。《说文》：“繘，绠也。”《玉篇》：“繘，绠也，用以汲水也，索也。”

④绍（tāo）：同“絛”。表示丝绳、丝带。《广韵》：“絛，编丝绳也。”

⑤索：大绳子。《说文》：“索，草有茎叶可作绳索。”司马迁《报任安书》：“其次关木索，被棰楚受辱。”

⑥绳：细绳子，用两股以上的棉麻纤维或棕草等拧成的条状物，较细。《荀子·强国》：“西壤之不绝若绳。”杨倞注：“若绳，言细也。”

⑦诎：卷曲。戾：通“捩”，扭转。绛（zhēng）：缠绕。《说文》：“绛，纡未萦绳。”未萦绳，即未重叠绕之如环者。

⑧樛（jiū）：当为摎，亦作缪。缪纱，二字皆有纠结之义。《淮南子·本经训》：“华虫疏镂，以相缪纱。”高诱注：“缪纱，相缠结也。”《仪礼·丧服》：“丧未成人者，其文不缛，故殇之绖不樛垂。”郑玄注：“不樛垂者，不绞其带之垂者。”索：有拧绞绳索之义。《玉篇》：“纠绳曰索。”《诗经·豳风·七月》：“宵尔索绹。”朱熹《诗集传》：“索，绞也。绹，索也。”

【译文】

累、绠，即为汲水用的绳索。绍，即是绳索。粗的称为“索”，细的称为“绳”，尚未重叠缠绕的称为“绛”，缠绕纠结的称为“索”。

墉、城，地也①，墉墙谓之障②。高平谓之太原③。

【注释】

① 墉、城,地也:此处疑为"墉,城也。垌,地也。""墉"有城义。《诗经·大雅·皇矣》:"与尔临冲,以伐崇墉。"毛传:"墉,城也。"垌有地义。《汉语大字典》:"垌,方言。田地。如:田垌。多用于地名。"亦有本作"坰"。《诗经·鲁颂·坰》:"在坰之野。"毛传:"远野也。"

② 陴(pī):城上矮墙,上有孔穴,可以窥外。《说文》:"陴,城上女墙俾倪也。"

③ 太原:大而高的平原。原,指原野。《尔雅》:"广平曰原。""太"有高大、广大之义。《尚书·大传》:"大而高平者谓之太原。"

【译文】

墉即城,垌即地,墉墙称之为"陴"。高平称之为"太原"。

汪①,池也。水之北谓之汭②,泽之广者谓之衍③。

【注释】

① 汪:深广的样子。《说文》:"汪,深广也。……一曰汪,池也。"张舜徽约注:"以水之深广为本义。其训池者,乃通汪于潢耳。下文:'潢,积水也。'"《左传·桓公十五年》:"祭仲杀雍纠,尸诸周氏之汪。"杜预注:"汪,池也。"

② 汭(ruì):本义为两河汇流。《说文》:"汭,水相入也。从水从内,内亦声。"内即进入之义,故训"水相入"。《尚书·禹贡》:"弱水既西,泾属渭汭。"孔安国传:"水北曰汭。"孔颖达疏:"郑云:'汭之言内也。'盖人皆南面望水,则北为汭也。且泾水南入渭而名为渭汭,知水北曰汭。"

③ 衍:本义为水流长行。《说文》:"衍,水朝宗于海也。"引申为水流衍溢之地,即沼泽。《楚辞·刘向〈九叹·忧苦〉》:"巡陆夷之曲

衍兮。"王逸注："衍,泽也。"

【译文】

汪,即为池。水之北称之为"汭",广大的沼泽地称之为"衍"。

广物第八

藁谓之秆①,秆谓之刍②,生曰生刍③。

【注释】

①藁(gǎo):同"稾(稿)"。即禾秆。秆:谷类植物的茎。《说文》:
"秆,禾茎也。"

②刍:本义为割草。《说文》:"刍,刈草也。"引申为草料。《庄子·列
御寇》:"食以刍菽。"

③生刍:语见《诗经·小雅·白驹》:"生刍一束,其人如玉。"生刍指
青稿,生刍乃相对于干刍而言。《礼记·月令》疏引王肃曰:"食草
曰刍,食谷曰豢。"高诱云:"今以谷养牛马羊豕或熟而饲之,草则
以生饲之,故曰生曰刍也。"

【译文】

禾杆称之为"秆",秆即为草料,干草料即为青稿。

谷谓之粒①,菜谓之蔬②。

【注释】

①粒:本义为米粒。《说文》:"粒,糂也。"段玉裁注:"粒乃糂之别义,
正谓米粒。"引申泛指粮食。《孟子·滕文公上》:"乐岁粒米狼
戾。"此谓丰年粮食丢弃于地。《礼记·王制》:"北方曰狄,衣羽
毛,穴居,有不粒食者矣。""不粒食"谓不食谷物。

②蔬:《说文》无蔬字,蔬本作疏。《说文》:"疏,通也。"本义为疏通、

疏散。引申为稀疏,由稀疏再引申为粗疏、粗糙。《淮南子·主术训》:"夏取果蓏,秋畜疏食。"高诱注:"菜蔬曰疏,谷食曰食。"古人视蔬菜为粗食。

【译文】

粮食称之为"粒",粗食称之为"蔬"。

禾穗谓之颖①,截颖谓之铚②。

【注释】

① 颖:本义指禾穗末端。《说文》:"颖,禾末也。"徐锴系传:"谓禾穗之端也。"引申指禾穗。《诗经·大雅·生民》:"实颖实栗。"陆德明释文:"颖,穗也。"

② 铚(zhì):割禾的镰刀。《说文》:"铚,获禾短镰也。"引申为用铚。《释名》:"铚铚,断禾穗也。"

【译文】

禾穗称之为"颖",割禾称之为"铚"。

拔心曰揠①,拔根曰擢②。

【注释】

① 揠(yà):拔起。《说文》:"揠,拔也。"《方言》:"东齐海岱之间曰揠。"郭璞:"今呼拔草心为揠。"

② 擢(zhuó):抽引,拉拔。《说文》:"擢,引也。"《方言》:"擢,拔也。"

【译文】

拔出草心称之为"揠",拔出草根称之为"擢"。

把谓之秉①,秉四曰筥②,筥十曰稷③。

【注释】

①秉：禾把，禾束。《说文》："秉，禾束也。"《诗经·小雅·大田》："彼有遗秉。"毛传："秉，把也。"

②筥（jǔ）：盛米饭的圆形竹器。《说文》："筥，䈰也。"此处为量词，禾四把为筥。《仪礼·聘礼》："四秉曰筥。"

③稯（zōng）：古代计算禾束的单位，四十把为一稯。《说文》："布之八十缕为稯。"段玉裁谓此说解属"一曰"，此前脱"禾四十秉为稯"六字。

【译文】

禾把称之为"秉"，四秉称之为"筥"，十筥称之为"稯"。

棘之实谓之枣，桑之实谓之葚，柞之实谓之橡。

【译文】

枣树的果实称之为"枣"，桑树的果实称之为"葚"，柞树的果实称之为"橡"。

广鸟第九

去阴就阳者，谓之阳鸟①，鸠雁是也。

【注释】

①阳鸟：《尚书·禹贡》："阳鸟攸居。"郑玄注："阳鸟，鸿雁之属，随阳气南北。"

【译文】

离开阴处飞向阳处的鸟，称之为"阳鸟"，也就是鸠雁之类。

纯黑而反哺者,谓之慈乌①。

【注释】

①慈乌:乌鸦的一种。相传此鸟能反哺其母,故称。《说文》:"兹,黑也。"《本草纲目·禽三慈乌》:"乌有四种。小而纯黑,小觜反哺者,慈乌也。"又:"此鸟初生,母哺六十日,长则反哺六十日,可谓慈孝矣。"《广雅·释鸟》:"慈乌,乌也。"王念孙疏证:"善于父母谓之孝,亦谓之慈,故孝乌谓之慈乌。"

【译文】

纯黑色且能反哺其母的鸟,称之为"慈乌"。

小而腹下白,不反哺者,谓之鸦乌①。

【注释】

①鸦乌:"鸦"当作"雅"。《说文》:"雅,楚乌也。一名鷽,一名卑居,秦谓之雅。"小而不纯黑不反哺者为雅。《尔雅·释鸟》:"鷽斯,鵯鶋。"郭璞注:"鸦乌也,小而多群,腹下白,江东亦呼为鵯乌。"

【译文】

身形小而肚腹下方呈现白色,不反哺其母的鸟,称之为"鸦乌"。

白项而群飞者,谓之燕乌①,白脰乌也②。

【注释】

①燕乌:燕有白色之义。《尔雅》:"燕,白颈乌。"

②脰(dòu):即脖子、颈。《左传·襄公十八年》:"射殖绰,中肩,两矢夹脰。"杨伯峻注:"脰音豆,颈项。"

【译文】

白项而成群飞翔的鸟,称之为"燕乌",也就是白脖子的鸟。

鸦乌,雅也^①。

鸦乌,鸒也①。

【注释】

①鸒(yù):即寒鸦。《诗经·小雅·小弁》:"弁彼鸒斯,归飞提提。"
毛传:"鸒,卑居。卑居,雅乌也。"

【译文】

鸦乌,指的就是寒鸦。

广兽第十

豕^①,彘也^②。彘,猪也,其子曰豚^③。豕之大者谓之
豜^④,小者谓之豵^⑤。

【注释】

①豕:猪。《说文》:"豕,彘也。"《急就篇》:"六畜蕃息豚豕猪。"颜师
古注:"豕者,彘之总名也。"

②彘:本义为大猪,后泛指一般的猪。《说文》:"彘,豕也。后蹄废谓
之彘。"

③豚:小猪,猪。《说文》:"豚,小豕也。"《方言》:"猪……其子或谓
之豚。"

④豜(jiān):三岁的猪,也泛指大猪。《广韵》:"豜,大豕也。"《诗
经·豳风·七月》:"献豜于公。"毛传:"三岁为豜。"

⑤豵(zōng):小猪,亦泛指小兽。《诗经·豳风·七月》:"言私其豵,
献豜于公。"毛传:"豕一岁曰豵。"郑笺:"豕生三日豵。"

【译文】

豕,即是大猪。豶,就是猪的意思,猪崽称之为"豚"。三岁的大猪称之为"豜",出生不久的小猪称之为"豵"。

鸟之所乳谓之巢[1],鸡雉所乳谓之窠[2]。

【注释】

[1]鸟之所乳:谓鸟孵卵之处。《诗经·召南·鹊巢》:"维鹊有巢,维鸠居之。"乳,即孵卵。《吕氏春秋·季冬纪》:"雉雊鸡乳。"高诱注:"乳卵也。"疑高注乳下脱一乳字。《篇海类编·干支类·乙部》:"乳,孚也。"亦假借"孺"字。《庄子·天运》:"乌鹊孺,鱼傅沫,细要者化。"释文引李颐云:"孺,孚乳而生也。"

[2]窠:筑在地洞里的鸟窝。《说文》:"窠,空也。一曰鸟巢也。空中曰窠,树上曰巢。"盖鸡雉皆营窝于地上而孵卵,故称其窝为窠。

【译文】

鸟孵卵的地方称之为"巢",鸡雉孵卵的地方称之为"窠"。

鹿之所息谓之场,兔之所息谓之窟,鱼之所息谓之潜[1];潜,椮也[2],积柴水中而鱼舍焉。

【注释】

[1]潜:本义为没入水中,而且在水下活动。《说文》:"潜,涉水也。"潜为古人捕鱼设施。将木柴架积起来沉入水中,鱼止息其中,然后用竹帘围捕。《尔雅·释器》:"椮谓之涔。"郭璞注:"今之作椮者,聚积柴木于水中,鱼得寒,入其里藏隐,因以薄围捕取之。"因此设施将木柴沉潜于水中,故谓之潜。《诗经·周颂·潜》:"潜有多鱼。"毛传:"潜,椮也。"

②椮（sēn）：此处"椮"用于在水中积架柴木以围捕鱼群之义，为
"槮"的假借。《说文》："槮，积柴水中以聚鱼也。"参见注①。

【译文】

　　鹿休息的地方称之为"场"，兔居住的地方称之为"窟"，鱼生存的地
方称之为"潜"；潜，即捕鱼的木架机关，将木柴架积起来沉入水中，鱼止
息其中，然后用竹帘围捕。

度

　　跬①，一举足也，倍跬谓之步②。四尺谓之仞③，倍仞谓之
寻④。寻，舒两肱也，倍寻谓之常⑤。五尺谓之墨⑥，倍墨谓之
丈⑦，倍丈谓之端⑧，倍端谓之两⑨，两谓之疋⑩，疋五谓之束⑪。

【注释】

①跬（kuǐ）：古代的半步。古时称人行走，举足一次为跬，举足两次
　　为步，故半步叫"跬"。《荀子·劝学》："故不积跬步，无以至千
　　里。"

②步：本义为行走。《说文》："步，行也。"引申为长度单位。历代不
　　一，周代以八尺为一步，秦代以六尺为一步。《史记·秦始皇本
　　纪》："舆六尺，六尺为步。"

③仞：本义为古代长度单位。周制八尺，汉制七尺。《说文》："仞，伸
　　臂一寻八尺也。"《尚书·旅獒》："为山九仞，功亏一篑。"

④寻：中国古代的一种长度单位，八尺为寻。《说文》："度人之两臂
　　为寻，八尺也。"《诗经·鲁颂·閟宫》："是寻是尺。"毛传："八尺
　　曰寻。"

⑤常：为裳之异体。《说文》："常，下裙也。"假借作长度单位，一丈六
　　尺为常。《仪礼·公食礼》："蒲筵常。"注："丈六尺曰常，半常曰
　　寻。"

⑥墨：朱骏声通训以"墨"为"纆"之假借。《玉篇》："纆，索也。"以索度量。《国语·周语下》："夫目之察度也，不过步武尺寸之间。其察色也，不过墨丈寻常之间。"韦昭注："五尺为墨，倍墨为丈。"

⑦丈：长度单位。《说文》："丈，十尺也。"《左传·襄公九年》："巡丈城。"杜预注："丈，度也。"即指长度单位。《淮南子·天文训》："十寸而为尺，十尺而为丈。"

⑧端：此处"端"用于布帛长度单位，为"耑"之假借。《说文》："耑，物初生之题也。"段玉裁注："古发端字作此，今则端行而耑废，乃多用耑为专矣。"《周礼·地官·媒氏》："凡嫁子娶妻入币，纯帛无过五两。"郑玄注："五两，十端也。必言两者，欲得其配合之名。……《杂记》曰：'纳币一束，束五两，两五寻。'然则每端二丈。"贾公彦疏："古者二端相向卷之，共为一两。五两故十端也。"

⑨两：《说文》："二十四铢为一两。"两的繁体兩实为一、㒼之合文。《说文》："㒼，再也；再，一举而二也。"许慎认为㒼之本义为二或双。或以为金文之㒼像一辕一衡两轭之形，本义为车。车有双轭驾两马，故凡成双者皆以㒼指称。古用钱于权衡之器，钱与物两段相等，故两引申为钱币单位及重量单位。一匹布帛有两卷，故谓匹为两。

⑩疋（pǐ）：同"匹"。中国古代计算布帛的单位，四丈为匹。《说文》："匹，四丈也。"王筠句读："古之布帛自两头卷之，一匹两卷，故谓之两，汉谓之匹也。"

⑪束：本义为捆绑。《说文》："束，缚也。"古将长为五匹之布帛捆为一束，故称布帛五匹为束，长二十丈。《周易·贲》："束帛戋戋。"子夏传："五匹为束。"

【译文】

举足一次称之为"跬"，举足两次为称之为"步"。四尺称之为

"仞",两仞称之为"寻"。寻,即展开双臂的长度,两寻称之为"常"。五尺称之为"墨",两墨称之为"丈",两丈称之为"端",二端相向卷之,称之为"两",两即是"疋",五疋称之为"束"。

量

一手之盛谓之溢①,两手谓之掬②,一升也。掬二谓之豆③,豆四谓之区④,区四谓之釜⑤,釜二有半谓之薮⑥,薮二有半谓之缶⑦,缶二谓之钟⑧,钟二谓之秉⑨,秉十六斛。

【注释】

①溢:宋咸注:"满一手也。"《说文》:"溢,器满也。"故满手谓之溢。《仪礼·丧服》:"朝一溢米,夕一溢米。"郑玄注:"二十两曰溢,为米一升二十四分升之一。"陆德明释文:"王肃、刘逵、袁准、孔伦、葛洪皆云满手曰溢。"胡承珙义证:"古量甚小,汉二斗七升当今五升四合,以古之五当今之一,则溢为米一升二十四分升之一,不过当今二合稍赢,一手所盛足有此数,是王肃等所据与郑注大略亦不甚相悬耳。"

②掬:《孔丛子》作"匊","匊"为"掬"之初文。《说文》:"匊,在手曰匊。"段玉裁注:"会意。米至散,两手兜之而聚……俗作掬。"本义为两手合捧。《诗经·唐风·椒聊》:"椒聊之实,蕃衍盈匊。"毛传:"两手曰匊。"陆德明释文:"匊本又作掬。"葛其仁疏证:"盖古量小,一掬正当一升耳。"

③豆:本义为古代盛食之器,形似今高足盘。《说文》:"豆,古食肉器也。"引申为一豆所容之量。一豆为四升。《左传·昭公三年》:"齐旧四量,豆、区、釜、钟。四升为豆,各自其四,以登于釜。釜十则钟。"《仪礼·士丧礼》:"稻米一豆实于筐。"郑玄注:"豆,四升。"

④区（ōu）：此处"区"用于容量单位，为"瓯"之假借。《说文》："瓯，小金也。"引申为容量单位。《左传·昭公三年》："齐旧四量，豆、区、釜、钟。四升为豆，各自其四，以登于釜。"杜预注："四豆为区，区斗六升。"

⑤釜：本义为古炊器。《说文》："鬴或从金。"引申为量器及容量单位。《左传·昭公三年》："齐旧四量，豆、区、釜、钟。四升为豆，各自其四，以登于釜。"杜预注："四区为釜，釜六斗四升。"《论语·雍也》："子华使于齐，冉子为其母请粟，子曰：'与之釜。'"

⑥薮（sǒu）：此处用于量器名，为籔之混同。《说文》："籔，炊簍也。"本义为淘米的竹器。引申为量器名。《仪礼·聘礼》："十斗曰斛，十六斗曰籔。"

⑦缶：本义为盛酒浆的瓦器。《说文》："缶，瓦器，所以盛酒浆。"引申为量器及容量单位。《国语·鲁语下》："其岁收，田一井出稯禾、秉刍、缶米，不是过也。"韦昭注："缶，庾也。《聘礼》曰：'十六斗曰庾。'"

⑧钟：本义为古时盛酒的器皿。《说文》："钟，酒器也。"引申为容量单位。春秋时齐国公室的公量，合六斛四斗。之后亦有合八斛及十斛之制。《左传·昭公三年》："齐旧四量：豆、区、釜、钟……釜十则钟。"

⑨秉：本义为禾把，禾束。《说文》："秉，禾束也。"用于古代计算容量的单位，当属本无其字之假借，十六斛为一秉。《集韵》："秉，或曰粟十六斛为秉。"

【译文】

一只手盛满称之为"溢"，两只手盛满称之为"掬"，也就是一升。两掬称之为"豆"，四豆称之为"区"，四区称之为"釜"，两釜半称之为"薮"，两薮半称之为"缶"，两缶称之为"钟"，两钟称之为"秉"，一秉为十六斛。

衡

二十四铢曰两①,两有半曰捷②,倍捷曰举③,倍举曰
锊④,锊谓之锾⑤,二锾四两谓之斤⑥,斤十谓之衡⑦,衡有半
谓之秤⑧,秤二谓之钧⑨,钧四谓之石⑩,石四谓之鼓⑪。

【注释】

①两:此处为重量单位。《说文》:"两,二十四铢为一两。"《汉
书·律历志上》:"衡权……本起于黄钟之重。一龠容千二百黍,
重十二铢,两之为两,二十四铢为两,十六两为斤。……两者,两
黄钟律之重也。"

②捷:《太平御览》卷八三〇引《孔丛子》作捷,此说可信,捷应为捷之
形误。《字汇·手部》:"捷,以肩举物也。"盖由此引申为重量单位。

③举:古代重量单位,一举重三两。

④锊(lüè):古代重量单位。《说文》:"锊,十铢二十五分之十三
也。……北方以二十两为锊。"锊之重量说法不一。据《尚书》
释文所引《说文》,当作"十一铢二十五分铢之十三也"。《周
礼·考工记·冶氏》:"(戈)重三锊。"郑玄注:"今东莱称或以大
半两为钧,十钧为环,环重六两大半两。锾、锊似同矣,则三锊为
一斤四两。"

⑤锾(huán):古代重量单位,亦是货币单位,标准不一。《说文》:
"锾,锊也。"张舜徽约注:"锾与锊一事而二名,故许书二篆互训。
《尚书》释文引作'六锊也',乃误衍六字耳。《小尔雅·广衡》云:
'锊谓之锾。'是知古人皆以锾、锊非二物。"

⑥斤:古代重量单位。《汉书·律历志》:"十六两为一斤。斤者,明
也,三百八十四铢。"

⑦衡:本义为绑在牛角上的横木。《说文》:"衡,牛触,横大木其角。"

宋翔凤训纂："衡、秤，识斤两之器，有十斤，有十五斤，故以为名。"以衡为重量名仅见《小尔雅》。

⑧秤：王煦疏作称，秤即称之后出分别文。本义为称量。《说文》："称，铨也。"苏轼《上韩丞相论灾伤手实书》："密州之盐……一百九十余万秤，此特一郡之数耳。"

⑨钧：古代重量单位。《说文》："钧，三十斤也。"《汉书·律历志上》："钧者，均也。阳施其气，阴化其物，皆得其成就平均也。权与物均，重万一千五百二十铢，当万物之象也。"《左传·定公八年》："颜高之弓六钧。"杜预注："三十斤为钧。"

⑩石：此处"石"用于重量单位，为"担"之假借。《吕氏春秋·仲春纪》："日夜分则同度量，钧衡石，角斗桶，正权概。"高诱注："衡石，称也。石百二十斤。"

⑪鼓：本义为乐器鼓。《说文》："鼓，郭也。春分之音，万物郭皮甲而出，故谓之鼓。"后引申为重量。《荀子·富国》："然后瓜桃枣李一本数以盆鼓。"杨倞注："鼓，量也。"《管子·地数》："武王立重泉之戍，令曰：'民自有百鼓之粟者不行。'"唐尹知章注："鼓，十二斛也。"

【译文】

二十四铢称之为"两"，一两半称之为"捷"，两捷称之为"举"，两举称之为"锊"，锊也就是锾，二锾四两称之为"斤"，十斤称之为"衡"，一衡半称之为"秤"，两秤称之为"钧"，四钧称之为"石"，四石称之为"鼓"。

卷四

【题解】

卷四所含《公孙龙》《儒服》《对魏王》三篇，乃孔穿与公孙龙、平原君、信陵君、魏王、齐王的言谈记录。孔穿，字子高。孔箕之子，孔子七世孙。

《公孙龙》共三章，记子高言论。前两章记子高与公孙龙辩论，其中"白马非马""离坚白""臧三耳"等论尤其出彩；末一章记子高论曹良之行。公孙龙善诡辩，但也因诡辩而坏了名声，以其名书于题，可以显子高之论正确而合乎事实。另外，此篇所载与《吕氏春秋·淫辞》《公孙龙子·迹府》等文献相互印证，亦可供考察子高言行事迹。

《儒服》共七章，记子高与君卿大夫问答之言。首章即记平原君问儒服，子高以为皇极之道皆出于儒，故居首章而引领众说，并以"儒服"名篇。

《对魏王》共六章，记子高与魏王、信陵君、齐王之问答。所论涉及为君为臣之道、选贤举能之法、修礼化民之事，皆为儒家"以德治国"之论。此篇虽有齐王之问，然魏王仍居多，故以"对魏王"名篇。

此卷所记皆子高在战国时之游历事迹，其言谈皆可见子思遗风。而与公孙龙辩者，亦可显子高善言辞，明事理，学识渊博。

公孙龙第十二

12.1　公孙龙者^①，平原君之客也^②，好刑名^③，以白马为非马^④。或谓子高曰^⑤："此人小辨而毁大道^⑥，子盍往正诸^⑦？"子高曰："大道之悖^⑧，天下之交往也^⑨，吾何病焉^⑩？"或曰："虽然，子为天下故，往也。"

【注释】

①公孙龙：战国时期名家代表人物，赵国人，曾为平原君门客。他提出了"白马非马"和"离坚白"等论点，著有《公孙龙子》。

②平原君：赵胜，战国时赵国宗室，赵武灵王之子，赵惠文王之弟，封于东武（今山东武城），号平原君。在赵惠文王和赵孝成王时任相，是当时著名的政治家之一，以善于养士而闻名，门下食客曾多达数千人。和齐国孟尝君田文、魏国信陵君魏无忌、楚国春申君黄歇合称"战国四公子"。

③刑名：形名之学。形名属于中国逻辑思想史范畴，讨论实体和概念、特殊和一般的关系，强调循名责实。刑，又作"形"，指事物的本体。名，指事物的名称。

④白马为非马：底本"非"下有"白"字。《公孙龙子·迹府》篇亦记载此事，作"白马非马"。今据删。

⑤子高：名穿，字子高，孔箕（字子京）之子，子思之玄孙，孔子七世孙。

⑥小辨：即小辩，指善于辩论细枝末节的东西。

⑦盍：何不。正：纠正，辨正。诸：之乎的合音。

⑧悖：违反，逆乱。

⑨交：一起，同时，俱，都。

⑩病：忧虑，担忧。

【译文】

公孙龙，是平原君的门客，喜好形名之学，宣扬"白马不是马"的命题。有人对子高说："公孙龙善于在细枝末节上狡辩，但毁坏大道，先生您何不前往赵国纠正他呢？"子高说："如果大道被毁坏，天下的人都会前往，我有什么好担忧的呢？"有人说："虽然如此，但先生您为了天下的缘故，还是去吧。"

子高适赵，与龙会平原君家，谓之曰："仆居鲁①，遂闻下风，而高先生之行也②，愿受业之日久矣③。然所不取于先生者，独不取先生以'白马为非马'尔④。诚去'白马非马'之学⑤，则穿请为弟子。"公孙龙曰："先生之言悖也。龙之学，正以'白马为非马'者也⑥。今使龙去之⑦，则龙无以教矣。令龙无以教⑧，而乃学于龙，不亦悖乎！且夫学于龙者，以智与学不逮也⑨。今教龙去'白马非马'⑩，是先教也而后师之⑪，不可也。

【注释】

①仆：自称谦辞。

②高：以……为高，表达敬佩的意思。

③受业：指追随老师学习。业，学习的功课。

④白马为非马：底本"非"下有"白"字，《公孙龙子·迹府》篇无"白"字。钱熙祚曰："'非'下原衍'白'字，依《艺文》《御览》删。"今据删。

⑤诚去"白马非马"之学：底本作"诚去非白马之学"。钱熙祚曰："此'非'字亦衍文。"谭戒甫本此句作"诚去白马非马之学"，其案语曰："原作'诚去非白马之学'，大误，兹据上文改正。"按，谭

说更胜,今据改。

⑥正以"白马为非马"者也:底本"白马"下无"为"字,别本有。底
　　本"非"下有"白"字,钱熙祚认为是衍文。今据补"为"字,删
　　"白"字。

⑦今:假如。

⑧令龙无以教:底本"令"作"今",别本作"令"。底本"龙"下有
　　"为"字,别本无,据删。"令龙无以教"承上"使龙去之"而言,下
　　接"欲学,而使龙去所以教",与《公孙龙子·迹府》篇"无以教而
　　乃学于龙"文意亦正合,今据改。无"为"字是,据删。

⑨逮:到,及,赶上。

⑩今教龙去"白马非马":底本"非"下有"白"字,《公孙龙子·迹
　　府》篇无"白"字,今据删。

⑪是先教也而后师之:先,底本作"失",诸本并作"先",今据改。冢
　　田虎曰:"先导以教龙,则不可师龙也。"

【译文】

　　子高到了赵国,和公孙龙相会于平原君家,对公孙龙说:"我身居鲁
国,久闻先生大名,非常推崇先生的行谊,希望能向您学习已经很久了。
但我不赞同先生的,就只有您的'白马非马'这一观点。如果您能够抛
弃'白马非马'的学说,那么我孔穿愿意做您的弟子。"公孙龙说:"先生
您的话不对啊。我的学说,正是以'白马非马'为核心。现在您让我抛
弃这一点,那么我就没有可以教您的了。如果我没有可以教的,但您又
要向我学习,不是很荒谬吗!况且凡是向我学习的人,都是因为智力与
学识不如我。现在让我把'白马非马'的观点抛弃,是先教导我又拜我
为师,是不可以的。

　　"先生之所教龙者,似齐王之问尹文也①。齐王曰:'寡
人甚好士,而齐国无士。'尹文曰:'今有人于此,事君则忠,

事亲则孝,交友则信,处乡则顺,有此四行者,可谓士乎?'王曰:'善! 是真吾所谓士者也。'尹文曰:'王得此人,肯以为臣乎?'王曰:'所愿不可得也。'尹文曰:'使此人于广庭大众之中见侮而不敢斗②,王将以为臣乎?'王曰:'夫士也见侮而不斗,是辱,则寡人不以为臣矣。'尹文曰:'虽见侮而不斗,是未失所以为士也,然而王不以为臣,则乡所谓士者③,乃非士乎? 夫王之令:"杀人者死,伤人者刑。"民有畏王令,故见侮终不敢斗,是全王之法也,而王不以为臣,是罚之也。王以不敢斗为辱,必以敢斗为荣。是王之所赏,吏之所罚也;上之所是,法之所非也。赏罚、是非相与曲谬④,虽十黄帝,固所不能治也。'齐王无以应。

【注释】

①尹文:战国时期齐国人,生活于齐宣王、湣王时期。稷下学士之一,为名家代表人物,有《尹文子》一书,今佚。

②见侮:收到侮辱。见,表被动。

③乡:通"向",从前,过去。

④曲谬:歪曲错误。

【译文】

"先生您教我的,正像齐王问尹文的故事。齐王说:'寡人非常喜欢士,可是齐国没有士。'尹文说:'如果现在这里有个人,侍奉君主十分忠诚,侍奉父母十分孝敬,和朋友交往十分诚信,与乡里人交往十分恭顺,有这四种德行,能够算是士吗?'齐王说:'好啊! 真是我所谓的士啊。'尹文说:'大王得到这样的人,会用他做臣子吗?'齐王说:'我这个愿望可惜不能实现啊。'尹文说:'假使这个人在大庭广众之下被侮辱但不敢去争斗,大王还会用他做臣子吗?'齐王说:'士,受到侮辱而不去争斗,是耻辱,寡人不会用这样的人做臣子。'尹文说:'尽管受到侮辱而不去决斗,并没有失掉做士的根本,但是大王却不用他做臣子,那么您原先所谓的士,就不是士了吧? 大王有法令:"杀人的人要处死,伤人的人要判刑。"百姓因为害怕大王的命令,因此受到侮辱时才始终不敢争斗,这是成全大王的法令,可是您却不用他做臣子,这是处罚他。大王认为不敢争斗反抗是耻辱,必定认为敢于争斗反抗是光荣。可见大王所奖赏的,是官吏所要惩罚的;大王认为正确的,是法律认为不对的。奖赏与处罚、正确与错误互相错谬,即使十个黄帝也不能治理啊。'齐王无言以对。

　　"且'白马非马'者,乃子先君仲尼之所取也①。龙闻楚王张繁弱之弓②,载忘归之矢③,以射蛟兕于云梦之圃④,反而丧其弓⑤。左右请求之⑥,王曰:'止也! 楚人遗弓,楚人得之,又何求乎?'仲尼闻之曰:'楚王仁义而未遂⑦,亦曰"人得之"而已矣,何必"楚"乎?'若是者,仲尼异楚人于所谓人也。夫是仲尼之异楚人于所谓人,而非龙之异白马于所谓马⑧,悖也。先生好儒术,而非仲尼之所取也;欲学,而使龙去所以教。虽百龙之智,固不能当前也⑨。"子高莫之应⑩,退而告人曰:"言非而博⑪,巧而不理⑫,此固吾无所不答也。"

【注释】

①先君:子孙对祖先的称呼。

②繁弱:古代良弓之名,后作良弓之通称。

③忘归:古代良箭之名,后作良箭之通称。矢:箭。

④蛟:指鼍、鳄之类的动物。兕:古书上所说的雌犀牛。云梦:云梦泽,先秦时期楚王的狩猎区,位于江汉平原。圃:古代帝王养禽兽

以供游猎的园林,四周有围墙。

⑤反:同"返",返回。丧:丢失,遗失。

⑥求:寻找。

⑦遂:尽,穷究。

⑧而非龙之异白马于所谓马:底本"于"下无"所"字,诸本及《公孙龙子·迹府》篇并有"所"字。作"所谓马"与上"所谓人"相对。下文宋咸注文有"所谓马"之语,亦证此处当脱"所"字。今据补。

⑨当前:这里指接受意见。姜兆锡曰:"当前,犹承教也。"用作谦辞,言接受教诲。

⑩莫之应:即"莫应之"。这里指没有回应。

⑪言非而博:言论错误而学问广博。

⑫巧而不理:论辩机巧但不合道理。

【译文】

"况且'白马非马'这一说法,也是您的先祖孔子所赞同的。我听说当年楚王拿着繁弱之弓,带着忘归之箭,到云梦的苑囿去射猎蛟兕,回来时把弓弄丢了。左右随从请求去寻找,楚王说:'算了吧!楚国人丢了弓,楚国人拾到,又何必去寻找呢?'孔子听说后说道:'楚王对仁义的理解还不够透彻,应当说"人得到了",何必非得是"楚国人"呢?'如果是这样,孔子把楚人和人区别开来了。肯定孔子将楚人和人区别的说法,而否定我将白马与马区别的说法,这是悖谬的啊。先生喜好儒学,但否定孔子所赞同的;打算向我学习,却让我抛弃我所能教授的。即使给我增加百倍的智力,也定无法接受您的意见啊。"子高没有回答他,退出来后对人说:"言论错谬但十分渊博,辩论机巧但不合道理,这就是我之所以不回答他的原因啊。"

异日,平原君会众宾而延子高①。平原君曰:"先生圣人之后也,不远千里来顾临之②,欲去夫公孙子白马之学。今是非未分,而先生翻然欲高逝③,可乎?"子高曰:"理之至精者,则自明之,岂任穿之退哉?"

【注释】

①延:邀请,接待。

②顾临:过访,莅临。

③翻然:倒反,反而。高逝:这里指离开。

【译文】

　　过了几天,平原君会见众宾客邀请子高参加。平原君说:"先生您是圣人的后代,不远千里惠顾此地,打算让公孙龙抛弃'白马非马'之学。现在是非没见分晓,可是先生却要离开,怎么可以呢?"子高说:"最为精审的道理,是不言自明的,哪里会和我离开不离开有关呢?"

　　平原君曰:"至精之说,可得闻乎?"答曰:"其说皆取之经传,不敢以意①。《春秋》记'六鹢退飞'②,'睹之则六,察之则鹢'③,鹢犹马也④,六犹白也。睹之则见其白,察之则知其马,色以名别,内由外显,谓之'白马',名实当矣。若以丝麻,加之女功⑤,为缟素青黄⑥,色名虽殊,其质故一。是以《诗经》有'素丝'⑦,不曰'丝素';《礼》有'缁布'⑧,不曰布缁;'犊牛''玄武'⑨,此类甚众。先举其色,后名其质,万物之所同,圣贤之所常也。

【注释】

①意:猜测,臆度。

②六鹢(yì)退飞:语出《春秋·僖公十六年》。鹢,即鹢,古书上说

的一种似鹭的水鸟。

③睹之则六，察之则鹢：语出《公羊传·僖公十六年》："六鹢退飞，记见也。视之则六，察之则鹢。"。察，审察，细致深刻地观察。

④鹢犹马也：底本"犹"上无"鹢"字，诸本并有，是，据补。

⑤女功：指妇女所做的纺织、刺绣、缝纫等。

⑥缁：黑色。素：白色。

⑦《诗经》有"素丝"：《诗经·召南·羔羊》有"羔羊之皮，素丝五紽"之句。

⑧《礼》有"缁布"：《礼记·杂记上》有"缁布裳帷"之句。

⑨犐牛：黑色的牛。犐，同"骊(lí)"，黑色。玄武：古代神话中的北方之神，其形为龟，或龟蛇合体。《楚辞·远游》"召玄武而奔属"，洪兴祖注："玄武，谓龟蛇。位在北方，故曰玄。身有鳞甲，故曰武。"

【译文】

平原君说："最为精审的道理，可以听您说说吗？"子高回答："这些说法都来自经传，我是不敢私意揣度的。《春秋》记载'六鹢退飞'，《公羊传》说'先看到的是六个，仔细观察才知是鹢鸟'，鹢鸟就像公孙龙所说的马，六个就像公孙龙所说的白色。初看会先看到白色，仔细观察后才知道是马，颜色以名称来区别，本质由外形来显示，说'白马'是名实相合的。如果用丝麻等材料，让妇女予以加工，做成黑白青黄等颜色，颜色虽然不同，但本质本来是一样的。因此《诗经》说'素丝'，不说丝素；《礼经》说'缁布'，不说'布缁'。像'犐牛''玄武'之类的说法，是很多的。先举称其颜色，再说出其本质，这是世间万物都相同的，圣贤一贯这样言说。

"君子之谓，贵当物理①，不贵繁辞。若尹文之折齐王之所言②，与其法错故也③。穿之所说于公孙子，高其智，悦其行也④。去白马之说，智行固存⑤，是则穿未失其所师者也。称此云云,没其理矣⑥。是楚王之言'楚人忘弓,楚人得之',先君夫子探其本意,欲以示广⑦,其实狭之,故曰不如'亦曰"人得之而已"'也⑧。是则异楚王之所谓'楚',非异楚王之所谓'人'也。以此为喻⑨,乃相击切矣⑩。凡言人者,总谓人也,亦犹言马者,总谓马也。楚自国也,白自色也。欲广其人,宜在去'楚';欲正名色,不宜去'白'。诚察此理,则公孙之辨破矣。"

【注释】

①当:符合,相称,相配。物理:万物之理。

②折:折服,说服。

③错:乖离,岔开。

④悦:欣赏。

⑤固:仍旧,不变动。

⑥没:掩盖。

⑦示广:显示心胸宽广,气度宏大。

⑧曰不如:谭戒甫认为当作"不如曰",疑误倒。傅亚庶《孔丛子校释》从之。

⑨喻:说明。

⑩击切:犹切合。

【译文】

"君子的议论,所贵者在于其合乎万物之理,不在于繁缛的言辞。像尹文说服齐王的言辞,是因为齐王的做法和他的法令不相符合。我所欣赏公孙先生的,在于推崇他的智慧,欣赏他的行谊。让他去除'白马非马'之说,他的智慧与行谊都依然存在,因此我并没有失去我所要师法的东西。公孙先生所说的那些,掩盖了事物的道理。再说楚王所说的

'楚国人丢了弓，楚国人拾到'，我先祖孔子探究了楚王的本意，意思是要显示气度的宽宏，实际上却表现出狭隘，因此说不如'应当说"人得到罢了"'。这是不同于楚王所说的'楚国'，并非不同于楚王所说的'人'。这样来说明，才是切合先祖的意思。凡是说人怎样，总体而言说的都是人，正像说马怎样，总体而言说的都是马。楚，是国名；白，是颜色。要想扩大人的外延，就应去掉'楚国'；要想正确地表示其颜色，就不应当去掉'白色'。如果真能明察这个道理，那么公孙龙的说法就可攻破了。"

平原君曰："先生之言，于理善矣！"因顾谓众宾曰①："公孙子能答此乎？"燕客史由对曰："辞则有焉，理则否矣。"

【注释】

①顾：看，环顾。

【译文】

平原君说："先生的话，有道理啊！"于是环顾众宾客说："公孙先生能应对这个说法吗？"燕国的一个门客史由说："言辞肯定会有，但不会合乎道理。"

12.2　公孙龙又与子高泛论于平原君所①，辨理至于"臧三耳"②。公孙龙言臧之三耳甚辨析③，子高弗应，俄而辞出④。明日复见，平原君曰："畴昔公孙之言信辨也⑤，先生实以为何如？"答曰："然，几能臧三耳矣⑥。虽然，实难⑦。仆愿得又问于君：今为臧三耳，甚难而实非也；谓臧两耳，甚易而实是也。不知君将从易而是者乎？亦其从难而非者乎？"平原君弗能应。明日，谓公孙龙曰："公无复与孔子高辨事也，其人理胜于辞，公辞胜于理，辞胜于理，终必受诎⑧。"

【注释】

①泛论:广泛的辩论。泛,广泛,普遍。

②臧三耳:一说作"臧三牙",这是公孙龙的诡辩命题之一。谓两耳之外别有一耳,主听,主要辩论关于名与实的关系。臧,古代对奴婢的贱称。耳,耳朵。钱穆《先秦诸子系年》引黄式三曰:"《庄子·天下》,惠子言鸡三足,与臧三耳相似。龙意两耳,形也,又有一司听者以君之,故为三耳。"按曰:"黄说甚是……则臧是臧获,谓仆人耳。"

③辨析:条理清晰。

④俄而:不久,顷刻。

⑤畴昔:往昔,日前,以前。信:果真,确实。

⑥几:几乎,差不多。

⑦实难:这里是说"臧三耳"的说法是很难成立的。

⑧诎(qū):屈服,折服。

【译文】

公孙龙又和子高在平原君家展开了广泛辩论,辩论析理谈到了关于"奴婢有三只耳朵"的问题。公孙龙论证奴婢的三只耳朵条理十分清晰,子高没有回应,过一会儿就告辞退出来了。第二天又见到平原君,平原君说:"昨天公孙先生的话确实非常雄辩,先生您认为怎么样?"子高回答说:"确实是这样,公孙先生几乎真的使奴婢长有三只耳朵了。尽管如此,他的说法还是很难成立的。我想再问一下您:说奴婢有三只耳朵,很难成立实际上也是不对的;说奴婢有两只耳朵,非常容易成立实际上也是对的。不知道您会信从简单而对的呢?还是信从难以成立也不对的呢?"平原君不能回答。第二天,平原君对公孙龙说:"先生不要再与孔子高辩论这件事了,他的道理胜于言辞,您的言辞胜于道理,言辞胜过道理,最终一定会理屈词穷。"

12.3　李寅言曹良于平原君①,欲仕之。平原君以问子高,子高曰:"不识也②。"平原君曰:"良尝得见于先生矣,故敢问。"子高曰:"世人多自称上用我则国无患。夫用智莫若观其身,其身且由不免于患③,国用之,亦恶得无患乎?"平原君曰:"良之有患,时不明也④。居家理,治可移于官。良能殖货⑤,故欲仕之。"子高曰:"未可知也。今有人于此,身修,会计明而贫者⑥,志不存也⑦;身不修,会计暗而富者,非盗⑧,无所得之也。"

【注释】

①李寅、曹良:均为赵国人。

②不识:这里是指不知其贤愚。

③由:通"犹",尚,尚且。患:患难,祸患。

④时不明:时运不济,世道不好。

⑤殖货:兴生财利,增值财货。

⑥会计明而贫者:会计,财务计算。明,明白,光明正大,与下文"暗"相对。按,底本无"会"字,别本有。作"会计明"与下"会计暗"相对,是,据补。

⑦志不存也:这里指志不在于兴生财利,增值财货。

⑧盗:偷窃。

【译文】

李寅向平原君推荐曹良,平原君打算任用他为官。平原君向子高询问曹良这个人怎么样,子高说:"不了解。"平原君说:"曹良曾经见过先生,因此才敢向您询问。"子高说:"世人多自称国君用我就可使国家没有祸患。任用才智之士时,没有比观察他本人的情况更管用的方法。他自己尚不能免于祸患,那么国家若任用他怎么能没有祸患呢?"平原君说："曹良之所以遭遇祸患，是因为世道不好。治理家业的本事，可以移到为官上来。曹良善于做买卖，因此我打算任用他。"子高说："不一定啊。如果有人德行美好，明于理财但是仍然贫困，是因为他的志向不在这里；一个人德行不好，不会理财但是仍然富有，如果不是窃取他人财物，是不可能做到的。"

儒服第十三

13.1　子高曳长裾^①，振褒袖^②，方屐粗箑^③，见平原君。平原君曰："吾子亦儒服乎？"子高曰："此布衣之服，非儒服也。儒服非一也。"平原君曰："请吾子言之。"答曰："夫儒者，居位行道^④，则有衮冕之服^⑤；统御师旅，则有介胄之服^⑥；从容徒步，则有若穿之服^⑦。故曰非一也。"平原君曰："儒之为名，何取尔？"子高曰："取包众美，兼六艺^⑧，动静不失中道^⑨。"

【注释】

①曳（yè）：拖，牵引。长裾（jū）：衣服的后襟。

②振：摇动，挥动。褒袖：宽大的衣袖。

③屐（jī）：原指一种笨重的木底鞋，后为鞋子之泛称。粗箑（shà）：傅亚庶曰："犹大扇。"箑，同"篓"，扇子。

④居位：居官任职。行道：推行道义。

⑤衮（gǔn）冕之服：衮服和冠冕，统指古代帝王与士大夫的礼服。

⑥介胄（zhòu）之服：代指军旅之服。介，铠甲。胄，头盔。

⑦若：代词，如此，这样。

⑧六艺：一指礼、乐、射、御、书、数六种基本技能。一指《易》《书》《诗》《礼》《乐》《春秋》六经。

⑨中道：中正之道。

【译文】

子高拖着长长的衣襟，挥动着宽大的衣袖，足穿木屐，手持大扇，去拜见平原君。平原君问道："先生您穿的也是儒服吗？"子高答道："这是布衣百姓穿的衣服，不是儒服。儒士所穿的衣服并非一种。"平原君说："烦请您说说。"子高答道："儒者如果居官任职推行道义，就会穿衮冕礼服；如果统率军队，就会身披盔甲穿军旅之服；如果平日从容走路，则会有像我这样的穿着。因此说儒服并非一种。"平原君说："儒为什么取名为儒呢？"子高回答："取自能包纳所有的优点，兼通六艺，无论行动还是静处都不失中正之道。"

13.2　子高游赵，平原君客有邹文、季节者，与子高相友善。及将还鲁，诸故人诀既毕①，文、节送行三宿②。临别，文、节流涕交颐③，子高徒抗手而已④，分背就路⑤。其徒问曰："先生与彼二子善，彼有恋恋之心，未知后会何期，凄怆流涕，而先生厉声高揖⑥，无乃非亲亲之谓乎⑦？"子高曰："始吾焉谓此二子丈夫尔，乃今知其妇人也。人生则有四方之志，岂鹿豕也哉⑧，而常群聚乎？"其徒曰："若此，二子之泣非耶？"答曰："斯二子，良人也，有不忍之心。其于敢断，必不足矣。"其徒曰："凡泣者，一无取乎？"子高曰："有二焉：大奸之人以泣自信，妇人懦夫以泣著爱⑨。"

【注释】

①诀：话别，辞别。

②三宿：三天的路程，九十里。宿，古代官道上设立的住宿站，这里指一天的路程。《周礼·地官·遗人》："三十里有宿，宿有路室。"

③流涕交颐：泪流满面。这里表示二人感情深厚。交颐，犹满腮。颐，腮，下颌。

④徒：只，仅仅。抗手：举手，示意告别。抗，举。

⑤分背：分别。就路：上路。

⑥厉声：高声。厉，高。揖：古代的拱手礼。

⑦无乃：岂不是，表示委婉反问。亲亲：亲近自己的亲人。亲，原指父母、双亲。此引申为亲朋、亲近之人。谓：旨趣。

⑧鹿豕：鹿和猪，比喻好群居的人。下文曰"常聚"。

⑨著：显示，表达。

【译文】

子高在赵国游历，平原君的门客中有叫邹文、季节的两个人，和子高关系很友善。子高要返回鲁国的时候，朋友们话别完毕，邹文、季节又送了子高三天。到了临别的时候，邹文、季节二人泪流满面，而子高只是举手告别，就转身上路了。子高的学生问道："老师与那两个人关系很好，他们都有依依不舍的心情，不知以后什么时候才能相见，悲伤流涕，可是老师您仅仅高声道别拱手而去，岂不是不符合友爱亲朋的道义吗？"子高说："我原来认为这两个人是男子汉大丈夫，现在才知道他们像妇人一样。大丈夫生来就有周游四方以求用世的志向，岂能像鹿和猪一样常常聚集在一块呢？"他的学生问道："如果是这样，他们两个流泪哭泣是不对的吗？"子高回答说："他们两个，是好人，有不忍亲友离别的心情。但对于当机立断的果敢，一定是欠缺的。"他的学生说："离别时凡是哭泣，都一无是处吗？"子高说："有两点用处：大奸之人用哭泣来表示自身的诚信；妇女和懦夫则靠哭泣来表达亲爱之情。"

13.3　平原君与子高饮，强子高酒①，曰："昔有遗谚：尧、舜千钟②，孔子百觚③，子路嗑嗑④，尚饮十榼⑤。古之圣贤无不能饮也，吾子何辞焉？"子高曰："以穿所闻，贤圣以道德兼人⑥，未闻以饮食也。"平原君曰："即如先生所言⑦，则此言何生？"子高曰："生于嗜酒者。盍其劝厉奖戏之辞⑧，非实然也。"平原君欣然曰："吾不戏子，无所闻此雅言也⑨。"

【注释】

①强：劝，勉强。

②钟：古时盛酒的器皿。此是量词。

③觚（gū）：古代饮酒器。

④子路嗑嗑（kè）：嗑嗑，多言貌。此指酒喝多后话多。又，傅亚庶《孔丛子校释》曰："'子路'疑为'子贡'之讹。'嗑嗑'谓多言，史载子路好勇，而子贡善辩，《史记·仲尼弟子列传》：'子贡利口巧辞，孔子常黜其辩。……故子贡一出，存鲁，乱齐，破吴，强晋而霸越。'与多言之意相合。"此以"多言"为能言善辩。

⑤榼（kē）：古代盛酒或贮水的容器。

⑥兼人：胜过别人，一人顶两人。

⑦即如：假如。即，表假设关系，如果，即使。

⑧盍：通"盖"，表示拟测。劝厉：即"劝励"，激励，勉励。

⑨雅言：正言。正确的话，合乎道理的话。

【译文】

平原君和子高一起饮酒，力劝子高多饮，并说："有句古代流传下来的谚语：尧、舜饮酒可达千钟，孔子饮酒可达百觚；子路喝酒喝得说话都啰嗦了，还能再饮十榼。古代的圣贤没有不善饮酒的，先生您为何推辞呢？"子高说："以我孔穿所知道的，圣贤是以道德超过别人，没听说是以喝酒吃饭来超过别人的。"平原君说："如果按照先生的说法，那么这句话是怎么产生的呢？"子高说："是嗜好饮酒的人说的。这大概是他们互相劝酒游戏的玩笑话，并非真的如此。"平原君高兴地说："如果我不与您开玩笑，到哪儿听到这样合乎道理的话啊！"

13.4　平原君问子高曰:"吾闻子之先君亲见卫夫人南子①,又云南游过乎阿谷,而交辞于漂女②,信有之乎?"答曰:"士之相保③,闻流言而不信者④,何哉? 以其所已行之事占之也⑤。昔先君在卫,卫君问军旅焉,拒而不告⑥;色不在己,摄驾而去⑦。卫君请见,犹不能终,何夫人之能觌乎⑧? 古者大飨⑨,夫人与焉⑩。于时礼仪虽废⑪,犹有行之者。意卫君夫人飨夫子⑫,则夫子亦弗获已矣⑬。若夫阿谷之言,起于近世,殆是假其类以行其心者之为也⑭。"

【注释】

①子之先君:指孔子。南子:春秋末年卫国国君灵公的夫人,貌美而淫。

②南游过乎阿(ē)谷,而交辞乎漂(piǎo)女:《韩诗外传》:"孔子南游适楚,至于阿谷之隧,有处子佩璜而浣者。孔子曰:'彼妇人其可与言矣乎?'"遂让子贡先后以觞、琴、缔绤为礼物前去试探,都被女子拒绝。阿谷,古代楚国地名。交辞,搭话,与人搭讪。漂女,在水边漂洗衣物的女子。

③保:信任。

④流言:没有根据的话,多用于毁谤他人。

⑤占:推料,推测。

⑥卫君问军旅焉,拒而不告:事见《论语·卫灵公》:"卫灵公问陈于孔子。孔子对曰:'俎豆之事,则尝闻之矣;军旅之事,未之学也。'明日遂行。"

⑦色不在己,摄驾而去:事见《史记·孔子世家》:"(卫灵公)与孔子语,见蜚雁,仰视之,色不在孔子。孔子遂行。"色,脸上表现出的神气、样子,这里指目光。摄驾,驾车。摄,牵引。驾,马车。按,

底本"不"下无"在"字，别本有，据补。

⑧觌（dí）：相见。

⑨大飨（xiǎng）：宴飨宾客，天子宴饮诸侯来朝者。

⑩与：参与，参加。

⑪于时：当时。

⑫意：估计，猜测。

⑬弗获已：不得已。《史记·孔子世家》记载："夫人在絺帷中。孔子入门，北面稽首。夫人自帷中再拜，环佩玉声璆然。孔子曰：'吾乡为弗见，见之答礼焉。'子路不说。孔子矢之曰：'予所不者，天厌之！天厌之！'"

⑭殆：大概。假：借。行：言说，表达。

【译文】

平原君对子高说："我听说先生的祖父孔子曾经亲自拜见卫国的夫人南子，又听说南游时经过阿谷，与一个在水边漂洗衣物的女子搭讪。确实有这回事吗？"子高答道："士人之间之所以能够相互信任，听到流言蜚语也不相信，为什么呢？是因为可以根据其做过的事来推断。当初我先祖孔子在卫国，卫灵公问他军旅之事，他拒绝回答；看到卫灵公与自己交谈时眼睛不看自己，便驾车离开了。卫国的国君见孔子，还不能将谈话进行到底，为什么要见卫国夫人呢？古时候举行大飨礼，国君夫人是可以参加的。当时虽然礼仪败坏，但还有遵从施行礼仪的人。我猜想可能是卫夫人南子在大飨礼后宴请孔子，孔子不得已才相见的吧。至于阿谷之类的传言，出现在近代，可能是那些要假借这样的事来推行其邪心的人编造出来的吧。"

13.5　子高适魏，会秦兵将至①，信陵君惧②，造子高之馆而问祈胜之礼焉③。子高曰："命勇谋之将以御敌，先使之迎于敌所从来之方④，为坛，祈克于五帝⑤，衣服随其方色⑥，执事人数从其方之数⑦，牲则用其方之牲⑧。祝、史告于社稷、宗庙、邦域之内名山大川⑨。君亲素服⑩，誓众于太庙，曰：'某人不道，侵犯大国，二三子尚皆同心比力⑪，死而守。'将帅稽手⑫，再拜受命。既誓，将帅勒士卒⑬，陈于庙之右，君立太庙之庭，祝、史立于社⑭，百官各警其事⑮，御于君以待命⑯。乃大鼓于庙门，诏将帅命卒习射三发，击刺三行⑰，告庙，用兵于敌也。五兵备效⑱，乃鼓而出以即敌。此古诸侯应敌之礼也。"信陵君曰："敬受教。"信陵君问子高曰："古者军旅赏人必于祖，戮人必于社⑲，其义何也？"答曰："赏功于祖，告分之均，示弗敢专也⑳；戮罪于社，告中于土，示听之当也㉑。"

【注释】

①会：恰好，正好，赶上。

②信陵君：名魏无忌，战国时代魏国人，是魏昭王的儿子，魏安釐王同父异母的弟弟。礼贤下士，富有韬略，魏安釐王时期官至魏国上将军，和平原君赵胜、孟尝君田文、春申君黄歇合称为"战国四公子"。

③造：造访，到，去。祈胜之礼：指祈祀以求胜利的仪式。

④敌所从来之方：底本"敌"作"适"，诸本并作"敌"，据改。

⑤克：战胜，攻下。五帝：古代所谓五方天帝。《周礼·春官·小宗伯》："兆五帝于四郊。"郑玄注："五帝，苍曰灵威仰，太昊食焉；赤曰赤熛怒，炎帝食焉；黄曰含枢纽，黄帝食焉；白曰白招拒，少昊食焉；黑曰汁光纪，颛顼食焉。"

⑥方色：古代五行家将东南西北中与青赤白黑黄对应匹配，称为方色。

⑦其方之数：各个方向各有所主之数，即北方七，南方九，东方十一，

西方十三。

⑧牲：古代特指供宴飨祭祀用的牛、羊、猪。

⑨祝、史：古代掌理祝祷的官。

⑩素服：主要指居丧或遭到其他凶事时所穿的白色衣服。

⑪二三子：诸位，这里指将帅。尚：副词，表"希望"。比：一起，齐同。

⑫稽（qǐ）手：即稽首，古代的一种跪拜礼，为九拜中最隆重的一种。
　常为臣子拜见君父时所用。跪下并拱手至地，头也至地。

⑬勒：统率。

⑭社：这里指祭祀土地神的场所。

⑮警：戒备，戒肃。

⑯御：陪侍。

⑰习射三发，击刺三行：冢田虎曰："盖前及左右，各一发一击。"击
　刺，用戈矛劈刺。行，次。

⑱五兵：指古代的五种兵器，一般指戈、殳、戟、酋矛、夷矛。效：致，
　授，给予。

⑲古者军旅赏人必于祖，戮人必于社：《尚书·甘誓》曰："用命赏于
　祖，弗用命戮于社。"冢田虎曰："古者天子亲征，必载迁庙之祖主
　以行，有功者，则于祖主前赏之。又载社主以行，不用命奔北者，
　则于社主前戮之，谓之社事。"祖，此指军中所载的君主祖先牌位。

⑳"赏功于祖"几句：宋咸注："人君亲征，必载庙主于齐车。有功则
　赏于庙主之前，示不专兼亲祖之义。"

㉑"戮罪于社"几句：宋咸注："人君亲征，又载社主而行。不用命奔
　北者，则戮之于社主前。盖社主阴，主杀焉。土居中，故亦曰'告
　中于土'，示听之得中而当。"土，土地神。后作"社"。听，治理，
　判断。

【译文】

子高到魏国去，恰逢秦国的军队来攻伐魏国，信陵君很害怕，到子

高住的客舍去请教祈求克敌的仪式。子高说:"命勇敢有谋略的将领去抵御敌人,先让他在冲着敌人来犯的方向立坛,向五方之神祈祷克敌制胜,穿的衣服要按照五方相应的颜色,执事的人数要按照相应方向的数目,牺牲也要用相应方向的牺牲。让祝、史向社稷、宗庙以及国境内的名山大川祷告。国君要亲自身穿素服在太庙誓师,说:'某人不行仁道,侵犯我大国,希望你们都同心协力,誓死守卫。'将帅行稽首礼,拜两次后接受国君的命令。誓师完毕之后,将帅率领士卒陈列于太庙的右边,国君站在太庙的庭中,祝、史站在社内,百官各自戒肃其事,陪侍在国君身旁等待国君发布命令。于是在太庙门外用力击鼓,命令将帅让士卒练习射箭三次,击刺三次,这是向太庙先祖禀告,将要兴兵御敌了。兵器全部分授之后,就击鼓出征去迎敌。这是古代诸侯应对敌人入侵时的礼仪。"信陵君说:"恭敬地接受您的教诲。"信陵君接着问子高:"古时候军队行奖赏一定要在祖先神主前进行,杀人一定要在土地神的社主前执行,这是为什么?"子高答道:"在祖先神主前奖赏有功的人,是禀告祖先分配均匀公平,以表明不敢专断;在土地神的社主前杀戮有罪的人,是昭告土地神这么做是合理公正的,以表示裁决适当。"

13.6　陈矩性多秽訾①,每得酒食,辄先拨捐之②,然后乃食。子高告之曰:"子无然也,似有态者③。昔君子之于酒食,有率尝之义④,无捐放之道。假其可食,其上下何择?假令不洁,其下滋甚。"陈矩曰:"吾知其无益,意欲如此⑤。"子高曰:"意不可恣也⑥。夫木之性,曲者以隐括自直⑦,可以人而不如木乎?子不见夫鸡耶?聚谷如陵,跑而啄之⑧。若纵子之意,则与鸡岂有异乎?"陈矩跪曰:"吾今而后知过矣。请终改之。"

【注释】

①陈尪（wāng）：魏人，事迹不详。性：禀性，习性。秽訾（zǐ）：坏习惯，坏毛病。秽，小毛病。訾，厌恶。

②拨捐：泼弃，倾弃。拨，废弃，除去。捐，舍弃，抛弃。

③态：骄恣作态。

④率：一概，都。一说，当作"卒"。"卒尝"即"卒爵"，指祭毕饮福酒的古代酒礼。

⑤意：心愿，愿望。

⑥恣：放纵，无拘束。

⑦隐括：用以矫正木材弯曲的工具。

⑧跑而啄之：一边刨一边啄食。跑，用脚刨地。底本作"跪"，别本作"跑"，据改。

【译文】

陈尪有很多坏毛病，每当得到酒食，总是先把表面上的一层拨去丢掉，然后才食用。子高告诉他说："先生您不要这样，这样显得有些骄恣之态。君子对于酒食，有全都品尝的道义，没有丢掉的做法。假如是可以食用的，何必分上下呢？如果是不干净的，越往下越脏啊！"陈尪说："我知道这样做没有好处，但心里就是想这样。"子高说："意志是不能放纵的。弯曲的木头都可以用隐括纠正使之变直，难道人还不如木头吗？您没看见鸡吗？谷米堆得小丘陵一样，鸡一边刨一边啄食。如果纵容自己的意志，那么和鸡又有什么区别呢？"陈尪跪下说道："从今之后我知道错了。请允许我努力改正吧。"

13.7　子高任司马义为将于齐①，与燕战而败。齐君曰："以子贤明，故信子也。"答曰："君知穿敦若周公②？"齐君曰："周公圣人，而子贤者，弗如也。"子高曰："然，臣故弗如周公也。以臣之知义，孰若周公之知其弟？"齐君曰：

"兄弟审于他人③。"子高曰:"君之言是也。夫以周公之圣,兄弟相知之审,而近失于管、蔡④,明人难知也⑤。臣与乂相见,观其材志⑥,察其所履⑦,齐国之士,弗能过也。《书》曰:'知人则哲,惟帝难之⑧。'穿何惭焉?且曹子为鲁三与齐战⑨,三败失地。然后以勇敢之节,奋三尺之剑⑩,要桓公、管仲于盟坛⑪,卒收其所丧。夫君子之败,如日月之蚀⑫。人各有能,乂庸可弃乎⑬?今燕以诈破乂,是乂不能于诈也。臣之称乂⑭,称其武勇才艺,不称其有诈也。乂虽败,臣固未失其所称焉。"齐君屈辞,而不黜司马乂⑮。

【注释】

①任:保举任用。司马乂(yì):齐人,事迹不详。

②孰若:和……比,何如。

③审:知道,知悉。

④失于管、蔡:这里指周公误用管叔、蔡叔而造成变乱。管叔、蔡叔是周文王之子,武王和周公之弟。周灭商之后,管叔和蔡叔被封于殷商旧地,以监视纣王之子武庚。武王死后,成王即位,因年幼,由周公辅政。管叔和蔡叔与武庚联合发动叛乱,后被周公打败。管叔自杀,蔡叔被流放。

⑤明:证明,表明。

⑥材:能力,资质。

⑦所履:这里指所做过的事情。履,谓经历某种景况。

⑧知人则哲,惟帝难之:语出《尚书·皋陶谟》:"禹曰:'吁! 咸若时,惟帝其难之。知人则哲,能官人。'"《汉书·武帝纪》元狩元年诏曰:"朕闻皋陶对禹曰:'在知人,知人则哲,惟帝难之。'"哲,有智慧。帝,指尧、舜。

⑨曹子：春秋时鲁国人曹沫，又称为曹刿。

⑩奋：举，振。

⑪要桓公、管仲于盟坛：此指鲁庄公十三年（前681），齐、鲁在柯（今山东东阿西南）会盟，曹沫持匕首要挟齐桓公，强迫齐桓公退还齐国侵占的鲁地。要，要挟。

⑫夫君子之败，如日月之蚀：意谓君子的失败，就像日食月食一样只是暂时的。冢田虎曰："虽有一时之败，不缺其能。"

⑬庸：岂，怎么。

⑭称：赞扬，这里指推举，推荐。

⑮黜：罢免，贬黜。

【译文】

子高向齐国保举任用司马义为将，与燕国作战失败。齐国国君说："因为先生贤明，所以我才相信您。"子高回答说："国君认为我能和周公相比吗？"齐国国君说："周公是圣人，而先生您是贤者，不如周公。"子高说："是啊，我当然不如周公。以我对司马义的了解，是否能比得上周公对其弟弟的了解？"齐国国君说："兄弟之间要比别人更了解。"子高说："您的话对啊。以周公这样的圣人，加之兄弟之间的互相了解，但周公还是失察于亲近的管叔和蔡叔，这表明了解一个人是非常难的。我见到司马义，观察他的才干志向，考察他此前的所作所为，齐国的士人没有超过他的。《尚书》上说：'了解人的人是有智慧的，连帝尧、帝舜都难以做到。'我孔穿又有什么可惭愧的呢？况且当年曹沫为鲁国三次与齐国交战，三次都丧师失地。但他后来凭借勇敢的志节，举起三尺之剑，在盟坛上要挟齐桓公、管仲，终于收回了丧失的土地。君子打败仗，就像日食月食一样是暂时的。人各有各的才能，怎么能舍弃司马义不用呢？现在燕国人以奸诈的计谋打败了司马义，说明司马义不善于奸诈的计谋。我推举司马义，在于其勇敢才能，不是推举其善于使诈。司马义虽然失败，但我举荐他并没有错误。"齐国国君理屈词穷，也就没有罢黜司马义。

对魏王第十四

14.1　魏王问人主所以为患^①，子高对曰："建大臣而不与谋^②，嬖幸者言用^③，则知士以疏自疑、孽臣以遇侥幸者^④，内则射合主心^⑤，外则挺主之非^⑥，此最人主之大患也^⑦。"

【注释】

①魏王：即魏安釐王，魏昭王之子。人主：旧时专指一国之主，即帝王。患：祸患。

②建：设置，成立。谋：谋划，商议。

③嬖（bì）幸：指被宠爱的姬妾或侍臣。嬖，宠幸。

④知士：才智之士。知，同"智"。士，原文作"上"，据诸本改。孽（niè）臣：奸佞之臣。孽，邪恶。

⑤射合：迎合，符合。

⑥挺主之非：支持君主错误的观点。挺，支持。

⑦此人主之大患也：姜兆锡曰："此言不当以小加大也。按：千古权佞妙术，不出'内''外'二语，而其原，则起于疏大臣。"冢田虎曰："大臣智士见疏，而嬖幸小人见用，此古今人主之大患，而圣贤之所以同诫也。"

【译文】

魏王问君主的祸患是什么，子高回答说："设置大臣却不和他们一起谋划国事，听信宠幸之人的言论，那么才智之士就会因君主的疏远而自我怀疑、奸佞之臣则会侥幸投机希求成功，在宫内言谈只求符合君主的心意，在外廷则支持君主的错误意见，这是君主最大的祸患啊。"

14.2　子高谓魏王曰："臣入魏国，见君之二计臣焉^①：

张叔谋有余，范威智不逮②，然其功一也③。"王曰："叔也有余，威也不逮，何同乎？"答曰："驽骥同辕④，伯乐为之咨嗟⑤；玉石相揉⑥，和氏为之叹息⑦。故贤愚共贯⑧，则能士匿谋；真伪相错，则正士结舌⑨。叔虽有余，犹威不逮也⑩。"

【注释】

①计臣：谋臣。

②逮：赶上，到，及。

③功：功绩，成效。

④驽：劣马，走不快的马。骥：好马。辕：车前驾牲畜的两根直木。

⑤伯乐：相传春秋时秦国人，名孙阳，以善相马著称。咨嗟（zī jiē）：叹息。此处指无计可施，毫无办法。

⑥揉：混合，融和。

⑦和氏：这里指春秋时楚人卞和，善识玉。相传他得玉璞，先后献给楚厉王和楚武王，都被认为是石头，因欺君被砍去双脚。楚文王即位，他抱璞哭于荆山下，文王使人琢璞，得宝玉，名为"和氏璧"。

⑧共贯：贯通，连贯。贯，穿，通，连。冢田虎曰："共贯，言一贤愚而不分其用也。"

⑨结舌：不敢说话或想说而说不出话。

⑩叔虽有余，犹威不逮也：姜兆锡曰："此言不当以愚混贤也。"

【译文】

子高对魏王说："我来到魏国，见到了您的两位谋臣。张叔的智谋绰绰有余，范威的智谋不够，但是两人的功绩是一样的。"魏王说："张叔的能力有余，范威的能力不够，功绩怎么会相同呢？"子高回答说："劣马和千里马一起拉车，伯乐为之慨叹；玉和石头混杂，卞和为之叹息。因此把有才能的人和愚笨的人混杂在一起，才智之士就会隐藏其谋略；诚信的人和伪诈的人错杂在一起，正直之士就不敢说话。张叔的智谋有余，就如同范戚的能力不够了。

14.3　魏王问何如可谓大臣。子高答曰："大臣则必取众人之选①，能犯颜谏争、公正无私者②。计陈事成③，主裁其赏④；事败，臣执其咎⑤。主任之而无疑，臣当之而弗避。君总其契⑥，臣行其义。然则君不猜于臣，臣不隐于君，故动无过计⑦，举无败事，是以臣主并各有得也⑧。"

【注释】

①选：被选拔出来的人才。

②犯颜：指冒犯君上或尊长的威严。谏争：谏诤，直言规劝。争，通"诤"。底本作"事"，诸本并作"争"，据改。

③计陈事成：计，底本作"许"，诸本并作"计"，据改。

④裁：决定，判断。

⑤执：承担。咎：过失，怪罪。

⑥总：总揽，掌控。契：关键。

⑦过计：错误的谋划。

⑧是以臣主并各有得：冢田虎曰："君则得长守其社稷，臣则得能保其禄位。"

【译文】

魏王问什么样的人能算得上大臣。子高回答说："大臣一定要是众人中出类拔萃的，能敢于冒犯君主的威严而进谏规劝、办事公正没有私心的人。进献自己的计策办好国事，由君主裁断给予赏罚；事情没成功，大臣承担过错。君主任用大臣毫无疑虑，大臣勇于任事而不躲避。君主掌控事情的关键契机，大臣做事遵从大义。君主不猜疑大臣，大臣不欺瞒君主，因此谋划任何行动都没有错误，只要发起就没有失败的事情，这样大臣和君主都会各有所得。”

14.4　信陵君问曰："古之善为国，至于无讼①，其道何由？"答曰："由乎政善也。上下勤德而无私②，德无不化，俗无不移③。众之所誉，政之所是也；众之所毁，政之所非也④。毁、誉、是、非与政相应，所以无讼也⑤。"

【注释】

①讼：在法庭上争辩是非曲直，打官司。

②勤德：这里指勤于修德。

③俗：社会上长期形成的风尚、礼节、习惯等。

④"众之所誉"几句：宋咸注："众誉而赏及之，是至公于贤也；众毁而罚及之，是不私乎恶也。"众之所毁，众，底本作"动"，诸本并作"众"，据改。

⑤毁、誉、是、非与政相应，所以无讼也：姜兆锡曰："此言君当以德政化民。"

【译文】

信陵君问："古代善于治理国家的人，能够使国内没有诉讼，是用什么方法呢？"子高回答说："由于他们治国政策良好。君臣上下勤于修德没有私心，民众的道德没有不被感化的，社会不好的风尚没有不被改变的。众人所称赞的，就是国家所认可的；众人所批评的，也就是国家所否定的。毁、誉、是、非，和治国的政策相顺应，所以就没有诉讼之事了。"

14.5　齐王行车裂之刑①，群臣净之②，弗听。子高见于齐王曰："闻君行车裂之刑，无道之刑也③，而君行之，臣切以为下吏过也④。"王曰:"寡人尔。民多犯法,为法之轻也。"子高曰:"然,此诚君之盛意也。夫人含五常之性⑤,有哀乐喜怒,哀乐喜怒无过其节⑥,节过则毁于义⑦。民多犯法,以法之重⑧,无所措手足也。今天下悠悠⑨,士亡定处⑩,有德则住,无德则去。欲规霸王之业⑪,与众大国为难⑫,而行酷刑以惧远近,国内之民将畔⑬,四方之士不至,此乃亡国之道。君之下吏不具以闻,徒恐逆主意以为忧,不虑不谏之危亡,其所矜者小⑭,所丧者大,故曰下吏之过也。臣观之,又非徒不诤而已也。心知此事之为不可,将有非议在后,则因曰:'君忿意实然⑮,我谏诤,必有龙逢、比干之祸⑯。'是为虚自居于忠正之地,而暗推君主,使同于桀、纣也。且夫为人臣,见主非而不诤,以陷主于危亡,罪之大者也。人主疾臣之弼己而恶之⑰,资臣以箕子、比干之忠⑱,惑之大者也。"齐王曰:"谨闻命。"遂除车裂之法焉⑲。

【注释】

①齐王:宋咸注云此齐王为姜姓齐国之齐宣公,《指海》本注为田氏齐国之齐宣王。按,姜姓齐宣公在位时间为前455—前405;田姓齐宣王在位时间为前320—前301。孔穿的生活年代与齐宣王重合,则此齐王当是田氏齐国的齐宣王。车裂:古代的一种酷刑,将人的肢体系于数辆车上,分拉撕裂至死。

②诤(zhèng):规劝,照直说出人的过错,叫人改正。

③无道:非正道,不近情理。

④臣切以为下吏过也:宋咸注:"不欲斥王,故以为下吏之过。"

⑤五常:即仁、义、礼、智、信。

⑥哀乐喜怒无过其节：底本"无"下有"不"字，诸本并无，是，据删。

⑦节过则毁于义：冢田虎曰："《中庸》曰：'喜怒哀乐之未发，谓之中。发而皆中节，谓之和。'若夫不中节，则害毁五常之义也。"

⑧以法之重：底本"法"下无"之"字，别本有，作"法之重"与上文"法之轻"相对，是，据补。

⑨悠悠：动荡，飘忽不定。

⑩亡：无。定处：固定的出仕之处。

⑪规：规图，谋求。

⑫与众大国为难：意谓能得到各个大国的帮助是很难的。

⑬畔：通"叛"，背叛。

⑭矜：注重，崇尚。

⑮忿意：愤怒，生气。

⑯龙逢（páng）：夏之贤人，因进谏而被桀所杀，后用为忠臣之代称。比干：商代贵族，纣王叔父，官少师。相传因屡谏纣王，被剖心而死。

⑰疾：嫌怨。弼：辅佐。

⑱箕子：名胥余，殷商末期人，是文丁的儿子，帝乙的弟弟，纣王的叔父。箕子与微子、比干，在殷商末年齐名，并称"殷末三仁"。

⑲遂除车裂之法焉：姜兆锡曰："此言君不当以淫刑虐下也。"

【译文】

齐王想实行车裂刑罚，群臣都劝谏，齐王不听。子高觐见齐王说："听说您要实行车裂之刑，这是不近情理的酷刑，但您却想实施，我私下认为这是您属下的过错。"齐王说："是我自己要这么做的。百姓有那么多犯法的，是因为刑罚太轻了。"子高说："是啊，这确实是君主的深厚美意。每个人都有五常的本性，有喜怒哀乐之情。喜怒哀乐表现出来应当不超过限度，超过限度就有损于道义。很多民众触犯法律，是因为刑法太多太严，老百姓不知怎么办才好。如今天下动荡不安，士人没有固定的出仕之处，为人君者施行德政就留下，不施行德政就离开。想要谋求霸王之业,能得到各个大国的帮助是很难的,而现在您却要施行酷刑使远近的人惧怕,国内的百姓将要背叛了,四方的士人也不到来,这是亡国之道啊。您的属下没有把实情报告您,只害怕违逆您的心意,不考虑不谏诤而导致的危亡,他们所注重的事小,所丧失的事大,所以我说这是属下的过错。在我看来,他们又不仅仅是不劝谏而已。他们心里清楚这种事情是不能做的,责难会紧随其后,就借机说:'国君发怒才这样做的,我要是劝谏,一定会遭受像龙逢、比干一样的祸患。'这是把自己虚置于忠诚正直的位置,暗地里却把君主等同于夏桀、商纣。作为臣子,看到君主的过失却不谏诤,使君主陷于危亡,这是最大的罪过。君主怨恨大臣辅佐自己而厌恶他,把和箕子、比干一样忠诚的名声给予臣下,是很糊涂的。"齐王说:"恭敬地听从你的教诲。"于是废除了车裂的刑罚。

14.6　子高见齐王,齐王问谁可为临淄宰^①,称管穆焉^②。王曰:"穆容貌陋,民不敬。"答曰:"夫见敬在德。且臣所称,称其材也。君王闻晏子、赵文子乎^③?晏子长不过六尺^④,面状丑恶^⑤,齐国上下莫不宗焉^⑥。赵文子其身如不胜衣^⑦,其言如不出口^⑧,非但体陋,辞气又讷讷^⑨,然其相晋国,晋国以宁,诸侯敬服,皆有德故也。以穆躯形方诸二子,犹悉贤之。昔臣常行临淄市^⑩,见屠商焉,身修八尺,须髯如戟^⑪,面正红白,市之男女,未有敬之者,无德故也。"王曰:"是所谓祖龙始者也^⑫,诚如先生之言。"于是乃以管穆为临淄宰。

【注释】

①齐王问谁可为临淄宰:临淄,齐国故城,在今山东淄博。宰,古代卿大夫的家臣和采邑的长官均称宰。底本"可"下无"为"字,别

本有。钱熙祚曰:"'为'字原脱,依《御览》三百八十二补。"按,
钱说是,据补。

②称:推举,举荐。

③赵文子:即晋献文子赵武。春秋时期晋国人,赵盾之孙,赵朔之
子,春秋时期晋国的贤德大夫。

④晏子长不过六尺:底本"六"作"三",《指海》本、《渊鉴类函》卷
二百五十五并作"六",钱熙祚曰:"原作'三尺',依《御览》三百
八十二、又四百三、又六百三十二改。"按,三尺指小儿,以商鞅时
秦尺来说,一尺等于23.2厘米,三尺只有不到70厘米,太夸张了。
而先秦人常用六尺表示未成年的孩子。如《论语·泰伯》:"可以
托六尺之孤。"邢昺疏引郑玄注:"六尺之孤,年十五已下。"六尺
为139.2厘米,正与先秦认识相当。据改。

⑤面状丑恶:底本"恶"上无"丑"字,别本有。钱熙祚曰:"原脱
'丑'字,依《御览》补。"按,钱说是,据补。

⑥宗:尊崇。

⑦其身如不胜衣:指身体瘦弱。胜,承担,承受。

⑧其言如不出口:指言语迟钝。

⑨讷讷(nè):说话迟钝的样子。

⑩常:诸本作"尝"。"常""尝"通,曾经。

⑪须髯(rán)如戟(jǐ):胡须又长又硬,这里形容有丈夫气概。髯,两
腮的胡子,亦泛指胡子。戟,古代一种合戈、矛为一体的长柄兵器。

⑫祖龙始:前文所提及的屠商姓名。宋咸注:"祖龙始乃屠商之姓
名,子高于市见之,不知其姓名,但曰屠商。齐王孰之,故曰是所
谓祖龙始者也。"

【译文】

子高觐见齐王,齐王问谁可以做临淄的行政长官,子高举荐了管穆。
齐王说:"管穆相貌丑陋,百姓不会敬重他的。"子高回答说:"百姓是否

敬重一个人在于这个人的德行。我之所以举荐他,是称道他的才能。您听说过晏子、赵文子吗? 晏子身高不到六尺,面容丑陋,但齐国上下没有不尊奉他的。赵文子身体单薄好像连衣服都承受不住,言语迟钝好像话都说不明白,不但形貌丑陋,说话又迟钝,但是他做了晋国的相国之后,晋国得以安定,各地的诸侯无不敬重钦服,这都是有德行的缘故。以管穆的身材相貌和这两个人相比,都比他们强。以前我曾经去临淄市场,见到一个从事屠宰的商贩,身高八尺,须髯如戟,脸盘方正红润,可是市场的男男女女没有一个敬重他的,这是没有德行的缘故啊。"齐王说:"你说的是祖龙始,确实和先生说的一样。"于是,齐王便任命管穆做了临淄的行政长官。

卷五

　　卷五所含《陈士义》《论势》《执节》三篇，记孔谦与魏王、赵王、韩王、卿大夫之言谈，以及在魏、赵两国从政之事迹。孔谦，字子顺；亦称孔顺，字子慎。孔穿之子，孔子八世孙。

　　《陈士义》共十一章，记子顺与魏王、枚产、宫他等问答之言。所论涉及修仁崇德、戒贪利民、摒弃虚言、交邻之道、重德轻富等，多贤否之论。而首尾几章乃陈说士人进退之义，故以"陈士义"名篇。

　　《论势》共八章，记子顺议论诸侯强弱之势。子顺之时，合纵连横之策众说纷纭，秦国强盛，诸国自保，子顺身处其间，明察时势，发为论说，提出取不以义得不以道未有能终、合邻以抗秦、用策以存国等主张，故以"论势"名篇。

　　《执节》共十三章，记子顺与君卿大夫谈论政事礼法之言。执节，乃坚守节操之意，而臣节之固，莫右乎伊尹。首章言伊尹奉礼执节事太甲之事，故以"执节"名篇。凡有论事不谲者，亦附于此篇

　　此卷所记子顺之言，可见其相魏安釐王时之政策，与赵联合，整顿官吏，"改嬖宠之官以事贤才，夺无任之禄以赐有功"，从政优异，颇有作为。然其法得罪权贵，终不得用，乃告病而归。

陈士义第十五

15.1 魏王遣使者奉黄金束帛^①,聘子顺为相^②。子顺谓使者曰:"若王信能用吾道^③,吾道故为治世也,虽蔬食水饮,吾犹为之。若徒欲治服吾身,委以重禄,吾犹一夫尔^④,则魏王不少于一夫。子度魏王之心以告我^⑤。"使者曰:"魏国狭小,乏于圣贤,寡君久闻下风^⑥,愿委国先生,亲受教训。如肯降节^⑦,岂唯魏国君臣是赖,其亦社稷之神祇实永受庆^⑧。"于是乃之魏。魏王郊迎^⑨,谓子顺曰:"寡人不肖,嗣先君之业^⑩。先生圣人之后,道德懿邵^⑪,幸见顾临^⑫,愿图国政。"对曰:"臣,羁旅之臣^⑬,慕君高义,是以庲此^⑭。君辱贶而问以政事^⑮,敢不敬受君之明令^⑯。"

【注释】

①魏王:此为魏安釐王。束帛:捆为一束的五匹帛。古代用为聘问、馈赠的礼物。

②子顺:名谦,字子顺。一名孔顺,字子慎。子高之子,孔子八世孙。

③道:学说,学术或宗教的思想体系。

④一夫:宋咸注:"一夫,犹言一夫役人尔。"即受雇而供役使的人。

⑤度:揣度,猜测。

⑥寡君:臣下对别国谦称本国国君。下风:比喻处于下位,卑位。有时作谦辞。

⑦降节:屈尊。降,下落,降低。

⑧庆:福。

⑨郊迎:古代出郊迎宾,以示隆重、尊敬。郊,《说文》:"距国百里为郊。"

⑩嗣：接续，继承。

⑪懿邵（yì shào）：美好。邵，通"劭"，美好。

⑫幸：有幸。顾临：莅临。

⑬羁（jī）旅：久居他乡。羁，停留，使停留。

⑭戾：至，到达。

⑮辱贶：犹惠赐。贶，赏赐。

⑯敢：谦辞，"不敢"的简称。明令：帝王的命令。

【译文】

　　魏安釐王派遣使者带着黄金布帛，聘请子顺为相。子顺对使者说："假若魏王真正能采用我的学说，我的学说本来就是为了治理天下的，即使是吃粗劣的饭食喝凉水，我仍然会去做。如果仅仅是想以此使我驯服，委以高官厚禄，那我只是如同一个供役使的匹夫罢了，而魏王是不缺少这样一个人的。请你忖度魏王的真实想法告诉我。"使者说："魏国地域狭小，缺少圣贤之人，我们国君久闻先生大名，愿将国家委托给先生治理，亲自接受您的训导。如果您肯屈尊来担任国相，哪里仅仅是魏国君臣的依靠，也是整个国家社稷之神都确实得到的福分啊。"子顺便到了魏国。魏王亲自到郊外迎接，对子顺说："我没有什么才能，继承了先祖的基业。先生是圣人的后代，道德美好，有幸光临我国，希望请您谋划国政。"子顺说："我是旅居他乡之人，仰慕您的高尚情义，所以来到这里。承蒙您屈尊赐予官职，并且咨询国家政事，敢不恭敬地接受您的命令。"

　　15.2　魏王朝群臣，问理国之所先。季文对曰①："唯在知人。"王未之应。子顺进曰："知人则喆②。帝尧所病，故四凶在朝③，鲧任无功④，夫岂乐然哉？人难知故也。今文之对，不称吾君之所能行，而乃欲强吾君以圣人所难，此不可行之说也。"王曰："先生言之。"对曰："当今所急，在修仁尚义⑤，崇德敦礼⑥，以接邻国而已。昔舜命众官，群臣竟让得，礼之致也⑦。苟使朝臣皆有推贤之心，主虽不知人，则臣位必当。若皆以知人为治⑧，则人主宜未过尧，且其目所不见者，亦必漏矣⑨。"王曰："善矣！"

【注释】

①季文：魏国大夫。

②喆（zhé）：同"哲"，聪明智慧。

③四凶：相传为尧在位时四个恶名昭彰的部族首领。《左传·文公十八年》："舜臣尧，宾于四门，流四凶族浑敦、穷奇、梼杌、饕餮，投诸四裔，以御魑魅。是以尧崩而天下如一，同心戴舜以为天子，以其举十六相，去四凶也。"《尚书·舜典》："流共工于幽洲，放驩兜于崇山，窜三苗于三危，殛鲧于羽山。"宋蔡沈集传："《春秋传》所记四凶之名与此不同，说者以穷奇为共工，浑敦为驩兜，饕餮为三苗，梼杌为鲧，不知其果然否也。"后世多用以比喻凶狠贪婪的朝臣。

④鲧任无功：鲧治水没有成功。鲧，上古传说中的人名，夏禹的父亲。

⑤修：整治，恢复完美。

⑥敦礼：尊崇礼教。敦，崇尚，注重。底本作"孰"，诸本并作"敦"，据改。

⑦群臣竟让得，礼之致也：冢田虎曰："舜命二十二臣以官职，各自推让于有德者，此礼教之所致也。"得，犹"德"。

⑧若皆以知人为治：治，钟惺本作"务"。傅亚庶按："务"字义胜。

⑨且其目所不见者，亦必漏矣：冢田虎曰："不可得以一人之目周见之也。"

【译文】

魏王朝会群臣，询问治理国家首先应当做什么。季文回答说："只要

能了解人就可以了。"魏王没有回应。子顺进言道:"能了解人就是聪明
睿智。帝尧所担忧的,是四凶在朝,鲧治水没有成功,难道说尧乐于这样
吗? 就是因为人是很难真正了解的啊。现在季文的回答,不说国君能够
做到的事情,而是想把圣人都难以做到的事情强加给国君,这是不可实
行的办法。"魏王说:"先生请说说您的看法。"子顺说:"当今最急切的事
情,就在于培养仁德崇尚道义,尊崇道德崇尚礼教,以此结交邻国罢了。
过去舜任用官员,群臣争相以德谦让,这是敦崇礼义的结果。假使让朝
中群臣都有推举贤人之心,国君即使对臣下不了解,那么臣下所任职位
必定也很恰当。如果都以了解人的才能为治理国家的要事,那么国君的
才能并未超过帝尧,况且国君眼睛看不到的人,也一定会遗漏啊。"魏王
说:"说得好啊!"

15.3　秦王得西戎利刀①,以之割玉,如割木焉,以示
东方诸国。魏王问子顺曰:"古亦有之乎?"对曰:"昔周穆
王大征西戎②,西戎献锟铻之剑、火浣之布③。其剑长尺有
咫④,炼钢赤刃⑤,用之切玉如泥焉。是则古亦有也。"王曰:
"火浣之布若何?"对曰:"《周书》,火浣布,垢必投诸火⑥,
布则火色,垢乃灰色,出火振之⑦,皓然疑乎雪焉⑧。"王曰:
"今何以独无?"对曰:"秦贪而多求,求欲无厌,是故西戎闭
而不致⑨,此以素防绝之也⑩。然则人主贪欲,乃异物所以不
至,不可不慎也⑪。"

【注释】

①秦王:此指秦昭襄王,又称秦昭王,前325—前251年在位,嬴姓,
　名则,又名稷,秦惠文王之子。西戎:我国古代对西北少数民族的
　总称。

②周穆王：又作周缪王，姬姓，名满。周昭王之子，西周第五位君主。

③锟铻：亦作昆吾，古代名山，所出铁可造宝剑，因此宝剑也叫"锟铻"。浣：洗。

④咫（zhǐ）：古代长度单位，周代指八寸，合现市尺六寸二分二厘。

⑤炼钢赤刃：炼钢，精炼的钢铁。冢田虎曰："钢，坚铁也。其剑，所坚铁以锻炼而色赤也。"刃，底本作"剑"，别本作"刃"，据改。

⑥垢必投诸火：底本无"垢"字，诸本有，据补。

⑦振：抖动，拂拭。

⑧疑：通"拟"，比拟。

⑨闭：隐藏，收藏。致：送给，给予。

⑩此以素防绝之也：素，平素，向来。宋咸注："言戎防秦之贪，故绝之也。"冢田虎曰："言戎则非敢不致焉，秦以其素行贪，防绝之也。"

⑪"然则人主贪欲"几句：异物，珍奇之物。冢田虎曰："《书》曰：'不宝远物，则远人格。'此远人来至，则不求而异物可致也。"

【译文】

秦王得到了西戎制造的锋利宝刀，用来切玉，就像砍木头一样，将它展示给关东诸侯。魏王问子顺："古时候也有这样的宝刀吗？"子顺说："过去周穆王征伐西戎的时候，西戎曾献锟铻剑、火浣布。锟铻之剑剑长一尺八寸，精钢锻成，剑刃赤红，用它切玉石就像切泥一样。这样看来古时候也是有的。"魏王说："火浣之布怎样呢？"子顺说："《周书》记载，火浣之布，脏了就投进火里，布在火中呈现火红色，布上的污垢呈现灰色，从火中取出来抖一抖，布面就洁白得像雪一样。"魏王问："现在为什么却没有了呢？"子顺说："秦国贪婪索求太多，贪欲没有满足的时候，所以西戎就收藏起来不再进献了，这是由于秦国向来的行为为了防备它而断绝了。正是君主的贪欲，致使珍奇之物不再到来，不可以不谨慎啊。"

15.4　魏王曰："吾闻道士登华山则长生不死①，意亦愿之^②。"对曰:"古无是道,非所愿也。"王曰:"吾闻信之。"对曰:"未审君之所闻^③,亲闻之于不死者耶? 闻之于传闻者耶? 君闻之于传闻者,妄也^④;若闻之于不死者,不死者今安在? 在者,君学之勿疑;不在者,君勿学无疑。"

【注释】

①则长生不死:底本"长"下无"生"字,诸本并有,据补。

②意:心意,意图。

③审:明白,清楚。

④妄:虚妄,不实。

【译文】

魏王说:"我听说道士只要登上华山就会长生不死,我心里也想这样做。"子顺回答说:"古时没有这样的事情,这不是我的意愿。"魏王说:"我听说确实是这样。"子顺说:"我不清楚您所听到的,是亲自从长生不死的人那里听到的呢? 还是从传播消息的人那里听到的呢? 您如果是从传播消息的人那里听到的,就是虚妄之言;如果是从长生不死的人那里听来的,那么长生不死的人现在在哪里呢? 假如他们还活在世上,您就不要怀疑可以向他们学习;如果他们现在都不在了,毫无疑问您就不要再学习什么长生之道了。"

15.5　李由之母少寡,与李音窃相好而生由。由有才艺,仕于魏,王甚爱之。或曰:"李由母奸,不知其父,不足贵也^①。"王以告由,且曰:"吾不以此贱子也^②。虽然,古之圣贤,岂有似子者乎? 吾将举以折毁子者^③。"李由对曰:"今人不通于远,在臣欲言谁尔? 且孔子少孤,则亦不知其父者也。孔子母死,殡于五父之衢^④,人见之,皆以为葬。问郰曼父之母⑤，得合葬于防。此则圣人与臣同者也⑥。"王笑曰："善。"子顺闻之，问魏王曰："李由安得斯言？"王曰："假以自显，无伤也。"对曰："虚造谤言，以诬圣人，非无伤也。且夫明主之于臣，唯德所在，不以小疵妨大行也⑦。昔斗子文生于淫⑧，而不害其为令尹⑨。今李由可，则宠之，何患于人之言而使横生不然之说⑩。若欺有知，则有知不受，若欺凡人，则凡人疑之，必亦问臣，则臣不为君之故，诬祖以显由也。如此，群臣更知由恶，此恶必聚矣⑪。所谓求自洁而益其垢，犹抱石以救溺，愈不济矣。"

【注释】

①贵：值得看重，重视。

②贱：轻视。

③折：折服。毁：诋毁。

④殡：停放灵柩或把灵柩送到墓地去。五父：街道名。《括地志》云："五父之衢在衮州曲阜县西南二里，鲁城内衢道也。"

⑤鄹（zōu）：地名。春秋时鲁国城邑。故址在今山东曲阜东南的鄹城，为孔子的故里。曼父：人名。

⑥此则圣人与臣同者也：关于孔子不知其父之事，《史记·孔子世家》等记孔子父母野合而生孔子，子高认为是诬枉之言。《礼记·檀弓上》孙希旦集解："愚谓野合者，谓不备礼而婚耳，未足深耻也。且野合与葬地，事不相涉，耻野合而讳葬地，岂人情哉！孔子成立时，当时送葬之人必多有在者，即颜氏不告，岂不可访问而得之？既殡之后，孝子庐于中门之外，朝夕不离殡宫，其慎之如此。若殡于五父之衢，则与弃于道路何异？此记之所言，盖事理之所必无者。"

⑦不以小疵（cī）妨大行也：疵，小毛病。引申为过失，缺点。妨，损
害，有害于。大行，高尚的德行。冡田虎曰："舍其小疵瑕，而取大
德行，是明君用臣之道也。"

⑧斗子文生于淫：斗子文是其父斗伯比与表妹私通所生。斗子文，
斗氏，名谷於菟，字子文，楚国有名的令尹。

⑨令尹：楚官名，相当于宰相。

⑩横生：恣意萌生。

⑪此恶必聚矣：冡田虎曰："辩李由之所以生诬说焉，则由之恶，益为群
臣所知也。聚，犹多。"底本"此"下无"恶"字，别本有，是，据补。

【译文】

　　李由的母亲年轻时就成了寡妇，与李音偷偷相爱生下了李由。李由
多才多艺，在魏国做官，魏王非常喜欢他。有人说："李由的母亲与人通
奸，他连自己的父亲是谁都不知道，不值得这么看重。"魏王把这话告诉
了李由，并且对他说："我并不因此轻视你。虽然如此，古代的圣贤有没
有和你一样的情况呢？我将用来作为例证折服那些诋毁你的人。"李由
回答说："现在的人不知道古代的事情，让我举出哪个人呢？而且孔子小
时候成了孤儿，他也是不知道父亲是谁啊。孔子母亲死的时候，他把灵
柩停放在五父之衢，别人见到，都以为就安葬在这里了。孔子向鄹人曼
父的母亲询问，才知道父墓之所在，然后将父母合葬在防这个地方。这
是圣人与臣的情形一样。"魏王笑着说："说得好。"子顺听到了，问魏王
说："李由哪里能这么说呢？"魏王说："借助圣人来彰显自己，没有什么
妨碍。"子顺说："凭空捏造谣言来诬蔑圣人，并非没有损害。况且明主
对臣下来说，主要是看臣下德行如何，不因为小过失损害一个人高尚的
德行。过去斗子文是私通所生，但并不妨碍他做楚国的令尹。现在李由
可以任用，您就宠爱他，为什么还担忧别人怎么说，而使他恣意地说不真
实的话呢？如果用来欺骗智者，智者是不会认可的；用来欺骗普通人，普
通人感到疑惑，一定会来问我，那我不会因为您的缘故，而诬蔑我的祖先

来显扬李由。像这样,国中群臣更加清楚李由之恶,李由之恶名一定会积聚起来。这就是谋求洗白自身反而增加自身的污垢,就像抱着石头去救溺水之人,愈加没有帮助。”

15.6　魏王使相国修好邻国①,遂联和于赵。赵王既宾之而燕②,问子顺曰:“今寡人欲来北狄③,不知其所以然。”答曰:“诱之以其所利,而与之通市④,则自至矣。”王曰:“寡人欲因而弱之,若与交市,分我国货,散于夷狄⑤,是强之也,可乎?”答曰:“夫欲之市者,将以我无用之货,取其有用之物,是故所以弱之之术也。”王曰:“何谓我之无用,彼之有用?”答曰:“衣服之物,则有珠玉五彩;饮食之物,则有酒醪五熟⑥,此即我之所有而彼之所利者也。夷狄之货,唯牛马、旃裘、弓矢之器⑦,是其所饶而轻以与人者也。以吾所有,易彼所饶,如斯不已,则夷狄之用将糜于衣食矣⑧,殆可举棰而驱之⑨,岂徒弱之而已乎?”赵王曰:“敬受教。”

【注释】

①相国:此指子顺。修好:指国与国之间结成友好关系。

②赵王:此为赵孝成王,名丹。赵惠文王之子。燕:通“宴”,宴请,宴饮。

③北狄:古代对北方少数民族的统称。

④通市:通商贸易。通,流通,互相交换。市,市场。

⑤夷狄:古称东方部族为夷,北方部族为狄。常用以泛称除华夏族以外的各族。

⑥醪(láo):酒名,浊酒。这里指汁渣混合的浊酒,后亦作为酒的泛称。五熟:指烹调成的各味食物。宋咸注:“五熟谓五味之熟物。”

⑦旃（zhān）：通"毡"，毛织品。裘：大衣。

⑧麋：通"糜"，浪费。

⑨棰：短木棍。

【译文】

　　魏王派遣相国子顺与邻国结好，遂与赵国结成友好之邦。赵王以国宾的礼节接待他之后举行宴饮，问子顺说："我想使北狄前来归附，不知该怎么做才好。"子顺回答说："用他们认为有利的事情引诱他们，并与之通商，他们自己就会来了。"赵王说："我本来想以此使北狄贫弱，如果与他们交换货物，分散我国的财货，散发给夷狄，是使之强大，这样做可以吗？"子顺回答："我们想与北狄互市做买卖，是用我们无用的东西，来换取他们有用的东西，这就是削弱他们的办法啊。"赵王问："什么是我们无用的东西，他们有用的东西？"子顺答道："比如衣服，则有珍珠、美玉、各种颜色装饰的华服；饮食，则有各种酒和熟食等美味，这就是我们有的而他们所喜爱的东西。夷狄的货物，只有牛马、皮毛制品、弓箭等东西，这是他们富裕能轻易送给别人的东西。用我们有的，来换取他们富裕的，像这样不断进行下去，那么他们的钱财将浪费在衣食上，大概用短木棍就能把他们驱逐，哪里仅仅是削弱他们就算了呢？"赵王说："恭敬地接受您的教诲。"

　　15.7　枚产问子顺曰①："臣匮于财，闻猗顿善殖货②，欲学之。然先生同国也，当知其术，愿以告我。"答曰："然，知之。猗顿，鲁之穷士也，耕则常饥，桑则长寒，闻陶朱公富③，往而问术焉。朱公告之曰：'子欲速富，当畜五牸④。'于是乃适河东⑤，大畜牛羊于猗氏之南。十年之间，其滋息不可计，赀拟王公⑥，驰名天下，以兴富于猗氏，故曰猗顿。且夫为富者，非唯一术，今子徒问猗顿，何也？"枚产曰："亦将问之于先生也。"答曰："吾贫，而子问以富术，纵有其术，是不可用之术也。昔人有言能得长生者，道士闻而欲学之。比往，言者死矣，道士高蹈而恨⑦。夫所欲学，学不死也，其人已死，而犹恨之，是不知所以为学也。今子欲求殖货而问术于我，我且自贫，安能教子以富乎？子之此问，有似道士之学不死也。"

【注释】

①枚产：人名，魏国人。

②猗（yī）顿：春秋时期鲁国人，著名商人。因在猗地（今山西运城临猗）发家致富，去世之后又埋葬在猗地，故称猗顿。殖货：增殖财货。

③陶朱公：指范蠡，春秋末期越国大夫。曾辅助越王勾践灭吴复国，后辞官而去，定居当时的商业中心陶（今山东定陶），从事商业活动，积资巨万。

④畜：饲养。五牸（zì）：指牛、马、猪、羊、驴五种母畜。牸，母牲畜。

⑤于是乃适河东：河东，底本作"西河"，《渊鉴类函》作"河东"。《法言·学行》篇"猗顿之富以为孝"，汪荣宝义疏："按《孔丛·陈士义》文，'西河'当作'河东'。《汉书·地理志》河东郡有猗氏。《文选》贾谊《过秦论》李注引《孔丛》正作'乃适河东'。"据改。

⑥赀（zī）：通"资"，财货。

⑦高蹈：跺脚。《说文》："蹈，践也。"

【译文】

枚产问子顺说："我缺乏财货，听说猗顿善于增殖财货，想学习学习。先生与他都是鲁国人，一定知道他的办法，请您告诉我。"子顺答道："你说得对，我知道。猗顿，本来是鲁国穷困潦倒的人，从事农耕却常挨饿，从事蚕桑却常常穿不暖，听说陶朱公很富裕，前去咨询致富的方法。陶朱公告诉他说：'你想快速致富，应当多饲养各种母牲畜。'于是猗顿就去了河东，在猗氏南边养了很多牛羊。十年之间，繁殖数量不可计数，财货之多比拟王公，名传天下。因为他是在猗氏发家致富的，所以就称他为猗顿。再说致富并非只有一种途径，现在你只问猗顿，为什么呢？"枚产曰："我也要问问先生的致富方法。"子顺说："我是个贫穷的人，而你问我致富之术，即使我有这种方法，也是不可用的方法。过去有人说自己能够长生不死，道士听到想学习。等他赶到，那人已经死掉了，道士跺脚憾恨不已。他想学的，是学习不死的方法，那个说能够长生不死的人已经死了，他却还憾恨没学到，这是不知道要学什么。现在你想学致富而向我问询方法，我自己还处于贫困之中，怎么能教你致富呢？你这问题，就像那个道士学习不死之法啊。"

15.8　东里闾空腹而好自贤①，欲自亲于子顺，子顺弗下颜②。或曰："夫君子之交于世士③，亦取其一节而已。东闾子疏达亮直④，大丈夫也，求为先生役，而先生无意接之。斯者，无乃非周公之交人乎⑤？"子顺曰："此吾所以行周公之行也⑥。夫东闾子外质顽拙⑦，有似疏直，然内怀容媚诒魅⑧，非大丈夫之节也。若其度骸称肤⑨，面目鬒眉，实美于人。圣人论士，不以为贵者，无益于德故也。然东闾子中不应外，侮慢世士⑩，即所谓愚人而谓人为愚者也。恃其虚状⑪，以不德于人，此乃周公之所罪，何交之有？"

【注释】

①东里闾：人名，魏国人。空腹：没有真才实学。

②弗下颜：不给他好脸色。宋咸注："不下颜色而礼之。"

③世士：世俗之士。

④疏达：通达，豁达。亮：通"谅"，诚信忠诚。

⑤周公之交人：史称周公为接见士人一饭三吐哺，一沐三握发，还怕失去贤才。

⑥周公之行：冢田虎曰："邪媚虚饰者则拒焉，此周公之行也。"

⑦质：质朴。顽拙：愚笨。

⑧容媚：奉承谄媚。谄魅：曲意奉承，巴结讨好。

⑨度骸称肤：刻意揣度计较体态肌肤。骸，身体。姜兆锡曰："度，犹言体度。称，去声，言与肤革相称也。"冢田虎曰："计度形骸，称量体肤，谓伪饰其容貌也。"

⑩侮慢：欺侮轻慢，无礼。

⑪恃其虚状：恃，底本作"特"，别本作"恃"，意长，据改。

【译文】

东里间没有真才实学但是喜欢自夸贤能，想与子顺亲近，子顺却不给他好脸色。有人说："君子和世俗之士人相交往，也就是选取他可取的部分罢了。现今东里间这个人胸怀豁达、诚实正直，可以说是大丈夫，他愿意被先生所役使，但先生却没有接纳他的意思。这样，不是违背周公交结士人之道吗？"子顺说："这正是我践行周公之道的方式。东里间这个人外表质朴、愚笨，好像是一个正直的人，然而内里却怀着奉承谄媚之心，不是大丈夫的作为。像他刻意揣度计较体态容貌，他的相貌夐眉，确实比一般人漂亮。但是圣人评论士人，并不看重相貌的原因，就是因为相貌对于德行没有补益。而东里间表里不一，与士人交往欺侮轻慢，这就是自身愚蠢却认为别人都愚蠢。仗恃其空虚的外表，不以德待人，这是周公所厌恶的行为，有什么可交往呢？"

15.9　宫他见子顺曰①："他困贫贱，将欲自托富贵之门，庶克免乎②？"子顺曰："夫富而可以托贫、贵而可以寄贱者③,天下寡矣。非信义君子,明识穷达④,则不可。今子所欲托者,谁也?"宫他曰:"将适赵公子⑤。"子顺曰:"非其人矣。虽好养士,自奉而已⑥,终弗能称也。"宫他曰:"将适燕相国⑦。"子顺曰:"彼徒兄弟甥舅,各济其私,无求贤之志,不足归也。"宫他曰:"将适齐田氏。"子顺曰:"齐,大国也,其士大夫皆有自多之心⑧,不能容子也。"他曰:"然则何向而可?"子顺曰:"吾勿识也。"宫他曰:"唯先生知人,愿告所择,将往庇焉。"子顺曰:"济子之欲,则宜若郈成子者也⑨。昔郈成子自鲁聘晋,过乎卫。右宰谷臣止而觞之⑩,陈乐而不作⑪,送以宝璧。反,过而不辞⑫。其仆曰:'日者⑬,右宰之觞吾甚欢也,今过而不辞,何也?'成子曰:'夫止而觞我,与我欢也;陈乐而不作,告我哀也;送我以璧,寄之我也。若由此观之,卫其有乱乎?'背卫三十里⑭,闻宁喜作难⑮,右宰死之。还车而临,三举而归⑯。反命于君,乃使人迎其妻子,隔宅而居之,分禄而食之。其子长,而反其璧。夫子闻之曰:'智可与微谋、仁可与托孤、廉可以寄财者⑰,其郈成子之谓乎!'今子求若人之比庇焉,可也。"宫他曰:"循先生之言,舍先生,将安之?请从执事⑱。"子顺辞,不得已,乃言之魏王,而升诸朝⑲。

【注释】

①宫他:人名,魏国人。

②庶:也许。克:能够。

③寄:依靠,依附。

④明识穷达:冢田虎曰:"明识穷达之理者,则可以富贵容贫贱也。"

⑤赵公子:指赵国平原君赵胜。

⑥自奉:此指满足自己的虚荣心。

⑦燕相国:宋咸注:"是时燕相乃昌国君乐间。"

⑧自多:自矜其能,自以为了不起。

⑨郈(hòu)成子:鲁国大夫,郈昭伯之族人。

⑩右宰谷臣:《左传》作"右宰谷"。右宰,春秋时卫国官名。谷臣,
　人名。觞:以酒饮人或自饮。

⑪作:演奏。

⑫辞:辞谢,道谢。

⑬日者:往日,从前。

⑭背卫:离开卫国。背,离开。

⑮甯喜作难:前559年,因卫献公不敬孙林父和甯殖,甯、孙联合逐
　走卫献公,立殇公。前553年,甯殖临终前,后悔逐出卫献公,命
　其子甯喜助卫献公复位。前547年,甯喜杀卫殇公,驱逐孙林父,
　迎卫献公复辟。前546年,卫献公不满甯喜专权,命公孙免余杀
　死甯喜和右宰谷,甯氏被灭。甯喜,谥悼子,春秋时期卫国大夫。

⑯举:举哀。

⑰微谋:密谋。

⑱执事:侍从左右以供差使。

⑲升诸朝:在朝廷做官。

【译文】

　　宫他见子顺说:"我为贫贱所困,将要托身于富贵的人家,也许能够
免除我的贫困吧?"子顺说:"富裕之家可以使贫穷之士相托付、地位高
贵而可以使地位低贱的人相依靠,这样的事天下少有。如果不是讲求信
义的君子,透彻了解困顿、显达之事,是不可以相托付的。您现在想依附
谁呢?"宫他说:"想去依附赵公子平原君。"子顺说:"他不是您应该选择
的人。平原君虽然喜好收罗、供养士人,但也仅仅是为了满足自己的虚

荣心，最终不能让您满意。"宫他说："那我依附燕相国吧。"子顺说："燕相国兄弟亲戚之间，各自谋取私人的利益，没有求贤的志向，也不值得归附。"宫他又说："那我到齐国田氏那里去吧。"子顺说："齐国，是诸侯大国，那里的士大夫都有骄傲自满之心，不能容纳你啊。"宫他说："那我投靠谁才可以呢？"子顺说："我不知道。"宫他说："只有先生了解人，请您告诉我可以选择的人，我将要到那里寻求庇护。"子顺说："要想实现您的愿望，那应该是像鲁国大夫邱成子那样的人。过去邱成子从鲁国到晋国出使聘问，路经卫国。卫国右宰谷臣请他短暂停留并宴请他，席间陈列乐器却不演奏，送给邱成子一块贵重的玉璧。邱成子回国，路过卫国时却没有去向右宰谷臣告别。他的车夫就说：'从前右宰招待我们十分欢愉，现在路过却不辞而别，为什么呢？'成子说：'他留我饮酒，是想与我交好；设乐而不奏，是在告诉我他的忧愁；送我玉璧，是有事想托付于我。由此看来，卫国大概是要发生叛乱了吧？'他们离开卫国才三十里，就发生了宵喜弑卫君事件，右宰谷臣在叛乱中被杀。邱成子得知消息后立即返回卫国哭吊右宰谷臣，三次举哀后才返回鲁国。归国后将情况报告给鲁君，于是派人把谷臣的妻子儿女迎到鲁国，分出自己的住宅让他们住下来，把自己的俸禄分出一部分供给他们。等谷臣的儿子长大后，邱成子把那块玉璧还给了他。孔子听到后说：'那些智慧能够洞察机微、宅心仁厚能够托孤、清明廉洁可以托付财物的人，说的就是邱成子吧！'现在您寻求像他这样的人庇护就可以了。"宫他说："遵循先生的话，除了先生，我能到哪里去呢？请您答应我跟从您左右吧。"子顺实在推辞不掉，就向魏王建议，让他在朝中做官。

15.10　子顺相魏，改嬖宠之官以事贤才[①]，夺无任之禄以赐有功[②]。诸丧职秩者不悦[③]，乃造谤言。文咨以告[④]，且曰："夫不害前政而有成，孰与变之而起谤哉？"子顺曰："民之不可与虑始久矣⑤。古之善为政者,其初不能无谤。子产相郑,三年而后谤止⑥;吾先君之相鲁,三月而后谤止。今吾为政日新⑦,虽不能及圣贤,庸知谤止独无时乎?"文咨曰:"子产之谤,尝亦闻之。未识先君之谤何也?"子顺曰:"先君初相鲁⑧,鲁人谤诵曰:'麛裘而韨⑨,投之无戾⑩;韨之麛裘,投之无邮⑪。'及三月,政成化既行,民又作诵曰:'衮衣章甫⑫,实获我所;章甫衮衣,惠我无私。'"文咨喜曰:"乃今知先生亦不异乎圣贤矣。"

【注释】

①改:变更,更改。嬖宠:指受君主宠爱的人。事:任用。

②夺:剥夺,夺取。无任:不任事。

③职秩:职位与官俸。

④文咨:人名,魏国人。

⑤虑始:谋划事情的开始。《商君书·更法》:"民不可与虑始,而可与乐成。"

⑥子产相郑,三年而后谤止:子产做郑国宰相,三年之后人民才不怨谤他。《左传·襄公三十年》:"从政一年,舆人诵之曰:'取我衣冠而褚之,取我田畴而伍之。孰杀子产,吾其与之!'及三年,又诵之曰:'我有子弟,子产诲之。我有田畴,子产殖之。子产而死,谁其嗣之?'"又,《左传·昭公四年》:"郑子产作丘赋,国人谤之,曰:'其父死于路,己为蛮尾。以令于国,国将若之何?'"

⑦日新:日日更新。

⑧先君初相鲁:《史记·孔子世家》言孔子曾做过鲁司寇,辅佐鲁定公,并未做过鲁国相。君,底本作"生",诸本并作"君",据改。

⑨麛(mí):幼鹿。裘:皮衣。韨(fú):通"韍",古代礼服上的蔽膝。

此指朝贺礼服。《诗经·小雅·斯干》:"朱芾斯黄,室家君王。"

⑩投:弃也。戾:乖张,违逆。

⑪邮:通"尤",过失,罪过。

⑫衮衣章甫:宋咸注:"衮衣,公侯之服。章甫,儒冠。亦指夫子也。"衮衣为古代天子及王公在祭祀天地、宗庙、社稷、先农、册拜、圣节和举行大典时所穿的礼服,以日、月、星辰、山、龙、华虫、宗彝、藻、火、粉料、黼、黻十二章纹为饰。章甫是一种古代的礼帽,以黑布制成。始于殷代,殷亡后存于宋国。亦为儒者之冠。《礼记·儒行》:"丘少居鲁,衣逢掖之衣;长居宋,冠章甫之冠。"

【译文】

子顺在魏国做国相,撤换魏王的宠臣而任用贤能,剥夺不能胜任职守官员的俸禄赐给有功的人。那些丧失职位与官俸的人很不高兴,于是制造谤言诋毁子顺。文咨将事情告知子顺,并且说:"如果能够不损害以前的治政国策而能有所成就,何必改变前政而使谤言兴起呢?"子顺说:"老百姓不能在一开始就与他们一起谋划事情很久了。古来善于治理国家的人,开始的时候都不能避免谤言诋毁。子产做郑国的国相,三年之后诽谤才停止;我先祖孔子做鲁国的国相,三月之后诽谤才停止。现在我执政,国家天天有新气象,虽说不能和圣贤相比,怎么知道诽谤之言独独没有停止的那天呢?"文咨说:"诽谤子产的言论,我曾经听到过。不知您先祖受到的诽谤是怎么样的呢?"子顺说:"我先祖辅佐鲁公之初,鲁人怨谤讽诵道:'那个穿着鹿皮袍的家伙,驱逐他也不显得行为乖张;那个穿着鹿皮袍的家伙,驱逐他也没有什么罪过。'等到三个月之后,国家变得政治安定民风淳朴,老百姓又作诗篇称颂说:'那个穿着衮服戴着礼帽的君子,实在大合我心;那个戴着礼帽穿着衮服的君子,毫无私心地施惠给我们。'"文咨高兴地说:"我现在才知道先生和圣贤没有什么区别啊。"

15.11　魏王谓子顺曰:"吾欲致天下之士^①,奈何?"子顺对曰:"昔周穆王问祭公谋父曰^②:'吾欲得天下贤才。'对曰:'去其帝王之色^③,则几乎得贤才矣。'今臣亦请君去其尊贵之色而已。"王曰:"吾欲得无欲之士为臣,何如?"子顺曰:"人之可使^④,以有欲也。故欲多者,其所得用亦多;欲少者,其所得用亦少。夫夷、齐无欲,虽文、武不能制^⑤,君安得而臣之?"

【注释】

①致:招致。

②祭(zhài)公谋父:周穆王卿士。祭,邦国名。始封之君为周公之子。原为畿内之国,后东迁,在今河南郑州东北。谋父,人名。曾辅佐周穆王,提出治国要用德政的思想。

③色:傲慢威严的神色。

④使:役使,使唤。

⑤夫夷、齐无欲,虽文、武不能制:夷、齐指商末周初孤竹国君之二子伯夷、叔齐。孤竹国君去世,二人让国不居。周武王伐纣,二人加以谏阻。周灭商后,二人义不食周粟,隐于首阳山,采薇而食,皆饿死。文、武,指周文王、周武王。制,控制,驾驭。

【译文】

魏王对子顺说:"我想招致天下的士人,怎么做呢?"子顺回答说:"过去周穆王曾经问祭公谋父说:'我想得到天下的贤才。'谋父对周穆王说:'如果您能去除帝王骄矜的神色,那么差不多就能得到天下的贤才了。'所以,我现在也请求您去除自身高贵的神色罢了。"王曰:"我想得到没有贪欲的士人,怎么做呢?"子顺曰:"人之所以能够被您使唤,就是因为他有欲望。所以欲望多的人,他能够发挥的功用也多;欲望少的人,他能够发挥的功用也少。伯夷、叔齐没有欲望，即使是周文王、周武王也不能驾驭他们，这样的人您怎么能够让他们臣服于您呢？"

论势第十六

16.1　魏王问相国曰："今秦负强①，以无道陵天下②，天下莫不患。寡人欲割国之半③，以亲诸侯，求从事于秦，可乎？"子顺对曰："以臣观之，殆无益也。今天下诸侯畏秦之日久矣，数被其毒，无欲复之之志。心无所计，委国于游说之士④。游说之士挟强秦以为资⑤，卖其国以收利，又手服从⑥，曾不能制⑦。如君之谋，未获其利而秖为名⑧，适足以速秦之首诛⑨。则无以得之，不如守常以须其变也⑩。"王曰："秦其遂有天下乎？"对曰："必然焉。虽然，取不以义，得不以道，自古以来，未有能终之者。"

【注释】

①负：仗恃，依靠。

②无道：不行正道，多指暴君或权贵者的恶行。陵：侵犯，欺侮。

③割：放弃，舍弃。

④游说之士：指战国时奔走各国，凭着口才劝说君主采纳他的政治主张的人。冢田虎曰："游说之士，苏秦、张仪等，此时既死，犹苏代、犀首之徒在。"

⑤挟：倚仗势力强迫人服从。

⑥又手：拱手，一种礼节。两手在胸前相交，表示恭敬。

⑦曾：竟，乃。

⑧秖：同"祇"，只。

⑨速：招致。

⑩守常：遵守常规不加改变。须：等待。

【译文】

魏王问相国子顺说："现今秦国仗恃其强大，无道欺凌天下诸侯，天下没有不担心忧虑的。我想拿出我国一半的土地，与诸侯彼此亲近，以求共同抵抗强秦，可以吗？"子顺回答说："在我看来，大概没什么好处。天下诸侯畏惧秦国已经很久了，屡次被秦国侵凌，已经没有收复失地的心志。实在没有办法了，就把国家交给那些游说之士。游说之士倚仗秦国以为资本，出卖这些国家的利益来为自己谋利，而诸侯国君拱手听从，竟然不能制约他们。像您刚才的想法，没有获得实际的效果而只是虚有其名，正足以招致秦国的首先讨伐。既然没有什么利益，还不如遵守常规以等待事态变化。"魏王说："秦国最终会得到天下吗？"子顺说："必然是这样。即使这样，秦国取得天下不是通过道义，从古到今，没有能够有好结果的啊。"

16.2　五国约而诛秦。子顺会之秦，未入境而还。诸侯留兵于成皋①。子顺谓市丘子曰："此师楚为之主，今兵罢而不散，殆有异意②，君其备之。"市丘子曰："先生幸而教之，愿以国寄先生③。"子顺许诺，遂见楚王曰："王约五国而西伐秦，事既不集④，又久师于市丘，谤君者或以君欲攻市丘，以偿兵费。天下之士且以是轻君而重秦，且又不义君之为矣，王胡不卜交乎⑤？"楚王曰："奈何？"子顺曰："王今出令，使五国勿攻市丘。五国重王，则听王之令矣。不重王，则且反王之令而攻市丘。以此卜五国交王之轻重⑥，必明矣。"楚王敬诺，而五国散。

【注释】

①成皋：又名虎牢，在今河南荥阳。本古东虢国，春秋郑制邑，春秋属郑，战国属韩国，自古为军事重地。

②异意：不良意图。这里指攻市丘。

③寄：托付。

④集：成就，成功。

⑤王胡不卜交：卜，预料，推断。胡，底本作"故"。钱熙祚曰："'胡'原误'故'，别本作'可'，盖以意改。今依《御览》改正。"《战国策·韩策一》亦作"胡"，据改。

⑥轻重：真伪虚实。

【译文】

五国相约攻打秦国。子顺正要进入秦国，没有进入秦国国境就返回来。诸侯驻军于成皋。子顺对市丘子说："五国联军以楚国为首，现在军队疲敝却不各自撤兵回国，好像有不良企图，您要早做准备。"市丘子说："幸而先生教诲我，愿意把国家托付给先生。"子顺答应了，于是去拜见楚王说："您约盟五国西向伐秦，战事已经不能成功，您又率兵长久停留在市丘，毁谤您的人以为您将要攻打市丘，以抵偿军费。天下士人将会因此轻视您而更加重视秦国，而且又认为您的行为不符合道义，您为什么不推测一下盟交的向背呢？"楚王说："怎么办？"子顺说："现在您发布命令，让五国不要攻打市丘。五国如果尊重您，就会听从您的命令。不尊重您，就会违背您的命令攻打市丘。以此来推测五国与您交往的真伪，一定会很明了。"楚王恭敬地答应了，五国于是各自撤兵回国。

16.3 赵间魏，将以求亲于秦。子顺谓赵王曰："此君之下吏计过也。比目之鱼①，所以不见得于人者，以耦视而俱走也②。今秦有兼吞天下之志，日夜伺间③，不忘于侧息也④。赵、魏与之邻接，而强弱不敌。秦所以不敢图并赵、魏者,徒以二国并目周旋者也⑤。今无故自离,以资强秦,天下拙谋,无过此者,故臣曰君之下吏计过也。夫连鸡不能上栖⑥,亦犹二国构难⑦,不能自免于秦也,愿王熟虑之。"赵王曰:"敬受教。"

【注释】

①比目之鱼:一种双眼长在身体一侧的鱼,需要两尾并游,方能辨别方向。

②耦视:偶视,相对而视。此指互相依靠。耦,相对。

③伺间:观察可以利用的机会。伺,观察,侦候。间,间隙。

④侧息:侧身呼吸,指片刻的休息。冢田虎曰:"侧息,犹言片息。伺诸侯之间隙者,不须臾忘也。"

⑤周旋:照顾,周济。

⑥连鸡:缚在一起的鸡,喻互相牵掣,不能一致行动。栖:鸟禽歇宿。

⑦构难:这里指交战。

【译文】

赵国离间魏国,准备以此自求与秦国亲近。子顺对赵王说:"这是您的下属谋划错误。比目鱼,不能够被人捕获的原因,就在于他们相互依靠而同时游行。现今秦国有兼吞天下的志向,日夜窥伺机会,一时一刻也不会忘记。赵、魏两国与秦相邻接,但和强秦相比力量弱小。秦国之所以不敢企图吞并赵、魏,只在于两国像比目鱼那样相互依靠照顾。现在无故自我分离,来增加秦国的力量,天下的计谋没有比这个更笨拙的了,因此我说是您的属下谋划错误。用绳子绑在一起的鸡不能一起上架,就像赵、魏交战,哪个国家也不能独自摆脱秦的欺凌,请您仔细考虑这件事。"赵王说:"恭敬地接受您的教诲。"

16.4　韩与魏有隙①,子顺谓韩王曰②:"昭釐侯③,一世之明君也;申不害④,一世之贤相也。韩与魏,敌侔之国⑤,而釐侯执圭见梁君者⑥,非好卑而恶尊,虑过而计失也。与严敌为邻⑦,而动有灭亡之变,独劲不能支二难⑧,故降心以相从⑨,屈己以求存也。申不害虑事而言,忠臣也;昭釐侯听而行之,明君也。今韩弱于始之韩,魏均于始之魏,秦强于始之秦,而背先人之旧好,以区区之众,居二敌之间,非良策也。齐、楚远而难恃,秦、魏呼吸而至,舍近而求远,是以虚名自累,而不免近敌之困者也。为王计者,莫如除小忿、全大好也⑩。吴、越之人,同舟济江,中流遇风波,其相救如左右手者,所患同也。今不恤所同之患,是不如吴、越之舟人也。"韩王曰:"善。"

【注释】

①隙:裂痕,矛盾。

②韩王:指韩宣惠王,名康。韩昭釐侯之子,前332—前312年在位。韩于宣惠始称王(前322)。

③昭釐侯:名武。前362—前333年在位。期间任用申不害为相,使韩国国治兵强,成为战国七雄之一。

④申不害:先秦法家中"术"派的代表人物,相韩十五年,使韩国国富兵强。

⑤敌侔:谓力量相等。敌,匹敌。侔,相等。

⑥执圭:手执圭玉。圭,冢田虎曰:"圭,瑞玉,所执以通信。"梁君:指魏王。魏国于前361年迁都大梁(今河南开封),亦称梁国。

⑦严敌:强敌。此指秦国。

⑧二难:二敌,指秦国和魏国。

⑨降心:平抑心气。

⑩除小忿、全大好:宋咸注:"除有隙之小忿,全执圭之大好。"冢田
　　虎曰:"其与魏有隙者,以小忿也。而二国旧相约,以拒强秦者,是
　　大好也。"忿,怨恨。

【译文】

　　韩国与魏国有矛盾,子顺对韩王说:"昭釐侯,可说是一代明君;申不
害,也称得上一代贤相。韩国与魏国势均力敌,但是釐侯执圭拜见魏王,
并非喜好卑贱厌恶尊贵,思虑太多国计失策。与强敌接壤,动不动就有
亡国之祸,一种力量不能支撑两件难事,所以压抑心气顺从别人,委屈自
己以求生存。申不害考虑周密言说得当,是忠臣;昭釐侯听从施行,是明
君。现在韩国比以前弱小,魏国则和原来力量相当,秦国则比原来强大,
如果违背先祖结成的友好关系,以韩国区区之众,居于两个强敌之间,不
是良策。齐国、楚国距离韩国较远难以依恃,秦国、魏国呼吸之间就能到
来,舍近求远,是以虚名牵累自己而不免被近敌所困扰。为大王考虑,不
如屏除小的嫌隙而保全大的好处。吴国人和越国人相互仇恨,但当他们
同舟渡江,中流遭遇大风浪时,他们互相救援就像一个人的左右手,这
是因为他们面临共同的忧患。现在您不忧虑共同面临的患难,这是不如
吴、越同在一条船上的人啊。"韩王说:"说得好。"

　　16.5　秦兵攻赵,魏大夫以为于魏便。子顺曰:"何
谓?"曰:"胜赵,则吾因而服焉;不胜赵,则可乘弊而击
之①。"子顺曰:"不然。秦自孝公以来,战未尝屈。今皆良
将②,何弊之承?"大夫曰:"纵其胜赵,于我何损? 邻之不
修,国之福也。"子顺曰:"秦,贪暴之国也。 胜赵,必复他
求,吾恐于时受其师也。先人有言:燕雀处屋,子母相哺,煦

煦焉其相乐也③,自以为安矣。灶突决④,上栋宇将焚⑤,燕雀颜色不变,不知祸之将及已也。今子不悟赵破患将及已,可以人而同于燕雀乎?"

【注释】

①弊:衰落,疲敝。

②今皆良将:宋咸注:"时武安君(白起)、穰侯(范雎)辈为秦将,皆良。"冢田虎曰:"孝公,始皇六世祖,用商鞅法,以务富强,初与六国敌。子顺之时,蒙骜、王龁、麃公等为秦将军。"

③煦煦(xù):和乐的样子。

④灶突:烟囱。突,灶旁突起的烟火口。

⑤上栋宇将焚:傅亚庶认为"上"字上疑脱"火"字,《吕氏春秋·谕大》篇作"火上焚栋"。栋宇,泛指房屋。

【译文】

秦兵攻打赵国,魏国大夫认为对魏国有利。子顺说:"为什么这么说?"大夫说:"秦国战胜赵国,我们就服从秦国;不胜,我们就可以趁秦国疲敝攻击他。"子顺说:"不对。秦国自从孝公以来,对外作战从未失败过。现在秦国的将领都是良将,有什么弊端可让你趁机利用呢?"大夫说:"即使他战胜赵国,对我国有什么损害呢?邻国不太平,是我国的福气啊。"子顺说:"秦是贪婪暴虐的国家。战胜赵国一定会再有其他的打算,我担心那时候魏国会受到秦国的入侵。先人曾说过:燕雀居住在屋内,母燕哺育小燕,和乐无比,自认为安全。烟囱之火上腾,房屋将要被焚毁,燕雀仍然自得其乐,不知道祸患马上就要降临到自己头上。现在你不明白赵国一旦灭亡祸患就将降临到魏国,人难道可以和燕雀一样吗?"

16.6　齐攻赵,围廪丘^①。赵使孔青帅五万击之^②,克齐军,获尸三万。赵王诏:"勿归其尸,将以困之。"子顺聘赵,问王曰:"不归尸,其困何也?"曰:"其父兄子弟悲苦无已,废其产也。"子顺曰:"非所以穷之也。死,一也。归尸与不归,悲苦胡异焉? 以臣愚计,贫齐之术,乃宜归尸。"王曰:"何谓?"对曰:"使其家远来迎尸,不得事农,一费也^③。归所葬,使其送死终事^④,二费也。一年之中,丧卒三万,三费也。欲无困贫,不能得已。"王曰:"善。"继而齐大夫闻其子顺之谋,曰:"君子之谋,其利博哉^⑤!"

【注释】

①廪丘:齐地,在今山东郓城西北。

②孔青:赵国将领。

③费:消耗。

④送死终事:指丧葬之事。

⑤其利博哉:冡田虎曰:"能使死者之亲行丧事,又使赵王得其计,此其所利博也。"博,多。

【译文】

齐国攻打赵国,包围了廪丘。赵国派遣孔青率军五万进击,战胜齐军,俘获齐军尸体三万。赵王下诏:"不要把尸体归还给齐国,要以此困扰齐国。"子顺到赵国访问,问赵王说:"不归还齐军的尸体,齐国的困扰在哪里呢?"赵王说:"他们的父兄子弟悲苦不已,就会荒废他们的产业。"子顺说:"这不是使齐国困穷的办法。死就死了,归还不归还尸体,他们内心的悲苦难道还有什么不同吗? 以我愚拙的看法,使齐国贫弱的办法,应该是归还齐军的尸体。"赵王说:"为什么这么说?"子顺回答说:"让他们的家人远道而来迎回尸体,不能从事农业生产,这是消耗齐国的第一件事。把尸体接回齐国，让他们再料理丧葬之事，这是消耗齐国的第二件事。一年之中，丧失士卒三万人，这是消耗齐国的第三件事。齐国即使不想困窘贫弱也不能够了。"赵王说："说得好。"不久齐国大夫听说了子顺的计策，说："君子的谋划，它的益处太多了！"

16.7　子顺相魏，凡九月，陈大计辄不用，乃喟然曰："不见用，是吾言之不当也。言不当于主，而居人之官，食人之禄，是尸利也^①。尸利素餐，吾罪深矣。"退而以病致事^②。魏三遣使入其馆^③，谢曰："寡人昧于政事，不显明是非，以启罪于先生^④，今知改矣^⑤。愿先生为百姓故，幸起而教之。"辞曰："臣有犬马之疾^⑥，不任国事。苟得从四民之列^⑦，子弟供魏国之征^⑧，乃君惠也。敢辱君命，以速刑书^⑨。"人谓子顺曰："王不用子，子其行乎？"答曰："吾将行，如之山东，则山东之国将并于秦。秦为不义，义所不入^⑩。"遂寝于家^⑪。

【注释】

①尸利：居位受禄而无所作为。尸，在其位而无所作为。

②致事：致仕，辞官。致，送还。

③魏三遣使入其馆：三，有本作"王"。

④启罪：开罪，得罪。

⑤今知改矣：冢田虎曰："言改其不用之罪，自今将听其计也。"

⑥犬马之疾：古代士大夫生病的婉辞。《公羊传·桓公十六年》："属负兹舍，不即罪也。"何休注："天子有疾称不豫，诸侯称负兹，大夫称犬马，士称负薪。"徐彦疏："大夫言犬马者，代人劳苦，行役远方，故致疾。"

⑦四民：指士、农、工、商四个阶层的人。

⑧征：指征收的赋税。

⑨速：招致。刑书：刑法条文，代指刑罚。

⑩秦为不义，义所不入：《论语·阳货》曰："亲于其身为不善者，君子不入也。"

⑪寝：卧，休息。

【译文】

子顺做魏的国相，共九个月，陈说治国大计总是得不到采用，于是叹息说："不被采用，是因为我的计策不得当。对国君陈说计策不得当，而担任人家的官职，享受人家的俸禄，是尸利啊。尸位素餐，我的罪过太深了。"退朝之后以生病为由辞官。魏王多次派使者到子顺的馆舍，谢罪说："我治理政事愚昧糊涂，不能够明白是非，因此得罪了先生，现在知道应该改正了。希望先生念及百姓，重新任职来教诲我。"子顺推辞说："我有犬马之疾，不能担当国事。假如我还能够做魏国的百姓，子弟能够向魏国交纳赋税，就是国君的恩惠了。不敢接受您的命令，以招致灾祸。"有人对子顺说："魏王不用您，您要离开魏国吗？"子顺回答道："我想到山东去，但是山东之国将为秦所吞并。秦国多行不义，从道义来说我是不会去的。"于是，子顺一直住在家里。

16.8　秦急攻魏，王恐①。或谓子顺曰："如之何？"答曰："吾私有计，然岂能贤于执政？故无言焉。"魏王闻之，驾如孔氏，亲问焉，曰："国亡矣，如之何？"对曰："夫弃之不如用之之易也②，死之不如弃之之易也③。人能弃之，弗能用也；能死之，不能弃也，此人过也④。今王亡地数百里，亡城数十⑤，而患不解，是王弃之，非用之也。秦之强，天下无敌。魏之弱，甚矣！而王是以质秦⑥，此王能死，不能弃之也，是重过也。若能用臣之计，则亏地不足伤国，卑体不足

苦身,患解而怨报矣⑦。今秦四境之内,执政以下⑧,固曰:
'与嫪氏乎⑨? 与吕氏乎⑩?'虽门闾之下,廊庙之上,犹皆如
是⑪。今王诚能割地赂秦,以为嫪毐功,卑身尊秦,以因嫪
毐,王是以国赞嫪毐也⑫,则嫪毐胜矣。于是太后之德王也,
深如骨肉,王之交,最为天下之上矣。孰不弃吕氏而从嫪
毐? 天下皆然,则王怨必报矣⑬!"

【注释】

①王:此指魏景湣王。名增,一名午。前242—前228年在位。

②弃之:此指因战败丧失土地。用之:此指割让土地贿赂秦国。

③死之:此指为保卫国土而战死。

④此人过也:《战国策·魏策四》作"此人之大过也"。

⑤亡地数百里,亡城数十:宋咸注:"魏自秦昭王时尝亡大县数十、名
都数百。洎始皇立,又拔二十城,以为秦东郡矣。"

⑥质:为人质。魏景湣王做太子时,曾在秦国做人质。

⑦患解而怨报矣:底本"患"下无"解"字,别本有。《战国策·魏策
四》作"解患而怨报",可知当有"解"字,据补。

⑧执政以下:执,底本作"报",诸本并作"执",是,据改。

⑨与:结交,亲附。嫪氏:嫪毐(lào ǎi)。侍奉秦王政的母亲太后赵
姬,深受宠信,奔于其门求官求仕者千余人。

⑩吕氏:吕不韦。卫国濮阳(今河南滑县)人,战国末期著名的巨
商,政治家,曾帮助秦始皇的父亲异人继承王位,后任秦相十三
年,被封为文信侯。晚年与其门客编纂《吕氏春秋》,主张"兼儒
墨,合名法",是先秦杂家的代表人物。

⑪"虽门闾之下"几句:门闾,城门与里门。闾,里巷之门。廊庙,指
朝廷,这里比喻担负朝廷要职的人。宋咸注:"言非独四境之内、

执政之下皆有是言,虽门间廊庙内外,亦皆如是。"冢田虎曰:"门间之下,谓黔首也。廊庙之上,谓执政也。言秦国上下,犹皆疑惑于二氏之可以与党也。"

⑫王是以国赞嫪毐也:是,底本作"受",诸本并作"是",《战国策·魏策四》鲍本注:"毐贵矣,今又因之以割,是以魏助之也。"当作"是",据改。

⑬则王怨必报矣:按,此句下周子义本、《四库全书》本有注文:"按:此策甚疏,必非子顺语。"《战国策·魏策四》吴师道补曰:"《大事记》曰:'子顺进退有圣贤之风,宁忍出此乎?'"

【译文】

秦国迅猛进攻魏国,魏王十分恐惧。有人对子顺说:"怎么办呢?"子顺说:"我有办法,但又怎能比执政者更好呢?因此沉默不言。"魏王听说后,驱车赶到子顺家里,亲自求教,说:"国家将要灭亡了,怎么办呢?"子顺说:"舍弃一样东西没有使用它那么容易,为之死亡没有舍弃它那么容易。人们宁愿舍弃而不知使用,宁愿为之而死而不能舍弃,这都是人的过错。现在大王丢失国土数百里,失去城池数十座,但祸难没有消减,这是因为大王舍弃了它,而不是发挥它的作用。秦国的强大,天下无敌。魏国国力,则太弱了。大王您以身质秦,这是大王您能为国而死,却不能舍弃国土,是错上加错。如果能用我的计策,那么丢失国土不会伤及国家,放低姿态不会使自身受苦,灾祸消解而怨恨可以得报。现在秦国四境之内,执政大夫以下的官员,都说:'是亲附嫪氏呢,还是亲附吕氏呢?'即便是街巷里的普通百姓,以及朝廷上的重臣,都是这样。如今大王您假如能够割地贿赂秦国,把功劳归于嫪毐,屈身尊奉秦国,就从侍奉嫪毐开始,这是您以一国之力来帮助嫪毐,那么嫪毐就会战胜吕不韦。于是太后就会感念您的恩德,对您如同对待自己的骨肉一样,大王的结交秦国,就是天下最紧密的,谁还不舍弃吕氏而依附嫪毐呢?假若天下诸侯都是这样,那么您一定能够雪耻报怨。"

执节第十七

17.1　赵孝成王问曰:"昔伊尹为臣而放其君^①,其君不怨,何行而得乎此也?"子顺答曰:"伊尹执人臣之节,而弼其君以礼^②,亦行此道而已矣。"王曰:"方以放君为名,而先生称礼,何也?"子顺曰:"以礼括其君^③,使入于善也。"曰:"其说可得闻乎?"答曰:"其在《商书》^④。太甲嗣立而干冢宰之政^⑤,伊尹曰:'惟王旧行不义,习与性成^⑥。予不狎于不顺^⑦,王始即桐^⑧,迩于先王其训,罔以后人迷。王往居忧^⑨,允思厥祖之明德^⑩。'是言太甲在丧,不明乎人子之道,而欲知政^⑪,于是伊尹使之居桐,近汤之墓,处忧哀之地,放之不得知政。三年服竟,然后反之,即所以奉礼执节事太甲者也。率其君以义^⑫,强其君以孝道,未有行此见怨也^⑬。"王曰:"善哉! 我未之闻也。"

【注释】

①伊尹为臣而放其君:伊尹是商汤大臣,名伊,一名挚,尹是官名。相传生于伊水,故名。曾为汤妻陪嫁之媵臣,后助汤伐夏桀,被尊为阿衡。汤去世后历佐卜丙(即外丙)、仲壬二王。商汤之孙太甲立,昏庸凶残,伊尹多次劝谏不从,便放逐了他。后来因为悔过自新,又将他迎回都城。放,放逐。

②弼:辅佐,匡弼。

③括:约束。

④《商书》:据下文,此指《尚书·商书·太甲上》。

⑤冢宰:官名。即太宰,六卿之首,总管全国大事。

⑥习：习惯，习性。性：本性，常性。

⑦狎（xiá）：嬉戏，不庄重地亲近。不顺：言太甲所为，不顺义理。

⑧桐：古地名，又称桐宫，商汤葬地。

⑨居忧：为父祖服丧。

⑩允思厥祖之明德：按，此段文字与今本《尚书·太甲上》颇有不同，今本作："伊尹曰：'兹乃不义，习与性成，予弗狎于弗顺，营于桐宫，密迩先王其训，无俾世迷。王徂桐宫居忧，克终允德。'"宋咸以为其出自孔子未删之旧文。允，介词，犹"以"。明德，美德。

⑪知政：主政。

⑫率：劝导，引导。

⑬未有行此见怨也：冢田虎曰："以义与孝弼之，此非为君所怨之行也。"

【译文】

赵孝成王问道："以前伊尹身为臣子而放逐他的君主，他的君主却不怨恨，如何才能做到这些呢？"子顺回答："伊尹保持人臣的节操，以礼辅佐他的君主，只是遵行臣下事君之道罢了。"赵孝成王问："刚才说伊尹有放逐君主的名声，而先生称他事君以礼，为什么呢？"子顺说："是因为他以礼约束他的君主，使其向善。"赵孝成王问道："这种说法可以听您说说吗？"子顺答道："就在《商书》中。太甲即位后干预冢宰行使政令，伊尹说：'以前王多行不合道义之事，人的习惯与常性是相辅相成的。我不能迁就你的不顺义理，大王先到桐宫，以便能亲近地听到先王的训教，不要让后人一辈子迷惑。大王居于桐宫为先王守丧，深思先祖的大德。'这是说太甲在丧期，不明白做子孙的道理，就想管理政事，于是伊尹就让他居住在桐宫，接近商王汤的坟墓，身处悲伤之地，放逐他而使他不能干预政事。三年丧期结束后，伊尹迎回太甲，仍然依据礼法以臣子身份来侍奉太甲。以义来规范引导君主，以孝道来劝勉君主，没有见过这样做而招致君主怨恨的。"赵孝成王说："太好了，这是我从来没有听到过的。"

17.2　魏安釐王问子顺曰:"马回之为人,虽少才文,梗梗亮直^①,有大丈夫之节,吾欲以为相,可乎?"答曰:"知臣莫若君,何有不可? 至于亮直之节,臣未明也。"王曰:"何故?"答曰:"闻诸孙卿云^②:'其为人也,长目而豕视者^③,必体方而心员^④。'每以其法相人^⑤,千百不失。臣见回非不伟其体干也,然甚疑其目。"王卒用之。三月,果以诌得罪^⑥。

【注释】

①梗梗:刚强正直的样子。亮直:诚实正直。

②孙卿:即荀子,名况,字卿,赵人,战国末期儒学的集大成者。

③豕视:猪眼朦胧,黑白不明,下邪偷视。旧谓此为心术不正,贪而多欲的不仁之相。豕,猪。

④方:方正,刚直。员:同"圆",圆滑。

⑤相:观察。

⑥果以诌得罪:姜兆锡曰:"此言执节之必戒诌也。"

【译文】

魏安釐王问子顺:"马回这个人,虽然缺乏才华,但他耿直诚实,有大丈夫的气节,我想任命他为国相,可以吗?"子顺答道:"了解臣子的莫过于君主,为什么不可以呢? 至于说到诚实正直的气节,我不清楚。"魏安釐王问道:"为什么?"子顺答道:"我听孙卿说过:'如果一个人的眼睛狭长而斜着眼偷眼看人,一定是外表方正而内心圆滑的人。'每次用这个方法来观察人,千百个人也不会错看一个。我看马回身躯并不是不魁梧,但很怀疑他的眼神。"魏安釐王最终还是任用马回为相。三个月后,马回果然以诌媚获罪。

17.3　新垣固谓子顺曰^①:"贤者所在,必兴化致治^②。

今子相魏，未闻异政而即自退③，其有志不得乎？何去之速也？"答曰："以无异政，所以自退也。且死病无良医，今秦有吞食天下之心，以义事之，固不获安，救亡不暇，何化之兴？昔伊挚在夏④，吕望在商⑤，而二国不理，岂伊、吕之不欲哉？势不可也。当如今日，山东之国弊而不振⑥，三晋割地以求安⑦，二周折节而入秦⑧，燕、齐、宋、楚已屈服矣。以此观之，不出二十年，天下尽为秦乎⑨！"

【注释】

①新垣固：人名。新垣，姓。

②兴化致治：振兴教化，达到社会安定太平。致，达到。治，安定太平。

③异政：突出的政绩。异，特别的，出众的。

④伊挚在夏：《资治通鉴》胡三省注："伊尹五就桀，五就汤。"伊挚，即伊尹。

⑤吕望在商：据《史记》，吕望博闻，初事纣。纣无道，遂离开商朝。吕望，即姜太公吕尚。

⑥弊：衰败。

⑦三晋：即战国时瓜分晋国的韩、赵、魏三国。

⑧二周折节而入秦：前256年秦灭西周，前249年秦灭东周。二周，指战国末期周王室分裂成的两个小国西周和东周。折节，屈己下人。

⑨不出二十年，天下尽为秦乎：宋咸注："始皇立二十有六年，并天下为三十六郡。"《资治通鉴》胡三省注："自此至秦始皇二十五年并天下，凡三十八年。"姜兆锡曰："此言事强之难幸存也。"

【译文】

新垣固对子顺说："贤者所在的地方，一定能振兴教化达到太平安定。如今您身为魏相，没有听说您有特别的政绩就自行隐退，是您的志向不得伸展吗？为什么这么快就离去呢？"子顺答道："正是因为没有出众的政绩，才要自行隐退。必死的绝症良医也不能医治好，如今秦国有吞并天下之心，我以义侍奉魏王，国家还得不到安宁，救亡尚且来不及，还振兴什么教化呢？以前伊挚辅佐夏朝，吕望辅佐商朝，而两国并没有大治，难道是伊挚、吕望不愿意吗？是时势不允许啊。就像今日山东诸国，疲敝而不振作，三晋割让土地以求太平，二周屈节归附秦王，燕、齐、宋、楚四国已经臣服秦国。这样看来，不出二十年，天下都将为秦国所有。"

17.4　季节见于子顺^①，子顺赐之酒，辞。问其故，对曰："今日家之忌日也，故不敢饮。"子顺曰："饮也。礼，虽服衰麻^②，见于君及先生，与之粱肉^③，无辞，所以敬尊长而不敢遂其私也^④。忌日方于有服^⑤，则轻矣。"

【注释】

①季节：人名，子顺的弟子。魏国人。

②衰麻：丧服，衰衣麻绖。

③粱肉：泛指美酒佳肴。

④所以敬尊长而不敢遂其私：《礼记·檀弓上》："故君子有终身之忧，而无一朝之患，故忌日不乐。"又《祭义》："君子有终身之丧，忌日之谓也。忌日不用，非不祥也，言夫日，志有所至，而不敢尽其私也。"遂，顺从，顺应。

⑤方：比拟，相比。有服：居丧。

【译文】

季节拜见子顺，子顺赐酒给他喝，季节推辞不受。子顺问他缘由，季节回答道:"今日是我父母的忌日,所以不敢饮酒。"子顺说:"喝吧。根据礼制,虽然有丧服,但拜见国君和老师,获赐酒肉,不能推辞,这是因为敬重尊者和长者,而不能依随自己的私事。忌日相比于居丧,又轻了。"

17.5　魏安釐王问天下之高士①,子顺曰:"世无其人也。抑可以为次②,其鲁仲连乎③?"王曰:"鲁仲连,强作之者④,非体自然也⑤。"答曰:"人皆作之,作之不止,乃成君子。文、武欲作尧、舜而至焉。昔我先君夫子欲作文、武而至焉。作之不变,习与体成⑥。习与体成,则自然矣。"

【注释】

①高士:志趣、品行高尚的人,高尚出俗之士。

②抑:如果。

③鲁仲连:战国末期齐国人,长于阐发奇特宏伟卓异不凡的谋略,却不肯做官任职。秦军围攻赵邯郸,他舌辩力折秦国派来游说赵国投降并尊秦王为帝的辛垣衍,又助齐收复被燕军占领的聊城,事成之后不受封赏,隐居海边。

④作:做作。

⑤体:禀性,本性。

⑥习与体成:学习所得与禀性素有相融合。冢田虎曰:"作之而其志不变,则所习与体质相成矣。"

【译文】

魏安釐王问谁能称得上天下的高士,子顺说:"世上没有这样的人。如果可以次一等,那么这个人就是鲁仲连了吧?"魏王说:"鲁仲连,他是强求自己这样做的,不是他的本性自然。"子顺回答道:"如果人人都是强求自己去做一些事情,坚持不懈地强做下去,就一定能够变成君子。

周文王、武王想要效法尧、舜，就真的达到了尧、舜的境界。以前我的先祖孔子也想效法文王、武王，而达到了文王、武王的境界。始终坚持强做下去，不改变初衷，学习所得就会与自然禀性相融合。学习所得与自然禀性相融合，那就是自然的境界了。"

17.6　虞卿著书^①，名曰"春秋"。魏齐曰^②："子无然也。'春秋'，孔圣所以名经也^③，今子之书，大抵谈说而已，亦以为名何？"答曰："经者，取其事常也。可常，则为经矣。是不为孔子，其无经乎？"齐问子顺，子顺曰："无伤也。鲁之史记曰《春秋》，《春秋经》因以为名焉^④，又晏子之书亦曰《春秋》。吾闻太山之上，封禅者七十有二君，其见称述，数不盈十，所谓贵贱不嫌同名也^⑤。"

【注释】

①虞卿：赵国邯郸人，战国时期名士。曾为赵孝成王上卿，被称为虞卿。后因救助秦相范雎的仇人魏相魏齐，抛弃高官厚禄离开赵国，终困于魏都大梁，于是发愤著书，以刺讥国家得失，世传之曰《虞氏春秋》。

②魏齐：魏国的公子，曾为相国。

③"春秋"，孔圣所以名经也：《孟子·离娄下》引孟子曰："王者之迹熄而《诗》亡，《诗》亡然后《春秋》作。晋之《乘》，楚之《梼杌》，鲁之《春秋》，一也。其事则齐桓、晋文，其文则史。孔子曰：'其义则丘窃取之矣。'"

④鲁之史记曰《春秋》，《春秋经》因以为名焉：《史记·孔子世家》："子曰：'弗乎弗乎，君子病没世而名不称焉。吾道不行矣，吾何以自见于后世哉？'乃因史记作《春秋》。"

⑤"吾闻太山之上"几句：冢田虎曰："封禅者虽多也，见称述者，则不有几何。名'春秋'者，则虽多也，所称述者，唯孔子之经也。犹人虽知贵人之名，而不知贱人之名，则不嫌贵贱同名也。"姜兆锡曰："此言著书难以伪杂真也。"盈，满，超过。

【译文】

虞卿写了一部书，取名为"春秋"，魏齐说："您不应该这样。'春秋'，是孔圣人用来命名经的，现在您的书，不过是谈论之语罢了，为什么也用这个名称呢？"虞卿回答道："经，是取用其是事物恒常不变的道理的意义，如果能够称得上恒常不变的就可以为经。况且没有孔子，难道就没有经吗？"魏齐问子顺，子顺说："没有关系啊。鲁国的史记称《春秋》，《春秋经》就是由此而得名的，而且晏子的书也称《春秋》。我听说在泰山上封禅的君主有七十二位，但是见于称颂记载的不超过十人，这就是所谓贵贱不避忌同名啊。"

17.7　邯郸之民以正月之旦献雀于赵王，而缀之以五丝①，赵王大悦。申叔以告子顺，子顺曰："王何以为也？"对曰："正旦放之，示有生也②。"子顺曰："此委巷之鄙事尔③，非先王之法也，且又不令④。"申叔曰："敢问何谓不令？"答曰："夫雀者，取其名焉⑤，则宜受之于上，不宜取之于下，下人非所得制爵也。而王悦此，殆非吉祥矣。昔虢公祈神，神赐之土田，是失国而更受田之祥也⑥。今以一国之王受民之雀，将何悦哉？"

【注释】

①缀：装饰，装扮。

②有生：指爱惜生命。

③委巷:僻陋小巷,指民间。

④令:吉祥,吉利。

⑤夫雀者,取其名焉:从雀的名称上来说和"爵"字相通且音近。爵字古代通"雀"。

⑥"昔虢公祈神"几句:《左传·庄公三十二年》:"秋,七月,有神降于莘。……神居莘六月。虢公使祝应、宗区、史嚚享焉。神赐之土田。史嚚曰:'虢其亡乎! 吾闻之:国将兴,听于民;将亡,听于神。神,聪明正直而壹者也,依人而行。虢多凉德,其何土之能得?'"虢公,虢仲氏,春秋时期南虢国君主,周王卿士。祥,征兆。

【译文】

邯郸的百姓在正月初一这天向赵王进献一只雀,用五色丝线装扮,赵王非常高兴。申叔将此事告诉子顺,子顺说:"大王用它来做什么?"申叔回答说:"正月初一把它放生,表示爱惜生命。"子顺说:"这是民间的鄙俗小事而已,不是先王的法度,而且还不吉利。"申叔问:"请问为什么说不吉利呢?"子顺回答说:"雀,依据它的名字来看就是'爵',应该从居上位的尊者那里接受,而不是从地位低贱者手中获得,地位低贱者不能制定封爵。但是大王却很高兴,恐怕不是吉祥之事啊。从前虢公祈求神灵,神灵赐给他土地,是亡国却得到了上天赐地的征兆。如今以一国之君接受百姓献雀,有什么可高兴的呢?"

17.8　申叔问曰:"犬马之名,皆因其形色而名焉①,唯韩卢、宋鹊独否②,何也?"子顺答曰:"卢,黑色;鹊,白黑色,非色而何?"

【注释】

①名:命名。

②韩卢:战国时韩国的良犬,色墨,故名。宋鹊:春秋时宋国良犬。

【译文】

申叔问道:"狗和马的名字,都是依据它们的形貌和颜色而命名的,唯独韩卢、宋鹊不是这样,为什么呢?"子顺答道:"卢是黑色,鹊是白黑色,不是以颜色来命名的又是什么呢?"

17.9　魏公子无忌死^①,韩君将亲吊焉。其子荣之以告子顺^②,子顺曰:"必辞之。礼,邻国君吊,君之主^③。今君不命子,则子无所受其君也^④。"其子辞韩,韩君乃止。

【注释】

①魏公子无忌:魏国的信陵君,战国四君子之首。

②荣之:魏无忌之子。

③君之主:谓国君为丧主主持丧事,接受吊唁。《礼记·丧服小记》:"诸侯吊于异国之臣,则其君为主。"

④今君不命子,则子无所受其君也:魏君没有命荣之接受韩王吊唁,则人臣没有接受他国国君吊唁的礼仪。

【译文】

魏国公子无忌去世了,韩国国君将亲自前来吊唁。无忌的儿子荣之将这件事告诉了子顺,子顺说:"一定要拒绝。按照礼的规定,邻国国君吊唁,本国国君则为丧主主持丧事,如今国君没有给你下达命令,那么你就不能接受韩国国君的吊唁。"荣之向韩国国君辞谢,韩国国君便终止了前来吊唁的计划。

17.10　子高以为赵平原君霸世之士^①,惜不遇其时也。其子子顺以为衰世之好事公子^②,无霸相之才也^③。申叔问子顺曰:"子之家公^④,有道先生,既论之矣,今子易之,是非焉在?"答曰:"言贵尽心,亦各其所见也⑤。若是非,则明智者裁之⑥。"

【注释】

①霸世之士:傅亚庶曰:"'世',叶氏藏本、潘承弼校跋本、章钰校跋本并作'相'。据下文'无霸相之才',疑此当作'相'为是。"霸世,称霸于世。

②衰世:衰乱的时代。好事:爱兴事端,喜欢多事。

③霸相:指能助君主称霸的相臣。

④家公:父亲。

⑤亦各其所见也:傅亚庶曰:"'各其',王韬校跋本校曰:'"其"字误,改为"有"。'"

⑥裁:裁决,判断。

【译文】

子高认为赵平原君有霸世之才,只是可惜生不逢时。但是他的儿子子顺却认为平原君只是衰乱时代好生事端的贵公子,并没有辅助君主称霸的才干。申叔问子顺道:"您的父亲,是有道德才干的先生,已经有了评论,现在您又改变定论,孰是孰非呢?"子顺答道:"言语贵在表达思想,结论的不同只是各人的见解不同。若要说谁的话对,就让智者来判断吧。"

17.11 申叔问子顺曰:"礼,为人臣三谏不从①,可以称其君之非乎?"答曰:"礼,所不得也②。"曰:"叔也昔者逮事有道先生③,问此义焉,而告叔曰'得称其非者,所以欲天下人君使不敢遂其非也'④。"子顺曰:"然,吾亦闻之。是亡考起时之言⑤,非礼意也。礼,受放之臣,不说人以无罪⑥。

先君夫子曰：'事君，欲谏不欲陈⑦。'言不欲显君之非也⑧。"
申叔曰："然则晏子、叔向皆非礼也⑨。"答曰："此二大夫相
与私燕，言及国事，未以为非礼也。晏子既陈'屡贱而踊
贵'于君⑩，其君为之省刑，然后以及叔向，叔向听晏子之
私，又承其问所宜，亦答以其事也⑪。"

【注释】

①为人臣三谏不从：《公羊传·庄公二十四年》："三谏不从，遂去之，
故君子以为得君臣之义也。"何休注："孔子曰：'所谓大臣者，以
道事君，不可则止。'此之谓也。"徐彦疏："下二十七年传云'君子
辟内难而不辟外难'者，谓三谏不从之属是也。而《曲礼下》篇云
'三谏不听则逃之'，盖士不待放，故言逃之。"三，多次，再三。

②礼，所不得也：意谓没有这种礼。

③逮：能够，赶得上。有道先生：对子顺父亲子高的尊称。

④得称其非者，所以欲天下人君使不敢遂其非也：宋咸注："言臣
得称君之非，则君有所惮而改之。"遂其非，按照他的错误行事。
遂，顺从，如意。

⑤亡考：先父，去世的父亲。《礼记·曲礼下》："生曰父，死曰考。"起
时：趋时，努力去适应当时的具体形势、环境与条件。宋咸注："起
时，谓动时之权尔。"

⑥礼，受放之臣，不说人以无罪：《礼记·曲礼下》："大夫、士去国，
逾竟，为坛位，乡国而哭，素衣，素裳，素冠，彻缘……不祭食，不
说人以无罪，妇人不当御，三月而复服。"郑氏注："言以丧礼自处
也。臣无君，犹无天也。……不自说于人以无罪，嫌恶其君也。"
放，驱逐，流放。

⑦事君，欲谏不欲陈：《礼记·表记》"子曰'事君，欲谏不欲陈'"，郑

氏注："陈谓言其过于外也。"冢田虎曰："其君有非,则谏于内,而不陈之于外也。"

⑧显:显露,张扬。

⑨晏子、叔向皆非礼也:《左传·昭公三年》记齐景公派晏子出使晋国。晏子和叔向在私宴时言及自己国家诸多昏政乱象,认为公室衰微,将被取代。

⑩晏子既陈"屦贱而踊贵"于君:《晏子春秋》:"景公欲更晏子之宅,……公笑曰:'子近市,识贵贱乎?'对曰:'既窃利之,敢不识乎!'公曰:'何贵何贱?'是时也,公繁于刑,有鬻踊者。故对曰:'踊贵而屦贱。'公愀然改容。公为是省于刑。"晏子意指刑罚过于严酷,受刑之人众多。屦,鞋子。踊,古代受过刖刑的人穿的鞋,一说即假肢。

⑪"然后以及叔向"几句:意谓叔向所说晋国乱象是回应晏子之言。《左传·昭公三年》记:"叔向曰:'虽吾公室,今亦季世也。戎马不驾,卿无军行,公乘无人,卒列无长。庶民罢敝,而宫室滋侈。道殣相望,而女富溢尤。民闻公命,如逃寇仇。栾、郤、胥、原、狐、续、庆、伯,降在皂隶,政在家门,民无所依。君日不悛,以乐慆忧。公室之卑,其何日之有?谗鼎之铭曰:"昧旦丕显,后世犹怠。"况日不悛,其能久乎?'"

【译文】

申叔问子顺:"根据礼,臣子多次劝谏国君而国君不听,臣子可以说君主的过错吗?"子顺回答说:"按照礼,是没有这样的做法的。"申叔说:"我以前有幸服侍过您的父亲有道先生,曾问到这个问题,先生告诉我说:'可以称其君的过错,这样做是因为想让天下的君主不敢按照自己的错误做法行事。'"子顺说:"是这样,我也听说过。这是先父根据现实情况说的话,并不是礼的本义。根据礼,被流放的臣子,不说君主的错误以减轻自己的罪过。我的先祖孔子说:'侍奉君主,要在朝内向他进谏而不要在外面说他的过错。'就是不愿宣扬君主的过错。"申叔说:"这样看来晏子和叔向都违背了礼。"子顺回答说:"这两位大夫私下会面饮宴,谈到国事,并没有违背礼。晏子先向国君禀告'鞋贱而假肢贵'的情况,国君因此而减轻刑罚,之后才和叔向谈论此事,叔向听晏子私下闲谈,又承蒙晏子询问应该怎样应对,也只是用晋国的情况回答晏子的问题而已。"

17.12　魏王问子顺曰:"寡人闻昔者上天神异后稷,而为之下嘉谷①,周以遂兴。往者中山之地②,无故有谷,非人所为,云天雨之,反亡国,何故也?"答曰:"天虽至神,自古及今,未闻下谷与人也。《诗》美后稷③,能大教民种嘉谷,以利天下,故《诗》曰'诞降嘉种'④,犹《书》所谓'稷降播种,农殖嘉谷'⑤,皆说种之,其义一也。若中山之谷,妖怪之事,非所谓天祥也⑥。"

【注释】

①上天神异后稷,而为之下嘉谷:《诗经·大雅·生民》诗云:"诞降嘉种,维秬维秠。"郑玄笺:"天应尧之显后稷,故为之下嘉种。"后稷,周族的先祖。善于种植各种谷物,曾在尧、舜时为农官,教民耕种。被尊为农业之祖。嘉谷,优良的谷子。嘉,良善。

②往者中山之地:中山,古国名。春秋时我国北方少数民族白狄所建。本称鲜虞,春秋晚年改称中山。战国初期建都于顾(今河北定州)。约在周威烈王二十年(前406)被魏攻灭。后约于周安王二十四年(前378)复国,迁都灵寿(今河北平山东北)。其疆域约当今河北保定和满城南部至石家庄地区南部。周郝王十九年(前296)赵灭中山,迁其王于肤施。底本"往"下无"者"字,别本有,是,据补。

③美：称赞。

④诞降：从天而降。

⑤稷降播种，农殖嘉谷：语见《尚书·吕刑》。降，传，教。

⑥天祥：上天所示祥瑞。

【译文】

魏王问子顺说："我以前听说上天认为后稷有神异，因此为他降下好谷，周得以兴旺。从前中山国的田地里无缘无故就长了谷子，不是人们种的，有人说是上天降下的，但中山国却亡国了，这是为什么？"子顺回答道："虽然天是最伟大的神，但是自古到今从未听说过上天降下好谷给人。《诗》称赞后稷，能教导民众种植谷物，嘉许他能以此造福天下，所以《诗》中说'上天降下良种'，正如《书》中说'后稷传教播种，教农民种植嘉谷'，都是说'种植'，道理是一样的。而像中山国的田地里长谷子，只是妖异之事，并不是所谓的天降祥瑞。"

17.13　赵王问相于平原君，平原君曰："邹文可①。"王曰："其行如何②？"对曰："夫孔子高，天下之高士也，取友以行，交游以道。文与之游，称曰好义。王其用之。"王卒不用。后以平原君言问子顺，且曰："先生知之乎？"答曰："先父之所交也，何敢不知？"王曰："寡人虽失之在前，犹愿闻其行于先生也。"答曰："行不苟合③，虽贱不渝④，君子人也。"王遂礼之，固以老辞⑤。

【注释】

①邹文：人名，赵国的贤者。

②行：品行。

③苟合：附和，迎合。

④渝:改变。

⑤固以老辞:固,执意,坚决。按,姜兆锡曰:"此言用人可卜于交也。"

【译文】

赵王问平原君谁可以担任相国,平原君答道:"邹文可以。"赵王问:"他的品行如何?"平原君回答:"孔子高是天下的高士,选择朋友看重品行,与人交往注重道义。邹文与子高相交游,子高称他爱好道义。大王可以任用他。"赵王最终没有任用邹文。后来,赵王转述平原君的话来问子顺,并且问:"先生了解邹文的为人吗?"子顺回答道:"他是先父的友人,怎么不了解呢?"赵王说:"我虽然有错在前,但仍愿意听先生说说他的品行。"子顺答道:"他做事不迎合他人,虽处贫贱仍不改变节操,是个君子啊。"赵王这时才以礼厚待邹文请他为相,但邹文以年老为由坚辞不就。

17.14　赵王谓子顺曰:"寡人闻孔氏之世,自正考甫以来①,儒林相继②,仲尼重之以大圣。自兹以降,世业不替③,天下诸侯咸资礼焉④。先生承其绪⑤,作二国师⑥。从古及今,载德流声⑦,未有若先生之家者也⑧。先生之嗣,率由前训⑨,将与天地相敝矣⑩。"答曰:"若先祖父,并禀圣人之性⑪,如君王之言也。至如臣者,学行不敏⑫,寄食于赵,禄仕于魏,幸遇二国之君,宽以容之。若乃师也,未敢承命⑬。假令赖君之福,愿后世克祚⑭,不忝前人⑮,不泯祖业,岂徒一家之赐哉?亦天下之庆也⑯。"王曰:"必然,必然。"

【注释】

①正考甫:又作正考父。春秋时宋国大夫。子姓,孔氏。孔子先祖。曾先后辅佐宋之戴公、武公、宣公三世。

②儒林相继:指世代谦恭守礼。宋咸注:"鲁大夫孟釐子病且死,诫其嗣懿子曰:孔丘,圣人之后,其祖弗父何始有宋而嗣让厉公。及正考父佐戴公、宣公,三命兹益恭。故孔子,宋人也。防叔生伯夏,伯夏生叔梁纥,纥与颜氏野合生孔子。"

③世业:世代继承。业,继,继承。替:改变,废弃。

④资礼:冢田虎曰:"取礼法于孔氏而效之也。"资,取。

⑤绪:前人的功业。

⑥二国:据下文,指赵国和魏国。

⑦载德:具备高尚的道德。流声:流播名声。

⑧未有若先生之家者也:底本"若"下无"先生之家者也"六字,别本有。傅亚庶曰:"'未有若先生之家者'承上'世业不替'而言。"据补。

⑨率:遵循。前训:先君的教诲。

⑩相敌:相当,匹敌。

⑪禀:承受,赋予,生成的。

⑫敏:勤勉。

⑬承命:受命。此指接受这样的说法。

⑭克祚(zuò):能够代代相传。克,能够。祚,流传,传代。

⑮忝(tiǎn):谦辞,表示辱没他人,自己有愧。

⑯庆:善事,福泽。

【译文】

赵王对子顺说:"我听说孔氏世系,从正考甫以来,世代谦恭守礼,仲尼更集大成而为圣人。从此以后,世代继承从未改变,天下诸侯都向孔氏咨询礼法。先生承继先人功业,成为两国的国师。从古至今,具备大德而又声名远播,没有像先生家这样的。先生继承祖业,遵循祖训,将与天地相媲美。"子顺答道:"像我的祖先,都天生禀受圣人之性,正如君王说的那样。至于我,学习和修养都不勤勉,依附赵国得以生存,在魏国出仕求取俸禄,有幸遇到两国君主,宽容收留。至于把我看作国师,实不敢当。假如能够依靠君王的福气,只愿后人能继承统绪,不辱先人,不丧失祖业,这难道只是对我孔氏一家的恩赐吗? 也是天下万民的福泽啊。"赵王说:"一定是这样,一定是这样。"

卷六

【题解】

卷六所含《诘墨》《独治》《问军礼》《答问》四篇，乃孔鲋反驳墨家对孔子和儒家的批评，以及孔鲋与陈涉讨论军礼和其他问题的记录。孔鲋，字子鱼，又称子鲋；一名甲，又称孔甲。孔谦之子，孔子九世孙。

《诘墨》共十章。墨子，姓墨，名翟，墨家学派的创始人，当战国时，有弟子三百余人。墨子曾师从儒者，后因不满儒家学说，另立新说，批评儒家和社会弊病。孟子称："杨朱、墨翟之言盈天下。"又言："杨氏为我，是无君也；墨氏兼爱，是无父也。无父无君，是禽兽也。"墨翟著《非儒》篇，诬称孔、晏之事，子鱼诘而辨之，故以"诘墨"名篇。

《独治》共六章，记子鱼与知交及弟子问答之言。子鱼明察时势，提出修以待时、因时取济、循礼应聘、奉礼睦亲之道，亦载有子鱼藏书之事。此篇主张言行已如是，则可自抗不诎，独治于己，故以"独治"名篇。

《问军礼》共一章，记陈王涉询问子鱼军礼之事，子鱼答之。所论涉及天子亲征之礼、命将出征之礼、战胜战败之礼等内容，故以"问军礼"名篇。《隋书·礼仪志》所载北齐天子亲征之礼，与此篇基本相同，可知影响之深。

《答问》共五章，记子鱼与武安君及陈王的问答之言。子鱼在陈时，武安君及陈王涉有所问，子鱼详答之，所论涉及修身进德及军礼之事，故以"答问"名篇。

此卷所记尽显子鱼之深厚学养,亦可推知孔氏一族修德讲学,世代不替,形成了传之久远的家学风范。其中载子鱼在焚书坑儒之际,将家中讲学所用《论语》《孝经》《尚书》藏于孔家旧壁中之事,更显子孙后代惜爱家族荣光,恪守先祖教诲不敢忘怀。

诘墨第十八

18.1　墨子称:"景公问晏子以孔子而不对①,又问三,皆不对。公曰:'以孔子语寡人者众矣,俱以为贤圣人。今问子而不对,何也?'晏子曰:'婴闻孔子之荆②,知白公谋③,而奉之以石乞。劝下乱上,教臣弑君,非圣贤之行也。'"诘之曰④:"楚昭王之世,夫子应聘如荆,不用而反,周旋乎陈、宋、齐、卫。楚昭王卒,惠王立。十年,令尹子西乃召王孙胜以为白公⑤,是时鲁哀公十五年也⑥,夫子自卫反鲁,居五年矣⑦。白公立一年,然后乃谋作乱。乱作,在哀公十六年秋也,夫子已卒十旬矣⑧。墨子虽欲谤毁圣人,虚造妄言,奈此年世不相值何⑨?"

【注释】

①景公:此指齐景公。春秋时齐国国君。姜姓,名杵臼。前547—前490年在位。晏子:晏婴,字平仲,齐国大夫,历灵、庄、景三朝,齐景公时为齐卿。以俭朴力行、恭谨下士、诤谏直言著称。

②荆:楚国,亦称荆国。

③白公谋:指白公叛乱。白公是楚平王太子建之子,名胜,称王孙胜。太子建被郑人所杀,王孙胜逃至吴,故痛恨郑国,欲报父仇。

楚惠王立,令尹子西召其回国,为巢大夫,号白公(白是楚国城邑名)。后子西欲救郑,白公怒,前479年,白公胜与勇士石乞等发动叛乱,袭杀子西和子綦,并劫持惠王,白公胜自立为王。但很快失败自杀,惠王复位。

④诘(jié):责备,质问。此处有反驳、驳斥之意。

⑤十年,令尹子西乃召王孙胜以为白公:宋咸注:"《史记》云二年,此云十年,疑子鲋言是。"按《左传》记此事于哀公十六年(前479),未云其发生确为何年。

⑥是时鲁哀公十五年也:鲁哀公十五年,前480年。据《左传》,此年为楚惠王九年。

⑦夫子自卫反鲁,居五年矣:据《左传》,孔子于鲁哀公十一年(前484)从卫国返回鲁国。反,同"返"。

⑧夫子已卒十旬:据《左传》,孔子于鲁哀公十六年夏四月十一日去世,白公之乱发生在这年秋七月,中间大约一百天。十旬,十天为一旬,十旬即一百天。

⑨年世不相值:值,遇到,碰上。此处为吻合之意。按,不仅白公之乱发生在孔子去世后,晏子也不可能知道白公之乱。晏子去世于前500年,而白公之乱发生在前497年,当齐平公二年。晏子不可能预知死后的事。

【译文】

墨子说:"齐景公向晏子询问孔子的为人,晏婴却没有回答,景公再三询问,晏婴都没有回答。景公说:'对我说起孔子的人很多,都认为他是圣贤。今天问您,您却不回答,这是为什么呢?'晏婴说:'我听说孔子去楚国时,知道白公胜将要谋乱,还把石乞推荐给他。鼓动臣下犯上作乱,唆使臣子弑杀国君,这并非圣贤所为。'"孔鲋驳斥说:"楚昭王在世时,夫子应昭王的聘请到楚国去,因不能被任用而返回,周游于陈、宋、齐、卫等国。楚昭王去世之后,惠王继位。楚惠王十年,令尹子西才召回王孙胜封为白公,此时为鲁哀公十五年,夫子从卫国回到鲁国已经五年了。白公胜被封爵后一年才图谋作乱。叛乱发生时,是鲁哀公十六年的秋天,此时夫子已经去世一百多天了。墨子即使为了诋毁圣人,凭空捏造不实之词,怎奈在时间上不能吻合,又该做何解释呢?”

18.2　墨子曰:“孔子之齐,见景公。公悦之,封之以尼谿①。晏子曰:‘不可。夫儒,法居而自顺②,立命而怠事③。崇丧遂哀④,盛用繁礼。其道不可以治国,其学不可以导家⑤。’公曰:‘善。’”诘之曰:“即如此言,晏子为非儒恶礼,不欲崇丧遂哀也。察传记,晏子之所行,未有以异于儒焉。又景公问所以为政,晏子答以礼云,景公曰:‘礼其可以治乎?’晏子曰:‘礼于政,与天地并⑥。’此则未有以恶于礼也。晏桓子卒⑦,晏婴斩衰⑧,枕草⑨,苴绖、带、杖⑩,菅菲⑪,食粥,居于倚庐⑫,遂哀三年。此又未有以异于儒也⑬。若能以口非之而躬行之,晏子所弗为。”

【注释】

①尼谿:齐国地名,其地未详。《墨子·非儒下》及《史记·孔子世家》记载皆同,而《晏子春秋》则为“尔稽”,音相近。

②法居:有本作“浩居”,与《墨子·非儒下》同。意为傲倨,怠慢不恭。浩,通“傲”,傲慢。居,通“倨”,傲慢。

③立命:修身养性以奉天命。

④遂哀:哀而不止。遂,循,顺。

⑤导家:《墨子·非儒下》作“导众”,《晏子春秋》作“导民”。

⑥礼于政,与天地并:语见《左传·昭公二十六年》,晏子曰:“礼之可以为国也久矣,与天地并。”也见于《晏子春秋》。

⑦晏桓子：晏子之父。名弱，亦称"晏子"。齐灵公时任卿大夫。

⑧斩衰（cuī）：亦作斩缞。古代五种丧服中最重的一种，服制三年。子及未嫁女为父母、媳为公婆，承重孙为祖父母，妻妾为夫，均服斩衰。先秦诸侯为天子、臣为君亦服斩衰。斩，即不加缝辑之意，衣裳左右和下边不缝。

⑨枕草：古代丧礼，孝子枕卧草上以表哀悼。

⑩苴绖（jū dié）、带、杖：指苴绖、苴带、苴杖。《仪礼·丧服》："丧服：斩衰裳，苴绖、杖、绞带。"苴绖，指首绖，丧服中麻布制的无顶冠。苴带，指腰绖，旧时丧服上系于腰间的麻带或草带。苴杖，居父丧时孝子所用的竹杖。苴，粗麻布。

⑪菅（jiān）菲：菅履，草鞋。此处指穿草鞋。菅，茅草。菲，通"扉（fèi）"，草鞋。

⑫倚庐：居丧时，在中门外东墙下临时所搭的简陋草棚。

⑬此又未有以异于儒也：底本"未"下无"有"字，别本有。按，有"有"字，句式与上文"未有以恶于礼"文例同，据补。

【译文】

墨子说："孔子到齐国，觐见齐景公。景公非常高兴，打算把尼豀的田地封给他。晏婴说：'不能这样做。儒者傲慢自大又自以为是，修身养性又懒于治事，治丧隆重又哀伤不止，排场铺张且礼节琐碎。儒家之道不能治理国家，儒家之学不能教导民众。'景公说：'说得对。'"孔鲋驳斥说："如果真像墨子说的那样，那么晏子是反对儒学，厌恶礼法，不主张丧事隆重、哀伤不止。但是根据传记记载，晏子的所作所为，与儒家并没有什么不同。又比如齐景公问晏子如何治理国家，晏子说应该以礼治国。景公问：'礼能治国吗？'晏子回答说：'以礼治国是天经地义。'这说明他并没有厌恶礼法。晏桓子去世了，晏婴穿斩衰之服，枕卧草上，头戴首绖，腰系绖带，手扶竹杖，足蹬草鞋，三餐食粥，住在茅棚里，服丧三年，哀痛不已。这又和儒家没有什么不同。如果说晏婴是嘴上反对儒学和礼治,生活中则按儒家之道和礼法行事,晏婴是做不出这种事的。"

18.3　墨子曰:"孔子怒景公之不封己,乃树鸱夷子皮于田常之门^①。"诘之曰:"夫树人为信己也。《记》曰^②:'孔子适齐,恶陈常而终不见,常病之,亦恶孔子。'交相恶而又任事,其不然矣。《记》又曰:'陈常杀其君,孔子斋戒沐浴而朝,请讨之^③。'观其终不树子皮审矣。"

【注释】

①树:这里指推荐。鸱(chī)夷子皮:人名。据《淮南子·氾论训》及《说苑·指武》,鸱夷子皮助田常弑杀齐简公。田常:春秋时齐国大臣。妫姓,田(陈)氏,名恒,避汉文帝刘恒讳,作"田常"。与监止俱为齐简公相,欲专权。齐简公四年(前481),兴兵杀简公和监止,立简公弟骜,是为平公,自为相。在位期间诛诸强族,自封采邑,基本控制齐国政权。卒,谥成子。

②《记》:傅亚庶曰:"《汉书·艺文志》:'《记》百三十一篇。'班固自注:'七十子后学者所记也。'此《记》或为《汉志》之《记》。"

③"陈常杀其君"几句:语出《论语·宪问》:"陈成子弑简公。孔子沐浴而朝,告于哀公曰:'陈恒弑其君,请讨之。'"冢田虎曰:"《论语》《家语》之属,皆旧其家之所记,故都称之《记》已。"

【译文】

墨子说:"孔子怨恨齐景公不把尼豀封给自己,于是就把鸱夷子皮推荐到了田常门下。"孔鲋驳斥道:"为人荐举是因为他信任自己。《记》中记载:'孔子到齐国,因为厌恶陈常,始终没有和他相见,陈常因此而记恨孔子,也讨厌他。'孔子与陈常彼此交恶却又荐人为他办事,这是根本不可能的。《记》又说:'陈常杀了齐简公,孔子斋戒沐浴后朝见鲁哀公,请求出兵讨伐他。’由此看来，孔子决不会举荐鸱夷子皮是一定的了。”

18.4　墨子曰："孔子为鲁司寇^①，舍公家而奉季孙^②。"诘之曰："若以季孙为相，司寇统焉^③，奉之，自法也^④。若附意季孙，季孙既受女乐，则孔子去之^⑤；季孙欲杀囚，则孔子赦之^⑥。非苟顺之谓也。"

【注释】

①孔子为鲁司寇：据《史记·孔子世家》，孔子在鲁定公九年（前501）为鲁司寇。司寇，官名，掌管司法、刑狱和纠察。

②季孙：此指季桓子，季孙氏，名斯。鲁定公五年（前505）至哀公三年（前492）执政。季孙氏是鲁桓公少子季友的后裔，与同为桓公后裔的孟孙氏、叔孙氏合称"三桓"，季孙氏势力最大，在春秋后期实掌鲁国之政。

③司寇统焉：司寇被正卿统管。

④自法：理所应当。

⑤季孙既受女乐，则孔子去之：《论语·微子》："齐人归女乐，季桓子受之，三日不朝，孔子行。"女乐，歌舞伎。

⑥季孙欲杀囚，则孔子赦之：《荀子·宥坐》："孔子为鲁司寇，有父子讼者，孔子拘之，三月不别。其父请止，孔子舍之。季孙闻之不说，曰：'是老也欺予，语予曰：为国家必以孝。今杀一人以戮不孝，又舍之。'冉子以告。孔子慨然叹曰：'呜呼！上失之，下杀之，其可乎？不教其民而听其狱，杀不辜也。'"《韩诗外传》《说苑·政理》记载与此同。

【译文】

墨子说："孔子在鲁国做司寇时，舍弃朝廷而一心侍奉季孙氏。"孔鲋驳斥说:"如果说因为季孙氏是鲁相,那么司寇正归其统辖,孔子听从季孙氏的命令,自然是理所应当的。如果说孔子曲意附和季孙氏的话,那么当季孙氏接受齐国送来的歌舞伎后,孔子便离开鲁国;季孙氏想要杀状告父亲的人,孔子却把他释放了。这些都证明孔子并不是毫无原则地顺从季孙氏。"

18.5　墨子曰:"孔子厄于陈、蔡之间①,子路烹豚②,孔子不问肉之所由来而食之;剥人之衣以沽酒③,孔子不问酒之所由来而饮之。"诘之曰:"所谓厄者,沽买无处,藜羹不粒④,乏食七日。若烹豚饮酒,则何言乎厄?斯不然矣。且子路为人,勇于见义,纵有豚酒,不以义不取之可知也,又何问焉?"

【注释】

①孔子厄于陈、蔡之间:孔子周游列国,楚欲聘孔子至楚,陈、蔡大夫害怕他将二国所行不道之事告诉楚王,遂将孔子与弟子们困于陈国与蔡国之间。《论语·卫灵公》:"在陈绝粮。从者病,莫能兴。"又《史记·孔子世家》载陈、蔡诸国"相与发徒役围孔子于野。不得行,绝粮。从者病,莫能兴"。厄,困。

②子路:即仲由,一字季路。春秋末鲁国卞(今山东泗水东)人。孔子弟子。性爽直,有勇力,闻过则喜,长于政治。初仕鲁,后事卫,为卫大夫孔悝家宰,在卫国内乱中被杀。豚(tún):小猪。

③沽酒:买来的酒。沽,买。

④藜羹:用藜菜煮成的羹,泛指粗劣的食物。不粒:无饭可吃。

【译文】

墨子说:"孔子被困于陈、蔡之间时,子路为他炖猪肉,孔子不问肉是怎么来的便吃了；子路剥下别人的衣服为他买酒，孔子不问酒是怎么来的就喝了。"孔鲋驳斥说："所谓身处困境之中，就是无处去买食物，野菜汤里没有一粒米，以致绝粮七日。如果可以炖肉喝酒，又怎么能说是困厄呢？显然不是这样的。况且子路的为人勇于承担道义，可知即便是有酒肉，他也不会通过不正当的途径来取得，又有何必要问食物是从哪里得到的呢？"

18.6　墨子曰："孔子诸弟子，子贡、季路辅孔悝以乱卫①，阳虎乱鲁②，弗肸以中牟畔③，漆雕开形残④。"诘之曰："如此言，卫之乱，子贡、季路为之耶？斯不待言而了矣。阳虎欲见孔子，孔子不见⑤，何弟子之有？弗肸以中牟叛，召孔子，则有之矣，为孔子弟子，未之闻也。且漆雕开形残，非行己之致⑥，何伤于德哉？"

【注释】

①孔悝（kuī）：春秋末卫国大夫。姬姓，孔氏。其母为蒯聩（卫出公之父）之姐。卫出公十二年（前481），蒯聩欲回国与出公争位，遂与其姐等密谋策划，先潜入其姐家，然后胁迫孔悝共同作乱，袭攻出公。出公奔鲁，而蒯聩得立为君，是为庄公。子路闻乱往救孔悝，遂死于此乱。

②阳虎乱鲁：阳虎也称阳货，为季孙氏的家臣。季孙氏掌握鲁国实权，而阳虎则架空季孙氏，甚至一度以陪臣执国政。阳虎欲尽杀三桓，载季桓子，将杀之，桓子用计脱身。三桓遂共攻阳虎，阳虎出奔，先至齐，后投晋国赵氏。

③弗肸（xī）以中牟畔：弗肸为春秋时晋国大夫范氏家臣。任中牟（今河南中牟东）宰。晋定公二十二年（前490），赵简子攻打范、

中行氏,围中牟。他据中牟抗拒赵氏,并使人召孔子。弗肸,《论
语·阳货》作"佛肸"。畔,通"叛"。

④漆雕开:姓漆雕,名开,春秋时鲁国人,字子开。一说蔡国人,字子
若。孔子弟子。后发展为儒家八派之一。矜气尚勇,不乐仕途。
主张人性有善有恶,著有《漆雕子》十三篇,见《汉书·艺文志》,
今佚。形残:残疾。一说为恶疾。

⑤阳虎欲见孔子,孔子不见:《论语·阳货》:"阳货欲见孔子,孔子不
见,归孔子豚。孔子时其亡也,而往拜之,遇诸涂。"

⑥行己:立身行事。

【译文】

　　墨子说:"孔子的那些弟子,子贡和季路在卫国辅助孔悝作乱,阳虎
扰乱鲁国,中牟邑宰弗肸发动叛乱,漆雕开则身有残疾。"孔鲋驳斥说:
"照这么说,卫国的内乱是子贡和季路引起的? 这是不需要辩驳就可以
明了的事。阳虎想见孔子,孔子不见他,他怎么会是孔子的弟子呢? 中
牟邑宰弗肸叛乱后曾经召请孔子,这确实是有的,但如果说他是孔子的
弟子,我却未曾听说。另外漆雕开的身体残疾,并不是因为他的立身行
事造成的,这对他的德行又有什么损伤呢?"

　　18.7　墨子曰①:"孔子相鲁,齐景公患之,谓晏子曰:
'邻有圣人,国之忧也。今孔子相鲁,为之若何?'晏子对
曰:'君其勿忧。彼鲁君,弱主也。孔子,圣相也。不如阴重
孔子②,欲以相齐,则必强谏鲁君。鲁君不听,将适齐。君
勿受,则孔子困矣。'"诘之曰:"案如此辞③,则景公、晏子畏
孔子之圣也。上而云非圣贤之行,上下相反④。若晏子悖可
也⑤,不然,则不然矣。"

【注释】

①墨子曰：所引不见于今本《墨子》，毕沅云："疑《非儒》上篇佚文。"《晏子春秋》外篇第八所记与之相类。

②阴重：私下看重，假意重用。

③案：通"按"。

④上而云非圣贤之行，上下相反：宋咸注："言晏子前称孔子所为皆非圣贤之行，此又以为圣相，是先后相反矣。"

⑤悖：惑乱，糊涂。

【译文】

墨子说："孔子在鲁国为相，齐景公对此非常担心，便对晏子说：'邻国有圣人，是我国的祸患。如今孔子在鲁国为相，我们应该怎么办呢？'晏子回答说：'国君不必担忧。那鲁国的君主是昏庸软弱的国君，孔子是圣明的国相。您不如假意表示看重孔子，想让他来齐国做国相，这样的话，孔子一定会百般劝谏鲁君实行德政。而鲁君肯定是不会听从的，孔子就会离开鲁国到齐国来。等他到来的时候，您不要接纳他，这样孔子就会陷入进退两难的境地了。'"孔鲋驳斥说："照此说来，齐景公和晏婴都是畏惧孔子的圣明。但上面晏子说孔子的行事并非圣贤的作为，前后矛盾。如果说晏子悖谬糊涂，也就罢了，否则的话，就讲不通了。"

18.8　墨子曰①："孔子见景公，公曰：'先生素不见晏子乎？'对曰：'晏子事三君而得顺焉②，是有三心，所以不见也。'公告晏子，晏子曰：'三君皆欲其国安，是以婴得顺也。闻"君子独立不惭于景"③，今孔子伐树削迹④，不自以为辱；身穷陈、蔡，不自以为约⑤。始吾望儒贵之，今则疑之。'"诘之曰："若是乎孔子、晏子交相毁也，小人有之，君子则否。孔子曰：'灵公污⑥，而晏子事之以整⑦；庄公怯，而晏子事之以勇⑧；景公侈，而晏子事之以俭。晏子，君子也。'梁丘据问晏子曰⑨：'事三君，而不同心，而俱顺焉，仁人固多心乎？'晏子曰：'一心可以事百君，百心不可以事一君，故三君之心非一也，而婴之心非三也⑩。'孔子闻之，曰：'小子记之：晏子以一心事三君，君子也。'如此则孔子誉晏子，非所谓毁而不见也。景公问晏子曰：'若人之众，则有孔子乎？'对曰：'孔子者，君子行有节者也。'晏子又曰：'盈成匡⑪，父之孝子、兄之悌弟也。其父尚为孔子门人。门人且以为贵，则其师亦不贱矣。'是则晏子亦誉孔子，可知也。夫德之不修，己之罪也；不幸而屈于人，己之命也。伐树削迹，绝粮七日，何约乎哉？若晏子以此而疑儒，则晏子亦不足贤矣。"

【注释】

①墨子曰：所引不见于今本《墨子》，毕沅云："疑《非儒》上篇佚文。"《晏子春秋·外篇第八》所记与之相类。

②三君：即齐灵公、庄公、景公。顺：顺利，平安无事。

③君子独立不惭于景：君子独处时不会做让自己的影子惭愧的事。意谓君子独处也恭谨有加，严于律己。《淮南子·缪称》篇："周公不惭乎景，故君子慎其独也。"景，同"影"。

④伐树削迹：事见于《史记·孔子世家》："孔子去曹适宋，与弟子习礼大树下。宋司马桓魋欲杀孔子，拔其树。孔子去。"又《吕氏春秋·慎人》："夫子逐于鲁，削迹于卫，伐树于宋。"削迹，削除车迹。谓不被任用。

⑤约：卑微，卑下。引申为丧失尊严。

⑥灵公：齐灵公，名环，前581—前554年在位。灵公八年（前574），大夫国佐等为乱，他与之订盟息乱。次年，使人杀之。后屡攻鲁

北部边境，二十七年（前555），晋帅宋、卫、郑等共十二国诸侯伐齐援鲁，灵公败退，逃回临淄。二十八年（前554），听嬖宠戎姬之言，废太子光，更立公子牙。大夫崔杼趁其患疾，拥光即位（即齐庄公）。旋病死。污：鄙陋，此指齐灵公行事乖张，不合礼法。

⑦事之以整：意谓用严整的礼仪规范侍奉他。《墨子间诂》引作"晏子事之以洁"，《晏子春秋》作"事之以整齐"。

⑧庄公怯（qiè），而晏子事之以勇：庄公，齐庄公，名光，灵公之子。前553—前548年在位。庄公二年（前552），设勇爵，厚待勇士。三年（前551），晋大夫栾盈自楚奔齐，他不听晏婴劝而纳之，遣盈袭晋，失败。六年（前548），因私通崔杼妻，为崔氏射杀。怯，胆小，懦弱。《晏子春秋》作"壮"。事之以勇，《晏子春秋》作"事之以宣武"。张纯一案："此文（《晏子春秋》）'壮'，《孔丛》作'怯'。'怯'与'武勇'义正相反。以上下文例之，'怯'字近是。顾晏子不尚武，此云事之以'宣武'，《孔丛》云'事之以勇'，似均不合。然此云'宣武'者，谓宣明止戈为武。《孔丛》作'勇'者，谓如君子之勇，非匹夫之勇、敌一人者比，则与晏子非攻之旨符合矣。盖庄公之'壮'，非君子之勇，正晏子欲行礼义之勇以止之者也。"

⑨梁丘据：复姓梁丘，名据，字子犹。一说字子将。齐景公宠臣。

⑩"一心可以事百君"几句：晏子意谓无论君主心性如何，他唯以忠正之心事君。宋咸注："言君之心非一，各有所蔽也。婴事君之心非三，推正而已。"冢田虎曰："一心，唯忠之谓。"

⑪盈成匡：《晏子春秋》："西郭徒居布衣之士盆成适也。父之孝子，兄之顺弟也。又尝为孔子门人。"。盆成适，复姓盆成，即盈成。适，一作"括"，音同"匡"。则盆成适即盈成匡。

【译文】

墨子说："孔子见齐景公，景公说：'先生平素不见晏子吗？'孔子回答说：'晏子侍奉三个国君而顺遂无事，可见有三心，所以不见他。'景公把孔子的话转告于晏子。晏子说：'三位国君都想使国家安定，这才是我得以顺遂的原因。我听说'君子独处时不会做让影子惭愧的事'，而孔子在宋国遭受伐树削迹的驱逐，却不感到羞辱；在陈、蔡绝粮，而不感到丧失尊严。从前我以儒者为贵，现在则产生了怀疑。'"孔鲋驳斥说："事实果真是如此就是孔子、晏子互相诋毁，小人会这样做，君子则不会。孔子说：'灵公行事乖张，晏子就用严整的礼仪规范来侍奉他；庄公怯懦，晏子就以勇敢来侍奉他；景公奢侈，晏子就以节俭来侍奉他。晏子，真是个君子。'梁丘据问晏子说：'你侍奉三个君主，但做法都不同，然而都能得心应手，有仁德的人难道都有多种忠心吗？'晏子说：'一心可以侍奉百位君主，多心则不能侍奉一个君主。所以三位君主的心思虽然不相同，但我晏婴却没有三种忠心。'孔子听到后，说：'弟子们记住啊：晏子以一心来侍奉三君，是个君子啊。'这就证明孔子是赞誉晏子的，并非所谓诋毁他不和他相见。景公问晏子说：'在众人中，有比孔子更贤能的吗？'晏子回答说：'孔子是君子中具有高尚品行与节操的人。'晏子还说：'盈成匡孝敬父母，敬爱兄长。他的父亲也曾是孔子弟子。弟子的品行都如此高尚，那么他的老师也不会是低贱的人。'那么晏子对孔子也是赞誉有加，是可想而知的。一个人德行不修，是自己的过错；如果不幸而屈于人下，是命中注定的。孔子在宋国被驱逐，在陈、蔡绝粮七日，怎么会自感卑下呢？如果晏子以此来怀疑儒家，那么晏子也称不上贤人了。"

18.9　墨子曰①："景公祭路寝②，闻哭声，问梁丘据。对曰：'鲁孔子之徒也。其母死，服丧三年③，哭泣甚哀。'公曰：'岂不可哉？'晏子曰：'古者圣人非不能也，而不为者，知其无补于死者，而深害生事故也。'"诘之曰："墨子欲以亲死不服④，三日哭而已，于意安者，卒自行之。空用晏子为引而同于己,适证其非耳⑤。且晏子服父礼⑥,则无缘非行礼者也⑦。"

【注释】

①墨子曰:所引不见于今本《墨子》,毕沅云:"疑《非儒》上篇佚文。"《晏子春秋·外篇第八》所记与之相类。

②路寝:古代天子、诸侯的正厅。《诗经·鲁颂·閟宫》:"松桷有舄,路寝孔硕。"毛传:"路寝,正寝也。"《礼记·玉藻》说祭祀:"君日出而视之,退适路寝听政。"可见路寝是帝王理政之处。

③服丧三年:三年之丧,在古代主要是斩衰,子及未嫁女为父母,媳为公婆,承重孙为祖父母,妻妾为夫,均服斩衰。另外,为继母、慈母服齐丧也是三年。儒家是三年之丧的忠实倡导者和拥护者,如《中庸》:"三年之丧,达乎天子。父母之丧,无贵贱一也。"《论语·阳货》记孔子说:"子生三年,然后免于父母之怀。夫三年之丧,天下之通丧也。"丧,底本作"哀",有本作"丧",《墨子》佚文、《晏子春秋·外篇第八》并作"丧",是,据改。

④亲死不服:墨子反对儒家厚葬久哀的主张。《墨子·公孟》:"厚葬久丧,重为棺椁,多为衣衾,送死若徙,三年哭泣,扶后起,杖后行,耳无闻,目无见,此足以丧天下。"

⑤空用晏子为引而同于己,适证其非耳:宋咸注:"言墨子以亲死欲不哭,于意为安,则终自行之,何必用晏子为引,以同于己哉?"

⑥且晏子服父礼:"父"下别本有"以"字。

⑦缘:由,理由。

【译文】

墨子说:"齐景公在路寝祭祀,听到哭声,就问梁丘据是怎么回事。梁丘据回答说:'此人是鲁国孔子的徒弟。他的母亲死了,要服三年丧,哭得很悲伤。'景公说:'这样难道有什么不对吗?'晏子说:'古代圣人并非不能服丧三年,但却不这样做,是因为知道这样对于死者毫无益处,而对生者有很大害处。'"孔鲋驳斥说:"墨子主张在自己的亲人死后不服丧,只要哭三天就停下来,只要他自己心安理得,他这么干就是了。凭空捏造晏子的话来表明晏子和自己的主张相同,恰恰证明了墨子的主张是荒谬的。况且晏子依礼为父服丧三年,那么他就没理由责备行礼的人。"

18.10　曹明问子鱼曰①:"观子诘墨者之辞②,事义相反,墨者妄矣。假使墨者复起,对之乎?"答曰:"苟得其礼,虽百墨,吾益明白焉。失其正,虽一人,犹不能当前也。墨子之所引者,矫晏子③。晏子之善吾先君,先君之善晏子,其事庸尽乎④?"曹明曰:"可得闻诸?"子鱼曰:"昔齐景公问晏子曰⑤:'吾欲善治,可以霸诸侯乎?'对曰:'官未具也⑥。臣亟以闻,而君未肯然也。臣闻孔子圣人,然犹居处倦惰、廉隅不修⑦,则原宪、季羔侍⑧。一食血气不休、志意不通⑨,则仲由、卜商侍⑩。德不盛、行不勤,则颜、闵、冉雍侍⑪。今君之朝臣万人,立车千乘,不善之政加于下民者众矣,未能以闻者,臣故曰官未备也。'此又晏子之善孔子者也。子曰:'晏平仲善与人交,久而敬之⑫。'此又孔子之贵晏子者也。"曹明曰:"吾始谓墨子可疑,今则决妄不疑矣⑬。"

【注释】

①子鱼:即孔鲋,字子鱼,子顺之子,孔子九世孙。

②墨者:此指墨子。

③矫:假托。

④庸:怎能。

⑤昔齐景公问晏子曰：所引见《晏子春秋·内篇问上第三》。

⑥官未具：此指能称其职的官员还没有配备。

⑦廉隅：棱角。比喻端正的行为、品性。

⑧原宪：字子思，亦称原思、仲宪，孔子弟子。鲁国人（一说宋国
　人）。为人洁身自好，独行君子之德，义不苟合当世。孔子为鲁
　司寇时，以他为总管家。孔子死后，便隐居于卫，终身过着清苦
　生活。季羔：又称子羔，姓高名柴，孔子弟子。卫国人（一说齐国
　人）。性仁孝，孔子以为愚。尝为卫之士师，又为费、郈二邑宰。

⑨一食血气不休：有本作"血气不休"，或作"气郁而疾"。作"气郁
　而疾"与《晏子春秋·内篇问上第三》文合。气郁而疾，指心情
　郁闷不痛快。

⑩卜商：字子夏，孔子弟子，卫国人。尤以文学见称。自孔子死后，
　七十子之徒散游诸国，他居西河（今山西临汾）。魏文侯师事之，
　咨问国政。

⑪颜、闵、冉雍：皆孔子弟子。颜，颜回，字子渊。闵，闵损，字子骞。
　冉雍，字仲弓。三人都是鲁国人，以德行著称。

⑫晏平仲善与人交，久而敬之：语见《论语·公冶长》："子曰：'晏平
　仲善与人交，久而敬之。'"

⑬决妄：冢田虎曰："得决墨子之妄矣。"

【译文】

　　曹明问孔鲋道："我看您驳斥墨子的言论，墨子的观点与论据自相矛
盾，墨家太荒谬了。假如墨子能够复生，您还会和他辩论吗？"孔鲋回答
说"如果符合礼法，即使一百个墨子，我也能驳倒他。假如我没有掌握
正理，哪怕是一个墨子，我也抵挡不住。墨子所征引的，都是假冒晏子的
言论。晏子对我先祖孔子的赞赏，先祖孔子对晏子的称誉，这样的事怎
么能说得完呢？"曹明说："我能听听吗？"孔鲋说："从前齐景公问晏子：
'我想好好治理国家，能够称霸诸侯吗？'晏子回答说：'贤能的官员还未

配备好。我曾多次向您建议，可您总是不以为然。我听说孔子虽然是圣人，但当他倦怠懒惰、行为不合适的时候，就会有原宪、子羔陪侍劝谏。当他心情郁闷、心灰意冷的时候，就会有子路、子夏陪侍打气；当他德欠高尚、行不勤勉的时候，就会有颜回、闵子骞和冉雍陪侍勉励。如今您朝臣上万，兵车千乘，可是强加给百姓的恶政实在太多了，然而却没有谁能告诉您实情，所以我说现在贤能的官员还没有配备好。'这又是晏子对孔子的赞誉。而孔子则说：'晏子善于与人交往，交往时间越长，别人越尊重他。'这又是孔子对晏子的赞美。"曹明说："当初我觉得墨子的言论可疑，现在可以确定墨子虚妄不实没有什么可怀疑的了。"

独治第十九

19.1　子鱼生于战国之世，长于兵戎之间①，然独乐先王之道②，讲习不倦。季则谓子鱼曰③："大丈夫不生则已④，生则有云为于世者也⑤。今先生淡泊世务，修无用之业，当身不蒙其荣，百姓不获其利，窃为先生不取也。"子鱼曰："不如子之言也。武者可以进取⑥，文者可与守成⑦。今天下将扰扰焉⑧，终必有所定。子修武以助之取，吾修文以助之守，不亦可乎！且吾不才，无军旅之任，徒能保其祖业，优游以卒岁者也⑨。"

【注释】

①子鱼生于战国之世，长于兵戎之间：《史记·孔子世家》记载，孔鲋"为陈王涉博士，死于陈下"。兵戎，指武器、军队，比喻战争。

②先王之道：此指儒家学问。

③季则：人名，生平不详。宋咸注："盖鲁三桓之后。"

④大丈夫：底本作"大夫"，别本作"大丈夫"或"丈夫"，当有"丈"字。据补。

⑤有云为：意即"有为"。冢田虎曰："谓有事也。"

⑥进取：努力向前，立志有所作为。

⑦守成：保持前人创下的成就和业绩。

⑧扰扰：纷乱的样子。

⑨优游：从容，顺其变化。卒岁：度过年终，度过一生。

【译文】

子鱼出生于战国时代，在战乱的环境中长大，却唯独喜欢儒家所讲先王之道，研讨学习不知疲倦。季则对子鱼说："大丈夫如果是没有出生就罢了，既然生于世就要有所作为。现在先生您淡泊于世俗名利，修习没有用处的学业，你自身不会蒙受它带来的荣耀，百姓亦无法从中获利，我私下里认为您不应该这样做。"子鱼说："事实并非像您说的那样。尚武之人可以努力奋斗，立志有所作为，习文之人亦可以保持前人留下的成就和业绩。现如今天下大乱，动荡不安，但终有一天会出现安定的局面。您修习军事去帮助他们成就大业，我修习文事来帮助他们稳固天下，这样不也可以吗？况且我没有什么才能，无法担当带兵打仗的重任，仅仅能够保守祖先的事业，顺其变化地度过一生而已。"

19.2　秦始皇东并①。子鱼谓其徒叔孙通曰②："子之学可矣，盍仕乎？"对曰："臣所学于先生者，不用于今，不可仕也。"子鱼曰："子之材，能见时变③，今为不用之学，殆非子情也。"叔孙通遂辞去，以法仕秦。

【注释】

①秦始皇东并：此指秦始皇统一六国建立秦朝。并，吞并。

②叔孙通：秦薛县人（今山东枣庄薛城），初为秦待诏博士，后被秦
二世封为博士。陈胜起义后，亡归家乡。后投楚义军，事项羽。
刘邦由汉中攻入彭城，乃降归汉。拜为博士，号稷嗣君。汉朝建
立后，他杂采古礼和秦代制度，立朝仪，任奉常。徙太子太傅。惠
帝即位，复改任奉常，制定汉宗庙仪法。

③时变：时世的变化，亦指时世变化的规律。

【译文】

秦始皇向东吞并六国。子鱼对他的弟子叔孙通说："你的学问已经
足够了，为什么不去做官呢？"叔孙通回答说："我从老师处所学到的知
识，不能用于今天的局势，不能出仕做官。"子鱼说："你具有根据时势变
通的才能，现在学习于今无用的学问，恐怕不是你的志向吧。"叔孙通于
是辞别老师，以法家之学到秦国出仕为官。

19.3　尹曾谓子鱼曰："子之读先王之书，将奚以为①？"
答曰："为治也。世治则助之行道，世乱则独治其身，治之至
也②。"

【注释】

①奚：疑问代词，相当于"何"。

②至：极，最。

【译文】

尹曾对子鱼说："您熟读先王之书，准备用来做什么呢？"子鱼回答
说："是为了修身治国。如果将来天下太平就帮助统治者施行先王之道，
如果以后天下动荡我就修养自身，这是治国修身的极致境界。"

19.4　陈馀谓子鱼曰①："秦将灭先王之籍②，而子为书

籍之主，其危矣。”子鱼曰：“顾有可惧者。必或求天下之书焚之，书不出则有祸。吾将先藏之以待其求，求至无患矣。”

【注释】

①陈馀：魏国大梁（今河南开封）人，爱好儒家学说，曾多次到赵国游历，与张耳为刎颈交。陈胜起义后，他与张耳游说陈胜，跟从武臣占据赵地。武臣被杀，他又与张耳立旧贵族赵歇为王。巨鹿之战，他与张耳结怨，被迫隐居。项羽封张耳为常山王，而他仅食南皮三县，遂袭逐张耳，复迎赵歇为赵王，自为代王。次年，与汉将韩信战于井陉，兵败被杀。

②灭先王之籍：指秦始皇焚毁书籍的事。《史记·秦始皇本纪》对此有详细记载。

【译文】

陈馀对子鱼说：“秦朝将要焚毁前代的书籍，而您是拥有许多藏书的重要人物，处境十分危险啊。”子鱼说：“确实是值得恐惧的事情。秦朝很可能会搜尽天下的书并一举焚毁，如果不把书交出去就会大祸临头。我要先把书藏起来以防他们来搜求，这样即使有人来搜求也没有祸患了。”

19.5　子鱼居魏，与张耳、陈馀相善①。耳、馀，魏之名士也。秦灭魏，求耳、馀，惧走。会陈胜、吴广起兵于陈，欲以诛秦，馀谓陈王曰②：“今必欲定天下、取王侯者，其道莫若师贤而友智。孔子之孙今在魏，居乱世能正其行，修其祖业，不为时变。其父相魏，以圣道辅战国，见利不易操③，名称诸侯，世有家法。其人通材，足以干天下④；博知，足以虑未形。必宗此人⑤，天下无敌矣。”陈王大悦，遣使者赍千金加束帛⑥，以车三乘聘焉。耳又使谓子鱼曰："天下之事已可见矣。今陈王兴义兵，讨不义，子宜速来，以集其事⑦。王又闻子贤，欲谘良谋⑧，虚意相望也⑨。"子鱼遂往，陈王郊迎而执其手议世务。子鱼以霸王之业劝之，王悦其言，遂尊以博士⑩，为太师谘度焉⑪。

【注释】

①张耳：大梁（今河南开封）人。战国末为魏国著名游士，与同乡陈馀结为刎颈交。陈胜起义后，他与陈馀前往投奔，后从武臣占据赵地，立武臣为赵王。武鹿之战后随项羽入关，被封为常山王。后被陈馀击败，投刘邦，随韩信帅师破赵，杀陈馀，被封为赵王，其子娶刘邦之女为妻。

②陈王：即陈胜，字涉，发动秦朝末年农民起义，自立为王，国号张楚，时称陈王。

③操：行为，品行，操守。

④干（gàn）：起决定作用。

⑤宗：尊用。

⑥赍（jī）：怀抱着，带着。

⑦集：成就。

⑧谘：同"咨"，商议，征询。

⑨虚意：虚心。

⑩博士：官名，始见于战国时代，职责是教授、课试，或奉使、议政。

⑪太师：官名，古三公之最尊者。西周置，为辅弼国君之官。秦废。汉复置。后代相沿，多为重臣加衔，作为最高荣典以示恩宠，并无实职。谘度：咨询，商议。

【译文】

子鱼在魏国的时候，和张耳、陈馀友善。张耳、陈馀都是魏国的名士。秦国灭掉魏国之后，寻找张耳、陈馀二人，两人非常害怕逃跑了。恰逢陈胜、吴广在陈地起义，讨伐暴秦，陈馀对陈胜说："如果您一定要安定天下取得王侯之位，最好的办法就是拜贤者为师、与智者交友。孔子的后代现在在魏国，身居乱世却能够行为端正，修习先祖之业，不因为时局而改变。他的父亲曾经做过魏相，在争战不休的时代用圣贤之道来辅佐国君，面对世俗名利也不改变操守，闻名于天下诸侯，世世代代恪守家法。这个人是个通才，能够为您取得天下起到决定作用，他知识渊博，能够帮您防患于未然。倘若尊奉他为师，您就能够天下无敌了。"陈胜听了非常高兴，派遣使者携带千金外加五匹布帛，并派出了三辆车去聘请子鱼。张耳又让使者转告子鱼说："天下大势已经可以看清了。现在陈王兴义兵，讨伐不义之暴秦，您应当尽快前来以成就大业。陈王又听说了您的贤德和才能，想要同您一起商讨良策，时刻虚心等待您的到来。"子鱼于是应邀前往，陈王亲自到城郊迎接，拉着他的手跟他商讨治世之道。子鱼鼓励陈王成就霸王之业，陈王对他的话心悦诚服，就尊他为博士，封为太师，向他咨询请教。

19.6　子鱼名鲋、甲①，陈人或谓之子鲋，或称孔甲。陈胜既立为王，其妻之父兄往焉，胜以众宾待之，长揖不拜②，无加其礼。其妻之父怒曰："怙乱僭号而傲长者③，不能久矣！"不辞而去。陈王跪谢，遂不为顾。王心惭焉，遂适博士太师之馆而言曰："予虽丈夫哉，然塞于礼义④，以启于姻娅⑤。唯先生幸训诲之，使免于戾⑥，可乎？"子鱼曰："王所问者善也，敢固无辞而对乎！今以礼言耶，则礼无不拜，且宗族婚媾，又与众宾异敬者也。敬而加亲，自古以然也。"王曰："虽已失之于前，庶欲收之于后也⑦。愿先生修明其事⑧，必奉尊焉。"对曰："昔唐之内亲九族，外协万邦⑨。礼以婚为昆弟⑩,妻之父母为外舅姑⑪。由是明之,则拜之可知⑫。夫婚亲之义,非宗贤之类也⑬,虽自已臣,莫敢不敬。昔魏信陵君尝以此质臣之父,臣之父曰:‘于诸母之昆弟、妻之诸父,则以亲配⑭。德年以上⑮,虽拜之可也;幼于己者,揖之可也。此出于人情而可常者也。’”

【注释】

①子鱼名鲋、甲:冢田虎曰:“甲,其一名。”

②长揖不拜:只弯腰行拱手礼,不跪拜磕头。这里指相见时态度不恭,为人高傲。揖,拱手礼。拜,磕头礼。

③怙乱:趁情况混乱时谋夺利益。

④塞:糊涂,不明白。

⑤启:招致,引发。姻娅:亲家和连襟,泛指姻亲。

⑥戾:罪过。

⑦收:使中断、停顿或中止。

⑧修明:阐发弘扬。

⑨昔唐之内亲九族,外协万邦:《尚书·尧典》曰:“(尧)以亲九族,九族既睦,平章百姓。百姓昭明,协和万邦。”唐,此指尧。尧常被称为“唐尧”,有本“唐之”即作“唐尧”。

⑩礼以婚为昆弟:《礼记·曾子问》:“昏(婚)礼既纳币,有吉日,女之父母死,则如之何?孔子曰:婿使人吊。……致命女氏曰:某之子有父母之丧,不得嗣为兄弟。”《正义》曰:“以夫妇有兄弟之义,故下云‘不得嗣为兄弟’。或据婿于妻之父母有缌服。故得谓之为兄弟也。”昆弟,即兄弟,此指夫妻。

⑪妻之父母为外舅姑:《尔雅·释亲》:“妻之父为外舅,妻之母为外姑。”

⑫拜之可知:冢田虎曰:“既有昆弟舅姑之名,则不得不拜也。”

⑬宗：尊敬。类：类比，相比。

⑭以亲配：宋咸注："此悉以亲配，非尚于德。"

⑮德年以上：比自己德高年长的人。

【译文】

　　子鱼名鲋，一名甲，陈人有的称他为子鲋，也有人称他为孔甲。陈胜自立为王之后，他妻子的父亲、兄弟到他那里去，陈胜用对待一般宾客的礼仪对待他们，只作了一个长揖却没有行跪拜之礼，没有高于常规的礼节。他岳父愤怒地说："趁乱僭越称帝而对长辈傲慢无礼，他的王位长久不了！"没有告辞就离开了。陈胜下跪道歉，但他们也没有答理他。陈王内心十分惭愧，便前往博士太师子鱼的馆舍说："我虽然是大丈夫，却因为不明白礼仪，惹得亲戚发怒。劳烦先生教导我，使我不再犯此类错误，可以吗？"子鱼说："大王您的问题问得很好，我怎么敢不言无不尽地回答呢？如今从礼的方面来讲，妻子的父亲不能够不拜，况且对待宗族和姻亲，应当比对待一般的宾客更加礼敬。礼敬亲人之后便会更加亲近，自古以来都是这样的。"陈王说："虽然我前面已经犯了错误，但我以后不想要再发生类似的事情。希望先生您阐明这些事，往后我一定遵从。"子鱼回答说："过去唐尧对内亲睦自己的亲戚，对外协和所有的国家。礼法上规定，结婚后夫妻即如兄弟，妻子的父亲为外舅，妻子的母亲为外姑。由此可以明确，对于姻亲是应该行跪拜之礼的。对待姻亲的道义，与尊崇贤才是不同的，即使他们已经是自己的臣下，也不能够不尊敬。过去魏国的信陵君也曾问过我父亲同样的问题，我的父亲回答说：'对待母亲的兄弟、妻子的父亲，都要像对待自己的亲人一样。对于比自己德高年长的，可以行跪拜之礼；比自己年纪小的，作揖就可以了。这是人之常情且经久不变的。'"

　　王曰："善哉！请问同姓而服不及者①，其制何耶？"对曰："先王制礼，虽国君，有合族之道②。宗人掌其列③，继之以姓而无别,醊之以食而无殊④,各随本属之隆杀⑤。属近,则死为之免⑥;属远,则吊之而已⑦,礼之政也⑧。是故臣之家哭孔氏之别姓于弗父之庙⑨,哭孔氏则于夫子之庙⑩,此有据而然也。周之道,虽百世,婚姻不通,重先君之同体也⑪。"王跪曰:"先生之言,厥义博哉! 寡人虽固⑫,敢不尽心!"

【注释】

①同姓而服不及:同姓而在五服之外没有服丧关系。指血缘关系疏远。服,丧服,服丧。

②合族:聚集全族的人。冢田虎曰:"合之序昭穆之义也。"

③宗人:古代官名。掌宗庙、谱牒、祭祀等。《礼记·文王世子》"宗人授事,以爵以官",郑氏注:"宗人掌礼及宗庙也。以爵,贵贱异位也;以官,官各有所掌也。"

④醊(zhuì):连续祭奠。一说,通"缀"。冢田虎曰:"连系也。《家语》及《礼记》皆作'缀'。君有享食族人之礼,虽五世亲尽,犹连缀之,不别殊也。"

⑤隆杀:犹尊卑、厚薄、高下。隆,高。杀,下。

⑥免(wèn):古丧服之一。去冠,以麻布裹发髻。此指服绖服之丧。

⑦吊:吊丧。

⑧政:正。

⑨弗父:即弗父何,孔子的始祖。胡仔《孔子编年》:"闵公共卒,弟炀公熙立。闵公长子曰弗父何,何之弟鲋祀杀炀公,以国授何,何弗受,鲋祀立,是为厉公。而何世为宋大夫。"

⑩孔氏:据《孔子家语·本姓解》:"弗父何生宋父周,周生世子胜,胜生正考甫,考甫生孔父嘉。五世亲尽,别为公族,故后以孔为氏焉。"孔子即孔父嘉之后。孔氏一系,名号以孔氏称的,实自孔子

始，其后相沿不变。后姓与氏合一，"孔"由氏变为姓。

⑪同体：同胞兄弟。此指有共同祖先，同姓。

⑫固：鄙陋。

【译文】

陈王说："说得太好了！请问同姓而在五服之外的人，又应当以怎样的礼节对待呢？"子鱼回答："先王所制定的礼法，即使是国君，也有和睦亲族的义务。由宗人管理亲族的次序排列，同姓相继没有区别，宴飨族人的食物没有区别，根据各个亲族的远近关系来决定。亲属关系近的，死了则行免服之礼，亲属关系远的，死了只需要吊丧就可以了，这就是正确的礼法。因此我的宗族祭奠孔氏别宗在弗父何的庙，祭奠孔氏在孔子的庙，这样做都是有根有据的。周朝的礼制规定，即使是过了一百代，同姓也不通婚，这是为了强调他们有相同的祖先。"陈王跪谢，说道："先生所说的话，意义真是博大精深啊！我就算再孤陋寡闻，也不敢不尽心尽力地去做啊。"

问军礼第二十

20.1　陈王问太师曰："行军之礼，可得备闻乎？"答曰："天下有道，礼乐征伐自天子出①。自天子出，必以岁之孟秋②，赏军帅武人于朝，简练杰俊③，任用有功，命将选士，以诛不义④。于是孟冬以级授军⑤，司徒搢扑，北面而誓之⑥。誓于社⑦，以习其事⑧。先期五日，大史筮于祖庙。择吉日斋戒，告于郊、社稷、宗庙⑨。既筮，则献兆于天子。天子使有司以特牲告社⑩，告以所征之事而受命焉。舍奠于帝学以受成⑪，然后乃类于上帝⑫，柴于郊以出⑬。以齐车载迁庙之主及社主行⑭，大司马职奉之⑮。无迁庙主，则以币、帛、皮、圭告于祖、祢,谓之主命,亦载齐车⑯。凡行主、皮、圭、币、帛,皆每舍奠焉,而后就馆。主车止于中门之外、外门之内。庙主居于道左,社主居于道右。其所经名山大川,皆祭告焉。

【注释】

①天下有道,礼乐征伐自天子出:语出《论语·季氏》。

②孟秋:秋季第一个月分。即农历七月。

③简练:选择训练。

④以诛不义:《礼记·月令》:孟秋之月,"是月也,以立秋。……立秋之日,天子亲帅三公、九卿、诸侯、大夫以迎秋于西郊。还反,赏军帅、武人于朝。天子乃命将帅选士厉兵,简练桀俊,专任有功,以征不义。诘诛暴慢,以明好恶,顺彼远方。"

⑤孟冬:冬季第一个月。即阴历十月。级:等级,爵级。

⑥司徒搢扑,北面而誓之:《礼记·月令》:季秋之月,"命仆及七驺咸驾,载旌旐,授车以级,整设于屏外。司徒搢扑,北面誓之。"司徒,古代官名。搢扑,插扑于带间,示以军法警戒誓众之意。搢,插。扑,鞭子,教刑用具。《礼记恒解》:"司徒誓众以军法。扑,夏楚也。插之于带,示有事于教,无事于刑。必北面,田主杀阴事故也。"按,《礼记》记誓师出征之事于季秋九月,与此不同。

⑦社:社坛。古代封土为社,各栽种其土所宜之树,以为祀社神之所在。

⑧习:通晓。

⑨郊:帝王在郊外祭祀天地。

⑩特牲:牲牛,祭祀用的公牛。

⑪舍奠:古代祭祀的一种仪式。谓陈设酒食以祭祀。舍奠之礼,古时用于朝会、庙社、山川、征伐和学官中祭先圣先师诸事。帝学:即国学。国家所设立的学校。受成:接受已定的谋略。

⑫类:古祭名,祭天。

⑬柴：古祭名，烧柴祭天。

⑭以齐（zhāi）车载迁庙之主及社主行：《周礼·春官·小宗伯》"若
大师，则帅有司而立军社，奉主车"，郑氏注："王出军，必先有事
于社及迁庙，而以其主行。社主曰军社，迁主曰祖。"齐车，斋戒
时所用之车。齐，同"斋"。迁庙之主，迁庙中供奉的祖先牌位。
《礼记·曾子问》："天子巡守，以迁庙主行，载于齐车，言必有尊
也。"迁庙，古代太庙中专门供奉、祭祀被迁神主之庙殿。也称远
庙。太庙之制，中为始祖或太祖，为不迁之主，左右三昭三穆，自
天子之父、祖、曾祖、高祖、高祖之父、之祖共六代。天子薨，其子
继位，则迁新死之天子神主入祀太庙为第六代，而迁原第一代神
主入迁庙。主，此指祖先牌位。社主，土地神的牌位。

⑮大司马职奉之：宋咸注："言以大司马奉所迁庙、社之主。"

⑯"无迁庙主"几句：《礼记·曾子问》孔颖达正义曰："孔子言天子
诸侯将出，既无迁主，乃以币、帛及皮、圭告于祖、祢之庙，遂奉以
出行，载于齐车，以象受命，故云主命。……每至停舍之处，先以
脯醢奠此币、帛、皮、圭，而后始就停舍之处。"祢（nǐ），亲庙，父庙。

【译文】

陈王问太师子鱼："有关行军打仗的礼仪，我能够听您详细地说一下
吗？"子鱼回答："天下世道清明秩序正常，礼乐和征伐之令均由天子发
出。天子发出征伐命令的时间，必然是在当年秋季的第一个月，发出命
令之后在朝堂上赏赐各军将帅，选择训练才能出众的人，任用有功绩的
人，任命将领挑选士卒，以讨伐惩治不符合道义的人。在当年冬季的第
一个月，天子按照将士级别依次授予军命，司徒腰带间插着鞭子，天子面
朝北方进行宣誓。在土地庙向社神发誓，明确职责。在出发之前五天，
太史在祖庙占卜天时和吉凶。挑选吉日斋戒，祭告天地、社稷、宗庙。占
卜之后把结果告知天子。天子命令官员以牲牛祭告土地神，把出发征伐
之事告诉土地神，并表示接受神命。在国家学宫举行舍奠典礼表示接

受既定谋略,随后类祭上帝,在郊外烧柴祭天之后正式出征。出征时用斋车装载着迁庙的神主和土地神的牌位随军行动,由大司马负责侍奉。如果没有迁庙的祖主,就用币、帛、皮、圭告祭于祖、父之庙,这就叫'主命',然后把币、帛、皮、圭也装载在斋车上。凡是随军而行的庙主、社主、和币、帛、皮、圭,每到一个驻地都要进行舍奠,然后才进入馆舍休息。装载庙主、神主的车停在中门的外面、外门的里面。庙主的车放在道路的左边,社主的车放在道路的右边。途中所经过的名山大川,也都要进行祭告。

"及至敌所,将战,太史卜战日,卜右御①。先期三日,有司明以敌人罪状告之史。史定誓命、战日。将帅陈列车甲卒伍于军门之前,有司读诰誓②,使周定③,三令五申④。既毕,遂祷战⑤,祈克于上帝⑥,然后即敌。将士战,全已克敌,史择吉日,复祃于所征之地⑦,柴于上帝,祭社、奠祖,以告克者,不顿兵伤士也⑧。战不克,则不告也。凡类、祃,皆用甲、丙、戊、庚、壬之刚日⑨。有司简功行赏,不稽于时⑩。其用命者,则加爵,受赐于祖奠之前⑪。其奔北犯令者,则加刑罚,戮于社主之前。

【注释】

①右御:车右及御戎。车右,古时车乘位在御者右边的武士。御戎,驾驭军车。也指为君主驾驭军车的甲士。

②诰誓:古代君王劝诫勉励群众的文告,这里指天子勉励士兵的文告。

③周定:周密确定。周,周密。

④三令五申:再三命令、告诫。

⑤祷战：祈神佑助战时克敌制胜。

⑥祈克：祈求克敌。

⑦祃（mà）：古代行军在军队驻扎的地方举行的祭礼。

⑧顿兵：损坏兵器。谓打仗而有损失。顿，通"钝"，疲乏，劳累。

⑨刚日：单日。古以十天干纪日，甲、丙、戊、庚、壬五日居奇位，属阳刚，故称为"刚日"。

⑩稽：迟留，延迟。

⑪"其用命者"几句：《尚书·甘誓》："用命，赏于祖；弗用命，戮于社。"冢田虎曰："此不敢专赏罚也。祖主德，故赏则于祖前；社主阴，故罚则于社前。亲祖严社之义。"用命，遵奉命令。

【译文】

"到达敌军阵前，开战之前，太史要占卜战斗的日期，以及天子战车的车右和御戎。在战斗的前三天，有关部门将敌人的罪状详细告诉太史，太史定下誓师辞及战斗的日期。到了开战之日，将帅在军门前陈列战车、甲胄、士卒队伍，由官吏宣读诰誓，各项命令事项周密确定，对士卒再三申明各种命令和相关事项。誓师之后，举行祷战仪式，祈求上天保佑战斗胜利，随后与敌方作战。将士进行战斗，如果大获全胜，就由太史选择一个吉日，再在作战之地举行祃祭，焚柴祭祀上天，同时祭祀土地神和列祖列宗，禀告此次战役获胜，且没有损失兵器牺牲士兵。如果战争没有获胜，就不禀告。不论是在国都的类祭还是在战地的祃祭，都要在甲、丙、戊、庚、壬这些刚日举行。官吏考核将士功绩论功行赏，则不拖延时日。对于那些奋勇杀敌的战士，则为他们加官进爵，在祖宗牌位之前接受赏赐。而对于那些临阵逃脱违反军令的人，则对其施加刑罚，在土地神的牌位之前对其施刑。

"然后鸣金振旅①，有司遍告捷于时所有事之山川。既至，舍于国外，三日斋，以特牛亲格于祖、祢②，然后入，设奠以反主。若主命^③,则卒奠敛玉,埋之于庙两阶间^④,反社主如初迎之礼,舍奠于帝学,以讯馘告^⑤,大享于群吏,用备乐^⑥,飨有功于祖庙,舍爵、策勋焉^⑦,谓之饮至^⑧,天子亲征之礼也。"

【注释】

①振旅:整队班师。

②亲格于祖、祢:冢田虎曰:"先自告至焉。"格,至。按,傅亚庶引《尚书·舜典》:"归,格于艺祖,用特。"《白虎通义·三军篇》:"王者将出,辞于祢,还格于祖、祢者,言子辞面之礼、尊亲之义也。"认为"亲"当为"归"之讹。

③主命:指象征迁庙之主的币、帛、皮、圭。

④卒奠敛玉,埋之于庙两阶之间:宋咸注:"言埋玉,则币、帛焚之。"冢田虎曰:"奠毕,乃圭、璧则敛藏之,皮、币则瘗埋之也。"

⑤讯馘(guó):指古代战争中的俘虏和已毙之敌。讯,审讯所获生俘。馘,割取死敌左耳以计功。

⑥备乐:全套音乐。

⑦舍(shè)爵:饮酒。舍,置。爵,酒杯。

⑧饮至:上古诸侯会盟征伐完毕,祭告宗庙并饮酒庆祝的典礼。后代指出征奏凯,至宗庙祭祀宴饮庆功之礼。

【译文】

"然后鸣金收兵,整顿队伍返回国都,在回朝的路上,官员要将捷报告知出师时所祭告的名川大山。到达国都时,军队驻扎在国都之外,斋戒三天,天子用公牛做祭品亲自祭告祖庙和父庙,然后进入国都,设置祭典将随军的神主放回祖庙。而对于'主命',则在祭祀完成之后把皮币烧掉,把玉埋在祖庙的两个台阶之间,返归土地神主的礼仪,与当初迁出时的礼仪一样。再于国学陈列酒食祭奠，把俘虏和击毙的敌人数量向先祖禀告，然后天子大宴百官，在祖庙里演奏全套音乐，款待战争中有功劳的人，饮酒之后，把酒杯放下，将有功者的功勋记载于简册之上，称之为'饮至'。以上就是天子亲自率军出征的礼制。"

20.2　陈王曰："其命将出征则如之何？"太师曰："古者，大将受命而出则忘其国①，即戎师阵则忘其家。故天子命将出征，亲絜齐盛服②，设奠于祖以诏之③。大将先入，军吏毕从，皆北面再拜，稽首而受。天子当阶南面，命受之节钺④。大将受，天子乃东回西面而揖之⑤，示弗御也⑥。然后告太社⑦。冢宰执蜃⑧，宜于社之右⑨，南面授大将。大将北面稽首，再拜而受之，承所颁赐于军吏⑩。其出不类，其克不祃。战之所在有大山川，则祈焉，祷克于五帝⑪，捷则报之。振旅复命，简异功勤⑫，亲告庙、告社，而后适朝，礼也。"王曰："将居军中之礼，胜败之变，则如之何？"太师曰："将帅尚左，士卒尚右⑬。出国先锋，入国后刃。介胄在身，执锐在列，虽君父不拜。若不幸军败，则驲骑赴告⑭，不载橐韔⑮。天子素服，哭于库门之外三日⑯，大夫素服，哭于社，亦如之。亡将失城，则皆哭七日。天子使使迎于军，命将帅无请罪。然后将帅结草自缚⑰，袒右肩而入，盖丧礼也⑱。"

【注释】

①忘其国：宋咸注："忘其国中之事，一于命而已。"

②絜（jié）齐：整齐。絜，通"洁"。

③设奠于祖以诏之：冢田虎曰："亦示不自专焉。受命于祖庙也。"

诏,告。

④受:同"授"。节钺:符节和斧钺。古代授予将帅,作为加重权力,得专征伐的标志。

⑤东回西面而揖之:宋咸注:"谓转南面,自东遂西面而揖。"东回西面,有本作"东向西面"。

⑥御:控制,约束。

⑦太社:古代天子为群姓祈福、报功而设立的祭祀土神、谷神的场所。《白虎通义·社稷》:"太社为天下报功,王社为京师报功。"

⑧蜃(shèn):蜃器,古祭器。《周礼·春官·鬯人》:"掌四方山川用蜃器。"

⑨宜:古祭名,古代祭祀社神,专名为"宜"。

⑩承所颁赐于军吏:冢田虎曰:"'承所'下有缺文与?或二字衍与?"

⑪五帝:古代所谓五方天帝。苍帝灵威仰,赤帝赤熛怒,黄帝含枢纽,白帝白招拒,黑帝汁光纪(亦作叶光纪)。

⑫简异:辨别有特殊功绩的人。简,辨别。功勤:记录有功劳的人。

⑬将帅尚左,士卒尚右:冢田虎曰:"《老子》曰:'吉事尚左,凶事尚右。偏将军居左,上将军居右。'言以丧礼处之。然则今左右之言,宜易地与?"

⑭驲(rì)骑:驿骑。驲,古代驿站专用的车,后亦指驿马。赴告:奔告。一说报告凶事曰"赴"。

⑮不载櫜(gāo)鞬(chàng):不收起甲衣与弓袋,以示再战雪耻之意。櫜鞬,甲衣与弓衣。櫜,收藏弓矢、盔甲的袋子。鞬,弓袋。

⑯库门:古传天子宫室有五门,库门是其最外之门。

⑰结草自缚:用草编的绳子自己捆住自己。下句"坦右肩"则是裸露出右边的肩膀,这些都是将帅们表示请罪的行为。

⑱盖:因为,由于。

【译文】

陈王说："如果天子命令将帅出征,军礼是怎么样的呢?"太师说:"古时候,大将受命出征就会放下国内之事,到了军队带兵上阵就会忘了家中的事情。所以天子在命令将士出征之前,要亲自沐浴斋戒,穿戴整齐,在祖庙举行奠祭典礼并颁布诏令。大将先进入祖庙,各位军官在后面跟从他,所有人都朝着北面行两次跪拜之礼,叩首接受天子的命令。天子站在台阶上面向南方,命人授予大将符节和斧钺。大将接下之后,天子转向东面,向西对大将行拱手礼,代表天子不再控制军队。然后,天子祭告太社。冢宰双手捧着祭祀所用的屋器,在社坛的右方举行祭典,面向南方授予大将。大将面朝北方叩首,行再拜之礼之后接受,将所受的赏赐发给军中官吏。大将出征不举行类祭,战斗胜利也不举行祸祭。作战的地方如果有名山大川,则举行祈祷仪式,向五帝祈求战争胜利,如果获胜就向他们报告。然后整理队伍回国复命,辨别有特殊功绩的人,记录有功劳的人,亲自向祖庙土地神祭祷,然后回朝见天子,这就是天子命令大将出征的礼制。"陈王问:"大将身在军中的礼节,如果出现战争胜败的变化,又是怎样的呢?"太师说:"将帅以左为尊,士卒以右为尊。兵器的锋尖,出征时指向前方,归国时指向后方。大将在军中身穿甲胄,手拿兵器,即使面对天子也可以不行跪拜之礼。如果不幸战败的话,则派驿站的快马把消息告诉天子,装着盔甲与弓箭的袋子也不运回朝,以示一雪前耻之意。天子得知战败的消息之后,要身穿素服在库门外痛哭三天,大夫则要穿着素服在土地庙痛哭,也是三天。如果将帅战死、城邑丢失,那么天子和大夫都要连哭七天。天子要派遣使者迎接军队回国,并诏令将帅无须请罪。然后将帅则用草绳绑住自己,裸露右肩进入国都,因为这所行的是丧礼。"

20.3　王曰:"行古礼如何?"大师曰:"古之礼固为于今也[①]。有其人[②],行其礼则可;无其人,行其礼则民弗与也[③]。"

【注释】

①固：本来，原来。

②有其人：此指有知礼之人。

③与：赞许，赞同。

【译文】

陈王说："现在要是实行古代的军礼怎么样呢？"太师说："古代的礼仪本来就是要为今所用的。如果现在有遵循古礼的人，那么施行古礼是可以的；但是如果没有愿意遵循古礼的人，硬要去施行古礼，那么民众也是不会赞同的。"

答问第二十一

21.1　陈人有武臣①，谓子鲋曰②："夫圣人者，诚高材美称也③。吾谓圣人之知，必见未形之前，功垂于身后④，立教而庶夫弗犯⑤，吐言而辩士不破也⑥。子之先君⑦，可谓当之矣。然韩子立法⑧，其所以异夫子之谓者，纷如也⑨。予每探其意而校其事⑩，持久历远⑪，遏奸劝善⑫，韩氏未必非，孔氏未必得也。吾今而后乃知圣人无世不有尔。前圣后圣，法制固不一也。若韩非者，亦当世之圣人也。子以为奚若⑬？"子鲋曰："子信之为然，是固未免凡俗也。今世人有言高者必以极天为称，言下者必以深渊为名⑭，是资势之谈⑮，而无其实者也。好事而穿凿也⑯，必言经以自辅，援圣以自贤，欲以取信于群愚而度其说也。若诸子之书，其义皆然，吾先君之所自志也⑰。请略说一隅⑱，而君子审其信否焉。"武臣曰："唯。"

【注释】

①陈:秦陈郡,治陈县(今河南淮阳)。武臣:秦汉之际诸侯王。陈人。秦二世元年(前209),陈胜起义占领陈县后,命他为将,与张耳、陈馀率军北攻赵地。下赵十余城,得数万人,号武信君。又听齐辩士蒯通计,不战而尽取赵地。至邯郸(今河北邯郸),自立为赵王。不听陈胜催其入关西进之令,北攻燕地以扩大势力,后为叛将李良袭杀。一说此武臣只是陈胜部下一位武将,并不一定是赵王武臣。

②子鲋:对孔鲋的尊称。

③高材:又作"高才",才能不同凡响的人。

④垂:传下去,传留后世。

⑤立教:树立教化,进行教导。戾夫:凶恶的人。

⑥辩士:有口才、善辩论的人。

⑦先君:已故的祖先,这里专指孔鲋的祖先孔子。

⑧韩子:指韩非,韩国人,战国时期法家思想的集大成者,著有《韩非子》。

⑨纷如:众多的样子。

⑩探:探求。校:考察。

⑪持久历远:维持长久,历久不变。

⑫遏奸劝善:遏制奸恶,劝勉向善。

⑬奚若:犹奚如、何如。

⑭今世人有言高者必以极天为称,言下者必以深渊为名:冢田虎曰:"徒设高且深之说,以为名闻耳。"极天,至天,达于天。语见《诗经·大雅·崧高》:"崧高维岳,骏极于天。"

⑮资势之谈:用来辅助话语情势的说法。

⑯穿凿:生拉硬扯,牵强解释。

⑰吾先君之所自志也:志,冢田虎本作"恶",冢田曰:"辩言利口,夫

子之所尝自恶也。'恶'本作'志',误。"傅亚庶按:以下文"故吾
以是默口于小道,塞耳于诸子久矣"观之,"恶"字疑是。

⑱一隅:指一个角落。亦泛指事物的一个方面。

【译文】

陈郡人武臣对子鲋说:"圣人,的确是对才智过人者的美称。我认为圣人的智慧,一定能够预见未来,他的功业将会永远流传于后世,确立教化使恶人不敢触犯礼法,所说的话使能言善辩的人都没有办法反驳。您的先祖孔子,可以说就是当之无愧的圣人。但是韩非所主张的刑法,与孔子的仁义观点的不同之处,实在是太多了。我每次探索他们二人言论的深意,考察他们所行之事,维持长久,历久不变,遏制奸恶,劝勉向善,韩非的观点未必一无是处,而孔子的观点也未必就完全正确。从今以后,我终于知道每个时代都是有圣人的。前代的圣人和后代的圣人,他们的主张观点本就不同。像韩非,也应当被称为他那个时代的圣人。您认为我的看法怎么样?"子鲋说:"如果你也认为这种看法是对的,那么你也不能幸免于凡俗。现在的人,一形容高就是到达天的顶点,一形容深就说下达深渊,这些都是用来为自己的谈话制造情势的,并不符合实际情况。那些多事并且喜欢穿凿附会的人,必然会援引经典来为自己的言语提供依据,借圣人的话来自我标榜贤能,想让愚昧的民众相信他们的话,从而使自己的学说有所依托。像诸子百家书中的内容都是这样的,这是我的祖先孔子所深恶痛绝的。让我举一个简单的例子,请您仔细分析它是否可信。"武臣回答:"好的。"

子鲋曰:"乃者赵、韩、魏共并知氏①,赵襄子之行赏②,先加具臣而后有功③。韩非书云'夫子善之',引以张本,然后难之④,岂有不似哉?然实诈也。何以明其然?昔我先君以春秋哀公十六年四月己丑卒⑤。至二十七年⑥,荀瑶

与韩、赵、魏伐郑，遇陈恒而还⑦，是时夫子卒已十一年矣，而晋四卿皆在也⑧。后悼公十四年⑨，知氏乃亡。此先后甚远，而韩非公称之，曾无怍意⑩。是则世多好事之徒，皆非之罪也。故吾以是默口于小道、塞耳于诸子久矣⑪。而子立尺表以度天⑫，直寸指以测渊，蒙大道而不悟⑬，信诬说以疑圣，殆非所望也。"武臣叉手跪谢⑭，施施而退⑮，遂告人曰："吾自以为学之博矣，而可吞于孔氏，方知学不在多，要在精之也。"

【注释】

①赵、韩、魏共并知氏：前453年，赵襄子赵毋恤、韩康子韩虎、魏桓子魏驹共灭智伯智瑶而分其地。知，同"智"。

②赵襄子：春秋战国之际晋国赵氏的封君赵毋恤，谥襄，史称赵襄子。执政后，与知伯、韩、魏尽分范氏、中行氏故地。后知伯势强，公开向赵氏索地。他拒不献地，知伯便联合韩、魏攻赵，他被迫退保晋阳（今山西太原），后与韩、魏联合，击灭知氏瓜分其地。

③先加具臣而后有功：赵襄子被困晋阳时，群臣皆有外心，惟高共不敢失礼。知氏被灭后，襄子行赏，高共为上。张孟同认为晋阳之难，高共无功。赵襄子曰："方晋阳急，群臣皆懈，惟共不敢失人臣礼，是以先之。"详见《史记·赵世家》。具臣，无所作为的臣子。高共，一作高赫。

④"韩非书云'夫子善之'"几句：《韩非子·难一》，引赵襄子先赏高共之事后曰："仲尼闻之，曰：'善赏哉襄子！赏一人而天下为人臣者莫敢失礼矣。'或曰：仲尼不知善赏矣。夫善赏罚者，百官不敢侵职，群臣不敢失礼，上设其法，而下无奸诈之心。如此，则可谓善赏罚矣。……为人臣者，乘事而有功则赏。今赫仅不骄侮，

而襄子赏之,是失赏也。明主赏不加于无功,罚不加于无罪。今襄子不诛骄侮之臣,而赏无功之赫,安在襄子之善赏也！故曰:‘仲尼不知善赏。’"张本,原由,依据。难,责难,诘问。

⑤哀公十六年:前479年。

⑥二十七年:哀公二十七年,前468年。

⑦陈恒:原作"陈垣"。据《左传·哀公二十七年》,荀瑶帅师伐郑,齐陈成子救郑,陈成子即陈恒。此当为形近而讹,据改。

⑧晋四卿:指知、赵、魏、韩四家。

⑨悼公十四年:前453年。

⑩怍意:惭愧的意思。

⑪默口:沉默不说话。小道:对儒家之外的学说、技艺的贬称。塞耳:堵住耳朵。谓有意不听。

⑫尺表:古代用以测日影的一种仪器。

⑬蒙:蒙昧无知。

⑭叉手:一种礼节。两手交叉齐胸,俯首到手,犹如后世之作揖。又作"抄手"。

⑮施施:形容走路缓慢。

【译文】

子鲋说:"从前赵、韩、魏三家一同吞并知氏,赵襄子进行赏赐,先赏赐没有功劳的具臣之后才赏赐有功劳的功臣。韩非在书中说‘孔子称赞赵襄子善于论功行赏’,韩非先引用孔子的话作为根据,然后再反驳孔子的说法,哪里有不像是正确的呢？然而他的说法并不符合事实。如何证明是这样的呢？我的先祖孔子在春秋时鲁哀公十六年四月己丑日去世。到哀公二十七年,荀瑶与韩、赵、魏一同讨伐郑国,遇见陈恒率齐国军队救郑无功而返,这时孔子去世已经十一年了,而晋国四卿都还在世。后来到鲁悼公十四年,知氏才灭亡。这时间先后相差甚远,而韩非公然这样说,并且没有丝毫的惭愧之意。由此可见,世上会有这么多的好事之徒,都是韩非的罪过啊。我因为这个原因对小道学说沉默不言、堵住耳朵不听诸子的学说已经很长时间了。而你以尺表来度量天的高度,用寸长的手指来测量深渊的深度,对于大道蒙昧无知而又执迷不悟,相信诬妄之言而怀疑圣人,实在不是我所希望看到的啊。”武臣叉手下跪道歉,缓缓地退下,于是对其他人说:“我自以为我的学问很广博,却被孔先生反驳得张口结舌,这才明白了学问不在于多,而是在于精通啊。”

21.2 陈王问太师曰:“寡人不得①,为贤所推而得南面称孤,其幸多矣。今既赖二三君子,且又欲规久长之图,何施而可?”答曰:“信王之言,万世之福也,敢称古以对。昔周代殷,乃兴灭继绝,以为政首②。今诚法之,则六国之不携③,抑久长之本④。”王曰:“周存二代,又有三恪⑤,其事云何⑥?”答曰:“封夏、殷之后,以为二代,绍虞帝之胤⑦,备为三恪。恪,敬也,礼之如宾客也。非谓特有二代,别有三恪也。凡所以立二代者,备王道、通三统也⑧。”王曰:“三统者何?”答曰:“各自用其正朔⑨,二代与周,是谓三统。”王曰:“六国之后君,吾不能封也。远世之王,于我何有?吾亦自举不及于周⑩,又安能纯法之乎?”

【注释】

①不得:无德,谦辞。得,通“德”。

②乃兴灭继绝,以为政首:冢田虎曰:“武王之代殷,而王于天下,其未及还师,乃封黄帝、尧、舜、夏、商之后,以兴灭国,继绝世,为仁政之首,故天下之民归心。”兴灭继绝,语出《论语·尧曰》:“兴灭国,继绝世。”谓使灭绝了的重新振兴起来,延续下去。

③六国之不携：冢田虎曰："言今诚法乎周，以封六国之后，则六国定不携贰，将永蕃屏焉，是亦当久长之本也。"六国，战国时除秦之外的齐、楚、燕、韩、赵、魏几国。携，离，叛离。

④抑：助词，用于句首。本：根本。

⑤周存二代，又有三恪：周朝新立，封前代三王朝的子孙，给以王侯名号，称三恪，以示敬重。周封三朝说法有二。一说封虞、夏、商之后于陈、杞、宋。《左传·襄公二十五年》："昔虞阏父为周陶正，以服事我先王。我先王赖其利器用也，与其神明之后也，庸以元女大姬配胡公，而封诸陈，以备三恪。"杜预注："周得天下，封夏、殷二王后，又封舜后，谓之恪，并二王后为三国。其礼转降，示敬而已，故曰三恪。"一说封黄帝、尧、舜之后于蓟、祝、陈。《诗经·宛丘》孔颖达正义："案《乐记》云：'武王未及下车，封黄帝之后于蓟，封帝尧之后于祝，封帝舜之后于陈；下车乃封夏后氏之后于杞，投殷之后于宋。'则陈与蓟、祝共为三恪，杞、宋别为二王之后矣。"后世帝王亦多承三恪之制。

⑥云何：如何，怎么样。

⑦绍：连续，继承。胤：后嗣。

⑧三统：指夏、商、周三代的正朔。

⑨正朔：古代改朝换代时新王朝颁行的新历法，后亦泛指历法。《史记·太史公自序》："汉兴五世，隆在建元，外攘夷狄，内修法度，封禅，改正朔，易服色。"

⑩自举：指自己举兵起事。一说意为自谓。举，称，言说。

【译文】

陈胜问太师孔鲋说："我虽然缺乏德行，却得到众多贤人的推举南面称王，这也是非常幸运的事情了。现在幸而仰赖几位君子辅佐我，我还想做进一步的长远规划，该怎么办呢？"太师说："果真像您说的，这真是千秋万代的福气，请让我引用古代的事例来回答。过去周朝取代殷商之后，把恢复已经灭绝的国家、延续已断掉的世系，作为首要的大事来做。现在如果能够效仿这种做法封六国诸侯之后，那么六国一定不会产生叛离之心，这也是谋求长久的根本。"陈王说："周朝保存二代，又有三恪，事情是怎么样的呢？"太师回答："周朝分封夏、殷的后代，这就是二代，封舜帝的后代以奉祀其祖先，完备成为三恪。恪，就是尊敬的意思，也就是尊敬他们如同对待宾客一样。不是说单独有二代，另外还设三恪。周朝之所以要分封二代，就是为了保存先王之道，使三统贯通。"陈王问："三统是什么呢？"太师回答："夏、商、周三代各有各的历法，夏、商二代的历法再加上周的历法，就是三统。"陈王说："六国的后代，我不能分封他们。上古时期的帝王，与我又有什么关系呢？我是自己兴兵起义，而不是继承周朝而来，又怎么能单纯属效仿周武王呢？"

　　21.3　陈王涉读《国语》言申生事①，顾博士曰②："始余信圣贤之道，乃今知其不诚也，先生以为何如？"答曰："王何谓哉？"王曰："晋献惑听谗，而书又载骊姬夜泣公，而以信入其言。人之夫妇夜处幽室之中，莫能知其私焉，虽黔首犹然③，况国君乎？予以是知其不信，乃好事者为之辞，将欲成其说，以诬愚俗也，故使予并疑于圣人也。"博士曰："不然也。古者，人君外朝则有国史，内朝则有女史④。举则左史书之，言则右史书之⑤，以无讳示后世⑥，善以为式⑦，恶以为戒。废而不记，史失其官⑧。故凡若晋侯、骊姬床第之私、房中之事⑨，不得掩焉。若夫设教之言⑩，驱群俗，使人入道而不知其所以者也。今此皆书实事，累累若贯珠，可无疑矣。"王曰："先生真圣人之后风也。今幸得闻命，寡人无过焉。"

【注释】

①申生：春秋时晋献公太子。献公宠骊姬，姬谮申生，欲立其子奚齐，献公使申生居曲沃。骊姬复进谗，公将杀之。有人劝之分辩，申生认为献公非骊姬寝食不安，不忍其父不快；有人劝之逃亡，申生认为自己背负弑君弑父之名，无处可以容身，乃自杀。

②顾：拜访。

③黔首：指平民，百姓。

④女史：古代女官名。以知书妇女充任，掌管有关王后礼仪等事。或为世妇下属，掌管书写文件等事。

⑤举则左史书之，言则右史书之：《礼记·玉藻》记载周代史官有左史、右史之分，左史记行动，右史记言语。《汉书·艺文志》则说左史记言，右史记事。

⑥无讳：没有隐讳。

⑦式：样式，榜样。

⑧史失其官：此指将史官免官罢黜。

⑨床笫（zǐ）之私：指夫妇间的私话、私事。笫，床上竹垫，亦为床的代称。

⑩设教：实施教化。

【译文】

陈王涉读到《国语》中讲到的关于申生的事，去拜访博士孔鲋并对他说："一开始我相信圣贤之道，但现在我认为这些事情并不真实，您是怎么看的呢？"孔鲋回答说："您说的是什么事情呢？"陈王说："晋献公昏庸听信谗言，但是史书中又记载了骊姬夜里对晋献公哭诉，晋献公也因为宠爱骊姬而信以为真的故事。人家夫妇晚上身处幽暗的房间之中，旁人并不能知道他们的私事，即使是平民百姓都是这样的，何况是一国之君呢？我由此知道这段记载不可信，这都是好事者编的话，想用来自圆其说，欺骗俗人的，因此使得我连圣人都怀疑了。"孔鲋说："不是这样的。古时候，君王在外朝有国史，在内朝有女史，一举一动由左史记录下来，言语号令由右史记录下来，把君王的言行毫无隐晦地展示给后代，正确的就用来让后代效仿，错误的就让后代引以为戒。如果对君王的言行废而不记，那么史官就会被罢黜。所以所有像晋侯、骊姬床第上的私话、闺房中的秘事，也不能掩盖。至于圣人用来教化百姓的言论，就是驱使凡夫俗子不知不觉地进入正道的方法。现在书中所记都是实事，像穿起来的珍珠一样连续不断，所以不必怀疑。"陈王说："您真不愧是圣人的后代。今天有幸得到您的教诲，我今后不会再犯错误了。"

21.4　陈王涉使周章为将①，西入关，将以诛秦。秦使将章邯距之②。陈王以秦国之乱也，有轻之之意，势若有余而不设敌备③。博士太师谏曰："章邯，秦之名将，周章非其敌也。今王使使需然自得而不设④，臣窃惑焉⑤。夫虽天之所舍，其祸福吉凶，大者在天，小者由人。今王不修人利以应天祥，若跌而不振⑥，悔之无及也。"王曰："寡人之军，先生无累也，请先生息虑也⑦。"又谏曰："臣闻兵法'无恃敌之不我攻，恃吾之不可攻也'⑧，今恃敌而不自恃，非良计也。"王曰："先生所言计策深妙，予不识也，先生休矣。"已而告人曰："儒者可与守成⑨，难与进取，信哉！"

【注释】

①周章：即周文，秦末农民起义将领。陈胜称王之后，授予他将军印，命其西向攻秦，他孤军深入，战败自杀。

②章邯：秦代名将。秦二世时为少府。率军先后镇压陈胜起义军，攻杀魏王咎、齐王田儋，破杀项梁。后在巨鹿（今河北平乡西南）为项羽所破，遂降项羽，被封为雍王，都废丘（今陕西兴平东南），

据咸阳以西的关中之地。楚汉战争中,刘邦围攻废丘,他兵败自杀。距:抵御。

③势若有余:据《史记·陈涉世家》,周章"行收兵至关,车千乘,卒数十万"。

④使使:有本作"使章",意义更明确。需然自得:自大的样子。

⑤窃:私自,暗中。

⑥跌:摔倒,这里指战败。振:挽救。

⑦息虑:消除担忧,消除杂念。

⑧无恃敌之不我攻,恃吾之不可攻:语见《孙子兵法·九变》。曹操注:"安不忘危,常设备也。"

⑨守成:保持前人的成就和业绩。

【译文】

陈王涉让周章担任大将,向西攻入函谷关,想要诛灭秦国。秦国派将领章邯率军抵抗。陈王因为秦国内部动荡不安,所以有轻敌的意思,认为本国的势力战胜秦国绰绰有余而不做戒备。博士太师孔鲋劝谏说:"章邯是秦国的名将,周章不是他的对手。现在您派周章去打仗,骄傲自满并且不对敌人设防,我私下里对这件事感到很疑惑。即使秦是被天命所舍弃的,其中的福祸吉凶,大的由上天掌握,小的还是由人掌握。现在您不利用人为的优势来顺应上天赐予的福祉,如果最终战败而无法挽救,到时后悔就来不及了。"陈王回答说:"我的作战安排,先生就不需要费心了,请您不要担忧。"博士又进谏说:"我听说兵法上说:不要寄希望于敌人不来进攻我,而要寄希望于我自己不会被攻破。现在您寄希望于敌人而不依靠自己,实在不是好的计谋啊。"陈王说:"先生您说的计策实在是高深精妙,我理解不了,请您不要再说了。"然后又告诉其他人说:"儒者可以与他们保守已有的成就,却很难跟他们一起进取,确实如此啊!"

博士他日复谏曰:"臣闻国大兵众,无备难恃。一人善射，百夫决拾①。章邯枭将②，卒皆死士也③。周章弱懦，使彼席卷来前，莫有当其锋者。"王曰："先生所称，寡人昧昧焉，愿以人间近事喻之。"答曰："流俗之事，臣所不忍也，今王命之，敢不尽情？愿王察之也。臣昔在梁，梁人有阳由者，其力扛鼎，伎巧过人，骨腾肉飞④，手搏躨兽⑤，国人惧之。然无治室之训⑥，礼教不立，妻不畏惮，浸相泄渎⑦。方乃积怒，妻坐于床答焉。左手建杖⑧，右手制其头。妻亦奋疌⑨，因授以背，使杖击之，而自撮其阴⑩，由乃仆地，气绝而不能兴。邻人闻其凶凶也⑪，窥而见之，趣而救之⑫。妻愈赣忿⑬，莫肯舍旃⑭。或发其裳，然后乃放。夫以无敌之伎力，而劣于女子之手者何？以轻之无备故也。今王与秦角强弱，非若由之夫妻也，而轻秦过甚，臣是以惧。故区区之心⑮，欲王备虑之也。"王曰："譬类诚佳，然实不同也。"弗听，周章果败而无后救，邯遂进兵击陈王，师大败。

【注释】

①一人善射，百夫决拾：古谚语，意思是为将者善战，其士卒亦必勇敢无前。《国语·吴语》："夫申胥、华登简服吴国之士于甲兵，而未尝有所挫也。夫一人善射，百夫决拾，胜未可成也。"韦昭注："言申胥、华登善用兵，众必化之；犹一人善射，而百夫竞着决拾而效之。"决拾，古代射箭用具。决，通"抉"，扳指，用以钩弦。拾，套在左臂上的革制套袖，用以护臂。

②枭将：勇猛的将领。

③死士：敢死的勇士。

④骨腾肉飞：宋咸注："言其骁捷，若骨腾肉飞然。"

⑤躒（zhàn）兽：行动迅疾的猛兽。

⑥治室：治家，持家。

⑦浸：逐渐。泄渎：轻慢，亵渎。

⑧建：举。

⑨奋恚（huì）：震怒。

⑩撮：用手指捏取东西。阴：生殖器。

⑪凶凶：即"讻讻"，喧扰的样子。

⑫趣：趋向，奔向。

⑬赣（zhuàng）：通"戆"，愚直。

⑭旃（zhān）：文言助词，相当于"之"或"之焉"。

⑮区区：犹方寸。形容人的心。引申谓真情挚意。

【译文】

博士孔鲋过了些日子又进谏说："我听说即使国家强大士兵众多，如果不预先做防备也难以依恃。一个人善于射箭，就会有一百个人争先效仿他。章邯是勇猛的将领，他率领的士兵都是勇于赴死的勇士。而周章生性懦弱，假如章邯的军队迅猛前来，没有办法抵挡得了他的锋芒。"陈王说："先生您所说的，我不是很能理解，请您以民间最近发生的事情来做比喻吧。"孔鲋回答说："社会上那种凡人俗事，我本不愿意讲，但是现在大王您命令我说，我怎敢不尽力满足您的愿望？希望您能够明察。我过去在梁国，梁国有个叫阳由的人，他力能扛鼎，技艺超群，身手矫健，敢徒手与走兽搏斗，梁国人都害怕他。但是他却治家无方，不懂礼教，他的妻子也不敬畏他，夫妻之间逐渐互相轻慢。有一天阳由正在气头上，他的妻子坐在床上回答他。于是他左手抄起木棒，右手钳制住妻子的头。他的妻子也勃然大怒，就把背部朝向阳由任他抽打，而同时用手捏住阳由的生殖器，阳由于是扑倒在地，奄奄一息站不起来。邻居听到他家里吵闹的声音，从门缝中看到了这种情形，连忙跑过来救他。妻子更加愤怒，不肯放手。有的人动手扯开她的衣裳，她才肯放手。阳由有无敌的力气与技艺，却败在一个女子手里，这是为什么呢？是因为他轻敌没有任何防备。现在您和秦国较量强弱，还不像阳由夫妻打架那样简单而您太过轻视秦国，所以我非常担忧。我诚挚的心思，是想让您能够谋虑周全啊。"陈王说："您这个比喻很好，但是实际上和我攻秦不一样。"陈王最终没有听从孔鲋的建议，最终周章果然战败，而陈王也没有挽救的方法，章邯于是进兵攻打陈王，陈王的军队惨败。

21.5　博士凡仕六旬，老于陈^①。将没^②，戒其弟子曰："鲁，天下有仁义之国也。战国之世，讲颂不衰^③，且先君之庙在焉。吾谓叔孙通处浊世而清其身^④，学儒术而知权变，是今师也。宗于有道，必有令图^⑤，归必事焉。"

【注释】

①老：死的讳称。

②没：通"殁"，死。

③讲颂：谓讲习学业，诵读诗书。

④叔孙通：西汉初期儒家学者。据本书《独治篇》所记，叔孙通曾师事孔鲋。

⑤令图：善谋，远大的谋略。

【译文】

孔鲋做官六十日，最终在陈地去世。他临死之时，告诫他的弟子说："鲁国是天下最有仁义的国家。在战国动荡不安的时候，仍然讲习学业，读书风气经久不衰，而且我的祖先孔子的庙宇也在那里。我认为叔孙通身处乱世却还能够洁身自好，学习儒术又通晓权变，是这个时代的宗师。尊奉有道德的贤人，一定会有远大的成就，你们今后回鲁国一定要拜他为师。"

卷七

【题解】

卷七所含《连丛子》分为上下两部,记汉代孔子后裔之作品与言论。《连丛子》,又称《续孔丛子》,旧称孔子十一世孙孔臧将其所做的赋与书裒辑成卷,附于《孔丛子》之后,列为《孔丛子》第二十二篇和第二十三篇。因题材不一,丛聚成书,所以称为《连丛》,又称《连丛子》。

《连丛子上》共九章,含赋四篇,书信两封,乃孔子十一世孙孔臧之作品;序一篇,乃宗人子通为孔奇的《左氏传义诂》所做的序,宗人子通,其人不可考;剩下《叙书》《叙世》篇,不知作者,然从《叙世》提及孔子十九世孙孔和来看,作者应是与其同时或在其后的某一位孔氏子孙。其中,孔臧的四篇赋词章华丽,意蕴深远,颇有汉赋韵味。

《连丛子下》共十一章,无章名。主要记述孔僖、孔季彦父子以及其他孔氏族人的言语行事。其中关于子和、长彦和季彦等人的记载,与《后汉书·儒林列传·孔僖传》相似。

此卷记载子顺以下孔氏世系,亦录入汉代孔氏谱系、家学、名人情况,颇有研究价值。特别是《叙书》《叙世》两篇,其中提到孔子八世孙子顺生有三个儿子,长子和次子享有孔氏继承权,却又有分别:长子一系继承殷统,次子一系继承祀孔权。小子一系无继承权,却因为军功而封侯。孔氏家族的特殊继承制,以往鲜为人知,并未引起重视,是与《连丛子》长期被视为伪书相关。

连丛子上第二十二

叙书

　　家之族胤①，一世相承，以至九世相魏②，居大梁。始有三子焉③：长子之后承殷统为宋公④，中子之后奉夫子祀为褒成侯⑤，小子之后产以将事高祖有功，封蓼侯⑥，其子臧嗣焉。历位九卿，迁御史大夫。辞曰："臣世以经学为家传相承，作为训法⑦。然今俗儒繁说远本，杂以妖妄，难可以教。侍中安国受诏⑧，缀集古义，臣乞为太常⑨，典臣家业，与安国纪纲古训⑩，使永垂来嗣⑪。"孝武皇帝重违其意，遂拜太常，其礼赐如三公。在官数年，著书十篇而卒。先时尝为赋二十四篇，四篇别不在集，似其幼时之作也。又为书与从弟及戒子，皆有义，故列之于左。

【注释】

①族胤：族裔，宗族的后代。

②九世：自孔子之父叔梁纥至子顺共九世，即：叔梁纥——孔子（字仲尼）——孔鲤（子伯鱼）——孔伋（字子思）——孔白（字子上）——孔求（字子家）——孔箕（字子京）——孔穿（字子高）——孔谦（字子顺，一名孔顺，字子慎）。

③三子：即子顺的三个儿子孔鲋（字子鱼）、孔腾（字子襄）、孔祔（字子交，一作子文）。

④宋公：西汉成帝绥和元年（前8），封孔吉（一说为其子孔何齐）为殷绍嘉侯。汉平帝元始二年（2），更名为宋公。

⑤褒成侯：对孔子后代的封号。西汉平帝元始元年（1）封孔均（原名孔莽，避王莽讳改名均）为褒成侯。

⑥小子之后产以将事高祖有功，封蓼（liǎo）侯：产，底本作"彦"。冢田虎曰："少子，子文。'彦'当作'产'。子文生蓼，字子产。从高祖，以左司马将军佐韩信，破楚于垓下，以功封蓼侯。子产生臧。"《史记·高祖功臣侯者年表》，孔蓼于汉高祖六年（前201），封蓼侯。

⑦训法：训释的法则。

⑧安国：即孔安国，是孔子第十一代孙，时为汉武帝博士，后为临淮太守。

⑨太常：为九卿之首。掌宗庙礼仪，兼管文化教育，包括选拔、培养、录用博士弟子员（太学生），以及选拔博士等。其居官清要，常以列侯、忠孝敬慎并有学问者任之。

⑩纪纲：治理，研治。

⑪垂：流传。来嗣：后世，后代。

【译文】

孔子家族世代相传，自先祖叔梁纥起九世到孔谦担任魏国国相，居住在国都大梁。孔谦有三个儿子：长子孔鲋的后代继承先祖殷统被封为宋公，二儿子孔腾的后代被封为褒成侯以奉祀孔子，小儿子孔祔的后代孔蓼作为将军追随汉高祖，因功被封为蓼侯，他的儿子孔臧继承了爵位。孔臧曾经做过九卿，后来升任御史大夫。他请辞说："为臣家族以经学为业，世代相承，确立了训释的法则。但现在的俗儒繁琐解说远离本义，夹杂着妖妄之言，实在难以用来教导世人。侍中孔安国受诏，搜集经学古义，臣请求担任太常一职，掌管家传事业与安国一同整理古训，让这些言论能够流传后世。"武帝因为难以违背他的意愿，于是任命他为太常，礼遇赏赐的规格如同三公。孔臧为官数年，著书十篇去世。他先前曾经作赋二十四篇，其中四篇没有收入文集，似乎是幼时所作。他又写信给堂弟及训诫孩子,内容丰富有意义,所以列于下文。

谏格虎赋

帝使亡诸大夫问乎下国①,下国之君方帅将士于中原,车骑骈阗②,被行岗峦。手格猛虎,生缚貙犴③。昧爽而出④,见星而还。国政不恤,惟此为欢。乃夸于大夫曰:"下国鄙固,不知帝者之事⑤。敢问天子之格虎,岂有异术哉?"大夫未之应。因又言曰:"下国褊陋,莫以虞心⑥,故乃辟四封以为薮,围境内以为林。禽鸟育之,驿驿淫淫⑦,昼则鸣嚯⑧,夜则嗥吟⑨。飞禽起而翳日⑩,走兽动而雷音⑪。犯之者其罪死,惊之者其刑深。虞侯苑令⑫,是掌厥禁。于是分幕将士,营遮榛丛⑬。戴星入野,列火求踪。见虎自来,乃往寻从。张罝网⑭,罗刃锋,驱槛车⑮,听鼓钟。猛虎颠遽⑯,奔走西东,怖骇内怀⑰,迷冒忪忪⑱。耳目丧精,值网而冲。局然自缚⑲,或只或双。车徒抃赞⑳,咸称曰工㉑。亦乃缚以丝组,斩其爪牙。支轮登较㉒,高载归家。孟贲被发瞋目㉓,躁猾纷华㉔。故都邑百姓,莫不于迈㉕。陈列路隅,咸称万岁。斯亦畋猎之至乐也。"

【注释】

①亡诸大夫:虚拟人名。亡,无。诸,之。汉赋中常用假托的人物展开描述或辩论,如司马相如《子虚赋》中的乌有先生,张衡《二京赋》中的凭虚公子、安处先生等。下国:诸侯国。

②骈阗(pián tián):聚集一起。也作"骈填""骈田"。

③貙犴(chū àn):亦作"貙豻"。貙和犴,皆猛兽。或以"貙犴"为

一兽,谓豵虎之大者。

④昧爽:拂晓,黎明。

⑤不知帝者之事:知,底本作"如",别本作"知",意长,据改。

⑥虞心:怡悦心情。虞,通"娱"。

⑦驿驿:连续不断的样子。驿,通"绎"。淫淫:众多。

⑧嚾(huān):喧嚣,喧哗。

⑨噪吟:噪叫。

⑩翳(yì):遮蔽,障蔽。

⑪雷音:雷鸣般的声音。

⑫虞侯:春秋时期掌管山泽的职官。苑令:古代掌管园林之官。

⑬榛丛:丛生的草木。

⑭罝(jū):捕捉兔子的网。也泛指捕鸟兽的网。

⑮槛车:用栅栏封闭的车。用于装载猛兽。

⑯颠:倒仆,倒下。遽:惶恐,窘迫。

⑰内怀:内心。

⑱迷冒:迷茫,迷糊。怔忪(zhēng zhōng):惊恐不安。

⑲局:屈身。

⑳车徒:车兵和步兵。此处泛指士兵。抃(biàn):拍手,鼓掌。

㉑工:巧,精。

㉒支轮:撑住车轮。支,撑。登较:装满车厢。登,载。较,车厢。

㉓孟贲:人名,战国时勇士,力大无比。此处代指勇士。

㉔躁猾:纷乱的样子。猾,扰乱。纷华:繁多,纷杂。

㉕于迈:出行。语出《诗经·大雅·棫朴》:"周王于迈,六师及之。"
　　郑玄笺:"于,往。迈,行。"

【译文】

皇帝派亡诸大夫慰问诸侯国,诸侯国的君主当时正率领将士在中原驰骋,只见车马聚集,遍布山岭。国君亲手射杀猛虎,生擒豵犴。黎明时分队伍出动,到了晚上星星出现才返回。不顾国家政事,单单以狩猎为乐。诸侯国君得意地问大夫说:"我们小国孤陋寡闻,不知道帝王的事情。请问天子捕猎猛虎,有什么特殊的方法吗?"大夫没有回应他。诸侯国君接着又说道:"我国地处偏僻,没有什么可以娱乐身心,所以开辟四野为湖泽,围住境内为园林。在其中繁育鸟兽,成群结队,数量众多,白天百鸟欢唱,夜晚野兽嗥叫。群鸟飞起则遮天蔽日,群兽奔腾则声震如雷。胆敢入内者死罪难逃,惊吓鸟兽者大刑伺候。虞侯和苑令,掌管着园林苑囿。于是分派将士,在丛生的草木中安营。趁夜进入荒野,举火寻求虎的踪迹。看见老虎来,便前往追赶。张开罗网,罗列刀剑,长驱槛车,听令钟鼓。猛虎恐惧跌倒,东西逃窜,慌乱惊惧,晕头转向。耳朵和眼睛都丧失灵敏,直冲罗网,自己被网所缚,或是一只,或是两只。军士们鼓掌叫好,都称精妙。于是用丝绳捆绑住猛虎,把它的爪子和牙齿斩掉。支住车辆,把虎装进车厢,满载而归。猛士披着头发瞪大眼睛,喧嚣纷杂。百姓都出城观看,夹道欢迎,高呼万岁。这就是狩猎的快乐啊。"

大夫曰:"顺君之心乐矣。然则乐之至也者,与百姓同之谓。夫兕虎之生①,与天地偕②,山林泽薮,又其宅也。被有德之君③,则不为害。今君荒于游猎④,莫恤国政⑤,驱民入山林,格虎于其廷⑥,妨害农业,残夭民命⑦,国政其必乱,民命其必散⑧。国乱民散,君谁与处?以此为至乐,所未闻也。"于是下国之君乃顿首曰:"臣实不敏⑨,习之日久矣。幸今承诲,请遂改之。"

【注释】

①兕(sì):古书所说的雌犀牛。

②偕:同,齐等。

③被：遇到。

④荒：纵欲迷乱，逸乐过度。

⑤恤：顾念，忧虑。

⑥廷：庭，院子。

⑦残夭：摧残，残害。民命：民众的生命，人命。

⑧民命：民心。

⑨不敏：不明达。

【译文】

大夫说："这只是顺应大王心意的快乐。但是快乐的最高境界，是与百姓同乐。犀牛猛虎这一类猛兽生来就是与天地为一体的，山林草泽就是它们的住宅。如果遇到有德的君王，它们就不会害人。现在您沉溺于畋猎，荒废国政，把百姓赶入山林，在老虎的庭院里与之搏斗，妨碍了农业的发展，残害了百姓的生命，国家之政事必然会混乱，民心必然会涣散。国家混乱民心涣散，那么您还能和谁在一起？把这等事情作为最大的乐事，我实在是闻所未闻。"于是诸侯国君磕头说："我实在是愚钝，以此为乐已经很长时间了。幸而今天得到您的教诲，我一定马上改正。"

杨柳赋

嗟兹杨柳①，先生后伤。蔚茂炎夏②，多阴可凉。伐之原野，树之中塘③。溉浸以时，日引月长。巨本洪枝，条修远扬。夭绕连枝④，猗那其房⑤。或拳句以逮下土⑥，或擢迹而接穹苍⑦。绿叶累叠，郁茂翳沉⑧。蒙笼交错⑨，应风悲吟。鸣鹍集聚，百变其音。尔乃观其四布，运其所临⑩。南垂太阳⑪，北被宏阴⑫。西掩梓园，东覆果林。规方冒乎半顷⑬，清室莫与比深⑭。于是朋友同好，几筵列行。论道饮燕，流川浮觞⑮。殽核纷杂⑯，赋诗断章。各陈厥志，考以先王⑰。

赏恭罚慢，事有纪纲。洗觯酌樽⑱，兕觥并扬⑲。饮不至醉，乐不及荒。威仪抑抑⑳，动合典常㉑。退坐分别，其乐难忘。惟万物之自然，固神妙之不如㉒。意此杨树，依我以生。未经一纪㉓，我赖以宁。暑不御箑㉔，凄而凉清。内荫我宗㉕，外及有生㉖。物有可贵，云何不铭？乃作斯赋，以叙厥情。

【注释】

①嗟：感叹词。兹：这个。

②蔚：草木茂密。

③中塘：即"中唐"，庭院。王粲《槐树赋》："惟中唐之奇树，禀自然之天姿。"

④夭绕：纤柔的样子。

⑤猗那：柔美、盛美的样子。语出《诗经·商颂·那》"猗与那与，置我鞉鼓"。房：花的子房。亦指花朵、花果。

⑥拳句（gōu）：即弯曲。句，同"勾"，弯曲。逮：及，及至。下土：此指大地。

⑦擢迹：此指向上生长。擢，抽拔，耸出。

⑧翳沉：像云雾般低沉。翳，云雾。

⑨蒙笼：草木茂盛的样子。

⑩运：此指用心考察。临：至。

⑪垂：覆盖，笼罩。

⑫宏阴：别本作"玄阴"，指月亮。

⑬规方：方圆。冒：超出。顷：十二亩半为一顷。

⑭清室：清凉的屋室。

⑮觞：古代酒器。

⑯殽核：指各种食品。殽，通"肴"，肉食。核，果品。

⑰考以先王：宋咸注："言考以先王之礼。"

⑱觯（zhì）、樽：皆古代酒器。

⑲兕觥（sì gōng）：古代酒器，盖一般成带角兽头形。后亦泛指酒器。

⑳抑抑：审慎谦谨的样子。

㉑典常：常法，常规。

㉒固神妙之不如：钱熙祚认为"如"字不合韵，有脱误。

㉓纪：纪年的单位，若干年数循环一次为一纪。有说十二年为一纪。

㉔箑（shà）：扇子。

㉕内荫我宗：宗，有本作"宇"。

㉖有生：有生命的人和物。

【译文】

杨柳啊，先生长出来而后便容易折伤。盛夏里长得茂密，树阴可以用来乘凉。在野外对其进行砍伐，把它栽在庭院。定时去灌溉，它会日夜生长。树根巨大，树干粗壮，枝条修长，随风飘扬。细枝纤柔，花朵柔美。低垂者向下弯曲直至地面，高耸者挺拔直立上接蓝天。绿叶层层叠叠，茂密得像云雾低沉。茂盛的枝叶交错，在风中低吟。群鸟聚集争鸣，百般变换声音。于是观察杨柳的分布，视其所至。向南遮蔽了太阳，向北挡住了月亮，向西遮蔽梓园，向东覆盖果林。方圆超过半顷，清凉的屋室也比不上它的幽深。于是要好的朋友约齐到这摆下宴席。讨论道义，饮酒燕乐，沿水而坐，曲水流觞。各类果品食品纷纷摆上，一边宴饮一边赋诗。每个人各陈其志，再考证其是否符合先王之道。恭敬者有赏，怠慢者受罚，宴饮也有规矩礼仪。把各式的酒杯洗净斟满，觥筹交错。畅快地饮酒却不及酒醉，尽情娱乐而不超乎常规。谨守礼仪秩序，动作合乎规范。一番宴饮后分别退席而坐，饮酒作诗的乐趣难以忘记。万物自然而然的样子，当然不是神妙的安排所能够比拟的。想来面前的这些杨柳，早年间是依傍我才得以长大，而现在不到一纪光阴，竟然是我赖它获得安宁。杨柳下清新凉爽，即使是在炎热的夏天也不用扇扇子。向内则荫蔽我的房屋，向外则惠及所有的人。杨柳这么珍贵，为什么不记载它呢？所以写下这篇赋，叙述我与杨柳之间的情感。

鸮赋

季夏庚子^①，思道静居。爰有飞鸮^②，集我屋隅。异物之来^③，吉凶之符，观之欢然。览考经书，在德为祥^④，弃常为妖^⑤。寻气而应^⑥，天道不逾^⑦。昔在贾生，有识之士，忌兹服鸟，卒用丧已^⑧。咨我令考^⑨，信道秉真^⑩，变怪生家，谓之天神。修德灭邪^⑪，化及其邻^⑫。祸福无门，唯人所求^⑬。听天任命，慎厥所修^⑭。栖迟养志，老氏之畴^⑮。禄爵之来^⑯，秖增我忧^⑰。时去不索^⑱，时来不逆^⑲。庶几中庸，仁义之宅^⑳。何思何虑？自今勤剧。

【注释】

①季夏：夏季的最末一个月，即农历六月。

②鸮（xiāo）：鸟名。俗称猫头鹰。

③异物：指不常见的事物。

④在德：符合德义。

⑤弃常：违背常理。

⑥寻气而应：依循吉凶之"气"产生相应的结果。寻，随着，循着。气，人或物的特点、属性。

⑦不逾：不变。逾，通"渝"，改变。别本作"渝"。

⑧"昔在贾生"几句：汉文帝三年（前177），二十三岁的贾谊因遭群臣嫉恨被贬为长沙王太傅。一天，一只鹏鸟（即鸮）飞进了他的住房。贾谊心情本来就抑郁不展，加之长沙卑湿，自以为寿命不长，猫头鹰进宅，更使他伤感不已。于是就写了一篇《鹏鸟赋》，

感叹世事万变、人世沧桑。贾生,贾谊,西汉著名政论家、文学家。洛阳(今河南洛阳东)人。所著政论有《陈政事疏》《过秦论》等,建议削弱诸侯之势,加强中央集权。主张吸取秦亡教训,重农抑商。服鸟,即鸮。夜鸣,声恶,古人以为不祥之鸟。服,通"鵩"。用,因此。丧己,失去自我。有两层含义,一指贾谊过于执著于得失而失去自我,一指他的早逝。

⑨咨:叹气的声音。令考:父亲,古时,考多指亡父,但有时也指在世的父亲。

⑩信道秉真:坚持大道秉持真义。秉,执,持。

⑪修德灭邪:修养德行,消除灾邪。

⑫化:熏陶,教化。

⑬祸福无门,唯人所求:意即自身的所作所为决定祸福。无门,指不知从何而来。

⑭慎厥所修:谨慎自我的德行修养。

⑮栖(qī)迟养志,老氏之畴(chóu):优游自得地修养自己的心志,这是老子所赞同的。老氏,指道家创始人老聃,著有《道德经》。畴,同"俦",类。

⑯禄爵之来:来,别本作"求"。

⑰秖(zhī):同"祇",用作助词,只。

⑱索:有意的追求。

⑲逆:违背。

⑳仁义之宅:仁义所在。

【译文】

夏末六月庚子日,在家里闲居思道。忽然有一只猫头鹰,飞落在我家的屋角。平时不常见的事物突然出现,往往预示着吉凶,我看着猫头鹰,它似乎很快乐。翻阅考察经书,说合乎德行的就是吉祥,而违背常理的则是妖异。吉凶之事是随着个人的德行而改变的,这是自古不变的规律。从前的贾谊，可谓有识之士，却厌恶鹏鸟，因此早早丧命。回想父亲曾教导我：信守天道秉持真义，家中即使突然出现奇怪的事物，那也是天降神异，修养自己的德行可以消灭灾祸，惠及四邻。祸福不知从何而来，都是人自己的行为招致的。听天由命，谨慎自己的一言一行。悠闲地颐养自己的心志，同老子一样。有了俸禄和爵位，只不过是徒增我的忧虑而已。时机走了不强求，时机来了不违背。中庸之道，差不多就是仁义所在。有什么好思虑担忧的呢？自今而后唯有勤奋努力而已。

蓼虫赋①

季夏既望②，暑往凉还。逍遥讽诵，遂历东园。周旋览观③，憩乎南藩④。睹兹茂蓼，结葩吐荣⑤。猗那随风，绿叶紫茎。爰有蠕虫⑥，厥状似螟⑦。群聚其间，食之以生。于是悟物托事，推况乎人⑧。幼长斯蓼，莫或知辛⑨。膏粱之子⑩，岂曰不云。惟非德非义，不以为家⑪。安逸无心⑫，如禽兽何？逸必致骄，骄必致亡。匪唯辛苦，乃丁大殃⑬。

【注释】

①蓼（liǎo）虫：寄生于蓼间的虫。蓼，植物名。生长在水边或水中。味辛，又名辛菜，亦称"水蓼"。

②既望：农历每月十六日。

③周旋：盘桓。

④南藩：南面的篱落。藩，篱笆。

⑤吐荣：开花。

⑥爰：于是。

⑦螟（míng）：昆虫的一种，主要侵害水稻，是南方主要害虫之一。

⑧推况：推及。

⑨幼长斯蓼,莫或知辛:蓼虫从小生长在蓼草中,不知道蓼草的味道辛苦。

⑩膏粱之子:养尊处优的贵族子弟。膏粱,肥肉和细粮。

⑪不以为家:不为家庭着想。

⑫安逸无心:贪图享受不求上进。

⑬匪唯辛苦,乃丁大殃:宋咸注:"言是虫浸辛而弗以为辛,犹膏粱之子浸骄而不以为骄,遂至乎大殃。"匪唯,非但,不只。丁,当,遭逢。

【译文】

夏末六月十六日,炎热退去,清凉到来。逍遥自在地吟诵之余,信步踱至东园。在园中盘桓游览,在南边的芭篱处小憩。看到那蓼草茂盛,正在结苞开花。绿叶紫茎,柔美地随风摇动。忽见蓼上有些蠕虫,形状像螟虫。群聚在一起,以吃蓼为生。于是我心生感悟,由物及人。蓼虫自幼在此生长,或许不知道蓼草味道苦辛。有钱人家养尊处优的子弟,怎说与此不同。无德无义,长此以往败坏家门。贪图个人安逸不求上进,与禽兽有什么区别呢? 安逸必然导致骄纵,骄纵必然导致败亡。不但会苦果难咽,而且会遭遇大祸。

与从弟书

臧报侍中:相知忿俗儒淫辞冒义①,有意欲校乱反正,由来久矣。然雅达博通②,不世而出;流学守株③,比肩皆是。众口非非④,正将焉立? 每独念至此,夙夜反侧,诚惧仁弟道未信于世⑤,而以独知为忿也。人之所欲,天必从之。旧章潜于壁室⑥,正于纷扰之际,欻尔而见⑦。俗儒结舌,古训复申,岂非圣祖之灵欲令仁弟赞明其道⑧,以阐其业者哉⑨? 且曩虽为今学⑩,亦多所不信,唯闻《尚书》二十八篇取象二十八宿,谓为至然也,何图古文,乃自百篇耶⑪? 如

《尧典》，说者以为尧、舜同道，弟素常以为杂有《舜典》，今果如所论⑫。及成王道雷风，周公信自在⑬，俗儒群驱⑭，狗吠雷同，不得其仿佛⑮，恶能明圣道之真乎？知以今雠古⑯，以隶篆推科斗⑰，已定五十余篇⑱，并为之传。云其余错乱，文字摩灭⑲，不可分了，欲垂待后贤⑳，诚合先君阙疑之义。顾惟世移，名制变改，文体义类转益难知㉑。以弟博洽温敏㉒，既善推理，又习其书，而犹尚绝意㉓，莫肯垂留三思㉔，纵使来世亦有笃古硕儒㉕，其若斯何？呜呼！惜哉！先王遗典，阙而不补，圣祖之业，分半而泯，后之君子，将焉取法？假令颜、闵不殁㉖，游、夏更生㉗，其岂然乎？其岂然乎？不能已已㉘，贵复申之。

【注释】

①淫辞：邪僻荒诞的言论。冒义：歪曲正义。冒，遮蔽，违反。

②雅达：雅正通达。

③流学：虚浮无根据的学说。守株：守株待兔的省称。比喻死守狭隘经验，不知变通。

④非非：犹言大不以为然。

⑤仁弟：指孔安国，即题中的"从弟"。

⑥旧章潜于壁室：此指汉初从孔子故宅壁中发现了一批儒家经书，因其是用古文字写成，所以又称为"古文经"。

⑦欻（xū）尔：忽然。

⑧赞明：显明。

⑨阐：扩大，显露。

⑩今学：指今文经学，西汉学者用当时通行的隶书传授的儒家经典。

⑪何图古文，乃自百篇耶：据孔安国《尚书序》，孔子曾整理古代从

唐虞以下至周的典、谟、训、诰、誓、命之文,编为百篇,即《尚书》。但汉初伏生所传今文《尚书》仅为二十九篇,古文《尚书》较之多十六篇,而"百篇之义,世莫得闻"。

⑫"如《尧典》"几句:今文《尚书》中《尧典》包括了《舜典》,而古文《尚书》中《舜典》是独立的一篇。

⑬成王道风雷,周公信自在:钱熙祚曰:"'道'疑'遭'。"成王遭风雷,指周武王病重,周公向祖先祈祷,请求自己代武王去死,将记有此事的册书封之金縢。后周公被谗,避往东方三年,这年秋天粮食丰熟,尚未收割,忽大风雷,谷物全部倒伏,成王与群臣打开金縢见到当时册书,幡然醒悟,迎回周公。事见《尚书·金縢》。

⑭俗儒群驱:傅亚庶曰:"'驱',疑为'讴'之讹。《孟子·告子下》'昔者王豹处于淇而河西善讴',焦循正义:'聚众声而为讴。'"

⑮仿佛:大致情况。

⑯雠(chóu):指校雠,校对。

⑰科斗:我国古代字体之一。以其笔划头圆大尾细长,状似蝌蚪而得名。

⑱已定五十余篇:孔安国《尚书序》:"以所闻伏生之书,考论文义,定其可知者,为隶古定,更以竹简写之,增多伏生二十五篇。伏生又以《舜典》合于《尧典》,《益稷》合于《皋陶谟》,《盘庚》三篇合为一,《康王之诰》合于《顾命》,复出此篇,并序凡五十九篇。"

⑲摩灭:磨损消灭,消亡。

⑳垂:犹委,委置。

㉑义类:文章事物的比义推类。

㉒博洽:广博。多谓学识广博。温敏:温厚聪敏。

㉓绝意:断绝某种意念。

㉔垂留:长久,不放弃。垂,用作敬辞,多用于上对下的动作。三思:再三思考。

㉕笃古:笃诚好古。

㉖颜、闵:颜渊、闵子骞。皆孔子弟子,以德行著称。

㉗游、夏:言偃,字子游;卜商,字子夏。皆孔子弟子,以文学著称。

㉘已已:已,休止。迭用以加重语气。

【译文】

　　孔臧我向侍中报告:知道您很久以来就痛恨俗儒用邪僻荒诞的言辞歪曲经意,有想要拨乱反正的意愿。但是学识渊博通达的人极为罕见,而浅薄狭隘的人却比比皆是。众人都不以为然,正道怎么才能够确立?每每独自想到这一点,总是整夜辗转反侧,实在是很害怕贤弟的古文经学还未为人信服,却以一家之言而遭人非难。然而只要是人锲而不舍地追求的,上天必定会满足他。昔日的经文藏于壁室之中,正当众人意见纷纭的时候,突然现世。俗儒都瞠目结舌,古训重新得到申明,难道不是圣祖在天之灵想要让贤弟彰显他的正道,扩大先祖之业吗?过去我虽然研究今文经学,却有很多不能信服的地方,只有《尚书》的二十八篇,据说是取象于天上的二十八星宿,认为这是可以确信无疑的,谁又能够想到古文《尚书》竟然会有百篇之多呢?例如《尧典》,经师们以为尧、舜同道所以夹杂舜的事迹,弟却常以为其中应当杂有《舜典》的内容,今天壁中藏书果真证明了您的见解。至于说成王遭遇狂风闪电,周公被委以重任的事,周公的文书就在那里,俗儒们众口乱讲,如同狗叫,根本与事实不符,又怎么能够明白圣人之道的真谛呢?我已经知道您现在正在将今文的《尚书》与古文的《尚书》核校,用今天的隶、篆文字来推断古代的蝌蚪文字,已经整理确定了五十余篇,并且为其作注解。又说其余的简牍错乱,或者文字磨灭,已经难以分辨了,想要放到后世等待贤人对其进行整理,这确实是符合先人遇到疑惑的地方就先空着而不作臆断的"阙疑"原则。但是世代推移,名物、制度变化,文体字义也更加能以辨别。以贤弟之博学聪慧,既擅长推究事理,又认真研习其书,尚且都想要放弃,不肯继续思考撰写,那么即使将来有笃诚且嗜好古经的大儒,又能够怎么样呢？唉！真可惜啊！先王遗留下来的典籍，有缺失的地方不去补全，圣祖的事业，有一半最终泯灭无法流传，后世君子要到哪里取法呢？假如颜渊、闵子骞没有死去，子游、子夏还能复生，他们岂会这样做吗？他们岂会这样做吗？我不能自已，但可贵的是我已经将我的想法如数说与贤弟听了。

与子琳书

告琳①：顷来闻汝与诸友生讲肄书传②，滋滋昼夜③，衎衎不怠④，善矣！人之进道，唯问其志。取必以渐，勤则得多。山霤至柔⑤，石为之穿；蝎虫至弱⑥，木为之弊。夫霤非石之凿，蝎非木之凿，然而能以微脆之形，陷坚刚之体，岂非积渐之致乎⑦？训曰："徒学知之未可多，履而行之乃足佳⑧。"故学者，所以饰百行也⑨。侍中子国⑩，明达渊博，雅好绝伦。言不及利，行不欺名，动尊礼法，少小及长，操行如故。虽与群臣并参近侍，见待崇礼，不供亵事，独得掌御唾壶。朝庭之士，莫不荣之⑪，此汝亲所见也。《诗》不云乎："无念尔祖，聿修厥德⑫。"又曰："操斧伐柯，其则不远⑬。"远则尼父⑭，近则子国，于以立身，其庶矣乎！

【注释】

①琳：孔琳，孔臧的儿子。

②友生：朋友。讲肄：讲论肄习。肄，通"肄"，学习。

③滋滋：勤勉的样子。

④衎衎（kàn）：和乐的样子。

⑤霤（liù）：向下流的水。

⑥蝎（hé）：木中蛀虫。

⑦积渐：逐渐形成。

⑧徒学知之未可多，履而行之乃足佳：宋咸注："此言古训有之，谓学以能践为善。"冢田虎曰："此训未审出处，盖其家之遗训。"

⑨饬：通"饬"，整治，整顿。

⑩子国：孔安国，字子国。

⑪"虽与群臣并参近待"几句：《后汉书》注引《汉官仪》："侍中，左蝉右貂，本秦丞相史，往来殿内，故谓之侍中。分掌乘舆服物，下至亵器虎子之属。武帝时，孔安国为侍中，以其儒者，特听掌御唾壶，朝廷荣之。"亵事，日常起居之事。唾壶，小口阔腹的盛痰器皿。

⑫无念尔祖，聿（yù）修厥德：诗见《诗经·大雅·文王》。无念，犹言勿忘，不要忘记。聿，助词。用于句首或句中。

⑬操斧伐柯，其则不远：语本《诗经·豳风·伐柯》："伐柯如何？匪斧不克。娶妻如何？非媒不得。伐柯伐柯，其则不远。"柯，斧柄。

⑭尼父：即孔子，字仲尼。后世尊称其为"尼父"。

【译文】

告知琳儿：最近听说你与好友学习书传，昼夜勤勉，乐此不疲，真是太好了！一个人能不能精进道艺，只要看他的志向就能够知道。收获一定是逐渐积累的，勤奋就会收获多。山中的水流是最柔的，但是石头也能被它穿透；木头里的蛀虫是最弱的，但木头却能被它蛀空。流水不是石头的凿子，蛀虫也不是木头的凿子，但是却能够用微弱的形体，攻陷坚硬的东西，这难道不是逐渐积累达到的吗？古训说过："光从书本学习知识不值得称赞，只有实践才能被人称道。"所以说学习是用来规范自己的行为的。侍中孔安国聪明练达，学识渊博，高雅超群。他说话不涉及利益，行为从不骗取虚名，一举一动遵守礼法，从小到大，操行不变。虽然与群臣一起作为皇上近侍，却受到皇上的礼敬和尊崇，不负责皇帝的日常起居之事，而是独自负责掌管御唾壶。朝廷上的官员，没有不视其为光荣的，这是你亲眼所见的。《诗经》不是说过吗："不要忘记你的祖先，要继承发扬祖先的道德。"又说："拿起斧头砍木头做斧柄，样本就在你的眼前。"远有孔子，近有孔安国，对于立身之道，学习他们就差不多了吧！

叙世

臧子琳，位至诸吏，亦传学问。琳子黄，厥德不修，失侯爵。大司徒光^①，以其祖有功德而邑土废绝，分所食邑三百户，封黄弟茂为关内侯。茂子子国，生子印，为诸生^②，特善《诗》《礼》而传之。子印生仲骥，为博士弘农守，善《春秋》三传，《公羊》《穀梁》训诸生。仲骥生子立，善《诗》《书》。少游京师，与刘歆友善^③。尝以清论讥贬史丹^④，史丹诸子并用事^⑤，为是不仕，以《诗》《书》教于阙里数百人。子立生子元，以郎校书。时歆大用事，而子元校书七年，官不益，故或讥以为不恤进取，唯杨子云善之^⑥。

【注释】

①大司徒光：孔光，字子夏，孔子十四世孙。时任大司徒。

②诸生：太学生。

③刘歆：字子骏，后改名秀，字颖叔。与父刘向领校群书。向死，歆复为中垒校尉，哀帝时为侍中，贵幸，卒成父业，著为《七略》。王莽持政，因与之有旧交，屡升任要职，封红休侯。王莽称帝，拜为国师。地皇末谋诛莽，事泄自杀。

④清论：公正的评论，亦指公正的舆论。史丹：字君仲。乐陵侯史高之子。元帝刘奭为太子时，他为中庶子侍从十余年。元帝即位，甚有宠。主立太子刘骜为嗣君，是为成帝。成帝立，封武阳侯。

专权跋扈，好饮酒，奢侈淫靡。卒谥顷。

⑤史丹诸子并用事：史丹九个儿子皆凭借史丹势力任为侍中诸曹，亲近在帝左右。凡四人侯，子弟至卿大夫二千石者十余人。

⑥杨子云：扬雄，字子云，蜀郡成都人。西汉时期辞赋家、哲学家。少时好学，博览群书。年四十余始出川，游于京师。成帝时以文见召，上呈《甘泉》《河东》《羽猎》《长杨》四赋，为汉王朝歌功颂德。不久为郎，给事黄门。历成、哀、平三朝皆无升迁。王莽篡位后，作《剧秦美新》歌颂之，然未获封爵，仅以年资高而转为大夫，校书天禄阁。后受刘歆之子刘棻进献"符命"案牵连，自杀未遂。旋因病免职。晚年潜心治学，致力著述，仿《论语》作《法言》，仿《易经》作《太玄》。

【译文】

孔臧的儿子孔琳，出仕为吏，也传习学问。孔琳的儿子孔黄，不修德行，失去了爵位。大司徒孔光，念其祖先有功而封邑被废除，就从自己的食邑中分出三百户，封孔黄的弟弟孔茂为关内侯。孔茂生子国，子国生子印，子印是太学的学生，尤其擅长《诗经》和《三礼》，并传授弟子。子印生仲骓，仲骓为博士，后来又任弘农郡太守，他擅长《春秋》三传，以《公羊传》和《穀梁传》来教授学生。仲骓生子立，子立擅长《诗经》和《尚书》。他年少时曾游历京师，和刘歆成为好友。曾公正无私地批评史丹，史丹的几个儿子都位高权重，子立因此不出仕为官，在家乡以《诗经》和《尚书》教授弟子数百人。子立生子元，子元以郎的身份参与典籍校勘的事情。当时刘歆正深受重用，而子元校对典籍七年，却没有加官进爵，所以有的人讥讽他不思进取，只有杨子云称赞他。

子元生子建，与崔义幼相善、长相亲也①。义仕王莽，为建新大尹②，数以世利劝子建仕。子建答曰："吾有布衣之心，子有衮冕之志。各从所好，不亦善乎？且习与子幼同志、故相友也③。今子以富贵为荣,而吾以贫贱为乐,志已乖矣。乖而相友,非中情也④。请与子辞。"遂归乡里。光武中兴,天下未悉从化⑤,董宪、彭丰等部众暴于邹、鲁之间⑥,郡守上党鲍府君君长患之⑦。是时阙里无故荆棘丛生⑧,一旦,自辟广千数百步,从旧讲堂坦然至里门⑨。府君大惊,谓子建曰:"岂卿先君欲令太守行飨礼⑩,助太守诛恶耶?"子建对曰:"其然。"府君曰:"为之奈何?"对曰:"庠序之仪⑪,废来久矣。今诚修之,民必观焉。且宪、丰为盗,或聚或散,非有坚固部曲也⑫。若行飨射之礼⑬,内为禽之之备⑭,外示以简易⑮,宪等无何⑯,依众观化⑰,可因而缚也。"府君从之,用格宪等⑱。

【注释】

①崔义:《后汉书・儒林列传》作崔篆。初为郡文学。举步兵校尉,辞不就。又为建新大尹,先称疾不视事;后公平理狱,所释二千余人,乃称疾辞官,闭门著书。

②建新大尹:王莽时,改千乘国为建信郡,又改为建新郡(故治在今山东高青东高苑城北),郡太守改称大尹。

③习:以往。

④中情:内在的真实心意。

⑤从化:归化,归顺。

⑥董宪:东汉初豪强。更始政乱长安后,起兵东海(治今山东郯城北)。建武三年(27),为梁王刘永擅立为海西王,拜翼汉大将军。六年(30),被光武帝刘秀派兵破杀。彭丰:董宪部将。率千余兵据鲁郡,称"将军",被汉设计所杀。

⑦上党鲍府君君长:鲍永,字君长,上党屯留(今山西屯留南)人。

时任鲁郡太守。少习欧阳《尚书》。更始时任尚书仆射,行大将军事,立有战功,被封为中阳侯。光武时,历任谏议大夫、鲁郡太守、扬州牧,封关内侯。建武十一年(35),任司隶校尉。敢于弹劾权贵,知名当时。后任兖州牧,卒于官。府君,汉代对郡相、太守的尊称。

⑧阙里:孔子故里,后建有孔庙。在今山东曲阜。

⑨坦然:平直广阔的样子。

⑩飨礼:古代一种隆重的宴饮宾客之礼。

⑪庠序:庠与序,皆为古时学校的名称。

⑫部曲:古代军队编制单位。大将军营五部,校尉一人;部有曲,曲有军候一人。借指军队。

⑬飨射:古礼。宴饮宾客并举行射箭之礼。

⑭禽:同"擒",俘虏。

⑮简易:疏略简单。

⑯无何:没有什么事。此指认为无事而不加防备。

⑰观化:观看教化。

⑱格:击,打。

【译文】

子元生子建,和崔义小时候便是好友,长大后关系亲密。崔义在王莽篡位之后任建新大尹,屡次用世俗名利劝子建做官。子建回答说:"我有当平民的志向,而你有当官的理想,我们各自追寻自己的喜好,不是很好吗?而且我儿时与你志趣相投,所以我们才能成为好友。现在你以富贵为荣,而我以贫贱为乐,我们的志向已经不一样了。志向不同还要继续当朋友,那便不是发自内心的真实想法。所以我还是离开吧。"于是子建便回到了家乡。光武帝中兴汉室之初,天下仍未全部归顺,董宪、彭丰等匪徒在邹鲁之间横行暴虐之事,鲁郡太守上党人鲍永为此感到忧虑不安。这时阙里不知为何荆棘丛生,一天早上,从旧讲堂至里门干净广阔,一共有一千几百步,荆棘忽然自动消失了。鲍永大惊,对子建说:"这难道不是你的先君想要让太守行飨礼,帮助太守除暴诛恶吗?"子建回答说:"当然是了。"鲍永问:"那应该怎么办呢?"子建回答说:"学校的礼仪,早就已经荒废了。现在如果能够恢复施行,百姓一定会前来观看的。而且董宪、彭丰这些匪徒,时而相聚时而散开,部众之中并没有死党。如果太守能够在举行乡射之礼时,在内做好抓贼的准备,对外则显示好像并没有什么防备的样子,董宪等人就会与众人一同来观礼,到那时就可以一举拿下他们。"鲍永按计行事,最终击杀了董宪等人。

子建生子仁,以文学为议郎、博士、南海太守。生子丰,子丰以学行闻,三府交命①,委质司空②,拜高第御史③。建初元岁大旱④,天子忧之,问群臣政教得失。子丰乃上疏曰:"臣闻为不善而灾至,报得其应也。为善而灾至,遭时运也。陛下即位日新⑤,视民如伤⑥,而不幸耗旱⑦,时运之会尔,非政教之所致也。昔成汤遭旱,因自责省故,散积减御损膳而大有年⑧。意者陛下未为成汤之事焉。"天子纳其言而从之。三日,雨即降。转拜黄门侍郎⑨,典东观事⑩。

【注释】

① 三府:汉制,三公皆可开府,因称三公为"三府"。东汉以太尉、司徒、司空为三公。

② 委质:臣属。司空:东汉三公之一,位高禄重,但无实权,名义上部按宗正、少府、大司农三卿,掌检查四方水土功课、奏殿最行赏罚,然仅受成而已。

③ 高第御史:指御史中等级高者。御史,官名。秦汉之后为纠察之任。

④ 建初元岁:78年。建初,东汉章帝年号(76—84)。

⑤日新：日日更新。《周易·系辞上》："富有之谓大业，日新之谓盛德。"孔颖达疏："其德日日增新。"

⑥视民如伤：形容帝王、官吏极其顾恤民众疾苦。

⑦耗旱：旱灾。耗，祸患，祸祟。

⑧散积：散发所积存的财物。减御：减少用度。御，对帝王所作所为及所用物的敬称。损膳：减膳，降低饮食标准。是帝王的一种所谓关心民瘼的表示。大有年：大丰收。

⑨黄门侍郎：侍从皇帝左右之官，传达诏命。

⑩东观：东汉时皇家藏书楼，在洛阳南宫，也是宫中著述和修史的地方。

【译文】

　　子建生子仁，因为文学上的才能先后出任议郎、博士和南海太守。子仁生子丰，子丰以学行闻名于世，大司马、大司空、大司徒三府都想委任其官职，最终子仁任职于司空府，官拜高第御史。建初元年，天下大旱，天子对此十分担忧，因而问群臣政教得失。子丰上书说："臣下听说不行善而有灾祸，是因果报应的结果。如果行善了灾祸却还是到来，这是时运不济的结果。陛下您继位之后德行日有增新，顾恤民众疾苦，却不幸遭此旱灾，这是正赶上这种时运，不是政教得失导致的。过去成汤遭遇旱灾，自责反省自己的行为，散发积存的财物，节制宫廷用度，减少三餐饮食，最后迎来了丰年。这样看来，陛下可能是还没有像成汤那样做吧。"天子采纳了子丰的建议，照他说的做了。三天之后，果然就下雨了。子丰升职为黄门侍郎，负责掌管东观之事。

　　子丰生子和。太中大夫鲍彦曰："人之性分①，气度不同。有体貌亢疏②，色厉矜庄③，仪容冰栗④，似若能断，而当事少决，不遂其为者；或性玄静⑤，不与俗竞，气不胜辞，似若无能，而涉事不顾，临危不挠者⑥。是为似若强焉，而不能胜量⑦；似若弱焉，而不可夺也。君子观之，以表推内，察容而度心,所以得之也。若是似类相乱,如何取实乎?"子丰曰:"夫人者,患在不察也。人之所综物才志也⑧。虑协于理,固以守之,此之谓强。知足以通变,明足以破伪,情足以审疑,果足以必志,固可以先事而功成矣!即所谓宽柔内思,不报无道之强,岂待形气之助乎?若乃貌济内荏⑨,高气亢戾⑩,多意倨迹⑪,理不充分,业不一定,执志不果,此谓刚愎,非强者也。是故君子欲必其行⑫。由是论之,强弱之分,不取于气色明矣,必也察志,在观其履事乎?非定计于内,而敏发于外,孰能称此强名乎哉?"

【注释】

①性分:天性,本性。

②亢疏:傲慢。

③矜庄:严肃庄敬。

④冰栗:犹严肃。

⑤玄静:谓清静无为的思想境界。

⑥挠:屈服。

⑦而不能胜量:别本并无"量"字。以下文"不可夺"例,当无"量"字。

⑧综物:犹治事。

⑨貌济:外貌整齐美好。荏(rěn):柔弱,怯弱。

⑩高气:骄傲。亢:高傲。戾:乖张。

⑪多意:志意不专一。倨迹:行踪不恭慎。

⑫是故君子欲必其行:必,肯定,断定。有本"行"字下有"而违其貌"四字,其意完足。

【译文】

子丰生子和。太中大夫鲍彦说:"人的天性,气度本是各有不同的。

有些人样貌傲慢,外表严肃庄敬,仪容庄严肃穆,看起来好像干练果断,实则遇事优柔寡断,最终一事无成;而有些人看起来性情清静无为,不喜与人竞争,言语无力,看起来好像没什么能力,实际上遇事能够不顾危难,临危不屈。所以说表面看似坚强的人,不一定就是胜者;而表面看起来羸弱的人,却可能有坚强的意志。君子判断一个人,是从他的外表推及他的内在,观察他的仪容来判断心志,从而断定这是一个怎样的人。如果看起来好像是同类但表现却不一样,如何才能了解他们的真实秉性呢?"子丰回答说:"人啊,最怕的是失察。人之所以能够治事理物,靠的是才干和意志。所考虑的合乎事理,一直坚守正道,这样就能够称作刚强。智慧足以应变,明察足以辨伪,精神足以决疑,果敢足以成事,这样就一定能预判事情而成功了!这就是所谓的要有宽宥的内心,不与蛮横无理的人斤斤计较,哪里还需要靠什么身强力壮来助威呢?那种色厉内荏、高傲乖张、三心二意、行为不恭、不讲道理、学业不专、守志不坚的人,这就叫做刚愎自用,并不是真正的强者。所以君子判断一个人的品性一定要观察他的行为而不是他的外表。这样看来,一个人到底是强者还是弱者,并不取决于他的外在气度是很清楚的,要判断一个人的意志,最重要的还是要看他是如何行事吧?如果不是那种内心信仰坚定,外在机敏干练的人,谁能配得上强者之名呢?"

子丰曰:"夫物有定名,而论有一至①。是故有可一言而得其极②,虽十言而不能夺者,唯析理即实为得,不以滥丽说辞为贤也③。然而世俗之人,聪达者寡,随声者众;持论无主④,俯仰为资⑤;因贵势而附从,托浮说以为定⑥;不求之于本,不考之于理。故冗长溷殽之言⑦,而众莫能折其中,所以为口费而无得也⑧。夫论辨者,贵其能别是非之理,非巧说之谓也。当要者,讷言得理⑨,此乃辨也,听者由弗之察。辞气支离⑩，取喻多端，幸较以类⑪，理不应实，而听者因形饰伪，徒赞然之，是所谓以巧辞多喻为辨，而莫识一言而别实者也。人皆欲剖析分理⑫，揆度真伪⑬，固不知所以精之，如自为得，其谬惑莫之甚焉，是故举多败事，而寡特之知⑭，困于群丑也⑮。夫聪者不可乱以淫声，明者不可眩以邪色，而世人不必聪明，故有气势者，益得之半，无此二者，损得之半也。"

【注释】

①一至：此指至为恰当周到的观点。

②极：中，中正的准则。

③滥丽：过度华丽。

④持论：立论，提出论点。

⑤俯仰为资：采取周旋应付的态度。俯仰，周旋，应付。资，取用。

⑥浮说：虚浮不实的言谈。

⑦溷（hùn）觳：混乱，杂乱。

⑧口费：犹辞费。谓多无谓的空话。

⑨讷言：言谈迟钝。

⑩支离：繁琐杂乱。

⑪幸较以类：幸，别本作"弗"，从上下文看，意胜，译文从之。

⑫剖析分理：辨析事理。

⑬揆度（kuí duó）：揣度，估量。揆，推测。

⑭寡特：孤立。

⑮群丑：邪恶之众。

【译文】

子丰说："事物总有一定的名称，言谈总有一定的结论。所以如果可以一句话阐明真理，那么即使十句话也不能改变，只有分析事理合乎实际才是切真的，而不是以华丽的辞藻为贤能。但是世俗之人中，聪慧的人少，附和从众的人多；议论言谈中没有主见，随便敷衍应付；因缘势利而附和权贵，依托虚浮不实的学说并以之为定论；不从根本上探求事物的究竟，也不考察事物的哲理。所以对于那种冗长混乱的言论，众人难以辨别其真实面目，所以就算费尽口舌也并没有任何收获。对于论辩，可贵的是能够辨别是非之理，而不是花言巧语。能够抓住问题的要点，论辩的语言切中事理，这才是真正的论辩，而听的人实际上是感觉不到善辩的。词句支离杂乱，从多方取喻，对比不伦不类，道理与事实不对应，而听的人被其外在迷惑，徒然称赞，这是所谓将巧辞多喻作为辩论，不知一言可以辨别事实的道理。人们都想要分析事理，辨别真伪，却不知怎样才能够精通，如果还自以为得到了真理，那就没有比这更谬误糊涂的了，所以行动多有失败，可是少数有智慧的人却反而遭受众人的诋毁。那些耳聪的人不为淫邪的乐声迷惑，目明的人不为邪色炫目，而世俗之人一般都非耳聪目明之人，所以论辩的人如果有气有势，可以为他带来一倍的好处，如果两者都没有的话，就会损失一半的好处。"

　　子丰善于经学^①，不好诸家书。鲍彦与子丰名齐而业殊，故谓子丰曰："诸家书多，才辞莫过《淮南》也^②，读之令人断气^③，方自知为陋尔。"子丰曰："试说其最工不可及者。"彦曰："'君子有酒，小人鼓缶。虽不可好，亦不可丑^④。'此语何如？"子丰曰："不急尔^⑤。"彦曰："且效作此语。"子丰曰："'君子乐宴，小人击拊^⑥。虽不足贵，亦不可贱。君子舞象^⑦，小人击壤^⑧。上化使然，又何足赏。'吾能作数十曲，但无益于世^⑨，故不为尔。"鲍子于是屈而无辞。

【注释】

①经学：把儒家经典作为研究对象的学问。

②《淮南》：《淮南子》，西汉淮南王刘安及其门客苏非、李尚、伍被等撰。刘向校定后称之为《淮南》，亦称《淮南鸿烈》。"鸿，大也；烈，明也，以为大明道之言也"（高诱《淮南子·叙》）。以道家思想为主，又兼采儒、墨、申、韩、阴阳五行诸家学说，纵横曼衍，博及天地之理、人间之事以及帝王之道，故一般视之为杂家著作。原分内外篇。

③断气：停止呼吸。此指令人震惊。

④"君子有酒"几句：语出《淮南子·说林训》。小人鼓缶，鄙陋之人就击缶作歌。丑，丑恶。

⑤不急尔：没有什么价值。急，要紧。

⑥击抃（biàn）：鼓掌。

⑦舞象：武舞的一种，用干戈之小舞。

⑧击壤：一种游戏。把一块鞋子状的木片侧放地上，在三四十步处用另一块木片去投掷它，击中的就算得胜。

⑨但：只是。

【译文】

子丰爱好儒家经学，不喜好其他诸子的学说。鲍彦与子丰齐名却研究不同的方向，因此对子丰说："诸子书虽然很多，但才气和言辞都比不上《淮南子》，读这本书会令人震惊到停止呼吸，这时候才明白自己才学浅薄。"子丰说："请你说说它写得最好的，其他人难以企及的文章吧。"鲍彦说："'君子有酒，小人鼓缶。虽不可好，亦不可丑。'这段话写得怎么样？"子丰说："没什么价值。"鲍彦说："那你效仿这一段作一首。"子丰说："'君子乐宴，小人击抃。虽不足贵，亦不可贱。君子舞象，小人击壤。上化使然，又何足赏。'我可以作几十首，只是这些于世无益，所以我不作这样的诗句。"鲍彦于是屈服其辞，无话可说。

左氏传义诂序

先生名奇,字子异,其先鲁人,即褒成君次儒第二子之后也^①。家于茂陵,以世学之门,未尝就远方师也。唯兄君鱼^②,少从刘子骏受《春秋左氏传》^③,于其讲业最明,精究其义,子骏自以学才不若也。其或访经传于子骏,辄曰:"幸问孔君鱼。吾已还从之诹道矣^④。"由是大以《春秋》见称当世。王莽之末,君鱼避地至大河之西,以大将军窦融为家^⑤,常为上宾,从容以论道为事。是时先生年二十一矣,每与其兄议学,其兄谢服焉。及世祖即祚,君鱼乃仕,官至武都太守关内侯,以清俭闻海内。先生雅好儒术,淡忽荣禄,不愿从政,遂删撮《左氏传》之难者^⑥,集为《义诂》。发伏阐幽,赞明圣祖之道,以祛后学^⑦。著书未毕,而早世不永^⑧。宗人子通痛其不遂^⑨,惜兹大训不行于世^⑩,乃校其篇目,各如本第,并序答问,凡三十一卷。将来君子,傥肯游意^⑪,幸详录之焉。

【注释】

①褒成君次儒:孔霸,字次儒,孔子第十三代孙。西汉昭帝时为博士。宣帝时拜太中大夫,授太子经。太子即位为汉元帝,孔霸为侍中、太师,赐爵关内侯,号褒成君。第二子:即孔霸次子孔捷。

②君鱼:孔奋,字君鱼。

③刘子骏:刘歆。

④诹道:咨询治学之道。

⑤窦融:字周公。东汉初大臣。光武即位,归汉,授凉州牧。以从破隗嚣功,封安丰侯。又拜为冀州牧,迁大司空。后加位特进。

⑥撮：摘取。

⑦祛：开。此指启发。

⑧早世不永：过早死去。不永，寿命不长久。

⑨宗人：同族的人。

⑩大训：大作，指孔奇所著之书《左氏传义诂》。

⑪游意：留意。

【译文】

先生名奇，字子异，先祖是鲁国人，他是褒成君孔霸第二子的后人。家在茂陵，因为其家世守家学的缘故，所以没有远游拜师求学。只有他的兄长孔奋字君鱼，年少时跟刘子骏学过《春秋左氏传》，对刘歆所讲学问理解最为明晰，并精心钻研书中蕴含的义理，子骏甚至自认为自己的才学不如君鱼。有人到刘子骏处询问经学，他就说："您去问孔君鱼吧。我自己也已经反过来向君鱼问道了。"君鱼因此以治《春秋》而著称于当世。王莽末年，君鱼到河西地区避难，在大将军窦融家借住，被奉为上宾，从容论道。那时先生二十一岁，每次与他的兄长论学，他的兄长都称谢表示佩服。等到世祖刘秀即位称帝，君鱼才出仕，官至武都太守关内侯，以他的清廉节俭闻名于世。先生爱好儒术，看淡荣华俸禄，不愿意从政，于是删节摘取《左氏传》中的难点，结集为《义诂》。此书阐发微言大义，宣扬孔子的仁义之道，以启发后学。书还没有著完，先生就早逝了。他同族的人子通痛惜其事业没有完成，大著无法流行于世，于是为此书校正篇目，按本来的次序编辑整理，原书的自序加上各篇经义答问，一共有三十一卷。将来治学的君子，如果肯留心参考这本书，必以详加摘录为幸。

连丛子下第二十三

23.1　元和二年三月①，孝章皇帝东巡狩，还过鲁，幸阙里，以太牢祠圣师②，作六代之乐③。天子升庙，西面。群臣在庭，北面，皆再拜。天子进爵而后坐，乃召诸孔丈夫年二十以上者六十三人④，临赐酒饭。子和自陈曰⑤："臣草莽所蔽，才非干时⑥，行非绝伦，托备先圣遗嗣⑦，世名学家。陛下谬加拔擢微臣兰台令史⑧。会值车驾东巡，先礼圣师，猥以余福⑨，惠及臣宗，诚非碎首所能报谢。"诏曰："治何经？"对曰："为《诗》《书》，颇涉《礼》《传》。"诏曰："今日之会，宁于卿宗有光荣乎？"对曰："非所敢当也。臣闻明王圣主，莫不尊师而贵道。今陛下尊臣祖之灵，贵臣祖之道，亲屈万乘，辱临弊里，此乃陛下所以崇圣也。若夫顾其遗嗣，得与群臣同受釐福⑩，此乃陛下爱屋及乌，惠下之道，所以崇德作圣⑪，臣宗弗与于光荣，非所敢承。"天子叹曰："非圣者子孙，恶有斯言？"遂拜子和郎中，诏随车驾，赐孔氏男女钱帛。子和从还京师，遂校书东观。

【注释】

①元和二年：85年。元和，汉章帝年号（84—87）。

②太牢：古代祭祀，牛、羊、豕三牲具备谓之"太牢"。

③六代之乐：即"六乐"。谓黄帝、尧、舜、禹、汤、周武王六代的古乐。指《云门》《咸池》《大韶》《大夏》《大濩》《大武》。

④诸孔丈夫：孔氏一族中的男子。

⑤子和：孔僖，字子和。

⑥干时：治世。

⑦托备先圣遗嗣：遗嗣，后裔，后代。傅亚庶曰："'圣'下原本无'遗'字，叶氏藏本有'遗'字，是，据补。"

⑧兰台令史：官名。兰台本为汉代宫廷藏书处，由御史中丞管理。后设兰台令史，掌书奏及印工文书，秩六百石。

⑨猥：犹辱、承。谦辞。

⑩釐（xī）福：福气。釐，福。

⑪作圣：成圣，成为圣贤。

【译文】

元和二年三月，章帝东巡，经过鲁国，君临阙里，以太牢祭祀孔子，奏六代之乐。章帝登上庙堂，面对西方。群臣在孔庙的中庭，面向北，行再拜之礼。章帝以酒祭孔之后入座，召见孔子后代中年龄在二十岁以上的男子共六十三人，并亲赐其酒食。子和向章帝说道："臣在乡间长大，既没有治世的才能，也没有超群的行为，只是单单凭借孔子后代的身份，被世人称为学者，陛下误加提拔任命我为兰台令史。适逢陛下东巡，礼敬我的先祖圣师孔子，又将余福，赐予臣的同宗族人，实在不是我等粉身碎骨所能报答的。"章帝问："你治什么经书？"子和回答说："臣治《诗经》和《尚书》，同时《三礼》和《春秋》三传也偶有涉及。"章帝又问："今天的盛会，对于你们宗族难道不是很光荣的事情吗？"子和回答："我等不敢当啊。臣听闻明王圣主，没有不尊师重道的。现在陛下您尊崇臣先祖之灵，看重臣祖之道，亲屈万乘之尊，莅临臣的乡里，这是陛下尊崇先圣的壮举。至于陛下顾恤先祖的后代，让我们同享福分，那是因为您爱屋及乌，将皇恩给予臣下的族人，是陛下崇尚德行成就圣君的行为，这些都与臣下族人的荣耀不相关，所以不敢承受。"章帝感叹说："如果不是圣人的后代，又怎么能讲出这样的话呢！"于是任子和为郎中，命其跟随皇帝左右，同时赏赐孔氏男女钱财和布帛。子和跟随章帝回到京师，奉命在东观校书。

其年十二月为临晋令①。其友崔骃以其家《卦林》占之②，谓为不吉。语子和曰："盍辞乎？"答曰："学不为人，仕不择官，所以为吉也。且卜以决疑，不疑何卜③？吉凶由人，而由《卦林》乎？”径往之官。三年秋八月④，天子巡后土⑤，登龙门⑥。子和自请从行在所⑦。天子识其状貌，燕见移时⑧，赐帛十端。还。而九月既望，寝疾，浸而不瘳⑨，乃命其二子留葬焉⑩。

【注释】

①临晋：汉县名。治所在今陕西大荔东朝邑旧县东南。东汉末移治于今大荔。

②崔骃：字亭伯。年十三通《诗经》《周易》《春秋》。博学有才，善作文，与班固齐名。后为车骑将军窦宪主簿。窦宪骄恣，崔骃屡劝不听。后出为长岑长，不赴任而归。《卦林》：宋咸注：“《卦林》当作《易林》。案：后汉崔篆尝著《易林》六十四篇，用决吉凶，多所占验。篆乃骃之祖父也，故曰以其家《易林》占之。一作《家林》。”傅亚庶按：“《孔僖传》：‘冬，拜临晋令，崔骃以《家林》筮之。’李贤注：‘崔篆所作《易林》也。’”

③卜以决疑，不疑何卜：语出《左传·桓公十一年》。

④三年：元和三年（86）。

⑤后土：后土祠，汉武帝置，为皇帝祭土地神后土之处，在汉汾阴县（今山西万荣西南）。后，即君之意，后土即土地之君。一说上古时共工氏之子句龙曾任后土之职，管理水土有功，后世奉为土神，称后土。

⑥龙门：龙门山，在今山西河津西北和陕西韩城东北。山跨黄河东西，黄河至此，两岸峭壁对峙，形如阙门，故名。

⑦行在所：指天子所在的地方，专指天子巡行所到之地。

⑧燕见：古代帝王退朝闲居时召见或接见臣子。移时：经历一段时间。

⑨浸:逐渐。不瘳(chōu):疾病不愈。

⑩留葬:指客死异乡,就地埋葬。

【译文】

同年十二月子和被任命为临晋县县令。他的朋友崔骃用自己家传的《卦林》为子和占卜,占卜的结果不好,崔骃就对子和说:"为什么不辞官呢?"子和回答说:"治学不是为了他人,出仕不挑别官职,这就是吉。况且占卜是为了决定疑问,已经没有疑问了为什么还要占卜呢?吉凶由人的行为决定,哪里是由《卦林》来决定的呢?"于是径自前往任职。元和三年秋八月,章帝巡视后土祠,登龙门山,子和自请至章帝所到之处拜见。章帝记得他的相貌,闲暇时接见他谈了很长一段时间,赐予他布帛十四。子和返回了临晋。九月十六日,子和病重,渐渐卧病不起,于是命两个儿子将他埋葬于此。

二子长曰长彦,年十有二;次曰季彦,年十岁。父之友西洛人姚进先有道,征不就,养志于家①,长彦、季彦常受教焉。既除丧,则苦身劳力,以自衣食。家有先人遗书,兄弟相勉,讽诵不倦。于时蒲阪令汝南许君然造其宅,劝使归鲁,奉车二乘。辞曰:"载柩而返,则违父遗命;舍墓而去,则心所不忍。"君然曰:"以孙就祖,于礼为得②,愿子无疑。"答曰:"若以死有知也,祖犹邻宗族,父独留此,不以剧乎③?吾其定矣。"遂还其车。于是甘贫味道,研精坟典④,十余年间,会徒数百。故时人为之语曰:"鲁国孔氏好读经,兄弟讲诵皆可听。学士来者有声名,不过孔氏那得成。"长彦颇随时,为今学⑤。季彦壹其家业⑥,兼修《史》《汉》,不好诸家之书。

【注释】

①养志:保摄志气。指培养、保持不慕荣利的志向。多指隐居。

②以孙就祖,于礼为得:冢田虎曰:"孙承祖统,以就其乡,此于礼不以为失也。"

③剧:极,甚。

④坟典:三坟、五典的并称,后作为古代典籍的通称。

⑤今学:今文经学的省称,经学中研究今文经籍的学派。今文经,指西汉学者用当时通行的隶书书写传授的儒家经典。

⑥壹:专一。

【译文】

　　子和的两个儿子,长子名为长彦,十二岁;次子名为季彦,十岁。子和生前的朋友西洛人姚进先以有道闻名于世,被朝廷征召,不去做官,隐居在家,长彦、季彦常受其教。丧期之后,两人辛苦耕种,依靠自己的劳力来维持生活。家里存有先祖遗留下来的典籍,兄弟二人相互勉励,认真研读不曾倦怠。这时蒲阪令汝南许君然到他们家拜访,劝兄弟二人返回鲁国,并送上两辆车。兄弟二人辞谢说:"载着父亲的灵柩返回故乡,则是违背了父亲生前的意愿;舍弃父亲的坟墓离开,实则于心不忍。"君然说:"孙子回到祖父身边,这是合乎礼的,希望你们不必怀疑。"兄弟二人回答说:"如果死后有感知,祖父仍与宗族为邻,父亲却独留在此,这不是太说不过去了吗?我们已经下定决心了。"于是将车还给君然。兄弟二人安贫乐道,精心研读经典,十余年间,就有了数百名弟子。当时的人称赞说:"鲁国孔氏好读经,兄弟讲诵皆可听。学士来者有声名,不过孔氏那得成。"长彦比较顺应时势,研读今文经学。季彦则专心继承家学,兼修《史记》《汉书》,而不喜欢诸子著作。

　　23.2　华阴张太常问如何斯可谓备德君子^①,季彦答曰:"性能沉邃^②,则不可测;志不在小,则不可度;砥厉廉隅^③，则不可越；行高体卑^④，则不可阶^⑤。兴事教业，与言俱立。舍己从善，不耻服人。交友以义，不慕势利。并立相下，不倡游言^⑥。若此可谓备德矣。"张生曰："不有孝悌忠信乎？"答曰："别而论之，则应此条。总而目之^⑦，则曰孝悌忠信。"张生闻是言，喜而书之。

【注释】

①太常：官名，为诸卿之首。职掌宗庙祭祀礼仪，兼选试博士。

②沉邃：深邃，精深。

③砥厉廉隅：谓磨炼节操。砥厉，同"砥砺"，磨炼，锻炼。廉隅，棱角，喻指方正的操守。

④体卑：礼仪谦恭。体，通"礼"。

⑤阶：上达，到达。

⑥游言：浮夸不实的言论。《礼记·缁衣》："大人不倡游言。"

⑦总而目之：总起来讲。目，称。

【译文】

华阴张太常问怎么样才能算是德行完备的君子，季彦回答说："性情深邃，旁人不可猜测；志向远大，旁人不可揣度；磨炼节操，旁人不可超越；行为高尚内心谦卑，旁人不可到达。做事做官，立功立言并重。舍弃自身想法，从善如流，不以信服别人为耻。凭借义来交友，不贪慕权势利益。待人谦虚有礼，不说浮夸之言。做到这样就可以说是有德之人了。"张太常说："不是还应该有孝悌忠信吗？"季彦回答说："具体分开来讲，则应该具备前面所说的；如果总体来看，就可以归纳为孝悌忠信。"张太常听完这些话，高兴地记了下来。

23.3　鲁人有同岁上计而死者^①，欲为之服，问于季彦。

季彦曰："有恩好者,其缌乎^{②}? 昔诸侯大夫共会事于王,及以君命同盟霸主,其死则皆有哭临之礼^{③}。今之上计,并觐天子^{④},有交燕之欢。同名绨素^{⑤},上纪先君,下录子弟,相敦以好^{⑥},相厉以义^{⑦}。又数相往来,特有私亲。虽比之朋友,不亦可乎!"

【注释】

①同岁:同一年。这里指同一年被举荐之人。上计:地方官于年终将境内户口、赋税、盗贼、狱讼等项编造计簿,遣吏逐级上报,奏呈朝廷,借资考绩,谓之上计。

②缌(sī):细的麻布。此指缌麻服,古代一种丧服,死者远亲穿用。

③哭临:人死后集众举哀或至灵前吊祭。

④觐:朝见。

⑤绨(tí)素:丝绸,指用于书写的布帛。

⑥敦:友谊深厚。

⑦厉:同"励"。振奋,勉励。

【译文】

鲁国有人的同年在上计时死去了,这个人想要为他服丧,来向季彦请教。季彦说:"对于情深义重的朋友,应当为其服缌麻之丧吧? 过去诸侯大夫共同朝觐天子的时候,以及奉天子之名会盟霸主的时候,如果有人不幸去世了,那么大家都要去灵前为他行哭临之礼。现在的上计吏,与你一同朝觐天子,并且有过同桌宴饮之乐。你们共同在帛书上题名,上纪先君,下录子弟,友谊深厚,以仁义相互勉励。又经常有往来,私下情谊非常深厚。即使把丧仪上升到朋友的之礼,不也是可以的吗?"

23.4　崔骃学于太学而粮乏,邓卫尉欲饩焉而未果^{①}。

季彦年九岁,以其父命往见卫尉曰:"夫言不在多,在于当理;施不在丰,期于救乏。崔生,臣父之执也^②,不幸而贫,公许赈之,言既当理矣,从来有日,嘉贶未至^③。或欲丰之,然后乃致乎?"答曰:"家物少,须租入,当猥送^④。"季彦曰:"公顾眄崔生^⑤,欲分禄以周其无,君之惠也。必欲待君租入,然后猥致,则于崔生为赢^⑥。非义^⑦,崔生所不为也。且今已乏矣,而方须租入,是犹古人欲决江海以救牛蹄之鱼之类也^⑧。"邓公曰:"诺。"

【注释】

①卫尉:为九卿之一。掌官门卫士,宫中巡查事。饩(xì):赠送食物。

②执:朋友。志同道合的朋友简称"执"。

③贶(kuàng):赠,赐。

④猥:众,多。

⑤顾眄(miǎn):看重,赏识。

⑥赢:多。

⑦非义:此句上别本有"受人以自赢"五字。

⑧古人欲决江海以救牛蹄之鱼:《庄子·外物篇》记庄子向监河侯借粮,监河侯曰:"诺。我将得邑金,将贷子三百金,可乎?"庄子说来时见车辙中的鲋鱼将要干死,向他求斗升之水活命,庄子说:"诺。我且南游吴、越之王,激西江之水而迎子,可乎?"鲋鱼忿然作色曰:"吾失我常与,我无所处。吾得斗升之水然活耳。君乃言此,曾不如早索我于枯鱼之肆!"牛蹄之鱼,小坑里的鱼。比喻濒临死亡之境。

【译文】

崔骃在太学学习,缺少粮食,邓卫尉想赠予他粮食却没有履行诺言。

季彦时年九岁,奉父亲的命令去拜访邓卫尉,说:"言语不在于多,而在于言之有理;施舍也不在于丰厚,而在于能够解救困乏。崔先生是我父亲的朋友,不幸家贫,您已经许诺救济他,而且言辞也合情合理,可是已经过了这么长时间,您的馈赠之物还没有送到。您或许是想等粮食充足了,再送过去吗?"邓卫尉回答说:"家中粮食不多,要等到粮租收上来,到时再多多赠送给他。"季彦说:"您非常赏识崔骃,想要把自己的俸禄分给他周济贫困,这是您对他的恩惠。但是等到您将粮租收齐,再多多赠送给他,那时的粮食对于崔骃来说就太多。这不是仁义之事,崔骃是不会接受的。而且现在崔骃已经缺粮,您却还要等到粮租收齐才去接济他,这无异于古人所说的引江海之水来救小坑里的鱼啊。"邓卫尉听完之后说:"我明白了。"

23.5　梁人取后妻[①],后妻杀夫,其子又杀之。季彦返鲁,过梁,梁相曰:"此子当以大逆论[②]。礼,继母如母,是杀母也。"季彦曰:"言如母,则与亲母不等,欲以义督之也。昔文姜与杀鲁桓[③],《春秋》去其'姜氏'[④]。《传》曰:'不称"姜氏",绝不为亲,礼也。'[⑤]绝不为亲,即凡人尔。且夫手杀重于知情[⑥],知情犹不得为亲,则此下手之时,母名绝矣。方之古义,是子宜以非司寇而擅杀当之[⑦],不得为杀母而论以逆也。"梁相从之。

【注释】

① 梁:汉朝诸侯国。取:同"娶"。

② 大逆:封建时代称危害君父、宗庙、宫阙等罪行为"大逆",为"十恶"之一。当判处死刑。

③ 文姜与杀鲁桓:文姜是春秋时齐僖公之女,齐襄公异母妹,嫁与鲁

桓公为夫人,生鲁庄公。她与齐襄公乱伦,鲁桓公得知责备她,她向齐襄公告状,齐襄公令彭生杀死了鲁桓公。

④《春秋》去其"姜氏":《春秋·庄公元年》:"三月,夫人孙(逊)于齐。"依《春秋》书例,当书"夫人姜氏",这里不书"姜氏",《公羊传》曰:"夫人何以不称姜氏?贬。曷为贬?与弑公也。"

⑤"《传》曰"几句:见《左传·庄公元年》。

⑥知情:文姜是谋杀鲁桓公的知情人,却没有亲手杀死鲁桓公。

⑦非司寇而擅杀:罪名。有可能判处流刑而不杀。司寇,官名。古代中央政府中掌管司法和纠察的长官。

【译文】

梁人娶后妻,后妻杀了丈夫,梁人的儿子又杀了这位后妻。季彦回鲁国的途中路过梁国,梁相对他说:"这个儿子应当以大逆的罪名来处置。按礼的规定,继母也是母亲,他这是杀了母亲。"季彦回答说:"说是如同母亲,那实际上就与亲生母亲不同,这是想用道义约束人们。过去文姜参与谋杀鲁桓公,所以《春秋》在记事时去掉了'姜氏'而只称'夫人'。《左传》的解释是:'不称"姜氏",是为了与她断绝关系,这是合乎礼法的。'既然断绝了亲属关系,那就如同普通人一般了。而且亲手杀人者要比知情不报者罪行更重,连知情不报者都不再被视为亲人了,那这个继母在下手的时候,母亲的名份就已经不存在了。对比文姜的事件而论,梁人的那个儿子应当以不报官而擅自杀人的罪名处罚,而不应当以杀母判为大逆罪。"梁相听从了他的话。

23.6 弘农太守皇甫威明问仲渊曰①:"吾闻孔氏自三父之后②,能传祖之业者,常在于叔祖③。今观《连丛》所记,信如所闻。然则伯、季之后,弗克负荷矣④。"答曰:"不然也。先君所以为业者,非唯经传而已。可以学则学,可以进则进,可以止则止。故曰'无可无不可'也。盖唯执行中庸,其于得道,非末嗣子孙所能及也。是以先父各取所能:能仕则仕,能学则学。自伯祖之子孙,世仕有位。季祖之子孙,或学或仕,或文或武,所统不壹。故学不稽古⑤,仕无高官,文非俎豆⑥,武非戢兵⑦,不专故也。"皇甫曰:"如高明之言,是故弗克负荷已。"答曰:"伯之子孙,今何其仕⑧?季之子孙,何所仕?所以世得闻焉。且人之才性,受天有分。若如君之论,则成王、伯禽虽致泰平⑨,皆当以不圣蒙弗克负荷之罪乎?"皇甫笑曰:"善。"既而或谓仲渊曰:"以古人推之,自可如皇甫之言尔。而子矜之⑩,何也?皇甫虽口与子,心实不与也。"答曰:"吾其然。然此君来言,颇欲相侵,故激至于此,岂曰得道?由不获已也⑪。"

【注释】

①皇甫威明:即皇甫规,字威明。东汉名将。曾为中郎将,征讨叛羌零吾部,大破之。先零诸种羌慕其威信,相劝降者十余万。北边威服。后征为尚书。迁弘农太守,封寿成亭侯,让封不受。仲渊:孔扶,字仲渊,季彦的族人。

②三父:指孔子八世孙子顺的三个儿子:孔鲋(字子鱼)、孔腾(字子襄)、孔祔(字子文,一字子交)。

③叔祖:冡田虎曰:"叔祖,谓子襄。子襄之后,奉夫子祀为襃成侯。"

④负荷:继承。

⑤稽古:考察古事。

⑥俎(zǔ)豆:俎和豆,古代祭祀、宴会时盛肉类等食品的两种器皿,这里指主持礼仪。

⑦戢(jí)兵:息兵,停止军事行动。

⑧何其仕：意同下文"何所仕"。傅亚庶曰："'何其仕''何所仕'相
　　对为文，一作'其'，一作'所'，乃换文避复。'其'犹'所'也。"
⑨成王：周成王，周武王之子。伯禽：周公之子，鲁国第一代国君。
　　泰平：太平。
⑩矜：自尊，自大，自夸。
⑪不获已：不得已。

【译文】

　　弘农太守皇甫威明问仲渊说："我听说孔氏自从三父之后，能继承祖先事业的，是叔祖的后人。现在看《连从子》中所记载的，的确所言不虚。那么伯祖、季祖的后人，就是不能继承祖先事业了。"仲渊回答说："不是这样的。先祖视之为事业的，不仅仅是经传。可以做学问则做学问，可以做官则做官，可以家居则家居。这叫作'无可无不可'。大概只有实行中庸，就其得道而言，不是后世子孙所能企及的。所以父辈们各尽其能，能当官的就去当官，能治学的就去治学。伯祖的子孙，世世出仕有官位。季祖的子孙，有的人治学有的人当官，有的人从文有的人从武，并不统一。治学不能考察古代之事，做官没有得到高官厚禄，习文不会主持礼仪大典，习武无法平息天下战事，这都是因为心性不专一啊。"皇甫威明说："如先生所说，正说明不能继承祖先的事业啊。"仲渊回答说："伯祖的后代，今天都在做什么官？季祖的子孙，今天都在哪里任职？他们都是举世闻名的人物。而且人的禀赋，生来就有差别。如果像您说的那样，成王、伯禽虽然实现了国泰民安，但是也要因为他们不是圣人而蒙受不能继承祖先事业之罪吗？"皇甫威明笑着说："说得好。"过了不久，有人对仲渊说："以古人的话来推论，皇甫威明的话是没错的。你向他自夸，是为什么呢？皇甫虽然嘴上同意你的说法，心里却是不认可的。"仲渊回答："我也知道这一点。但是他的那番话，是存心冒犯，所以才将我激怒至此，我说的那些话也不能说全部都是合乎道理的，是出于不得已罢了。"

23.7　长孙尚书问季彦曰①："处士②,圣人之后也,岂知圣人之德恶乎齐?"答曰:"德行邈于世③,智达秀于人④,几于如此矣。"曰:"圣人者,必能闻于无声,见于无形,然后称圣尔。如处士所言,大贤则能为之。"季彦曰:"君之论,宜若未之近也。夫有声,故可得而听;有形,故可得而见。若乃无声,虽师旷侧耳⑤,将何闻乎? 无形,虽离娄并照⑥,将何睹乎?《书》曰'惟狂克念作圣'⑦,狂人念思道德,犹为圣人。圣人,大贤之清者也⑧。贤人,中人之清者也。"

【注释】

①长孙尚书:其人不详。长孙,复姓。尚书,官名。

②处士:泛指未做过官的士人。此指孔季彦。

③邈(miǎo):高超。

④智达:聪慧敏达。秀:特出,高出。

⑤师旷:春秋晋国乐师,以善于辨音闻名。侧耳:侧转头部,使一耳略前略高。形容仔细地听。

⑥离娄:传说中的视力特强的人。《孟子·离娄上》焦循正义:"离娄,古之明目者,黄帝时人也。黄帝亡其玄珠,使离朱索之。离朱,即离娄也,能视于百步之外,见秋毫之末。"照:观察,看。

⑦惟狂克念作圣:语出《尚书·多方》。意谓狂人能想做善事就可以成圣人。克,能,能够。

⑧清:单纯不杂。

【译文】

长孙尚书问季彦:"处士您是圣人的后代,知道圣人的德性是怎样做到完备的吗?"季彦回答说:"道德行为出类拔萃,聪慧敏达超过常人,大概就是如此吧。"长孙尚书说:"圣人必定是能够闻于无声,见于无形,这样的人才能够成为圣人。像您听说的，大贤也能做到。"季彦说："您的论点，似乎没有接近现实。有声音，所以能够听得见；有形状，所以能够看得见。如果没有声音，即使让师旷来侧耳倾听，他能听到什么呢？没有形状，即使离娄睁大双眼看，他能看到什么呢？《尚书》说'狂人能够想到要做善事就可以做圣人'，狂人心念道德，也还可以做圣人。圣人，不过是大贤之中清明的人而已。贤人，不过是中人之中清明的人而已。"

23.8　孔大夫谓季彦曰^①："今朝廷以下，四海之内，皆为章句内学^②，而君独治古义。治古义，则不能不非章句内学。非章句内学，则危身之道也。独善固不容于世，今古义虽善，时世所废也，而独为之，必将有患。盍固已乎^③？"答曰："君之此言，殆非所望也。君以为学，学知乎？学愚乎？"大夫曰："学所以求知也。"季彦曰："君频日闻吾说古义^④，一言辄再称善，善其使人知也，以为章句内学迂诞不通，即使人愚也。今欲使吾释善善之知业，习迂诞不通之愚学，为人谋如此，于义何居^⑤？且君子立论，必折是非^⑥，以是易非，何伤之如？主上聪明庸知^⑦，不欲两闻其义，博览古今，择善从之，以广其圣乎？吾学不要禄^⑧，贵得正义尔，复以此受患，犹甘心焉。先圣遗训，壁出古文，临淮传义^⑨，可谓妙矣，而不在科策之列^⑩，世人固莫识其奇矣。斯业之所以不泯，赖吾家世世独修之也。今君猥为禄利之故，欲废先君之道，此殆非所望也。若从君言，是为先君之义灭于今日，将使来世达人见今文俗说^⑪，因嗤笑前圣。吾之力此，盖为先人也。物极则变，比百年之外，必当有明真君子^⑫，恨不与吾同世者。"于是大夫怅然曰："吾意实不及此也，敢谢不敏。"

【注释】

①孔大夫：此指孔昱，字元世，东汉末年的名士，孔子的第十九世孙。

②章句内学：当时以章句之学为内学，以经术为外学。章句，分析文字的章节与句读。

③盍固已乎：何不姑且放弃呢？固，通"姑"，姑且，暂时。已，停止。此指放弃。

④频日：往日。

⑤居（jī）：语助词。

⑥折：判断。有本作"析"。

⑦庸知：何知。意即何所不知，无所不知。有本做"睿知"，意即明智，也通。

⑧要禄：希求利禄。要，探求，求取。

⑨临淮：指孔安国。他曾做过临淮太守。

⑩科策：教授考试。科，设科。开设课程，教授。也指考试。策，射策。汉代考试取士方法之一。

⑪今文俗说：指今文经的章句内学。

⑫明真：纯真，纯粹。真，有本作"慎"，两字皆有真诚、慎重之意。

【译文】

孔大夫对季彦说："现在朝廷以下，四海之内都从事章句内学的研究，只有您研究古文经义。研究古文经义，不能不攻击章句内学。攻击章句内学，就会惹祸上身。独善其身就会不容于世，现在古文经义虽好，但是却被世人所摒弃，而您偏偏治这种学问，一定会招致灾祸的。为什么不姑且放弃呢？"季彦回答说："您所说的这些话，不是我所希望听到的。您认为学，是学知？还是学愚？"大夫说："学是为了求知。"季彦说："您往日听我说古义经义，听一言就连连称好，称赞古文经义使人聪明有智慧。并以为章句内学迂腐怪诞于理不通，使人愚昧。可是现在您却想让我放弃使人聪慧的学问，去研究迂腐怪诞、使人愚昧无知的内学，您这样考虑,又将道义置于何处?而且君子出言立论,必须先辨明是非,如果是非颠倒,那将会带来多大的危害?皇上聪明无所不知,不也想听听两方面的意见,博览古今,择善而从,来增广自己的圣明吗?我治学不为利禄,只是为了追求其正义,如果因为这样而遭受灾祸,那我心甘情愿。先圣遗留的训义,见于孔壁发现的古文经,临淮太守孔安国为其作注解,传达其中的义理,可谓是深得其妙,但是古文经义没有被列入科策取士的范围,世人根本没有认识到它们的妙处。这学问之所以没有消失,正是仰赖我们家世世代代独自修习。现在您居然以利禄为理由,想要废弃祖宗的学问,这实在不是我所希望看到的。如果遵从您的建议,那么祖宗的学问将从此失传,将要使后世明达之人见到今文经学的浅薄,因而嗤笑前朝圣人。我之所以极力维护古文经学,都是为了祖宗的事业得以继承。物极则变,等到百年之后,必然有明达纯粹的君子,恨不能与我生于同世。”于是孔大夫怅然若失地说:“我确实是没有想到这些,请您原谅我的不明事理。”

23.9　杨太尉问季彦曰①:“吾闻临晋君异才博闻②,周洽群籍③,而世不归大儒何?”答曰:“不为禄学故也。恶直丑正,实繁有徒,辩经说义,辄见憎疾。但以所据者正,故众人不能害尔。免害为幸,何大儒之见归乎?”

【注释】

①杨太尉:此指杨震,字伯起。明经博览,诸儒呼之“关西孔子杨伯起。”东汉安帝时为太尉,不畏强御。

②临晋君:指季彦的父亲孔僖。孔僖曾为临晋令。

③周洽:周遍,普遍。

【译文】

杨太尉问季彦:“我听说你的父亲临晋君才华出众,见识广博,精通各种典籍，为什么没有被世人看作儒学大家呢？"季彦回答说："原因在于他不愿为利禄而治学。嫉妒品行正直的人，世上这种人实在是太多了，我的父亲与别人辨经说义，就遭受他人的憎恨嫉妒。但是因为他论据确凿无误无懈可击，所以众人没有办法伤害他。免遭灾祸已是万幸，哪里还能奢求被视为大儒呢？"

23.10　季彦见刘公。客适有献鱼者，公孰视鱼，叹曰："厚哉，天之于人也！生五谷以为食，育鸟兽以为之肴。"众坐佥曰①："诚如明公之教。"季彦曰："贱子愚意，窃与众君子不同，以为不如明公之教也。何者？万物之生，各禀天地，未必为人。人徒以知得而食焉。《孝经》曰：'天地之性，人为贵②。'贵有知也。伏羲始尝草木可食者，一日而遇七十二毒，然后五谷乃形，非天本为人之生也。蚊蚋食人③，蚓虫食土④，非天故为蚊蚋生人，为蚓虫生地也。知此不然，则五谷鸟兽之生，本不为人，可以为无疑矣。"公良久，曰："辨哉！"众坐默然。

【注释】

①佥（qiān）：全，都。

②天地之性，人为贵：语出《孝经·圣治章》。

③蚊蚋（ruì）：蚊子。

④蚓虫：蚯蚓。

【译文】

季彦去拜访刘公。恰巧遇见有客人献鱼，刘公盯着鱼看了半天，感叹说："上天真是厚待于人啊！生长五谷用来做食物，孕育鸟兽有用来做佳肴。"在座的人全都说："确实是如明公所说。"季彦说："鄙人粗浅的理解，与在座各位不同，认为不能赞同明公的言论。为什么呢？万物各禀天地而生，未必就是为了供人享用。人只是因为有智慧才得以将它们作为食物。《孝经》说'天地之性，人为贵。'贵在有智慧。伏羲最初尝草木以分辨出其中能吃的，一天遇到了七十二种毒，然后才培育出五谷，这并非是上天为人类而创造的。蚊子叮人，蚯蚓吃土，并不是天为了蚊子而生人，为了蚯蚓而生地。知道这个道理，那么也就能明白五谷、鸟兽本不为人而生，这一点是毋庸置疑的。"刘公思考了很久才说："真是善辩的人啊！"在座众人都不说话了。

23.11　永初二年①，季彦如京师，省宗人仲渊②。是年夏，河南四县雨雹如桮杯③，大者如斗，杀禽畜雉兔，折树木，秋苗尽。天子责躬省过，并令幽隐有道术之士，各得假变事④，亟陈厥故。季彦与仲渊说道其意状曰："此阴乘阳也。贵臣擅权，母后党盛⑤，多致此异，然乃汉家大忌。"时下邳长孙子逸止仲渊第，闻是言也，心善之，因见上，说焉。上召季彦，季彦见于德阳殿⑥，陈其事，如与仲渊言也，曰："陛下增修圣德，虑此二者而已矣。夫物之相感，各以类推。其甚者必有山崩地震，白气相因⑦，其事不可尽论。往者延平之中⑧，邓后称制⑨，而东垣巨屋山大崩⑩，声动安邑⑪，即前事之验者。"帝默然，左右皆不善其言。季彦闻之，曰："吾岂容媚势臣而欺天子乎？"后子逸相鲁，举季彦孝廉，固辞不就。会遭兄长彦忧⑫，遂止乎家。季彦为人谦退爱厚，简而不华，终不以荣利变其恬然之志。见不义而富贵者，视之如仆隶。其笔则典诰成章⑬，吐言必正名务理⑭，故每所交游，莫不推先以为楷则也。年四十有九，延光三年十一月丁丑卒⑮。

【注释】

①永初二年：108年。永初，东汉安帝年号（107—113）。

②省（xǐng）：看望。

③棬（quān）杯：一种木质饮器。

④假变事：凭借这场灾难。假，凭借。变事，突然发生的重大事件。

⑤贵臣擅权，母后党盛：冢田虎曰："时邓太后犹临朝。后之兄弟四人，邓骘为车骑将军，封上蔡侯。悝，虎贲中郎将。弘及阊皆侍中，亦各为万户侯。"

⑥德阳殿：东汉都城洛阳（今洛阳东郊）北宫的主殿，在崇贤门内。据说周旋容万人，陛高二丈，殿前的朱雀阙高耸入云，几十里外即可看见。

⑦白气：有本作"乖气"。指邪恶之气，不祥之气。冢田虎曰："乖气，谓阴阳乖逆。"

⑧延平：东汉殇帝年号（105—106）。

⑨邓后：汉和帝的皇后邓绥，太傅邓禹之孙女。初入官为贵人，以貌美谦让，得和帝嘉爱。阴后以巫蛊事被废，和帝以邓贵人为皇后。帝卒，殇帝即位，尊后曰皇太后。殇帝立一年而卒，邓后又定策立安帝，亲主朝政。主政期间，政局稳定。称制：行使天子的职权。

⑩东垣：东汉以垣县改名。治所在今山西垣曲东南。

⑪安邑：县名。治所在今山西夏县西北禹王城。

⑫忧：丧事。

⑬其笔则典诰成章：典诰，《尚书》中《尧典》《汤诰》等篇的并称，亦泛指经书典籍。此指文章如《尧典》《汤诰》般典正。笔，有本作"举笔"。傅亚庶按："作'举笔'与下'吐言'相对。"

⑭正名：辨正名称、名分，使名实相符。

⑮延光三年：124年。延光，东汉安帝年号（122—125）。

【译文】

永初二年，季彦到京师看望同族之人孔仲渊。这年夏天，河南四县下冰雹，大小如同杯子一样，有的甚至像斗一样大，砸死了许多家禽、牲畜、野鸡和野兔，树木被折断，庄稼全部被毁。天子自责省过，并且命令隐居的有道之人，各自根据这场灾变来向皇帝阐述其中的缘故。季彦向仲渊谈到灾变之事时说："这是阴气侵陵阳气所招致的。位高权重的大臣把持朝政，母后一派势力强盛，往往是招致这类灾祸的原因，这是汉王室的大忌。"当时，下邳人长孙子逸正在仲渊家，听到这些话后，内心十分赞许，便在见到汉安帝时说起了此事。天子召见季彦，季彦在德阳殿觐见汉安帝，叙说这件事，与对仲渊所说的一样，并说："陛下要提高圣明君主的德行，只用考虑贵臣专政和母后干政这两件事就可以了。天灾与人事之间相互感应，都可依据已经发生的同类事物来推断。最严重的天人感应一定有山崩或者地震发生，邪恶之气趁机而起，这一类事情无法全部加以论说。过去延平年间，邓后代行皇帝职权，东垣巨屋山大规模崩塌，声动安邑，这就是以前应验的事。"天子沉默不语，左右大臣均不赞同他所说的话。季彦听到之后说："我哪里能谄媚献好权臣而欺骗天子呢？"后来子逸担任鲁国国相，以孝廉推举季彦做官，季彦坚决推辞没有去。当时恰逢他的兄长长彦的丧事，所以居家不出。季彦为人谦虚厚道，朴实无华，始终没有因为荣华利禄变更自己的恬淡之志。见到不义而富贵的人，就视之如同奴仆，他的文章如先贤典籍一般典正，说话实事求是符合道理，所以每个与他交往的人，没有不推举季彦为楷模的。季彦享年四十九岁，在延光三年十一月丁丑这一天去世。

附录

《孔丛子》佚文

【题解】

　　《孔丛子》佚文散见于先秦两汉其他书籍及唐宋类书,它们或是在版本流传过程中自然亡佚,或为该书最早注释者北宋时期宋咸故意删去,今笔者在清人及近现代学者的辑佚基础上,整理分类而得明确标识"孔丛子"类佚文十四条,"小尔雅"佚文十七条,共计三十一条。其中,明确标识"孔丛子"者,第一、第十三、第十四条,为东北师范大学张明博士辑拾;第三条为傅亚庶校补(《孔丛子校释》,2011年中华书局出版);第二、第四至第十二条,为孙少华、王兆萍所辑(《孔丛子辑佚考实》,东方论坛2008年第二期);第十五条以下,标名"小尔雅""小雅"或"尔雅"者,为清人王煦、宋翔凤、葛其仁、王宝仁、胡承珙等所辑。兹列于此,以备后考。

　　(一)孔丛子曰:"赵人公孙龙云:'白马非马。马者所以命形,白者所以命色。夫命色者非命形,故曰白马非马也。'"(刘孝标《世说新语·文学第四》注引)

　　(二)孔丛曰:"夫子墓茔方一里,在鲁城北六里泗水上。诸孔氏封五十余所,人名昭穆,不可复识,有铭碑三所,

兽碣具存。（郦道元《水经·泗水注》引）

（三）孔丛云：“夫子墓（《北堂书钞》卷第九十四礼仪部十五“墓”后有“授”字，《渊鉴类函》卷三百七十四“墓”作“坟”）方二（《北堂书钞》卷第九十四礼仪部十五、《太平御览》九百五十二木部、《渊鉴类函》卷三百七十四“二”作“一”）里，诸弟子各以四方木（《太平御览》九百五十二木部、《北堂书钞》卷第九十四礼仪部十五、《渊鉴类函》卷三百七十四“木”上有“奇”字）来植之（《太平御览》九百五十二木部“植”作“殖”），今盘根犹存。”（《艺文类聚》卷四十礼部下引伍辑之《从征记》引）

（四）孔丛子曰：“儒有合志同方，营道同术。”（《初学记》卷十八引）

（五）孔乡子云：“井里之厥。”又云：“玉人琢之为天下宝。”（《法苑珠林》卷第三十七引）

（六）孔丛子：“子思在卫，缊袍无表（庶按：《渊鉴类函》卷三百七十四“表”作“里”），田子方遗其狐白之裘。子思曰：‘吾闻遗人食物，不肖（《类隽》卷十六、《事类备要》外集卷三十五“肖”作“肯”，《渊鉴类函》卷三百七十四“肖”作“义”）者受之，如弃物于沟壑中。吾虽无德，不敢以身为沟壑。’遂不受，出（《类隽》卷十六、《事类备要》外集卷三十五、《渊鉴类函》卷三百七十四无‘出’字）。”（《白氏六贴》卷十二引）

（七）孔丛子曰：“子思居鲁，穆公师而尊之。”（《太平御览》卷四百四引）

（八）台甲孔丛子曰：“智伯欲伐仇由，而道难不通，乃铸大钟遗仇由。仇由君悦，除道将内之。赤章曼支谏曰：

'不可。此小之所以事大，而今大以遗小，卒必随之，不可内。'不听，遂内之。鼻支因以断毂而驰至齐，十月而仇由亡。"（《太平御览》卷四百五十七引）

（九）台甲孔丛子曰："秦缪公以女乐二八与良宰遗戎王。戎王喜，迷惑大乱。由余骤谏而不听，因怒而归缪公也。"（《太平御览》卷四百五十七引）

（十）谏木孔丛子曰："赵简子曰：'厥也爱我，铎也不我爱。厥谏我必于无人之所；铎之谏我也，喜质我于人中，必使我愧。'尹铎对曰：'厥爱君之愧也，而不爱君之过也；铎也爱君之过，而不忧君之愧也。'此简子之贤也，人主贤则人臣之言直。"（《太平御览》卷四百五十七引）

（十一）谏木孔丛子曰："越饥，请食于吴。子胥谏曰：'不可与也。夫吴之与越，仇雠之国。非吴丧越，越必丧吴。若燕、秦、齐、晋，山处陆居，岂能踰五湖九江、越十地以有吴哉？今将输之粟，是长仇雠。财匮民怨，悔无及也。'"（《太平御览》卷四百五十七引）

（十二）孔藂子曰："窦皇后弟广国曰：'姊去我西时，与我诀于传舍中，沐我而去。'"又曰："成帝遣定陶王之国，王辞去，上与相对涕泣而诀。"（《太平御览》卷四百八十九引）

（十三）孔丛子曰："田骈以道术说齐王。王曰：'愿闻国之政。'骈对曰：'臣之言无政而可以为政，譬若林木无林而可以为林。愿王察其所谓而自取齐国之政焉。天地之间，六合之内，可陶冶而变化也，齐国之政，何足问哉！'"又曰："法之生也，以辅仁义。重法而弃义，是贵其冠履而忘其头足也。故仁义者,为厚基者也。不益其基而张其广者毁,不益其基而增其高者覆。"孔丛子曰:"昔者,五帝三王之莅政,施教必用参伍。何谓参伍?仰取象于天,俯取度于地,中取法于人。"(《渊鉴类函》卷一百二十五引)

(十四)孔丛子云:"昔西域国苑中有奈树,生果,中有一女子,王收为妃,乃以苑地施佛,为伽蓝,故曰王奈苑。"(《渊鉴类函》卷三百十六引)

(十五)固,亦故也。(《一切经音义》卷廿四引《小尔雅》)

(十六)分,次也。(《文选·鲁灵光殿赋》注引《尔雅》)

(十七)硕,远也。(《一切经音义》卷三引《小尔雅》)

(十八)迕,犯也。(《文选·运命论》注引作《小雅》)

(十九)暴,干也。(《一切经音义》卷廿二引《小尔雅》)

(二十)广,横也。(《一切经音义》卷二引《小尔雅》)

(二十一)区,域也。(《后汉书·方术传》注引《小尔雅》)

(二十二)盥,澡也,洒也。(《庄子·寓言篇》释文引《小尔雅》)

(二十三)祭山川曰祈沈。(《周礼·考工记》释文引《小尔雅》)

(二十四)桑土,桑根也。(《诗经·豳风·鸱鸮》释文引作《小雅》)

(二十五)通五色皆曰缯。(《一切经音义》卷六引作《尔雅》)

(二十六)缟,皓也。(《后汉书·顺帝纪》注引作《尔雅》)

(二十七)枏谓之梏,械谓之桎。(《周易·蒙卦》释文引《小尔雅》)

(二十八)所以饲兽曰刍。(《一切经音义》卷十七引作《尔雅》)

（二十九）淫，过也。（《文选·上林赋》注引作《小雅》）

（三十）大而白项者，谓之苍鸟（郦道元《水经·灉水注》引《小尔雅》）

（三十一）羌（《文选》注作"噄"），发声也。（《文选·西京赋》注引作《小雅》）

中华经典名著
全本全注全译丛书
（已出书目）